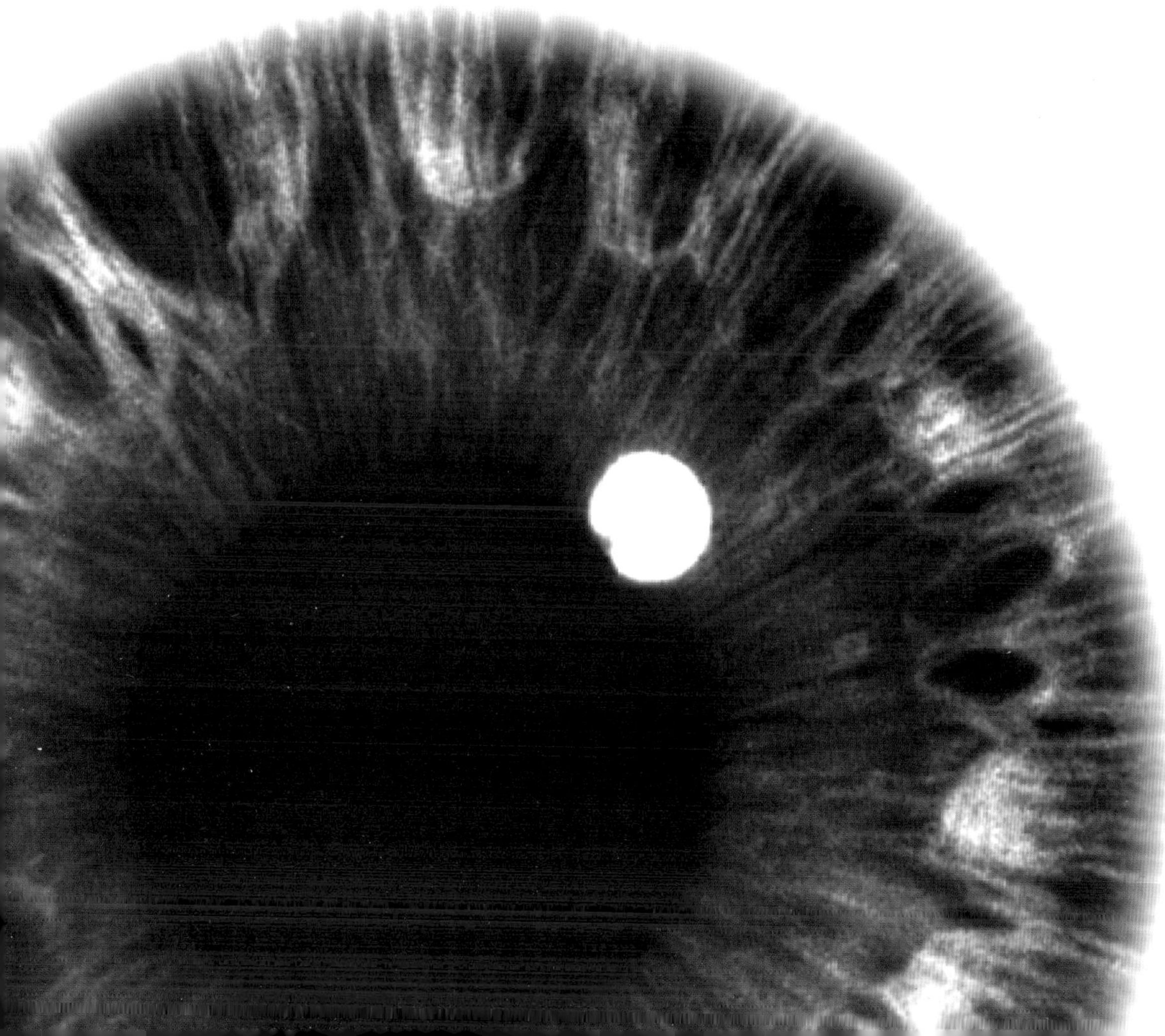

新建时速 200 公里铁路改良膨胀土路基施工技术

李庆鸿　王炳龙　俞　峰　编著
李庆鸿　主编

中　国　铁　道　出　版　社
2007年·北　京

图书在版编目(CIP)数据

新建时速200公里铁路改良膨胀土路基施工技术/李庆鸿编著.—北京:中国铁道出版社,2007.8
ISBN 978-7-113-08133-1

Ⅰ.新…　Ⅱ.李…　Ⅲ.膨胀土地基:铁路路基—工程施工—施工技术　Ⅳ.U213.1

中国版本图书馆CIP数据核字(2007)第123327号

书　　名:新建时速200公里铁路改良膨胀土路基施工技术
作　　者:李庆鸿　王炳龙　俞　峰
出版发行:中国铁道出版社(100054,北京市宣武区右安门西街8号)
责任编辑:江新锡　　　　**编辑部电话**:010-51873018
封面设计:崔丽芳
印　　刷:北京佳信达艺术印刷有限公司
开　　本:787×1 092　1/16　印张:20.75　字数:509千
版　　本:2007年8月第1版　　2007年8月第1次印刷
印　　数:1～15 000册
书　　号:ISBN 978-7-113-08133-1/TU·892
定　　价:55.00元

李庆鸿简介

男，汉族，上海市人，1945年2月出生。铁道部铁路专业技术带头人，教授级高级工程师，大学兼职教授、研究生导师。

1967年同济大学铁路、道路、桥隧系铁道工程专业本科毕业。先后在沈阳铁路局瓦房店工务段、上海铁路局芜湖工务段、上海铁路局工务处、上海铁路分局、上海铁路局、长江三角洲城际铁路公司筹备组，任实习生、养路工、测量工、技术员、助理工程师、工程师、高级工程师、教授级高级工程师、副科长、科长、副处长、副分局长、处长、副局长、筹备组组长（正局级）兼副局长。曾受聘西南交通大学、北京交通大学、中南大学、清华大学研究生校外导师。现任上海铁路局正局级调研员、同济大学兼职教授。中国铁道学会工务委员会委员，中国铁道工程建设协会常务理事，上海市铁道学会工务工程委员会主任委员，詹天佑铁道科技发展基金奖励评审委员会委员。获全国铁路劳动模范、火车头奖章，1993年10月起享受国务院政府特殊津贴。在省部级以上专业刊物上发表论文近30篇，曾主持轨道"状态修"探索与实践、繁忙干线大型养路机械夜间线路大修综合施工作业研究、重载快速线路修程修制改革探索与实践、提高新型轨检车检测能力和优化工作性能、沪宁铁路上海至南京铺设成功全国最长303 km跨区间无缝线路、合宁铁路膨胀土路基土质改良措施及填筑工艺试验研究等18项重点技术攻关课题的研究与工程实践，先后获得铁道部、上海市多项科技进步奖和优秀发明选拔赛一等奖，7次创造《中国企业新纪录》。

序

膨胀土遇水膨胀、失水干缩的不良工程特性，长期以来已引起国内外工程界的高度重视。根据国家《中长期铁路网规划》，到2020年我国将新建2万多公里铁路网，其中有1.2万多公里为时速200公里及以上的高标准客运专线。在高标准、大规模铁路新线建设中，科学处理膨胀土问题，对于《中长期铁路网规划》的顺利实施具有重要的现实意义。

我国地域辽阔，膨胀土分布范围广泛。在膨胀土土质地区利用当地土源实施大规模路基工程，必须首先进行土质改良使其成为合格的路基填料，再通过严格的填筑、压实施工工艺来保证路基的工程质量。李庆鸿等编著的这本《新建时速200公里铁路改良膨胀土路基施工技术》，首次在理论与实践的结合上，系统、翔实、深入地回答了新建时速200公里铁路改良膨胀土路基的一系列施工技术问题。

本书的贡献在于顺应了当前我国高标准、大规模铁路新线建设的客观需要，提出了路基施工中处理膨胀土问题的认识论与方法论，有较为实用的工程指导价值。

随着我国新一轮高标准铁路建设的大规模开展与工程经验的大量积累，必将促进路基理论的创新发展。在科学发展观的统领下，我国广大铁路工作者将不断丰富铁路路基工程技术的知识宝库。

中国工程院院士 周镜

2007年6月20日

前言

2004年以来，我国铁路建设高举邓小平理论和"三个代表"重要思想伟大旗帜，深入贯彻落实科学发展观，在《中长期铁路网规划》指导下，按照"扩大路网规模，完善路网结构，提高路网质量"的路网建设新思路，进入了一个大规模、高标准、又好又快发展的历史新阶段。根据规划目标，到2020年，全国铁路营业里程达到10万km，主要繁忙干线实现客货分线，复线率和电气化率达到50%，运输能力满足国民经济和社会发展需要，主要技术装备达到或接近国际先进水平。这对于构建和谐社会，实现我国全面建设小康社会的宏伟目标具有重大而深远的战略意义。

在我国铁路建设历史新阶段来临之际，铁道部提出了"以人为本、服务运输、强本简末、系统优化、着眼发展"的铁路建设新理念，要求瞄准国际先进水平，实现"一流的工程质量、一流的装备水平、一流的运营管理"，为新一轮铁路网建设明确了科学发展的方向。

国内外铁路建设的历史经验表明，理念为魂、质量为本、科技先行、管理创新是实现一流目标的基本保证。以"施工质量保运营质量"，以"工序控制保工后结果"，以"下部(路基)稳保上部(轨道)准"，是新线施工必须遵循的基本原则。

我国是世界上膨胀土分布最广、面积最大的国家之一。目前已在20多个省、市、自治区发现膨胀土。其主要分布在云贵高原至华北平原间各流域形成的平原、盆地、河谷阶地以及河间地块和丘陵等地区。其中，珠江流域的东江、桂江、郁江、南盘江水系，长江流域的长江、汉水、嘉陵江、岷江、乌江水系，淮河、黄河、海河流域各干支流水系等地区膨胀土分布最为集中。由于膨胀土具有明显的胀缩性、超固结性和多裂隙性，如直接用以填筑路基或在改良和填筑施工过程中质量控制不当，都会对路基稳定性带来相当大的危害。因此，在大规模、高标准铁路新线建设的工程实施中，尤其是在膨胀土发育地区，必须高度重视膨胀土改良技术和改良膨胀土路基施工技术。

本书是在我国铁路实施《中长期铁路网规划》的大背景下，以作者亲自组织并具体参与新建时速200公里合肥—南京铁路改良膨胀土路基工程试验段成功实践为基础，收集了国内外膨胀土地质条件下路基施工的有关资料，吸纳部分研究成果，在理论与实践的结合上系统阐述了新建时速200公里铁路改良膨胀土路基全过程施工技术。本书的出版，希望能给相关工程技术人员、现场施工与管理人员以及大中专院校师生提供借鉴。

全书共分十章，由李庆鸿主编。各章编著分工如下：前言，李庆鸿；第一章　膨胀土概述、第二章　膨胀土改良简介，王炳龙；第三章　新建时速200公里铁路改良膨胀土路基构造与施工技术路线、第四章　新建时速200公里铁路大区域膨胀土路基填料改良技术、第五章　膨胀土改良拌和工艺、第六章　改良膨胀土路基填筑、压实施工工艺，李庆鸿；第七章　新建时速200公里铁路改良膨胀土路基的合理刚度、第八章　路堑和低路堤基床改良膨胀土换填厚度，王炳龙；第九章　膨胀土地区路基边坡防护、第十章　改良膨胀土路基沉降及其变形特性的观测分析，俞峰。各章编著后，由李庆鸿修改、补充。

本书编著过程中，承蒙原长江三角洲城际铁路公司筹备组、中铁三局、中铁四局、中铁二十四局、铁四院、同济大学、上海华东铁路建设监理有限公司以及中铁十局、中铁十二局、复旦大学杨建中、陈金城、张廷凯、储成伍、邹成德、产光杰、王肖文、张祥云、杨骅、范富国、王朝义、耿午阳、秦建卫、李拥政、许宝成、鲁和友、韩家英、徐军、乔正寿、谭小科、杨龙木、沈志林、王成、沈尧兴、王敦厚、张行治等同志的大力支持与帮助，特别是中国工程院周镜院士给予了精心指导，中国铁道工程建设协会华德洪秘书长提出了许多宝贵意见。在此一并深致谢意。

编著者

2007年6月

目　录

第一章　膨胀土概述

土的工程性质与其地质构造及其形成过程中的自然地理环境、历史条件等有着密切的关系。我国地域辽阔，地质构造复杂，在各种自然地理环境和历史条件下，形成了具有各种特殊性质并存在明显区域性分布特征的土壤类别，膨胀土就是其中的一种。

膨胀土的分布范围很广，世界上有40多个国家存在膨胀土。目前，我国已在20个省、市、自治区境内发现了膨胀土，而全国1/5～1/6的既有营业铁路和相当一部分的新建铁路在膨胀土地区通过。由于膨胀土具有吸水量大、高塑性、快速崩解性，以及剧烈的膨胀性与收缩性等特性，若不对其进行科学的处理，则会给铁路新线建设和既有线运营造成极其严重的不良后果。

为了给掌握新建时速200公里铁路改良膨胀土路基施工技术提供必要的基础知识，本章将从膨胀土的基本概念入手，分别阐述膨胀土的定义、矿物成分和工程性质，并简要介绍它的成因条件与地理分布。

第一节　膨胀土定义、矿物成分和工程性质

在新建时速200公里铁路改良膨胀土路基施工中，正确掌握膨胀土的定义、矿物成分和工程性质，对于判别铁路施工沿线膨胀土源及其分布，合理选择路基填料的改良方案和填筑、压实施工技术方案，具有十分重要的实用价值。

一、膨胀土定义

由于认识角度的差异，过去人们在膨胀土的命名上存在着诸多不同的称谓。如：国内外从膨胀土某一特性角度命名的有裂隙黏土、膨胀黏土、胀缩土、干缩土及超固结黏土等；以某一典型地区命名的有成都黏土、合肥黏土、伦敦黏土、渥太华黏土等。随着对膨胀土特性的全面了解，目前已逐渐趋向于统一称谓——膨胀土。

（一）定　　义

膨胀土是新生代第三纪至第四纪晚更新世期间生成的黏性土，其黏土颗粒的含量很多，黏粒中又有大量亲水性矿物成分，故干缩与湿胀十分强烈；而且，同时因其成形原因，还具有超固结性和多裂隙性。

因此，膨胀土是指黏粒成分主要由强亲水性矿物组成，液限$W_L>40\%$，且胀缩性能较大的黏性土。

（二）膨胀土判别及其分类

关于膨胀土的判别依据，国内外工程界在不同类别的工程中是不完全一致的，但在我国的公路、铁路等大型工程中，已经有了各自统一的判别和分类依据。

1. 我国公路规定

在我国公路路基设计规范（JTJ013—95）中，除根据野外地质特征外，把主要黏土矿物成分、>0.002 mm的黏粒含量、自由膨胀率和胀缩总率作为膨胀土判别及其分类的依据（见表

1-1-1)。

表1-1-1　我国公路的膨胀土工程地质分类

分　类	主要黏土矿物成分	>0.002 mm黏粒含量(%)	自由膨胀率(%)	胀缩总率(%)
强膨胀土	蒙脱石、伊利石	>50	>90	>4
中等膨胀土	蒙脱石、伊利石	35～50	65～90	2～4
弱膨胀土	蒙脱石、伊利石、高岭石	<35	40～65	0.7～2.0

注:胀缩总率系指膨胀土在50 kPa压力下的膨胀率与收缩率之和。

2. 我国铁路规定

膨胀土中离子交换吸附作用是黏土矿物的一种重要物理化学性质,测定膨胀土的阳离子交换性能可以定性地判别组成土的主要黏土矿物类型,从而也能评价土的亲水性、膨胀性和强度等重要性质的综合指标。因此,我国铁路将自由膨胀率、蒙脱石含量和阳离子交换量作为膨胀土判别和分类的依据。

在我国现行的《铁路工程地质勘察规范》(TB10012—2001)中,根据上述三项指标值将膨胀土分为弱、中、强三个等级(详见表1-1-2)。

表1-1-2　我国铁路的膨胀土判别与分类

级别 分级指标	弱膨胀土	中等膨胀土	强膨胀土
自由膨胀率 F_s(%)	$40 \leqslant F_s < 60$	$60 \leqslant F_s < 90$	$F_s \geqslant 90$
蒙脱石含量 M(%)	$7 \leqslant M < 17$	$17 \leqslant M < 27$	$M \geqslant 27$
阳离子交换量(mmol /kg)	$170 \leqslant CEC(NH_4^+) < 260$	$260 \leqslant CEC(NH_4^+) < 360$	$CEC(NH_4^+) \geqslant 360$

注:判定为某等级时,必须有两项及以上指标值同时符合该等级指标规定范围。

二、膨胀土的矿物成分

膨胀土的矿物成分,可分为碎屑矿物和黏土矿物两大类。这两大类矿物的具体成分及其对胀缩性质的影响分述如下:

(一)碎屑矿物

碎屑矿物成分中大部分为石英、斜长石和云母(主要是水云母)。由于这些矿物成分的理化稳定性较好且含量有限,故对膨胀土的胀缩性质影响不大。

(二)黏土矿物

黏土矿物成分中主要为蒙脱石、伊利石和高岭石。它们的共同特点是,结晶度低、晶粒微细、胶体特性显著。但因化学成分的不同,这些黏土矿物在晶格构造上存在着较大差异:蒙脱石是一种鳞片状矿物,具有强烈的结构膨胀性;伊利石的结晶格架活动能力比蒙脱石低,仅具有弱膨胀性;高岭石具有牢固的结晶格架,基本不具有膨胀性。因此,膨胀土中各种黏土矿物的含量,特别是蒙脱石矿物含量决定了土的胀缩性能。

鉴于黏土矿物成分对土的工程性质具有决定性的影响,国内外均十分重视对膨胀土中黏土矿物成分的勘查。表1-1-3、表1-1-4所列的分别是我国部分省区和世界上部分国家膨胀土中的黏土矿物成分。

表 1-1-3 我国部分省区膨胀土主要矿物成分

省份	地区	矿物成分
云南	曲靖、茨营	水云母为主，多水高岭石次之，含少量绿泥石
贵州	贵阳、安顺、铜仁	主要为绿泥石、伊利石和高岭石、有些含少量蒙脱石
	遵义	伊利石、蒙脱石，或高岭石
四川	成都	主要为伊利石，次为蒙脱石，含少量高岭石和石英
广西	南宁	伊利石 71%～96%，多水高岭石 14%，石英 1%～7%
	宁明	伊利石 58%～61%，高岭石＋绿泥石 29%～33%，蒙脱石 7%～13%
	贵县	高岭石、蒙脱石或蒙脱石－伊利石混合层，伊利石为主，含绿泥石
陕西	安康	蒙脱石为主，伊利石次之
	汉中、西乡	伊利石为主，含少量高岭石、蒙脱石
湖北	郧县、十堰、枝城	伊利石、含少量或极少量高岭石、蒙脱石
	当阳	蒙脱石—多水高岭石，少量针铁矿
	荆门	伊利石 22%～55%，高岭石 32%～57%，蒙脱石 8%～16%
河南	平顶山	蒙脱石为主，含伊利石、高岭石
	宝丰、鲁山	伊利石为主，次为蒙脱石和含蒙脱石晶层的有序层间矿物
安徽	合肥、泗县	伊利石为主，含蒙脱石、蛭石、石英、褐铁矿
山东	泰安	蛭石、伊利石、蒙脱石和高岭石
	临沂	伊利石，含少量蒙脱石、高岭石
山西	榆次、红崖	伊利石为主，含少量高岭石

表 1-1-4 世界部分国家膨胀土主要矿物成分

国家	矿物成分
柬埔寨	蒙脱石、伊利石为主，次为高岭石、石英和盐酸盐
日本	蒙脱石、绢云母、氯化物与混合层矿物等
印度	蒙脱石 10%～80%，伊利石 10%～75%，拜来石 2%～15%
以色列	蒙脱石 40%～80%，高岭石 2%～10%，石英 10%～20%，长石 5%
加纳（阿克拉）	高岭石 63%，石英 33%，水云母 4%和微量氧化铁
罗马尼亚	蒙脱石 40%～80%，伊利石 20%～60%
俄罗斯	伊利石和蒙脱石为主，含少量高岭石和其他矿物
美国	蒙脱石，有的含量达 45%～90%
加拿大（西部）	蒙脱石为主，含有伊利石
澳大利亚	伊利石为主，含蒙脱石

三、膨胀土工程性质

由于膨胀土含有多量的强亲水性黏土矿物，使其具有吸水量大、高塑性、快速崩解性以及剧烈的膨胀性与收缩性等特性。同时又因膨胀土的沉积年代较早，还具备固结状态较好、压缩性不大的特点。膨胀土的的这些特性与特点，构成了其有别于其他土类的独特的工程地质性质。

(一) 胀 缩 性

胀缩性是膨胀土最基本的工程性质之一，其主要特征是遇水强烈膨胀、失水明显干缩。膨胀土的胀缩原因及其胀缩性指标分述如下。

1. 胀缩原因

膨胀土之所以具有胀缩性，一方面，取决于其土体结构中含有较多的黏土矿物颗粒，而黏土矿物的晶格构造具有强烈的胀缩潜势，这是引起膨胀土胀缩的内部原因；另一方面，膨胀土土体干湿程度的变化(受干湿环境影响)，也是其将胀缩潜势转化为胀缩性现实表现的重要外部条件。

在膨胀土的土颗粒粒径组成中，粒径＜0.005 mm 的黏土颗粒含量通常达到 50％以上，粒径为 0.05～0.005 mm 的粉粒含量也占一定的比例，而粒径＞0.05 mm 的砂粒含量比例较小。膨胀土中细小的黏土颗粒愈多，则黏粒表面积的总和愈大，可吸附在黏粒周围的水膜也就愈厚，容易提升膨胀土的含水率而使土体强烈膨胀。反之，也容易使土体明显收缩。

膨胀土与水相互作用时，其体积将随着含水率的上升而增大。此时，若膨胀趋势受到约束，则膨胀土中会出现内应力，即膨胀力。如果土中含水率降低，膨胀土中出现收缩趋势，会产生收缩应力。当膨胀土处于干燥状态时，具有高的膨胀潜势。当含水率很高，处于接近饱和状态时的膨胀土则具有高的收缩潜势。

实践证明，膨胀土随着气候、地质环境和工程建设活动等条件的变化而发生水分的迁移变化，在水分变化的影响下，膨胀土工程性质也显示出不同的改变。

2. 胀缩性指标

膨胀土的胀缩性指标是对其胀缩特性的量化评价，通常用自由膨胀率、膨胀率、膨胀力、线缩率、收缩系数、胀缩总率等具体的量值指标来描述。

(1) 自由膨胀率

自由膨胀率用 F_s 表示，它是扰动土经粉碎、风干并充分吸水膨胀后的体积增量$(V-V_0)$与其初始体积(V_0)的百分比。即：

$$F_s=\frac{V-V_0}{V_0}\times 100\% \qquad (1—1—1)$$

从上述的概念理解，自由膨胀率指标没有考虑膨胀土的结构及其附加荷载与侧(向)限(制)等工况条件，似乎在工程上无实际意义。但由于其反映的终究是其吸水后体积膨胀的基本特性，所以，国内外仍然应用这一指标来粗略地衡量土的一般膨胀趋势，并作为膨胀土的初步定性判别指标。

根据我国大量的研究与工程实践证明：当膨胀土的自由膨胀率＞40％时，通常会造成建筑物的变形；当膨胀土的自由膨胀率＞80％时，将导致许多建筑物遭受严重的破坏，甚至坍塌；即使膨胀土的自由膨胀率低至 30％，也时常有路基病害的发生。

(2) 膨胀率

膨胀率分为无荷(载)膨胀率和有荷(载)膨胀率两种，分别用 V_H 和 V_{HP} 表示。

a. 无荷膨胀率

无荷膨胀率用 V_H 表示，它是膨胀土试样在有侧限和无荷载条件下浸水后的单向(高度)

膨胀增量（$H-H_0$）与试样原始高度（H_0）的百分比。即：

$$V_H=\frac{H-H_0}{H_0}\times100\% \tag{1—1—2}$$

需要指出的是，自由膨胀率和无荷膨胀率，都是在膨胀土土体上部没有荷载的条件下产生的"自由"膨胀。它对于衡量膨胀土的膨胀趋势，无疑是一个比较理想的判定指标。然而，无论对于地基或是路堑边坡，大多在实际工作过程中土体均承受一定的荷载：一是土体的自重；二是土体上部的结构物荷载（如铁路路基上部的轨道结构荷载）。这些荷载必将对其下部土体的膨胀产生阻抗。因此，膨胀往往是有侧限的。为了模拟土体在上部一定荷载作用下地基膨胀土所产生的实际变形，往往还需要测定土体在不同荷载下的膨胀率。

b. 有荷载膨胀率

有荷载膨胀率用 V_{HP} 表示，它是膨胀土试样在有侧限和有荷载条件下浸水后的单向（高度）膨胀增量（H_P-H_t）与试样原始高度（H_0）的百分比。即：

$$V_{HP}=\frac{H_P-H_t}{H_0}\times100\% \tag{1—1—3}$$

式中　H_t——施加 P 荷载压密稳定后试样的高度；

H_P——P 荷载下浸水膨胀稳定后试样的高度。

有荷载膨胀性指标显示了荷载与膨胀之间的关系，在工程上有着重要的意义。一般采用分级加荷测定土体在不同荷载下的膨胀率，也可根据工程的实际需要测定某一特定荷载下的膨胀率。

(3) 膨胀力

膨胀力是指土体的体积膨胀受到限制时吸水后所产生的最大应力。可用下式求得：

$$P_p=\frac{W}{A} \tag{1—1—4}$$

式中　A——试样面积；

W——施加的总平衡荷重。

掌握了膨胀土的膨胀力指标值，便可制订符合实际的设计原则，即利用足够的附加荷载控制其膨胀。这对于在新建时速 200 公里铁路改良膨胀土路基施工中，合理确定路堑和低路堤地段的改良膨胀土基床换填厚度，以控制力的平衡，确保轨道稳定，具有重要意义。

(4) 线缩率

线缩率 e_{SL} 为土体收缩稳定后沿竖向的高度缩减量与试样初始高度之比。即：

$$e_{SL}=\frac{H_0-H_s}{H_0}\times100\% \tag{1—1—5}$$

式中　H_0——试样初始高度；

H_s——试样收缩后的高度。

(5) 收缩系数

大量试验研究表明，原状膨胀土的失水收缩率通常呈曲线变化（如图 1-1-1 所示）。其变化过程可分为三个阶段：

第一阶段——土体收缩率随着含水率的下降而直线迅速增长；

第二阶段——土体收缩率增长趋势随着含水率的继续下降而逐渐减缓，收缩率的变化曲线呈明显的下凹特征；

第三阶段——尽管含水率继续减小,但土体不再收缩或只产生微小收缩,该阶段收缩率的变化曲线已接近平直。

收缩系数 C_{SL} 是指试样在水分蒸发产生收缩的第一阶段(直线变形阶段)内,含水率每降低1%时的线收缩率,以线缩率减量与含水率增量之比来表示。

$$C_{SL}=\frac{\Delta e_{SL}}{\Delta W} \qquad (1-1-6)$$

式中　ΔW——收缩曲线上第一阶段任意两点的含水率之差(%);

Δe_{SL}——与 ΔW 相对应的两点线缩率之差(%)。

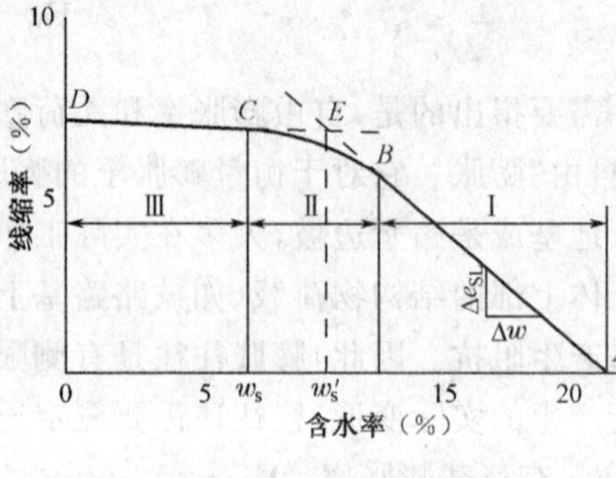

图 1-1-1　原状土收缩特性曲线

采用收缩系数能够较好的反映膨胀土的收缩性能,以及收缩变形与含水率变化之间的相关关系。

(6) 胀缩总率

胀缩总率 e_{ps} 是膨胀土胀缩特性的总体反映。用下式计算:

$$e_{ps}=e_{p50}+C_{sL}(w-w_m) \qquad (1-1-7)$$

式中　w_m——膨胀土在收缩过程中可能产生的含水率的下限值(%);

w——土的天然含水率(%);

C_{sL}——收缩系数,通过收缩试验确定;

e_{p50}——50 kPa 压力下的膨胀率(%)。

当式中 e_{p50} 为负值时,按负值考虑;当 $(w-w_m)>8\%$ 时,按8%考虑;$(w-w_m)<0$ 时,按0考虑。

(二) 裂 隙 性

膨胀土的另一个显著特性是各种形态的裂隙普遍发育,其裂隙大小不一,分布广泛,成因复杂。

按膨胀土中裂隙的成因,其裂隙种类基本上可划分为原生裂隙和次生裂隙,有的膨胀土中也存在着构造裂隙。原生裂隙是在膨胀土形成过程中由于温度、湿度、加载、卸载和物理化学作用以及胀缩效应形成的。地表3 m以下土体的裂隙很少受气候变化的影响,可视为原生裂隙。原生裂隙密集、细微,具有隐蔽性,能将把土体分割成许多极小的碎块;次生裂隙一般由原生裂隙发育形成,多分布于地表及其下3 m内,呈张开开展状态,用肉眼很容易观察到。次生裂隙按其形成的原因,又可细分为风化裂隙、减荷裂隙、斜坡裂隙及滑坡裂隙等几类。

裂隙的产状具有一定的规律性。一般发育有2～3组以上的裂隙将土体分割成具有多组裂隙面的裂隙结构体。即使是深层原状膨胀土,一经开挖暴露后,也能够发育成这种特有的裂隙结构。膨胀土的裂隙密度常在某一定方位较为集中。观察统计表明,裂隙的方位角、倾角服从于类正态分布。在工程中,应当特别注意并尽可能避免临空面与某方向高密度裂隙的一致性。因为此时的土体稳定性很差,容易造成坍塌。

膨胀土的裂隙面大多有次生的灰白色黏土充填,充填物具蜡状光泽,可见镜面擦痕。充填的灰白色黏土多为蒙脱石矿物组成,具强亲水性,渗水后很容易使裂隙面高度软化,导致抗剪强度降低。

（三）超固结性

膨胀土在其形成的地质历史过程中，大都曾受过比现在自重应力更大的上覆荷载而呈超固结状态，深层的原状膨胀土一般均具有较高的初始强度。正是由于先期固结压力的长期作用，膨胀土在被开挖后，由于原先的应力平衡被破坏，常会出现土体的减荷松胀。因此，膨胀土土质的路堑边坡坡脚处很可能产生较大的应力集中，容易遭受破坏、失稳，尤其会出现坍滑。在新建时速 200 公里铁路改良膨胀土路基施工中，必须倍加注意。

（四）膨胀土的抗剪强度特性

土的抗剪强度是检算土体边坡稳定、设计支挡建筑物的主要参数。但由于膨胀土存在的一系列固有特性，其边坡稳定性在很大程度上取决于土体内裂隙的组合、土的胀缩以及土体胀缩产生的内应力，而不应简单地以土样的实验室指标作为检算依据。在路基工程中，常以残余抗剪强度中的残余内摩擦角 Φ_r 值判定膨胀土等级。

一些研究成果表明，黏土矿物成分、土中裂隙、压力环境、土的含水率等因素都会影响膨胀土的抗剪强度特性。

1. 黏土矿物成分影响

试验表明，膨胀土中黏土矿物成分对其抗剪强度具有重要影响并存在一定的规律。图 1-1-2为膨胀土中的蒙脱石含量对其抗剪强度的影响曲线。

由图 1-1-2 中变化曲线可知，膨胀土中黏土矿物的主要成分蒙脱石含量增加时，土的内摩擦角将随之明显减小；膨胀土中黏土矿物的主要成分蒙脱石含量达到 20%～30%时，土的内摩擦角则减小一半；之后即使膨胀土中黏土矿物的主要成分蒙脱石含量再增加，土的内摩擦角却稳定为一定值。

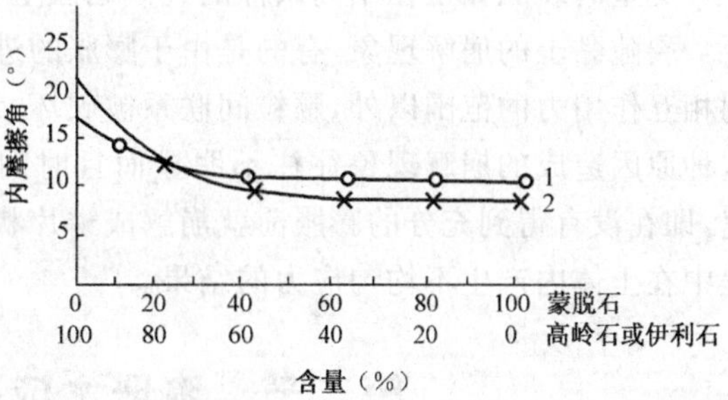

图 1-1-2　蒙脱石含量对抗剪强度的影响曲线
1—蒙脱石＋伊利石；2—蒙脱石＋高岭石

2. 裂隙影响

无论是膨胀土的失水收缩裂隙、风化裂隙以及开挖卸载裂隙等一切原生及次生裂隙，都会破坏土体的均一性和整体性，使膨胀土的抗剪强度呈现出各向异性的特性，从而在其土体中产生抗剪强度的软弱带或软弱面。因此，膨胀土天然状态下的裂隙结构对其抗剪强度的降低颇具影响。

3. 压力影响

原状膨胀土的抗剪强度随着土层深度的增加而提高，反映出膨胀土承受压力的大小对其抗剪强度产生了直接的影响。

试验表明，将膨胀土浸水当膨胀稳定后，其抗剪强度随着所受压力的增加而提高。压力 P 为 0 时，膨胀土的抗剪强度最低，当压力 P 增加到 49～98 kPa 时，抗剪强度增加一倍到数倍。在工程实践中，膨胀土地区的表层土由于承受压力较小，往往在修筑路基后较容易产生变形。

4. 含水率影响

黏性土的抗剪强度与土的含水率有直接关系；而含水率对膨胀土抗剪强度影响更加显著。这是膨胀土与一般黏性土的重要区别之一。

例如：干燥状态下的膨胀土十分坚硬，试验干膨胀土的抗剪强度指标可达 C＝19.6 kPa，Φ＝40°～60°，但当含水率增加至胀限含水率时，其抗剪强度指标甚至降到 C＝1 kPa，Φ＝1°～

30°。

5. 膨胀土的峰值抗剪强度和残余抗剪强度

膨胀土的峰值抗剪强度和残余抗剪强度两者相差悬殊，这是因为蒙脱石、伊利石等矿物呈细小的鳞片状、板状等扁平颗粒形态组成叠聚结构，在剪切中，剪切面上颗粒成定向排列。当剪切面上有水进入时，吸水膨胀，颗粒间距增大。

同时，土中裂隙在受力后张开以及黏土颗粒由于粒间距增大而吸附电位增高，又促使剪切面上含水率增加。上述的各种作用促使膨胀土软化，残余抗剪强度大大降低。对膨胀土，在路基工程中，常以残余抗剪强度中的残余内摩擦角 Φ_r 值判定膨胀土等级。

$\Phi_r>20°$　　弱膨胀土

$\Phi_r=20°\sim15°$　　中等膨胀土

$\Phi_r<15°$　　强膨胀土

(五) 崩 解 性

膨胀土作为裂隙黏土其崩解现象也很明显。裂隙黏土的崩解现象与土的稠度和浸水方式有关。实验证明天然含水率的裂隙黏土逐次缓慢浸水时，崩解现象并不明显，但风干的裂隙黏土能在24 h内全部崩解，特别是烘干的裂隙黏土仅在数分钟内就能全部崩解成碎片。所以同一种类型的裂隙黏土在不同条件的气候地区里，路堑边坡的变形情况并不相同。

裂隙黏土的崩解现象，有的是由于膨胀的进一步发展造成的，即膨胀过程中胶体颗粒逸出到相互作用力的范围以外，颗粒间联系被破坏，结果使土体变成无定形的乃至稠密的悬浊液。这种原因造成的崩解现象往往不明显而且时间是缓慢的。有的裂隙黏土的崩解现象较为迅速，即在没有得到充分的膨胀前就崩解成鳞片状或碎块状，这主要是由于土与水的相互作用过程中在土体内产生不均匀应力的结果。

第二节　膨胀土成因条件与地理分布

膨胀土与地球上其他岩土一样，是自然地质历史的产物。因此，膨胀土的成因条件与地理分布同样受着自然与地质环境的制约。

一、成因条件

膨胀土的成因与其所处的区域地质条件和水文、地貌条件有关。它们的形成年代多在新生代第三纪(N_3)至第四纪晚更新世期(Q_4)间生成，按成因条件的不同，大致可分为残积、坡积、洪积、冲积、湖积及混合沉积等类型。

(一) 膨胀土成因的区域地质条件

从分布地区的地质条件来看，膨胀土几乎都是在各种火成岩，尤其是基性火山岩，各类变质岩和沉积岩中的黏土岩、泥灰岩和碳酸盐岩等基岩广泛发育的基础上演化而成的。

上述母岩为膨胀土的发生、发育，首先提供了极为丰富的物质基础。在自然界中，这些岩石都是含有十分丰富的铝硅酸盐，在后期的风化作用过程中，铝硅酸盐经氧化(还原)作用、水合作用、淋滤作用和水解作用等，在适合于蒙脱石矿物生成的有利气候条件(介质的pH值，氧化一还原电位，浓度和温度等合适的环境)下，经过成土作用而最后形成富含蒙脱石矿物的膨胀土。

如我国的云南和广西珠江流域一带分布的膨胀土，大都是泥灰岩、黏土岩风化残积的产物，而陕西与湖北汉江流域一带的膨胀土，则多由各种变质岩与岩浆岩的风化物经流水搬运堆积而成。

（二）膨胀土成因的水文、地貌条件

从膨胀土地区的地貌特征来看，大致可分为两大类：一类为各种母岩风化物经水流搬运沉积而成的冲积、洪积、湖积型；另一类是母岩风化物在原地堆积或在重力作用下沿山坡堆积形成的残坡积型。因此，膨胀土的成因分布与水文、地貌条件有着十分密切的关系。

在我国，冲积、洪积、湖积型膨胀土大部分分布在各河流形成的阶地、湖盆及平原内部，与各水系的关系很密切。各类母岩经风化作用后的产物，被流水介质的搬运，并在搬运过程中发生沉积分异作用，使蒙脱石等黏土矿物成分集中积聚，再经过长期的压密、固结，最终形成膨胀土。

在低山丘陵剥蚀地貌单元上，由于基岩风化的地层作用以原地堆积为主，因而是残积成因膨胀土形成的主要场所。而残积膨胀土经剥蚀后，沿下部山坡堆积，便形成了坡积成因类型的膨胀土。

二、膨胀土的地理分布

膨胀土的分布具有明显的气候分带性和地理分带性规律，其分布范围遍及亚洲、欧洲、非洲、大洋洲、北美洲、南美洲等六大洲约 40 个国家和地区。

我国是世界上膨胀土分布最广、面积最大的国家之一。遍及西南、中南、华东；以及华北、西北和东北的一部分。在云南、贵州、四川、陕西、广西、广东、湖北、河南、安徽、江苏、山东、山西、河北等 20 余个省区都分布有膨胀土。

（一）膨胀土分布的气候分带性

膨胀土主要分布在赤道两侧从低纬度到中纬度气候区，尤其是在热带草原气候，热带季风气候和亚热带季风性气候和地中海式气候地带，膨胀土更为集中，而在高纬度寒带气候地区尚未发现有膨胀土的分布。我国膨胀土的分布主要集中在秦岭——淮河以南的温和气候、副热带气候和热带气候地区。

若进一步根据膨胀土分布的气候要素划分，膨胀土则分布在年蒸发量大于降水量的半干燥和半湿润气候区里，而且是旱季和雨季分明，干湿交替明显的地区。这种气候条件最适合膨胀土的发生、发育和保存。湿热而半干燥的气候有利于水的交替循环，但同时又在一定程度上制约了 Ca、Mg 等碱土元素的有限淋滤、碱土金属碳盐酸的沉淀以及 SiO_2 的淋出。造成矿物分解速度与强度相应减弱，矿物的阶段性风化变慢，甚至停止在一定的中间阶段而有利于亲水性强的蒙脱石类矿物的形成。同时，在干燥或半干燥气候地区的碱性环境下，水溶液的 PH 值增加，也是形成蒙脱石的有利条件。

（二）膨胀土分布的地理分带性

膨胀土的分布还有其地理特征，其地理位置大致分布在北纬 60°至南纬 50°之间。由于北半球陆地面积宽广，膨胀土主要分布在赤道与北半球中纬度之间的长条地带内，尤其是在欧亚、非洲和美洲大陆更为集中。而南半球因陆地面积狭小，膨胀土的分布面积也较小，主要集中在南回归线附近以及以南的中纬度地带。

（三）世界膨胀土的分布

图 1-2-1 系世界各地膨胀土分布的略图（图中阴影部分为分布地区）。由图可知，膨胀土在六大洲的主要分布国家与地区如下：

1. 亚洲

在亚洲地区，膨胀土主要分布在北纬10°至北纬50°之间的广阔地带，遍及中国、日本、东南亚和南亚次大陆等许多国家与地区。其中，我国的华南、西南、长江流域及华北地区，日本的北海道和本州岛，印度的中部和西南部，以色列和土耳其的大部，都是膨胀土特别发育的地区。

2. 欧洲

在欧洲地区，膨胀土的分布也较为普遍。主要分布地，在英国、西班牙、意大利、罗马尼亚、波兰、俄罗斯等国家。

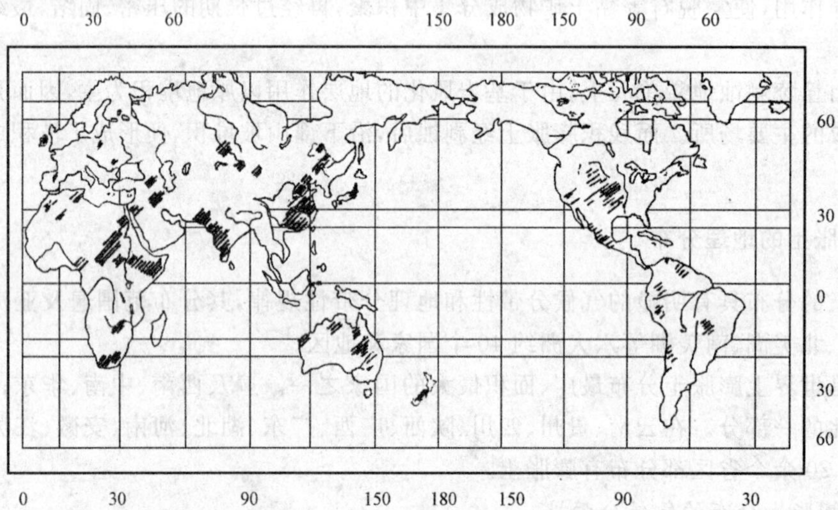

图 1-2-1　世界各地膨胀土分布略图

3. 非洲

非洲大陆地跨赤道两侧，大部分地区处于全年高温的热带气候区。特殊的气候与地理环境，使得膨胀土在非洲的地域分布极为广泛。如：北非的突尼斯、摩洛哥，东非的苏丹，西非的加纳以及南非等国家都有膨胀土的分布。

4. 大洋洲

大洋洲的陆地面积较小，大部分地处南北回归线之间，膨胀土的分布主要集中在具有热带草原气候的澳大利亚，其次是新西兰等国家。

5. 北美洲

在北美洲地区，大部分地区的降水均源自于南方的大西洋洋面海水蒸发，所以整个地区的降水量从东南向西北逐渐减少，而干燥气候则逐渐增加。因此，膨胀土主要发育地区是在从墨西哥湾至加拿大南部和西部的区域内。其中，美国、加拿大、墨西哥等国家均为膨胀土分布较为广泛的国家。

6. 南美洲

南美洲地跨赤道和南回归线，地质以页岩风化岩为主，气候多变、地形地貌复杂。因受地质条件、多变气候和地形地貌的影响，其膨胀土主要分布在沿委内瑞拉西北的加勒比海海岸至哥伦比亚、秘鲁、巴西、智利和阿根廷等国的狭长地带内。

世界六大洲部分国家或地区的典型膨胀土主要成因类型及其母岩或物质来源如表1-2-1所列。

表 1-2-1　世界五大洲部分国家或地区膨胀土成因类型

洲　别	国家或地区	成因类型	母岩或物质来源
亚　洲	柬埔寨	残积、坡积	玄武岩的风化残积物
	日本	残积	火山岩、泥岩、泥灰岩风化物
	印度	残积、冲积	玄武岩的风化残积物
	以色列	冲积	玄武岩及石灰岩的风化物
非　洲	加纳	海相沉积	阿克拉页岩风化残积物
	南非	河湖相沉积、残积	基性火成岩、厄卡页岩风化物
欧　洲	前苏联	海相沉积	基性火成岩、厄卡页岩风化物
	罗马尼亚	残积、冲积	基性火成岩、含蒙脱石沉积岩
	意大利	残积	火山喷出岩蚀变产物
北美洲	加拿大	海相沉积、湖积	页岩风化物
	美国	残积	页岩、黏土岩风化物
南美洲	委内瑞拉	残积	页岩风化物

（四）我国膨胀土的分布

图 1-2-2 为我国境内膨胀土的分布示意图(图中阴影部分为分布地区)。由图可知,膨胀土在我国的主要分布范围及其重要特征如下:

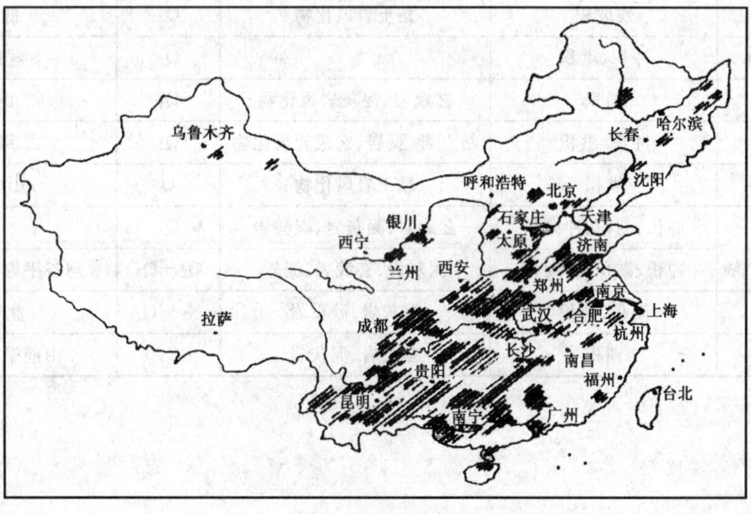

图 1-2-2　我国膨胀土分布示意图

1. 主要分布范围

我国境内的膨胀土主要分布在从云贵高原到华北平原之间各流域形成的平原、盆地、河谷阶地,以及河间地块和丘陵等地区。其中,尤以珠江流域的东江、桂江、郁江和南盘江水系,长江流域的长江、汉水、嘉陵江、岷江、乌江水系,淮河流域及海河流域各干支流水系等地区,膨胀土最为集中。

2. 重要分布特征

膨胀土在我国的重要分布特征是:根据我国地图,从我国的东北到西南,沿辽河经太行山麓，穿过秦岭，沿四川盆地西缘至云南下关、保山，大致可构划出一条分界线。此线东南地区，膨胀土十分发育；此线西北地区，则膨胀土很少分布。

3. 膨胀土成因类型

我国部分省区典型膨胀土的主要成因类型、母岩或物质来源、地质时代以及膨胀土分布的地貌单元详见表1-2-2。

表1-2-2　我国部分省区膨胀土主要成因类型

地区		主要成因类型	母岩或物质来源	地质时代	膨胀土分布地貌单元
云南	鸡街	冲积、湖积	第三纪泥岩、泥灰岩	N_2-Q_1	二级阶地及残丘
	曲靖	残破积、湖积	第三纪泥岩、泥灰岩	N_2-Q_1	山间盆地及残丘
贵州	贵阳	残坡积	石灰岩风化残积物	Q	低丘缓坡
四川	成都、南充	冲积、洪积	黏土岩、泥灰岩风化物	Q_2-Q_3	二、三级阶地
	西昌	残积	黏土岩	Q	低丘缓坡
广西	南宁	冲积、洪积	泥灰岩、黏土岩风化物	Q_3-Q_4	一、二级阶地
	宁明	残坡积	泥岩、泥灰岩风化物	$N-Q_1$	盆地中波状残丘
	贵县	残坡积	泥灰岩风化物	Q	岩溶平原与阶地残丘、垄岗
广东	琼北	残坡积	第四纪玄武岩风化物	Q_2-Q_4	残丘、垄岗
陕西	安康、汉中	冲积、洪积	各类变质岩和火成岩风化物	Q_2-Q_4	盆地和阶地垄岗
湖北	襄樊、枝江	残坡积、湖积	变质岩、火成岩风化物	Q_2	盆地和阶地垄岗
	荆门	残坡积	黏土岩风化物	Q_2	低丘、垄岗
河南	南阳	冲积、洪积		Q_2	盆地内垄岗
	平顶山	湖积	玄武岩、泥灰岩风化物	Q_1	山前缓坡
安徽	合肥	冲积、洪积	黏土岩、页岩、玄武岩风化物	Q_3	二级阶地垄岗
	淮南	洪积	黏土岩风化物	Q	山前洪积扇
山东	临沂	冲积、湖积、冲湖积	玄武岩、凝灰岩、碳酸岩	Q_3	一级阶地
	泰安	冲积、湖积、冲湖积	泥灰岩、玄武岩、泥岩	Q_2-Q_3	河谷平原阶地、山前缓坡
山西	太谷	湖积、冲积	泥灰岩、砂页岩	N_2-Q_1	盆地内缓坡
河北	邯郸	湖积	玄武岩、泥灰岩	Q_1	山前平原、丘陵岗地

第二章 膨胀土改良简介

膨胀土中含有强亲水性黏土矿物蒙脱石和伊利石等，是具有膨胀性、多裂隙性和超固结性的高塑性黏性土。在现行铁路设计规范中，膨胀土为D类填料，规定不能直接作为路基填料。若需将其用作路基填料，则必须对其采取改良措施。

目前，国内外普遍选择在膨胀土中掺入某一种改良材料（如：水泥、石灰、粉煤灰以及其他材料）的技术途径来改良膨胀土。本章将重点阐述膨胀土改良目的，分析水泥、石灰等几种常用改良材料的改良机理；简要介绍路基工程中的膨胀土改良措施。

第一节 改良目的与机理

膨胀土给工程建筑物带来的危害，既表现在地表建筑物上，也反映在地下工程中。它不仅包括铁路、公路的所有边坡、路面和基床；也包括房屋基础、地下洞室及隧道围岩、衬砌；甚至包括护坡、挡土墙和桩等。膨胀土对工程建筑物的危害不仅是全方位的，而且是长期潜在的、突发性的、反复出现的。

因此，在新建时速200公里铁路改良膨胀土路基施工中，首先应明确膨胀土改良的目的，理解掌握其改良机理。只有这样，才能有助于准确实施改良技术，杜绝潜在危害，确保改良膨胀土路基工程的质量。

一、改良目的

膨胀土路基常见的病害有：基床翻浆冒泥和下沉外挤、路肩鼓胀、路堑侧向壁挤出、边坡浅层滑坍和深层滑动等。

在膨胀土地区，路基发生病害的频度、广度及危害程度，都远远高于其他类型的路基病害，这对铁路运输的安全与畅通构成了很大的威胁。例如：分别于1976年和1978年交付使用的阳（平关）安（阳）、襄渝两条铁路，运营至1981年时，已出现大量的路基病害。其中，营业里程仅为357 km的阳安铁路因膨胀土引起的路基病害竟有521处，占全线路基病害的71.3%。这两条新建铁路在短短的三五年运营期内，由于膨胀土路基变形造成的中断行车事故高达30次。

事实证明，由于膨胀土具有明显的胀缩性、超固结性和多裂隙性，如直接用以填筑路基或在改良和填筑施工过程中质量控制不当，都会对路基稳定性带来相当大的危害。

因此，在膨胀土中掺入石灰、水泥、粉煤灰、氯化钠、氯化钙、沥青、合成固化剂、合成树脂和磷酸等等改良材料，通过与原土发生物理化学反应而从根本上改变原土性质，使其成为合格的路基填料（改良土），这是膨胀土改良的基本目的。

二、改良机理

从本质上讲，石灰、水泥、粉煤灰、氯化钠、氯化钙、沥青、合成固化剂、合成树脂和磷酸等等改良材料均能改变膨胀土的工程性质，以达到改良目的，只是不同性质的改良材料与原土相互作用的机理有所不同。另外,因各种改良材料的单价及其改良工艺要求的差异,其经济性、现场适用性也存在着较大的差别。

事实上,在我国铁路、公路的改良膨胀土路基施工中,出于同一个改良目的和对技术、经济的综合考虑,绝大多数的膨胀土改良均采用石灰等作为常用的改良材料。下面,简要分析或叙述水泥、石灰等几种常用改良材料的改良机理。

(一) 水泥改良机理简析

当水泥掺入到膨胀土中后,会引起水泥的水解和水化反应,产生水泥水化物。一部分水泥水化物与黏土颗粒发生相互作用,水泥水化物中的氢氧化钙($Ca(OH)_2$)又与二氧化碳(CO_2)发生碳酸化作用。经过这些反应与相互作用后,改变了膨胀土的原有性质。

1. 水泥的水解和水化反应

普通硅酸盐水泥主要由氧化钙(CaO)、二氧化硅(SiO_2)、三氧化二铝(Al_2O_3)、三氧化二铁(Fe_2O_3)及三氧化硫(SO_3)等不同的氧化物分别组成以下的水泥矿物:

硅酸三钙($3CaO\ \ SiO_2$)、硅酸二钙($2CaO\ \ SiO_2$)、铝酸三钙($3CaO\ \ Al_2O_3$)、铁铝酸四钙($4CaO\ \ Al_2O_3\ \ Fe_2O_3$)、硫酸钙($CaSO_4$)等。

将水泥拌入膨胀土中后,水泥颗粒表面的上述水泥矿物很快与土中的水发生水解和水化反应,生成氢氧化钙($Ca(OH)_2$)、水化硅酸钙($3CaO\ \ 2SiO_2\ \ 3H_2O$)、水化铝酸钙($3CaO\ \ Al_2O_3\ \ 6H_2O$)及水化铁酸钙($3CaO\ \ Fe_2O_3\ \ 6H_2O$)等化合物。其反应的化学过程如下:

(1) 硅酸三钙

$$2(3CaO\ \ SiO_2)+6H_2O \rightarrow 3CaO\ \ 2SiO_2\ \ 3H_2O+3Ca(OH)_2 \qquad (2\text{—}1\text{—}1)$$

硅酸三钙在水泥中含量最多(占全重的50%左右),是决定强度的主要因素。

(2) 硅酸二钙

$$2(2CaO\ \ SiO_2)+4H_2O \rightarrow 3CaO\ \ 2SiO_2\ \ 3H_2O+Ca(OH)_2 \qquad (2\text{—}1\text{—}2)$$

硅酸二钙在水泥中的含量较高(占25%左右),它主要产生后期强度。

(3) 铝酸三钙

$$3CaO\ \ Al_2O_3+6H_2O \rightarrow 3CaO\ \ Al_2O_3\ \ 6H_2O \qquad (2\text{—}1\text{—}3)$$

铝酸三钙占水泥重量的10%左右,水化速度最快,促进早凝。

(4) 铁铝酸四钙

$$4CaO\ \ Al_2O_3\ \ Fe_2O_3+2Ca(OH)_2+10H_2O \rightarrow 3CaO\ \ Al_2O_3\ \ 6H_2O+3CaO\ \ Fe_2O_3\ \ 6H_2O \qquad (2\text{—}1\text{—}4)$$

铁铝酸四钙占水泥重量的10%左右,能促进早期强度。

在上述一系列的反应过程中所生成的氢氧化钙、水化硅酸钙能迅速溶于水中,使水泥颗粒表面重新暴露出来,再与水发生反应,这样周围的水溶液就逐渐达到饱和。当溶液达到饱和后,水分子虽然继续深入颗粒内部,但新生成物已不能再溶解,只能以细分散状态的胶体析出,悬浮于溶液中,形成胶体。

(5) 硫酸钙

$$3CaSO_4+3CaO\ \ Al_2O_3+32H_2O \rightarrow 3CaO\ \ Al_2O_3\ \ 3CaSO_4\ \ 32H_2O \qquad (2\text{—}1\text{—}5)$$

虽然在水泥中的含量仅占3%,但它与铝酸三钙一起与水发生反应,生成一种被称为"水泥杆菌"的化合物。

上述反应结果把大量的自由水以结晶水的形式固定下来,对于高含水量土的强度增长有特殊意义,使土中自由水的减少量约为水泥杆菌生成重量的46%。

2. 水泥水化物与黏土颗粒的相互作用

当水泥的各种水化物生成后，有的自身继续硬化，形成水泥石骨架；有的则与其周围具有一定活性的黏土颗粒相互间发生以下作用：

(1) 离子交换和团粒化作用

土颗粒带有 Na^+ 或 K^+ 离子，它们能和水泥水化生成的 Ca^+ 离子进行当量吸附交换，使较小的土颗粒形成较大的土团粒，从而使土体强度提高。

水泥水化生成的凝胶粒子表面积比原水泥颗粒增大 1 000 倍，产生很大的表面能。这种表面能具有强烈的吸附活性，能使较大的土团粒进一步结合起来。团粒增大的最终效果是，土的塑性减小而抗剪强度大大提高。

(2) 凝硬反应

随着水泥水化反应的深入，溶液中析出大量的 Ca^+ 离子。当 Ca^+ 离子数量超过土颗粒中 Na^+ 或 K^+ 离子交换需要量后，则在碱性环境中能使组成黏土矿物的二氧化硅及三氧化二铝的一部分或大部分与钙离子进行化学反应(见式(2—1—6)、(2—1—7))。随着这种化学反应的深入，逐渐生成不溶于水的稳定的结晶化合物：

$$SiO_2 + Ca(OH)_2 + nH_2O \rightarrow CaO \quad SiO_2 \quad (n+1)H_2O \tag{2—1—6}$$

$$Al_2O_3 + Ca(OH)_2 + nH_2O \rightarrow CaO \quad Al_2O_3 \quad (n+1)H_2O \tag{2—1—7}$$

二氧化硅及三氧化二铝与钙离子进行化学反应生成的结晶水化物有硅酸钙水化物($CaO \quad SiO_2 \quad (n+1)H_2O$)、铝酸钙水化物($CaO \quad Al_2O_3 \quad (n+1)H_2O$)等，这些新生成的化合物在水中和空气中逐渐硬化，增大了水泥改良膨胀土的强度，而且由于其结构比较致密，水分不易侵入，从而使水泥改良膨胀土具有足够的水稳定性。

3. 碳酸化作用

水泥水化物中游离的氢氧化钙能吸收水中和空气中的二氧化碳，发生碳酸化反应，生成不溶于水的碳酸钙(见式(2—1—8))。

$$Ca(OH)_2 + CO_2 \rightarrow CaCO_3 \downarrow + H_2O \tag{2—1—8}$$

这种反应也能使水泥改良膨胀土增加强度，但增长的速度较慢，幅度也较少。

(二) 石灰改良机理简介

石灰是在我国铁路膨胀土改良技术中使用最为普遍的材料，有关石灰改良机理的分析将在本书第四章中详细阐述，这里仅作概念性的简介。

生石灰的主要成分是 CaO，其次是 MgO。当生石灰拌入土中后，CaO 马上吸水消解生成 $Ca(OH)_2$，即熟石灰。在熟化过程中，可吸水、发热、膨胀，但是由于石灰掺量较少所以真正的膨胀力是很小的。生石灰完全消解后生成了 $Ca(OH)_2$，则可与膨胀土中的黏土颗粒发生离子交换、凝硬反应和碳酸化反应，从而使膨胀土得到改良。

在膨胀土中掺水泥、石灰等，均能使土的强度提高，膨胀率减小。就改良效果而言，石灰在降低土的膨胀率方面比水泥更为有效，而水泥则能显著增加土的强度。

需要注意的是，膨胀土中掺石灰后尽管能显著减小其塑性指数和大大弱化其胀缩性能，但并非掺入石灰越多效果就越好。当石灰掺量超过某一值后，过多的石灰在土中自由存在，反而可能会导致其力学性质变差。因此，其掺灰率应通过物理与力学性质、胀缩性、水稳性等试验来确定。有关这方面的内容也将在本书第四章中作深入阐述。

(三) 膨胀土生态改性剂(CMA)机理简介

膨胀土的胀缩特性取决于黏土矿物的种类、含量，可交换离子，水态电解质含量以及内部结构。膨胀土改性的关键在于改变土中黏土矿物的亲水性,膨胀土生态改性剂CMA(Changing the Montmoriuonite's Absorbent),即:蒙脱石中和剂,正是基于这一原理研制出来的一种膨胀土生态改性材料。

蒙脱石含量是膨胀土膨胀与收缩的物质基础,其特殊晶层结构和同晶置换作用,使得晶层表面带有负电荷。蒙脱石的这种特性不仅使其外表面牢固地吸附单层水分子,而且晶层间的内表面也吸附双层水分子层。蒙脱石中和剂CMA是一种能溶于水的交换树脂,在水中离解出带正电荷的阳离子$[X]^{n+}$(以AL^{3+}为主)和带负电荷的阴离子$[Y]^{n-}$。阳离子$[X]^{n+}$与膨胀土胶体表面的阳离子$[M]^{n+}$(以Ca^{2+},Mg^{2+},Na^{+})进行交换,使亲水性极高的阳离子$[M]^{n+}$被亲水性较低的铝离子及其水合物所代替,其反应过程可描述为:

$$[\text{土壤胶体}]^{n-}[M]^{n+}+[X]^{n+}\rightarrow Al[\text{脱铝的土壤胶体}]+[M]^{n+} \qquad (2—1—9)$$

离子交换作用的结果,使原来作用于膨胀土颗粒表面的吸附水静电引力被打破,吸附水变成自由水。经离子交换作用后,膨胀土颗粒与水分子结合力减弱,从而容易被排出,这样就从根本上改善了膨胀土湿胀干缩的特性。

与其他胶合材料不同,CMA自身与土颗粒并不结合。因其具有再生功能,故与膨胀土作用时其总量不会减少,功效也不会随时间的推移而减弱。相反,只要膨胀土中有水分,它的功效就会延续下去,这种作用是永久的不可逆的。当然,由于采用CMA的膨胀土改良成本远高于石灰,若无特殊环保要求,一般不适宜大量采用。

第二节 膨胀土改良的常用方法

膨胀土的改良方法,可分为物理改良和化学改良两大类。

物理改良是在膨胀土中加入固体材料,通过固体材料与膨胀土的物理结合,借助于固体材料的自身性能来抑制膨胀土的不良性质,从而使整体性能得到改良的方法。如:采用加筋纤维抑制膨胀土的膨胀性;在膨胀土中掺砂子等。由于物理改良方法仅仅改变了膨胀土的外部环境与条件,并不能从本质上改变膨胀土的原有性质,仍潜在着改良效果的不良变化。因此,这类方法往往存在着很大的局限性,通常不可能在路基填筑工程中大规模的采用。

化学改良是通过改良材料与膨胀土中黏土矿物的一系列理化反应,从内在机理上改变了膨胀土的原有性质,使之成为合格材料的改良方法。这种方法的改良效果是本质性的,也是永久性的。

纵观国内外路基工程中所采用的膨胀土改良方法,基本上均为化学改良。化学改良的具体方法主要有:石灰类改良方法;水泥类改良方法;粉煤灰等工业废渣类改良方法;水玻璃类改良方法;膨胀土生态改性剂(CMA)改良方法;有机类改良方法等。

此外,还有有机类改良与无机类改良复合的方法,如丙烯酸盐与水泥复合、胺基磺酸盐类化合物与石灰复合等。

下面,简要介绍几种路基工程中常用的膨胀土化学改良方法。

一、石灰类改良方法

路基工程中的石灰类改良方法,就是利用改良材料对膨土的改良机理,在不同类别的膨胀土中掺入相应合适比例的磨細生石灰粉或熟石灰,通过一定的改良拌和工艺后,形成合格的改良土路基填料。

此种改良方法已在公路、铁路的路基工程中被广泛使用。掺灰比(即:膨胀土中掺入石灰类改良材料的重量比例)是决定改良效果的重要参数。应首先通过试验并经过技术经济比较后,再确定某种膨胀土改良的最佳掺灰比。最佳掺灰比的基本含义是:在技术上保证改良土的胀缩总率≤0.7;在经济上追求改良成本的最小化。

国内外在新建公路和铁路路基工程施工实践中,不断摸索确定最佳掺灰比的经验。例如:我国江苏省宁(南京)连(云港)高速公路在对不同膨胀土进行了改良试验:塑性指数为24的灰色(膨胀)黏土,当掺入石灰的重量比为4%、6%、8%时的胀缩总率分别为-0.3、-0.4、-0.2,掺灰比6%时的膨胀力即下降到接近天然稳定状态时的指标;塑性指数为31的灰黄色(膨胀)黏土,当掺灰比为4%、6%、8%时胀缩总率分别为2.2、0.14、0.25,掺灰比6%和8%时的膨胀力可下降到天然稳定状态时的指标。又如:我国安徽省境内312国道公路路基使用经过改良的合肥膨胀土作为路堤填料,产生明显石灰改良效应的最佳剂量为6%。再如:我国2004年底至2007年施工的新建时速200公里客货共线合肥—南京铁路改良膨胀土路基工程,采用石灰分别对天然膨胀率为40%~80%的大区域弱、中等膨胀土进行大规模的改良。基床底层改良膨胀土填料的最佳掺灰比分别为弱膨胀土6%、中等膨胀土7%,基床以下改良膨胀土路基填料的最佳掺灰比分别为弱膨胀土5%、中等膨胀土6%,取得了良好的技术经济效果。据国外资料报导,稳定膨胀土需要的石灰掺入重量比一般应控制在2%~8%的范围内。如:美国佛罗里达州在公路建设中,用石灰稳定膨胀土的石灰掺入重量比约为3%。

有关新建时速200公里铁路路基施工中的膨胀土石灰类改良具体方法,将在本书第四章中进行系统、细致、深入的阐述。

二、水泥类改良方法

膨胀土的水泥类改良方法与石灰类改良方法的思路完全一致,也是利用改良材料对膨土的改良机理,在不同类别的膨胀土中掺入各种类别并有相应合适比例的硅酸盐水泥,通过一定的改良拌和工艺后,形成合格的改良土路基填料。关于硅酸盐水泥对对膨土的改良机理,在上一节中已作了简明分析。

许多研究表明,膨胀土中掺入水泥的比例也有一个合理的范围。通常条件下,改良膨胀土的强度一般会随着水泥掺入比例的增加而提高。但与此同时,水泥在水化反应过程中不仅自身的体积会缩小,还会消耗膨胀土中黏粒矿物表面的吸附水而引起改良土的干燥收缩。当水泥的掺入比例超过一定限值时,改良土的收缩性变大,裂缝将显著增加,改良成本也会随着水泥用量的增加而直线上升。因此,从技术效果和合理的改良成本出发,采用膨胀土水泥类改良方法时的水泥掺入重量比例,应控制在4%~10%之间。

在我国,由于水泥单价成倍于石灰单价,一般较少使用水泥类改良的方法。尤其在较大规模的改良膨胀土路基施工中,尽可能选用性价比更高的石灰类改良方法。

三、粉煤灰等工业废渣类改良方法

粉煤灰、矿渣等工业废渣之所以也能作为膨胀土的改良材料,是因为这些工业废渣中的钙能与膨胀土中的硅、铝发生水化反应,生成水化物,再利用水化物的改良机理而对膨胀土的原有性质进行改良。

但由于粉煤灰、矿渣等工业废渣中所含钙量有限,需补充适量的石灰或水泥,才能产生充分的水化反应而达到预期的改良效果。切确地讲,所谓粉煤灰等工业废渣类改良方法,实际上是将粉煤灰等工业废渣添加适量石灰(或水泥)作为改良材料的膨胀土改良方法。

粉煤灰、矿渣等工业废渣与石灰(或水泥)混合改良膨胀土能各自发挥其特长,既提高了早期强度,又保证了后期强度的稳步增长。其原因在于:

石灰和膨胀土的胶凝反应进行较慢,早期强度不高,但后期强度稳步增长;而粉煤灰含有大量活性 SiO_2 和 Al_2O_3,在石灰存在的情况下,水化生成的胶凝性物质能加快胶结膨胀土颗粒,促其形成网状连接而提高早期强度。

石灰与粉煤灰、矿渣等工业废渣混合料改良的膨胀土,早期主要发生离子交换和团粒化作用,减薄了土粒吸附水膜的厚度,使土体塑性降低,最大干密度减小,最佳含水率上升,促使较大的土团粒进一步联合,土粒之间形成较强的联结。

在具备粉煤灰、矿渣等工业废渣充足供应资源的条件下,因地制宜地采用上述改良方法,将具有很好的技术、经济价值和综合治理、变废为宝的社会意义。

四、水玻璃类改良方法

水玻璃由于其在胶凝剂的作用下具有聚合作用,也常被人们用来改良特殊土。膨胀土的水玻璃类改良方法,即是以水玻璃作为主要改良材料的改良方法。

需要说明的是,水玻璃在没有加入凝胶剂之前是不会发生聚合作用的。只有当酸或水解后呈酸性的盐掺进水玻璃溶液中之后,才会通过聚合作用而使膨胀土得到改良。其主要机理为:水玻璃溶液中的硅酸根负离子与加入物中的氢离子结合,生成硅胶沉淀在土颗粒表面,使土颗粒表面形成一层硅酸薄膜。由于硅酸本身具有胶结性,不仅将土颗粒相互胶结起来,而且生成的硅酸凝胶会脱水缩聚,由单分子结构变为空间结构,把分散的颗粒进一步聚裹成一个整体,从而提高了土体的强度。

由于普通水玻璃改良材料是由碱性水玻璃和酸性反应剂构成,在强碱条件下发生胶凝固结而其胶凝时间不能延长,造成改良反应不完全。同时,生成的 SiO_2 胶体受较强的碱性影响会逐渐溶出,使其耐久性大大降低。有鉴于此,目前工程上大多不再使用普通水玻璃而采用改性水玻璃。

典型的改性水玻璃如酸性水玻璃,由于在中性区域凝胶而没有碱溶出,因此不存在普通碱性水玻璃那种淋滤腐蚀和污染环境现象。为了延长水玻璃的胶凝时间,促进改良反应更加完全,还可使用铝酸碱金属盐与碳酸钙混合液进行调整。另外,水玻璃的改性方法还有使用乙二醛、碳酸乙烯酯等。当然,与膨胀土的石灰类改良方法相比,水玻璃类改良方法存在着明显的局限性。

五、膨胀土生态改性剂(CMA)改良方法

膨胀土生态改性剂(CMA)改良方法已开始在我国公路与铁路的部分路基工程中使用,目前主要应用在一些膨胀土路堑边坡防护中。

此方法的作用过程为:当膨胀土生态改性剂(CMA)喷洒在膨胀土体上后,通过渗透达到土体内一定深度与土发生化学反应。生态改性剂能溶于水,可以随土体中的水分经毛细孔隙到达土体内一定深度,也可以随雨水渗透土中,到达雨水能到达的深度。这样就从根本上解决了大气风化作用层范围内水分渗入对膨胀土的影响及对一定深度膨胀土的改良。

我国公路部门曾将此法应用于合(肥)—六(安)—叶(集)高速公路工程中,取得了较为明显的改良效果。该公路中等膨胀土路堑边坡经CMA改性后,其自由膨胀率由改性前的71%

下降到20%左右，液限和塑性指数显著降低，亲水能力大幅下降，黏粒含量明显下降，粉粒含量增加，说明改性后粒度组成已接近粉土；各项胀缩性指标较改性前也有大幅下降，无荷膨胀率约为改性前的2%，膨胀力约为改性前的5%；在非饱水和饱水状态下，改性土都具有较高的抗剪强度和无侧限抗压强度，说明改性后水稳性较好。

近年来，膨胀土生态改性剂(CMA)改良方法也已经开始在我国一些高等级铁路的膨胀土路堑边坡防护工程中应用。例如：在2004年底至2007年施工的新建时速200公里客货共线合肥—南京铁路改良膨胀土路基工程中，对部分膨胀土路堑边坡采用了膨胀土生态改性剂(CMA)改良方法进行改良加固，也获得了良好的实际效果。有关这方面更具体的内容，将在本书第九章“边坡防护”中详细介绍。

六、有机类改良方法

膨胀土的有机类改良方法，系指利用有机改良材料(即：有机聚合物)的聚合反应机理，实现对膨胀土改良的方法。常用的有机类改良材料有：丙烯酸盐系列、聚液态丁二烯等。

丙烯酸盐是由丙烯酸和金属离子结合组成的有机电解质，在未聚合之前可溶于水，它是由丙烯酸与碱土金属(M)的反应制得，其反应步骤如下：

$$MO + H_2O \rightarrow M(OH)_2 \qquad (2—2—1)$$

$$M(OH)_2 + CH_2O = CHCOOH \rightarrow M(CH_2 = CHOO)_2 + H_2O \qquad (2—2—2)$$

$$M(CH_2 = CHOO)_2 \rightarrow M[COO(CH_2 - CH_2)_n]_2 \qquad (2—2—3)$$

当采用丙烯酸盐进行膨胀土固化时，丙烯酸盐单体与引发剂一起加入到土中，在土中进行聚合反应，经过链的引发、链的增长等过程(见式2—2—1、2—2—2)，使液状丙烯聚合成不溶于水的网状高分子凝胶体(如式2—2—3所示)。这样土颗粒就被强度高、有塑性的链包围，形成一个空间网，产生“土颗粒——丙烯酸盐凝胶——土颗粒”结构。这一结构可提高土颗粒间连接强度，使土体具有较高强度和变形率，表现为土的抗拉、抗剪和单轴抗压强度提高。同时，由于有机网状高分子胶凝体具有憎水作用，可减少水的渗出和渗入，也有利于膨胀土的固化。

有机类改良材料(聚合物)与土颗粒中的黏土矿物(包括膨胀性矿物蒙脱石等)一般不直接发生反应，其对膨胀土的改良作用主要是通过包裹、机械啮合等物理作用来提高土颗粒间的粘接作用。因此，在减少土的膨胀性和增加土的强度方面，有机类改良材料相比于石灰等无机类改良材料作用要小。而且有机物聚合过程不吸收水分，土颗粒表面吸附水膜的存在会更影响聚合物网络对土颗粒连结的加强作用。

要使有机类改良材料在土中形成一定的均匀聚合物网络，常需要加大其掺量。而有机类改良材料的成本通常较高，因此，常常因经济成本、加固效果等方面原因而限制了有机类改良方法的广泛应用。

第三章 新建时速 200 公里铁路改良膨胀土路基构造与施工技术路线

如前所述，由于膨胀土存在的一系列物理特性，决定了必须对其进行改良才能作为新建时速 200 公里铁路的路基填料。同时，在膨胀土发育地区还应该考虑路堑、低路堤地段的路基自重荷载与基底原状膨胀土膨胀力的平衡，以及路堑边坡原状膨胀土的稳定性等问题。因此，新建时速 200 公里铁路改良膨胀土路基与普通土路基在构造及其技术要求方面，存在以下的主要差别：

1. 路基基床底层和基床以下采用改良膨胀土作为填料；
2. 路堑和路基高度＜2.5 m 的低路堤的基床底层原地面以下的改良膨胀土换填厚度，应分别根据路堑与低路堤原地面以下原状膨胀土的具体物理性质进行个别设计；
3. 路堑与部分低路堤的基床底层顶面需采取必要的封闭隔水工程措施；
4. 路堑开挖断面的两侧原状膨胀土路堑边坡必须实施有效的工程加固。

为确保新建时速 200 公里铁路改良膨胀土路基施工全过程的工程质量、施工安全、工期目标、造价控制、环境保护、水土保持和文明施工，必须严密制订并严格执行科学的施工技术路线。

第一节 改良膨胀土路基构造

新建时速 200 公里铁路改良膨胀土路基，是一种主要由改良膨胀土、级配碎石等土工材料，按严格的施工工艺填筑、压实而成的土工结构物。它由路基本体和路基附属工程构筑物两大部分组成。

路基本体构造形式分为路堤、路堑、过渡段三种类型（有双线也有单线）。其中，按形态特征，路堤可细分为：一般路堤、变边坡路堤和低路堤；路堑可分为：一般路堑和半填半挖路堑；过渡段按其工程用途，分别有：路堤与桥台过渡段、路堤与横向结构物过渡段、路堤与路堑过渡段、路基与隧道过渡段等。路基附属工程构筑物包括路基排水、坡面防护、路基支挡等。新建时速 200 公里铁路改良膨胀土路基，应尽量避免高路堤、深路堑。

值得注意的是，在膨胀土发育地区，因沿线原状土多为具有不同胀缩性、超固结性和多裂隙性的膨胀土，因此，在新建时速 200 公里铁路改良膨胀土路基施工中，即使是同一种改良膨胀土路基构造形式，往往在具体结构上也会采取增设或无须增设封闭隔水层等不同的工程措施。

新建时速 200 公里铁路改良膨胀土路基工程，应在详细核对设计提供的全线工程地质、水文条件和取土场原状膨胀土性质的基础上，严格按设计标准和土工结构物的技术要求组织施工。尤其是要根据改良膨胀土路基构造的特点，通过一系列试验，采用有效的膨胀土改良技术，在科学的膨胀土改良拌和工艺和改良膨胀土填筑、压实施工工艺的指导下进行施工。应保证建成的改良膨胀土路基具有足够的强度、稳定性和耐久性，能够抵御各种自然因素的影响，全面达到新建时速 200 公里铁路路基的各项技术标准与要求。与此同时，改良膨胀土路基工程还必须有良好、完整的排水设施，并与桥、涵、车站以及当地排水网络、农田水利灌溉系统等相衔接，形成区域性的排涝、防洪体系。

一、路基横断面要素概述

新建时速 200 公里铁路改良膨胀土路基的横断面要素，主要包括：路基顶面形状、路肩宽度、路基面宽度、基床厚度、路基荷载换算土柱高度等。

（一）路基顶面形状

改良膨胀土路基顶面应为三角形，由路基中心线向两侧设 4% 的横向排水坡。曲线加宽时，路基面仍应保持三角形。

（二）路肩宽度

适当宽度的路肩对于提高行车安全畅通的保障度，预留因路基沉降抬道、道床边坡坍落所占用的空间，方便现场作业人员行走、避车和临时堆放料具，满足其他基础设施的设置以及大型养路机械作业的需要，都具有十分重要的作用。

1. 提高行车安全畅通的保障度

国内、外铁路运营经验与教训证明，土质路堤浸水后，会造成边坡土质软化，强度降低，在自重与列车动荷载的共同作用下，容易发生边坡浅层坍滑。路肩宽度不足时，极有可能直接危及行车安全与畅通。而路肩有足够宽度时，即使发生边坡浅层坍滑，也不会直接影响路基承载部分，可以减轻对行车安全与运输畅通的不利影响。

需要格外谨慎的是，在膨胀土地质条件的路堑地段，除了设置足够宽度的路肩与侧沟外，沿侧沟外侧必须留有一定宽度的平台，以便于处理施工期间因路堑边坡原状膨胀土减荷膨胀或浸水膨胀引起的变形坍滑，也有利于预防和处理运营期间一旦路堑护坡变形、破损、坍落而造成对线路的侵限，从而最大程度地减少对行车的干扰。

2. 预留因路基沉降抬道、道床边坡坍落、零星作业等所占用的空间

根据我国新建时速 200 公里铁路的有关规定，路基的工后沉降量应≯15 cm。当路基达到最大允许沉降量时，为调整轨面标高而进行的起道作业，将会使道床底部宽度按起道量的 1∶1.75比例相应加大。若再加上道碴坍落所占用的宽度，以及设备巡检、钢轨探伤、养修作业时作业人员避车、临时堆放各类器材的安全空间，则路肩宽度应≮1.0 m。

3. 满足其他基础设施的设置和大型养路机械作业的需要

路肩上要设置接触网立柱、电缆槽、观测桩、线路标志等其他基础设施。为不影响大型养路机械作业，这些基础设施应与线路保持足够的距离。尤其是接触网立柱内侧距线路中心线必须≥3.1 m，再考虑立柱直径及其外侧留有的空间，路肩宽度也应≮1.0 m。

综合以上因素，新建时速 200 公里铁路改良膨胀土路基的路肩宽度应≮1.0 m（单线应≮1.1 m）。

（三）路基面宽度

新建时速 200 公里铁路双线线间距为 4.4 m（预留时速 250 km 为 4.6 m），路基面横向排水坡坡度为 4%。道床顶宽为 3.5 m，道床边坡坡度为 1∶1.75，道床顶面应高出枕底 18.5 cm，枕下道床厚度为 35 cm，道床边坡部分的水平宽度双线为 1.1 m，单线为 1.0 m，路肩宽度双线≮1.0 m，单线≮1.1 m。布置有接触网支柱时，支柱两侧到线路中心距离应≥3.1 m。

另外，因曲线需要设置超高，必然会造成曲线外侧道床底宽的增加，故正线曲线地段的路

肩外侧应予加宽。具体要求是：当曲线半径＞6 000 m 时，应加宽 0.2 m；当曲线半径在 3 500～6 000 m时，应加宽 0.3 m。路肩外侧加宽应在缓和曲线内渐变完成。

根据上述因素，新建时速 200 公里铁路改良膨胀土路基面的宽度：直线段双线应≮12.1 m（预留时速 250 km 为≮12.3 m），单线应≮7.7 m；曲线段还应根据曲线半径的大小，相应加宽其路肩外侧的宽度。

（四）基床厚度

新建时速 200 公里铁路改良膨胀土路基的基床厚度，主要依据列车动应力与路基自重静应力之比来确定。当动静应力的比值＞0.2 时，因作用在路基上动应力的权值和土的动力累积较大，则必须考虑动力影响；当动静应力的比值≤0.2 时，说明作用在路基上动应力的权值和土的动力累积较小，可不必考虑动力影响。

在路基构造中，基床是列车动载作用显著的部分，其动静应力的比值＞0.2。根据基床中的动应力及其衰减特征，基床可分为表层与底层两个部分。其中：动应力大且衰减快的部分称为基床表层，动应力小而衰减趋缓的部分称为基床底层。

研究结果表明，路基中的动应力与列车的轴重和速度有关。式（3—1—1）与式（3—1—2）分别是作用于基床面上的动应力 σ_{dl} 和路基不同深度处的动应力 σ_{dz} 的计算公式。

$$\sigma_{dl}=2.6\times P\times(1+0.003V) \tag{3—1—1}$$

$$\sigma_{dz}=\frac{2\sigma_{dl}}{\pi}\left[\frac{m\times n}{\sqrt{1+m^2+n^2}}\times\frac{1+m^2+2n^2}{(1+n^2)(m^2+n^2)}+\arcsin\frac{n}{\sqrt{m^2+n^2}\sqrt{1+n^2}}\right] \tag{3—1—2}$$

式中　P——轴重（kN）；

V——速度（km/h）；

m——a/b；

n——z/b；

a——荷载作用宽度；

b——荷载作用长度；

z——深度。

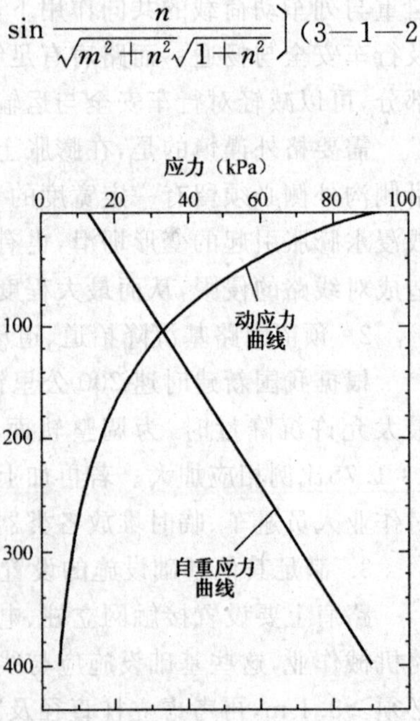

图 3-1-1　动静应力随深度变化示意图

计算可知，若使用轴重 220 kN 的 SS_8 电力机车，当其时速为 200 km 时，作用于路基面上动应力为 92 kPa，而深度在路基面以下 2.4～2.5 m 的动静应力比＜0.2，故时速 200 km 铁路基床厚度定为 2.5 m。据式（3—1—2）绘制的动应力衰减曲线，如图 3-1-1 所示。

必须指出的是，在膨胀土地区，当遇到路堑或路堤高度＜2.5 m 时，应根据膨胀土的性质，通过理论计算和现场试验，合理确定基床底层原地面以下的改良膨胀土换填厚度（有关这方面的内容将在第八章中详述）。

（五）路基荷载换算土柱高度

路基荷载换算土柱高度的确定，不仅对于路基强度计算具有普遍意义，而且对膨胀土地区的地基土膨胀力平衡计算更具重要性。换算土柱高度按列车活载和轨道静载计算得到，我国铁路在比较了 SS_8 电力机车活载图式（见图 3-1-2）与 0.8UIC（欧洲铁路联盟）活载图式（见图 3-1-3）后，确定采用较大者 0.8UIC 活载图式来计算列车活载。

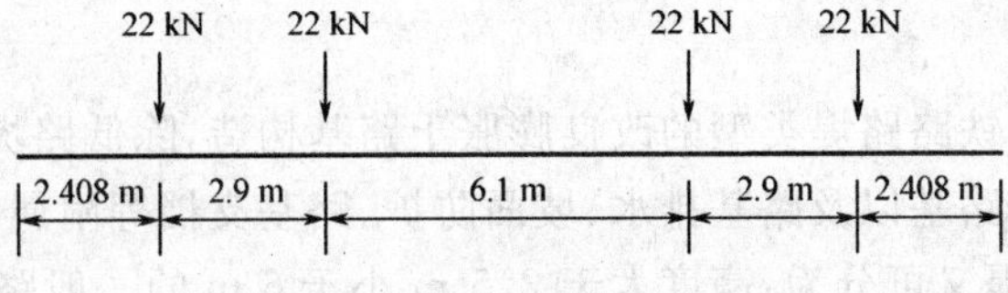

图 3-1-2 SS_8 型机车活载图式

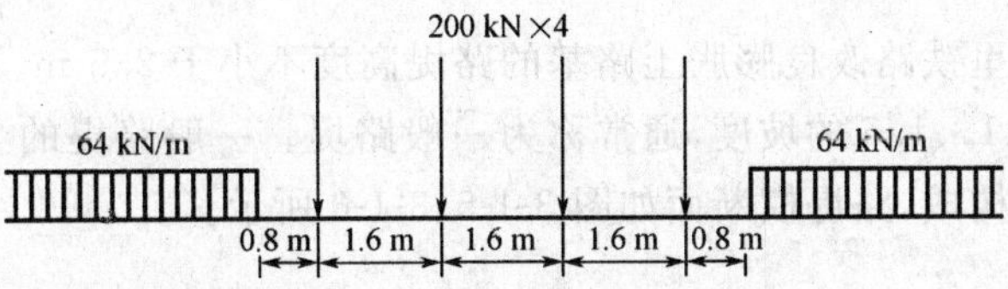

图 3-1-3 0.8UIC 活载图式

活载图式中轨道荷载计算条件为：

道床厚度 30 cm；

轨枕长度 2.6 m，1 667 根/km

轨枕及扣件重量(3.2 kN+0.17 kN)×1.667=5.62 kN；

钢轨重量 0.6 kN/m；

道碴容重 20 kN/m³×(2.32 m³－0.12 m³×1.68)=42.4 kN；

计算得轨道荷载 P=(42.4+5.62+0.6)kN=48.62 kN；

活荷载 Q=200 kN/1.6=125 kN；

荷载分布宽度按轨枕端部向下45°扩散计算，得 l_0=3.27 m≈3.3 m(见图 3-1-4)。

$$换算土柱高度\ h=(P+Q)/\gamma\times l_0 \qquad (3—1—2)$$

式中 P——轨道荷载 48.62 kN；

Q——活荷载 125 kN；

γ——土的重度 kN/m³；

l_0——荷载分布宽度 3.27 m≈3.30 m。

据式 3—1—2 可知，当 γ=18 kN/m³ 时，h_0=2.92 m≈3.00 m；当 γ=19 kN/m³ 时，h_0=2.77 m≈2.80 m。

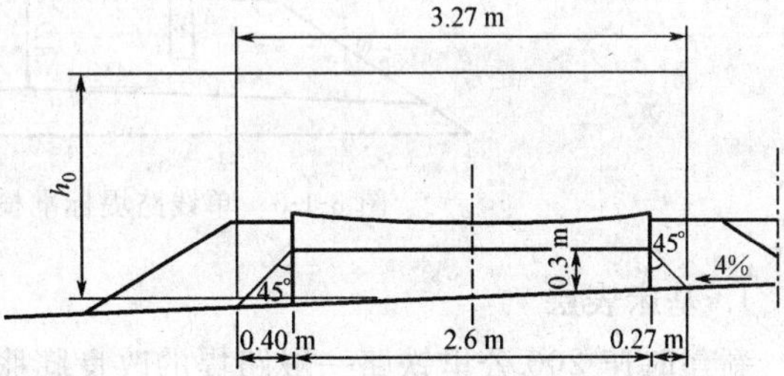

图 3-1-4 换算土柱高度示意图

因此，我国铁路要求路基断面上换算土柱高度及其宽度分布应符合表 3-1-1 的规定。膨胀土改良后当其重度与表不符时，需另行计算土柱换算高度。与标准活载图式出入较大的特种荷载通过的路段，应按特种荷载分布计算。

表 3-1-1 轨道和列车荷载换算土柱高度及分布宽度

设计轴重(kN)	计算高度(m) 土的重度					分布宽度(m)
	18 kN/m³	19 kN/m³	20 kN/m³	21 kN/m³	22 kN/m³	
220	3.00	2.80	2.70	2.60	2.40	3.30

二、路　　堤

新建时速 200 公里铁路路堤类型的改良膨胀土路基构造，除低路堤以外，一般是由基床表层、基床底层、基床以下路基以及路基排水、坡面防护、路基支挡等附属结构物组成。根据路堤的高度，改良膨胀土路堤又可分为：高度大于 2.5 m 小于 6 m 的一般路堤；高度大于 6 m 的变边坡路堤；高度小于 2.5 m 的低路堤。

（一）一般路堤

新建时速 200 公里铁路改良膨胀土路基的路堤高度不小于 2.5 m、不大于 6 m 时，其边坡自下而上仅设置一个 1∶1.5 的坡度，通常称为一般路堤。一般路堤的主体由基床表层、基床底层和基床以下路基构成，路堤横断面如图 3-1-5、3-1-6 所示。

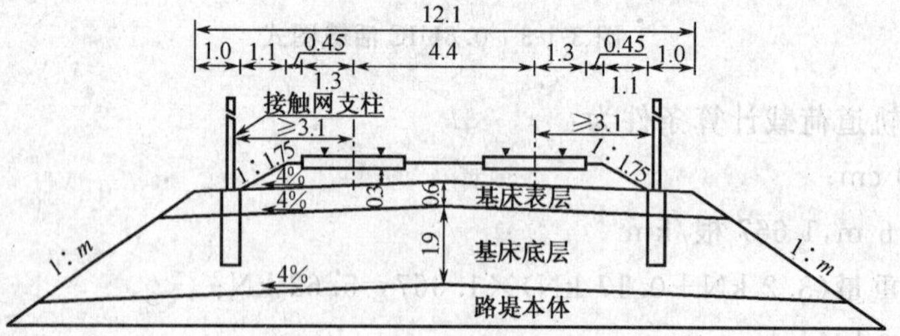

图 3-1-5　双线路堤标准横断面示意图（单位：m）

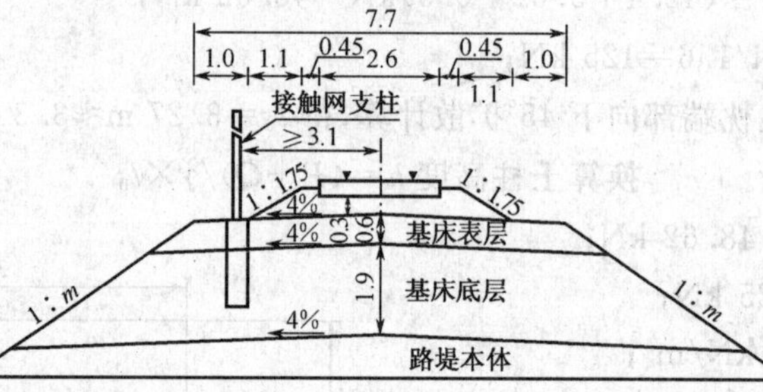

图 3-1-6　单线路堤标准横断面示意图（单位：m）

1. 基床表层

新建时速 200 公里铁路一般路堤的改良膨胀土路基基床表层厚度为 0.6 m。它是由级配碎石（或级配砂砾石）作为路基填料，按照新建时速 200 公里铁路路基基床表层的施工工艺填筑、压实而成。

(1) 基床表层的主要功能

级配碎石（或级配砂砾石）基床表层有以下主要功能：

a. 增加线路强度，使路基更加坚固、稳定，并具有一定的垂向刚度与合适的垂向刚度梯度；

b. 扩散作用到基床底层改良膨胀土面上的动应力，使其值低于基床底层改良膨胀土的容许动强度；

c. 防止道床层道碴直接压入基床土层，同时也防止基床土挤入道床层的道碴空隙而影响道床排水；

d. 由于压实的级配碎石(或级配砂砾石)基床表层有一定的阻水作用,可防止雨水通过道床中的道碴空隙而直接侵入并软化基床土质,导致基床面局部变形、积水,造成翻浆冒泥、碴囊等基床病害;

e. 满足防冻等特殊需要。

(2) 对基床表层填料的技术要求

为达到上述功能,基床表层填料除应有足够厚度外,还要求其材料具有合格的颗粒强度、弹性模量,以及耐磨、反滤等特性。从技术经济可行性出发,我国铁路建设普遍采用级配碎石或级配砂砾石作为基床表层的填料。

2005 年 4 月和 2005 年 9 月铁道部先后发布的《新建时速 200 公里客货共线铁路设计暂行规定》与《客运专线铁路路基工程施工质量验收暂行标准》中,对用以填筑基床表层的级配碎石或级配砂砾石,在材质、颗粒粒径、级配、颗粒形状以及压实标准等方面都明确了严格的技术要求。这在改良膨胀土路基施工中,应格外引起高度的重视。

a. 采用级配碎石作填料的技术要求

(*a*) 材料粒径、级配及品质应符合《铁路碎石道床底碴》(TB/T2897)的有关规定(详见表 3-1-2、3-1-3);

(*b*) 为防止翻浆冒泥,保证轨下基础的动力稳定性,不同材料之间的粒径级配需满足太沙基(Terzaghi)的反滤准则,即与上部道床道碴与下部填土之间的颗粒级配均应满足 $D_{15}<4d_{85}$ 的要求(D_{15} 是指粗粒土级配曲线上相应于 15% 含量的粒径,d_{85} 系细粒土颗粒级配曲线上相应于 85% 含量的粒径);

表 3-1-2　级配碎石材质技术标准

	项　目	单位	标准
1	洛杉机磨耗率 L_{AA}	%	≤50
2	粒径>16 mm 带有破碎面的粗颗粒所占质量百分率	%	≥30
3	石粉液限 L_L	%	≤25
4	石粉塑性指数 I_P		<6
5	粒径>1.7 mm 集料的硫酸钠溶液浸泡损失率 L	%	≤12
6	黏土团及其他杂质含量	%	≤0.5
7	粒径≤0.5 mm 细集料中通过 0.075 mm 筛孔的颗粒含量	%	≤66
8	颗粒密度	g/cm^3	
9	最大干密度,最佳含水率	g/cm^3,%	
10	不均匀系数 C_u,曲率系数 C_c		5,≥1−3

表 3-1-3　级配碎石级配范围

级配编号	通过筛孔(mm)质量百分率(%)									
	50	40	30	25	20	10	5	2.5	0.5	0.075
1	100	95～100	—	—	60～90	—	30～65	20～50	10～30	2～10
2	—	100	95～100	—	60～90	—	30～65	20～50	10～30	2～10
3	—	—	100	95～100	—	50～80	30～65	20～50	10～30	2～10

(*c*) 当级配碎石与填土之间不能满足(*b*)项要求时，基床表层可采用颗粒级配不同的双层结构，或在基床底层表面铺设土工合成材料；

(*d*) 当路堤填料为化学改良土时，可不受(*b*)项限制；

(*e*) 基床表层厚度0.6 m，地基系数 K_{30}(MPa/m)≥190，孔隙率 *n*(%)＜18。

b. 采用级配砂砾石作填料的技术要求

(*a*) 颗粒粒径、级配应符合表3-1-4的规定；

表3-1-4 砂砾石级配范围

级配编号	通过筛孔(mm)质量百分率(%)								
	50	40	30	20	10	5	2	0.5	0.075
1	100	90～100	—	65～85	45～70	30～55	15～35	10～20	4～10
2	—	100	90～100	75～95	50～70	30～55	15～35	10～20	4～10
3	—	—	100	85～100	60～80	30～50	15～30	10～20	2～8

(*b*) 级配曲线应接近圆滑，某种尺寸的颗粒不应过多或过少；

(*c*) 颗粒中细长及扁平颗粒含量应≤20%；

(*d*) 与上部道床碎石及下部填土之间的颗粒级配均应满足 $D_{15}<4d_{85}$ 的要求；

(*e*) 当级配碎石与填土之间不能满足(*d*)项要求时，基床表层可采用颗粒级配不同的双层结构，或在基床底层表面铺设土工合成材料；

(*f*) 当路堤填料为化学改良土时，可不受(*d*)项限制；

(*g*) 粒径＜0.5 mm细集料的液限应≯28%，其塑性指数应≯6；

(*h*) 黏土团及有机物含量应≯2%；

(*i*) 基床表层厚度0.6 m，地基系数 K_{30}(MPa/m)≥190，孔隙率 *n*(%)＜18。

2. 基床底层

新建时速200公里铁路一般路堤改良膨胀土路基基床底层厚度为1.9 m，它是由试验合格的改良膨胀土作填料，按照改良膨胀土路基基床底层的施工工艺填筑、压实而成。其地基系数 K_{30} 应≥110(MPa/m)，压实系数 *K*(重型击实标准)应≥0.95。未经改良或改良未达到要求的膨胀土严禁作为新建时速200公里铁路路基基床底层的填料。

3. 基床以下路基

新建时速200公里铁路改良膨胀土路基一般路堤的高度为2.5～6.0 m，减去路基基床表层与基床底层之和2.5 m后，其基床以下路基的高度为0～3.5 m。基床以下路基也是由经试验合格的改良膨胀土作填料，按照改良膨胀土路基基床以下的施工工艺填筑、压实而成。其地基系数 K_{30} 应≥90(MPa/m)，压实系数 *K*(重型击实标准)应≥0.90。未经改良或改良未达到要求的膨胀土同样严禁作为新建时速200公里铁路基床以下路基的填料。

(二) 变边坡路堤

新建时速200公里铁路改良膨胀土路基的路堤高度＞6 m时，为保证其边坡稳定性，应在路堤高度6 m处的两侧边坡上，各设置宽度为2 m，带有4%横向排水坡的平台。平台以下路堤的边坡坡度为1∶1.75，平台以上路堤的边坡坡度为1∶1.5，由于在同一路堤上存在不同坡度的边坡，故称其为变边坡路堤。

为尽量避免高路堤，变边坡路堤一般只设一次变坡。与变边坡路堤的沉降理论计算有关，边坡平台以上的路堤高度即为变坡高度（如图 3-1-7、3-1-8）。

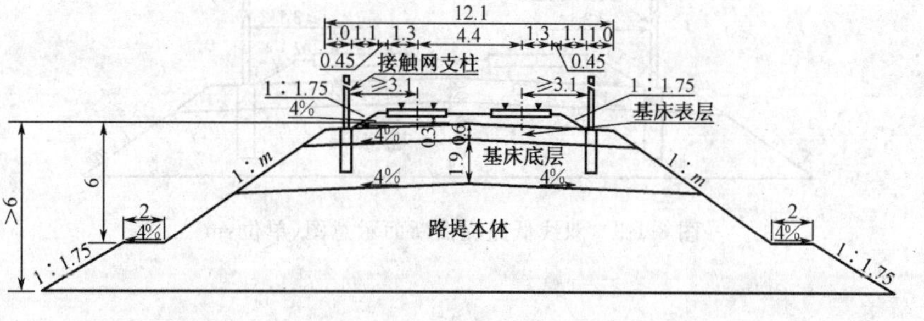

图 3-1-7　双线变边坡路堤横断面示意图（单位：m）

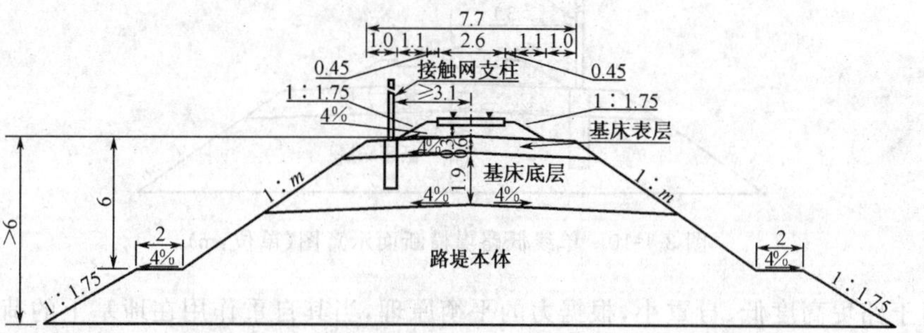

图 3-1-8　单线变边坡路堤横断面示意图（单位：m）

新建时速 200 公里铁路改良膨胀土路基变边坡路堤的主体构造也是由基床表层、基床底层和基床以下路基构成，其基床表层厚度及其级配碎石（或级配砂砾石）填料的材质、颗粒粒径、级配和填筑、压实技术要求与新建时速 200 公里铁路改良膨胀土路基的一般路堤的基床表层完全相同。基床底层的厚度及其改良膨胀土填料的质量和填筑、压实技术要求也与一般路堤的基床底层相同。

需要注意的是，变边坡路堤基床以下改良膨胀土填料的质量和填筑、压实技术要求虽与一般路堤的基床以下路基相同，但由于其高度的原因，在边坡防护、路基支挡等附属工程上，则必须根据路基稳定性的实际需要，采取相应的技术措施（有关这方面的内容将在本书第九章中详述）。

（三）低 路 堤

新建时速 200 公里铁路改良膨胀土路基的路堤高度<2.5 m 时，因总高度不足 2.5 m，在其主体构造中仅有基床而没有基床以下的路基，故称为低路堤。低路堤基床表层厚度及其级配碎石（或级配砂砾石）填料的材质、颗粒粒径、级配和填筑、压实技术要求与新建时速 200 公里铁路改良膨胀土路基的一般路堤的基床表层相同。基床底层厚度视路堤高度而定，并应根据膨胀土的性质，通过理论计算和现场试验，合理确定基床底层原地面以下的改良膨胀土换填厚度。填料的质量和填筑、压实技术要求也与一般路堤的基床底层相同（如图 3-1-9、3-1-10 所示）。

低路堤构造的上述特点，对膨胀土地区的新建时速 200 公里铁路改良膨胀土路基工程提出了以下特殊要求：

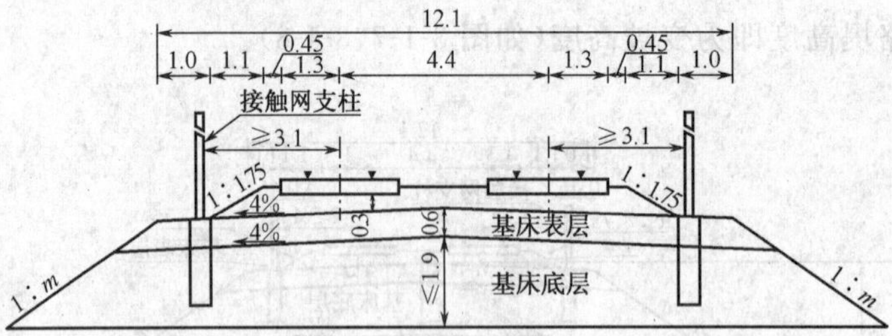

图 3-1-9　双线低路堤横断面示意图(单位:m)

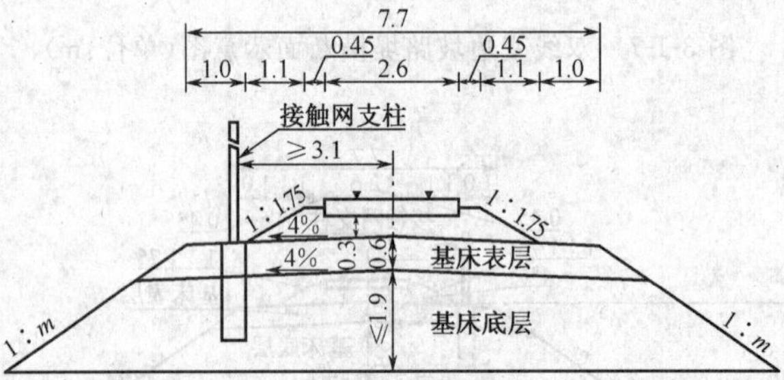

图 3-1-10　单线低路堤横断面示意图(单位:m)

1. 由于路堤高度低、自重小,根据力的平衡原理,当其自重作用在地基上的荷载力不足以抗衡膨胀土地基的膨胀力时,为防止地基膨胀土膨胀变形影响路基稳定,导致日后严重的线路不稳定,必须自地基面起挖除适当深度的原状膨胀土,并用改良膨胀土换填、压实至合格的技术要求;

2. 基床范围内的地基土静力触探比贯入阻力 P_s 应$>$1.5 MPa 或基本承载力 σ_0 应$>$0.18 MPa,否则应进行地基土的换填、压实或实施地基加固;

3. 地基原状膨胀土采用改良膨胀土换填时,改良膨胀土的质量和填筑、压实技术要求,与改良膨胀土路基基床底层要求相同;

4. 当改良膨胀土低路堤存在排水不良隐患,有可能浸入基床底层土面时,应严格按工艺标准,在基床底层顶面铺设各项技术指标符合要求的复合土工膜,进行封闭隔水。再在复合土工膜封闭隔水层上面按工艺标准铺设 0.1 m 厚度的中粗砂保护层,此时基床表层的级配碎石(或级配砂砾石)厚度相应减少 0.1 m,基床表层总厚度仍保持 0.6 m。

复合土工膜采用膜厚为 0.4 mm 的 PVC 经编两布两膜,其纵横向抗拉强度$\not<$20 kN,顶破强度$\not<$2.5 kN,渗透系数$\not>10^{-12}$ cm/s,最大延伸率$\not>$30%。砂子保护层要求采用材质、级配均合格的中粗砂,其含泥量$\not>$5%。

三、路　　堑

新建时速 200 公里铁路路堑地段改良膨胀土路基的构造由基床表层、复合土工膜封闭隔水层、基床底层改良膨胀土换垫层以及路堑排水、坡面防护、支挡等附属结构物组成。根据其形态特征,可分为一般路堑与半填半挖路堑两种形式。

我国在《铁路路基设计规范》中明确,路堑的边坡高度不宜$>$30 m。对于风化严重岩体破碎的石质边坡、特殊岩土边坡,其高度更应严格控制,并采取可靠的支挡防护措施。鉴于膨胀土物理性质的特殊性，在膨胀土地区修建路堑时，对其边坡高度的控制尤其要格外严格谨慎，边坡防护或支挡措施必须非常严密。有关这方面的具体施工技术与要求，本书第九章将作详细叙述。

（一）一般路堑

新建时速 200 公里铁路改良膨胀土一般路堑的构造形式，如图 3-1-11、3-1-12 所示。其主体部分自上而下依次为：路堑基床表层，换填 0.5 m 厚度的级配碎石或级配砂砾石层，在其下面铺设 0.1 m 厚度中粗砂保护层，中粗砂保护层下面铺设复合土工膜隔水层；路堑基床底层，应根据开挖路堑处原状膨胀土的物理指标，通过理论计算和现场试验，确定其换填改良膨胀土的合理厚度。

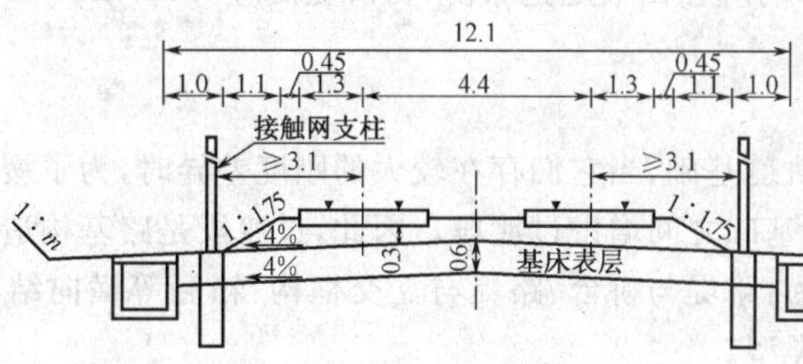

图 3-1-11　双线路堑标准横断面示意图（单位：m）

膨胀土地区路堑基床表层换填的级配碎石或级配砂砾石层，其材质、颗粒粒径、级配和填筑、压实技术要求与一般路堤的基床表层相同。中粗砂保护层、复合土工膜封闭隔水层的材质、规格和技术要求与低路堤的中粗砂保护层、复合土工膜封闭隔水层相同。路堑基床底层换填改良膨胀土的填料质量和填筑、压实技术要求与一般路堤的基床底层相同。

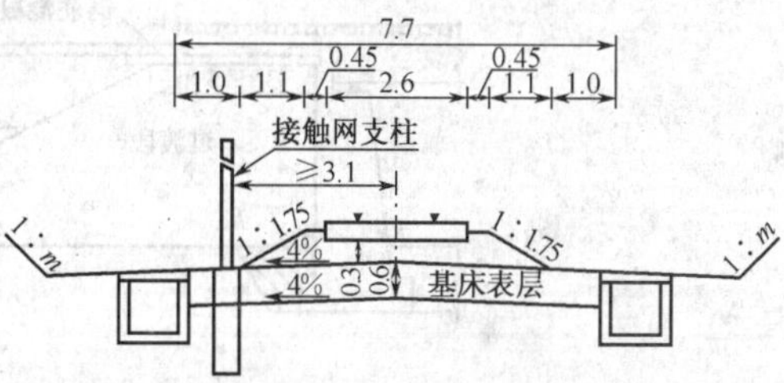

图 3-1-12　单线路堑标准横断面示意图（单位：m）

为保证路堑的排水畅通和路堑边坡原状膨胀土的稳定，路堑换填改良土顶面应有 4% 的人字形排水坡，两侧必须设置浆砌片石或混凝土排水沟。排水沟壁厚 0.4 m，并在内侧沟壁沿铁路方向每隔 1 m 设置 PVC 排水管泄水孔。排水沟排水断面的大小要根据当地最大连续降雨量，以水沟不满溢并无长期积水为原则来确定。排水沟外侧应设置宽度为 1.5～2.0 m（含 0.4 m 沟壁厚度）的平台。为防止水从排水沟外壁沟底渗入土质基床，沟底及水沟外侧平台应以改良膨胀土土回填夯实。

在膨胀土地区，当土质路堑边坡高度≤20 m 时，边坡坡度可选择 1∶1.5；当路堑边坡＞20 m时，应结合膨胀土边坡稳定性分析计算确定，最小稳定安全系数应为 1.15～1.25。还必须根据路堑边坡原状膨胀土稳定性的实际需要，有针对性地选择护坡或支挡措施的种类。同时，根据当地降雨量、汇水面积和地形地貌分别设置必要的吊沟、天沟和边坡平台，并在平台上设置截水沟或挡水墙，平台宽度应不宜＜2 m。

（二）半填半挖路堑

通常，在膨胀土地区修建半填半挖路堑会遇到两种情况，一种是路堑开挖部分为岩质山体;另一种是路堑开挖部分也是膨胀土土体。

前一种情况,应将自线路中心线靠山一侧宽度≮2 m、路基面下 1.0 m 范围内予以挖除换填,填料应符合基床要求,并设置4%的向外排水坡,其中换填的基床表层为0.6 m厚度的级配碎石或级配砂砾石,底层为改良膨胀土。填筑部分,则根据填筑高度,分别与相应的一般路堤、变边坡路堤和低路堤要求相同。

后一种情况,即路堑开挖部分系膨胀土质的半填半挖路堑,其开挖部分构造与要求同膨胀土地区一般路堑。填筑部分,也要根据填筑高度,分别与相应的改良膨胀土路基一般路堤、变边坡路堤和低路堤要求相同。

为确保半填半挖路堑填筑部分的路堤稳定,无论开挖部分是岩质山体还是膨胀土土体,当基底横坡>1∶5~2∶5时,均应在山坡上挖台阶,台阶宽度应>1.0 m。

四、过 渡 段

相邻两种不同类型的轨道基础,当它们存在较大的刚度差异时,为了缓和列车通过时的动力突变,应在两种不同轨道基础之间增设过渡段。因此,过渡段是路基构造的一种特殊形式。

过渡段按其用途可分为:路堤与桥台、路堤与立交框构、箱涵等横向结构物、路堤与路堑、路基与隧道过渡段等多种类型。

(一) 路堤与桥台过渡段

路堤与桥台的过渡段如图 3-1-13 所示。

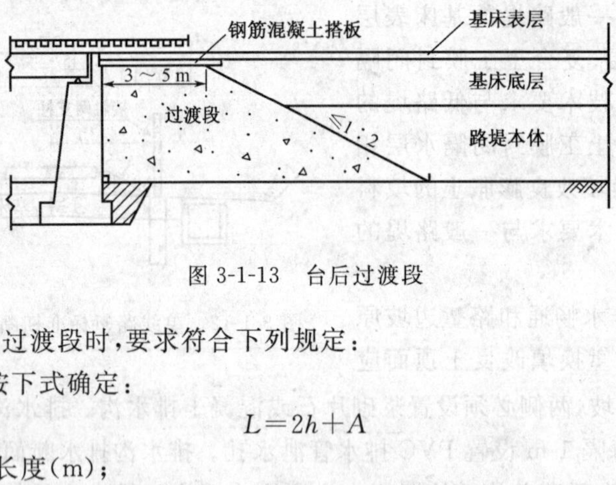

图 3-1-13　台后过渡段

设置路堤与桥台过渡段时,要求符合下列规定:

1. 过渡段长度按下式确定:

$$L=2h+A \tag{3—1—3}$$

式中　L——过渡段长度(m);

h——路堤高度(m);

A——常数,可取 3～5 m。

2. 过渡段构造分为基床表层与表层以下两个部分。过渡段基床表层填料材质、厚度及填筑、压实技术要求与一般路堤基床表层相同;表层以下可用级配碎石(或级配砂砾石)分层填筑,其压实度应符合地基系数(K_{30})≮150 MPa/m和孔隙率(n)≯28%的要求。碎石或砂砾石的级配范围应分别符合表 3-1-3 或表 3-1-4 的规定。

3. 台后基坑应以混凝土回填或以碎石分层填筑压实,并做好横向排水。

4. 过渡段应与其相连的路堤按一体同时施工。

5. 应在台背不易碾压的 2 m 范围内的过渡段级配碎石(或级配砂砾石)中掺入 3%～5%的水泥。

（二）路堤与立交框构、箱涵等横向结构物过渡段

路堤与立交框构、箱涵等横向结构物的过渡段构造如图 3-1-14 所示。

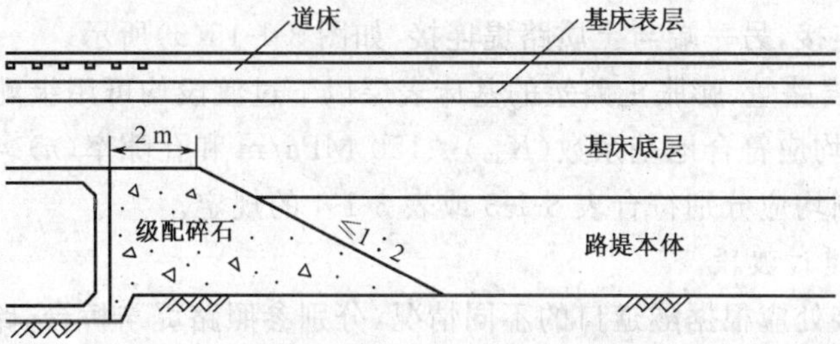

图 3-1-14　路堤与横向结构物过渡段

过渡段基床表层填料的材质、厚度及其填筑、压实技术要求与一般路堤基床表层相同；基床表层以下可用级配碎石或级配砂砾石分层填筑，其压实度应符合地基系数(K_{30})≮150 MPa/m 和孔隙率(n)≯28%的要求。碎石或砂砾石的级配范围应分别符合表 3-1-3 或表 3-1-4 的规定。

需要注意的是，在膨胀土地区当路堤高度为＜2.5 m 的低路堤时，路堤与立交框构、箱涵等横向结构物的过渡段基床底层原地面以下改良膨胀土换填厚度还应根据该处膨胀土地基的物理性质，通过膨胀力与路基自重荷载平衡计算和试验而定。

当横向结构物顶面距地面高度＜1.0 m，且不足 1/2 路堤高度时，可不设过渡段。

（三）路堤与路堑过渡段

新建时速 200 公里铁路改良膨胀土路基的路堤与路堑过渡段，有以下两种不同的设置方式：

当路堑土质为硬质岩时，按图 3-1-15(a) 设置过渡段；当路堑土质为膨胀土时，按图 3-1-15(b)设置过渡段。

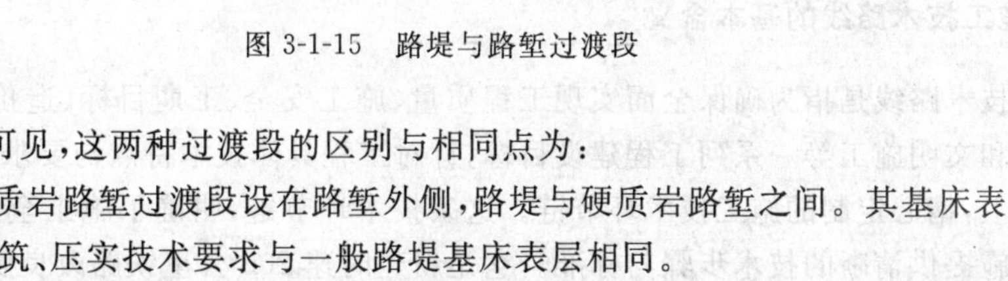

图 3-1-15　路堤与路堑过渡段

由图 3-1-15 可见，这两种过渡段的区别与相同点为：

1. 路堤与硬质岩路堑过渡段设在路堑外侧，路堤与硬质岩路堑之间。其基床表层填料的材质、厚度及其填筑、压实技术要求与一般路堤基床表层相同。

2. 路堤与膨胀土路堑过渡段设在路堑内侧，路堤与膨胀土路堑之间。过渡段基床底层级配碎石以下的改良膨胀土换填厚度应根据该处膨胀土地基的物理性质，通过膨胀力与路基自重荷载平衡计算和试验而定。其基床表层填料的材质、厚度及其填筑、压实技术要求与一般路堤基床表层相同。

3. 路堤与硬质岩路堑过渡段基床表层以下级配碎石顶面的纵向长度为 2 m(自硬质岩路

堑边缘至土质路堤)，一端与硬质岩路堑连接，另一端与土质路堤按 1∶1.5 坡度连接，如图 3-1-15(*a*)所示。

4. 路堤与膨胀土路堑过渡段基床表层以下级配碎石一端与土质路堑(土质路堑必须挖台阶)按 1∶1.5 坡度连接，另一端与土质路堤连接，如图 3-1-15(*a*)所示。

5. 路堤与硬质岩路堑、膨胀土路堑的基床表层以下过渡段均可用级配碎石或级配砂砾石分层填筑，其压实度均应符合地基系数(K_{30})$\not<$150 MPa/m 和孔隙率(n)$\not>$28%的要求。碎石或砂砾石的级配范围均应分别符合表 3-1-3 或表 3-1-4 的规定。

(四) 路基与隧道过渡段

路基与隧道连接处应根据隧道口的不同情况，分别参照路堤与桥台、路堤与路堑连接处的要求设置过渡段。

五、路基附属工程

改良膨胀土路基附属工程是路基本体以外，路基构造的重要组成部分，对路基排水、路基本体稳定、路基功能的正常保持，以及在路基上合理设置其他基础设施(如电缆槽、接触网支柱等)，具有十分重要的作用。

附属工程主要有路基排水、坡面防护、路基支挡等。由于膨胀土地区原状土物理性质的特殊性，为了保证改良膨胀土路基附属工程发挥出良好的作用，在新建时速 200 公里铁路改良膨胀土路基施工技术中，必须十分重视路基附属工程。有关这方面的具体技术要求，本书第九章将作专题阐述。

第二节　施工技术路线

在 2004 年我国掀起大规模、高标准铁路新线建设高潮的前夕，铁道部提出了“以人为本，服务运输，强本简末，系统优化，着眼发展”的铁路建设新理念，要求瞄准国际先进水平，实现“一流的工程质量、一流的装备水平、一流的运营管理”，为我国铁路建设指明了方向。

铁路建设新理念是国内外铁路建设经验与教训的历史性总结，是新线建设实现“三个一流”的灵魂，必须贯彻落实在工程建设的全过程。在新建时速 200 公里铁路改良膨胀土路基施工中，首先要制订一条能充分体现铁路建设新理念，满足时速 200 km 新建铁路技术标准要求，具有改良膨胀土路基施工特点的施工技术路线。

一、施工技术路线的基本含义

施工技术路线是指为确保全面实现工程质量、施工安全、工期目标、造价控制、环境保护、水土保持和文明施工等一系列工程建设目标，针对工程具体技术特点与要求，在技术与经济统一的基础上，精心定制的施工技术环节链。这条技术环节链，明确了施工全过程的技术路径，为施工实施提供清晰的技术步骤与标准。它是新建时速 200 公里铁路改良膨胀土路基施工技术的总纲。

二、施工技术路线在改良膨胀土路基施工中的重要地位

如本书第一、二章所述，由于膨胀土固有的物理特性，决定了其不能直接用来填筑路基。在膨胀土地区，必须在对原状膨胀土物理指标进行具体测试的基础上，首先实施土质改良，再

用合格的改良膨胀土，严格按规定的施工工艺填筑路基。因此，改良膨胀土路基施工，应根据膨胀土的具体特性，拟定一条科学的施工技术路线。这条技术路线，概括了改良膨胀土路基施工的主要技术环节、实施步骤与标准，其重要地位主要表现在以下几个方面：

（一）施工技术路线为实现工程质量目标奠定重要基础

质量目标确定以后，必然要建立一个能支持质量目标实现的技术对策体系。这个体系，贯穿于施工技术路线所明确的各个主要施工技术环节和实施步骤之中。而每个施工技术环节和实施步骤，都有具体的技术标准、手段与方法。所以，施工技术路线是改良膨胀土路基施工技术的主骨架，它的存在为实现工程质量目标奠定了重要基础。

（二）施工技术路线为制定全过程施工安全措施明确着力点

由于在技术路线中明确了改良膨胀土路基施工的各个主要施工技术环节和实施步骤，故参建单位可以此为据，在对每一个施工技术环节和实施步骤进行研究分析的基础上，找准各个环节与步骤的安全重点和薄弱环节。在重视施工全过程安全的同时，加大对重点和薄弱环节的安全控制力度，从而制定出很有针对性的，尤其是能够防范、处理突发事件的施工全过程安全对策措施。

（三）施工技术路线为确保工期目标提供提前采取相应对策的有利条件

人员、机具、材料、方法、环境等要素均会直接影响施工工期。在确定了施工技术路线后，参建单位可根据这条路线的每一个主要施工技术环节和实施步骤，优化人、机、料、法、环等各类要素的组合，同时建立应对非正常情况的预案。即使遇到天气、水文、地质等特殊不利条件，也能提前采取对策，及时、合理地组织调配资源，在确保工程质量的前提下，实现工期目标的全过程受控。

（四）施工技术路线在宏观上为控制工程造价框定合理的波动范围

科学的施工技术路线建立在技术上必须，经济上合理的基础之上。它追求全面达到工程建设目标，实现技术经济效益的最大化。在施工技术路线的指导下，参建单位可针对每一个主要施工技术环节和实施步骤，根据规定的技术标准，在保证工程质量和工期的同时，千方百计选用最为经济的方法与手段组织施工，以便最大程度地控制工程造价，规避因造价大幅波动而造成对批准概算宏观失控的风险。

（五）施工技术路线在技术导向上为环保水保、文明施工建立实施平台

环保水保、文明施工是工程建设目标体系的重要组成部分。特别是在大区域膨胀土土质条件下进行改良膨胀土路基施工，诸如沿线取土场开挖取土、原状膨胀土改良、拌和以及改良膨胀土路基填筑、压实等作业均会对环保水保、文明施工产生比较严重的影响。在新建时速200公里铁路改良膨胀土路基施工技术中，有了一条科学完整的施工技术路线，就能以明确而具体的标准、方法和手段为技术导向，建立实施平台。引导施工人员严格遵守法律、法规，把环保水保、文明施工的各项要求，落实到每个施工技术环节和实施步骤之中。

综上所述，施工技术路线是新建时速200公里铁路改良膨胀土路基施工技术的总纲与主骨架。它在全面实现工程质量、施工安全、工期目标、造价控制、环境保护、水土保持和文明施工等工程建设目标中，具有纲举目张的重要地位。只有瞄准国际先进水平，按照我国铁路建设新理念的要求，建立起一条科学、完整的施工技术路线，才能正确引导各项具体施工技术，在新建时速200公里铁路改良膨胀土路基施工的工程实践中，发挥出有机整体和系统优化的作用。

三、制定新建时速200公里铁路改良膨胀土路基施工技术路线的主要原则

施工技术路线的制定过程，实质上是对新建时速200公里铁路改良膨胀土路基施工的各

项具体实施性技术进行优化组合的组织设计过程。它不仅集中体现了建设理念、目标追求和对具体施工技术的组织水平，而且还直接决定着施工技术的走向。因此，制定新建时速 200 公里铁路改良膨胀土路基的施工技术路线，必须遵循以下几条主要原则：

1. 规范性。严格遵守国家和地方政府各种有关的法律与法规，执行铁道部关于新建时速 200 公里铁路的有关标准与规定。

2. 先进性。牢固树立"以人为本，服务运输，强本简末，系统优化，着眼发展"的铁路建设新理念，瞄准国际先进水平，确保全面实现工程质量、施工安全、工期目标、造价控制、环境保护、水土保持和文明施工等一系列工程建设目标。

3. 技术特性。施工技术路线除了符合路基施工的一般规律外，更要符合改良膨胀土路基施工的特殊规律，具有与普通路基施工不同的技术特性。

4. 针对性、适用性。必须准确掌握全线地形地貌、水文地质、天气环境条件，以及沿线膨胀土分布和各取土场原状膨胀土的具体物理性能指标，使制订出的施工技术路线有具体针对性与现场适用性。

5. 技术可靠性、经济合理性。通过理论分析和工程试验，在理论与实践相结合，技术与经济相统一的基础上，经过方案比选，确定最佳的施工技术路线，从而提高其技术可靠性与经济合理性。

6. 可操作性、实效性。施工技术路线一经确定，必须对其技术环节链上的每一个重要环节与步骤明确具体的技术标准、实施手段与方法，保证整条施工技术路线具备很强的现场可操作性和实效性。

四、新建时速 200 公里铁路改良膨胀土路基施工技术路线的组成

我国铁路大规模、高标准新线建设的工程实践表明，科学的施工技术路线通常具有"理念为魂、质量为本、科研先行、管理创新"的基本特征。在技术上：充分体现"以下部(路基)稳、保上部(轨道)准"，"以工序质量、保工后质量"的指导思想；在经济上：十分注重投资控制，力图以最为经济的投入，获得最大的工程效益。

根据我国新建时速 200 公里铁路中一些较早开工的改良膨胀土路基工程试验段的成功经验，新建时速 200 公里铁路改良膨胀土路基的施工技术路线，是由大区域膨胀土路基填料改良技术、膨胀土改良拌和工艺、改良膨胀土路基填筑压实施工工艺、改良膨胀土路基的合理刚度、路堑和低路堤基床改良膨胀土换填厚度、膨胀土地区路基边坡防护、改良膨胀土路基沉降及变形特性的观测分析等七个主要技术环节组成的一条施工技术链(如图 3-2-1 所示)。这条技术链上的每一个主要施工技术环节，均有明确的实施步骤及其相应的技术标准、手段与方法。关于各个主要施工技术环节的具体内容，将在本书以后各章中详细阐述。

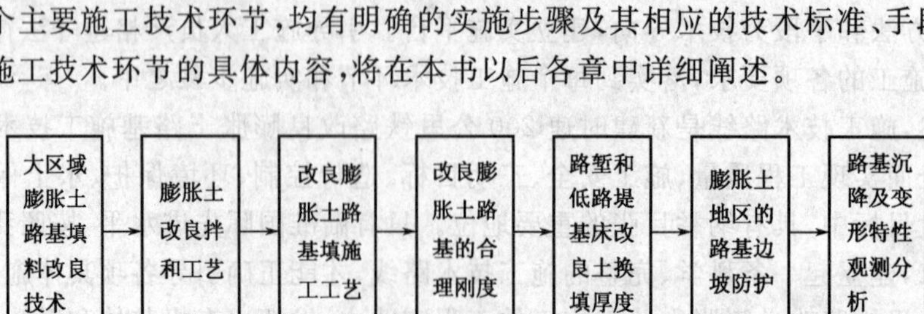

图 3-2-1　新建时速 200 公里铁路改良膨胀土路基施工技术路线框图

第四章　新建时速 200 公里铁路大区域膨胀土路基填料改良技术

新建时速 200 公里铁路改良膨胀土路基施工是一项技术标准高，投资规模大，施工组织复杂的系统工程。它既要满足该等级铁路路基施工质量的各项技术要求，又要同时控制工程投资、确保施工工期，完成水保环保，全面实现各项建设目标。

由于我国是世界上膨胀土分布最广、占地面积最大的国家之一，在大规模实施《中长期铁路网规划》的过程中，经常会遇到在膨胀土土质条件下建设高标准铁路新线的技术问题。尤其是在我国一些膨胀土较为发育的地区，铁路新线土质路基的填料来源基本上都是膨胀土。甚至在整条新线及其两侧几十公里乃至上百公里的大区域范围内，从地表至地表以下几十米几乎都覆盖着相当厚度的膨胀土层。在这种地质环境下进行新建时速 200 公里铁路的路基施工，如单纯为了保证路基质量，采取弃用本区域膨胀土源而直接从区域外远距离大规模取土、运土的施工方式，则必然会造成路基工程成本的大幅度增涨和施工周期的延长，显然不符合技术与经济统一的基本原则。

在膨胀土发育地区的大规模路基工程中，如何选择一条技术上可行、经济上合理的科学施工途径，是我国铁路新线建设必然会遇到、必须要解决的重大课题。近年来，我国铁路部门通过科学研究和工程实践，在新建时速 200 公里铁路大区域膨胀土路基填料的改良技术及其应用方面取得了可喜成果。通过对大区域膨胀土实施就地土质改良，使之成为符合新建时速 200 公里铁路技术要求的合格路基填料，以比较经济的工程成本投入，获得了又好又快的工程建设效果。从而，初步形成了一套适合我国国情、路情，并能满足高等级铁路技术标准要求的大区域膨胀土路基填料实用改良技术。

大区域膨胀土路基填料改良技术是确保路基施工质量的基本前提，也是新建时速 200 公里铁路改良膨胀土路基施工技术的首要环节。它主要包括以下四个重要步骤：(1) 全线取土场原状膨胀土全面调查；(2) 膨胀土改良方案选择；(3) 室内试验与现场试验；(4) 改良效果分析及改良参数的确定。

第一节　全线取土场原状膨胀土全面调查

实施新建时速 200 公里铁路大区域膨胀土路基填料改良技术的一项基础性工作，就是在选择改良方案和确定改良参数前，首先要对全线取土场原状膨胀土进行全面、准确的调查与科学的分析，这对于膨胀土的改良效果、改良成本具有决定性的意义。本节将简要阐述全面调查的目的及其主要调查内容，还将详细介绍新建时速 200 公里铁路全线取土场原状膨胀土全面调查工作的实例。

一、全面调查的目的

在大区域膨胀土地区，由于新建铁路沿线的地形、地貌、地质、水文等自然条件往往存在着较大的差别，因此，区域内原状膨胀土的自然状况也会不尽相同。即使在同一条新线上的同一个地区，原状膨胀土的具体性能与物理力学指标值，也可能会有较大的差异。所以，一定要对全线取土场的原状土进行全面调查，调查工作应认真、细致，调查资料必须准确、完整、详实。

在对沿线各取土场的原状膨胀土作出改良决策时，要求参建单位严格遵循因地制宜、因土而异的原则，针对全线每一个取土场原状膨胀土源的具体情况，研究制定一系列行之有效的改良技术措施。否则，容易造成因达不到预期的改良效果而导致质量失控、工期延误、投资浪费，甚至给日后运营留下严重的行车安全隐患等不良后果。

由此可见，对全线每一个取土场的原状土进行全面调查，是一个必不可少、至关重要的工作步骤。其目的就在于全面、准确地掌握全线各取土场原状土的具体性能与主要物理力学指标，为科学制定切实有效的原状膨胀土改良对策提供可靠、完整的第一手资料。

二、主要调查内容

参建单位应根据本条新建铁路的建设标准和有关勘测设计资料，对全线每一个取土场的原状土进行全面调查。调查工作的具体内容，主要有以下七个方面：

1. 全线路基填料来源和地质概况；
2. 全线用以填筑路基的改良膨胀土数量；
3. 全线取土场的名称、数量、分布及其设计取土深度；
4. 全线各取土场路基土源的土质属性；
5. 全线各取土场路基土源厚度与水文条件；
6. 全线各取土场原状膨胀土膨胀性指标及其他主要物理性质指标；
7. 全线各取土场原状膨胀土的各种矿物成分含量。

调查工作应以项目建设单位为责任主体，组织建设、设计、施工、监理单位(必要时吸收有关科研单位)有关技术人员，以勘测设计资料为基础，对全线所有取土场以及沿线路走向每50 m的地质钻探和室内试验结果进行审核。一旦发现漏探、误探，或室内试验工作不规范、试验项目不完整，必须及时补充钻探或重新复探，并严格规范室内试验工作、完善试验项目。对小范围内地质或水文条件变化较大的地段，须酌情加大现场钻探与室内试验工作的密度。

三、新建时速200公里铁路取土场原状膨胀土全面调查工作实例

近年来，我国铁路部门在大规模、高标准铁路新线建设的工程实践中，尤其是在一些开工较早，并已经完成的新建时速200公里铁路改良膨胀土路基工程的成功实践中，积累了十分宝贵的现场经验。

为了便于在新建时速200公里铁路改良膨胀土路基施工技术的具体实施中，对全线取土场原状膨胀土的全面调查工作有一个更为直观的了解，下面，特列举新建时速200公里客货共线合肥—南京铁路对全线42个取土场原状膨胀土进行全面调查的工作实例。

(一) 合肥—南京铁路建设标准

根据2004年国家批准的《中长期铁路网规划》，首批立项建设的双线电气化合肥—南京铁路，位于沪(上海)、汉(武汉)、蓉(成都)快速客运通道的东段，是我国“四纵四横”快速客运网的

重要组成部分。技术等级为新建时速 200 公里客货共线铁路，允许路基工后沉降≯15 cm，年沉降速率≯4 cm。设计旅客列车最高运行速度为 200 km/h（预留 250 km/h），近期客货共线，货物列车最高运行速度为 120 km/h。

合肥—南京铁路自安徽省省会合肥市经肥东县、全椒县至江苏省省会南京市，建筑长度 166 km（见图 4-1-1）。其中路基长度占线路总长的 80%，全线土质 80% 为第四系上更新统（alQ_3）黏土（属膨胀土），其膨胀率达到 40%～80%。由于原状土具有明显的胀缩性、超固结性和多裂隙性，如直接填筑路基，将对路基稳定性带来相当大的危害，必须进行改良，同时建立相应的施工工艺，实行全过程质量控制。

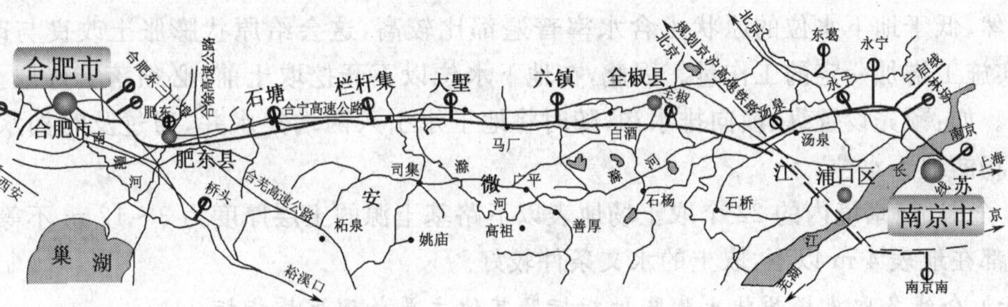

图 4-1-1　合肥—南京铁路示意图

（二）全线路基填料来源和地质概况

合肥—南京铁路路基填料主要来源于沿线分布的 42 个取土场，这些取土场的位置均处于淮河流域、巢湖水域、长江流域之高阶地。

取土场地层岩性为第四系上更新统冲积层（alQ_3）黏土，具有中～弱膨胀性。原状土属 D 级填料，其物理性质不符合新建时速 200 公里铁路路基填料的基本要求。

（三）全线用以填筑路基的改良膨胀土数量

在合肥—南京铁路施工图设计中，采取先将原状膨胀土进行改良处理，再用合格改良土作为基床底层和基床以下路基填料的方案。全线用以填筑路基的压实改良膨胀土数量，共计约 982 万 m^3。其中：用于路基基床底层填筑的压实改良膨胀土数量为 270 万 m^3，用于基床以下路基的压实改良膨胀土数量约为 712 万 m^3。

（四）全线取土场数量、名称、分布及其设计取土深度

全线共有 42 个取土场，其中合肥枢纽 4 个，南京枢纽 6 个，区间 32 个，各取土场的名称列于表 4-1-1。

按照"满足工程需要，充分利用土源，尽量节省土地，保护周边环境"的原则，具体设定全线每一个取土场的分布位置。其中，除了因土源储量不足或含水率太高等原因，将个别取土场设在距铁路线约 2 km 的较远处以外，一般都将沿线取土场设在位于线路两侧 1 km 之内地势较高、土层较厚的处所。

各取土场的设计取土深度为 4～5 m，取土前均与当地有关部门研究商妥，预先做好取土场取土任务完成后"还田复耕"或是"还塘养殖"的具体方案。以利于充分利用土地资源，落实铁路沿线的生态环境保护。

（五）全线各取土场路基土源的土质属性

经调查，合肥—南京铁路全线 42 个取土场原状土均具有程度不同的膨胀性。其中王财等

9个取土场的原状土属中等膨胀性膨胀土，大榆树等其他33个取土场的原状土均属弱膨胀性膨胀土。

（六）全线各取土场路基土源厚度与水文条件

合肥—南京铁路全线42个取土场路基土源的土层厚度与水文条件大致可划分为以下两种状况：

1. 合肥、肥东境内的20个取土场地表以下路基土源的土层厚度＞12 m，地下水位一般都在地表以下1～3 m。虽然地下水位较高，但本地区的地下水均为Q_3地层中的裂隙潜水，水量并不丰沛。考虑到该地区确实没有更为理想的土源，故采用了一部分在地下水位以下取土的方案。

当然，低于地下水位的原状土含水率普遍都比较高，这会给原状膨胀土改良与改良土填筑、压实施工增加一定的工作量。因此，在地下水位以下开挖取土前，必须落实好取土场的排水措施。如：预先设置纵、横向排水沟，随时将地下水引入两端集水井，通过及时抽水，局部降低取土场的地下水位。

2. 全椒、南京境内的22个取土场地表以下路基土源的土层厚度为3～12 m不等，地下水位一般都在地表4 m以下，取土的水文条件较好。

（七）全线各取土场原状土膨胀性指标及其他主要物理性质指标

全线各取土场原状土的膨胀性指标及其他主要物理性质指标如表4-1-1所示。

表4-1-1 全线各取土场原状土的膨胀性指标及其他主要物理性质指标

序号	名　称	自由膨胀率（%）	阳离子交换量（mmol/kg）	蒙脱石含量（%）	液限（%）	塑限（%）	塑性指数	天然含水率（%）
1	徐大郢	58	236.0	15.2	45.6	20.7	24.9	22～28
2	刘大郢	53	254.0	12.4	43.8	22.3	21.5	22～27
3	六村	69	314.0	21.0	49.8	23.8	26.0	23～27
4	小郢	50	314.0	21.0	43.2	17.7	25.5	24～25
5	大拐	62	259.7	23.3	42.2	20.9	21.3	23～28
6	杨岗	72	255.7	21.7	45.7	23.2	22.5	22～24
7	王财	80	320.6	23.3	55.7	26.2	29.5	20～27
8	坝后	50	223.2	20.0	39.7	21.5	18.2	21～27
9	町东	58	250.6	20.0	41.7	23.3	18.4	20～22
10	大榆树	55	224.2	21.7	42.7	22.4	20.3	20～25
11	张户	65	251.6	23.3	48.1	24.4	23.7	21～22
12	龙城	58	268.8	23.3	43.7	24.8	18.9	21～25
13	王龙1#	55	267.8	23.3	44.8	23.1	21.7	24～28
14	王龙2#	40	202.9	18.3	37.3	19.3	18.0	21～25
15	王中	55	284.0	21.7	46.4	23.5	22.9	23～27
16	张半甲	50	259.7	21.7	44.4	23.1	21.3	20～27
17	小刘庄1#	62	290.1	25.0	57.3	24.6	32.7	24～26

续上表

序号	名　称	自由膨胀率(%)	阳离子交换量(mmol/kg)	蒙脱石含量(%)	液限(%)	塑限(%)	塑性指数	天然含水率(%)
18	小刘庄2#	46	285	13.7	39.9	21.6	18.4	22～25
19	小刘庄3#	56	303.5	14.0	38.8	20.8	19.7	21～26
20	小卞	57	290.5	11.5	44.8	24.0	20.4	23～28
21	南黄	60	300.3	25.0	48.7	24.4	24.3	21～29
22	虎山	50	213.0	18.3	47.5	23.3	24.2	24～26
23	栏杆集财政所南侧	51	255.0	16.7	49.3	25.4	23.9	20～22
24	大武	50	245.0	12.4	42.8	20.9	21.9	21～25
25	新坝	60	251.6	20.0	45.0	22.4	22.6	24～30
26	骑龙	65	321.0	12.5	38.5	27.5	16.3	26～31
27	大尧	42	211.0	18.3	38.5	22.2	16.3	22～26
28	洪庄	42	221.2	18.3	38.6	21.5	17.1	21～24
29	小英	46	242.0	13.6	40.3	17.4	22.9	20～26
30	四王	45	235.4	18.3	41.9	21.5	20.4	20～23
31	赵店	48	217.1	15.0	38.1	20.5	17.6	20～25
32	小王	50	235.4	16.7	38.2	20.1	18.1	20～22
33	吴山村	42	223.2	16.7	36.6	19.7	16.9	21～24
34	小李	50	231.3	16.7	39.4	20.4	19.0	21～24
35	陈龙	50	231.3	16.7	39.4	20.4	19.0	20～21
36	东王	50	226.0	9.4	38.6	21.6	17.0	20～23
37	靳宋	42	209.0	16.7	39.5	21.1	18.4	20～23
38	朱庄	50	195.8	15.0	43.3	23.0	20.3	20～22
39	瓦殿	50	193.8	15.0	36.1	20.8	15.3	21～24
40	陈庄	42	172.5	13.3	37.7	20.2	17.5	23～27
41	马厂山	38	192.8	15.0	37.3	21.4	15.9	21～26
42	大埝村	48	195.8	17.0	38.5	22.4	16.0	21～28

表中现场调查及室内试验的数据表明：

1. 全线取土场的土源均具有弱～中等膨胀性，必须经改良合格后才能用于该线路基的填筑；

2. 塑性指数指标显示，全线各取土场土源绝大部分为黏土和少量粉质黏土；

3. 含水率指标提示，各取土场原状土的含水率普遍偏高(相对于改良土路基填料施工压实时的最佳含水率)。为确保施工质量，必须十分重视对原状土的晾晒，或采取其他措施降低其含水率。

（八）全线各取土场原状膨胀土各种矿物成分含量

全线取土场原状膨胀土用X射线衍射法测试的各种矿物成分含量如表4-1-2所示。

表 4-1-2　取土场原状膨胀土的各种矿物成分含量

序号	取土场名称	矿物含量(%)						
		蒙脱石或伊～蒙混层	石　英	长　石	高岭石/绿泥石	水云母	方解石	沸石
5	大拐取土场	10～15	35～45	10～15		√		
6	杨岗取土场	10～15	40～45	10～15	√		√	√
7	王财取土场	22～27	30～40	5～10	5～10	√		
8	坝后取土场	4～9	35～45	10～15	8～12	√		√
9	町东取土场	4～9	40～50	10～15	10～20			√
10	大榆树取土场	11～16	35～45	10～15	10～15	5～15		
11	张户村取土场	12～17	35～45	10～15	5～10	5～15		
12	龙城取土场	10～15	40～50	10～15	15～20	10～20		
13	王龙 1 号取土场	7～12	30～40	15～20	√	5～15		
14	王龙 2 号取土场	7～12	40～50	20～25	√	5～15		√
15	王中取土场	12～17	30～40	20～25	5～10	5～15		√
16	张半甲取土场	11～16	30～40	25～35	10～15	5～15		
17	小刘庄 $1^{\#}$ 取土场	17～22	35～45	10～15	10～15	5～15		√
18	小刘庄 $2^{\#}$ 取土场	5～15	30～45	15～30		5～20		
19	小刘庄 $3^{\#}$ 取土场	10～15	30～40	20～30		15～25		
20	小卞取土场	5～20	25～50	15～30		5～25		
21	南黄取土场	17～22	35～40	10～15		5～15		
22	虎山取土场	10～15	35～45	20～25		5～15	10～15	
23	栏杆集财政所南侧							
24	大武取土场							
25	新坝取土场	11～16	35～45	5～10	10～15	5～15		
26	骑龙取土场	10～15	30～40	10～20		10～20		
27	大尧村 $1^{\#}$ 取土场	10～15	40～50	20～25		√		√
28	大尧村 $2^{\#}$ 取土场	10～15	40～50	5～10		5～15	√	
29	六镇洪庄取土场	10～15	35～45	15～20		5～15	5～10	
30	六镇小英取土场							
31	四王取土场	12～17	35～45	10～15	5～10	5～15		
32	草庵赵店取土场	7～12	40～50	15～20		5～10		
33	小王取土场	10～15	40～50	15～20		5～15		
34	草庵吴山村取土场	7～12	40～50	10～15			10～15	
35	大张小李取土场	12～17	35～45	10～15		5～15	5～10	
36	陈龙取土场	12～17	35～45	10～15		5～15	5～10	
37	东王取土场 $1^{\#}$ 坑	4～7	55～65	20～25			5～10	
	东王取土场 $2^{\#}$ 坑							
38	新甸靳宋取土场	10～15	40～50	10～15	√	5～15	√	

续上表

序号	取土场名称	矿物含量(%)						
		蒙脱石或伊～蒙混层	石　英	长　石	高岭石/绿泥石	水云母	方解石	沸石
39	新甸朱庄取土场	7～12	35～45	10～15		5～15	√	
40	汤泉瓦殿取土场	7～12	40～50	15～20	√			√
41	汤泉陈庄取土场	7～12	45～50	20～25		5～15		
42	马厂山取土场	7～12	40～50	15～20		√		

注:“√”表示可能含有少量

说明:

1. X 衍射学中,水云母包括所有水化的云母,甚至伊利石、埃洛石、绢云母等,沉积岩中泥质弱变质后常形成水云母;
2. 伊利石、蒙脱石均为层状结构,蒙脱石中常混合部分伊利石,形成伊～蒙混层;
3. 高岭石和绿泥石特征谱线较为相似,当其含量较少时,不易分辨;
4. 泥质样品中阴晶质物含量往往占一定比例,故部分样品中矿物总含量不高。

黏土矿物分析结果表明:全线取土场原状膨胀土由多种黏土矿物组成,其中石英占 35%～50%,长石 5%～35%,高岭石 5%～15%,水云母 5%～15%,方解石 5%～15%,蒙脱石或伊—蒙混层 7%～22%。

第二节　膨胀土改良方案选择

膨胀土改良方案一般是由:合理选定改良材料,改良材料的作用分析,改良材料掺入比例等三大要素组成。膨胀土改良方案的选择,实质上是围绕实现工程建设目标所进行的技术、经济决策。

国际上关于在土建工程中对膨胀土进行改良的问题,直到 20 世纪 30 年代后期才为土力学工程师们所认识。1938 年,美国在奥勒冈州欧维希的一座钢制虹吸管基础工程中,首次认识到膨胀土的危害性及其改良的必要性。50 年代初,我国在修建成渝铁路工程中,也遇到了膨胀土的危害与改良问题。70 年代中期,我国开展了大规模的膨胀土普查工作,同时建立科学研究试验基地,开始对膨胀土的性质与工程处理(包括改良与整治)进行系统研究,并取得了一定的科研成果和工程经验。80 年代,我国在总结科学研究和工程实践经验的基础上,制定了第一部膨胀土地区建筑技术规范。

随着经济建设的迅速发展,在我国广阔的膨胀土发育地区,膨胀土通过改良不仅被广泛使用在普通道路,而且已在高速公路的路基工程中被大量采用。我国铁路部门曾先后在南宁—昆明、南昌—九江、新沂—长兴等铁路项目建设中进行过膨胀土改良的工程试验,从中积累了许多宝贵经验。近年来,在合肥—南京等新建时速 200 公里(预留 250 km)的高标准铁路建设中,还首次进行大区域膨胀土路基填料的大规模土质改良,并在工程质量、施工效率、成本控制、环境保护方面取得了良好的效果。事实证明,正确的改良方案对膨胀土改良的技术效果与经济效益起着决定性的作用。

一、合理选定改良材料

目前,在国内外公路与铁路路基工程中,处理膨胀土所采用的方法主要是化学改性。如在膨胀土中掺入石灰、水泥、粉煤灰、氯化钠、氯化钙、沥青、合成固化剂、合成树脂和磷酸等等改良材料，使之与膨胀土发生一定的物理化学反应，以改变原状膨胀土的物理力学性质，从而达到改良的目的。

上述各种方法尽管在技术上已被证实能对膨胀土改良起到预期的效果，但由于世界各国的国情、地情、路情各不相同，各自的资源状况、材料单价、运输成本、气候条件、环保要求以及其他各种因素也会存在很大的差别。在对膨胀土进行改良时选择何种改良材料，往往直接对工程投资、工效、工期等产生很大的影响。可见，改良材料的选择不是单纯的技术问题，而是以时间、地点、条件为转移的技术经济统一问题。

必须指出的是，在投资巨大的我国大规模、高标准铁路新线建设中，路基工程投资占有较大的比重。而根据我国地质分布状况，全国已有 20 多个省、市、自治区发现了膨胀土，因此，中长期铁路网规划中的许多新建铁路干线，将有相当一部分会穿越膨胀土比较发育的地区，届时采用改良膨胀土填筑路基的工程数量一定不占少数。所以，从我国境内膨胀土分布的实际情况出发，合理选择技术可靠、施工可行、经济合算、资源保证、环境允许，适合我国国情、地情、路情的膨胀土改良材料，对于中长期铁路网规划的顺利实施，具有十分重要的现实意义和战略意义。

借鉴我国公路建设和一些新建时速 200 公里铁路改良膨胀土路基施工的成功经验，在路基工程中比较成熟，较为普遍的是大量采用石灰作为膨胀土的改良材料，而仅在有特殊需要或是在某些特定的环境和资源条件下，再考虑选用其他的改良材料。

二、石灰对膨胀土的改良作用分析

对改良机理的研究分析表明，石灰掺入膨胀土中后，会与原状膨胀土发生一系列的物理、化学反应，从而产生以下四个方面的重要作用：

（一）阳离子交换作用

石灰中的 Ca^{2+} 离子与膨胀土土颗粒表面的阳离子如：Na^{+}、K^{+}、H^{+} 离子发生交换作用，使原状膨胀土土颗粒胶体双电层中的扩散层变薄，促进土颗粒之间的结合力增强，从而提高了土体强度，从本质上改变了膨胀土的原有性质。

由于石灰中的 Ca^{2+} 离子在与土颗粒表面的阳离子发生交换作用的过程中，同时也改变了土颗粒表面的带电性质，加快了胶体颗粒的絮凝速度，使小的团粒相互凝聚成大的团粒，进而改善了土颗粒的颗粒结构。

（二）胶凝作用

石灰中的 CaO 与土中的 SiO_2、Al_2O_3 发生反应，生成复杂的化合物（如：硅酸钙盐、铝酸钙水化物），产生较强的胶凝作用，使改良土的强度随之提高。

（三）碳酸化作用

改良土中的石灰与空气中的 CO_2 发生钙化反应，生成 $CaCO_3$ 使土质硬化，同时起到了固化土体的作用。

（四）吸水作用

由于生石灰与水在熟化过程中吸水、发热、膨胀，在一定程度上也可降低土体含水率，促进土体固结，有助于改良土强度的提高。

综上所述，石灰作为改良材料掺入原状膨胀土以后，通过相互间的阳离子交换、胶凝、碳酸化、吸水等理化反应，可以在机理上改变膨胀土的原有性质，使之成为铁路路基的合格填筑材料。

三、石灰掺入比例的确定

膨胀土中掺入石灰的比例，不仅在技术上决定着膨胀土的改良效果，而且掺入石灰比例的大小往往会影响路基工程的巨额成本投入。因此，合理确定膨胀土中掺入石灰的比例是改良方案中至关重要的程序，应该经过充分的技术、经济比较，牢牢地把握膨胀土中掺入石灰比例的决策关。

据国外资料报导，膨胀土中掺入 2%～10%重量的石灰，能不同程度地起到改良原土性质的作用。十多年来，我国交通部门在安徽、江苏和河南等膨胀土发育地区的公路路基施工中，通过对在膨胀土中掺入石灰比例的路基填料改良试验和总结施工实践经验的基础上，在现行的公路路基设计规范中明确，石灰掺入比例按 4%～10%的重量比控制，并以处理后胀缩总率不超过 0.7%为其改良效果的判据。

我国铁路在现行规范、规定和标准中，尚未对改良膨胀土的石灰掺入比例提出具体的量化要求。目前，一般都是针对全线膨胀土的调查结果，由项目建设单位组织设计、施工、监理单位(必要时吸收相关科研单位)，在一定的石灰掺入比例值范围内，通过试验和技术、经济综合比较来确定合适的掺入比例。根据新建时速 200 公里客货共线合肥—南京铁路改良膨胀土路基试验段的成功经验，膨胀土改良掺入的石灰(包括生石灰、熟石灰)重量比在 4%～8%范围内，按 1%增量为梯度，递次进行 4%、5%、6%、7%、8%石灰掺入量的试验，再经过充分的技术、经济综合比较后，最终确定最佳的石灰掺入量比例。

第三节　膨胀土改良的室内试验与工地试验

室内试验与工地试验，是膨胀土改良技术中必不可少的重要步骤。室内试验主要是对从全线几个典型取土场中采集的具有代表性的土样，按石灰掺入的不同比例，进行膨胀土改良前后各种物理、力学指标的测定与比较；工地试验是通过在现场路基工程试验段取样，检验经填筑、压实后改良膨胀土的工程特性。两种试验的最终目的，是为全线膨胀土改良参数的合理确定奠定基础。

一、室内试验

膨胀土改良的室内试验工作主要有两个方面：一是根据全线取土场原状膨胀土膨胀性指标和其他主要物理性质指标的全面调查分析结果，选定典型取土场并从中采集具有代表性的土样，对其进行一系列的物理力学试验；二是对土样实施掺入不同石灰重量比例的改良试验，比较膨胀土掺入不同石灰重量比例改良后与改良前的各种物理力学性能指标值的变化，定量分析其改良效果。

(一)典型取土场中代表性土样的选定与采集

就大区域膨胀土地区而言，沿线取土场的原状土一般都具有膨胀性，只是根据其自由膨胀率的高低，可分为弱、中、强三类膨胀程度不同的膨胀土。在改良方案选择时，对不同类型的膨胀土需要采取不同石灰掺入比例等针对性措施，以使同一条新建铁路上的各种膨胀等级的原状膨胀土，均能达到线路等级所要求的改良效果。

所谓典型取土场中代表性土样就是指，在对全线所有取土场原状膨胀土的膨胀性等级进行分类的基础上，选中其中几个典型类别的取土场，再从这几个典型类别的取土场中，采集不同膨胀等级的土样，这些不同膨胀等级的土样在全线具有各自的代表性。需要注意的是，在全线，有时同一个取土场也会存在不同膨胀等级的土源。在对这类取土场的膨胀土进行改良时，应分别采用不同膨胀等级土样的试验结果。

（二）室内试验的主要项目与具体内容

室内试验的主要项目有：典型取土场代表性膨胀土土样与全线各取土场同类原状膨胀土的主要指标对照；典型取土场原状膨胀土的室内试验；膨胀土掺入不同石灰比例改良后的物理性质变化。每个试验项目应根据各自的试验目的，确定其具体的试验内容。

1. 典型取土场代表性膨胀土土样与全线取土场同类原状膨胀土的主要指标对照

本试验是要通过主要指标的对照，进一步确认所采集的不同膨胀等级土样在全线各取土场原状膨胀土中的典型性与代表性，以保证试验工作及其结果的全线指导性。

其具体试验内容是，典型取土场代表性膨胀土土样与相应膨胀等级取土场原状膨胀土的主要指标对照比较：

(1) 自由膨胀率；

(2) 阳离子交换量；

(3) 蒙脱石含量；

(4) 液限；

(5) 塑限；

(6) 塑性指数。

2. 典型取土场原状膨胀土试验

典型取土场原状膨胀土试验的目的，是通过对主要物理性质指标测试、土颗粒级配分析、基本力学性能分析、胀缩性分析、水稳性分析、超固结性分析、渗透性分析，全面掌握全线几个典型取土场原状膨胀土改良前的工程性质，为试验段路基填料改良效果的比较奠定基础。

(1) 主要物理性质指标测试

典型取土场原状膨胀土主要物理性质指标测试的具体内容有：

a. 不同颗粒成分比例；

b. 天然含水率；

c. 天然密度；

d. 比重；

e. 天然孔隙比；

f. 液限；

g. 塑限；

h. 塑性指数。

(2) 土颗粒级配分析

通过筛分，绘制典型取土场原状土的土颗粒级配曲线。分析其中粉、黏粒含量的比重，特别是黏粒含量的比重，以了解原状土的膨胀潜势。

(3) 基本力学性能分析

根据路基施工技术标准中对路基基床底层、基床以下部位应达到不同压实系数指标值的要求，分别对典型取土场原状膨胀土在不同压实系数要求下的重型击实制样进行直(快)剪、三轴固结快剪、排水反复直剪、无侧限抗压强度、浸水无侧限抗压强度、压缩等试验，全面掌握并分析其基本力学指标：

a. 黏聚力；

b. 内摩擦角；

c. 有效黏聚力；

d. 有效内摩擦角；

e. 峰值黏聚力；

f. 峰值内摩擦角；

g. 残余黏聚力；

h. 残余内摩擦角；

i. 浸水前无侧限抗压强度；

j. 浸水 7 d 后无侧限抗压强度；

k. 压缩系数；

l. 压缩模量。

(4) 胀缩性分析

对每个典型取土场原状膨胀土在不同压实系数要求下的重型击实制样，进行下述胀缩性指标的测试：

a. 自由膨胀率；

b. 蒙脱石含量；

c. 阳离子交换量；

d. 膨胀力；

e. 无荷膨胀率；

f. 25 kPa 与 50 kPa 有荷膨胀率；

g. 收缩系数。

通过以上胀缩性指标值的分析，进一步认识其改良的必要性。

(5) 水稳性分析

从每个典型取土场原状膨胀土在不同压实系数要求下的重型击实制样中，分别选取若干组试样，先后进行浸水 1 h、2 h、48 h 的湿化试验。视不同浸水时间后的崩解程度，分析其水稳性。

(6) 超固结性分析

对膨胀土地基进行若干组高压固结试验，在一定深度取样，测定相应的前期固结压力，获知其超固结比的程度，分析判断其超固结性。

(7) 渗透性分析

渗透系数是反映土的渗透性的指标，通过常规试验或其他试验方法测算渗透系数，据其数值大小，判断膨胀土的防渗性能。

3. 膨胀土掺入不同石灰比例改良后的物理性质变化

在确定的石灰掺入比例范围内，分别对每个典型取土场原状代表性膨胀土在不同压实系数要求下的重型击实制样，进行掺入不同石灰比例的改良试验。从下列各种变化中，分析其改良效果：

(1) 颗粒级配变化

土颗粒的粒径组成，即颗粒级配是决定其工程性质的重要因素。膨胀土掺入石灰后，其颗粒级配会发生较大变化。若细颗粒含量，尤其是黏粒含量大幅度降低，粗颗粒含量明显上升，则说明其膨胀潜势已大大减弱。

(2) 可塑性变化

塑限和塑性指数是表征土的可塑性的重要指标。膨胀土掺入石灰后，塑限和塑性指数都将出现变化。若塑限增大、塑性指数减小，则说明其可塑性已经降低，土的性质得到了改善。

(3) 胀缩性变化

土的胀缩性特征，表现在无(载)荷膨胀率、有(载)荷膨胀率、膨胀力和收缩系数等膨胀收缩指标的具体数值上。膨胀土掺入石灰后，若上述指标值显著下降，甚至接近或等于零，则表示在胀缩性改良上获得成功。

(4) 力学性质变化

工程上普遍采用浸水无侧限抗压强度、(不浸水)无侧限抗压强度、直(快)剪强度、排水反复直剪强度、三轴剪强度、压缩系数等指标来描绘土的力学性质。膨胀土掺入石灰后，通过这些指标的变化，可以了解其力学性质的改良程度。

(5) 水稳性变化

土的水稳性，主要是分别通过浸水1 h、2 h、48 h后，视其土样的崩解程度来判断。未经改良的膨胀土，往往浸水1 h即基本崩解，浸水2 h已完全崩解。膨胀土掺入石灰改良后，若浸水48 h仍无崩解，则反映出已经具有良好的水稳性。

(6) 超固结性变化

膨胀土在成土过程中形成的先期固结压力，对土的应力——应变——强度特性产生明显影响。由于超固结比很高，呈现出非常明显的超固结性特征。膨胀土掺入石灰改良后，这种特征将随之消失。但必须警惕的是，经开挖而未经改良部分的膨胀土(如膨胀土路堑边坡)中，地层应力潜势仍然很大，容易产生膨胀土边坡的失稳。

(7) 渗透性变化

膨胀土掺入石灰改良后，通过常规试验或其他试验方法测算渗透系数，并与改良前的渗透系数作比较。根据变化数值的大小，以判别其改良前后渗透性的变化。

二、工地试验

工地试验是通过对路基试验段现场填筑、压实的改良膨胀土路基取样，对压实改良膨胀土的工程特性进行检测，以检验现场路基土的改良效果是否达到了该等级铁路路基填料的质量要求。

(一) 工地试验方法

工地试验应选在路基试验段填筑路基基床底层时进行，要求从压实完毕有7 d龄期并经施工检测合格的基床底层压实面上取样。每个试验项目各取9组试样，在规定的温度下保湿养生7 d后，再进行各项试验。

(二) 试验项目

工地试验包括以下各个项目：

1. 液限；
2. 塑限；
3. 塑性指数；
4. 自由膨胀率；
5. 膨胀力；
6. 无荷膨胀率；

7. 25 kPa有荷膨胀率；

8. 50 kPa有荷膨胀率；

9. 收缩系数；

10. 缩限；

11. 湿化；

12. 直剪内摩擦角；

13. 直剪黏聚力；

14. 压缩系数；

15. 压缩模量。

三、膨胀土改良的室内试验与工地试验应用实例

为了便于在项目内容、具体方法、操作要求以及试验结果的分析方面，对膨胀土改良的室内试验和工地试验有更加翔实的了解，下面仍列举新建时速200公里客货共线合肥—南京铁路大区域膨胀土改良的室内试验与工地试验应用实例。

（一）合肥—南京铁路大区域膨胀土改良的室内试验

室内试验由建设单位总负责，具体组织建设、设计、施工、监理单位和科研院校的有关人员共同参与。

室内试验的总体要求是：详细编制室内试验的试验大纲与试验工作实施计划，明确分工，落实责任，充分发挥参与人员的各自优势；严格工作制度，及时分析研究各项试验数据，在理论与实践的紧密结合上，确保试验工作严密、科学，试验数据真实、可靠。

室内试验的内容主要包括：从合肥—南京铁路全线42个取土场中选择的两个典型取土场代表性原状膨胀土土样，与全线取土场原状膨胀土的指标比较；2个典型取土场的原状膨胀土试验；膨胀土改良前后的物理性质变化。

1. 两个典型取土场代表性原状膨胀土土样与全线取土场原状膨胀土的指标比较

表4-3-1是该线选择的大榆树取土场（全线弱膨胀土典型）、王财取土场（全线中等膨胀土典型）原状弱、中等膨胀土代表土样，分别与全线取土场弱、中等原状膨胀土主要指标的对照比较。此项比较的目的，是确认所选取土场的典型性及其土样的代表性。

表4-3-1　典型取土场代表性土样与全线取土场原状土主要指标值对照比较

膨胀性	弱		中等	
土源	大榆树取土场	全线33个同类取土场	王财取土场	全线9个同类取土场
自由膨胀率(%)	52	38～58	62	50～80
阳离子交换量(mmol/kg)	233.4	172.5～259.7	262.3	251.6～320.6
蒙脱石含量(%)	13.6	9.4～21.7	16.4	16.4～25
液限(%)	41.5	36.1～47.5	42.5	42.2～57.3
塑限(%)	17.0	17.4～26.8	16.7	16.7～26.2
塑性指数	24.5	15.3～24.9	25.8	18.9～32.7

从表4-3-1中所列的自由膨胀率指标值可知：

(1) 合肥—南京铁路全线42个取土场中，33个土源全是弱膨胀土，而9个土源以中等膨胀土为主（有的取土场还有少量弱膨胀土）；

(2) 大榆树取土场土样基本代表了全线33个性质类型为弱性膨胀土的取土场土源；

(3) 王财取土场土样基本代表了全线9个性质类型以中等膨胀土为主的取土场土源；

(4) 对这两个典型取土场的中、弱两类代表性膨胀土土样，进行的膨胀土改良的室内试验与工地试验，对全线具有普遍的指导意义。

2. 两个典型取土场的原状膨胀土试验

合肥—南京铁路大榆树取土场和王财取土场原状膨胀土的室内试验，是在该线肥东路基工程试验段工地的现场试验室进行的。试验的项目内容与结果如下：

(1) 主要物理性质指标

通过室内试验，合肥—南京铁路大榆树、王财两个典型取土场原状膨胀土的主要物理性质指标见表4-3-2。

表4-3-2 合肥—南京铁路典型取土场原状土的主要物理性质指标值

项目		单位	大榆树取土场	王财取土场
颗分	砂粒0.25～0.075 mm	%	3.9～4.4	2.2～5.4
	粉粒0.075～0.005 mm	%	59.3～60.2	60.4～61.9
	黏粒<0.005 mm	%	35.4～36.8	34.4～35.9
天然含水量		%	22.8～28.8	20.0～27.0
天然密度		g/cm³	1.96～2.09	1.93～2.03
比重			2.75～2.76	2.70～2.74
天然孔隙比			0.622～0.807	0.710～0.800
液限		%	38.7～42.9	42.2～42.9
塑限		%	16.9～7.1	16.4～17.2
塑性指数		%	21.6～25.9	25.3～26.4

表4-3-2中各项指标值显示：

无论是代表弱性膨胀土取土场土源的大榆树取土场原状膨胀土，还是代表中等膨胀土取土场土源的王财取土场原状膨胀土，均不具备直接作为路基填料的条件，说明全线取土场的土源都应通过改良而优化其现有的物理性质。

(2) 原状膨胀土颗粒级配

两个典型取土场原状膨胀土的颗粒级配曲线见图4-3-1。

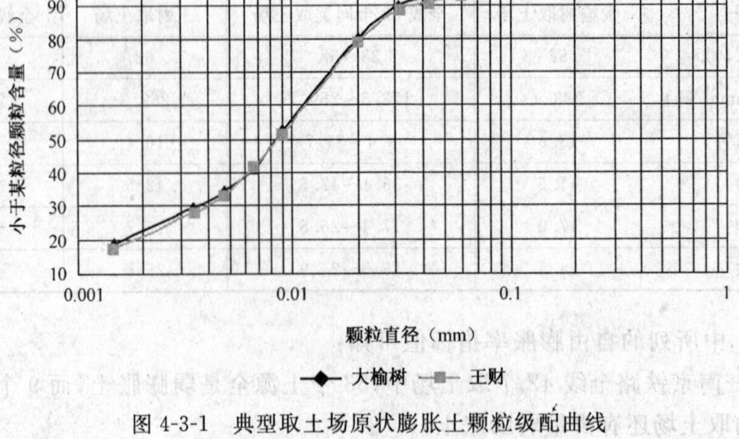

图4-3-1 典型取土场原状膨胀土颗粒级配曲线

从图4-3-1中可以看出合肥—南京铁路大区域弱膨胀土和中等膨胀土的颗粒组成均以粉、黏粒为主，其含量均超过90%。其中，黏粒含量占35%左右，粉粒含量约占60%。

级配曲线还表明，全线取土场的原状土就其粉、黏粒的比例，特别是黏粒的比例而言，具有较强的膨胀潜势和较大的塑性，这种膨胀潜势和塑性对土体的稳定影响很大，应从改变它们的粒径结构入手，使其原有性质得到改良。

(3) 原状膨胀土重型击实制样的基本力学指标

表4-3-3、表4-3-4所列的是大榆树、王财两个典型取土场原状膨胀土的重型击实制样在压实系数 K 分别为0.90、0.95工况下的各种基本力学指标测试值。

表4-3-3　典型取土场原状膨胀土重型击实制样基本力学指标值($K=0.90$)

项　目		单位	大榆树取土场		王财取土场	
			一般值	平均值	一般值	平均值
直剪(快剪)	黏聚力 C	kPa	180～206	199	241～327	285
	内摩擦角 Φ	°	20.0～27.6	25.1	21.1～37.3	28.7
三轴剪(固快)	黏聚力 C_{cu}	kPa	17～23	20	11～27	20
	内摩擦角 Φ_{cu}	°	22.7～22.8	22.8	19.2～20.9	19.8
	有效黏聚力 C'	kPa	28～33	31	16～28	23
	有效内摩擦角 Φ'	°	27.0～28.0	27.5	22.4～24.1	23.1
排水反复直剪	峰值黏聚力 C_d	kPa	81～152	120	71～257	170
	峰值内摩擦角 Φ_d	°	29.8～37.4	34.9	32.4～47.3	38.1
	残余黏聚力 C_r	kPa	6～21	15	16～47	32
	残余内摩擦角 Φ_r	°	26.5～35.6	33.0	30.3～37.8	33.8
无侧限强度		kPa	306～452	383	382～477	428
浸水无侧限强度		kPa	6～13	11	10～13	11
压缩	压缩系数 a_{1-2}	MPa^{-1}	0.08～0.18	0.12	0.07～0.15	0.12
	压缩模量 E_s	MPa	8.66～19.26	13.9	10.03～23.06	13.5

表4-3-4　典型取土场原状膨胀土重型击实制样基本力学指标值($K=0.95$)

项　目		单位	大榆树取土场		王财取土场	
			数值范围	平均值	数值范围	平均值
直剪(快剪)	黏聚力 C	kPa	146～241	210	330～367	348
	内摩擦角 Φ	°	27.5～36.7	31.0	25.8～33.0	30.6
浸水饱和后三轴剪(固快)	黏聚力 C_{cu}	kPa	25～30	27	18～28	22
	内摩擦角 Φ_{cu}	°	26.1～26.4	26.3	21.2～23.2	22.2
	有效黏聚力 C'	kPa	34～36	35	23～38	29
	有效内摩擦角 Φ'	°	29.1～29.9	29.4	23.8～28.3	25.9
排水反复直剪	峰值黏聚力 C_d	kPa	88～240	175	162～250	207
	峰值内摩擦角 Φ_d	°	35.6～40.0	38.5	32.1～49.3	40.7
	残余黏聚力 C_r	kPa	5～13	8	13～59	23
	残余内摩擦角 Φ_r	°	29.7～35.4	32.4	29.0～40.8	34.1
无侧限强度		kPa	637～694	653	671～770	728
浸水无侧限强度		kPa	12～13	13	11～13	12
压缩	压缩系数 a_{1-2}	MPa^{-1}	0.07～0.14	0.10	0.06～0.10	0.08
	压缩模量 E_s	MPa	11.74～22.64	18.1	16.12～29.44	22.4

从表4-3-3、表4-3-4中可以看出，原状膨胀土经重型击实制样后的力学强度很高，但一旦浸水后其力学强度则大幅降低。例如：试样浸水饱和后三轴固结快剪黏聚力指标值只有不浸水直剪黏聚力指标值的8%～12%；试样浸水后7 d无侧限抗压强度指标值只有浸水前无侧限抗压强度指标值的1%～4%。分析认为，这主要是由于膨胀土试样在饱和过程中体积膨胀变形对土体结构造成破坏所致。

从排水反复直剪试验来看，膨胀土的残余黏聚力指标值比峰值黏聚力指标值大幅降低；残余内摩擦角指标值与峰值内摩擦角指标值比较，降低幅度不大。

(4) 胀缩性指标

胀缩性指标的试验结果，详见表4-3-5。从两个典型取土场原状膨胀土的自由膨胀率、蒙脱石含量、阳离子交换量、膨胀力、无荷膨胀率、有荷膨胀率、收缩系数等胀缩性指标值来看，全线取土场的弱、中等膨胀土土源，未经改良均不能直接用作路基填料。否则，土的胀缩性将会对路基的变形破坏构成很大危胁。

表4-3-5　典型取土场原状膨胀土胀缩性指标值

项　目		单位	大榆树		王　财	
			K=0.90	K=0.95	K=0.90	K=0.95
自由膨胀率 F_s		%	52		62	
蒙脱石含量 M		%	13.6		16.4	
阳离子交换量 CEC(NH_4^+)		mol/kg	233.4		262.3	
膨胀力		kPa	88.7	102.9	147.61	162.53
无荷膨胀率		%	19	27	25	24
有荷膨胀率	25 kPa	%	5.8	2.8	4.9	1.9
	50 kPa	%	3.0	2.7	2.8	1.0
收缩系数		%	0.5	0.8	0.5	0.9

需要注意的是，原状膨胀土的胀缩性指标具有在不同压实度下发生变化的特性。为了具体认识这一特性，对大榆树、王财土源作进一步试验。图4-3-2、图4-3-3、图4-3-4所显示的曲线，反映了无荷膨胀率、膨胀力、收缩系数等胀缩性指示值随压实度变化而变化的试验结果。

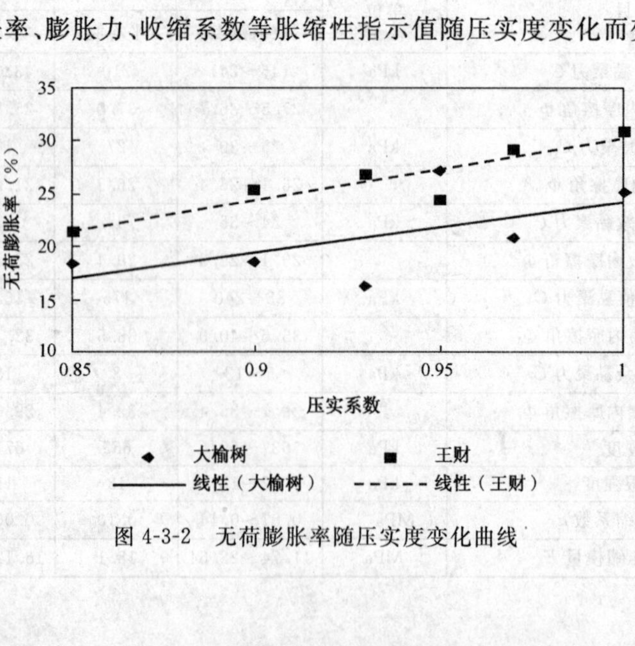

图4-3-2　无荷膨胀率随压实度变化曲线

通过对试验数据的线性拟合可以发现，随着压实度的增大，无荷膨胀率、膨胀力和收缩系数有增大的趋势；虽然随着压实度的增大，填料的力学强度增大，但是胀缩性也随之增大，这也说明膨胀土未经改良不宜直接作为路基填料。

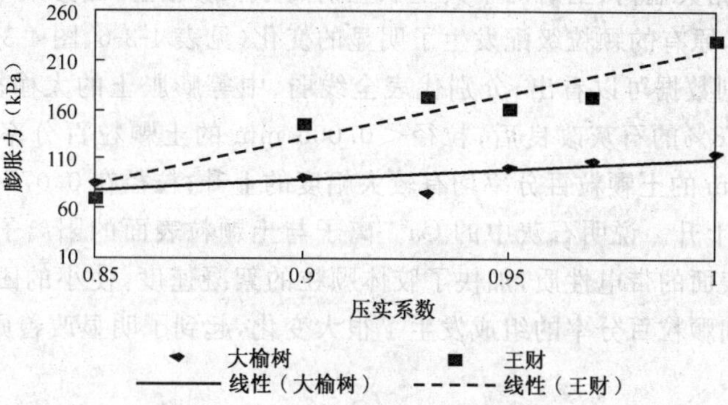

图 4-3-3　膨胀力随压实度变化曲线

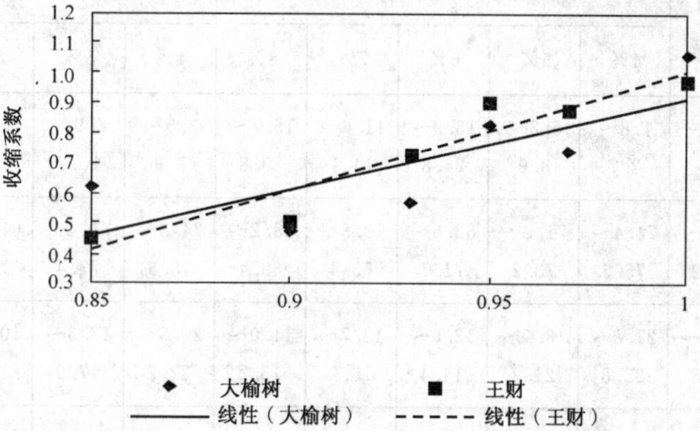

图 4-3-4　收缩系数随压实度变化曲线

（5）水稳性

室内试验还对每种土源在压实系数分别为 0.90、0.95 的工况下，各进行了 3 组湿化试验。从试验情况看：浸水 1 h 后，土样呈粒状崩解约 90%，浸水 2 h 后，即完全崩解。这说明未经改良的弱、中等膨胀土水稳性都极差。

（6）超固结性

对试验段地基膨胀土进行了 6 组土样深度为 3.5～4.5 m 的高压固结试验，从试验得到的数据来看：试验段地基膨胀土的前期固结压力为 710～800 kPa，超固结比为 8.5～10.8，这说明膨胀土是一种超固结土。由于膨胀土的超固结性，地层应力大大超过了正常固结土相应的水平。若遇到路堑开挖，横向约束解除，在高应力的作用下，容易产生边坡的变形破坏。这是膨胀土路堑开挖后易塌坍的重要原因之一。

（7）渗透性

由于击实膨胀土的渗透性很小，常规的渗透试验难以完成，因此采用了固结试验反算渗透系数的方法。结果表明：膨胀土的渗透系数为 10^{-7}～10^{-8} cm/s，在土体结构不被破坏的情况下，具有较好的防渗性。但必须注意的是，因膨胀土存在水稳性极差的致命弱点，一旦浸水则很容易造成土体结构的崩解破坏，防渗性也就随之消失。

3. 膨胀土改良前后的物理性质变化

(1) 颗粒级配变化

合肥—南京铁路大榆树、王财两个典型取土场的原状膨胀土，当掺入不同比例的生石灰或熟石灰进行改良后，原有的颗粒级配发生了明显的变化(见表 4-3-6、图 4-3 -5、图 4-3-6)。

从表 4-3-6 所列数据可以看出，分别代表全线弱、中等膨胀土的大榆树、王财取土场天然土样，在掺入 4%～8%的石灰改良后，粒径＜0.005 mm 的土颗粒百分率均有较大幅度的下降；粒径＞0.075 mm 的土颗粒百分率均有较大幅度的上升；粒径在 0.075～0.005 mm 间的土颗粒百分率均略有上升。说明石灰中的 Ca^{2+} 离子与土颗粒表面的阳离子已经发生了交换作用，改变了土颗粒表面的带电性质，加快了胶体颗粒的絮凝速度，使小的团粒相互凝聚成大的团粒。从而使粗、细颗粒百分率的组成发生了很大变化，起到了明显改善原状膨胀土土颗粒粒径结构的改良效果。

表 4-3-6　原状膨胀土改良前后颗粒组成百分率变化

土源分类	类别 粒径(mm)	天然土样	生石灰掺入量					熟石灰掺入量				
			4%	5%	6%	7%	8%	4%	5%	6%	7%	8%
大榆树	＞0.075	3.9～4.4	1.8～2.7	5.2～8.9	13.9～24.8	11.6～14.1	15.7～20.8	3.5～3.9	8.9～10.7	16.4～25.7	17.3～24.7	19.2～23.9
	0.075～0.005	59.3～60.2	74.4～75.5	71.0～73.2	62.6～71.7	70.3～73.4	68.2～69.4	74.3～75.5	71.4～77.4	61.6～72.7	63.5～70.8	60.1～63.1
	＜0.005	35.4～36.8	21.8～23.8	18.0～21.7	12.6～14.4	13.7～16.2	11.0～15.2	20.9～22.2	13.5～17.9	10.2～12.7	10.0～14.3	16.0～18.5
王财	＞0.075	2.2～5.4	4.5～7.4	5.5～5.9	8.7～14.7	14.3～25.7	11.4～23.0	5.4～7.8	6.1～14.3	13.3～25.1	16.7～23.4	23.1～30.3
	0.075～0.005	60.4～61.9	71.5～73.2	70.2～73.4	66.3～73.9	59.8～72.5	60.8～70.0	72.2～76.5	68.1～75.7	59.8～71.6	62.1～69.0	55.9～63.1
	＜0.005	34.4～35.9	21.1～22.3	21.1～24.2	17.4～19.0	13.2～15.5	16.2～18.6	18.1～20.6	17.6～18.8	15.1～15.6	13.3～15.1	13.8～17.3

图 4-3-5 所示的是合肥—南京铁路两个典型取土场的弱、中等膨胀土土样，在掺入 4%～8%不同比例的生、熟石灰改良后，其砂粒、粉粒、黏粒含量的百分率变化趋势。

从图中各种颗粒含量的百分率变化曲线来看，无论是弱膨胀土还是中等膨胀土，当掺入生、熟石灰后都能使原状膨胀土的颗粒粒径结构发生很大的变化。就变化趋势而言，从掺入 4%的生、熟石灰起，无论是弱膨胀土还是中等膨胀土的原有黏粒含量百分率大幅降低，并随着掺入生、熟石灰比例的增大而继续下降。当掺入 5%的生、熟石灰后，弱、中膨胀土的原有砂粒含量百分率明显上升。黏粒与砂粒含量百分率的变化趋势分别出现下降与上升的剪刀差，只是弱、中膨胀土出现剪刀差交点的位置有先后之别。

图 4-3-6 所示的是合肥—南京铁路大榆树、王财两个典型取土场的弱、中等膨胀土土样，

在没有掺入石灰和分别掺入4%、5%、6%、7%、8%重量比例的生、熟石灰改良后，6种不同的土颗粒粒径级配曲线。

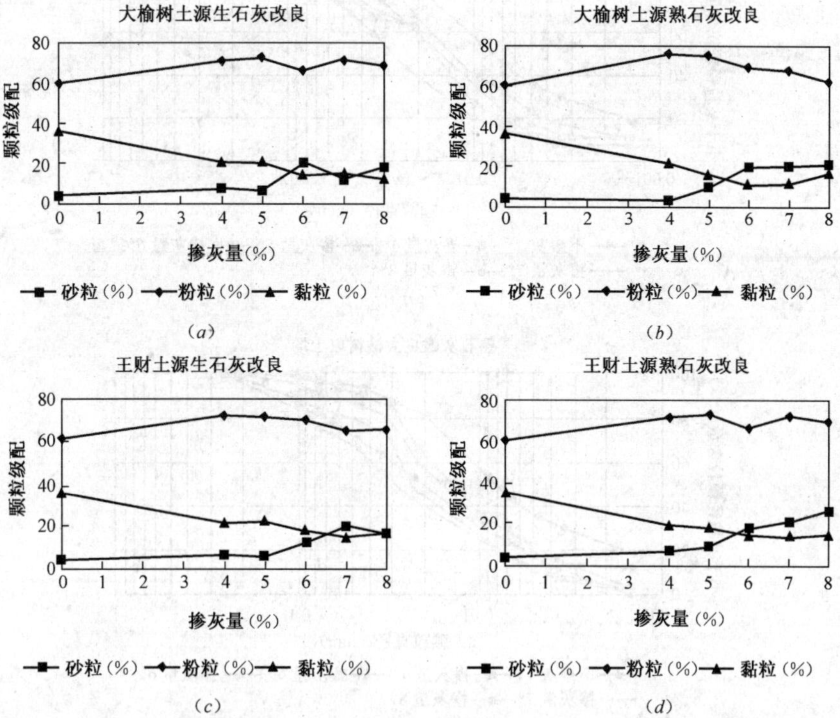

图 4-3-5　膨胀土掺入不同比例生、熟石灰后颗粒级配变化趋势

从同一图上的同一族级配曲线对比中可以直观地发现，原状膨胀土分别掺入4%、5%、6%、7%、8%比例的生、熟石灰后，呈现出细颗粒含量逐级减少，而粗颗粒含量逐级增多的变化特征。

具体而言，大榆树土样(代表全线弱膨胀土)在掺入5%～8%生、熟石灰后，其黏粒含量百分率从改良前的35.4%～36.8%，降低到改良后的10.0%～23.8%；粉粒含量百分率从改良前的59.3%～60.2%，上升到改良后的60.1%～77.4%；砂粒含量百分率从改良前的3.9%～4.6%，升高到改良后的5.2%～24.8%。王财土样(代表全线中等膨胀土)在掺入5%～8%生、熟石灰后，其黏粒含量百分率从改良前的34.4%～35.9%左右降低到改良后的13.2%～24.2%；粉粒含量百分率从改良前的60.4%～61.9%上升到改良后的55.9%～76.5%；砂粒含量百分率从改良前的2.2%～5.4%升高到改良后的4.5%～30.3%。

无论是弱膨胀土还是中等膨胀土，经掺入不同石灰比例后，其黏粒含量百分率的下降变化曲线与砂粒含量百分率的上升变化曲线均呈现剪刀差。剪刀差交点位置略有不同。大榆树取土场土源(弱膨胀土)出现在掺灰比5.4%～5.9%左右，王财取土场土源(中等膨胀土)出现在掺灰比5.8%～6.5%左右。

(2) 可塑性变化

图4-3-7、表4-3-7为弱、中膨胀性土样经掺入不同生、熟石灰比例后的可塑性变化试验结果。

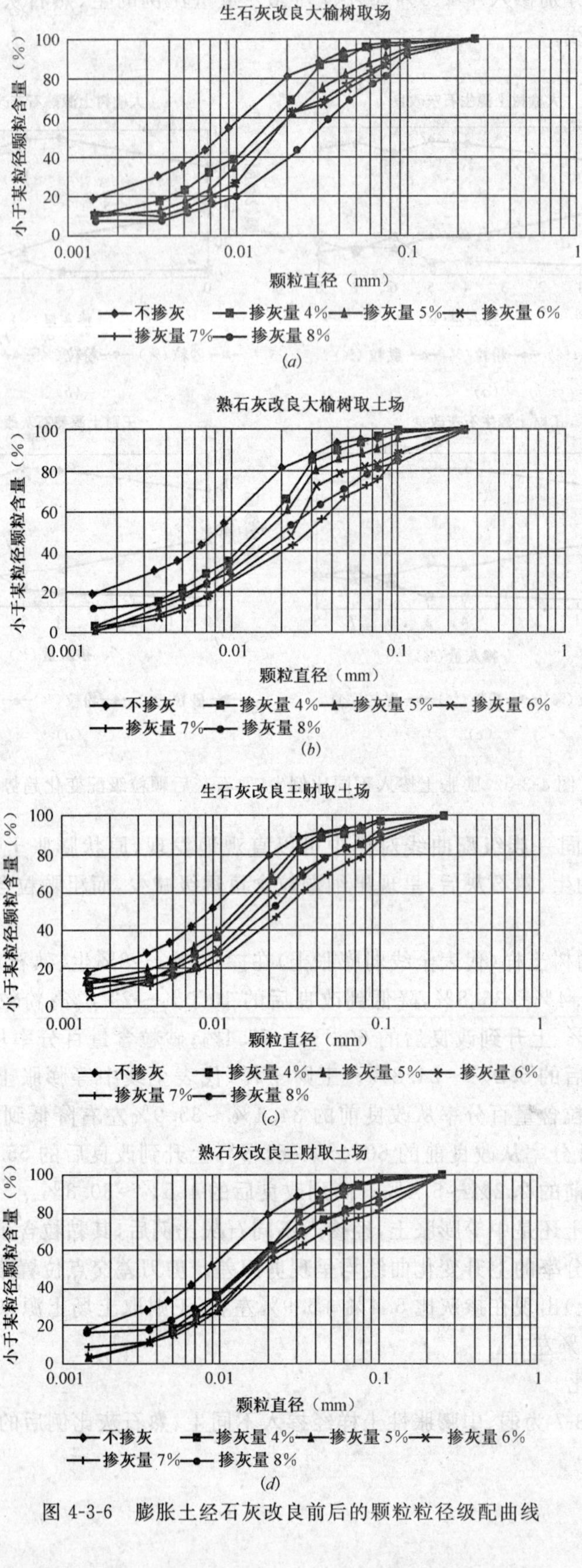

图 4-3-6　膨胀土经石灰改良前后的颗粒粒径级配曲线

表 4-3-7　弱、中(大榆树、王财)膨胀土改良前后的可塑性变化

土源	类别 指标名称	天然土样	生石灰掺入量					熟石灰掺入量				
			4%	5%	6%	7%	8%	4%	5%	6%	7%	8%
大榆树	液　限	41.5	36.8	36.9	38.4	39.1	39.4	39.0	39.1	40.5	41.6	42.5
	塑　限	17.0	23.6	24.4	30.7	32.6	33.7	25.7	28.4	30.5	31.8	33.1
	塑性指数	24.5	13.3	12.5	7.7	6.6	5.7	13.3	10.7	9.9	9.8	9.5
王财	液　限	42.5	36.1	36.1	35.7	37.5	40.9	38.8	37.6	40.0	38.9	39.9
	塑　限	16.7	24.6	25.9	27.2	31.8	36.2	27.2	26.6	29.6	30.1	31.2
	塑性指数	25.8	11.5	10.2	8.5	5.7	4.7	11.5	11.1	10.4	8.7	8.7

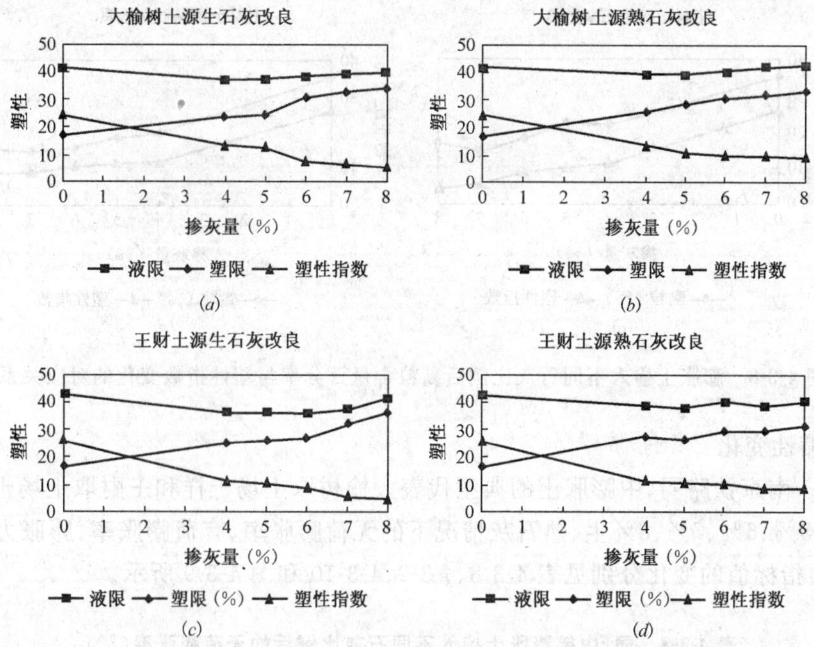

图 4-3-7　弱、中膨胀土掺入不同比例石灰后的可塑性变化曲线

可以看出，两种膨胀土改良后的液限变化都不大，但弱膨胀土中掺入石灰的重量比例超过5%以后，其塑限从17.0%左右上升到30.5%～33.7%，塑性指数从24.5降低到5.7～9.9；中等膨胀土中掺入石灰的重量比例超过5%以后，其塑限从16.7%左右上升到27.2%～36.2%，塑性指数从25.8左右降低到4.7～10.4。随着掺灰比的增加，改良土的塑限增大，塑性指数减小。但塑性指数下降趋势变缓的起始点略有不同，代表弱膨胀土的大榆树取土场土样出现在掺灰比6%左右的点上，代表中等膨胀土的王财取土场土样出现在7%左右的点上。

图4-3-8所显示的是膨胀土掺入不同石灰比例后黏粒含量百分率与塑性指数变化的对应关系。从图中可知，大榆树(弱膨胀土)土样在掺入6%石灰之前，王财(中等膨胀土)土样在掺入7%石灰之前，随着石灰比例的增加，黏粒含量有较大幅度的下降，同时塑性指数也有较大幅度的相应下降，两者存在很强的对应关系；但大榆树(弱膨胀土)土样在掺入6%石灰之后，王财(中等膨胀土)土样在掺入7%石灰之后，两者的对应关系减弱。说明膨胀土的石灰掺入比例并非越大效果就越好。不同的膨胀土当石灰比例超过某一值后，过多的石灰在土中自由

存在,反而会导致石灰土强度降低,使其力学性能变差。

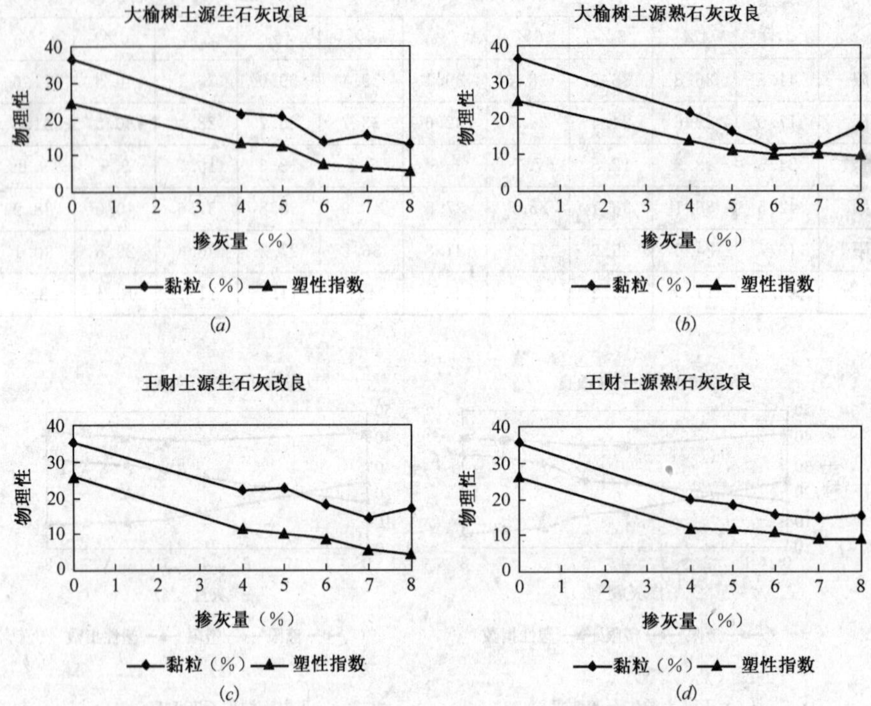

图 4-3-8 膨胀土掺入不同石灰比例后黏粒含量百分率与塑性指数变化的对应关系

(3) 胀缩性变化

对合肥—南京铁路弱、中膨胀土的典型代表大榆树取土场土样和王财取土场土样,分别进行掺入 4%、5%、6%、7%、8%生、熟石灰情况下的无荷膨胀率、有荷膨胀率、膨胀力、收缩系数试验,其各项指标值的变化分别见表 4-3-8、4-3-9、4-3-10 和图 4-3-9 所示。

表 4-3-8 弱、中等膨胀土掺入不同石灰比例后的无荷膨胀率(%)

改良方法 \ 掺灰比			0	4%	5%	6%	7%	8%
大榆树土源	生石灰改良	K=0.90	18.6	3.1	0.0	0.2	0.0	0.0
		K=0.95	27.1	4.0	2.5	0.0	0.0	0.0
	熟石灰改良	K=0.90	18.6	7.8	1.0	0.0	0.0	0.0
		K=0.95	27.1	9.2	1.3	0.0	0.0	0.0
王财土源	生石灰改良	K=0.90	25.3	0.0	0.0	0.0	0.0	0.0
		K=0.95	24.4	0.0	0.0	0.0	0.0	0.0
	熟石灰改良	K=0.90	25.3	0.0	0.0	0.0	0.0	0.0
		K=0.95	24.4	0.0	0.0	0.0	0.0	0.0

表 4-3-8 所列数据表明,无论是弱、中等膨胀土掺入不同石灰比例后的无荷膨胀率均有大幅度的下降。尤其是当掺入石灰的比例达到一定数值后,无荷膨胀率降低到零值,体现出明显的改良效果。

表 4-3-9　弱、中等膨胀土掺入不同石灰比例后的有荷膨胀率(%)

压力	大榆树土源 改良方法	掺灰比	0	4	5	6	7	8	王财土源 改良方法	掺灰比	0	4	5	6	7	8
25 kPa	生石灰	K=0.90	5.8	0	0	0	0	0	生石灰	K=0.90	4.9	0	0	0	0	0
		K=0.95	2.8	0	0	0	0	0		K=0.95	1.9	0	0	0	0	0
	熟石灰	K=0.90	5.8	0	0	0	0	0	熟石灰	K=0.90	4.9	0	0	0	0	0
		K=0.95	2.8	0	0	0	0	0		K=0.95	1.9	0	0	0	0	0
50 kPa	生石灰	K=0.90	3.0	0	0	0	0	0	生石灰	K=0.90	2.8	0	0	0	0	0
		K=0.95	2.7	0	0	0	0	0		K=0.95	1.0	0	0	0	0	0
	熟石灰	K=0.90	3.0	0	0	0	0	0	熟石灰	K=0.90	2.8	0	0	0	0	0
		K=0.95	2.7	0	0	0	0	0		K=0.95	1.0	0	0	0	0	0

表 4-3-9 所列数据显示，无论是弱、中等膨胀土掺入 4%石灰比例后，有荷膨胀率均已降为零值，改良效果显著。

表 4-3-10 所列数据反映出，无论是弱、中等膨胀土掺入 4%～8%的石灰后，膨胀力迅即降低，直至降到零值，改良效果也十分明显。

表 4-3-10　弱、中等膨胀土掺入不同石灰比例后的膨胀力

改良方法		掺灰比	0	4%	5%	6%	7%	8%
大榆树土源	生石灰改良	K=0.90	88.7	7.4	9.5	7.0	0	0
		K=0.95	102.9	11.6	2.5	4.9	13.7	0
	熟石灰改良	K=0.90	88.7	7.4	7.4	0	0	0
		K=0.95	102.9	13.7	11.6	0	0	0
王财土源	生石灰改良	K=0.90	147.6	0	0	0	0	0
		K=0.95	162.5	0	0	0	0	0
	熟石灰改良	K=0.90	147.6	0	0	0	0	0
		K=0.95	162.5	0	0	0	0	0

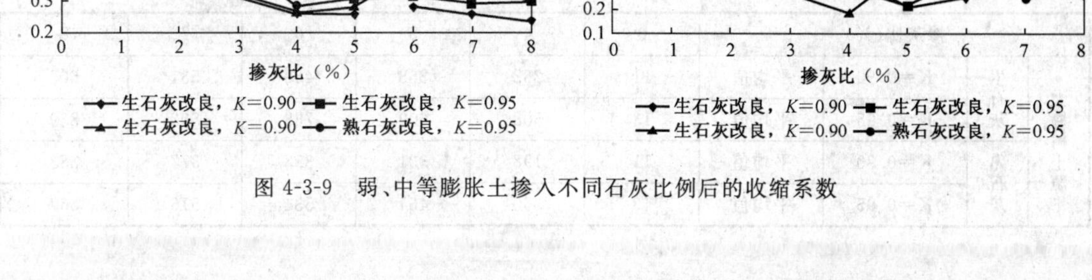

图 4-3-9　弱、中等膨胀土掺入不同石灰比例后的收缩系数

从图4-3-9所绘制的弱、中等膨胀土掺入不同石灰比例后的收缩系数变化曲线看出，无论是弱、中等膨胀土当掺入4%石灰比例后，它们的收缩系数均有较大幅度减小。

为了进一步全面了解弱、中等膨胀土在掺入一定比例石灰后的胀缩性变化，参照弱、中等膨胀土在掺入不同石灰比例后可塑性变化的试验结果，还对大榆树取土场（弱膨胀土）土样分别掺入6%比例生、熟石灰，对王财取土场（中等膨胀土）土样分别掺入7%比例生、熟石灰，进行弱、中等膨胀土改良前后的自由膨胀率、蒙脱石含量、阳离子交换量的补充试验，试验结果分别见图4-3-10、4-3-11、4-3-12所示。

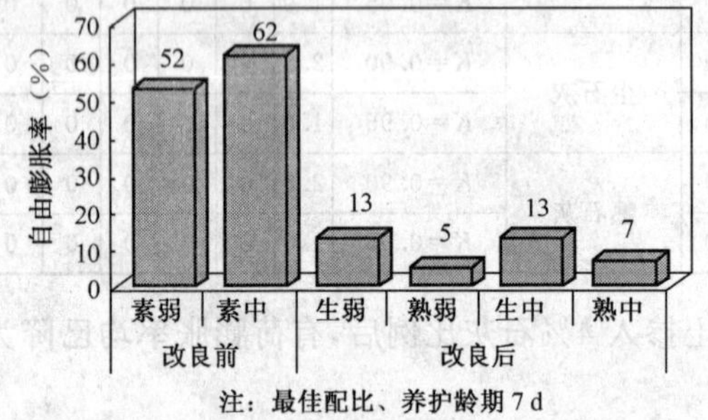

图4-3-10　改良前后自由膨胀率变化

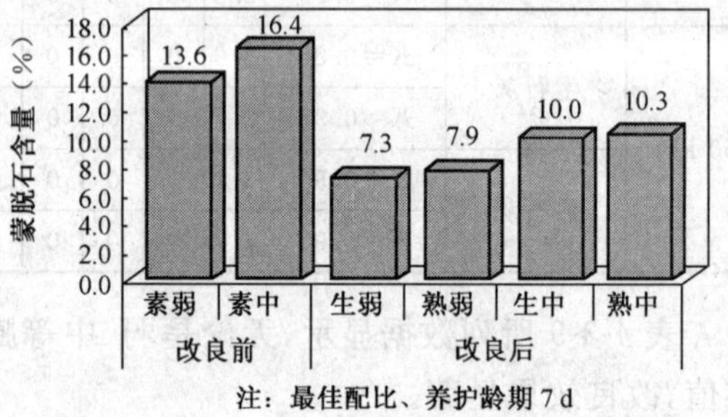

图4-3-11　改良前后蒙脱石含量变化

补充试验的结果也证实了弱、中等膨胀土改良前后的胀缩性变化为：

a. 自由膨胀率降幅很大，蒙脱石含量也有一定程度的降低。这是因为受石灰成分的影响，阳离子交换量变化不大；

b. 荷膨胀率和25 kPa、50 kPa有荷膨胀率指标，均降低到0；

c. 膨胀力指标，从改良前的89～163 kPa降低到改良后的0～7 kPa；

d. 膨胀土经石灰改良后的收缩系数也有较大幅度的降低。

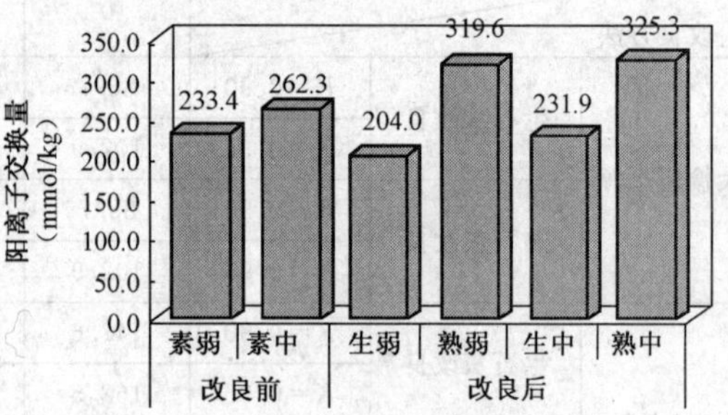

图4-3-12　改良前后阳离子交换量变化

综上所述，膨胀土经石灰改良以后，能够大大改善其吸水膨胀、失水收缩的不良工程特性，可见用石灰改良膨胀土的效果是明显的。

(4) 力学性质变化

a. 无侧限抗压强度指标值的变化

表4-3-11、4-3-12及图4-3-13所显示的是，膨胀土改良前后的无侧限抗压强度指标值变化情况。表列数据和图中曲线表明：

表4-3-11　膨胀土改良前后浸水无侧限抗压强度统计表(单位：kPa)

掺灰比(%)				0	4	5	6	7	8
大榆树土源	生石灰	K=0.90	平均值	11	262	368	488	531	605
		K=0.95	平均值	13	508	609	768	802	839
	熟石灰	K=0.90	平均值	11	198	331	393	377	383
		K=0.95	平均值	13	360	464	534	516	567

续上表

掺灰比(%)				0	4	5	6	7	8
王财土源	生石灰	$K=0.90$	平均值	11	194	255	303	476	438
		$K=0.95$	平均值	12	312	511	575	683	605
	熟石灰	$K=0.90$	平均值	11	266	342	373	375	377
		$K=0.95$	平均值	12	342	459	569	568	484

表 4-3-12 膨胀土改良前后不浸水无侧限抗压强度统计表(单位:kPa)

掺 灰 比				0	4	5	6	7	8
大榆树土源	生石灰	$K=0.90$	平均值	383	495	845	1 112	823	884
		$K=0.95$	平均值	653	987	1 065	1 557	1 140	962
	熟石灰	$K=0.90$	平均值	383	368	418	862	595	849
		$K=0.95$	平均值	653	595	674	1 195	847	647
王财土源	生石灰	$K=0.90$	平均值	428	694	790	920	1250	986
		$K=0.95$	平均值	728	870	1 133	1 237	1 906	1 018
	熟石灰	$K=0.90$	平均值	428	449	699	702	1 075	823
		$K=0.95$	平均值	728	753	754	917	1 385	1 048

(*a*) 膨胀土经石灰改良后,无侧限抗压强度指标值有较大提高,7 d 龄期浸水无侧限抗压强度为改良前的 2～7 倍,不浸水无侧限抗压强度为改良前的 1～2 倍,对路基填料而言是十分有利的;

(*b*) 膨胀土经石灰改良后,浸水无侧限抗压强度的增幅明显高于不浸水无侧限抗压强度的增幅。改良前浸水无侧限抗压强度比不浸水无侧限抗压强度低 97%～98%,而改良后浸水无侧限抗压强度比不浸水无侧限抗压强度仅低 12%～61%,说明石灰对改善原有膨胀土在浸水条件下的力学性能具有明显作用;

(*c*) 弱膨胀土(大榆树取土场土样)掺入石灰比例值超过 6%以后,其无侧限抗压强度增长幅度变缓。中等膨胀土(王财取土场土样)掺入石灰比例值超过 7%以后,其无侧限抗压强度呈衰减趋势。

参考我国《京沪高速铁路设计暂行规定》,改良土路基的动强度应满足下式要求:

$$\sigma_{\mathrm{bcu}} \geqslant \frac{\beta \cdot \sigma_{\mathrm{zl}} \cdot K}{\eta_{\mathrm{g}} \cdot R_{\mathrm{cr}}}$$

式中 σ_{bcu}——改良土浸水饱和固结不排水强度(为 28 d 三轴试验强度);

β——动应力波动系数,取 1.2;

σ_{zl}——列车荷载产生的动应力,根据《时速 200 km 客货共线铁路暂行规范》动静应力随深度的变化曲线(见图 3-1-1),基床底层顶部动应力约为 50 kPa;

η_{g}——干湿循环强度衰减系数,取 0.5;

R_{cr}——动静比,取 0.45;

K——安全系数,取 2。

除动强度外,还应考虑自重应力 σ_{z} 的影响。即:

$$\sigma_{\mathrm{bcu}} \geqslant \frac{\beta \cdot \sigma_{\mathrm{zl}} \cdot K}{\eta_{\mathrm{g}} \cdot R_{\mathrm{cr}}} + \frac{\sigma_{\mathrm{z}} \cdot K}{\eta_{\mathrm{g}}}$$

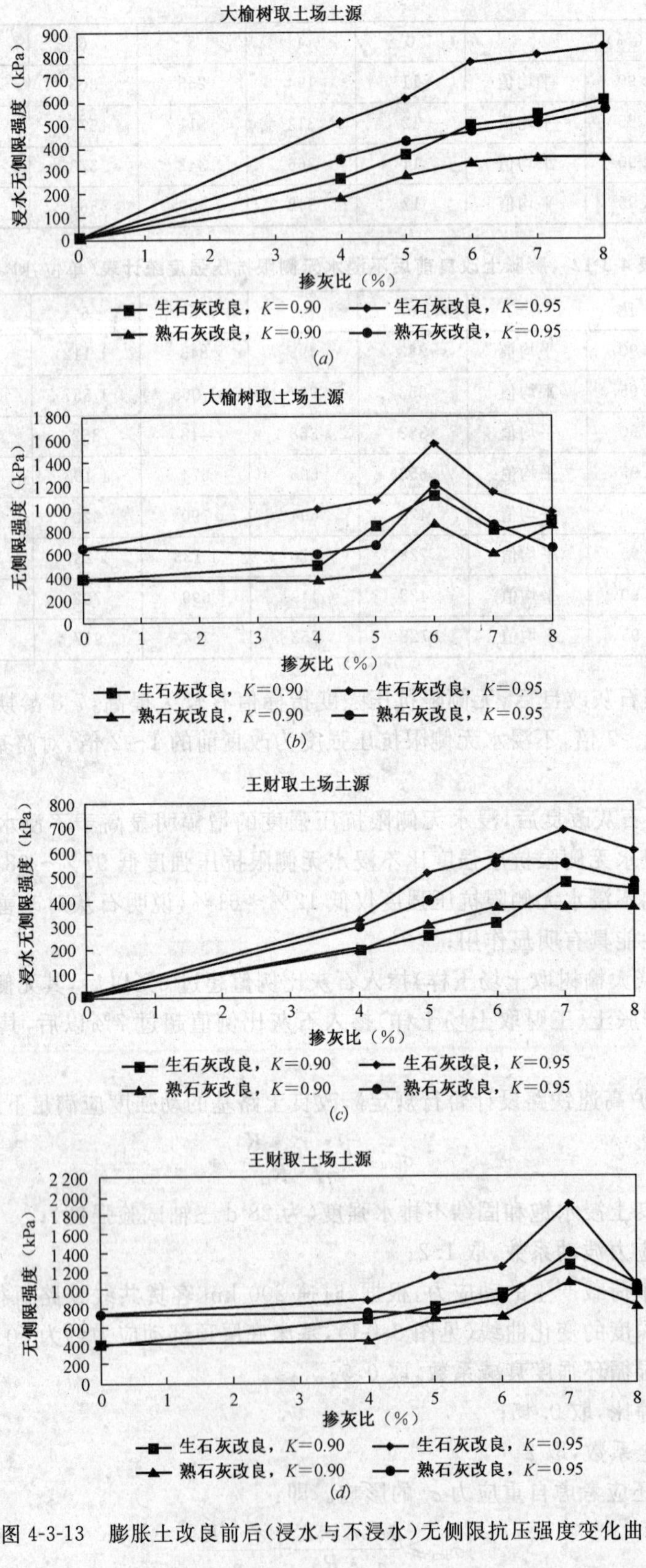

图 4-3-13 膨胀土改良前后(浸水与不浸水)无侧限抗压强度变化曲线

由动静应力随深度的变化曲线可知，基床底层顶部的自重应力为 25 kPa。现场检测采用 7 d 龄期浸水无侧限抗压强度，即 $q_u=0.7\sigma_{bcu}$。考虑动静强度，7 d 龄期浸水无侧限抗压强度应满足：

$$q_u \geqslant \frac{0.7\beta \cdot \sigma_{zl} \cdot K}{\eta_g \cdot R_{cr}} + \frac{0.7\sigma_z \cdot K}{\eta_g}$$

计算得 $q_u \leqslant 443$ kPa，取 $q_u=450$ kPa 作为路基基床底层（压实系数 $K=0.95$）部分的改良土填料检测标准；对于基床以下路基本体（压实系数 $K=0.90$）部分而言，由于该部分没有动应力要求，只要改良土填料石灰发挥明显效益，无荷膨胀率＜1.0%，50 kPa 荷载下有荷膨胀率＜0，胀缩总率＜0；浸水 48 h 无明显崩解，即能满足要求。从合肥—南京铁路室内试验和试验段现场的检测数据来看，能满足上述条件的改良土 7 d 龄期浸水无侧限抗压强度值一般都在 300 kPa 以上。因此，将基床以下路基本体（压实系数 $K=0.90$）部分的 7 d 龄期浸水无侧限抗压强度控制标准定为 300 kPa。

b. 黏聚力和内摩擦角指标值的变化

对膨胀土改良前后黏聚力和内摩擦角指标值变化的检测，主要通过直剪（快剪）、排水反复直剪和三轴固结不排水剪等室内试验来实现。

（*a*）直剪（快剪）试验

直剪（快剪）试样分为素弱（未经改良的弱膨胀土）、素中（未经改良的中等膨胀土）、生弱（用生石灰改良的弱膨胀土）、熟弱（用熟石灰改良的弱膨胀土）、生中（用生石灰改良的中等膨胀土）、熟中（用熟石灰改良的中等膨胀土）6 种，每种情况各做 6 组试验，取其平均值，试验结果见图 4-3-14。从图中可以看出，石灰改良后直剪（快剪）黏聚力 C 值无明显的规律性变化，而直剪（快剪）的内摩擦角 Φ 值有一定数量的增长。

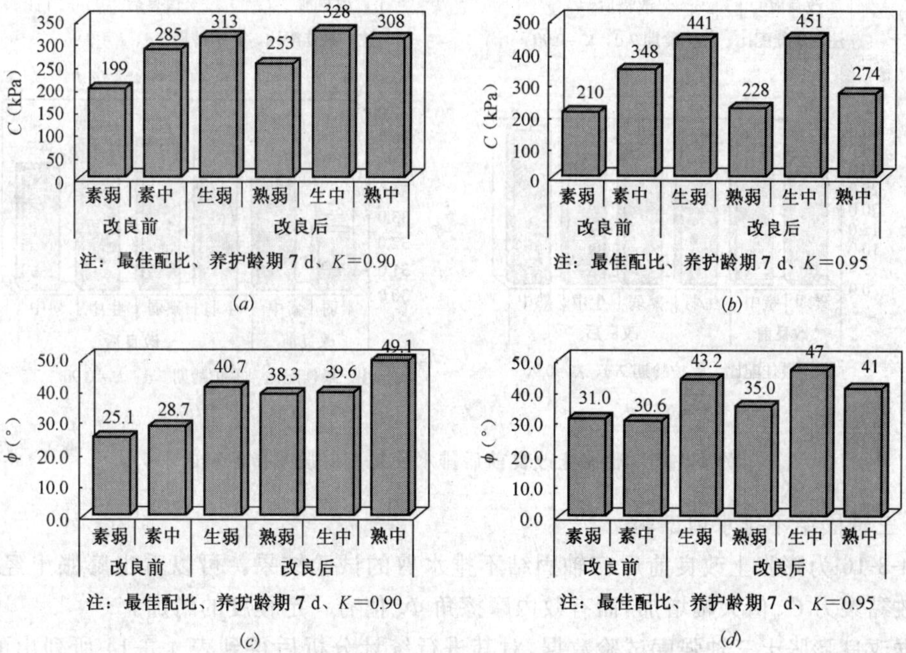

图 4-3-14　膨胀土改良前后快剪强度指标对比

在完成改良膨胀土直剪(快剪)强度试验的基础上，再对指标测试值进行了统计分析，其分析结果详见表4-3-13。

表4-3-13 膨胀土改良后直剪强度指标值统计分析表

指 标	C(kPa)		Φ(°)	
压实系数	K=0.90	K=0.95	K=0.90	K=0.95
统计个数	24	24	24	24
数据分布范围	211～396	199～555	32.7～58.4	30.9～51.4
平均值	300	349	42	41
标准差	51.8	114.8	6.0	5.4
变异系数	0.17	0.33	0.14	0.13
标准值(置信度95%)	282	308	40	40

(*b*) 排水反复直剪试验

图4-3-15为膨胀土改良前后的排水反复直剪试验结果，从图中可以看出改良后残余强度指标残余黏聚力 C_r 值有一定的增加，而残余内摩擦角 Φ_r 值变化不大。

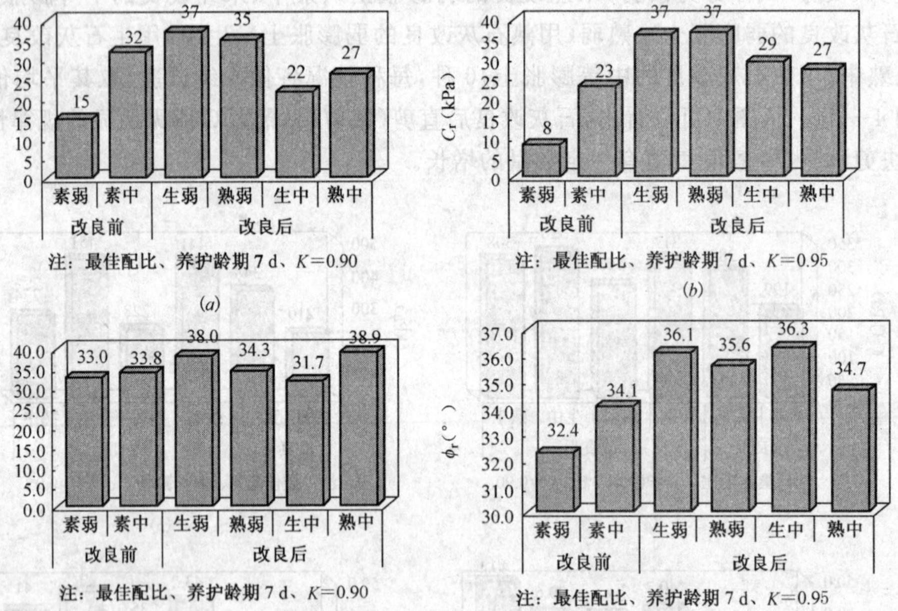

注：最佳配比、养护龄期7 d、K=0.90

(*a*)

注：最佳配比、养护龄期7 d、K=0.95

(*b*)

注：最佳配比、养护龄期7 d、K=0.90

(*c*)

注：最佳配比、养护龄期7 d、K=0.95

(*d*)

图4-3-15 膨胀土改良前后排水反复直剪强度指标对比

(*c*) 三轴固结不排水剪试验

图4-3-16为膨胀土改良前后三轴固结不排水剪的试验结果。可以看出膨胀土经过改良后的有效黏聚力 C_{cu} 值大幅增加，而有效内摩擦角 Φ_{cu} 值有一定程度的增加。

根据改良膨胀土三轴强度试验数据，对其进行统计分析后得到表4-3-14所列出的结果。表中数值可以为路堤设计参数取值作参考，由于统计取值样本有限，使用时应该作适当程度的折减。

表 4-3-14　膨胀土改良后三轴剪强度指标统计表

指　标	C_{cu}(kPa)		Φ_{cu}(°)	
压实系数	K＝0.90	K＝0.95	K＝0.90	K＝0.95
统计个数	24	24	24	24
数据分布范围	91～309	103～382	25.3～35.8	30.4～35.0
平均值	165	216	29.5	32.9
标准差	80	85	3.2	1.4
变异系数	0.48	0.39	0.11	0.04
标准值(置信度 95%)	137	186	28.4	32.4

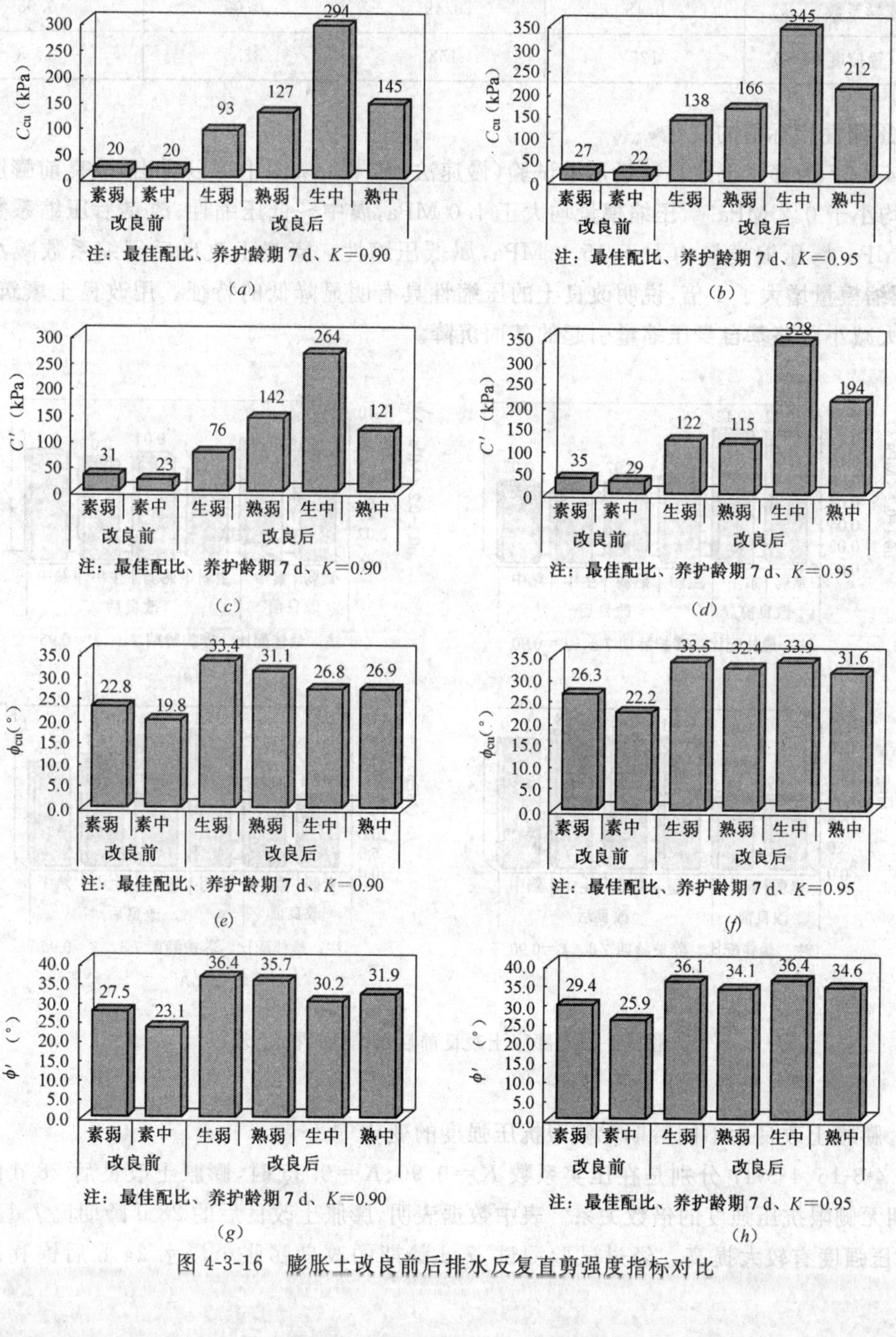

图 4-3-16　膨胀土改良前后排水反复直剪强度指标对比

表 4-3-15 膨胀土改良后三轴剪有效强度指标统计表

指 标	C′ (kPa)		Φ′(°)	
压实系数	K=0.90	K=0.95	K=0.90	K=0.95
统计个数	24	24	24	24
数据分布范围	63～265	87～389	29.3～39.1	31.8～38.1
平均值	151	191	33.6	35.4
标准差	72	93	3.0	1.7
变异系数	0.48	0.49	0.09	0.05
标准值(置信度 95%)	125	158	32.5	34.8

c. 压缩性指标值的变化

图 4-3-17 为膨胀土改良前后压缩试验(慢速法)结果。从图中可以看出,改良前膨胀土压缩系数均小于 0.2 MPa^{-1},压缩模量均大于 4.0 MPa,属中～低压缩性;改良后压缩系数均小于 0.1 MPa^{-1},压缩模量均大于 15.0 MPa,属低压缩性。膨胀土改良后压缩系数减小了近 50%、压缩模量增大了 1 倍,说明改良土的压缩性具有明显降低的特征。用改良土填筑路基,将会大大减小因路基自身压缩量引起的基面沉降。

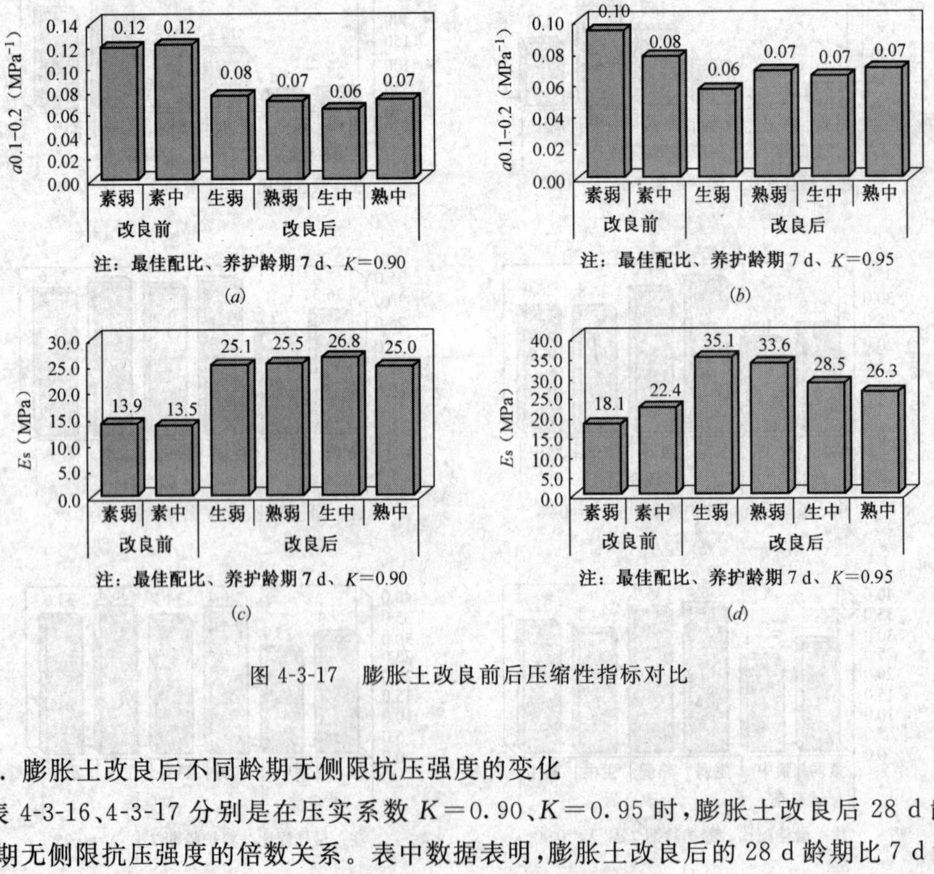

图 4-3-17 膨胀土改良前后压缩性指标对比

d. 膨胀土改良后不同龄期无侧限抗压强度的变化

表 4-3-16、4-3-17 分别是在压实系数 K=0.90、K=0.95 时,膨胀土改良后 28 d 龄期与 7 d龄期无侧限抗压强度的倍数关系。表中数据表明,膨胀土改良后的 28 d 龄期比 7 d 龄期无侧限抗压强度有较大提高。经过试验测试,7 d 龄期的改良膨胀土浸水 24 h 后饱和度达到

95%以上；28 d 龄期的改良膨胀土浸水 24 h 不易饱和，浸水无侧限抗压强度增长比 7 d 龄期更为明显。说明改良膨胀土 28 d 龄期比 7 d 龄期更为致密。

表 4-3-16　膨胀土改良后 28 d 龄期与 7 d 龄期无侧限抗压强度的倍数关系($K=0.90$)

强度类别	浸水无侧限强度				饱和无侧限强度				不浸水无侧限强度			
改良类别	生弱	熟弱	生中	熟中	生弱	熟弱	生中	熟中	生弱	熟弱	生中	熟中
倍　数	1.30	2.31	1.87	2.55	0.85	1.41	1.06	1.32	1.23	1.09	1.14	1.14

表 4-3-17　膨胀土改良后 28 d 龄期与 7 d 龄期无侧限抗压强度的倍数关系($K=0.95$)

强度类别	浸水无侧限强度				饱和无侧限强度				不浸水无侧限强度			
改良类别	生弱	熟弱	生中	熟中	生弱	熟弱	生中	熟中	生弱	熟弱	生中	熟中
倍数	1.52	2.13	1.65	2.04	1.03	1.42	0.99	1.28	0.89	1.23	1.06	1.21

(5) 水稳性变化

室内试验还对合肥—南京铁路的典型弱膨胀土(大榆树取土场)与典型中等膨胀土(王财取土场)土源，分别在压实系数 $K=0.90$、$K=0.95$ 的工况下，进行了改良前与改良后(掺入4%、5%、6%、7%、8%各种比例生、熟石灰)的湿化对比试验(每种情况各做 3 组)。

试验结果表明，浸水 1 h 后，未经改良的弱、中等膨胀土夯实土样约 90%均呈粒状崩解，浸水 2 h 后，均即完全崩解。说明了未经改良的弱、中等膨胀土水稳性都极差，不能直接作为路基填料；

形成强烈对比的是，无论在压实系数为 $K=0.90$ 还是 $K=0.95$ 的工况下，弱、中等膨胀土在掺入了不同比例的生石灰或者熟石灰以后，即使浸水 48 h 也均无崩解。反映出膨胀土经石灰改良后的水稳性大大提高，在这方面已具备了作为路基填料的基本条件，这也是膨胀土改良的重要目的之一。

(6) 渗透性变化

由于击实膨胀土的渗透性很小，常规的渗透试验难以完成这项试验，因此在合肥—南京铁路膨胀土改良的室内试验中，采用了固结试验反算渗透系数的方法。

表 4-3-18、4-3-19 系合肥—南京铁路典型弱、中等膨胀土土样改良前后的渗透系数对比试验结果。从表中数据来看，膨胀土改良前后渗透系数虽有所变化，但变化前后的渗透系数还是集中在 $10^{-7}\sim10^{-8}$ cm/s 数量级。说明在土体结构不被破坏的情况下，具有较好的防渗性。当然，与复合土工膜的渗透系数($10^{-11}\sim10^{-13}$ cm/s 数量级)相比仍然有 4～5 个数量级的较大差距。

从表中数据还可以发现，膨胀土改良前后渗透系数存在着无规律性变化。考虑到膨胀土遇水后会膨胀软化，一旦软化后结构易崩解破坏，导致其抗渗性能大大降低。而膨胀土改良后产生了质的变化，其水稳性大大提高，即使遇水后土体结构也不易破坏。所以改良膨胀土在一般环境下，亦可以作为路基工程中一些次要结构物的防渗层，重要结构或有特殊要求的防渗层才采取增加复合土工膜等防渗措施。

表 4-3-18　合肥—南京铁路典型弱膨胀土(大榆树取土场)土样改良前后渗透系数对比

压力(kPa)			渗透系数(10^{-7} cm/s)									
			改良前					改良后				
			0~50	50~100	100~200	200~300	300~400	0~50	50~100	100~200	200~300	300~400
生石灰改良	K=0.90	1#	1.02	0.77	0.77	0.53	0.12	0.70	0.49	0.28	0.25	0.15
		2#	18.61	1.17	0.82	0.15	0.02	4.61	3.28	1.64	0.93	0.98
		3#	1.61	0.71	0.87	0.54	0.02	0.63	1.97	0.33	0.24	0.98
	K=0.95	1#	1.94	0.99	0.63	0.40	0.02	0.35	2.66	0.09	1.38	0.10
		2#	1.16	0.91	0.45	0.32	0.16	2.04	2.08	1.65	0.97	0.69
		3#	1.82	0.97	0.49	0.37	0.21	3.47	3.32	1.68	1.03	1.03
熟石灰改良	K=0.90	1#	1.02	0.77	0.77	0.53	0.12	3.13	1.88	2.44	1.24	0.62
		2#	18.61	1.17	0.82	0.15	0.02	4.38	3.12	1.87	0.77	0.39
		3#	1.61	0.71	0.87	0.54	0.02	5.61	2.49	0.14	1.08	0.06
	K=0.95	1#	1.94	0.99	0.63	0.40	0.02	7.29	2.31	3.50	0.05	1.30
		2#	1.16	0.91	0.45	0.32	0.16	5.93	3.97	3.09	1.31	0.65
		3#	1.82	0.97	0.49	0.37	0.21	3.88	4.40	1.98	0.13	0.98
生石灰	K=0.90	平均值	7.08	0.88	0.82	0.40	0.05	1.98	1.91	0.75	0.47	0.70
	K=0.95	平均值	1.64	0.96	0.52	0.36	0.13	1.95	2.69	1.14	1.13	0.61
熟石灰	K=0.90	平均值	7.08	0.88	0.82	0.40	0.05	4.37	2.49	1.48	1.03	0.36
	K=0.95	平均值	1.64	0.96	0.52	0.36	0.13	5.70	3.56	2.86	0.50	0.98
最小值			1.02	0.71	0.45	0.15	0.02	0.35	0.49	0.09	0.05	0.06
最大值			18.61	1.17	0.87	0.54	0.21	7.29	4.40	3.50	1.38	1.30

注:中等膨胀土试样掺入石灰比例为6%,养护时间7 d。

表 4-3-19　合肥—南京铁路典型中等膨胀土(王财取土场)土样改良前后渗透系数对比

压力(kPa)			渗透系数(10^{-7} cm/s)									
			改良前					改良后				
			0~50	50~100	100~200	200~300	300~400	0~50	50~100	100~200	200~300	300~400
生石灰改良	K=0.90	1#	0.63	0.90	1.20	0.21	0.03	3.94	2.62	1.96	0.00	0.97
		2#	0.19	0.93	1.26	0.24	0.07	3.29	1.97	0.98	0.98	0.33
		3#	0.41	1.43	1.06	0.32	0.33	4.59	1.96	1.54	0.65	0.65
	K=0.95	1#	0.30	0.70	0.50	0.48	0.03	3.46	2.07	0.94	1.03	0.69
		2#	0.92	0.97	0.52	0.48	0.14	13.72	2.05	0.95	0.04	0.34
		3#	1.20	1.05	0.42	0.36	1.17	6.19	3.44	1.71	0.68	0.68
熟石灰改良	K=0.90	1#	0.63	0.90	1.20	0.21	0.03	2.56	1.28	0.96	0.64	0.11
		2#	0.19	0.93	1.26	0.24	0.07	3.81	1.91	1.02	0.95	0.63
		3#	0.41	1.43	1.06	0.32	0.33	3.83	1.27	1.27	0.63	0.63

续上表

压力(kPa)			渗透系数(10^{-7} cm/s)									
			改　良　前					改　良　后				
			0～50	50～100	100～200	200～300	300～400	0～50	50～100	100～200	200～300	300～400
熟石灰改良	K=0.95	1#	0.30	0.70	0.50	0.48	0.03	8.56	2.00	2.65	0.93	0.99
		2#	0.92	0.97	0.52	0.48	0.14	6.03	2.68	1.67	0.67	0.67
		3#	1.20	1.05	0.42	0.36	1.17	5.36	3.34	0.02	1.53	1.00
生石灰	K=0.90	平均值	0.41	1.09	1.17	0.26	0.14	3.94	2.18	1.49	0.55	0.65
	K=0.95	平均值	0.80	0.91	0.48	0.44	0.45	7.79	2.52	1.20	0.58	0.57
熟石灰	K=0.90	平均值	0.41	1.09	1.17	0.26	0.14	3.40	1.49	1.08	0.74	0.46
	K=0.95	平均值	0.80	0.91	0.48	0.44	0.45	6.65	2.67	1.45	1.04	0.88
最小值			0.19	0.70	0.42	0.21	0.03	2.56	1.27	0.02	0.00	0.11
最大值			1.20	1.43	1.26	0.48	1.17	13.72	3.44	2.65	1.53	1.00

注：中等膨胀土试样掺入石灰比例为7%，养护时间7 d。

(二) 合肥—南京铁路大区域膨胀土改良的工地试验

工地试验在合肥—南京铁路肥东试验段施工现场进行。也是由建设单位负责，具体组织建设、设计、施工、监理单位和科研院校共同参与。工地试验同样要求详细编制试验大纲和试验工作实施计划，明确分工，落实责任，充分发挥各自优势。严格工作制度，及时分析研究各项试验数据，在理论与实践的紧密结合上，确保试验工作严密、科学，试验数据真实、可靠。

工地试验的目的，是检验路基试验段经现场填筑、压实后，其改良膨胀土填料的主要工程性质是否满足新建时速200公里铁路路基填料的技术要求，是否与室内试验的结果基本吻合。

工地试验具体安排在路基试验段填筑基床底层阶段时进行，要求从压实完毕后有7 d龄期并经施工检测合格的基床底层压实面上取样。在规定的温度下保湿养生7 d后，进行液限、塑限、塑性指数、自由膨胀率、膨胀力、无荷膨胀率、25 kPa有荷膨胀率、50 kPa有荷膨胀率、收缩系数、缩限、48 h湿化、黏聚力、内摩擦角、压缩系数、压缩模量等各项试验。每个试验项目，取9组试样进行平行试验。

表4-3-20是在合肥—南京铁路肥东路基试验段上，分别对大榆树、王财两个典型取土场弱、中等改良膨胀土进行工地试验的结果与室内试验结果平均值的对比。

表中数据表明：

1. 首先，无论是室内试验还是现场工地试验的结果均表明，弱、中等膨胀土经掺入合适比例的生石灰或熟石灰后，其可塑性、胀缩性、力学性质、水稳性等主要性能指标大为改良，符合新建时速200公里铁路路基填料的技术要求。

2. 其次，从现场工地取样试验的结果与室内试验的结果对比来看，由于室内试验制样的均匀性高于现场制样的均匀性，因此，室内试验的黏聚力、内摩擦角等力学强度指标要优于现场试验结果。

3. 除此以外，诸如液限、塑限、塑性指数、自由膨胀率、膨胀力、无荷膨胀率、25 kPa有荷膨胀率、50 kPa有荷膨胀率、收缩系数、缩限、48 h湿化、压缩系数、压缩模量等其他各项指标的试验结果，两者基本吻合，说明室内试验能够较好地反映现场的实际情况。

室内试验与现场工地试验的成功，也为合肥—南京铁路全线膨胀土改良效果的全面评价及改良参数的确定，奠定了比较扎实的基础。

表4-3-20 工地试验与室内试验的结果对比表

项目		单位	大榆树土源生石灰改良		大榆树土源熟石灰改良		王财土源熟石灰改良	
			室内试验	现场试验	室内试验	现场试验	室内试验	现场试验
液限		%	38.4	38.4	40.5	42.8	37.5	38.2
塑限		%	30.7	29.0	30.5	34.3	31.8	31.3
塑性指数			7.7	9.5	9.9	8.5	5.7	7.0
自由膨胀率		%	13	12.6	5	14.3	13	11.5
膨胀力		kPa	4.9	3	0	0	0	0
无荷膨胀率		%	0	0.2	0	0.2	0	0.2
25 kPa有荷膨胀率		%	0	0	0	0	0	0
50 kPa有荷膨胀率		%	0	0	0	0	0	0
收缩	收缩系数		0.3	0.29	0.4	0.25	0.3	0.32
	缩限	%	12.7	13.4	14.6	14.2	11.1	12.4
48小时湿化			无崩解	无崩解	无崩解	无崩解	无崩解	无崩解
直剪	内摩擦角Φ	°	43.2	21.5	35.0	18.7	47.0	19.9
	黏聚力C	kPa	441	116	228	106	451	107
压缩	压缩系数	MPa^{-1}	0.06	0.07	0.7	0.07	0.07	0.07
	压缩模量	MPa	35.1	27.4	33.6	23.5	28.5	24.9

第四节 膨胀土改良效果评价及改良参数的确定

膨胀土改良效果的全面评价及其改良参数的确定，在新建时速200公里铁路大区域膨胀土路基填料改良技术环节中，具有极其重要的决策地位。这一技术步骤，对于全线改良膨胀土路基填料的质量，甚至对于整个路基工程的质量与投资控制起着决定性的作用。

一、膨胀土改良效果的全面评价

根据新建时速200公里铁路改良膨胀土路基施工技术路线的内涵，所谓对膨胀土改良效果的全面评价，实质上是在完成了全面调查并具体掌握全线取土场原状膨胀土主要物理性质指标，选定了改良方案，选择了典型取土场和代表性土样，并经过了严密的室内改良试验与现场工地试验等一系列工作后，最终对膨胀土改良结果的技术可行性、经济合理性、现场适用性的综合评价，由此产生科学的评价结论。

（一）技术可行性评价

膨胀土改良的技术可行性评价必须以本线调查、试验结果的客观事实为依据，以批准的设计文件和新建时速200公里铁路路基填料技术标准要求为准绳，在建设单位领导下，组织建设、设计、施工、监理单位有关人员共同参加，全面、公开、公正地进行。

1. 评价内容与主要指标

技术可行性评价是围绕膨胀土改良前后颗粒结构组成的变化和一系列相关物理、力学性质指标值的变化而进行的。它包括以下内容：

(1) 颗粒级配

主要指标：

a. 黏粒含量；

b. 粉粒含量；

c. 砂粒含量。

(2) 塑性

主要指标：

塑性指数。

(3) 胀缩性

主要指标：

a. 自由膨胀率；

b. 蒙脱石含量；

c. 无荷膨胀率(基床以下路基本体，压实系数 $K=0.90$)；

d. 无荷膨胀率(基床底层，压实系数 $K=0.95$)；

e. 有荷膨胀率(基床以下路基本体，压实系数 $K=0.90$)；

f. 有荷膨胀率(基床底层，压实系数 $K=0.95$)；

g. 膨胀力(基床以下路基本体，压实系数 $K=0.90$)；

h. 膨胀力(基床底层，压实系数 $K=0.95$)；

i. 收缩系数。

(4) 抗压强度

主要指标：

a. 7 d龄期浸水无侧限抗压强度(基床以下路基本体，压实系数 $K=0.90$)；

b. 7 d龄期浸水无侧限抗压强度(基床底层，压实系数 $K=0.95$)；

c. 7 d龄期不浸水无侧限抗压强度(基床以下路基本体，压实系数 $K=0.90$)；

d. 7 d龄期不浸水无侧限抗压强度(基床底层，压实系数 $K=0.95$)。

(5) 剪切强度

主要指标：

a. 直剪(快剪)黏聚力 C(基床以下路基本体，压实系数 $K=0.90$)；

b. 直剪(快剪)内摩擦角 Φ(基床以下路基本体，压实系数 $K=0.90$)；

c. 直剪(快剪)黏聚力 C(基床底层，压实系数 $K=0.95$)；

d. 直剪(快剪)内摩擦角 Φ(基床底层，压实系数 $K=0.95$)；

e. 三轴固结不排水剪黏聚力 C_{cu}(基床以下路基本体，压实系数 $K=0.90$)；

f. 三轴固结不排水剪内摩擦角 Φ_{cu}(基床以下路基本体，压实系数 $K=0.90$)；

g. 三轴固结不排水剪黏聚力 C_{cu}(基床底层，压实系数 $K=0.95$)；

h. 三轴固结不排水剪内摩擦角 Φ_{cu}(基床底层，压实系数 $K=0.95$)。

(6) 压缩性

主要指标：

a. 压缩系数 $a_{0.1-0.2}$（基床以下路基本体，压实系数 $K=0.90$）；

b. 压缩系数 $a_{0.1-0.2}$（基床底层，压实系数 $K=0.95$）；

c. 压缩模量 E_s（基床以下路基本体，压实系数 $K=0.90$）；

d. 压缩模量 E_s（基床底层，压实系数 $K=0.95$）。

（7）水稳性

形态特征：

浸水时间及其崩解程度。

（8）渗透性

主要指标：

渗透系数。

2. 膨胀土改良前后主要指标值（包括形态特征）对比

以合肥—南京铁路为例，膨胀土经过生石灰或熟石灰改良后，其颗粒级配、物理力学性质发生了很大的变化，改良前后的主要指标值（包括形态特征）对比详见表 4-4-1。

表 4-4-1　膨胀土改良前后主要指标值（包括形态特征）对比表

项　别	主要指标	单位	改 良 前	改良后（最佳配比）	变化趋势
颗粒级配	黏粒含量	%	35.4～36.8	10.2～14.4	↓
	粉粒含量	%	59.3～60.2	61.6～72.7	↑
	砂粒含量	%	3.9～4.4	13.9～25.7	↑
塑　性	塑性指数		24.5～25.8	5.7～9.9	↓
胀缩性	自由膨胀率	%	52～62	5～13	↓
	蒙脱石含量	%	13.6～16.4	7.3～10.3	↓
	无荷膨胀率（$K_h=0.90$）	%	19～25	0	↓
	无荷膨胀率（$K_h=0.95$）	%	24～27	0	↓
	有荷膨胀率（$K_h=0.90$）	%	4.9～5.8	0	↓
	有荷膨胀率（$K_h=0.95$）	%	1.9～2.8	0	↓
	膨胀力（$K_h=0.90$）	kPa	89～148	0～7	↓
	膨胀力（$K_h=0.95$）	kPa	103～163	0～5	↓
	收缩系数		0.5～0.9	0.2～0.4	↓
抗压强度	7 d 龄期浸水无侧限强度（$K_h=0.90$）	kPa	11	338～488	↑
	7 d 龄期浸水无侧限强度（$K_h=0.95$）	kPa	12～13	472～768	↑
	7 d 龄期无侧限强度（$K_h=0.90$）	kPa	383～423	862～1 250	↑
	7 d 龄期无侧限强度（$K_h=0.95$）	kPa	653～728	1 195～1 906	↑
剪切强度	直剪（快剪）C（$K_h=0.90$）	kPa	199～255	253～328	
	直剪（快剪）Φ（$K_h=0.90$）	°	25.1～28.7	38.3～49.1	↑
	直剪（快剪）C（$K_h=0.95$）	kPa	210～348	228～451	
	直剪（快剪）Φ（$K_h=0.95$）	°	30.6～31.0	35.0～47.0	↑
	三轴固结不排水剪 C_{cu}（$K_h=0.90$）	kPa	20	93～294	↑
	三轴固结不排水剪 Φ_{cu}（$K_h=0.90$）	°	19.8～22.8	26.8～33.4	↑
	三轴固结不排水剪 C_{cu}（$K_h=0.95$）	kPa	22～27	138～345	↑
	三轴固结不排水剪 Φ_{cu}（$K_h=0.95$）	°	22.2～26.3	31.6～33.9	↑

续上表

项　别	主要指标	单位	改良前	改良后(最佳配比)	变化趋势
压缩性	压缩系数 $a_{0.1-0.2}(K_h=0.90)$	MPa^{-1}	0.12	0.06～0.08	↓
	压缩系数 $a_{0.1-0.2}(K_h=0.95)$	MPa^{-1}	0.08～0.10	0.06～0.07	↓
	压缩模量 $E_s(K_h=0.90)$	MPa	13.5～13.9	25.0～26.8	↑
	压缩模量 $E_s(K_h=0.95)$	MPa	18.1～22.4	26.3～35.1	↑
水稳性			浸水2 h完全崩解	浸水48 h无崩解	
渗透性	渗透系数	cm/s	10^{-7}～10^{-8}	10^{-7}～10^{-8}	

3. 膨胀土改良的技术效果分析

膨胀土改良前后主要指标值(包括形态特征)对比表(表4-4-1)所列出的对比数据清晰地表明:

(1) 合肥—南京铁路全线取土场原状膨胀土在改良前,其土颗粒的组成以粉、黏粒为主。其中,黏粒含量高达35.4%～36.8%,粉、黏粒总含量在95%以上,砂粒含量不足5%,具有弱或中等膨胀的潜性;原状膨胀土经过掺入石灰改良后,其黏粒含量大幅度降低到10.2%～14.4%,粉、黏粒总含量减少至74.3%～86.1%,砂粒含量增长到13.9%～25.7%。已经从本质上改变了改良前的原有膨胀潜性。

(2) 原状膨胀土在改良前的塑性指数为24.5～25.8,工程性质较差;原状膨胀土经过掺入石灰改良后,塑性指数减小到5.7～9.9,工程性质大大改善。

(3) 从胀缩性指标来看,自由膨胀率由改良前的52%～62%,大幅度降低到改良后的5%～13%;蒙脱石含量由改良前的13.6%～16.4%,降低到改良后的7.3%～10.3%;在压实系数$K=0.90$与$K=0.95$两种工况条件下,无荷膨胀率分别从改良前的19%～25%、24%～27%,全部降低至改良后的零膨胀率。同时,相同压实工况条件下的有荷膨胀率也分别从改良前的4.9%～5.8%、1.9%～2.8%,全部降低至改良后的零膨胀率;两种压实工况条件下的膨胀力分别从改良前的89～148 kPa、103～163 kPa,锐减到改良后的0～7 kPa、0～5 kPa;收缩系数由改良前的0.5～0.9,减小至改良后的0.2～0.4。上述一系列胀缩性指标值的巨大变化,充分反映出膨胀土经过改良后,已经完全改变了其原有的胀缩劣性。

(4) 未经改良的膨胀土不浸水时,其抗压、抗剪强度都还比较高:在压实系数$K=0.90$与$K=0.95$两种工况条件下,7 d龄期无侧限抗压强度分别为383～423 kPa、653～728 kPa,直剪(快剪)黏聚力C分别为199～255 kPa、210～348 kPa,直剪(快剪)内摩擦角Φ分别为25.1°～28.7°、30.6°～31.0°;而经过改良的膨胀土不浸水时,其抗压、抗剪强度更高:在压实系数$K=0.90$与$K=0.95$两种工况条件下,7 d龄期无侧限抗压强度分别高达862～1 250 kPa、1 195～1 906 kPa,直剪(快剪)黏聚力C分别达到253～328 kPa、228～451 kPa,直剪(快剪)内摩擦角Φ分别达到38.3°～49.1°、35.0°～47.0°。以上数据对比足以证明,膨胀土经过改良后,其抗压、抗剪强度均得到了大幅度的提高。

更为关键的是,未经改良的膨胀土浸水后,其抗压、抗剪强度均发生巨大幅度的急剧衰减:在压实系数$K=0.90$与$K=0.95$两种工况条件下,7 d龄期无侧限抗压强度分别仅剩为11 kPa、12～13 kPa,三轴固结不排水剪黏聚力C_{cu}分别只有20 kPa、22～27 kPa,三轴固结不排水剪内摩擦角Φ_{cu}也分别降为19.8°～22.8°、22.2°～26.3°;而经过改良的膨胀土浸水后,其抗压、抗剪强度尽管也有较大下降，但下降率远远小于未经改良的膨胀土：在压实系数 $K=0.90$ 与 $K=0.95$ 两种工况条件下，7 d 龄期无侧限抗压强度分别达到 338～488 kPa、472～768 kPa，三轴固结不排水剪黏聚力 C_{cu} 分别是 93～294 kPa、138～345 kPa，三轴固结不排水剪内摩擦角 Φ_{cu} 分别为 26.8°～33.4°、31.6°～33.9°。浸水条件下的数据对比更加证明，膨胀土经过改良后的力学性能已经大大优化。即使在浸水的恶劣条件下，改良膨胀土仍能保持较高的抗压、抗剪强度，甚至还高于不浸水的未经改良的膨胀土。

(5) 膨胀土经改良后，压缩系数减小、压缩模量增大。在压实系数 $K=0.90$ 与 $K=0.95$ 两种工况条件下，未经改良的膨胀土，其压缩系数 $a_{0.1-0.2}$ 分别为 0.12 MPa^{-1}、0.08～0.10 MPa^{-1}，压缩模量 E_s 分别为 13.5～13.9 MPa、18.1～22.4 MPa；膨胀土经改良后，其压缩系数 $a_{0.1-0.2}$ 分别减小到 0.06～0.08 MPa^{-1}、0.06～0.07 MPa^{-1}，压缩模量 E_s 分别增大至 25.0～26.8 MPa、26.3～35.1 MPa。说明在同样的压实工况条件下，膨胀土经过改良后，其致密度已经有了相当程度的提高。

(6) 再从水稳性与实际防渗水能力的变化来看，未经改良的膨胀土击实样，浸水 2 h 即完全崩解；而膨胀土经过改良后的击实样，即使浸水 48 h 也无崩解，已具有很高的水稳性。需要指出的是，膨胀土改良前后的渗透系数均在 10^{-7}～10^{-8} cm/s 的数量级，似乎变化不大，但这是以土体结构未被破坏为前提的。事实上，未经改良的膨胀土浸水后极易崩解破坏，与其改良后的防渗水能力已无法相比。

综合上述各项分析结果，可以清晰地认为，膨胀土经石灰改良后，从土颗粒粒径组成到各项物理性能与力学指标值均得到根本性的改善，完全具备了新建时速200公里铁路路基填料的技术条件。

（二）经济合理性、现场适用性评价

在技术上满足要求的前提下，从经济角度和施工现场适用性角度分析，用石灰作为膨胀土的改良材料是十分合理的选择。这是因为：

1. 对石灰材料的品质要求，我国早已有了具体的技术标准和相关的使用技术规范，便于严格控制材料质量，防止因质量问题而造成工程中的经济损失；

2. 与其他改良材料相比，在我国广大地区，石灰具有相对较低的单价；

3. 我国有较为丰富的石灰石矿产资源，而其分布基本上与膨胀土分布的地域相同或相近，运距较短，运价相对便宜；

4. 在大量的公路建设和铁路施工实践中，我国已经积累了比较丰富的，大量采用石灰改良膨胀土填筑路基的成功经验。尤其是在近几年的我国大规模、高标准铁路新线建设中，广大铁路建设者在科学发展观和“以人为本，服务运输，强本简末，系统优化，着眼发展”铁路建设新理念指引下，在膨胀土发育地区采用石灰改良膨胀土填筑路基的施工技术有了新的发展，正在实施的我国《中长期铁路网规划》中一批启动较早新建铁路干线，如2004年底开工的新建时速200公里客货共线合肥—南京铁路等，已经在理论与实践的结合上，形成了在大区域膨胀土地区大规模采用改良膨胀土填筑高标准路基的成套施工技术。

（三）评价结论

1. 膨胀土经石灰作改良后，已经从内部机理上完全优化了土颗粒的粒径结构和物理力学性能，使其从根本上消除了原有的不能直接作为路基填料的多裂隙性、超固结性、膨胀性和崩解性，并全面符合铁路路基填料的技术要求。因此，改良膨胀土作为新建时速200公里铁路的路基填料，技术上是可行的。

2. 在膨胀土发育地区，尤其是在我国的大区城膨胀土地区，除了工程构造、施工条件或环境保护等有特定要求外，石灰与其他改良材料相比，无论在资源量、资源布局、单价、运距以及实用程度等方面均具有显著的优越性。所以，大量采用石灰改良膨胀土填筑路基，经济上是合理的。

3. 由于技术上可行、经济上合理，我国铁路在新建时速200公里铁路的路基施工实践中，采用石灰改良膨胀土已取得了良好效果，说明该项改良技术适合我国国情、路情，具有现场适用性。

二、膨胀土改良参数的确定

在完成了全面评价膨胀土改良效果的技术步骤后，根据全线土源实际状况，有针对性地确定改良参数，这是新建时速200公里铁路大区域膨胀土路基填料改良技术环节中的最后一个技术步骤。改良参数是否合理，将会直接影响膨胀土改良的质量、成本与工效。

确定改良参数的原则是，首先认定改良参数的要素组成，在认定要素的基础上再确定合理的改良参数。

（一）改良参数的要素组成

所谓改良参数的要素，是指参数成分中与膨胀土改良的质量、成本、工效直接相关的主要因素。膨胀土改良参数的要素组成如下：

1. 改良材料石灰的自身品质；
2. 生石灰的颗粒粒径；
3. 熟石灰消解程度及其湿度；
4. 改良土拌和用水水质；
5. 膨胀土中掺入石灰的最佳重量比例。

之所以认定上述要素是因为，石灰掺入膨胀土中后，其自身品质的优劣，往往决定了它在与膨胀土发生阳离子交换、胶凝、碳酸化以及吸水等作用中的发挥程度；生石灰的颗粒粒径过大，不仅影响其作用发挥的充分性，还会在改良土中潜伏爆裂的隐患；熟石灰消解不充分、湿度过低过高、以及拌和用水水质不良都会造成降低质量的后果；膨胀土中掺入生（或熟）石灰的重量比例一方面影响膨胀土的改良质量，另一方面也决定了改良成本与工效，改良工程量越大，影响就越大。

当然，根据新建时速200公里铁路改良膨胀土路基的施工技术路线，膨胀土改良的质量、成本、工效，除了与改良参数要素认定和下面要确定的具体改良参数相关外，还与改良膨胀土施工技术中的膨胀土改良拌和工艺有着十分密切的关系。有关改良拌和工艺将在本书的第五章中详细介绍。

（二）改良参数

1. 石灰品质

石灰品质应符合《公路路面基层施工技术规范》（JTJ034—2000）的规定，原则上不应低于3级石灰的技术标准。如果受条件限制，不得已使用低于3级技术标准的石灰，则石灰掺入比例应按有效钙、氧化镁的含量换算成3级石灰的当量相应增加，并确保改良土的强度指标满足浸水无侧限抗压强度标准和现场压实度、力学强度的检测标准。

2. 生石灰颗粒粒径

生石灰掺入至膨胀土以前，必须辗碎、磨细，其颗粒粒径应≯1 mm。

3. 熟石灰消解

熟石灰应在使用前7～10 d充分消解，每1 000 kg石灰的消解用水为500～800 kg。消解后的熟石灰要湿度适宜，既不过于干燥而扬灰，又不过于潮湿成灰团，并以10 mm孔径筛子过筛。

4. 水质

石灰改良膨胀土的拌和用水水质应符合工程用水标准。

5. 石灰掺入比

改良膨胀土的石灰掺入重量比参数范围为5%～8%。其中，最佳掺入比参数，须通过具体试验并经技术经济比较后确定。要求同一取土场同类填料不少于6组试样，按下述标准控制：

(1) 石灰发生明显效益，强度增长趋于平缓；

(2) 无荷膨胀率＜1%，50 kPa荷载下有荷膨胀率＜0，胀缩总率＜0；

(3) 浸水72 h无明显崩解；

(4) 基床底层(压实系数$K=0.95$) 7 d龄期无侧限抗压强度≮450 kPa，基床以下路基(压实系数$K=0.90$)7 d龄期无侧限抗压强度≮300 kPa。

(三) 石灰最佳掺入比参数选定实例

通过对膨胀土改良后土的强度、颗粒级配、胀缩性和水理性等综合分析，石灰改良膨胀土最佳掺入比最重要的控制性标准为：浸水72 h无明显崩解。以合肥—南京铁路为例，当膨胀土掺入4%的石灰时，浸水72 h出现轻微崩解，而强度趋于平缓，石灰发生明显效益的掺灰比在5%，所以全线膨胀土石灰掺入量不宜＜5%。

1. 从技术要求出发，代表全线弱膨胀土土质的大榆树取土场土样最合适的石灰(包括生、熟石灰)掺入重量比应为6%(石灰含量与干土重量百分比)。代表全线中等膨胀土土质的王财取土场土样最合适的石灰(包括生、熟石灰)掺入重量比应为7%。全线取土场膨胀土改良的生石灰、熟石灰掺入重量比应在5%～8%之间。

2. 路基基床底层(压实系数$K=0.95$)因要承受一定的列车动应力作用，且这一部分的改良土路基填料用量相对于基床以下路基用量要少得多，故其弱、中等膨胀土石灰最佳掺入比分别以6%、7%为宜。

3. 基床以下路基(压实系数$K=0.90$)由于没有动应力要求，只要改良土路基填料中的石灰发挥明显效益，无荷膨胀率＜1%，50 kPa荷载下有荷膨胀率＜0，胀缩总率＜0；浸水72 h无明显崩解，无侧限抗压强度到达设计标准，技术上即能满足要求。考虑到合肥—南京铁路166 km建筑长度中，基床以下路基石灰掺入比例每减少1%，全线仅路基填料改良成本即能节省2 800万元，经济效益十分可贵，当然这必须是以技术上满足要求为前提。所以，在试验段进行了弱、中等膨胀土中分别掺入5%、6%石灰比例的试验。现场检测的结果证实，压实系数K、地基系数K_{30}、无侧限抗压强度等各项指标值都满足了《验标》和设计文件的要求(见表4-4-2)，取得了理想的技术效果与经济效益。

4. 经过技术试验与经济分析，新建时速200公里合肥—南京铁路大区域膨胀土路基填料改良的石灰最佳掺入重量比为：基床底层弱、中等膨胀土改良6%、7%；基床以下路基弱、中等膨胀土改良5%、6%(详见汇总表4-4-3)。

表 4-4-2　弱、中等膨胀土分别掺入5%、6%石灰改良后现场检测结果

检测指标	地　点	膨胀土类别	位　置	平均值	标准差	具有95%置信度的强度值
压实系数 K	DK1087＋100～220	中等膨胀土	基床以下	0.93	0.01	0.92
	DK1088＋138～386	弱膨胀土	基床以下	0.92	0.01	0.91
地基系数 K_{30}(MPa/m)	DK1087＋100～220	中等膨胀土	基床以下	206	57.2	111.9
	DK1088＋138～386	弱膨胀土	基床以下	219	65.6	111.5
无侧限抗压强度(kPa)	DK1087＋100～220	中等膨胀土	基床以下	910	130	700
	DK1088＋138～386	弱膨胀土	基床以下	610	110	430

表 4-4-3　合肥—南京铁路膨胀土改良的石灰最佳掺入重量比汇总表

膨胀土类别	路基基床底层(压实系数 K＝0.95)	基床以下路基(压实系数 K＝0.90)
弱膨胀土	6%	5%
中等膨胀土	7%	6%

第五章 膨胀土改良拌和工艺

按照合理的改良参数在膨胀土中掺入最佳重量比例的石灰后，再采用相应的改良拌和作业工艺，将膨胀土与改良材料充分拌和使其成为合格的路基填料，这是新建时速200公里铁路改良膨胀土路基施工的又一个重要技术环节。

膨胀土的改良拌和作业，有集中路拌法、集中预拌路拌法、路拌法、二次掺灰集中预拌路拌法、厂拌法等多种工艺。其中，任何一种改良拌和工艺都是将含水率合适的膨胀土与掺入一定比例的石灰充分拌和接触，通过相互间发生理化反应而形成改良土。从而，从本质上优化土颗粒粒径的结构组成，全面改善其物理力学性能，消除多裂隙性、超固结性、膨胀性和崩解性等不良特性，以满足新建时速200公里铁路路基的技术要求。

本章将详细阐述：膨胀土改良拌和工艺的目标体系；各种改良拌和工艺及其质量控制技术；膨胀土不同改良拌和工艺的综合效果比较。

第一节 膨胀土改良拌和工艺的目标体系

石灰改良膨胀土路基施工技术与普通土路基施工技术相比，不仅增加了膨胀土改良的技术环节，还增加了膨胀土改良拌和的各种具体操作工艺。由于改良膨胀土路基施工的质量、工效、成本、环保效果，不仅取决于选用是否合适的改良拌和作业工艺，更与执行工艺的严格程度直接相关。因此，新建时速200公里铁路改良膨胀土路基施工在实施膨胀土改良拌和工艺时，首先要建立包括质量、工效、造价、环保为主要内容的工艺目标体系。以便在各项具体目标指导下，确保工艺全过程的严格实施。

一、质量目标与要求

在新建时速200公里铁路改良膨胀土路基施工技术中，膨胀土改良拌和工艺质量目标的总体要求是：选料合格，配比合理，拌和均匀，颗粒达标。

（一）选料合格

严格按照优化的改良参数选择改良材料，石灰与拌和用水必须达到以下质量要求：

1. 石灰品质应不低于《公路路面基层施工技术规范》(JTJ034—2000)规定的3级技术标准(或石灰中换算有效钙、氧化镁含量，不低于3级石灰的当量)；

2. 如采用生石灰粉作为改良材料，则生石灰粉的颗粒粒径应≯1 mm。若采用熟石灰作为改良材料，则应于7～10 d前，将生石灰块用50%～80%重量比的水充分消解、熟化，消解熟石灰须以孔径为10 mm的筛子过筛；

3. 拌和水水质必须符合工程用水标准。

（二）配比合理

石灰掺入的比例须采用经过对本线各类膨胀土石灰掺入比例的具体试验，以及技术经济比较后确定的最佳配比。一般情况下，可选用以下比例：

1. 用于改良膨胀土路基基床底层的弱、中等膨胀土改良，宜分别掺入6%、7%重量比例的石灰；

2. 用于改良膨胀土路基基床底层以下的弱、中等膨胀土改良，宜分别掺入5%、6%重量比例的石灰；

3. 若受条件限制(如附近石灰资源品质达不到3级技术标准)而要使用低于3级技术标准的石灰时，则应按照其换算有效钙、氧化镁含量不低于3级石灰当量的要求，相应增加膨胀土中掺入石灰的重量比例。

(三) 拌和均匀

膨胀土掺入石灰后，必须拌和均匀、色泽一致，并达到以下质量要求：

1. 拌和土中无灰团、灰条、花面，不含有素土块和石灰块；

2. 拌和土的石灰含量偏差应控制在≥−0.5%～≤+1%范围之内。

(四) 颗粒达标

拌和后的改良土颗粒粒径应符合以下质量标准要求：

1. 路拌改良土中，粒径>15 mm的土颗粒含量应≯20%；

2. 厂拌改良土中，土颗粒最大粒径应≯15 mm。

下表归纳的是，改良膨胀土拌和工艺中各项质量目标的控制标准。

表 5-1-1　膨胀土改良拌和质量控制标准

项　目	名称或使用部位	控制标准	备　注
改良材料	生石灰	石灰品质不低于3级，颗粒粒径≯1 mm	或石灰中换算有效钙、氧化镁含量，不低于3级石灰的当量
	熟石灰	拌和前7～10 d充分消解，消解熟石灰不过干飞扬，不过湿成团，以Φ10 mm孔径过筛	每吨生石灰掺水500～800 kg
	拌合水	水质符合工程用水标准	每处水源水质检验应不少于1次
石灰配比	用于基床底层	弱膨胀土6% 中等膨胀土7%	若使用低于3级标准的石灰，应按换算有效钙、氧化镁含量不低于3级石灰当量的要求，相应增加石灰配比
	用于基床以下路基本体	弱膨胀土5% 中等膨胀土6%	
改良拌和	改良土	拌和均匀、色泽一致，无灰团、灰条、花面，不含有素土块和石灰块；石灰含量偏差应控制在≥−0.5%～≤+1%范围内	
颗粒粒径	路拌改良土	粒径>15 mm的土颗粒含量应≯20%	
	厂拌改良土	土颗粒最大粒径应≯15 mm	

二、工效目标与要求

选择合适工艺，优化关键路线，充分发挥机械组合效能，在满足质量、成本、环保要求的同时，实现单位时间内改良土产量的最大化。这是在新建时速200公里铁路改良膨胀土路基施工技术中，对膨胀土改良拌和工艺提出的工效目标与要求。

（一）选择合适工艺

改良拌和工艺对膨胀土改良拌和的综合效果影响极大，因此，应准确选择。目前，膨胀土的改良拌和，有集中路拌法、集中预拌路拌法、路拌法、二次掺灰集中预拌路拌法、厂拌法、等多种工艺。这些工艺都存在着不同的特点，对于质量、工效、成本、环保等要求有其各自的适用性。而制定工效目标的基本原则是：根据工程需要，在质量必保、成本受控、环保达标的前提下，尽一切可能追求膨胀土改良拌和作业的高效率。

因此，必须因地制宜，精心选择既能满足工程对质量、成本、环保的全面要求，又能在工效上具有明显优势的改良拌和工艺。切忌片面追求高工效而盲目选择不完全适合工程实际要求的改良拌和工艺，造成对质量、成本、环保带来负面影响。

（二）优化关键路线

膨胀土改良拌和的各种工艺，一般都由十几道工序组成。在实施某一项改良拌和工艺时，根据各道工序的排列顺序与用时多少，往往会形成好多种连结各道工序的关键路线方案。这一些关键路线方案的优劣程度，将直接影响改良膨胀土改良拌和作业的质量、成本、环保与工效。

所以，优化关键路线无疑是工艺目标体系中工效目标与要求的重要组成部分。施工单位应通过对多个方案的分析、比较，使每一道工序的时间逻辑程序和时间节点控制，都能符合网络技术的基本规则，符合膨胀土改良拌和作业的自身规律，为实现改良膨胀土拌和工艺的多、快、好、省奠定良好基础。

（三）充分发挥机械组合效能

在各种膨胀土改良拌和工艺中，采用的机械种类、型号和数量较多。参与改良拌和工艺作业全过程的机械主要有：挖掘机、装载机、自卸汽车、推土机、平地机、压路机、全液压稳定土拌合机、旋耕机、土壤破碎机、稳定土搅拌站（改良拌和流水线）等等。如何充分利用设备资源，最大程度地发挥出众多机械的组合效能，这也是改良膨胀土拌合工艺目标体系中工效目标与要求的重点内容。

在具体操作上，应抓住以下几个要点：

1. 正确配置机械

不同的改良拌和工艺，对机械种类、型号以及数量的要求是不尽相同的。为了避免机械资源的短缺或浪费，一定要根据所选择的某一种具体工艺，正确配备与该工艺相适应的机械种类、型号与数量；

2. 确保状态完好

施工单位应制定科学、严密的“用、管、修”办法，严格落实责任制。加强对各种机械设备的日常检查与保养，确保状态完好。

对负荷大、使用频率高、作业时间长，容易出现故障的机械或关键性机械，应配备适当数量的配用机械或备品，一旦发生故障能立即替换，尽一切可能保证工艺全过程各道工序运转正常，将机械故障造成的工效损失降低到最小程度。

3. 注重功效匹配

膨胀土改良拌和的每一种工艺，都是一项具体的系统工程。系统中，不仅每种机械的单体作业效率会直接影响工艺实施的工效，而且各道工序中各类机械作业工效的相互匹配，会更大程度地影响工艺实施全过程的综合工效。

因此，施工单位应根据系统工程结构最优化的原则，首先对整个工艺中每道工序各种机械的工效匹配进行最优化设计。然后,按最优化设计方案进行各种机械、每道工序和整个工艺全过程功效匹配的试验,以获得最佳的功效匹配效果。

(四) 单位时间内改良土产量最大化

单位时间内改良土产量最大化有两层含义:

1. 以质量、成本、环保为前提

在质量确保、成本受控、环保达标的前提下,追求单位时间内膨胀土改良拌和作业的最高效率。

2. 实现工艺全过程最终工效最大化

整个膨胀土改良拌和工艺全过程完成后,要求在单位时间内,改良土合格成品的产量达到最大化。

三、成本目标与要求

膨胀土改良拌和工艺的成本目标与要求主要体现在两个方面:一是必保基本目标。即:要使改良拌和工艺的单方成本控制在预算之内;二是努力实现奋斗目标。即:要在实现质量、工效、环保目标的基础上,千方百计地将单方造价控制在最低水平。

(一) 基本目标

在无特殊原因情况下,把膨胀土改良拌和工艺的每立方米作业成本控制在批准的预算之内,这是膨胀土改良拌和工艺目标体系中成本控制的最低目标。要实现这一目标,应抓好以下基础工作:

1. 细化单价分析

根据最优化的膨胀土改良拌和工艺方案,对组成每立方米改良土生产成本的各种原材料价格,各类机械设备台班费,各类物资的运价,各种燃料以及水、电费价格,人工费价格,以及管理费,不可预见费,税费等进行逐项分析。对照预算细目,去粗取精,去伪存真,既保证生产每立方米改良土工艺成本单价的真实性,又能够充分体将现膨胀土改良拌和工艺总成本控制在批准预算之内的合法性。

2. 精确核实工程数量

在细化生产每立方米改良土工艺成本单价的基础上,精确核对设计批准的与现场实际需要的改良土路基填料用量与膨胀土改良拌和作业量,最后通过验工计价,核实实际完成的改良膨胀土路基工程土方数量。

(二) 奋斗目标

在实现膨胀土改良拌和工艺单方成本控制在预算之内这一基本目标的基础上,施工单位还需要按照优化的工艺关键路线,通过作业方法的不断改进,进一步挖掘每道工序每种机械的组合优势,制订奋斗目标。即:在满足质量、环保等目标要求的同时,最大限度地提升单位成本投入的产出水平,实现全线膨胀土改良拌和工艺的经济效益最大化。

四、环保目标与要求

保护环境、控制污染,是每一个工程建设者应承担的法律责任和社会义务。所有参建单位与参建人员都应遵守国家有关法令,严格控制粉尘、石灰水、噪声对周边环境的污染;同时,要尽一切可能为复耕、造林、挖塘养殖等生态环境的恢复保护创造条件。所以,对膨胀土改良拌和工艺提出具体的环保目标和方法十分必要。

(一) 严格控制环境污染

在膨胀土改良拌和作业过程中,会对周边环境产生粉尘,污水,机械噪声等污染。按照国家环保法的规定,工程实施单位必须采取有效措施,对这三种污染实行严格的控制。控制不力,污染程度超标,不仅要责令停产整顿、赔偿经济损失和罚款,造成特别严重后果的,还将承担相应的法律责任。

因此,工程建设、设计、施工、监理等单位务必增强法律意识,完善并认真落实环境污染的防范与控制措施。

1. 控制粉尘飞扬

首先,尽量选择便于采取集中防护措施的改良拌和工艺(如:集中预拌路拌法、二次掺灰集中预拌路拌法、厂拌法),在膨胀土集中改良拌和场四周用防尘布封闭;其次,检测并控制拌和土的最佳含水率,拌和时尽量缩短土的扬程,减少尘土飞扬;最后,路拌时及时洒水,遇有大风暂停作业。

2. 防范污水流失

要采取有效措施,严禁生石灰消解、熟化池中的石灰水和膨胀土与石灰拌和场地四周降水沟中的泥灰水流入附近的河、塘或农林田。防止污染水源,危害农林、养殖,甚至影响群众生活。

3. 降低机械噪声

应根据环保要求检测作业机械分贝值,必要时安装消音装置降低噪声;膨胀土改良拌和作业场地应远离医院、学校和城镇居民集中区;村民居住地附近应尽量避开夜间作业。

(二) 为恢复保护生态环境创造条件

施工期间临时占用的取土场、膨胀土改良拌和作业场、闷料场等应及时平整、修缮;应根据工程进度积极配合当地有关部门,尽快实施还田复耕、植树造林或建塘养殖等措施,为恢复保护沿线生态环境创造条件。

第二节　集中路拌法膨胀土改良拌和工艺

集中路拌法膨胀土改良拌和工艺是将取土场的膨胀土土料铺在定点的路拌作业场地上,按确定的最佳比例掺入石灰并采用路拌机械进行改良拌和作业后,再集中堆放待运的一种膨胀土改良拌和工艺。

用石灰作为改良材料的膨胀土各种改良拌和工艺都是由工艺目标体系、工艺流程、主要机械设备配置、工艺技术指标与参数、作业方法、全过程工艺质量控制以及工艺适用性分析等要素组成。其中,除了工艺目标体系(本章第一节已详述)的具体内容与要求是相同的外,其他要素的具体内容与要求皆因改良拌和工艺的不同而有所区别。本节将详细阐述集中路拌法膨胀土改良拌和工艺除了工艺目标体系外的其他各项要素。

一、工艺流程

集中路拌法膨胀土改良拌和工艺的工序流程,如图 5-2-1 所示。从流程图上可知,该工艺自取土场原状膨胀土运输至拌合改良完毕后的改良土运输,共有 16 道工序。其中,13 道工序分布在经过优化的关键路线上。

勘误表

序号	页、行(图)序	误	正
1	第 34 页图 3-2-1 第 3 框	填施工工艺	填筑压实施工工艺
2	第 78 页倒数第 7 行	配用	备用
3	第 106 页倒数第 13 行	改良脚膨胀土	改良膨胀土
4	第 109 页倒数第 2 行	集中路拌法	路拌法
5	第 127 页倒数第 16 行	175 元/t，	175 元/t；（逗号应为分号）
6	第 139 页第 21 行	配备	备用
7	第 142 页倒数第 3 行	进对	进行
8	第 158 页倒数第 8 行	含格	合格
9	第 158 页倒数第 8 行	数数理统计	数理统计
10	第 161 页倒数第 2 行	基床以下其基床底层	基床以下与其基床底层
11	第 172 页表 6-5-17 表名中	、厚度	删除
12	第 172 页倒数第 6 行	这会路刷坡	这会给刷坡
13	第 177 页倒数第 2 行	不受水的侵害	受水的侵害
14	第 205 页图 6-8-1	基床表层 $E_{vd}\geqslant$54MPa	基床表层 $E_{vd}\geqslant$55MPa
15	第 224 页倒数第 6-7 行	基床下	基床以下
16	第 236 页图 7-4-10 中	浙干	浙赣

(一)关键路线上的工序内容

就关键路线上的工序内容而言,集中路拌法膨胀土改良拌和工艺可大致划分为三个作业阶段:一是原状膨胀土作业阶段;二是掺石灰拌和阶段;三是改良土成品的集中堆放与运输阶段。

1. 原状膨胀土作业阶段

这一阶段包括取土场原状膨胀土取土运输、膨胀土摊铺、膨胀土摊铺后的含水率检测、对膨胀土摊铺层的快速静压以及精确整平等5道主要作业工序。这5道主要作业工序前后连接紧密,一环扣住一环,技术要求十分明确:

(1) 每一处取土场的同一类原状膨胀土土样必须经过试验,全面掌握其主要物理力学性质的指标值并确定其改良参数;

(2) 膨胀土卸到指定地点后,应抓紧摊铺。要求摊铺均匀,摊铺厚度35 cm;

(3) 摊铺完成后,必须对摊铺层膨胀土进行含水率检测,确认是否符合最佳含水率控制要求;

(4) 含水率符合要求后,即用压路机快速静压并进行精确整平,为下一步准确撒布石灰奠定良好基础。

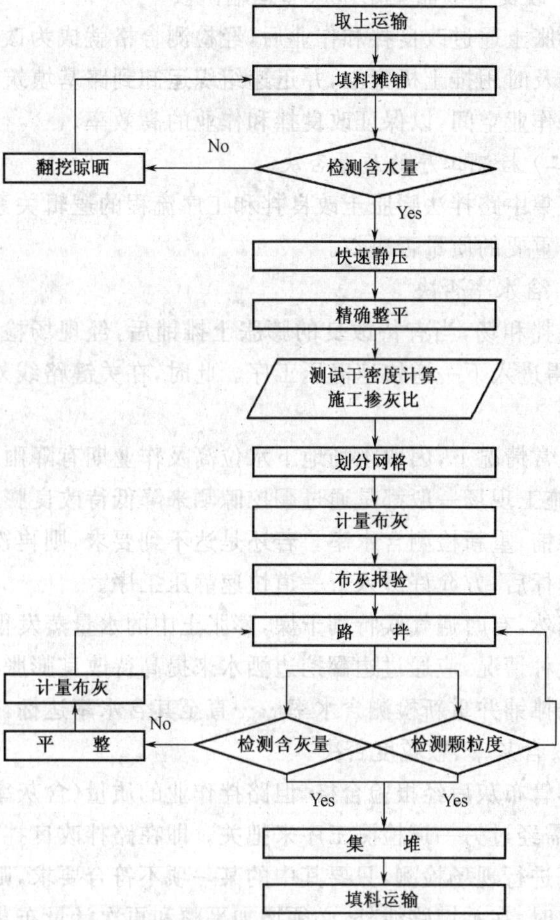

图5-2-1 集中路拌法膨胀土改良拌和工艺工序流程图

2. 掺石灰改良拌和阶段

这是集中路拌法膨胀土改良拌和工艺中最为关键的阶段。它由摊铺现场测试干密度并按照石灰最佳掺入比例计算施工用的石灰掺入量、实地划分撒布石灰的网格、按计量撒布石灰、施工单位向监理报验撒布石灰的结果、实施膨胀土改良拌和、检测改良土的含灰率和颗粒度等6道主要作业工序组成。工序间也是前后连接紧密,一环扣住一环,技术要求同样十分明确:

(1) 现场测试干密度并按照石灰最佳掺入比例计算施工用的石灰掺入量,是整个拌和工艺的核心。这道工序的实施质量,对改良工作的技术与经济效果起着决定性的作用,必须测试准确,计算精确。

(2) 在拌和场地经过精确整平的条件下,采用石灰进行网格划分,并要求网格的边长一致,使每一个网格的面积相同,为均匀撒布石灰打下基础。

(3) 所谓计量布灰与布灰报验,一是控制掺入石灰的总量符合最佳掺灰比的计算结果;二是控制每个网格的布灰厚度及其均匀性;三是施工单位将布灰的自检结果,以书面形式报告现场监理工程师,由监理进行检查核实,从而达到计量布灰的自控与他控效果。

(4) 在计量布灰合格的基础上,按规定的要求实施改良膨胀土的路拌作业。作业完毕后,严格检测改良土的含灰率与颗粒度。为下一步进行改良膨胀土路基填筑提供合格的填料。

3. 改良土成品集中堆放与运输阶段

膨胀土通过改良拌和作业后,经检测合格就成为改良土成品路基填料。改良土成品路基填料应及时用推土机集堆,并迅速组织运卸到路基填筑现场,为膨胀土改良拌和场地腾出足够的流水作业空间,以保证改良拌和作业的高效率。

(二) 检测工序的质量否决

从集中路拌法膨胀土改良拌和工序流程的逻辑关系来看,关键路线上的两道检测工序具有十分重要的质量否决权。

1. 含水率否决

在拌和场,当有待改良的膨胀土摊铺后,经现场检测其含水率不符合要求(过高或过低)时,不得进入下一道快速静压工序。此时,在关键路线外,必须增加1道调整含水率的补充工序。

通常情况下,因取土场地下水位高及作业期有降雨过程等原因,原状膨胀土的含水率多为偏高,施工现场一般都是通过翻挖晾晒来降低待改良膨胀土的含水率。翻挖晾晒后,再次进行现场摊铺,重新检测含水率。若还是达不到要求,则再次重复翻挖晾晒的补充工序,直至其含水率达标后,方允许进入下一道快速静压工序。

当然,有时遇气候特别干燥,膨胀土中的水量蒸发很快,偶然也会出现含水率偏低的现象。遇到这种情况,应通过边翻挖边洒水来提高待改良膨胀土的含水率。边翻挖边洒水后,再次进行现场摊铺并重新检测含水率……直至其含水率达标,才能进入下一道快速静压工序。

2. 含灰率、颗粒度否决

尽管布灰后经报验合格,但路拌作业的质量(含灰率的均匀程度以及拌和后改良土的颗粒度)还需经过另一道检测工序来把关。即在路拌改良拌和作业完成后,须对拌和土的含灰率和颗粒度进行现场检测,只要其中的某一项不符合要求,则不得进入下一道改良土的集中堆放工序。此时,在关键路线外,必须增加平整和再次计量布灰两道补充工序。在完成这两道补充工序后,再次进行路拌改良拌和作业并重新检测含灰率和颗粒度……直至其含灰率和颗粒度完全符合要求,才能进入改良土的集中堆放工序。

二、主要机械设备配置

最大程度地发挥各种机械的组合功能,达到作业质量、工效、成本的最佳匹配,这是合理配置机械设备的基本准则。

(一) 主要作业机械名称、型号、数量与用途

按照上述机械配置的基本准则,在集中路拌法膨胀土改良拌和工艺中,一般选用如下的主要作业机械组合:

1. 神刚230型挖掘机1台,用于取土装车;
2. LW540F型装载机2台,用于装运土料;
3. CWB520型自卸汽车8台,用土料运输与自卸;
4. T140—1型推土机2台,用于土料的摊铺与初步整平;
5. PV160B型平地机1台,用于土料的精确整平;
6. SD175型压路机1台,用于土料的快速静压;

7. YWB230 型全液压稳定土拌和机 1 台，用于改良膨胀土路拌作业；

8. 上海 504 型、欧保 30 型旋耕机各 1 台，用于土料挖翻作业。

（二）机械性能参数及其生产厂

集中路拌法膨胀土改良拌和工艺所采用的各种作业机械设备，其主要性能参数与生产厂家详见表 5-2-1。

表 5-2-1　集中路拌法膨胀土改良拌和工艺主要机械配备表

序号	机械名称	规格型号	主要性能参数	生产厂家	用　途	数量
1	挖掘机	神刚 230	自重 22 t，斗容量 1.2 m^3，功率 125 kW	成都神刚	取土装车	1
2	装载机	LW540F	斗容量 3 m^3	徐工	装运料	2
3	自卸汽车	CWB520	自重 25 t，载重 15 t	日产重汽	运输	8
4	推土机	T140—1	铲刀宽度 3 672 mm，铲刀高度 1 000 mm	宣化	初步整平	2
5	平地机	PY160B	铲刀长度 3 965 mm	天津	精平	1
6	压路机	SD175	自重 18 t，振动频率 21.7～30.4 Hz，激振力 36/18 t，名义振幅 1.86/0.93 mm，行驶速度 0～13.2 km/h	英格索兰	静压	1
7	全液压稳定土拌和机	YWB230	作业速度≤3.3 km/h，拌和宽度 2 300 mm，拌和直径 1 250 mm，拌和深度 400 mm	陕西华山	路拌灰土	1
8	旋耕机	上海 504	旋犁宽度 1.5 m	上海拖拉机厂	翻晒	1
9	旋耕机	欧保 30	旋犁宽度 1.5 m		翻晒	1

三、工艺技术指标与参数

各种技术指标与参数是整个膨胀土改良拌和工艺的核心。集中路拌法膨胀土改良拌和工艺的技术指标主要有：作为膨胀土改良材料的石灰品质及其颗粒粒径、膨胀土掺入石灰的最佳重量比例（即最佳掺灰比）、土料含水率、改良拌和土的含灰率与颗粒粒径等。相应的主要作业参数，即为集中路拌改良拌和作业的遍数。

（一）石灰品质及其颗粒粒径

用作膨胀土改良材料的石灰品质应不低于 3 级石灰技术标准（或石灰中换算有效钙、氧化镁含量，不低于 3 级石灰的当量）。用生石灰作为膨胀土改良材料时，生石灰须先磨细成石灰粉，其颗粒粒径≯1 mm。

工程使用的熟石灰皆由块状生石灰现场消解、熟化而成。若石灰消解不完全，会夹杂一部分颗粒较大未经熟化的生石灰块。用以填筑路基，极易产生“爆花”现象而降低路基质量。因此，用熟石灰作为膨胀土改良材料时，除了石灰品质应不低于 3 级石灰技术标准（或石灰中换算有效钙、氧化镁含量，不低于 3 级石灰的当量）外，还必须使其充分消解、熟化。经过充分消解、熟化的熟石灰须以孔径为 10 mm 的筛子过筛后，方可使用。

（二）最佳掺灰比

经过室内试验与大量工程实践的考证，在膨胀土中掺入 5%～8%重量比例的石灰，能对膨胀土起到较好改良效果。

然而，在改良膨胀土路基施工技术中，合理选择膨胀土中掺入石灰的重量比例(即:掺灰比)，不仅在技术上决定着膨胀土的改良效果，而且在经济上影响着膨胀土的改良成本。于是，引出了在确保技术上完全满足新建时速200公里铁路路基填料各项性能指标要求的前提下，同时应追求改良成本最低化(尽可能少的石灰掺入量)的最佳掺灰比参数的概念。

控制改良膨胀土最佳掺灰比的技术标准为:

1. 强度

强度指标应满足新建时速200公里铁路路基填筑质量的要求。

2. 胀缩性

无荷膨胀率应<1%，50 kPa荷载下有荷膨胀率应<0，胀缩总率应<0。

3. 水稳性

浸水72 h无明显崩解。

需要强调的是，最佳掺灰比参数是在对全线取土场土质进行全面调查基础上，通过对全线典型取土场中代表性土样的室内和工地试验，在满足上述技术标准前提下，经过技术、经济的综合比较而确定。

以新建时速200公里客货共线合肥—南京铁路大区域改良膨胀土路基施工的成功实践为例，全线弱膨胀土最佳掺灰比参数为:改良膨胀土路基基床底层6%，基床以下改良膨胀土路基5%;全线中等膨胀土最佳掺灰比参数为:改良膨胀土路基基床底层为7%，基床以下改良膨胀土路基6%。

（三）土料含水率

含水率是影响路基填料能否达到良好压实效果的重要条件之一。膨胀土及其改良混和料在运卸、摊铺、初平、静压、精平、掺灰、拌和、集堆、运输等整个改良拌和工艺全过程中，随着土中水量的不断蒸发，其含水率会逐步降低。另外，在以后的路基填筑、压实工艺全过程中含水率还会继续下降。故而在实施膨胀土改良拌和工艺时，应预先考虑土料中含水率降低的动态变化过程，宜按“稍高勿低”的原则控制土料的含水率。路拌改良土的含水率应保证其改良土成品路基填料的实际含水率，比路基施工碾压时的最佳含水率高出2%。

集中路拌法膨胀土改良拌和工艺对膨胀土含水率控制的要求较高，当含水率过大时，需补充翻晒工序降低其含水率。为了掌握正常情况下膨胀土含水率下降的变化规律，在实施集中路拌法膨胀土改良拌和工艺前，一般先进行膨胀土及其改良混和料中含水率变化的参数试验，以确定合理的拌和遍数以及是否需要采取调整含水率的补充措施。

参数试验是先将测得平均含水率的膨胀土填料运至30 m×50 m的集中路拌场地上，摊铺初平(摊铺厚度35 cm)，用旋耕机翻挖并晾晒2天后，再平整、静压、精平、布灰。然后，用路拌机路拌6遍，再用推土机集堆。其中，每拌和1遍取样30组。共取得扰动膨胀土、改良拌和土含水率的有效数据7×30=210组。图5-2-2绘制的是采用集中路拌法膨胀土改良拌和工艺时，土料含水率及其离散度随着拌和遍数增多而变化的实例。

该实例测得的具体数据变化如下:

扰动膨胀土的平均含水率为23%，最大含水率与最小含水率的离散区间宽度为3.5%。

第1遍路拌作业后，改良拌和土的平均含水率为21.5%，最大含水率与最小含水率的离散区间宽度为2.5%;

第2遍路拌作业后，改良拌和土的平均含水率为21.4%，最大含水率与最小含水率的离散区间宽度为2.2%;

第 3 遍路拌作业后，改良拌和土的平均含水率为 21.3%，最大含水率与最小含水率的离散区间宽度为 1.8%；

第 4 遍路拌作业后，改良拌和土的平均含水率为 21.4%，最大含水率与最小含水率的离散区间宽度为 1.6%；

第 5 遍路拌作业后，改良拌和土的平均含水率为 21.2%，最大含水率与最小含水率的离散区间宽度为 1.0%；

第 6 遍路拌作业后，改良拌和土的平均含水率为 21.2%，最大含水率与最小含水率的离散区间宽度为 1.1%。

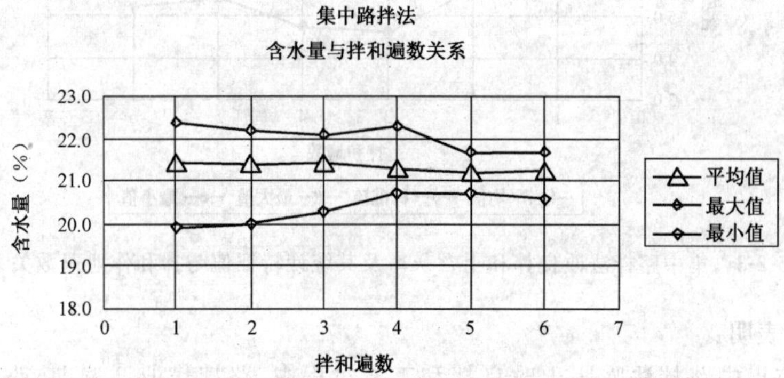

图 5-2-2　集中路拌法膨胀土改良拌和工艺土料含水率变化图

图 5-2-2 提供的上述平均含水率及其离散度变化数据说明：

1. 因拌和作业时土中水分的蒸发，平均含水率随着拌和遍数的增加而有较小的降低趋势。

2. 随着拌和遍数的增加，拌和深度和均匀程度的逐步加深与提高，最大含水率与最小含水率的离散区间有较为明显的缩小趋势。

3. 拌和作业 5 遍以前，改良拌和土含水率的离散区间较大。拌和作业 5 遍以后，离散区间基本稳定并缩小至 1%左右，说明此时改良土的含水率分布已经达到均匀。

4. 拌和作业 5 遍以后，改良拌和土的平均含水率下降趋势与离散区间的收敛趋势均已不明显，而此时平均含水率为 21.2%，较之最佳含水率仍然偏高。为了保证改良膨胀土在填筑、压实前达到最佳含水率，必须补充翻晒作业工序，以进一步降低其含水率。

（四）改良拌和土含灰率

膨胀土按最佳掺灰比掺入石灰，再经过拌和作业后，形成了改良拌和土。改良拌和土的实际含灰率及其均匀性是否符合新建时速 200 公里铁路改良膨胀土路基填料的技术要求，这与布灰、拌和的作业质量直接相关。为保证改良土的拌和质量，在实施集中路拌法膨胀土改良拌和工艺前，有必要进行改良拌和土含灰率指标的作业参数试验，以确定合理的拌和遍数。

改良拌和土含灰率指标的现场作业参数试验是这样进行的：在完成计量布灰、布灰报验后，即进行路拌改良拌和作业和含灰率检测。每拌和作业 1 遍取样 30 个，测试 30 个土样的含灰率，统计分析其含灰率平均值、均方差、最大可能值、最小可能值。整个含灰率指标作业参数试验共拌和作业 6 遍，取样测试 6 次，共获得 6 组土样的各 30 个含灰率数据以及每组的统计分析数据（每组 30 个子样取自同一母体，分别对应改良拌和土经第 1～6 遍拌和作业后的数据)。

图 5-2-3 反映的是在集中路拌法膨胀土改良拌和工艺的作业参数试验中,改良拌和土含灰率及其统计特征值与拌和作业遍数的关系曲线。

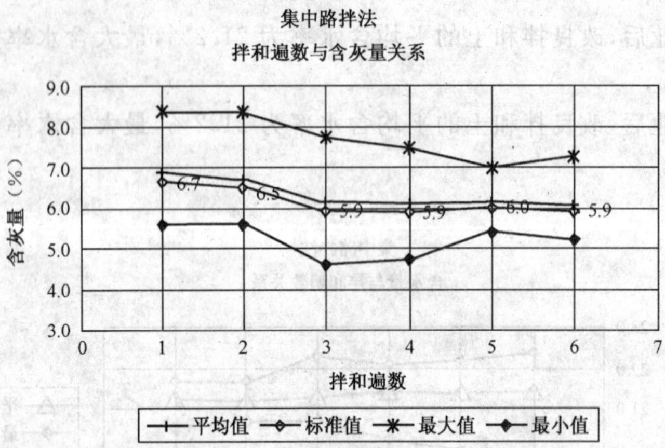

图 5-2-3　集中路拌法改良拌和土含灰率及其统计特征值与拌和作业遍数关系曲线

关系曲线表明:

1. 在实施集中路拌法膨胀土改良拌和工艺过程中,路拌作业 3 遍前,改良拌和土的含灰率统计平均值有所降低。而路拌作业 3 遍后,其含灰率的统计平均值已达到标准要求,并保持稳定;

2. 当路拌作业 5 遍时,改良拌和土含灰率的最大、最小可能值的离散区间宽度明显减小,其含灰率及其均匀性已完全达到标准要求。

(五)改良拌和土颗粒粒径

膨胀土用集中路拌法工艺改良后,其改良拌和土中粒径>15 mm 的土颗粒含量以及整个颗粒级配也是判定该工艺拌和质量的重要技术指标。这一指标也与其重要工艺作业参数——拌和遍数直接相关。

1. >15 mm 的土颗粒含量

膨胀土经石灰改良后要求其粒径>15 mm 的土颗粒含量百分率≯20%。在实施集中路拌法膨胀土改良拌和工艺中,拌和作业几遍后改良拌和土能达到这一要求,这也必须进行工艺作业参数的现场试验。

现场试验的程序与含灰率指标作业参数试验的程序相同。即:每拌和 1 遍取样 30 个,测试 30 个土样中粒径>15 mm 的土颗粒含量百分率,统计分析其平均值、均方差、最大可能值、最小可能值。整个参数试验共拌和 6 遍,取样测试 6 次,共获得 6 组土样的各 30 个粒径>15 mm 的土颗粒含量百分率实测数据以及每组的统计分析数据(每组 30 个子样取自同一母体,分别对应改良拌和土经第 1～6 遍拌和作业后的数据)。

图 5-2-4 系根据集中路拌法膨胀土改良拌和工艺现场工艺作业参数试验得到的数据,整理绘制的改良拌和土中粒径>15 mm 的土颗粒含量百分率及其统计特征值与路拌作业遍数的关系曲线。

关系曲线显示:

(1) 随着拌和作业遍数的增加,改良拌和土中粒径>15 mm 的土颗粒含量百分率有持续下降的趋势。其中，拌和作业第 4 遍到第 5 遍的过程中下降最快，拌和作业第 5 遍以后下降趋势逐渐平缓。拌和作业第 6 遍后，改良土中粒径＞15 mm 颗粒含量的百分率统计平均值为 17.2%，已经满足了技术要求；

(2) 从拌和作业第 1 遍至第 6 遍，改良拌和土中粒径＞15 mm 的土颗粒含量百分率最大与最小可能值的离散区间宽度递次减小为：19.4%→18.9%→14.9%→16.1%→10.8%→8%。拌和作业第 5 遍时降幅明显，拌和作业第 6 遍后，在改良拌和土中，即使是粒径＞15 mm 土颗粒含量百分率的最大可能值，也已经达到了≯20%的技术要求。

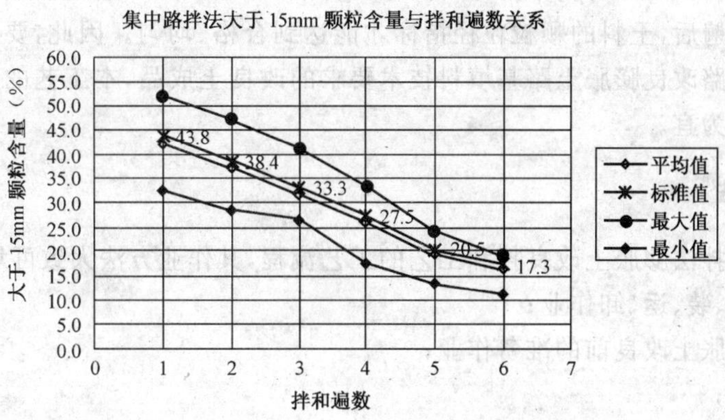

图 5-2-4　集中路拌法改良拌和土中粒径＞15 mm 土颗粒含量及其统计特征值与拌和遍数关系曲线

2. 改良拌和土颗粒级配

为了全面了解在集中路拌法膨胀土改良拌和工艺下的改良拌和土颗粒粒径级配，还须进行分级筛分试验。

试验采用含水率 20%的弱膨胀土，以掺入 6%的熟石灰改良，在全部完成集中路拌法膨胀土改良拌和工艺（拌和作业 6 遍）后，从中取样 10 组，对改良拌和土进行不同孔径的分级筛分。根据筛分结果，分别以累计筛余百分率与过筛直径为纵横坐标，绘制成半对数坐标累计筛余曲线图（如图 5-2-5 所示）。

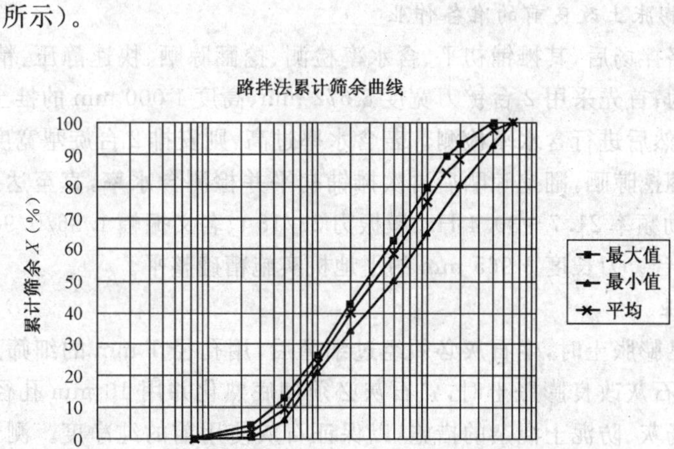

图 5-2-5　经集中路拌法膨胀土改良拌和工艺后的改良拌和土颗粒累计筛余曲线图

级配试验结果表明：

(1) 膨胀土经过集中路拌法改良拌和工艺后，其改良拌和土中粒径≤0.5 mm的颗粒占9.4%，>15 mm的颗粒占15.5%，>20 mm颗粒占11.3%，>40 mm颗粒占2.2%，最大颗粒粒径<60 mm；

(2) 改良拌和土的土颗粒粒径在0.5～15 mm范围内比较集中，占75.1%。可见采用集中路拌法工艺拌和6遍后，改良拌和土的颗粒粒径能达到合格、均匀。

综合上述各项工艺技术指标的作业参数试验，采用集中路拌法膨胀土改良拌和工艺路拌作业5遍后，土料含水率、含灰率指标均能达到合格、均匀；而采用集中路拌法膨胀土改良拌和工艺路拌作业6遍后，土料的颗粒粒径指标才能达到合格、均匀。因此，要生产完全符合新建时速200公里铁路改良膨胀土路基填料技术要求的改良土成品，本工艺的拌和作业参数以集中路拌作业6遍为宜。

四、作业方法

按照集中路拌法膨胀土改良拌和工艺的工艺流程，其作业方法大致可划分为五种类型：

1. 膨胀土挖、装、运、卸作业；
2. 路拌场膨胀土改良前的准备作业；
3. 石灰作业；
4. 路拌作业及改良拌和土检测；
5. 改良土成品集堆与运输作业。

其中除了检测工作外，各类作业全部实行机械化。

(一) 膨胀土挖、装、运、卸作业

膨胀土的挖、装、运、卸作业采用多台机械配套联合作业的方式。主要有：1台斗容量1.2 m^3功率为125 kW的挖掘机，2台斗容量3 m^3的装载机，8台载重量15 t的自卸汽车。作业时，原则上要求不间断流水作业，挖、装、运、卸各项作业之间达到供需平衡。期间，可根据运输距离或工程需要，灵活调整自卸汽车的数量。

(二) 路拌场膨胀土改良前的准备作业

膨胀土卸到路拌场后，其摊铺初平、含水率检测、挖翻晾晒、快速静压、精确整平等改良前的准备作业方法为：首先采用2台铲刀宽度3 672 mm、高度1 000 mm的推土机对膨胀土实施摊铺与初步整平，然后进行含水率检测。若含水率过高，则安排2台旋犁宽度各1.5 m的旋耕机对膨胀土进行翻挖晾晒，翻挖晾晒后再次摊铺初平并检测含水率，直至达到要求。接着，用1台自重18 t、振动频率21.7～30.4 Hz、激振力36/18 t、名义振幅1.86/0.93 mm的压路机快速静压，最后用1台铲刀长度3 965 mm的平地机实施精确整平。

(三) 石灰作业

用生后灰改良膨胀土时，生石灰必须经过细磨后，用孔径1 mm的细筛过筛，以确保其粒径≯1 mm。用熟石灰改良膨胀土时，熟石灰必须彻底熟化并用10 mm孔径过筛。石灰运卸作业时应采取防扬灰、防泥土混杂的措施，以保证石灰使用前的纯净度。测试膨胀土干密度、计算施工掺灰比、划分布灰网格、计量布灰、布灰报验等均采用人工现场作业，要求计算准确、丈量精确、布灰厚度均匀正确、报验严格规范。

(四) 路拌作业及改良拌和土检测

在完成上述各类作业后，本工艺进入了集中路拌作业过程。集中路拌的作业方法是：用1

台全液压稳定土拌和机，该机械拌和宽度 2 300 mm、拌和作业直径 1 250 mm、拌和深度 400 mm、作业速度≤3.3 km/h。路拌时，作业机械应以 1.5～2.0 km/h 的速度纵向匀速行驶，对已布灰的膨胀土层按顺序拌和 6 遍。因每 1 遍的拌和深度，主要受土的黏聚力、路拌机功率、路拌机行驶速度等因素影响。故实际拌和深度通常会随着拌和作业遍数的增多而逐渐增大（如图 5-2-6 所示）。

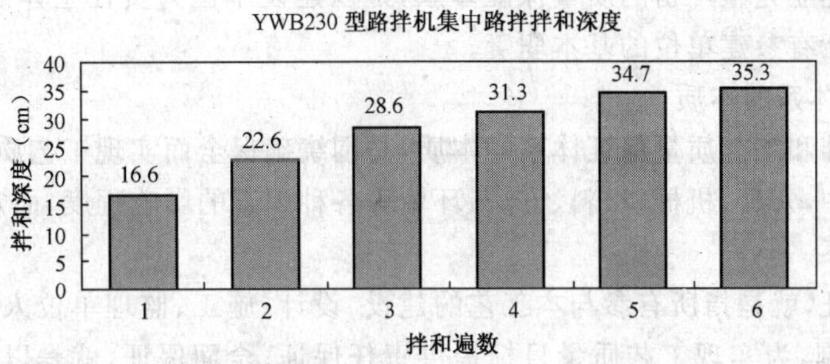

图 5-2-6　集中路拌法改良拌和作业深度与拌和作业遍数关系

由图 5-2-6 可知，集中路拌作业第 1 至第 6 遍，相应的拌和作业深度分别为：16.6 cm，22.6 cm，28.6 cm，31.3 cm，34.7 cm，35.3 cm。路拌作业第 1 至第 4 遍时，拌和作业深度未达到全深。路拌作业第 5 遍时，拌和作业深度基本满足要求。路拌作业第 6 遍时，拌和作业深度已完全满足要求。

路拌作业完成后，应严格对改良拌和土进行颗粒粒径、含灰率、含水率检测。这方面的具体方法与要求将在本节的“全过程工艺质量控制”中详述。

（五）改良土成品集堆与运输作业

完成了改良拌和作业并经检测合格的改良土成品，应立即采用推土机集堆，以便迅速用装载机和自卸汽车装运。

为了保证改良土成品的利用率，同时又要避免改良土成品中混杂未经改良的膨胀土，集堆作业过程中要严格控制推土机的推土厚度。推土厚度绝不允许超过拌和深度，并尽可能与拌和深度保持一致。

五、全过程工艺质量控制

集中路拌法膨胀土改良拌和工艺的质量控制工作，必须严格遵循“预防为主、质量为本”和“以工序质量保工后质量”的基本原则，并将该原则贯穿于工艺实施的全过程，落实到质量保证体系的每一个具体环节。它主要包括：质量控制标准的文件依据，建立完整严密的质量保证体系，全过程工艺质量控制的具体方法与要求。

（一）质量控制标准的文件依据

新建时速 200 公里铁路改良膨胀土路基施工的集中路拌法工艺质量控制标准，应依据铁道部批准的设计文件和我国铁路现行的验收标准执行。主要文件和标准有：

1. 铁道部批准的本项目设计文件；

2.《新建时速 200 公里客货共线铁路设计暂行规定》（铁建设函[2005]285 号）；

3.《铁路路基工程施工质量验收标准》（TB10414—2003/J285—2004）；

4.《新建时速 200 公里客货共线铁路工程施工质量验收暂行标准》（铁建设[2004]8 号）；

5.《铁路工程土工试验规程》(TB10102—2004/J338—2004);

6.《铁路建设工程监理规范》(TB10402—2003,J269—2003);

7. 建设单位与设计、施工、监理单位签订的本项目设计、施工、监理合同文件。

(二) 建立完整严密的质量保证体系

在膨胀土改良拌和工艺中,质量保证体系是全过程工艺质量控制的骨架,也是一项极其重要的基础工作。建立完整严密的质量保证体系,是以建设单位为责任主体的包括设计、施工、监理单位在内的所有参建单位的基本职责。

1. 质量保证体系的本质

膨胀土改良拌和工艺质量保证体系的本质,是围绕确保全面实现工艺质量目标,针对本工艺质量形成过程中,人员、机械、材料、方法、环境等各种因素的影响程度,而定制的全员、全面、全过程的保证体系。

所谓全员保证,就是指所有参与本工艺的建设、设计、施工、监理单位人员,都要严格履行各自的质量责任制,为实现工艺质量目标提供责任保证;全面保证,就是以工作质量、管理质量、作业质量的全面达标,来保证工艺质量达标;全过程保证,也就是工艺全过程中各道工序的质量保证。即:始终以本道工序的质量,保证下一道工序的顺利进行,最后实现工序(过程)质量保证工艺(结果)质量。

2. 质量保证体系的组成及其功能

膨胀土改良拌和工艺质量保证体系的组成,具体包括质量目标、质量标准、质量保证手段与方法、质量原始记录、质量检查监督、工序与岗位质量责任制、质量分析评价与考核等内容。

在工艺实施前,建设单位应组织对工艺质量保证体系针对性、完整性、严密性和实效性的严格审查;工艺实施中,还要组织对工艺质量保证体系执行和落实情况的检查;必要时,应及时组织对某些不合格工序质量或岗位质量的分析与整改。使工艺质量保证体系真正发挥其全员、全面、全过程质量保证的管理功能。

3. 在建立和实施质量保证体系中需要防止的几种误区

需要警惕的是,因对体系的本质或功能理解存在着误区,在建立和实施质量保证体系时,往往达不到应有的质量控制效果。比较常见的现象有:

(1) 对质量保证体系缺乏完整的理解。例如:用工序分工关系代替质量保证体系,或把质量责任制误认为就是质量保证体系。

(2) 标准体系不健全。质量保证的标准中,只有工艺标准而缺少与之配套的具体工作标准、管理标准和作业标准。

(3) 指导思想错误。建立的质量保证体系似是完整严密,但仅仅停留在形式上,用以应付检查而不是注重发挥质量保证体系的实效。

(三) 全过程工艺质量控制的具体方法与要求

膨胀土改良拌和工艺质量控制,贯穿于工艺准备与实施阶段的全过程。其具体方法与要求如下:

1. 石灰与拌和用水的质量控制

石灰与拌和用水的质量控制工作,由建设单位质量管理部门组织各有关参建单位专业技术人员,严格按规定的质量标准和规范的检验方法与要求进行。

(1) 石灰品质检验

石灰品质为质量主控项目，必须符合设计标准。要求达到3级或有效钙、氧化镁当量达到3级石灰的技术标准。每2 000 t石灰为一个检验批，施工单位应对每个检验批做一次有效钙、氧化镁检验，并准确填写检验报告。检验过程，由监理单位全部审核，建设单位随机抽查。若发现某次检验结果不符合标准，则这一检验批石灰不得使用。

(2) 生石灰颗粒度检验

生石灰颗粒度检验为质量一般控制项目，要求生石灰颗粒粒径≯1 mm。施工单位应对每2 000 t经过细磨的生石灰，做一次颗粒细度检验，并准确填写检验报告。检验过程，由监理单位全部审核。若发现某次检验结果不符合标准，则这一检验批石灰应再次细磨。

(3)石灰消解质量检验

生石灰在消解成熟石灰时，消解用水量应加以控制(一般每1 000 kg生石灰中，加水500～800 kg)。熟石灰必须消解彻底，成品熟石灰中的含水率应控制在在20%以内，既不过湿成团，又不过干飞扬。并全部用孔径10 mm的筛子过筛，由施工单位准确填写熟化质量报告。经监理单位检验消解质量合格后，方能允许使用。

成品熟石灰应及时使用。确需储存时，施工单位应加以覆盖，妥善保管。防止混入尘土、树叶等杂物和日晒雨淋，以免造成成品熟石灰污染或发生气硬性变质，降低品质。监理单位应检查成品熟石灰的保管工作质量，发现措施不当应立即督促施工单位纠正，已经变质或污染严重的熟石灰严禁使用。

(4) 水质检验

改良膨胀土用水的水质，应符合国家规定的工程用水标准。建设单位要组织设计、施工单位对改良膨胀土用水的每一处水源，进行水质检验，形成完整、准确、真实的水质检验报告。监理单位应对检验手段、方法、检验结果进行审核，发现检验手段或方法不规范，应通知重新检验。当发现某处水源的水质不符合工程用水标准时，要在现场做好醒目标记并严格禁止使用。同时，组织专业技术人员另外寻找合格水源。

2. 取土场膨胀土性质检验

建设单位要组织设计、施工、监理单位对全线所有取土场，逐个进行膨胀土性质的检验。要求对每个取土场做不少于6组的自由膨胀率试验；另外，以每5 000 m^3膨胀土为一个检验批，每批各做一次液限、塑限检测。通过检验，明确划分全线取土场膨胀土性质的类别，形成记录，以便采用相应的改良参数。实施膨胀土改良拌和工艺中，监理单位应对照记录，审核选用改良参数的合理性，建设单位应对施工单位的作业质量和监理单位的工作质量，实行随机抽查。

3. 拌和场地质量检查

膨胀土改良拌和场地的平整、密实，是膨胀土料摊铺厚度均匀和准确计量布灰的基础条件。摊铺作业前，施工单位应高度重视拌合场地的平整与密实，拌合场地清理地表并用机械平整密实后，应填写自检记录。经现场监理复查合格签字后，方能进行摊铺等作业。拌和场地四周，应设置能满足拌和场降低地下水位的排水系统。同时，根据地形条件和当地环保要求，设置必要的防灰土弥漫和灰水漫流的防护设施。

4. 膨胀土摊铺作业质量与含水率控制

膨胀土摊铺应沿纵向顺序推进，纵向相邻处搭接宽度为0.5 m，摊铺厚度为35 cm。摊铺作业中，施工人员应随时检测摊铺厚度。摊铺作业后，现场监理必须复查摊铺厚度，确认合格后，允许进行含水率检测。

当实测含水率偏高，不能保证路拌改良土在碾压前稍高于最佳含水率2%时，应安排翻挖晾晒并形成记录。翻挖晾晒后，应重新按要求摊铺并再次检测含水率，经现场监理签认合格后，方能进行快速静压与精确整平。

5. 最佳掺灰比试验

施工单位必须严格执行改良膨胀土最佳掺灰比的控制性标准。即：(1) 改良土强度满足路基填筑质量要求；(2) 无荷膨胀率$<1\%$，50 kPa荷载下有荷膨胀率<0，胀缩总率<0；(3) 浸水72 h无明显崩解。

建设单位应组织设计、施工、监理单位按上述标准进行最佳掺灰比试验。具体要求是：同一取土场、同种填料、同一压实标准下，进行不少于6组的无荷膨胀率、50 kPa荷载下有荷膨胀率、胀缩总率以及浸水72 h崩解等试验。每5 000 m^3改良土为一个检验批，每批进行1组无侧限抗压强度复核试验。

在监理单位确认试验结果满足控制性标准后，施工单位再根据现场实测干密度，计算施工掺灰量。

6. 布灰作业质量控制

布灰前，施工单位必须精确划分布灰网格，按计量厚度均匀布灰。要求每个布灰面上每1 000 m^2为一个检验批，每批等间距检查10个点，自验布灰厚度与均匀度是否达到计量要求，自验通过即报验监理。监理单位按每个检验批的20%测点，进行抽查，发现厚度或均匀度不符合要求时，应立即通知施工单位返工，直至合格并由现场监理签认后，才允许施工单位进入拌和作业工序。建设单位应对施工单位的作业质量和监理单位的工作质量，实行随机抽查。

7. 拌和作业质量控制

拌和作业质量控制的重点是，拌和后改良土颗粒粒径、改良土实测含灰率和改良土成品含水率。改良土颗粒粒径、实测含灰率和成品含水率的检查，应在填料到达路基面后进行，以确保最终质量。

(1) 拌和后改良土颗粒粒径

拌和后改良土颗粒粒径的控制标准为：改良土中粒径>15 mm的颗粒含量百分率$\not>20\%$。要求施工单位沿线路纵向，同一拌和层每100 m为一个检验批，采用筛分、尺量每批抽样检查6处；监理单位每批抽查3处。确认拌和后改良土颗粒粒径符合控制标准后施工单位应填写质量记录，监理单位签认。

(2) 改良土实测含灰率

拌和后改良土实测含灰率允许与最佳含灰率的偏差为$-0.5\%\sim1\%$，要求现场采用EDTA滴定法实施检测。同一层每100 m为一个检验批，施工单位每批检查6处，监理单位每批抽查3处。确认拌和后改良土最佳含灰率的偏差符合控制标准后，施工单位应填写质量记录，监理单位签认。

(3) 改良土成品含水率

改良土成品在运输至路基填筑工地辗压前，其含水率宜高出最佳含水率2%。要求沿线路纵向同一层每100 m为一个检验批，施工单位每批检查6处，监理单位每批抽查3处。确认符合控制标准后，施工单位应填写质量记录，监理单位签认。

8. 改良土成品集堆作业质量控制

为防止改良土成品料混杂未经改良的拌和场原土，推土作业深度严禁超过拌和深度。施工单位跟班作业人员应在集堆作业过程中，随时目视检查推土深度。监理单位随机抽查，发现深度超量，色泽差异明显，应及时通知施工单位纠正，并弃用严重混杂的土料。

六、工艺适用性

集中路拌法膨胀土改良拌和工艺，可在各种典型的膨胀土改良中应用。但对扰动膨胀土的含水率适应范围为：16%≤W≤22%。在多数情况下，近表层天然膨胀土土料一般都需要长时间的晾晒。

由于受本工艺作业方式的影响和作业条件的限制，尽管采取一定的环保措施，但在天气干燥、风力较大时，集中路拌作业场附近的灰土污染大。因此，集中路拌法膨胀土改良拌和工艺适用于对环保要求较低的地点。

第三节　集中预拌路拌法膨胀土改良拌和工艺

集中预拌路拌法膨胀土改良拌和工艺是在取土场取土面按施工掺灰比均匀布灰，用挖掘机集中预拌后，将经过预拌的混合料运输摊铺到路基填筑面，再用路拌机拌和的一种膨胀土改良拌和工艺。它与集中路拌法拌和工艺的主要区别，在于拌和作业分两处进行，先在取土场预拌，再到路基作业面集中路拌。

本工艺的要素组成同样包括：工艺目标体系、工艺流程、主要机械设备配置、工艺技术指标与参数、作业方法、全过程工艺质量控制以及工艺适用性分析等。本节将详细阐述集中预拌路拌法膨胀土改良拌和工艺中，除了工艺目标体系（详见本章第一节，以后介绍膨胀土其他改良拌和工艺时均不再重复说明）以外的其他各项要素。

一、工艺流程

集中预拌路拌法膨胀土改良拌和工艺的基本流程，如图 5-3-1 所示。从流程图上可知，该工艺自取土场石灰含水率、土干密度检测至路基作业面路拌检测，共有 14 道工序。其中，12 道工序分布在经过优化的关键路线上。

（一）关键路线的工序内容

沿着关键路线上的工序内容安排顺序，集中预拌路拌法膨胀土改良拌和工艺的工艺流程可划分为两大作业阶段：一是取土场集中预拌作业阶段；二是路基作业面上的改良土路拌作业阶段。

1. 取土场集中预拌作业阶段

这一阶段由平整取土场预拌作业基面、膨胀土和熟石灰含水率检测与土干密度检测、计算施工掺灰比、划分布灰网格、计量布灰、布灰报验检查、挖掘机预拌、拌和土的外观检查等 8 道作业工序组成。

其主要特点是，本阶段的所有 8 道作业工序均集中在取土场进行，而不占用路基施工现场的作业时间与空间。由于取土场的改良土预拌质量很大程度上决定着路基施工现场的改良土路拌作业质量与效率，因此，集中预拌各道工序的技术要求必须十分严格，工序之间的顺序逻辑应高度紧密。

(1) 每一处取土场的同一类原状膨胀土土样必须经过试验，全面掌握其主要物理力学性质的指标值，以合理确定其改良参数。

(2) 取土场应彻底清理至所需的取土面，预拌作业基面必须平整。

(3) 必须对原状膨胀土和熟石灰进行含水率检测，确认是否符合最佳含水率控制要求。

(4) 测试土干密度并按照石灰最佳掺入比例计算施工用的石灰掺入量，是整个预拌工艺的核心。这两道工序的实施质量，对改良工作的技术与经济效果起着决定性的作用，必须测试准确，计算精确。

(5) 在取土场预拌作业基面完全符合作业要求的条件下，用石灰在作业面上划分布灰网格，并要求布灰网格的边长一致，使每一个布灰网格内的面积基本相同，为均匀布灰打下较好的基础。

(6) 计量布灰与布灰报验的要求是：控制掺入石灰的总量，使其符合最佳掺灰比的计算结果；控制每个布灰网格内的石灰厚度及其均匀性；施工单位将布灰的自检结果，以书面形式报告现场监理工程师，由监理工程师进行检查核实，确认签字，从而确保计量布灰的自控与他控效果。

(7) 在计量布灰合格的基础上，按规定的要求实施改良膨胀土的预拌作业。作业完毕后，必须对预拌改良土进行外观检查。

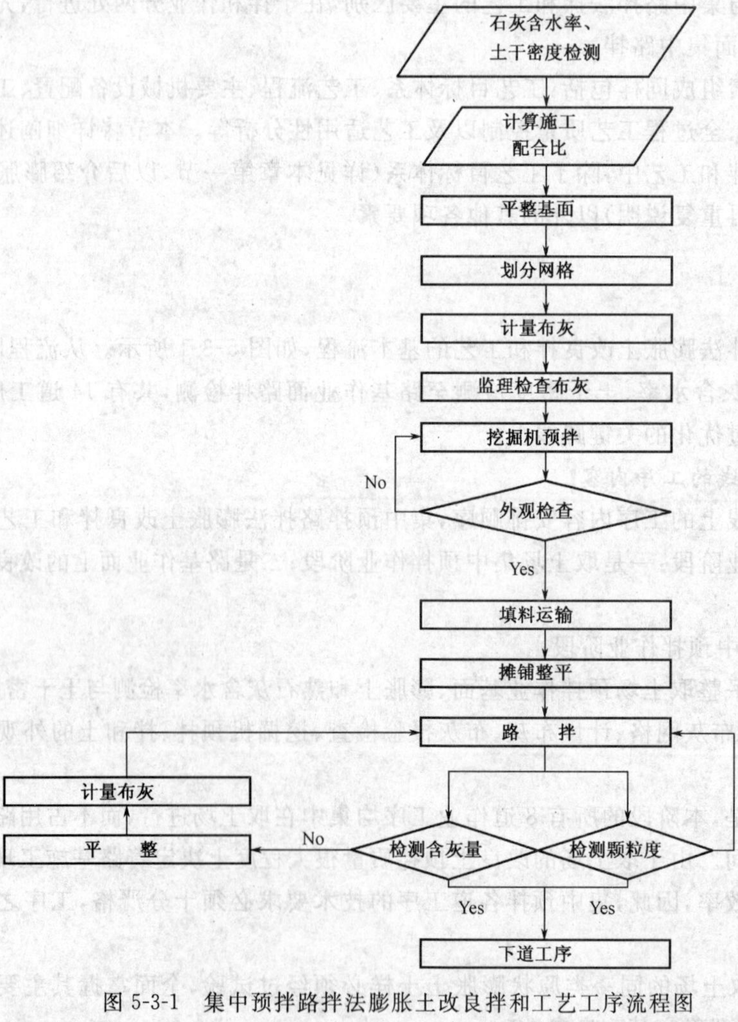

图 5-3-1 集中预拌路拌法膨胀土改良拌和工艺工序流程图

2. 路基作业面现场路拌作业阶段

路拌作业阶段是集中预拌路拌法膨胀土改良拌和工艺形成最终成果的阶段。在这一阶段的关键路线上，它包括预拌改良土运输、预拌改良土在路基作业面上的摊铺整平与含水率检测、路拌作业、拌和改良土的含灰率与颗粒度检测等 4 道作业工序。

(1) 预拌改良土运到路基作业面后，应沿着线路纵向顺序卸料，并按 35 cm 的厚度摊铺整平；

(2) 摊铺整平后，必须现场检测预拌改良土的含水率，必要时，通过翻挖晾晒或洒水调整其含水率；

(3) 路拌作业必须经过工艺作业参数试验，确定合理的拌和遍数；

(4) 路拌后的改良拌和土的实际含灰率、颗粒度须经现场检测合格后，才能作为改良土成品用以填筑路基。

(二) 检测工序的质量否决

从集中预拌路拌法膨胀土改良拌和工艺流程中各道工序的逻辑关系来看，关键路线上的三道检查或检测工序具有十分重要的质量否决权。

1. 预拌外观否决

取土场预拌作业后，必须进行外观检查。如发现预拌改良拌和土的色泽明显不均匀，有石灰团、石灰条以及大素土块时，应补充预拌遍数直至合格。

2. 路拌前含水率否决

在路基作业面，当预拌改良拌和土摊铺后，经现场检测发现其含水率不符合要求(过高或过低)时，不得进入下一道作业工序。此时，在关键路线外，必须再增加 1 道调整含水率的补充作业工序。

通常情况下，因取土场地下水及作业期有降雨过程等原因，预拌后土料的含水率多为偏高。含水率偏高的预拌土料运卸至路基作业面后，施工现场一般都是通过补充翻挖晾晒作业工序来降低其含水率。翻挖晾晒后，再次进行现场摊铺，重新检测含水率。若还是达不到要求，则再次重复翻挖晾晒的补充工序，直至其含水率达标后，再允许进入下一道的路拌作业工序。

当然，有时遇气候特别干燥，水量蒸发很快，偶然也会出现含水率偏低现象。遇到这种情况，应通过边翻挖边洒水来提高预拌改良拌和土的含水率。边翻挖边洒水后，再次进行现场摊铺并重新检测含水率……直至其含水率达标后，才能进入下一道的路拌作业工序。

3. 含灰率、颗粒度否决

在集中预拌路拌法膨胀土改良拌和工艺中，尽管取土场集中预拌阶段的布灰报验合格，但路拌作业质量还需经过另一道检测工序来把关。

在路基作业面上完成了路拌作业后，必须对改良拌和土的实际含灰率和颗粒度进行现场检测，只要其中的某一项不符合要求，则认为膨胀土改良拌和尚未合格。此时，必须在关键路线外，增加路基作业面上的两道补充工序。即：改良拌和土的再次平整或再次进行计量布灰。在完成这两道补充工序后，再进行路拌作业并重新检测含灰率和颗粒度……直至改良拌和土的实际含灰率和颗粒度完全符合要求，成为改良土成品。

二、主要机械设备配置

由于集中预拌路拌法膨胀土改良拌和工艺具有分两处作业的特点，决定了必须在取土场与路基作业面两个不同地点,分别安排相应的作业机械。

在不同作业地点,容易出现某种机械设备资源短缺或某种机械设备资源过剩的不合理现像。因此,施工单位有必要预先研究多种配置方案。在实施过程中,应根据两处作业的实际需要精心调配,以求最大程度地发挥各种机械的组合功能,达到作业质量、工效、成本的最佳匹配。

(一) 主要作业机械名称、型号、数量与用途

按照上述机械配置的基本准则,在集中路拌法膨胀土改良拌和工艺中,一般选用如下的主要作业机械组合:

1. 神刚230型挖掘机6台,用于取土、布灰、预拌、装车;
2. LW540F型装载机2台,用于装运土料;
3. CWB520型自卸汽车8台,用土料运输与自卸;
4. T140—1型推土机1台,用于土料的摊铺与初步整平;
5. PV160B型平地机1台,用于土料的精确整平;
6. YWB230型全液压稳定土拌和机1台,用于改良膨胀土路拌作业;
7. 上海504型旋耕机1台,用于土料挖翻作业。

(二)机械性能参数及其生产厂

集中预拌路拌法膨胀土改良拌和工艺所采用的各种作业机械设备,其主要性能参数与生产厂家详见表5-3-1。

表5-3-1 集中预拌路拌法膨胀土改良拌和工艺主要机械配备表

序号	机械名称	规格型号	主要性能参数	生产厂家	用途	数量
1	挖掘机	神刚230	自重22 t,斗容量1.2 m^3,功率125 kW	成都神刚	布灰、取土、预拌、装车	6
2	装载机	LW540F	斗容量3 m^3	徐工	装运料	2
3	自卸汽车	CWB520	自重25 t,载重15 t	日产重汽	运输	8
4	推土机	T140—1	铲刀宽度3 672 mm,铲刀高度1 000 mm	宣化	初步整平	1
5	平地机	PY160B	铲刀长度3 965 mm	天津	精平	1
6	全液压稳定土拌和机	YWB230	作业速度≤3.3 km/h,拌和宽度2 300 mm,拌和直径1 250 mm,拌和深度400 mm	陕西华山	路拌灰土	1
7	旋耕机	上海504	旋犁宽度1.5 m	上海拖拉机厂	翻晒(选用)	1

三、工艺技术指标与参数

集中预拌路拌法膨胀土改良拌和工艺的技术指标主要有:作为膨胀土改良材料的石灰品质与颗粒粒径、膨胀土掺入石灰的最佳重量比例(即最佳掺灰比)、土料含水率、改良拌合土含灰率及其颗粒粒径等。相应的主要作业参数,即为集中预拌与路拌改良拌和作业的遍数。其中,石灰品质与颗粒粒径、最佳掺灰比这两项与集中路拌法膨胀土改良拌和工艺相同,这里不再重复。下面,重点介绍具有集中预拌路拌法膨胀土改良拌和工艺自身特点的几项工艺技术指标与相应的参数。

(一) 土料含水率

集中预拌路拌法膨胀土改良拌和工艺的土料含水率的技术指标和相应的集中预拌、路拌

作业参数的试验，是在预拌、路拌作业时分别进行的。作业参数试验时，土料含水率检测一律采用烘干法。

1. 预拌作业阶段土料含水率检测

取土场清理整平合格后，选择 8 m×44 m 的取土面，按最佳掺灰比计量布灰，并报现场监理工程师签字确认。在选定的布灰取土面上，用挖掘机取土(取土深度一般为 1 m)，同时将石灰与原状膨胀土预拌作业 3 遍。取土作业前，均匀布置 30 个取样点，先取 30 组原状膨胀土试样，检测其含水率。然后每拌和 1 遍在取样点取样 30 组，分别检测不同预拌遍数后的拌和土含水率。

2. 路拌作业阶段土料含水率检测

预拌作业后，将经过 3 遍预拌作业的改良拌和土运至路基作业面进行摊铺作业(摊铺厚度为 35 cm)，摊铺作业达到要求后，用路拌机对其路拌作业 3 遍。每路拌 1 遍在取样点取样 30 组，分别检测不同路拌遍数后的改良拌和土含水率。

3. 含水率变化分析

图 5-3-2 是通过集中预拌路拌法膨胀土改良拌和工艺试验，现场实测的原状膨胀土以及不同预拌、路拌遍数后的改良拌和土的含水率变化与拌和作业遍数的关系曲线。

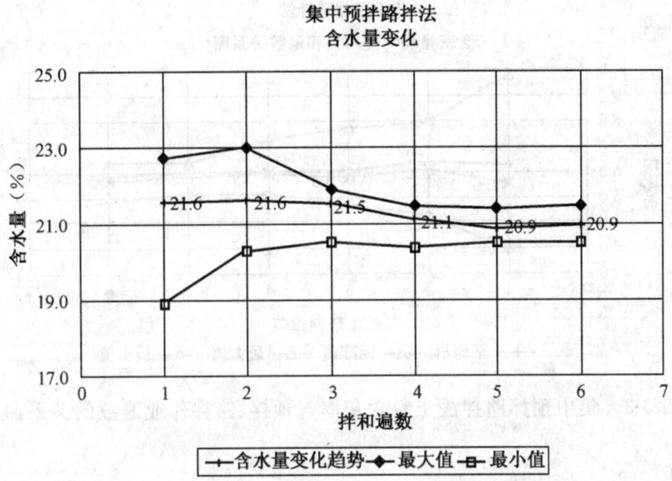

图 5-3-2　集中预拌路拌法土料含水率变化与拌和遍数的关系曲线

关系曲线显示：

(1) 从土料含水率实测平均值的变化趋势分析：在预拌作业和路拌作业两个阶段，土料含水率下降较为明显，说明含水率降低主要发生在土料运输与摊铺过程中。

(2) 从预拌作业阶段土料含水率实测离散区间的变化趋势可以看出：从预拌作业第 1 遍至第 3 遍，土料含水率最大与最小可能值的离散区间宽度，分别为 3.8%→2.7%→1.4%。说明土料含水率的离散度，随拌和遍数增加而减小，离散区间宽度缩小很快。预拌作业 3 遍后，土料含水率的离散区间宽度已缩小至 1.4%，反映出经过 3 遍预拌作业能使土料含水率的均匀性得到明显的改善。

(3) 从路拌作业阶段土料含水率实测离散区间的变化趋势能够判断：从路拌作业第 1 遍至第 3 遍，土料含水率最大与最小可能值的离散区间宽度，分别为 1.1%→0.9%→1.0%。说明土料含水率的离散度变化基本稳定。路拌作业第 2 遍后，再增加路拌遍数，对改良拌和土含水率及其离散度的影响均不大。此时若含水率偏高(与最佳含水率的偏差值>2%),应通过翻挖晾晒使其含水率降低,而不宜采用增加路拌遍数的方法。

(4) 就土料含水率及其均匀性指标而言,在集中预拌路拌法膨胀土改良拌和工艺中,宜采用预拌作业3遍、路拌作业2遍的拌和工艺作业参数组合。

(二) 改良拌和土含灰率

在实施集中预拌路拌法膨胀土改良工艺时,尽管以最佳掺灰比进行计量布灰,但经过集中预拌与路拌作业后,土料的实际含灰率及其均匀性是否真正达到要求,这与预拌与路拌作业阶段工艺作业参数的合理性直接有关。因此,为了保证改良土的拌和质量,有必要对拌和过程中的土料实际含灰率进行检测,以确定合理的预拌作业与路拌作业的拌和遍数。

含灰率的检测采用EDTA滴定法,以最佳掺灰比6%的膨胀土改良拌和全过程为检测对象,先预拌作业3遍,再路拌作业3遍。要求每预拌作业1遍,随机采集30组预拌土样品;每路拌作业1遍,在相对固定位置,采集30组路拌土样品。将每组样品用5 mm孔径的筛子过筛后,将筛余颗粒粉碎成<5 mm的粒径,并与通过筛孔的样品拌和均匀,从中取1组小样做含灰率检测。6次检测,共取得有效数据180组。根据实测数据,绘制土料含灰率及其均匀性与预拌、路拌作业遍数的关系曲线(如图5-3-3所示)。

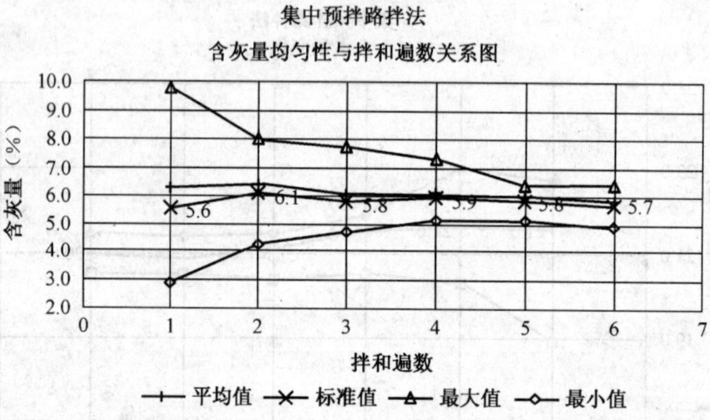

图5-3-3 集中预拌路拌法土料含灰率与预拌、路拌作业遍数的关系曲线

关系曲线表明:

(1) 从土料含灰率实测平均值的变化趋势分析:在集中预拌、路拌作业全过程中,土料平均含灰率的变化甚微。虽略有损耗,但其量值仍保持最佳含灰率水平。

(2) 从预拌作业阶段土料含灰率实测离散区间的变化趋势可以看出:从预拌第1遍至第3遍,土料含灰率最大与最小可能值的离散区间宽度,分别为6.9%→3.7%→3.0%。说明土料含灰率的离散度,随着拌和作业遍数的增加而减小,离散区间宽度缩小很快。预拌作业3遍后,土料含灰率的离散区间宽度已缩小至3.0%,反映出经过3遍预拌作业能使土料含灰率的均匀性得到明显的改善。

(3) 从路拌作业阶段土料含灰率实测离散区间的变化趋势能够判断:从路拌第1遍至第3遍,土料含灰率最大与最小可能值的离散区间宽度,分别为2.2%→1.3%→1.5%。土料含灰率的离散度降幅仅为预拌阶段的1/5左右,趋于稳定。路拌第2遍后,再增加路拌遍数,对改良土含灰率离散度的影响不大。

(4) 从实测的土料含灰率及其均匀性指标变化结果分析:在集中预拌路拌法膨胀土改良

拌和工艺中，宜采用预拌作业 3 遍、路拌作业 2 遍的拌和工艺作业参数组合。

（三）改良拌和土颗粒粒径

与土料含水率检验相同，集中预拌路拌法膨胀土改良拌和工艺的技术指标和相应的预拌拌、路拌作业参数的试验，也是在预拌、路拌作业阶段时分别进行的。要求预拌、路拌作业后，改良拌和土中＞15 mm 的土颗粒含量百分率≯20％。

1. 预拌作业阶段土颗粒粒径检测

在取土场预拌作业面均匀布置 30 个取样点，每拌和作业 1 遍在取样点取样 30 组，分别检测在预拌作业阶段经过不同预拌作业遍数后，土料中粒径＞15 mm 的土颗粒含量百分率。预拌作业 3 遍，检测 3 次。在预拌作业阶段全过程中，共测得 3×30＝90 个土料中粒径＞15 mm 的土颗粒含量百分率数据。

2. 路拌作业阶段土颗粒粒径检测

在路基作业面均匀布置 30 个取样点，每拌和作业 1 遍在取样点取样 30 组，分别检测在路拌作业阶段经过不同路拌作业遍数后，土料中粒径＞15 mm 的土颗粒含量百分率。路拌作业 3 遍，检测 3 次。在路拌作业阶段全过程中，共测得 3×30＝90 个土料中粒径＞15 mm 的土颗粒含量百分率数据。

3. 土颗粒粒径变化分析

图 5-3-4 系根据两个作业阶段共 6 次测试获得的 180 个数据，所绘制的改良拌和土中粒径＞15 mm 的土颗粒含量百分率变化与预拌、路拌作业遍数的关系曲线。

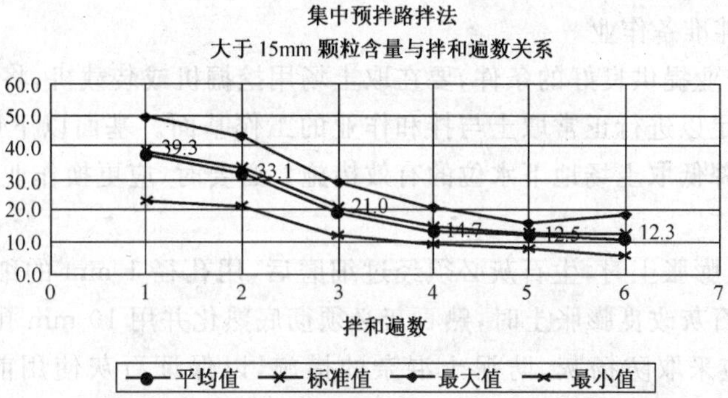

图 5-3-4　集中预拌路拌法土料中粒径＞15 mm 的土颗粒含量百分率与预拌、路拌作业遍数关系曲线

从关系曲线的变化形态，可以得到以下的分析结果：

（1）从两个作业阶段土料中粒径＞15 mm 的土颗粒含量百分率实测平均值的变化形态分析：在预拌作业阶段，土料中粒径＞15 mm 的土颗粒含量百分率实测平均值随着预拌作业遍数的增加急剧下降。而进入路拌作业阶段，改良拌和土中粒径＞15 mm 的土颗粒含量百分率实测平均值已达到≯20％的技术要求。

（2）从预拌作业阶段土料中粒径＞15 mm 的土颗粒含量百分率实测离散区间的变化趋势可以看出：从预拌作业第 1 遍至第 3 遍，土料中粒径＞15 mm 的土颗粒含量百分率最大可能值与最小可能值之间的离散区间宽度，分别为 26.9％→21.6％→16.7％。其缩小幅度基本相同，说明土料的均匀性在等幅提高。

（3）从路拌作业阶段土料中粒径＞15 mm 的土颗粒含量百分率实测离散区间的变化趋势

能够判断：从路拌作业第 1 遍至第 3 遍，土料中粒径＞15 mm 的土颗粒含量百分率最大可能值与最小可能值之间的离散区间宽度，分别为 12%→7.7%→12.5%。离散区间宽度进一步缩小，说明均匀性进一步提高。路拌第 2 遍时，土料中粒径＞15 mm 的土颗粒含量百分率最大可能值也已经达到≯20%的技术要求。

(4) 从预拌、路拌作业阶段全过程实测的土料中粒径＞15 mm 的土颗粒含量百分率及其均匀性指标变化结果判断：在集中预拌路拌法膨胀土改良拌和工艺中，宜采用预拌作业 3 遍、路拌作业 2 遍的拌和工艺作业参数组合。

综合上述各项工艺技术指标的作业参数试验与分析结果，在新建时速 200 公里铁路改良膨胀土路基施工技术中，采用集中预拌路拌法膨胀土改良拌和工艺预拌作业 3 遍、路拌作业 2 遍后，土料含水率、含灰率、颗粒粒径指标均能达到合格、均匀。因此，要生产完全符合新建时速 200 公里铁路改良膨胀土路基填料技术要求的改良土成品，本工艺的拌和作业参数组合以预拌作业 3 遍、路拌作业 2 遍为宜。

四、作业方法

集中预拌路拌法膨胀土改良拌和工艺按其特点，分为预拌作业阶段与路拌作业阶段两套作业方法。这两个阶段的两套作业方法中，除检测工序外，全部实行机械化。

(一) 预拌阶段作业方法

集中预拌路拌法膨胀土改良拌和工艺的预拌阶段作业方法细分为，取土场预拌作业准备、石灰作业、预拌作业与外观检查三种类型。

1. 取土场预拌准备作业

为了给预拌作业提供良好的条件，要在取土场用挖掘机或装载机，将杂物与腐殖土等彻底清理干净，平整出足以进行正常取土与拌和作业的工作基面。基面以下原状膨胀土含水率过高时，应预先采取降低取土场地下水位的有效措施。必要时，应更换作业面。

2. 石灰作业

用生石灰改良膨胀土时，生石灰必须经过细磨后，用孔径 1 mm 的细筛过筛，以确保其粒径≯1 mm。用熟石灰改良膨胀土时，熟石灰必须彻底熟化并用 10 mm 孔径过筛。

石灰运卸时应采取防扬灰、防泥土混杂的措施，以保证石灰使用前的纯净度。测试膨胀土干密度计算施工掺灰比、划分布灰网格、计量布灰、布灰报验等采用人工现场作业为主，布灰作业时，使用挖掘机辅助。要求计算准确、丈量精确、布灰的厚度均匀正确、报验严格规范。

3. 预拌作业与外观检查

取土场的土料预拌作业，主要是用 6 台斗容量为 1.2 m^3、功率为 125 kW 的挖掘机来完成的。预拌作业的全过程共为 3 遍：挖掘机辅助布灰后的第 1 次取土与倒土过程，也就是第 1 遍预拌作业过程，以后再进行第 2、第 3 遍预拌作业。取土拌和深度，一般由机械参数确定。以神刚 230 型挖掘机为例，铲斗高度 1 m，一次取土拌和深度宜为 1 m。预拌作业过程中，宜将混合料堆成大堆。每次拌和时从土堆锥顶卸料，使混合料沿锥坡向下流动，以提高拌和作业的质量。

预拌过程中，应随时加强对拌和土的外观检查，用挖掘机及时破碎较大土块，使土块粉碎至 15 cm 以内，同时防止出现大的灰条与灰块。

预拌作业完成后，采用 2 台斗容量为 3 m^3 的装载机和部分挖掘机联合作业，将需要送往路拌作业工地的合格混合土料装上自卸汽车。

（二）路拌作业方法

集中预拌路拌法膨胀土改良拌和工艺的路拌阶段作业方法细分为，预拌混合土料的运卸、路拌作业前的现场准备、路拌作业与现场检测三种类别。

1. 预拌混合土料的运卸

预拌混合土料从取土场预拌作业场的运卸到路基作业面，是由 8 台左右（视运距及工程的需要而定）载重为 15 t 的自卸式汽车来完成。卸料时，应沿路基纵向顺序自卸，边均匀卸料边行驶，尽量减少土料的飞扬与聚堆。

2. 路拌作业前的现场准备

路拌作业前的现场准备主要包括土料的摊铺与初步整平、含水率检测与调整、土料摊铺层的精确整平。具体方法是：首先采用 1 台铲刀宽度 3 672 mm、高度 1 000 mm 的推土机实施摊铺，摊铺厚度为 35 cm。在摊铺达到要求厚度的同时，进行初步整平与含水率检测。若含水率过高，则安排 1 台旋犁宽度 1.5 m 的旋耕机进行土料翻挖晾晒，翻挖晾晒后再次摊铺初平并检测含水率，直至达到要求；若含水率过低，则应根据实测结果进行计量均匀洒水，翻挖拌匀后再次摊铺初平并检测含水率，直至达到要求。最后，用 1 台铲刀长度为 3965 mm 的平地机完成精确整平。

3. 路拌作业与现场检测

路拌作业采用 1 台全液压稳定土拌和机，该机械拌和宽度 2 300 mm、拌和作业直径 1 250 mm、拌和深度 400 mm、作业速度≤3.3 km/h。为防止作业引起的拌和面坑洼不平而影响拌和效果，作业机械应以 1.5～2.0 km/h 的速度纵向匀速行驶。同时，将待拌和土按顺序拌和作业 2 遍。图 5-3-5 为路拌机在路基作业面上进行路拌作业的实景。

图 5-3-5　工作中的全液压稳定土拌和机

路拌机实际拌和深度通常会跟随改良土拌和作业遍数的增多而逐渐增大。图 5-2-6 所示记录的是集中预拌路拌法膨胀土改良拌和工艺路拌作业深度与路拌作业遍数的关系。

图 5-2-6 表明，路拌机作业第 1 至第 3 遍，相应的拌和作业深度分别为：26.8 cm、34.9 cm、36.6 cm。路拌作业第 1 遍时，拌和作业深度达到土料摊铺层全深的 3/4。路拌作业第 2 遍，拌和作业深度已达到土料摊铺层全深。

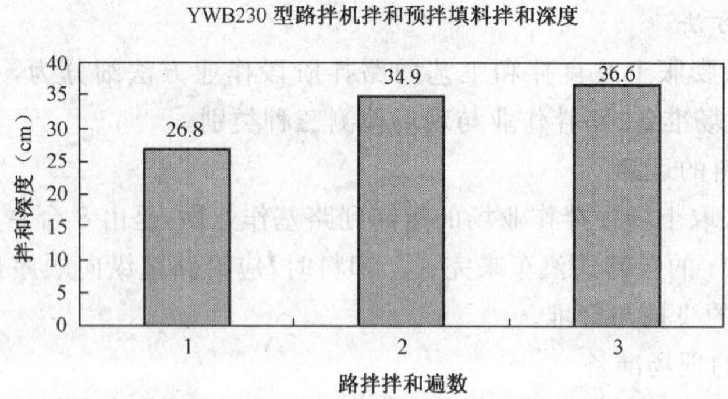

图5-3-6　集中预拌路拌法路拌作业深度与路拌作业遍数关系

五、全过程工艺质量控制

与集中路拌法膨胀土改良拌和工艺要求相同，集中预拌路拌法膨胀土改良拌和的质量控制工作，也必须严格遵循“预防为主、质量为本”和“以工序质量保工后质量”的基本原则，并贯穿于工艺实施的全过程，落实到质量保证体系的每一个具体环节。它的主要内容，同样包括：质量控制标准的文件依据，建立完整严密的质量保证体系，全过程工艺质量控制的具体方法与要求。

由于本工艺质量控制标准的文件依据在内容上与集中路拌法拌和工艺完全相同，另外在建立完整严密的质量保证体系方面，对体系的本质、功能及其组成的诠释也基本一致，故在全过程工艺质量控制介绍中，仅根据集中预拌路拌法膨胀土改良拌和工艺的特点，针对性地阐述其质量控制的具体方法与要求（省略部分可查阅本章第二节的有关内容）。

（一）石灰与拌和用水的质量控制

石灰与拌和用水的质量控制工作，由建设单位质量管理部门组织各有关参建单位专业技术人员，严格按规定的质量标准和规范的检验方法与要求进行。

有关石灰品质检验、生石灰颗粒度检验、石灰消解质量检验和水质检验的质量控制标准、方法、手段以及质量责任等具体内容，详见本章第二节。

（二）取土场膨胀土性质检验

建设单位要组织设计、施工、监理单位对全线所有取土场，逐个进行膨胀土性质的检验。质量控制标准、方法、手段以及质量责任等具体内容，同本章第二节。

（三）取土场预拌场地质量检查

预拌作业直接在取土场的取土面上进行，预拌场地的清洁、平整，是准确计量布灰和保证膨胀土改良效果的基础条件。预拌作业前，施工单位应高度重视预拌作业场地的彻底清理与平整，预拌场地清理地表并用机械平整后，应填写自检记录。经现场监理复查合格签字后，方能进行布灰等作业。

布灰前，施工单位每班要检查一次原状膨胀土与熟石灰的含水率，并填写检测记录，由现场监理人员复核。预拌场地四周，应设置能满足降低地下水位的排水系统，当取土面以下原状膨胀土含水率仍然过高时，应另外选择合适的取土预拌作业面。同时，根据地形条件和当地环保要求，施工单位可在取土场的预拌作业场地四周，设置必要的防灰土弥漫和灰水漫流的防护设施。

（四）最佳掺灰比试验

施工单位必须严格执行改良土最佳掺灰比的控制性标准。即：(1) 改良土强度满足路基填筑质量要求；(2) 无荷膨胀率<1%，50 kPa 荷载下有荷膨胀率<0，胀缩总率<0；(3) 浸水 72 h 无明显崩解。

建设单位应组织设计、施工、监理单位按上述标准进行最佳掺灰比试验。具体要求是：同一取土场、同种填料、同一压实标准下，进行不少于 6 组的无荷膨胀率、50 kPa 荷载下有荷膨胀率、胀缩总率以及浸水 72 h 崩解等试验。每 5 000 m^3 改良土为一个检验批，每批进行 1 组无侧限抗压强度复核试验。

在监理单位确认试验结果满足控制性标准后，施工单位再根据现场实测干密度，计算施工掺灰量。

（五）取土场布灰质量控制

布灰前，施工单位必须精确划分布灰网格，按计量厚度均匀布灰。要求每个布灰面上每 5 m^2 为一个检验批，要求施工单位每批检查 1 处布灰厚度，自验布灰厚度与均匀度是否达到计量要求，自验通过即报验监理。

监理单位每 20 m^2 抽查 1 处布灰厚度，发现厚度或均匀度不符合要求时，应立即通知施工单位返工，直至合格并由现场监理签认后，才允许施工单位进入预拌作业工序。建设单位应对施工单位的作业质量和监理单位的工作质量，实行随机抽查。

（六）取土场预拌作业质量控制

预拌挖掘深度应与挖掘机铲斗高度匹配，误差控制在±5 cm 以内，施工单位应由专人检查挖掘机的取土深度。

预拌过程中，宜用挖掘机将混合料卸堆成大堆，并始终从土堆锥顶卸料，以提高预拌质量。与此同时，要适当控制卸土时的斗高，减少灰土飞扬。

施工单位应随时自检拌和物的外观质量，要求大面上色泽均匀一致，无灰团灰条和>15 cm 的素土块。预拌完毕后，监理人员除了复查外观质量外，还应测量拌和前原地面标高和拌和后取土坑标高，误差应≤5%。

（七）路基作业面填料摊铺作业质量与土料含水率控制

预拌后土料摊铺应沿路基作业面纵向顺序推进，纵向相邻处搭接宽度为 0.5 m，摊铺厚度为 35 cm。摊铺作业中，施工人员应随时检测摊铺厚度。摊铺作业后，现场监理必须复查摊铺厚度，确认合格后，允许进行含水率检测。

当实测含水率偏高（或偏低），不能保证改良土在碾压前稍高于最佳含水率 2%时，应安排翻挖晾晒（或计量均匀洒水、翻挖拌匀）并形成记录。翻挖晾晒（或计量均匀洒水、翻挖拌匀）后，应重新按要求摊铺并再次检测含水率，经现场监理签认合格后，方能进入下一道精确整平工序。

（八）路拌作业质量控制

质量控制的重点是，路拌作业深度、成品改良土的颗粒粒径、实测含灰率和含水率。其中，改良土颗粒粒径、实测含灰率和成品含水率的检查，应在路基辗压施工前进行，以确保改良土路基施工质量。

1. 路拌作业深度

由于集中预拌路拌法膨胀土改良拌和工艺的路拌作业直接在施工的路基作业面上进行，完成拌和工艺的成品改良土将就地作为路基填料填筑路基。所以，路拌作业的深度必须严格控制。第2遍路拌作业时，其拌和作业的深度应达到土料松铺厚度的全深，不得留有“素土”层。

施工单位要加强自检，监理单位应严格监查，发现问题必须及时纠正，并如实填写质量记录。

2. 成品改良土颗粒粒径

路拌作业完成后，应对改良土颗粒粒径进行现场抽检。控制标准为：改良土中粒径＞15 mm的颗粒含量百分率≯20％。

要求施工单位沿线路纵向，同一拌和层每100 m为一个检验批，每批采用筛分、尺量抽样检查6处；监理单位每批抽查3处。确认拌和后改良土颗粒粒径符合控制标准后，施工单位应填写质量记录，监理单位签认。发现颗粒粒径不符要求，监理单位应通知施工单位重新路拌直至合格。

3. 成品改良土实测含灰率

改良拌和土实测含灰率允许与最佳含灰率的偏差值为－0.5％～1％，要求现场采用EDTA滴定法实施检测。同一层每100 m为一个检验批，施工单位每批检查6处，监理单位每批抽查3处。确认改良拌和土与最佳含灰率的偏差值符合控制标准后，施工单位应填写质量记录，监理单位签认。

若发现拌和后改良土实测含灰率不合格，应重新进行计量布灰、整平和路拌作业，直至合格。

4. 改良土成品含水率

路拌作业完成后改良土成品含水率宜高出最佳含水率2％以内。要求沿线路纵向同一层每100 m为一个检验批，施工单位每批检查6处，监理单位每批抽查3处。确认符合控制标准后，施工单位应填写质量记录，监理单位签认。

含水率过高或过低，须晾晒或洒水，待含水率控制到高出最佳含水率2％以内时，方准进入路基压实工序。

六、工艺适用性

集中预拌路拌法膨胀土改良拌和工艺，可在各种典型的膨胀土改良中应用。扰动膨胀土的含水率适应范围为：16％≤W≤26％。与集中路拌法拌和工艺（16％≤W≤22％）比较，其上限放宽了4％，下限不变。在多数情况下，近表层天然膨胀土土料一般不需要长时间的晾晒。

因预拌与路拌作业分别在取土场和路基作业面进行，可直接采用取土场天然膨胀土拌和，适合于工效要求高又缺少大面积专用场地的施工条件。

由于受作业方式的影响和作业条件的限制，尽管采取一定的环保措施，但在天气干燥、风力较大而又要在路基作业面补充布灰时，灰土污染较大，污染范围呈点状，适用于对环保要求不太高的地点。

第四节　路拌法膨胀土改良拌和工艺

路拌法膨胀土改良拌和工艺，是从取土场把准备改良的膨胀土直接运卸、摊铺在施工现场路基填筑面上，在含水率合适的条件下，按施工掺灰比均匀布灰，再用路拌机就地拌和的一种膨胀土改良拌和工艺。它与前两种工艺的区别，在于膨胀土改良拌和作业直接就在路基施工作业面上完成。不需要集中路拌后再将改良土成品运到别处路基填筑施工作业面，也没有取土场预拌的作业程序。

路拌法膨胀土改良拌和工艺的要素也包括：工艺目标体系、工艺流程、主要机械设备配置、工艺技术指标与参数、作业方法、全过程工艺质量控制以及工艺适用性分析等。下面详细介绍，路拌法膨胀土改良拌和工艺除工艺目标体系外的其他各项工艺要素。

一、工艺流程

路拌法膨胀土改良拌和工艺的基本流程，如图 5-4-1 所示。从流程图上可知，该工艺自取土场原状膨胀土取土运输至在路基施工作业面上改良拌和作业后检测合格，共有 14 道工序。其中，11 道工序分布在经过优化的关键路线上。

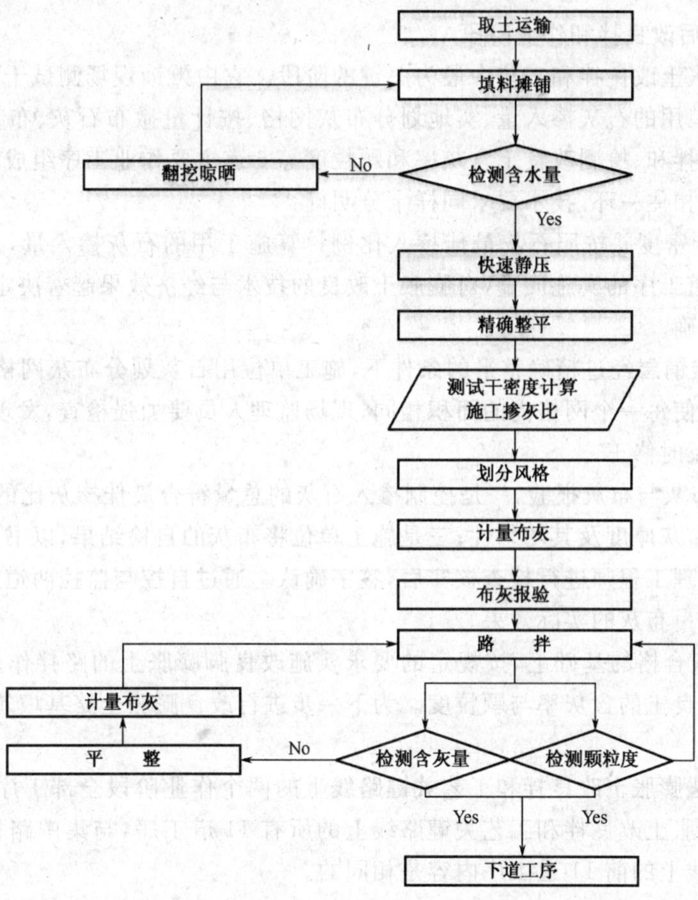

图 5-4-1　路拌法膨胀土改良拌和工艺工序流程图

(一) 关键路线的工序内容

路拌法膨胀土改良拌和工艺关键路线上的 11 道作业工序，按其内容，可分为两个作业阶段：一是膨胀土改良准备作业阶段；二是膨胀土掺灰后改良拌和作业阶段。

1. 膨胀土改良准备作业阶段

这一阶段包括取土场原状膨胀土取土运输、路基施工作业面膨胀土摊铺、摊铺后膨胀土含水率检测、对摊铺膨胀土快速静压、精确整平等 5 道主要作业工序。这 5 道主要作业工序前后连接紧密，一环扣住一环，技术要求十分明确：

(1) 每一处取土场的同一类原状膨胀土土样必须经过试验，全面掌握其主要物理力学性质的指标值，确定其改良参数。

(2) 膨胀土卸到指定地点后，应抓紧摊铺。摊铺作业应沿着线路纵向，顺序进行。要求摊铺均匀，摊铺厚度为 35 cm。

(3) 摊铺作业完成后，必须对膨胀土摊铺层进行含水率检测，确认是否符合最佳含水率控制范围的要求。若不符合要求，应进行含水率的调整(方法与要求同前)，直至含水率符合要求。

(4) 含水率符合控制范围要求后，即用压路机快速静压并进行精确整平。精确整平后，现场监理人员要进行检查，如发现有明显的坑洼，应督促施工单位填补整平为下一步准确布灰奠定良好基础。

2. 膨胀土掺灰后改良拌和作业阶段

这是路拌法膨胀土改良拌和工艺中最为关键的阶段。它由摊铺现场测试干密度并按照最佳掺入比例计算施工用的石灰掺入量、实地划分布灰网格、按计量撒布石灰、布灰结果报验监理、实施膨胀土改良拌和、检测改良土含灰率和颗粒度等 6 道主要作业工序组成。工序间也是前后连接紧密，一环扣住一环，技术要求同样十分明确：

(1) 现场测试干密度并按照石灰最佳掺入比例计算施工用的石灰掺入量，是整个改良拌和工艺的核心。这道工序的实施质量，对膨胀土改良的技术与经济效果起着决定性的作用，必须测试准确，计算精确。

(2) 在膨胀土摊铺层经过精确整平的条件下，施工单位用石灰划分布灰网格。划分时，要求网格的边长一致，使每一个网格内的面积相同，现场监理人员要加强检查，发现偏差较大，应当场通知施工单位及时修正。

(3) 所谓计量布灰与布灰报验，一是控制掺入石灰的总量符合最佳掺灰比的计算结果；二是控制每个网格的布灰厚度及其均匀性；三是施工单位将布灰的自检结果，以书面形式报告现场监理工程师，由监理工程师进行检查核实后，签字确认。通过自控与监控两道严密的质量控制程序，达到准确计量布灰的实际效果。

(4) 在计量布灰合格的基础上，按规定的要求实施改良脚膨胀土的路拌作业。作业完毕后，严格检测拌合改良土的含灰率与颗粒度。为下一步进行改良膨胀土路基填筑，提供合格的路基填料。

通过以上路拌法膨胀土改良拌和工艺关键路线上的两个作业阶段全部工序内容的简述，可以发现，路拌法膨胀土改良拌和工艺关键路线上的所有 11 道工序，与集中路拌法膨胀土改良拌和工艺关键路线上的前 11 道工序内容是相同的。

因路拌法膨胀土改良拌和工艺的最后工序直接在路基填筑施工作业面上完成，故有区别的是后面的工序。在关键路线上，路拌法膨胀土改良拌和改良工艺无须像集中路拌法膨胀土改良拌和工艺那样，在完成膨胀土路拌改良检测工序后，还要进行改良土成品的集中堆放作业与改良土成品的运输两道作业工序。而是在路拌作业完成并检测合格后，即能进入到路基压实施工阶段。

二、主要机械设备配置

在通常情况下，管理精细、训练有素的施工单位，都会十分注重实施大区域膨胀土改良拌和工艺的综合技术经济效益。在施工作业机械设备的资源配置和合利使用方面，总是通过技术经济比较，精心筹划、科学调度，综合利用各种机械设备的潜在价值。力图把最大程度地发挥各种机械的组合功能，达到作业质量、工效、成本的最佳匹配，作为膨胀土改良拌和工艺机械设备配置的基本准则。

（一）主要作业机械名称、型号、数量与用途

按照上述基本准则，针对路拌法膨胀土改良拌和工艺要求作业机械相对集中，又在路基填筑施工面上与填筑压实施工机群前后带状分布并呈现流水作业的特点，一般选用如下的主要作业机械组合：

1. 神刚 230 型挖掘机 1 台，用于取土场膨胀土取土装车作业；

2. LW540F 型装载机 2 台，用于取土场装运膨胀土作业；

3. CWB520 型自卸汽车 8 台，用于自取土场至路基填筑施工的路拌作业面间，膨胀土的运输与自卸作业；

4. T140—1 型推土机 2 台，用于路基填筑施工的路拌作业面上，膨胀土摊铺与初步整平作业；

5. PV160B 型平地机 1 台，用于路基填筑施工的路拌作业面上，膨胀土摊铺层的精确整平作业；

6. SD175 型压路机 1 台，用于路基填筑施工的路拌作业面上，膨胀土摊铺层的快速静压作业；

7. YWB230 型全液压稳定土拌和机 1 台，用于路基填筑施工的路拌作业面上，膨胀土摊铺层的路拌改良作业；

8. 上海 504 型、欧保 30 型旋耕机各 1 台，用于路基填筑施工的路拌作业面上，膨胀土需晾晒或洒水时的挖翻作业。

（二）机械性能参数及其生产厂

路拌法膨胀土改良拌和工艺所采用的各种作业机械设备及其主要性能参数与生产厂家详见表 5-4-1。

表 5-4-1　路拌法膨胀土改良拌和工艺主要机械配备表

序号	机械名称	规格型号	主要性能参数	生产厂家	用　途	数量
1	挖掘机	神刚 230	自重 22 t，斗容量 1.2 m^3，功率 125 kW	成都神刚	取土装车	1
2	装载机	LW540F	斗容量 3 m^3	徐工	装运料	2
3	自卸汽车	CWB520	自重 25 t，载重 15 t	日产重汽	运输	8
4	推土机	T140—1	铲刀宽度 3 672 mm，铲刀高度 1 000 mm	宣化	初步整平	2
5	平地机	PY160B	铲刀长度 3 965 mm	天津	精平	2
6	压路机	SD175	自重 18 t，振动频率 21.7～30.4 Hz，激振力 36/18 t，名义振幅 1.86/0.93 mm，行驶速度 0～13.2 km/h	英格索兰	静压	1
7	全液压稳定土拌和机	YWB230	作业速度≤3.3 km/h，拌和宽度 2 300 mm，拌和直径 1 250 mm，拌和深度 400 mm	陕西华山	路拌灰土	1
8	旋耕机	上海 504	旋犁宽度 1.5 m	上海拖拉机厂	翻晒	1

三、工艺技术指标与参数

路拌法膨胀土改良拌和工艺的技术指标主要有:作为膨胀土改良材料的石灰品质与颗粒粒径、膨胀土掺入石灰的最佳重量比例(即最佳掺灰比)、土料含水率、拌合后改良土含灰率、改良土颗粒粒径等。相应的主要作业参数,即为路拌改良拌和作业的遍数。

如前所述,路拌法膨胀土改良拌和工艺与集中路拌法膨胀土改良拌和工艺仅仅是根据工程需要或作业条件,在选择路拌作业的地点与工序组成上有所区别。

其实,这两种工艺在本质上同属路拌法,因此,两者的工艺技术指标与作业参数是完全相同的。即在正常情况下,采用路拌机直接在路基施工作业面上路拌作业5遍后,土料含水率指标、改良土的含灰率指标均能达到合格、均匀;而路拌作业6遍后,改良土的颗粒指标才能达到合格、均匀,因此,本工艺拌和作业参数也以路拌作业6遍为宜。具体的作业参数试验方法同集中路拌法膨胀土改良拌和工艺,故本节不再介绍。

四、作业方法

路拌法膨胀土改良拌和工艺的作业方法按其工艺流程,大致可划分为四种类型:1 膨胀土的挖掘、装车、运输、卸料;2. 膨胀土改良前的摊铺初平、含水率检测、挖翻与晾晒、快速静压、精确整平;3. 石灰加工、运卸、测试干密度计算施工掺灰比、划分布灰网格、计量布灰、布灰报验;4. 路拌作业及改良土含水率、含灰率、颗粒度检测。

与集中路拌法膨胀土改良拌和工艺相比,路拌法膨胀土改良拌和工艺的作业方法中少了改良土成品的集中堆放与运输作业。但需要注意的是,由于路拌法膨胀土改良拌和工艺的路拌作业直接在路基填筑作业面上进行,故而它对膨胀土摊铺整平与作业期间的排水要求,应高于集中路拌法膨胀土改良拌和工艺。

当路基填筑面的下承层合格后,在取土场用挖掘机直接将膨胀土装上自卸汽车,运输至路基作业面。再用推土机按35 cm的松铺厚度将膨胀土摊铺并初步整平,检测其含水率。当含水率合适时,用压路机快速静压一遍,再用平地机精确整平。若潜在不平整暴露出来时,则需要人工配合填补坑洼,然后用平地机精确整平。为了防止积水,路拌法的作业基面必须设有横向排水坡,并要求与路基填筑面的横向排水坡保持一致。而集中路拌法不强调这一要求。至于随后的布灰与路拌作业均与集中路拌法相同,故不作详述。

五、全过程工艺质量控制

由于路拌法与集中路拌法在膨胀土改良拌和方式上同属于路拌作业工艺范畴,决定了其在工艺质量控制的基本原则、质量控制标准的文件依据和建立完整严密的质量保证体系等与集中路拌法膨胀土改良拌和工艺完全相同,甚至在全过程工艺质量控制的具体方法与要求方面也有许多相同之处。

为了精简篇幅,下面针对路拌法膨胀土改良拌和工艺的特点,仅介绍与集中路拌法膨胀土改良拌和工艺有所不同的几个质量控制环节。其他相同部分,可查阅本章第二节有关"全过程工艺质量控制"的系统阐述。

(一)路基作业面下承层的质量控制

路基作业面下承层是指已完全达到基底处理要求或已经达到路基层填筑、压实要求,将直接在其上面进行膨胀土摊铺作业的基底或路基压实层。路拌法膨胀土改良拌和工艺直接在路基填筑、压实施工作业面上进行膨胀土改良拌和的这一特点，对路基作业面的下承层提出了较高的质量控制要求：

(1) 路基作业面下承层必须密实、平整，达到改良膨胀土路基填筑、压实施工的各项技术指标要求；

(2) 下承层顶面，须设置与设计横向坡度(4%)一致的临时路拱，以利于排水。

按照上述要求，在路基作业面上，施工单位必须于每次摊铺待改良拌和的膨胀土层之前，预先检查路基作业面下承层的质量并填写自检记录。现场监理人员应加强监督抽查，当发现质量不符合要求时，应立即通知施工单位纠正。路基作业面下承层的质量问题未纠正前，施工单位不得进行摊铺作业。

(二)膨胀土摊铺作业的质量控制

在路基作业面上，每一层膨胀土的松铺厚度为 35 cm，要求厚度均匀，表面平整。摊铺后，施工单位应采用挖坑法或水准仪测量，检查膨胀土松铺厚度，松铺厚度的允许误差应控制在±3 cm以内。

具体的检查方法为，施工单位沿线路纵向每层每 100 m 为一个检验批，每批检查两个断面共 6 处并填写记录。监理单位负责抽查核实，发现不符合要求时，应通知施工单位纠正。

在控制摊铺作业质量的同时，施工单位采用环刀法检测土的干密度，取平均值按最佳掺灰比计算施工掺灰量。

(三) 路基作业面布灰作业质量控制

施工单位严格按照施工最佳掺灰比，采用网格法根据计算的布灰总量与厚度计量布灰。计量布灰应以总量控制，布灰厚度的允许误差控制在±2 cm 以内。

布灰完毕，必须检查布灰厚度。要求施工单位每个布灰面 100 m 等间距检查 10 点，监理单位全部见证，发现不符要求应当场纠正。

(四) 路基作业面路拌作业质量控制

路拌作业过程中，施工单位要派专人监视路拌深度及幅与幅的搭接情况。作业完毕，由现场施工、监理人员首先对拌和改良土进行外观检查，要求色泽均匀一致，无灰团灰条，无花面和素土块。

随后，检查拌和作业深度。要求施工单位每 100 m 等间距挖坑检查(应深入下承层 1 cm 左右，防止有素土夹层)两个断面共 6 处；监理单位见证 1 个断面共 3 处，发现不合格应通知施工单位立即返工。

本工艺路拌作业后，须进行改良土颗粒粒径、含灰率、含水率的质量检测，其方法与要求同集中路拌法膨胀土改良拌和工艺。

六、工艺适用性

路拌法膨胀土改良拌和工艺，可在各种典型的膨胀土改良中应用。对原状膨胀土含水率的适用范围与集中路拌法膨胀土改良拌和工艺相同。

不同之处，在于路拌法膨胀土改良拌和工艺的布灰、拌和作业是沿着路基长度方向呈连续分布的，几乎对路基施工的全线产生环境影响。而集中路拌法膨胀土改良拌和工艺的布灰、拌和作业分散在选定的几处作业点上。

所以，在天气干燥、风力较大时，集中路拌法膨胀土改良拌和工艺对沿线附近一带的灰土污染影响很大，仅适用于沿线周边环境对环保要求较低的地区。在采用此工艺之前，施工单位应慎重征求沿线环保部门的意见，争取在当地环保部门的支持下，采取必要的防范措施，选择合适的时段或区域实施本工艺。

第五节　二次掺灰集中预拌路拌法膨胀土改良拌和工艺

二次掺灰集中预拌路拌法膨胀土改良拌和工艺，顾名思义，是在集中预拌路拌法膨胀土改良拌和工艺的基础上，将掺灰总量一分为二，先后在集中预拌、路拌两个作业阶段各进行一次布灰作业，形成全过程二次掺灰的膨胀土改良拌和工艺。

该工艺的要素组成为：工艺目标体系、工艺流程、主要机械设备配置、工艺技术指标与参数、作业方法、全过程工艺质量控制以及工艺适用性分析等。其中工艺目标体系为膨胀土各种改良拌和工艺的共同要素，本节从略。

一、工艺流程

二次掺灰集中预拌路拌法膨胀土改良拌和工艺的基本流程，如图 5-5-1 所示。从流程图上可知，该工艺自取土场平整作业基面至路基作业面路拌检测，共有 20 道工序。其中，18 道工序分布在经过优化的关键路线上。

（一）关键路线的工序内容

关键路线上整个工艺流程可划分为两大作业阶段：一是取土场第一次掺灰集中预拌作业阶段；二是路基作业面上第二次掺灰路拌阶段。

1. 取土场第一次掺灰集中预拌作业阶段

这一阶段由膨胀土和熟石灰含水率检测与土干密度检测、计算施工掺灰比、平整取土场预拌作业基面、划分布灰网格、第一次计量布灰、第一次布灰报验检查、挖掘机预拌作业、拌和土的外观检查等 8 道作业工序组成。

二次掺灰集中预拌路拌法膨胀土改良拌和工艺与集中预拌路拌法膨胀土改良拌和工艺相比，既有相同之处，又存在着不同之点。相同的是，预拌阶段所有 8 道作业工序均集中在取土场进行，而不占用路基施工现场的作业时间与空间；不同的是，因为整个工艺过程中有二次掺灰而总的掺灰比不变，故在取土场集中预拌作业阶段第一次掺灰时的掺灰比仅为 3%，剩余部分要在路拌作业阶段第二次掺灰时再掺入。

本工艺第一次掺灰集中预拌作业阶段的技术要点如下：

(1) 每一处取土场的同一类原状膨胀土土样必须经过试验，全面掌握其主要物理力学性质指标值，以合理确定其改良参数。

(2) 取土场应彻底清理至所需的取土面，预拌作业基面必须平整、坚实。

(3) 必须对原状膨胀土和熟石灰进行含水率检测，确认是否控制在与最佳含水率偏差的允许范围内。若不符合要求，应按前述翻挖晾晒或洒水的方法与要求，将含水率调整到允许的偏差值范围内。

(4) 测试土干密度并按照石灰最佳掺入比例计算施工用的石灰掺入量，是整个预拌工艺的核心。这两道工序的实施质量，对改良工作的技术与经济效果起着决定性的作用，必须测试准确，计算精确。

(5) 在取土场预拌作业基面完全符合作业要求的条件下，用石灰在作业面上划分布灰网格，并要求布灰网格的边长一致，网格内面积基本相同，为均匀布灰打下良好基础。

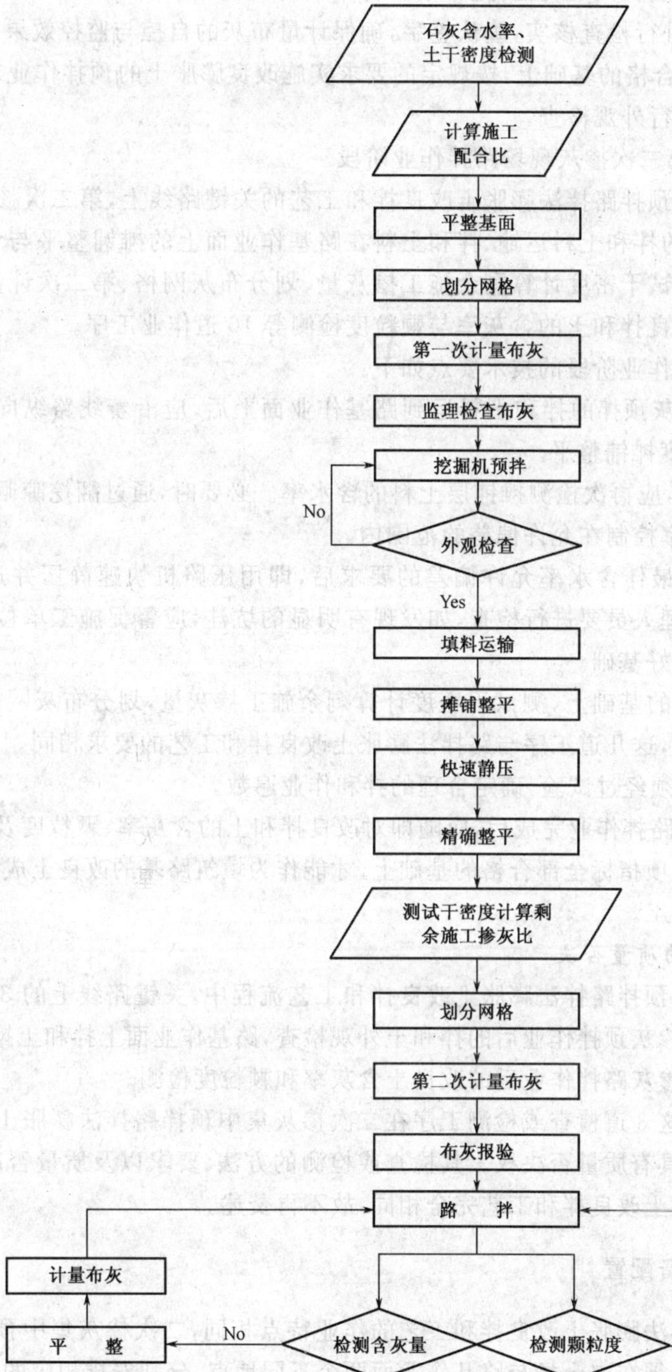

图 5-5-1　二次掺灰集中预拌路拌法膨胀土改良拌和工艺流程图

(6) 第一次计量布灰与布灰报验的要求是：按3%的掺灰比计算第一次布灰量；控制每个布灰网格内的石灰厚度及其均匀性；施工单位将布灰的自检结果以书面形式报告现场监理工程师，由监理工程师进行检查核实，确认签字，确保计量布灰的自控与监控效果。

(7) 在计量布灰合格的基础上，按规定的要求实施改良膨胀土的预拌作业。作业完毕后，必须对预拌改良土进行外观检查。

2. 路基作业面第二次掺灰现场路拌作业阶段

在二次掺灰集中预拌路拌法膨胀土改良拌和工艺的关键路线上，第二次掺灰路拌作业阶段包括：预拌作业后的拌和土料运输、拌和土料在路基作业面上的摊铺整平与含水率检测、快速静压、精确整平、测试干密度计算剩余施工掺灰量、划分布灰网格、第二次计量布灰、布灰结果报验、路拌作业、改良拌和土的含灰率与颗粒度检测等10道作业工序。

第二次掺灰路拌作业阶段的技术要点如下：

(1) 经第一次掺灰预拌的拌和土料运到路基作业面上后，应沿着线路纵向按顺序均匀卸料，并按35 cm的厚度摊铺整平。

(2) 摊铺整平后，应再次检测摊铺层土料的含水率。必要时，通过翻挖晾晒或洒水调整其含水率，直至将含水率控制在允许偏差的范围内。

(3) 含水率符合最佳含水率允许偏差的要求后，即用压路机快速静压并进行精确整平。精确整平后，现场监理人员要进行检查，如发现有明显的坑洼，应督促施工单位填补整平为第二次计量布灰奠定良好基础。

(4) 在精确整平的基础上，测试干密度计算剩余施工掺灰量，划分布灰网格，实施第二次计量布灰和布灰报验，这几道工序与路拌法膨胀土改良拌和工艺的要求相同。

(5) 路拌作业必须经过试验，确定合理的拌和作业遍数。

(6) 第二次掺灰路拌作业完成后，应随即对改良拌和土的含灰率、颗粒度及其均匀性实施现场检测。在确认各项指标全部合格的基础上，才能作为填筑路基的改良土成品，对其进行下一阶段的路基压实施工。

(二) 检测工序的质量否决

在二次掺灰集中预拌路拌法膨胀土改良拌和工艺流程中，关键路线上的3道检查或检测工序分别是：第一次掺灰预拌作业后的拌和土外观检查，路基作业面上拌和土摊铺层静压前的含水率检测，第二次掺灰路拌作业后的改良土含灰率和颗粒度检测。

必须强调的是，这3道检查或检测工序在二次掺灰集中预拌路拌法膨胀土改良拌和工艺实施的全过程中，均具有质量否决权。其检查或检测的方法、要求以及质量否决的方式，因与集中预拌路拌法膨胀土改良拌和工艺完全相同，故不再赘述。

二、主要机械设备配置

与集中预拌路拌法膨胀土改良拌和工艺的作业特点相同，二次掺灰集中预拌路拌法膨胀土改良拌和工艺也必须在取土场与路基作业面两个不同地点，分别安排相应的作业机械。

施工单位应根据两处作业的实际需要，精心调配各类作业机械，以求最大程度地发挥各种机械的组合功能，达到作业质量、工效、成本的最佳匹配。

(一) 主要作业机械名称、型号、数量与用途

二次掺灰集中预拌路拌法膨胀土改良拌和工艺一般选用以下主要作业机械组合：

1. 神刚230型挖掘机6台，用于取土场取土、布灰、预拌、装车等作业；

2. LW540F 型装载机 2 台，用于取土场装运土料；
3. CWB520 型自卸汽车 8 台，用于预拌作业后土料的运输与自卸；
4. T140—1 型推土机 1 台，用于路基作业面土料的摊铺与初步整平；
5. PV160B 型平地机 1 台，用于路基作业面土料的精确整平；
6. SD175 型压路机 1 台，用于路基作业面土料精确整平后的静压作业；
7. YWB230 型全液压稳定土拌和机 1 台，用于路基作业面土料二次掺灰后的路拌作业；
8. 上海 504 型旋耕机 1 台，备用于路基作业面土料挖翻作业。

（二）机械性能参数及其生产厂

二次掺灰集中预拌路拌法膨胀土改良拌和工艺所采用的各种作业机械设备及其主要性能参数与生产厂家见表 5-5-1。

表 5-5-1　二次掺灰集中预拌路拌法膨胀土改良拌和工艺主要机械配备表

序号	机械名称	规格型号	主要性能参数	生产厂家	用　途	数量
1	挖掘机	神刚 230	自重 22 t，斗容量 1.2 m^3，功率 125 kW	成都神刚	取土装车	6
2	装载机	LW540F	斗容量 3 m^3	徐工	装运料	2
3	自卸汽车	CWB520	自重 25 t，载重 15 t	日产重汽	运输	8
4	推土机	T140—1	铲刀宽度 3 672 mm，铲刀高度 1 000 mm	宣化	初步整平	1
5	平地机	PY160B	铲刀长度 3 965 mm	天津	精平	1
6	压路机	SD175	自重 18 t，振动频率 21.7～30.4 Hz，激振力 36/18 t，名义振幅 1.86/0.93 mm，速度 0～13.2 km/h	英格索兰	静压	1
7	全液压稳定土拌和机	YWB230	作业速度≤3.3 km/h，拌和宽度 2 300 mm、直径 1 250 mm、深度 400 mm	陕西华山	路拌灰土	1
8	旋耕机	上海 504	旋犁宽度 1.5 m	上海拖拉机厂	翻晒	1

三、工艺技术指标与参数

二次掺灰集中预拌路拌法膨胀土改良拌和工艺的技术指标与相应的作业参数主要有：作为膨胀土改良材料的石灰品质与颗粒粒径、膨胀土掺入石灰的最佳重量比例（即最佳掺灰比）以及先后两次掺灰的比例、土料含水率、预拌与路拌作业的遍数、改良拌合土含灰率、颗粒粒径及其均匀性等。

试验研究结果表明，二次掺灰集中预拌路拌法膨胀土改良拌和工艺的技术指标与相应的作业参数具有以下特征：

(1) 作为膨胀土改良材料的石灰品质与颗粒粒径、膨胀土掺入石灰的最佳重量比例（即最佳掺灰比）与其他改良拌和工艺相同；

(2) 掺灰分两次：预拌掺灰比为 3%，剩余部分在路拌时掺入；

(3) 在第一次掺灰预拌作业阶段，土料含水率、拌合土含灰率、颗粒粒径及均匀性变化与拌和作业遍数的关系曲线，和集中预拌路拌法膨胀土改良拌和工艺预拌第 1 至第 3 遍阶段的变化趋势一致；

(4) 在第二次掺灰路拌作业阶段，土料含水率、拌合后改良土含灰率、颗粒粒径及均匀性变化与拌和作业遍数的关系曲线，和路拌法膨胀土改良拌和工艺路拌第 4 至第 6 遍阶段的变化趋势相似。

根据以上特征，二次掺灰集中预拌路拌法膨胀土改良拌和工艺的拌和作业参数，宜定为预拌 3 遍、路拌 3 遍。为避免重复，本节精简了本工艺中有关工艺参数试验过程的阐述。

四、作业方法

二次掺灰集中预拌路拌法膨胀土改良拌和工艺的预拌作业阶段在取土场进行。其中，检测石灰含水率、检测土干密度、计算施工掺灰量、平整基面、划分布灰网格等作业程序、方法与要求与集中预拌路拌法膨胀土改良拌和工艺的预拌作业阶段完全相同。

第一次布灰时，掺灰比按 3% 控制。预拌作业采用挖掘机，其方法和要求与集中预拌路拌法膨胀土改良拌和工艺的预拌阶段相同。经过第一次掺灰预拌的拌和土料，在正常天气条件下，一般不再需要专门晾晒。

二次掺灰集中预拌路拌法膨胀土改良拌和工艺的路拌作业阶段在路基填筑面上实施。其摊铺整平、快速静压、精确整平、测试干密度计算施工掺灰比、划分布灰网格等作业程序、方法与要求同路拌法膨胀土改良拌和工艺。不同的是，在路基作业面上进行第二次布灰时，应根据最佳掺灰比补充剩余的掺灰量。

第二次布灰后，仍须检测布灰厚度及其均匀性。然后，用路拌机进行路拌作业。二次掺灰集中预拌路拌法膨胀土改良拌和工艺中的路拌作业除了仅拌和 3 遍(注：路拌法膨胀土改良拌和工艺路拌作业需 6 遍)以外，作业的方法与要求均与路拌法膨胀土改良拌和工艺相同。路拌作业后，还须对改良拌和土进行实际含灰率、颗粒度及其均匀性的检测，确认全部指标合格后才能对改良土成品进行压实施工作业。

五、全过程工艺质量控制

二次掺灰集中预拌路拌法膨胀土改良拌和工艺全过程工艺质量控制包括：质量控制标准的文件依据，建立完整严密的质量保证体系，全过程工艺质量控制的具体方法与要求。

由于本工艺分别在预拌与路拌阶段各进行一次布灰作业，这是与集中预拌路拌法、路拌法膨胀土改良拌和工艺有所区别之处。除了完全相同的质量控制标准的文件依据，建立完整严密的质量保证体系，以及全过程工艺质量控制的具体方法与要求中相同的部分外，本节将重点介绍本工艺质量控制的具体方法与要求中需要引起格外重视的部分。

(一) 取土场预拌作业阶段的第一次布灰质量控制

第一次布灰直接在取土场平整、坚实的取土面上进行。布灰前，施工单位每班检查一次土的含水率和熟石灰的含水率，并以此按干土的重量百分比和 3% 掺灰率计算预拌施工的布灰量(一般应控制在略小于布灰总量的一半)。

布灰采用网格法，根据施工布灰量及网格面积计算布灰厚度，厚度误差按 ±3 cm 控制。布灰完毕，必须检查布灰厚度及其均匀度。要求施工单位每 1 000 m^2 为一个检验批，每批等间距检查 10 个点并填写记录。监理单位应全部见证，如发现布灰质量不符合要求，则通知施工单位纠正，未纠正前不得进行预拌作业。

(二) 取土场预拌作业质量控制

取土深度应根据第 1 次布灰的掺灰比，与布灰厚度相匹配，取土深度误差要求控制在 ±5 cm

以内。预拌作业过程中，施工单位应采用目视、尺量的方法由专人检查取土深度并要求取土底面大面平整。监理单位应进行抽查，发现问题，及时指正。

预拌作业完毕，施工、监理单位必须共同检查拌和物外观。要求预拌后的土料大面上色泽均匀一致，无灰团、灰条，无粒径＞15 cm 的素土块。否则，应重新拌和，直至达到以上要求。

（三）路拌作业阶段的第二次布灰质量控制

第二次布灰作业前，应检查路基作业面上土料摊铺静压整平后的松铺厚度。要求施工单位沿线路纵向每 100 m 为 1 个检验批，每批等间距采用挖坑尺量检查 2 个断面，每个断面左、中、右各检查 1 处，共 6 处。同时检测土料的干密度，并据此计算剩余掺灰比的布灰量。监理单位应对检测与计算结果进行审核，发现问题及时纠正。

第 2 次布灰同样采用网格法，布灰量按布灰总量减去第 1 次布灰量以后的剩余量控制，根据网格面积计算布灰厚度，要求布灰厚度的误差控制在±2 cm 以内。

布灰作业完毕，应检查布灰厚度及其均匀度。要求施工单位沿路基面纵向每 100 m 布灰面为 1 个检验批，每批等间距检查 10 个点并填写记录。监理单位应全部见证，如发现布灰质量不符合要求，则通知施工单位纠正，未纠正前不得进行路拌作业。

（四）路基作业面路拌作业质量控制

路拌作业过程中，施工单位应采用目视、尺量由专人检查路拌作业深度以及幅与幅之间的搭接情况。监理单位应进行抽查，发现问题，及时指正。

路拌作业完毕，施工、监理单位首先共同对改良土进行外观检查，要求色泽均匀一致，无灰团灰条，无花面和素土块，否则必须立即返工。

随后，再检查改良土的拌和深度作业深度。要求施工单位每 100 m 等间距挖坑检查（应深入下承层 1 cm 左右，防止有素土夹层）两个断面共 6 处；监理单位见证 1 个断面共 3 处，发现不合格应通知施工单位立即返工。

本工艺路拌作业阶段，改良土颗粒粒径、含灰率、含水率的质量检测方法与要求，与集中路拌法膨胀土改良拌和工艺相同。

六、工艺适用性

二次掺灰集中预拌路拌法膨胀土改良拌和工艺，可在各种典型的膨胀土改良中应用。对原状膨胀土含水率的适用范围，虽与集中预拌路拌法膨胀土改良拌和工艺相同，但由于分别在预拌作业阶段和路拌作业阶段各有一次掺灰，而且路拌作业遍数比集中预拌路拌法膨胀土改良拌和工艺多 1 遍，含水率较易控制，通常不再需要在路基作业面补充翻挖晾晒工序。

然而需要指出的是，由于二次掺灰集中预拌路拌法膨胀土改良拌和工艺的工序比较繁琐，综合作业效率相对较低。

另外，二次掺灰过程会增加对环境的污染次数。尤其是第 2 次在路基施工作业面上布灰及其路拌作业的方式与路拌法膨胀土改良拌和工艺一样，也是沿着路基长度方向连续分布的，也几乎对路基施工的全线产生环境影响。

所以，在天气干燥、风力较大时，二次掺灰集中预拌路拌法膨胀土改良拌和工艺对沿线附近一带的灰土污染影响很大，仅限用于沿线周边环境对环保要求较低的地区。在采用此工艺之前，施工单位也应慎重征求沿线环保部门的意见，争取在当地环保部门的支持下，采取必要的防范措施。

第六节　厂拌法膨胀土改良拌和工艺

在对膨胀土改良拌和方式上，厂拌法膨胀土改良拌和工艺采用了半自动化生产流水线，与以上各节介绍的各种改良拌和工艺明显不同。它是将待改良拌和的膨胀土先进行破碎，紧接着通过作业流水线进入稳定土搅拌站，按最佳掺灰比自动掺入石灰并与膨胀土充分拌和的改良拌和工艺。

作为膨胀土改良拌和工艺之一，厂拌法膨胀土改良拌和工艺同样具有：工艺目标体系、工艺流程、主要机械设备配置、工艺技术指标与参数、作业方法、全过程工艺质量控制以及工艺适用性分析等六大工艺要素。

除了工艺目标体系因与别的膨胀土改良拌和工艺一致，可作省略外，本节将阐述厂拌法膨胀土改良拌和工艺的其他各项要素。

一、工艺流程

就厂拌法膨胀土改良拌和工艺的基本功能而言，如果取土场原状膨胀土的天然含水率十分理想，它从碎土到掺灰改良拌和，能完全实行自动化。然而，施工中实际遇到的膨胀土土源含水率通常都偏高，直接破碎比较困难，需要预掺石灰先进行预拌后才能用破碎机进行破碎。因此，本工艺完整的流程如图 5-6-1 所示。

从流程图上可知，该工艺从石灰含水率、土干密度检测到改良土成品出厂，共有 14 道工序。其中，13 道工序分布在经过优化的关键路线上。

（一）关键路线的工序内容

厂拌法膨胀土改良拌和工艺关键路线上的整个工艺流程可划分为两大作业阶段：一是预掺灰、预拌作业阶段；二是厂拌作业阶段，全部工艺流程均集中在取土场拌和厂进行。

1. 预掺灰、预拌作业阶段

这一阶段由膨胀土和熟石灰含水率检测与土干密度检测、计算施工掺灰比、平整取土场预拌作业基面、划分布灰网格、第一次计量布灰、第一次布灰报验、挖掘机预拌、拌和土的外观检查等 8 道作业工序组成。

本工艺的预掺灰、预拌作业阶段，实质上是厂拌作业的准备阶段，其目的是为厂拌作业创造良好的破碎、拌和条件。预掺灰、预拌作业阶段对各道工序的要求，与二次掺灰集中预拌路拌法膨胀土改良拌和工艺中的第一次掺灰集中预拌作业阶段基本相同，但由于阶段目的不同，厂拌法膨胀土改良拌和工艺中预掺灰、预拌作业阶段的预掺灰率仅需 2%。

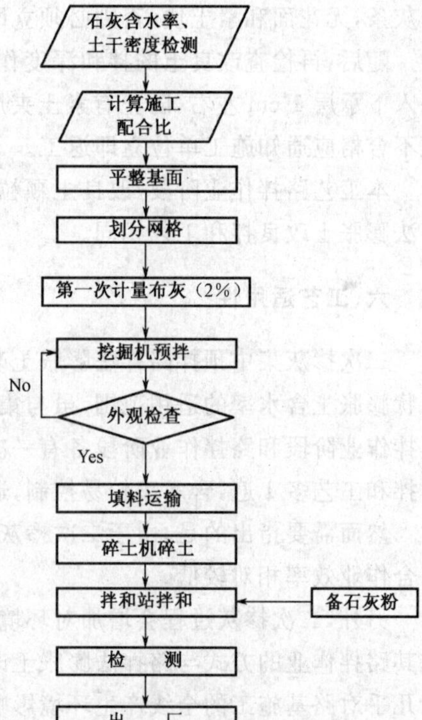

图 5-6-1　厂拌法膨胀土改良拌和工艺流程图

2. 厂拌作业阶段

厂拌作业阶段是厂拌法膨胀土改良拌和工艺的主体阶段。它包括预掺灰、预拌后的土料运输、碎土机碎土、拌和站自动掺灰改良拌和、改良土的颗粒度以及含灰率和含水率检测、改良土成品出厂等5道工序。

由于厂拌作业阶段的各道主要工序均在自动化生产流水线上进行，因此流水线上各种厂拌设备的技术状态、流水线的合理布局、设备的计量标定、参数的优化组合、工效的整体匹配显得格外重要。有关对该阶段各道工序的要求，将结合作业方法与全过程工艺质量控制一并叙述。

（二）检测工序的质量否决

在厂拌法膨胀土改良拌和工艺流程中，预掺灰、预拌作业后的拌和土外观检查，改良土含灰率、含水率、颗粒度及其均匀性检测，均具有质量否决权。否决的方式与方法与其他膨胀土改良拌和工艺完全相同，故不再重复叙述。

二、主要机械设备配置

厂拌法膨胀土改良拌和工艺的作业机械按其工艺特点分为的两大部分：一部分用于预拌作业，另一部分用于厂拌作业。要求施工单位在设备配置时，能最大程度地发挥各种机械的组合功能，达到作业质量、工效、成本的最佳匹配。

（一）主要作业机械名称、型号、数量与用途

为了实现作业质量、工效、成本的最佳匹配，在厂拌法膨胀土改良拌和工艺实施中，一般选用如下的主要作业机械组合：

1. 神刚230型挖掘机6台，用于取土场取土、布灰、预拌、装车等作业；
2. LW540F型装载机3台，用于取土场装运土料；
3. CWB520型自卸汽车10台，用于土料的运输与自卸；
4. T140—1型推土机1台，用取土场取土预拌作业面的初步整平；
5. PV160B型平地机1台，用于取土场取土预拌作业面的精确整平；
6. YST600A型土料破碎机4台，用于碎土；
7. WDB650型稳定土搅拌站1套，用于厂拌作业。

（二）机械性能参数及其生产厂

厂拌法膨胀土改良拌和工艺所采用的各种作业机械设备，其主要性能参数与生产厂家见表5-6-1。

表5-6-1　厂拌法膨胀土改良拌和工艺主要机械配备表

序号	机械名称	规格型号	主要性能参数	生产厂家	用　途	数量
1	挖掘机	神刚230	自重22 t，斗容量1.2 m^3，功率125 kW	成都神刚	取土、预拌、装车	6
2	装载机	LW540F	斗容量3 m^3	徐工	装运料	3
3	自卸汽车	CWB520	自重25 t，载重15 t	日产重汽	运输	10
4	推土机	T140—1	铲刀宽度3 672 mm、高度1 000 mm	宣化	初步整平	1
5	平地机	PY160B	铲刀长度3 965 mm	天津	精平	1
10	破碎机	YST600A	额定碎土量600 t/h	陕西中大	碎土	4
11	稳定土搅拌站	WDB650	砂砾稳定土最大650 t/h，灰土稳定土最大400 t/h	山东潍坊	厂拌改良	1

三、工艺技术指标与参数

厂拌法膨胀土改良拌和工艺的技术指标与参数主要有：作为膨胀土改良材料的石灰品质与颗粒粒径、膨胀土掺入石灰的最佳重量比例（即最佳掺灰比）、土料含水率、拌合后改良土含灰率、改良土颗粒粒径等。上述工艺技术指标及其相应参数是厂拌法膨胀土改良拌和工艺的核心，必须经过各项指标检验或参数试验。

（一）石灰品质与颗粒粒径

有关石灰品质与颗粒粒径的要求与膨胀土改良拌和的其他工艺相同，具体内容可详阅本章第二节“工艺技术指标与参数”部分的“石灰品质与颗粒粒径”。

（二）最佳掺灰比

虽然，本工艺对最佳掺灰比的有关要求，与膨胀土改良拌和的其他工艺相同（具体内容可详阅本章第二节“工艺技术指标与参数”部分的“最佳掺灰比”）。然而，针对大区域膨胀土地区取土场的原状膨胀土含水率普遍偏高的实际情况，厂拌法膨胀土改良拌和工艺也具有自身的特点。即：整个工艺分两次掺入石灰。第一次按2%掺灰比进行预掺灰、预拌作业，主要是降低土料的含水率，为厂拌作业的碎土提供必要条件。厂拌作业时，按最佳掺灰比要求，通过自动设备再将剩余剂量的石灰掺入。

（三）土料含水率

在厂拌法膨胀土改良拌和工艺中，破碎机的碎土效率很大程度上受制于土料的含水率。现场大多是采取在取土场选择合理的取土方式并在破碎机碎土前增加预掺灰、预拌作业的措施，来保证碎土效果。

1. 分层取土降低土料含水率

由于在大区域膨胀土地区，通常情况下的取土场膨胀土天然含水率一般都比较高，如果进行晾晒则周期较长，会直接影响工效。因此，当取土场面积较大时，可充分利用取土场表面部分蒸发快、含水率较小的有利条件，采用分层取土方式顺序取土，这样能使扰动土的含水率适当降低。

2. 预掺灰、预拌降低土料含水率

参数试验结果表明，采用分层取土方式顺序取土的扰动膨胀土，当天然含水率为22%时，经掺入2%石灰预拌作业3遍后，其含水率降低到18%，已完全满足破碎机作业效率的要求。

3. 通过试拌，合理调整厂拌改良土的含水率

厂拌作业前必须先通过试拌，检测拌和后改良土的含水率指标，以进一步合理调整其参数。其具体要求如下：

(1) 当土料含水率偏高时，适当调整掺灰比；

(2) 若土料含水率偏低时，应适量加水。

总之，要使拌和完成的混合料实际含水率与最佳含水率的偏差值控制在0～+2%范围内，保证改良土在碾压前的含水率比最佳含水率高出1%。

（四）改良土含灰率

厂拌法膨胀土改良拌和工艺根据膨胀土改良的最佳掺灰比，通过测试土的含水率和自然状态堆积湿容重来计算干容重，最后确定施工掺灰量。按确定的施工配合比参数和产量在控制室输入掺灰量参数。

需要考虑的是，如果采用熟石灰，石灰计量时应根据其含水率情况适当调整其实际掺灰

量。厂拌作业完成后，应检测改良土的实际含灰率。要求改良土实际含灰率误差控制在−0.5%～+1%偏差范围内。

改良土含灰率检测采用EDTA滴定法。表5-6-2是实施厂拌法膨胀土改良拌和工艺后，厂拌改良土实际含灰率的检测结果。

表5-6-2　厂拌法膨胀土改良拌和工艺改良土实测含灰率统计分析表

指　标	最大值(%)	最小值(%)	平均值(%)	标准差(%)	变异系数	样本数	统计区间范围	置信区间(置信度95%)	标准值(%)
厂拌改良土	7.2	6.8	7.0	0.117	0.017	30	[6.6,7.3]	[6.9,7.0]	6.9

备注：本试验系采用生石灰改良弱膨胀土，设计掺灰比为6%。试验时考虑额外消耗，实际掺灰比取7%。

表5-6-2中30个试验样本的实测数据统计分析表明，实施厂拌法膨胀土改良拌和工艺后，厂拌改良土的实测含灰率的统计平均值仍为7%，标准差与变异系数分别仅为0.117%与0.017。

试验结果说明：

(1) 厂拌作业过程中，石灰的利用率很高，额外消耗可以忽略不计，改良土的实际含灰率很易达到其允许偏差的要求；

(2) 厂拌作业后，改良土实际含灰率的离散度很小，反映出厂拌作业具有拌和质量均匀的明显优点。

(五) 改良土的颗粒粒径

与膨胀土改良拌和的其他工艺要求不同，在大规模改良膨胀土路基施工中，厂拌法膨胀土改良拌和工艺生产的改良土一般都用于填筑路基基床的底层，对土颗粒粒径的控制标准更为严格。要求厂拌作业后的改良土颗粒粒径≯15 mm，本工艺主要是通过碎土作业工序加上过筛处理来实现这一要求的。

表5-6-3是实施厂拌法膨胀土改良拌和工艺过程中，对30组经过碎土作业和30组经过厂拌作业后的土料，分别进行土颗粒粒径随机检测数据的统计分析。

表5-6-3　厂拌法膨胀土改良拌和工艺过程中>15 mm颗粒含量检测数据统计分析

指　标	最大值(%)	最小值(%)	平均值(%)	标准差(%)	变异系数	样本数	统计区间范围	置信区间(置信度95%)	标准值(%)
破碎土	12	5	8.2	2.192	0.266	30	[1.7,14.8]	[7.5,8.9]	8.9
厂拌改良土	13	4	7.2	2.063	0.285	30	[1.0,13.4]	[6.6,7.9]	7.9

统计分析结果表明：

(1) 碎土作业后，待厂拌作业的土料中粒径>15 mm的土颗粒含量统计平均值为8.2%，尚未达到要求；

(2) 厂拌作业后，改良土中粒径>15 mm的土颗粒含量统计平均值仍有7.2%，仍未达到厂拌作业后的改良土颗粒粒径≯15 mm的要求；

(3) 鉴于上述结果，必须对碎土作业后的待厂拌土料进行过筛处理。必要时，在不降低破碎效率的前提下，通过碎土设备改造，将最大颗粒控制在15 mm以内。

四、作业方法

厂拌法膨胀土改良拌和工艺的作业方法，分为预掺灰、预拌与厂拌两个阶段的作业方法。

其中，因预掺灰、预拌阶段的作业方法与集中预拌路拌法膨胀土改良拌和工艺的预拌阶段相同。因此，在厂拌阶段的作业方法中，重点介绍碎土作业与厂拌作业方法。

（一）碎土作业

碎土作业采用的是 YST—600 型液压碎土设备（见图 5-6-2），该设备由液压碎土机（主机）和皮带输送机（辅机）两部分组成。整套设备集破碎、筛分、排石、输送于一体，可单独使用，也可配套联合使用。

其主要工作原理为：通过液压驱动，带动合金刀头高速旋转，同时对土料进行切削、抛甩、拍击、挤压、粉碎，使土颗粒粒径达到要求；同时，由电机驱动皮带输送机，将碎土自动输送给稳定土拌和站。

图 5-6-2　YST—600 型液压碎土设备

上述液压碎土设备的生产效率，主要取决于膨胀土的含水率和土块体积的大小。该设备运行试验发现，在含水率 16%～30%范围内，随着膨胀土含水率的逐步上升，碎土效率会不断下降（如图 5-6-3 所示）。

图 5-6-3 中膨胀土含水率变化与碎土效率的关系曲线显示：

当膨胀土的含水率为 17%时，碎土效率高达 6 t/min；含水率 19%时，碎土效率为 4 t/min；含水率增加为 21%时，碎土效率下跌到 3 t/min；含水率增加至 23%时，碎土效率已经低于 2 t/min；当含水率上升到 27%时，碎土效率几乎为零，碎土能力完全丧失。

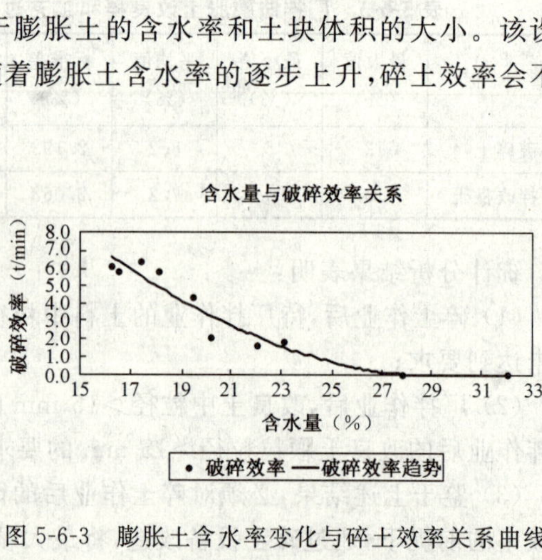

图 5-6-3　膨胀土含水率变化与碎土效率关系曲线

为了达到经济合理的碎土效率，在厂拌法膨胀土改良拌和工艺中，对含水率偏高的膨胀土安排了预掺灰、预拌工序，以降低其含水率。工程实践证明，在天然含水率 22%左右的膨胀土中预掺 2%石灰，经 3 遍预拌作业后再用碎土机对其粉碎，碎土效率可达 5 t/min，效果十分明显。

另外，当土块粒径＞150 mm 时，破碎作业效率也会明显降低，需要在进料斗上加装孔径边长为 150 mm 的方孔筛。对于未能通过筛孔的小部分粒径＞150 mm 的土块，应辅之以人工破碎。

（二）厂拌作业

厂拌作业采用 WDB650 稳定土拌和站设备（见图 5-6-4），该设备由骨料配料供给计量系统、粉料供给计量系统、供水系统、搅拌装置、储料装置、控制系统六部分组成。其中，搅拌装置的作业方式为连续强制式搅拌，可将粒径 60 mm 以内的各种稳定材料充分混合。此设备既能用作膨胀土的改良拌和，又能用来生产级配碎石。

图 5-6-4　WDB650 稳定土拌和站

生产实践证实，用此设备拌和生产级配碎石或改良土的最大额定产量为：级配碎石 650 t/h，改良土 400 t/h。当然，生产改良土时，应预先将土颗粒粒径破碎至 15 mm 以内。如果把碎土作业与厂拌作业联成生产流水线，直接将碎土设备输出的粉碎土输送至厂拌设备的骨料仓，则厂拌生产能力主要受制于单位时间内碎土机粉碎土的输出量。

需要指出的是，在市场供应的散装生石灰粉和熟石灰粉尚不具备直接大量供应到现场的情况下，设备的粉料储存仓及供给计量系统往往没有充分利用。而在现场配料时，粉料也使用了骨料配料供给计量系统，若使用单仓供土，容易使石灰计量达到设备计量的上限值，导致石灰掺入比例不准确，造成浪费。因此，为了保证配比准确，获得理想的技术经济效果，应采取多仓同时供土。

综合上所述，为提高厂拌法膨胀土改良拌和工艺碎土与厂拌作业的综合效能，宜使用多台（一般以 4 台为宜）碎土设备与拌和站的设备能力相匹配。拌和站的粉（石灰）、骨（预拌土）料配料供给计量系统应分类使用，并应同时采用多仓供土。

五、全过程工艺质量控制

厂拌法膨胀土改良拌和工艺全过程工艺质量控制包括：质量控制标准的文件依据，建立完整严密的质量保证体系，全过程工艺质量控制的具体方法与要求。其中，质量控制标准的文件依据，建立完整严密的质量保证体系，与膨胀土改良拌和的其他工艺完全相同。

下面，将根据本工艺的特点，专门叙述该工艺预掺灰、预拌作业阶段与厂拌作业阶段中，有关与其他工艺有所不同的工艺质量控制方法与要求。

(一) 预掺灰、预拌作业阶段的质量控制

厂拌法膨胀土改良拌和工艺在进行预掺灰、预拌作业质量控制前，必须实施“石灰与拌和用水的质量控制”、“取土场膨胀土性质检验”、“最佳掺灰比试验”、“拌和场地质量检查”等质量控制程序。以上程序的具体内容、标准、方法、手段及其责任分工与膨胀土改良拌和的其他工艺相同(可详阅本章第二节中“全过程工艺质量控制的具体方法与要求”的相关部分)。不同之点在于，本工艺进行预掺灰、预拌作业的主要目的是为了降低土料含水率，为提高破碎机碎土效率创造条件。

1. 预掺灰作业质量控制

在厂拌法膨胀土改良拌和工艺中，预掺灰作业质量控制的内容有：扰动膨胀土和熟石灰的含水率检测，布灰作业质量控制。

施工单位采用烘干法，每班应检测1次取土场扰动膨胀土的含水率和熟石灰的含水率。根据实测含水率和2%的预掺灰比，按干土质量的百分比计算出预掺灰作业的施工布灰量。布灰采用网格法，据网格面积、取土深度和施土布灰量确定布灰厚度。

布灰完毕，必须检查布灰厚度及其均匀性。要求施工单位每1 000 m^2 为一个检验批，每批等间距检查10个点，并填写记录。监理单位应随机抽查20%，如发现布灰厚度不符合要求或布灰不均匀，应当场要求施工单位纠正，未经纠正不得进行预拌作业。

2. 预拌作业质量控制

预拌作业过程中，施工单位应由专人检查监理单位应随机抽查取土深度，发现问题立即纠正。预拌作业完毕，施工、监理单位应共同检查拌和物外观，要求大面上色泽均匀一致，无灰团灰条和>15 cm的素土块，如不符合要求，应进行返工。

(二) 厂拌作业阶段的质量控制

厂拌作业阶段质量控制的重点是：碎土作业质量；厂拌作业质量；厂拌改良土的成品质量。

1. 碎土作业质量控制

预拌作业完成后，经检查合格的混合料方能进入碎土机破碎。碎土作业后，必须检查碎土颗粒粒径。要求施工单位采用筛分法，每班检查3次，颗粒粒径应≯15 mm。监理单位应随机抽查，发现问题及时纠正。

2. 厂拌作业质量控制

厂拌设备正式使用前，施工单位应预先标定计量设备，监理单位复核，认定计量准确，再由施工单位进行试拌作业。

试拌作业后，施工、监理单位应共同检测试拌改良土的实际含灰率和含水率。当含灰率或含水率未达到质量要求时，应重新调整厂拌供灰、供水计量设备的掺灰量、用水量参数，直至试拌成功。此后，严格按试拌成功的掺灰量、用水量参数正式进行厂拌作业。

3. 厂拌改良土成品质量检测

厂拌改良土成品必须进行含灰率、含水率和颗粒粒径的质量检测。具体要求如下：

(1) 厂拌改良土成品含灰量、含水率和颗粒粒径的检测，应在填料到达路基面后进行。一是确保路基填料的最终质量，二是有利于及时摊铺碾压，以免土中水分蒸发过多。

(2) 厂拌改良土成品含灰率偏差应控制在−0.5%～1%范围内。要求施工单位沿路基面纵向每层每100 m为1个检验批，每批采用EDTA滴定法检测6处。监理单位每批抽查3处，确认符合控制标准后填写质量记录。如发现偏差超过控制范围，应通知施工单位采取切实有效的整改措施直至合格。

(3) 厂拌改良土成品含水率宜比最佳含水率高出 1%。要求施工单位沿路基面纵向每层每 100 m 为 1 个检验批，每批采用烘干法抽样检测 6 处；监理单位每批抽查 3 处，确认符合控制标准后填写质量记录。如发现含水率偏高或偏低，应通知施工单位采取翻挖晾晒或喷水等措施，及时调整至达到或接近最佳含水率。

(4) 厂拌改良土成品颗粒粒径应≯15 mm。要求施工单位沿路基面纵向，每层每 100 m 为一个检验批，采用筛分、尺量每批抽样检查 6 处；监理单位每批抽查 3 处。确认符合控制标准后填写质量记录。发现颗粒粒径不符要求，监理单位应通知施工单位采取切实有效的整改措施直至合格。

六、工艺适用性

就工艺产品的适用性而言，厂拌法膨胀土改良拌和工艺，可应用于各种典型的膨胀土改良工程施工实践中。

当然，由于该工艺工厂化程度较高，生产的改良土质量好，生产过程对环境污染也小。但是，因受单位时间内成品产量的限制，成品单价要比其他工艺高。

因此，在大区域膨胀土地区进行大规模膨胀土改良时，从追求技术经济效益最大化出发，厂拌法膨胀土改良拌和工艺生产的改良土，通常都用于质量要求较高、用量相对较少(相对于基床以下路基)的改良膨胀土路基基床底层的填筑，或用于对环境保护有特殊要求的施工作业地点。

第七节　不同改良拌和工艺的综合比较

本章以上各节分别介绍了集中路拌法、集中预拌路拌法、路拌法、二次掺灰集中预拌路拌法、厂拌法等膨胀土改良拌和的五种常用工艺。从中了解到，尽管各种工艺都能够在各种类型的膨胀土改良中发挥各自的作用，但由于工艺有所不同，在拌和质量、工效特点、单位成本、环保影响、工艺适用性等方面必然存在着一定的差异。因此，从工程实际需要出发，精心选择更加合适的膨胀土改良拌和工艺，对于获得比较理想的技术、经济效果具有十分重要的意义。

为了给工艺选择提供方便，本节将从以下五个方面，系统地对膨胀土改良拌和的五种常用工艺进行综合比较。

一、拌和质量比较

膨胀土改良拌和质量主要从三个方面作比较：

1. 改良土成品中>15 mm 的颗粒含量百分率；

2. 含灰率及其偏差值；

3. 改良土质量(含水率、含灰率和大颗粒含量)的均匀性。

(一) >15 mm 的颗粒含量

对各种工艺拌和的改良土用同一种筛分、尺量方法，进行现场随机抽样测试，在子样数相同的条件下，改良土成品中粒径>15 mm 的颗粒含量百分率数理统计结果分别为：

集中路拌法、路拌法——平均值 16.5%，标准差 2.518%，最大值 19.3%，最小值 11.3%，变异系数 0.153；最大颗粒粒径<40 mm。

集中预拌路拌法、二次掺灰集中预拌路拌法——平均值11.5%，标准差2.576%，最大值18.3%，最小值5.8%，变异系数0.225；最大颗粒粒径<40 mm。

厂拌法——粒径>15 mm的颗粒含量≤7.9%，最大颗粒粒径≤20 mm。

（二）含灰率及其偏差值

用EDTA滴定法对各种工艺拌和的改良土进行现场随机抽样测试，在子样数相同的条件下，改良土成品实测含灰率的数理统计结果分别为：

集中路拌法、路拌法——平均值6.1%，标准差0.502%，最大值7.3%，最小值5.2%，变异系数0.082，与最佳掺灰比的偏差值−0.8%～+1.3%；石灰损耗率0.9%。

集中预拌路拌法——平均值5.8%，标准差0.346%，最大值6.4%，最小值4.9%，变异系数0.060，与最佳掺灰比的偏差值−1.1%～+0.4%；石灰损耗率0.7%。

二次掺灰集中预拌路拌法——介于集中预拌路拌法与集中路拌法、路拌法之间。

厂拌法——平均值7.0%，标准差0.117%，最大值7.2%，最小值6.8%，变异系数0.017，与最佳掺灰比的偏差值−0.2%～+0.2%；无石灰损耗。

（三）质量均匀性

分别用烘干法、EDTA滴定法、筛分、尺量以及外观检查方法，对各种工艺拌和的改良土进行现场随机抽样测试，在子样数相同的条件下，实测含水率、含灰率、粒径>15 mm的颗粒含量百分率并统计分析其离散度，比较各种工艺的质量均匀性：

集中路拌法、路拌法——外观均匀。实测含水率、含灰率、粒径>15 mm的颗粒含量百分率相对均匀。

集中预拌路拌法、二次掺灰集中预拌路拌法——外观均匀。实测含水率、含灰率、粒径>15 mm的颗粒含量百分率均匀。

厂拌法——外观均匀。实测含水率、含灰率、粒径>15 mm的颗粒含量百分率最均匀。

分析结果表明，只要严格执行上述的五种膨胀土改良拌和常用工艺，均可使改良土拌和质量满足新建时速200公里铁路路基填料的质量要求。但就五种工艺的相对比较而言，厂拌法的拌和质量最优，集中预拌路拌法与二次掺灰集中预拌路拌法的拌和质量略优于集中路拌法与路拌法。

二、工效特点比较

由于不同工艺的机械配置、作业程序、作业地点、环境条件多有差别，因而各种工艺之间，较难用诸如单位时间内改良土产量之类的量纲来进行确切的工效比较。因此，只能通过作业方式与工效特点的分析以及台班产量来探究各种工艺的综合工效。

（一）集中路拌法

1. 作业方式

集中路拌法需要大面积专用晾晒、拌和场地，除了将膨胀土从取土场装、运、卸至集中路拌场外，还需增加一次改良土从集中路拌场到路基施工作业面的装、运、卸。

另外，在实施改良拌和作业工序前，需要分层摊铺、整平膨胀土，集中路拌场的机械组合多，机械综合效率会受一定影响。

2. 工效特点

在集中路拌场，路拌机一次拌和作业的深度为35 cm，单层拌和量较小。施工组织较繁琐，施工机械流水作业时间长。扰动土干密度离散区间大，布灰时往往会造成施工掺灰比的计量误差,增大了潜在的返工概率,容易影响集中路拌作业的工效。

但由于集中路拌法在集中场地生产改良土,因此其作业过程相对独立,具有不影响路基施工作业面填筑、压实施工作业的优点。

3. 台班产量

因受到集中路拌场地固定作业范围的制约,在集中路拌场进行整平、碾压作业时的机械作业效率下降较多。路拌机的拌和作业时间较长,单机每台班生产 600 m^3 左右改良土,工效发挥比较充分。

(二) 路 拌 法

1. 作业方式

路拌法作业方式的最大特点是膨胀土料直接从取土场运送至路基施工作业面,晾晒和改良拌和作业均在路基作业面上进行,生产的改良土成品无需运输,即能就地进行路基压实施工作业。

但由于在进行路拌作业前,需要分层摊铺、整平、检测、布灰等作业,因此在同一层路基施工作业面上,摊铺、整平、路拌、碾压等各类机械的组合较多,配合难度增大。各类机械综合效率的发挥,容易受到相互间干扰的影响。

2. 工效特点

路拌法作业可按路基施工区段进行施工组织,作业面大且呈带状分布,有利于路拌作业的纵向展开。

但当膨胀土土料天然含水率偏高、偏低时,需要在路基作业面上进行翻挖晾晒或洒水拌和,会延长整个工艺流水作业的时间。另外,因一次拌和深度为 35 cm,故单层拌和量较小。扰动土干密度离散区间大,布灰时往往会造成施工掺灰比的计量误差,增大了潜在的返工概率,容易影响工效。

3. 台班产量

整平、碾压机械可不受作业范围限制,能充分发挥作业效率。路拌机拌和作业时间长,单机每台班生产 600 m^3 左右改良土,工效发挥比较充分。

(三) 集中预拌路拌法

1. 作业方式

在取土场直接对膨胀土实施掺灰、预拌作业,不需要大面积专用场地。路拌作业则在路基施工作业面上进行,生产的改良土成品无需运输,即能就地进行路基压实施工作业。

集中预拌路拌法在取土场集中预拌时的机械组合少,有利于发挥机械综合效率。但由于在进行路拌作业前,需要对预拌改良拌和土进行分层摊铺、整平、检测等作业,因此在同一层路基施工作业面上,摊铺、整平、路拌、碾压等各类机械的组合也较多,各类机械的配合要求也较高。

2. 工效特点

集中预拌路拌法采用挖掘机在取土场进行原状膨胀土与石灰的预拌作业,施工组织简单,施工机械能独立平行作业,有利于发挥机械效能。其挖掘拌和作业的深度为 1 m 左右,每一取土层的拌和量大,预拌作业的工效高。另外,取土场原状土干密度离散区间较小,布灰以原状土干密度为参数,施工配比和计量误差小,取土场预拌作业的有效率高。

由于掺灰工序已在取土场集中预拌作业阶完成,路拌作业阶段的拌和作业遍数也相应减少,再加上作业面大且呈带状分布,便于路拌作业的纵向展开,故路基施工作业面上的综合效率也较高。

3. 台班产量

采用挖掘机在取土场对原状膨胀土进行预拌作业时，单机每台班生产300 m^3 左右的预拌改良拌和土，可配备多台挖掘机同时作业，提高预拌改良拌和土产量。

由于经过取土场集中预拌后的预拌改良拌和土在路拌作业时拌和遍数已经减少，所以路拌机单机每台班能生产900 m^3 左右的改良土，路拌作业工效比之于集中路拌法、路拌法有较大幅度的提高。

(四) 二次掺灰集中预拌路拌法

1. 作业方式

本工艺作业方式的主要特征是，改良拌和作业分为两次布灰。第一次布灰作业在取土场预拌作业阶段，第二次布灰作业在路基面路拌作业阶段。工艺流程及其质量控制相对繁琐，较费时、费工，但土料含水率较易控制。

2. 工效特点

二次掺灰集中预拌路拌法在预拌作业阶段，也具备施工组织简单，施工机械能独立平行作业，每一取土层的拌和量大，预拌作业的工效高，取土场原状土干密度离散区间较小，布灰施工配比和计量误差小，取土场预拌作业的有效率高等特点。在路拌作业阶段，也存在作业面大且呈带状分布，便于路拌作业纵向展开的优势。

但整个工艺毕竟要在两地进行二次掺灰，作业程序及需要配置的机械数量与组合更多，组织协调的难度系数增大，机械综合效率更容易受到影响。

3. 台班产量

采用挖掘机在取土场对原状膨胀土进行预拌作业时，单机每台班生产300 m^3 左右的预拌改良拌和土，可配备多台挖掘机同时作业，提高预拌改良拌和土产量。

路基作业面上路拌机单机每台班能生产900 m^3 左右的改良土，单机工效发挥充分。但因在路拌作业前，需要在路基作业面上对预拌改良拌和土进行第二次掺灰，路拌作业阶段整个流水作业的综合工效会受到较大影响。

(五) 厂 拌 法

1. 作业方式

厂拌法的主要作业方式是碎土与厂拌作业实行工厂化生产，便于集中管理和组织流水作业。但由于取土场膨胀土含水率多为偏高，如直接破碎，碎土机效率难以发挥，需在碎土前进行预掺灰、预拌作业，以降低土料的含水率。

2. 工效特点

因厂拌法的工效主要受碎土作业效率的控制，而现场的拌和厂不同于固定工厂，一般不具有大量储存半成品条件。为此，要求配置足够多的碎土设备以保证碎土能及时供应。

拌和站有自动化计量设备，通过参数调试可保证准确的掺灰比、加水量，作业有效率高，可充分发挥额定效率，但拌和站设备配置单一，万一发生故障，则影响很大。因此，对机械检查保养的要求较高。

3. 台班产量

厂拌拌和站生产改良土成品的额定效率为400 t/h。以每班累计纯作业6 h计，台班产量2 400 t，约1 400 m^3 压实改良土。

三、单位改良成本比较

单位改良成本按每立方米压实改良土计算，其直接成本可分成改良材料费和工艺费(包括工费、机械使用费)两大组成部分。在综合上述两部分费用基础上，再进行各种改良拌和工艺的单位改良成本综合比较。

(一) 改良材料费

每立方米压实改良土的改良材料费，因改良拌和工艺的石灰耗损率不同而有所差异，也因采用生石灰或熟石灰而有所不同。

1. 不同工艺的石灰耗损率

若设计掺灰比为膨胀土中掺入6%重量的生石灰或熟石灰，则不同改良拌和工艺过程中的石灰耗损率为：

(1) 厂拌法膨胀土改良拌和工艺

石灰耗损率可忽略不计。

(2) 除厂拌法外其他各种含有路拌作业的膨胀土改良拌和工艺

应充分考虑路拌工艺过程中的石灰耗损率。参照高速公路的常规做法和我国铁路大区域改良膨胀土路基施工的实践经验，应在设计掺灰比基础上增加1%的石灰耗损率，也就是实际掺灰率按7%计算。

2. 采用磨细生石灰粉时每立方米压实改良土的改良材料费

磨细生石灰粉运到工地价格240元/t，压实改良膨胀土的容重为1.73 t/m^3。膨胀土改良拌和不同工艺的改良材料费分别为：

(1) 厂拌法膨胀土改良拌和工艺

每立方米压实改良土的石灰掺入量为：1.73×(1－6%)×6%＝0.097 6(t)，则每立方米压实改良土的改良材料费为：0.097 6×240＝23.42(元)。

(2) 除厂拌法外其他各种含有路拌作业的膨胀土改良拌和工艺

每立方米压实改良膨胀土的石灰掺入量：1.73×(1－6%)×7%＝0.113 8(t)，每立方米压实改良土的改良材料费：0.113 8×240＝27.31(元)。

3. 采用熟石灰时每立方米压实改良土的改良材料费

生石灰块运到工地价格175元/t，每吨生石灰块消解熟化的用水量为0.8 t，水价按2元/t计，则每吨生石灰块消解熟化的用水费为：0.8×2＝1.6(元)；石灰消解熟化后筛分的每吨用工1.2个，每工25元，费用为1.2×25＝30(元)；以上三部分相加，加工后的熟石灰价格为：175＋1.6＋30＝206.6(元/t)。于是，膨胀土改良拌和不同工艺采用熟石灰时每立方米压实改良土的改良材料费分别为：

(1) 厂拌法膨胀土改良拌和工艺

每立方米压实改良膨胀土的石灰掺入量：1.73×(1－6%)×6%＝0.097 6(t)，每立方米压实改良土的改良材料费：0.097 6×206.6＝20.16(元)。

(2) 除厂拌法外其他各种含有路拌作业的膨胀土改良拌和工艺

每立方米压实改良膨胀土的石灰掺入量：1.73×(1－6%)×7%＝0.113 8(t)，每立方米压实改良土的改良材料费：0.113 8×206.6＝23.51 (元)。

当然，在市场经济条件下，石灰价格往往受市场调节的影响较大，当市场供需矛盾突出时，价格也会出现相应的上下波动。但是，因工艺因素产生的单位改良成本差异比例还是相对固定的。

(二) 工 艺 费

工艺费用主要是因改良拌和工艺存在的差别而有所不同，以新建时速200公里客货共线合肥—南京铁路改良膨胀土路基为例，各种改良拌和工艺每立方米改良土的工艺费分别为：集中路拌法 21.06 元；路拌法 15.66 元；集中预拌路拌法 17.87 元；二次掺灰集中预拌路拌法 18.48 元；厂拌法 28.45 元。

各种工艺的工艺费单价分析如下：

1. 集中路拌法膨胀土改良拌和工艺

工作内容：挖掘机取土；清扫整理场地；铺料，铺灰，洒水，拌和；装载机装土，自卸汽车运输；摊铺，压实；整型。

集中路拌法膨胀土改良拌和工艺费用基价分析见表 5-7-1。

表 5-7-1 集中路拌法膨胀土改良拌和工艺费用基价分析表

（以生产 1 000 m^3 压实改良土为核算单位）

项目名称			集中路拌法石灰改良土		
基　　价(元)			21 058		
其中	人工费(元)		574		
	机械费(元)		20 484		
代号	工料机名称	单位	单价	数量	合价
1	人工	工日	17.81	32.25	574
503	230 kW 稳定土路拌机	台班	2 035.12	1.54	3 134
19014	135 kW 以内推土机	台班	951.22	1.05	1 284
19004	1 m^3 挖掘机	台班	1 034.68	3.72	1 779
19038	18 t 压路机	台班	1 182.83	1.05	1 241
19040	自行式平地机	台班	575.42	0.67	385
19048	3 m^3 装载机	台班	1 233.3	3.72	2 121
19356	12 t 自卸汽车	台班	598.79	12.67	7 586
	6 000 L 以内洒水车	台班	472.66	1.87	884

(1) 人工消耗

每生产 1 000 m^3 压实改良土，消耗总工时为 258 h。其中：平均施工准备时间 5 h，休息时间 14 h。人工平均基本作业时间 161 h，辅助作业时间 71 h。不可避免的平均中断时间 7 h。

(2) 机械消耗

每生产 1 000 m^3 压实改良土，路拌机平均基本作业时间为 13 h。

(3) 场地费用

集中路拌作业需要拌和场地，并应对场地进行适当硬化。由于该部分的费用属于大型临时工程费用科目，故不纳入工艺费统计。

2. 路拌法膨胀土改良拌和工艺

工作内容：清扫整理下承层；装载机装土，自卸汽车运输；摊铺膨胀土，初平；铺灰，洒水，拌和；整型，初平；压实。

路拌法膨胀土改良拌和施工工艺费用基价分析见表 5-7-2。

表 5-7-2　路拌法膨胀土改良拌和工艺费用基价分析表（以生产 1 000 m^3 压实改良土为核算单位）

项目名称			路拌法石灰改良土		
基　价(元)			15 656		
其中	人工费(元)		530		
	机械费(元)		15 126		
代号	工料机名称	单位	单价	数量	合价
1	人工	工日	17.81	29.25	530
503	230 kW 稳定土路拌机	台班	2 035.12	1.54	3 134
19014	135 kW 以内推土机	台班	951.22	1.05	1 284
19038	18 t 压路机	台班	1 182.83	1.05	998
19040	自行式平地机	台班	575.42	0.67	385
	6 000 L 以内洒水车	台班	472.66	1.87	884
19356	12 t 自卸汽车	台班	598.79	7.67	4 592
19004	1 m^3 挖掘机	台班	1 034.68	3.72	3 849

(1)人工消耗

每生产 1 000 m^3 压实改良土，消耗总工时为 238 h。其中：平均施工准备时间 5 h，休息时间 14 h；人工平均基本作业时间 141 h，辅助作业时间 71 h；不可避免的平均中断时间 7 h。

(2)机械消耗

每生产 1 000 m^3 压实改良土，路拌机平均基本作业时间为 13 h。

3. 集中预拌路拌法膨胀土改良拌和工艺

工作内容：清扫整理场地；铺灰；挖掘机拌和；挖掘机装土，自卸汽车运输；摊铺；路拌机拌和；压实，整形。

集中预拌路拌法膨胀土改良拌和工艺费用基价分析见表 5-7-3。

表 5-7-3　集中预拌路拌法膨胀土改良拌和工艺费用基价分析表

（以生产 1 000 m^3 压实改良土为核算单位）

项目名称			集中预拌路拌法石灰改良土		
基　价(元)			17 852		
其中	人工费(元)		512		
	机械费(元)		17 340		
代号	工料机名称	单位	单价	数量	合价
1	人工	工日	17.81	28.75	512
503	230 kW 稳定土路拌机	台班	2 035.12	1.04	2 116
19014	135 kW 以内推土机	台班	951.22	1.05	1 284
19004	1 m^3 挖掘机	台班	1 034.68	6.72	6 953
19038	18 t 压路机	台班	1 182.83	1.05	1 241
	6 000 L 以内洒水车	台班	472.66	1.87	884
19040	自行式平地机	台班	575.42	0.47	270
19356	12 t 自卸汽车	台班	598.79	7.67	4 592

(1)人工消耗

每生产1 000 m³ 压实改良土,消耗总工时为230 h。其中:平均施工准备时间5 h,休息时间12 h;人工平均基本作业时间198 h,辅助作业时间8 h;不可避免的平均中断时间7 h。

(2)机械消耗

每生产1 000 m³ 压实改良土,路拌机平均基本作业时间为9 h。

4. 二次掺灰集中预拌路拌法膨胀土改良拌和工艺

工作内容:清扫整理场地;铺灰;挖掘机拌和;挖掘机装土,自卸汽车运输;摊铺;二次铺灰;路拌机拌和;压实,整形。

二次掺灰预拌路拌法膨胀土改良拌和工艺费用基价分析见表5-7-4。

表5-7-4　二次掺灰集中预拌路拌法膨胀土改良拌和工艺费用基价分析表

(以生产1 000 m³ 压实改良土为核算单位)

项目名称			二次掺灰集中预拌路拌法石灰改良土		
基　价(元)			18 463		
其中	人工费(元)		601		
	机械费(元)		17 862		
代号	工料机名称	单位	单价	数量	合价
1	人工	工日	17.81	33.79	601
503	230 kW稳定土路拌机	台班	2 035.12	1.24	2 523
19014	135 kW以内推土机	台班	951.22	1.05	1 284
19004	1 m³ 挖掘机	台班	1 034.68	6.72	6 953
19038	18 t压路机	台班	1 182.83	1.05	1 241
	6 000 L以内洒水车	台班	472.66	1.87	884
19040	自行式平地机	台班	575.42	0.67	385
19356	12 t自卸汽车	台班	598.79	7.67	4 592

(1)人工消耗

每生产1 000 m³ 压实改良土,消耗总工时为270 h。其中:平均施工准备时间5 h,休息时间12 h;人工平均基本作业时间238 h,辅助作业时间8 h;不可避免的平均中断时间7 h。

(2)机械消耗

每生产1 000 m³ 压实改良土,路拌机平均基本作业时间为11 h。

5. 厂拌法膨胀土改良拌和工艺

工作内容:清扫整理场地;铺灰;挖掘机拌和;挖掘机装土,自卸汽车运输;液压碎土机粉碎土,装载机铲运料、上料,粉碎,出料。稳定土拌和机:装载机铲运料、上料,配运料,拌和,出料。改良土铺筑:人工配合机械摊铺混合料。

厂拌法膨胀土改良拌和工艺费用基价分析见表5-7-5。

(1)人工消耗

每生产1 000 m³ 压实改良土,消耗总工时为230 h。其中:平均施工准备时间5 h,休息时间12 h;人工平均基本作业时间198小时,辅助作业时间8 h;不可避免的平均中断7 h时间。

(2)机械消耗

每生产1 000 m³ 压实改良土,液压碎土机平均基本作业时间为25 h,稳定土拌和站平均基本作业时间为 7 h。

表 5-7-5　厂拌法工艺费用基价分析表(以生产 1 000 m^3 改良土为核算单位)

项目名称		厂拌法石灰改良土			
基　价(元)		28 448			
其中	人工费(元)	513			
	机械费(元)	27 935			
代号	工料机名称	单位	单价	数量	合价
1	人工	工日	17.81	28.8	513
506	300 t 稳定土拌和站	台班	3 561.82	1.12	3 989
	液压碎土机	台班	1 875.47	3.13	5 870
19004	1 m^3 挖掘机	台班	1 034.68	2.72	2 815
19014	135 kW 以内推土机	台班	951.22	1.05	999
19048	3 m^3 装载机	台班	1 233.3	3.47	4 280
19038	18 t 压路机	台班	1 182.83	1.05	1 242
19040	自行式平地机	台班	575.42	0.47	270
19356	12 t 自卸汽车	台班	598.79	12.67	7 587
	6 000 L 以内洒水车	台班	472.66	1.87	884

（三）各种工艺的单位改良成本综合比较

通过改良材料费与工艺费分析,可对各种工艺的单位改良成本进行综合比较,表 5-7-6 所列系综合比较的汇总结果。

表 5-7-6　工料机费用汇总表

类　别	费用名称	集中预拌路拌法	集中路拌法	路拌法	二次掺灰预拌路拌法	厂拌法
掺生石灰粉	工艺费用	17.85	21.06	15.66	18.46	28.45
	材料费用	27.31	27.31	27.31	27.31	23.41
	工料机	45.16	48.37	42.97	45.77	51.86
掺消化熟石灰	工艺费用	17.87	21.06	15.66	18.48	28.45
	材料费用	23.51	23.51	23.51	23.51	20.15
	工料机	41.38	44.57	39.17	41.99	48.60

从汇总表可知：

(1) 采用磨细生石灰粉作为改良材料时,膨胀土改良拌和各种工艺的单位改良成本,由低到高分别为:路拌法 42.97 元/ m^3;集中预拌路拌法 45.16 元/m^3;二次掺灰集中预拌路拌法 45.77 元/ m^3;集中路拌法 48.37 元/ m^3;厂拌法 51.86 元/ m^3。

(2) 采用消化熟石灰作为改良材料时,膨胀土改良拌和各种工艺的单位改良成本,由低到高分别为:

路拌法 39.17 元/m^3;集中预拌路拌法 41.38 元/m^3;二次掺灰集中预拌路拌法 41.99 元/m^3;集中路拌法 44.57 元/ m^3;厂拌法 48.60 元/ m^3。

(3) 在同一种工艺条件下,采用消化熟石灰作为改良材料比采用磨细生石灰粉作为改良材料更为经济。

四、环保影响比较

石灰改良膨胀土在实施改良拌和工艺过程中，需要使用大量的石灰和众多机械，由此造成对环境保护的影响不容忽视。所有参建单位必须牢固确立环境保护的法律意识，签订环保协议，细化环保预算，严密防范措施，强化日常管理，落实岗位责任，把改良拌和各个作业环节对环境的污染降到最低程度。

尽管采用石灰作为膨胀土改良材料的各种改良拌和工艺造成的污染类型，同属于石灰粉尘、石灰污水和机械作业噪声污染。但由于各种工艺的作业地点、作业方式有所不同，因而它们对环境污染的影响和相应的环保难易程度也存在着差别。

（一）污染源比较

1. 石灰粉尘

集中路拌法和路拌法膨胀土改良拌和工艺产生的石灰粉尘污染源主要来自于布灰作业过程，以及路拌作业第一、第二遍时路拌机高速旋转引起的扬尘。

集中预拌路拌法膨胀土改良拌和工艺产生的石灰粉尘污染源主要来自于布灰作业过程和挖掘机预拌作业过程。

二次掺灰集中预拌路拌法膨胀土改良拌和工艺产生的石灰粉尘污染源主要来自于两次布灰作业过程，挖掘机预拌作业过程，路拌作业第一、第二遍时路拌机高速旋转引起的扬尘。

厂拌法膨胀土改良拌和工艺产生的石灰粉尘污染源污染主要来自向骨料仓供灰作业环节，皮带运输作业过程，拌和站搅拌作业环节以及根据需要而增加的预掺灰、预拌作业环节。

2. 石灰污水与机械作业噪声

各种工艺产生的石灰污水和机械作业噪声污染源，均来自于生石灰块消解熟化作业过程与各类机械设备的作业过程。

（二）污染范围比较

对环境污染的影响范围与各种工艺的作业地点及其分布有关：

厂拌法与集中路拌法工艺的布灰、拌和作业过程均在相对固定的集中场地内，污染范围相对集中，污染区域较小。

集中预拌路拌法工艺的布灰、预拌作业过程在相对固定的取土场内，污染范围集中，污染区域较小。但后两遍路拌作业在沿线路基作业面上，尽管布灰作业与前三遍拌和作业已经在预拌作业阶段完成，扬尘较小，但在天气干燥、风力较大时，难免会对沿线造成污染。

路拌法和二次掺灰集中预拌路拌法工艺在沿线路基作业面上都有布灰、拌和作业，沿线的污染区域较大。

（三）污染程度比较

各种改良拌和工艺对环境污染程度的比较，可用作业时污染源周围的可见扬尘，可感知的悬浮石灰粉末，以及土料中含灰率检测值下降等综合因素作定性判断。

在五种改良拌合工艺中，厂拌法改良拌合工艺是石灰损耗最少的一种工艺。拌和时的可见扬尘在十多米范围内，可感知石灰粉末一般在百米以内，工艺过程中的石灰损耗率几乎为零，可忽略不计。

集中预拌路拌法改良拌和工艺预拌作业时，可见扬尘一般在百米之内，浓度较小，可感知石灰粉末一般在 2 km 范围，工艺过程中的石灰损耗率相当于0.5%～1%的设计掺灰比。

集中路拌法改良拌和工艺路拌作业时，可见扬尘一般在 200 m 之内，扬尘集中，浓度高，可感知扬尘一般在 2 km 范围，工艺过程中的石灰损耗率相当于 0.5%～1%的设计掺灰比。

路拌法改良拌和工艺和集中路拌法改良拌和工艺对环境的污染程度类似。

二次掺灰集中预拌路拌法改良拌和工艺对环境的污染程度为，预拌作业阶段与集中预拌路拌法改良拌和工艺类似，路拌作业阶段与集中路拌法改良拌和工艺类似。

(四) 环保控制方法比较

厂拌法改良拌和工艺的环保控制方法简单有效。若采用散装罐灰，在厂拌作业过程中，几乎不会产生灰粉污染。但预掺灰、预拌作业过程的环保控制方法与其他工艺相似。

其他四种改良拌合工艺，在布灰作业环节上的环保控制方法基本相同。主要从现场熟石灰含水率、布灰、运输道路、机械、运距、平整灰面等作业方法上进行控制；在拌和作业环节上，重点控制产生扬尘最大的过程。第一遍预拌时，采用挖掘机斗就地卸土，降低卸土高度，可收到明显的环保效果。路拌机作业时，必须关闭斗门后方可拌和，以控制由于拌和叶片高速旋转而产生的大量集中扬尘。另外，拌和作业必须严格工序质量控制，避免掺灰、拌和作业返工而增加扬尘次数。

综合上述比较，五种改良拌合工艺对环境保护的影响由大到小依次为：

路拌法改良拌和工艺对环境保护的影响最大，二次掺灰集中预拌路拌法改良拌和工艺次之，集中路拌法改良拌和工艺在相对小范围内影响大，集中预拌路拌法在相对小范围内影响较大，厂拌法改良拌和工艺影响最小。

五、工艺适用性比较

如前所述，采用石灰作为改良材料的五种改良拌和工艺，都能实现对膨胀土的土质改良，使之成为新建时速 200 公里铁路路基的合格填料。就基本功能而言，五种改良拌和工艺均可在新建时速 200 公里铁路改良膨胀土路基施工技术中应用。但从原状膨胀土的含水率及其改良质量、工效、成本和对环保影响等综合效果比较来看，在实际施工中，这五种改良拌和工艺有着各自的适用范围。

集中路拌法膨胀土改良拌和工艺，对膨胀土含水率的适应范围为：$16\%\leqslant W\leqslant 22\%$。在多数情况下，近表层天然膨胀土土料一般都需要长时间的晾晒。在天气干燥、风力较大时，集中路拌作业点附近的灰土污染大，适用于对环保要求较低的地点。

集中预拌路拌法膨胀土改良拌和工艺，对膨胀土含水率的适应范围为：$16\%\leqslant W\leqslant 26\%$。在多数情况下，近表层天然膨胀土土料一般不需要长时间的晾晒。适合于工效要求高又缺少大面积专用场地的施工条件。在天气干燥、风力较大而又要在路基作业面补充布灰时，灰土污染较大，污染范围呈点状，适用于对环保要求不太高的地点。

路拌法膨胀土改良拌和工艺，对膨胀土含水率的适用范围与集中路拌法膨胀土改良拌和工艺相同。在天气干燥、风力较大时，对沿线附近一带的灰土污染影响很大，仅限用于沿线周边环境对环保要求较低的地区。

二次掺灰集中预拌路拌法膨胀土改良拌和工艺，对膨胀土含水率的适用范围，虽与集中预拌路拌法膨胀土改良拌和工艺相同，但由于分别在预拌和路拌作业阶段各有一次掺灰，而且路拌作业遍数多，含水率较易控制，通常不再需要在路基作业面补充翻挖晾晒工序。二次掺灰过程会增加对环境的污染次数。尤其是第 2 次在路基施工作业面上布灰，对沿线附近一带的灰土污染影响很大，仅限用于沿线周边环境对环保要求较低的地区。由于工序比较繁琐，综合作业效率相对较低。

厂拌法膨胀土改良拌和工艺，对膨胀土的含水率要求较高，当天然含水率高出最佳含水率3%及以上时，需在碎土机碎土前进行预掺灰、预拌作业或长时间晾晒。生产的改良土质量好，生产过程对环境污染小，但成品综合单价要比其他工艺高。因此，厂拌法膨胀土改良拌和工艺通常都用于质量要求较高、用量相对较少（相对于基床以下路基）的改良膨胀土路基基床底层的填筑，或用于对环境保护有特殊要求的施工作业地点。

六、综合比较结论

通过以上五个方面的分析比较，可以得到以下主要结论：

1. 采用石灰改良膨胀土的集中路拌法、集中预拌路拌法、路拌法、二次掺灰集中预拌路拌法、厂拌法五种改良拌和工艺，都可使改良土的拌和质量达到规定的质量标准，满足新建时速200公里铁路路基填料的技术要求。

2. 五种改良拌和工艺的优缺点不尽相同（见表5-7-1）。在适用范围、质量水平、工效特点、单位改良成本和环保影响等方面，存在着各自的长处与不足，应根据工程的实际需要，因地制宜地、辩证地选择某种或某几种最为合适的工艺。

3. 借鉴我国铁路在大区域膨胀土地区新建时速200公里铁路改良膨胀土路基施工的实践经验和有关科研成果，从追求技术与经济综合效益最大化出发，在通常情况下，路基基床底层的改良土填料，宜采用厂拌法膨胀土石灰改良拌和工艺；基床以下路基宜采用集中路拌法膨胀土石灰改良拌和工艺，当膨胀土的天然含水率高出路基压实最佳含水率5%以上时，可采用集中预拌路拌法膨胀土石灰改良拌和工艺。

表5-7-1 石灰改良膨胀土不同改良拌和工艺的综合比较

工艺名称	拌和遍数	适用性	质量评价			工效特点	单位成本（元/m³）	环保影响
			>15 mm的颗粒含量（%）	含灰率（%）	均匀性			
厂拌法		需预掺灰或长时间晾晒	≤7.9，最大颗粒粒径≤20 mm	最大值7.2 最小值6.8 平均值7.0 标准差0.117 变异系数0.017 偏差±0.2 无石灰损耗	外观、含水率、含灰率、大颗粒含量都很均匀	碎土机效率受制于土料含水率，拌和设备能充分发挥额定效率。 1. 工厂化生产，便于流水作业和集中管理； 2. 需预掺灰降低土料含水率，以确保碎土机作业效率； 3. 拌和站设备一旦故障，会造成整条生产流水线停产	48.60	环境污染小，污染范围主要在局部作业点
集中预拌路拌法	预拌3遍 路拌2遍	16%≤W≤26%	最大值18.3 最小值5.8 平均值11.5 标准差2.576 变异系数0.225 最大颗粒粒径<40 mm	最大值6.4 最小值4.9 平均值5.8 标准差0.346 变异系数0.060 偏差−1.1～+0.4 掺灰率损耗0.7%	外观均匀，含水率、含灰率、大颗粒含量相对均匀	路拌机工效高，预拌工效低。 1. 机械组合少，机械综合效率损失少。施工组织简单，各种机械能独立平行作业； 2. 可直接采用天然膨胀土； 3. 一次拌和深度大，同层原状土干密度离散性小，布灰施工配比和计量误差小； 4. 不需要大面积专用作业场地	41.38	环境污染较大，污染范围主要在局部作业点

续上表

工艺名称	拌和遍数	适用性	质量评价			工效特点	单位成本（元/m^3）	环保影响
			>15 mm的颗粒含量(%)	含灰率(%)	均匀性			
集中路拌法	路拌6遍	16%≤W≤22%近表膨胀土需长时间晾晒	最大值19.3 最小值11.3 平均值16.5 标准差2.518 变异系数0.153 最大颗粒粒径<40 mm	最大值7.3 最小值5.2 平均值6.1 标准差0.502 变异系数0.082 偏差−0.8～+1.3 掺灰率损耗0.9%	外观均匀，含水率、含灰率、大颗粒含量相对较均匀	路拌机工效较高。 1. 机械组合多，机械综合效率损失多。施工组织较繁琐，施工机械能流水作业时间长； 2.集中路拌作业前，先要降低扰动膨胀土的含水率； 3. 一次拌和深度小，扰动膨胀土干密度离散性大，布灰施工配比和计量误差大； 4.需要大面积专用晾晒、拌和作业场地	44.57	环境污染大，污染范围主要在局部作业点
路拌法	路拌6遍	16%≤W≤22%近表膨胀土需长时间晾晒	同集中路拌法	同集中路拌法	外观均匀，含水率、含灰率、大颗粒含量相对较均匀	路拌机工效较高。 1. 机械组合多，机械综合效率损失多。施工机械能流水作业时间长； 2.路拌作业前，先要降低扰动膨胀土的含水率； 3. 一次拌和深度小，扰动膨胀土干密度离散性大，布灰施工配比和计量误差大	39.17	环境污染大，污染范围分布在路基作业沿线
二次掺灰集中预拌路拌法	预拌3遍，路拌2遍	16%≤W≤26%	同集中预拌路拌法	介于集中预拌路拌法与集中路拌法之间	外观均匀，含水率、含灰率、大颗粒含量相对均匀	路拌机工效较高，机械配置数量过多，不便组织，管理难度较大。 需两次布灰，工序繁琐，较费时费工	41.99	环境污染大，污染范围分布在路基作业沿线

第六章 改良膨胀土路基填筑、压实施工工艺

膨胀土经过石灰改良后，成为合格的路基填料，可用于新建时速 200 公里铁路基床以下路基本体和基床底层的填筑。改良膨胀土路基施工，必须严格执行科学的填筑、压实工艺，以实现技术效果与经济效益的最佳化。

改良膨胀土路基填筑、压实施工工艺包括：工艺目标体系，工艺流程与施工机械配置，改良膨胀土路基的基底处理，路基基床以下及路基基床底层填筑、压实施工参数与技术指标，路基基床以下及路基基床底层填筑、压实施工作业方法，改良膨胀土路基基床表层施工，改良膨胀土路基过渡段施工等主要技术环节。

必须强调的是，工艺中的每一个技术环节，都是改良膨胀土路基填筑、压实施工作业全过程必不可少的组成部分，对工艺实施的综合效果起着至关重要的决定作用，本章将作系统的阐述。

第一节 工艺目标体系

工艺目标体系是改良膨胀土路基填筑、压实施工工艺的核心环节，它明确的是新建时速 200 公里铁路路基主体工程施工的目标要求，追求的是施工质量、施工工效、单位成本以及环境保护的最佳综合效果。

一、质量目标与要求

围绕路基主体工程，新建时速 200 公里铁路改良膨胀土路基填筑、压实施工工艺的质量目标可细化为：基底处理，路基基床以下改良土填筑、压实，路基基床底层改良土填筑、压实，路基基床表层级配碎石（或砂砾石）、隔水封闭层（必要时）施工，路基过渡段施工等五个方面的质量目标与要求。

（一）基底处理质量目标与要求

1. 质量目标

(1) 当路基高度≤2.5 m 时，其路基基底的比贯入阻力 P_s 应>1.5 MPa（或基本承载力 σ_0 应>0.18 MPa），地基系数 K_{30}≥0.85 MPa/m；

(2) 当路基高度>2.5 m 时，其路基基底压实系数 K≥0.85；

(3) 未达到上述目标时，应在膨胀土地基适当深度（一般为 0.3～0.4 m）范围内，以改良土更换填实，使其达到基底处理的质量目标。

2. 重点要求

(1) 膨胀土地区的路基基底处理应尽量避开雨季，雨天不宜施工；

(2) 基底处理前必须复核地质条件，结合永久排水系统做好临时排水工程，确保全过程排水畅通，避免基底土受水浸泡；

(3) 基底处理不宜全面铺开，应集中分段快速推进并尽早封闭。

(二) 路基基床以下改良土填筑、压实质量目标与要求

1. 质量目标

(1) 地基系数 $K_{30} \geqslant 110$ MPa/m；

(2) 压实系数 $K \geqslant 0.90$；

(3) 动态变形模量 $E_{Vd} \geqslant 40$ MPa。

2. 重点要求

(1) 路基基床以下改良土应分层填筑、碾压，其分层松铺厚度为 35 cm，分层压实厚度为 30 cm。

(2) 为保证路基边坡的压实质量，填土时路基两侧边缘应各加宽 50 cm。

(3) 分层碾压应沿着线路纵向自路基两侧到中间逐幅进行，相邻两幅之间应有 0.4 m 的碾压搭接宽度。

(4) 相邻路基施工区段的连接处应进行搭接处理，搭接长度≮2 m，搭接处的改良土路基填料应重新拌和后整形碾压。

(5) 大型压路机无法碾压到的部位，须采用小型的夯实机具对该部位进行分层夯实，其夯实层的路基改良土松铺厚度应≯20 cm。

(6) 改良土路基的填筑、压实施工作业宜连续进行，若遇到较长的施工间歇期，应保湿养生 7 d 以上。

(三) 路基基床底层改良土填筑、压实质量目标与要求

1. 质量目标

(1) 地基系数 $K_{30} \geqslant 130$ MPa/m；

(2) 压实系数 $K \geqslant 0.95$；

(3) 动态变形模量 $E_{Vd} \geqslant 52$ MPa。

2. 重点要求

路基基床底层改良土也要求分层填筑、碾压，其分层松铺厚度为 30 cm，分层压实厚度为 25 cm。其他重点要求同路基基床以下路基本体。

(四) 路基基床表层施工质量目标与要求

1. 质量目标

(1) 地基系数 $K_{30} \geqslant 190$ MPa/m；

(2) 孔隙率 $n < 18\%$；

(3) 动态变形模量 $E_{Vd} \geqslant 55$ MPa。

2. 重点要求

(1) 级配碎石(或砂砾石)的材料质量及其配比，必须符合我国铁路有关技术标准与要求。

(2) 路基基床表层级配碎石(或砂砾石)应分两层填筑、辗压。改良膨胀土路基基床底层顶面不设隔水封闭层时，路基基床表层级配碎石(或砂砾石)每层压实厚度为 30 cm；设有隔水封闭层时，每层压实厚度为 25 cm。

(3) 改良膨胀土路基基床底层表面需采取隔水封闭措施时，应在填筑路基基床表层级配碎石 (或砂砾石)前，铺设复合土工膜隔水封闭层和 10 cm 厚度的中、粗砂保护层。要求复合土工膜隔水材料的纵横向抗拉强度应≮20 kN，顶破强度≮2.5 kN，渗透系数≯10^{-12} cm/s，最大延伸率＞30%。中、粗砂的含泥量应≯5%。

（五）路基过渡段施工质量目标与要求

1. 质量目标

(1) 地基系数 $K_{30} \geqslant 150$ MPa/m；

(2) 孔隙率 $n < 28\%$；

(3) 动态变形模量 $E_{Vd} \geqslant 50$ MPa。

2. 重点要求

(1) 级配碎石(或砂砾石)的材料质量及其配比，必须符合我国铁路有关技术标准与要求。

(2) 各种过渡段级配碎石(或砂砾石)的填筑、碾压，原则上应根据过渡段的具体类别，分别明确实现其质量目标的重点要求(将在本章第七节“改良膨胀土路基过渡段施工”中细述)。

将上述五个方面的主要目标值加以归纳，可列出新建时速 200 公里铁路改良膨胀土路基填筑、压实施工工艺质量目标一览表(见表 6-1-1)。

表 6-1-1　新建时速 200 公里铁路改良膨胀土路基填筑、压实施工工艺质量目标

部　位	填料种类	厚度(m)	地基系数 K_{30} (MPa/m)	压实系数 K	动态变形模量 E_{Vd}(MPa)	孔隙率 n (%)	比贯入阻力 P_s(MPa)
路基基底	当路基高度≤2.5 m时		≥0.85				>1.5(或基本承载力 σ_0>0.18 MPa)
	当路基高度>2.5 m时			≥0.85			
	改良换填	一般 0.4	据路基高度达到相应的质量目标				
路基基床以下	路拌改良土	据实	≥110	≥0.90	≥40		
路基基床底层	厂拌改良土	≤1.9	≥130	≥0.95	≥52		
路基基床表层	级配碎石(或砂砾石)	0.6	≥190		≥55	<18	
路基过渡段	级配碎石(或砂砾石)	据实	≥150		≥50	<28	

二、工效目标与要求

改良膨胀土路基填筑、压实施工工艺的工效目标要求：一是严格执行规定的施工工艺；二是充分发挥机械组合效能；三是在满足质量、成本、环保要求的前提下，实现单位时间内路基填筑、压实数量的最大化。

（一）严格执行规定的施工工艺

尽管膨胀土在改良拌和阶段，可根据施工需要与具体条件，选用各具特点的集中路拌法、集中预拌路拌法、路拌法、二次掺灰集中预拌路拌法、厂拌法等多种改良拌和工艺。然而，在路基填筑、压实施工阶段，不论采用何种改良拌和工艺所生产的改良土，作为新建时速 200 公里铁路改良膨胀土路基的合格填料，其填筑、压实的施工工艺是完全相同的。

重要的是，要针对新线路基施工线长点多的基本特点，尽可能地拉开施工作业面，形成严密的流水作业顺序。在施工组织上，首先为路基填筑、压实的优质、节省、有序、高效奠定良好的基础。而要取得这种效果，必须严格执行“三阶段”、“四区段”、“八流程”(具体内容将在工艺流程中细述）改良膨胀土路基填筑、压实施工工艺。

（二）充分发挥机械组合效能

在改良膨胀土路基填筑、压实施工工艺中，参与装运、整平、辗压、翻挖、刷坡等路基施工作业的机械主要有：挖掘机、装载机、自卸汽车、推土机、平地机、压路机、旋耕机等等。可以发现，这类机械中的绝大部分，无论类别与型号都是与膨胀土在改良拌和阶段所使用的机械是相同的，仅仅是阶段作业目的有所不同。

因此，如何做好膨胀土改良拌和与路基填筑、压实这两个阶段工艺间的合理衔接，充分利用设备资源，最大程度地发挥出众多机械的组合效能，这是改良膨胀土路基填筑、压实施工工艺目标体系中工效目标与要求的重点内容之一。在施工现场的具体操作上，应抓住以下几个要点：

1. 抓好工艺衔接，合理调配机械

一些具有路拌作业工序的膨胀土改良拌合工艺，如：集中预拌路拌法、路拌法、二次掺灰集中预拌路拌法等工艺，在沿线路基施工作业面上完成了路拌作业工序后，只要质量检查合格，随即可对改良土实施路基压实作业。此时，绝大部分机械已转为用于路基填筑、压实工艺。

为了避免机械资源的短缺或浪费，一定要根据路基填筑、压实工艺的要求，合理调配与之相适应的机械种类、型号与数量，以实现两个工艺阶段间的有机衔接。

2. 落实检修责任，确保状态完好

施工单位应对配备的各种施工作业机械制定严密的“用、管、修”办法，严格落实责任制。加强检查、保养，确保状态完好。

对负荷大、使用频率高、作业时间长，容易出现故障的机械或关键性机械，应配备适当数量的配备机械或备品，一旦发生个别机械故障能立即替换，尽一切可能保证工艺全过程各道工序运转正常，将机械故障造成的工效损失降低到最小。

3. 注重功效匹配，发挥组合效能

改良膨胀土路基填筑、压实施工工艺，由“三阶段”、“四区段”、“八流程”组成，这也是一项典型的系统工程。不仅各阶段、各区段、各流程的机械作业工效会影响整个工艺实施的工效，而且在每个阶段、区段、流程中各类机械作业工效的相互匹配，在很大程度上也会更加直接地影响工艺全过程的工效。

因此，施工单位务必要根据系统结构最优化原则，首先对每个阶段、区段、流程中，各种机械的工效匹配进行最优化设计。然后按最优化设计方案进行各种机械、每个阶段、区段、流程和整个工艺全过程功效匹配的综合试验。通过试验，进一步修正、完善，最后形成最佳实施方案，以获得综合功效匹配的最佳效果。

（三）单位时间内路基填筑、压实数量最大化

单位时间内路基填筑、压实数量最大化必须以质量、成本、环保为前提，即：在质量确保、成本受控、环保达标的前提下，实现单位时间内路基填筑、压实数量的最大化；实现整个改良膨胀土路基填筑、压实施工工艺完成后的最终工效最大化。

三、成本目标与要求

改良膨胀土路基填筑压实施工工艺的成本目标：一是要求路基填筑压实单方成本控制在预算之内；二是要求在实现质量、工效、环保目标的基础上，进一步将单方造价控制到最低水平。

（一）基本目标，将路基填筑、压实单方成本控制在预算之内

把改良膨胀土路基填筑、压实施工工艺的每立方米路基施工作业成本控制在批准的预算之内，这是路基填筑、压实施工工艺目标体系中成本控制的最低目标。要实现这一目标，应抓好以下基础工作：

1. 细化单价分析

根据改良膨胀土路基填筑、压实施工工艺方案，对组成每立方米路基填筑、压实施工作业成本的各类机械设备台班费，各类物资的运价，各种燃料以及水、电费价格，人工费价格，以及管理费，不可预见费，税费等进行逐项分析。对照预算细目，去粗取精，去伪存真，既保证每立方米路基填筑、压实施工作业成本单价的真实性，又体现控制在批准的预算之内的合法性。

2. 精确核实工程数量

在细化每立方米路基填筑、压实施工作业成本单价的基础上，精确核对设计批准的与现场实际需要的改良膨胀土路基填筑、压实工程数量，最后通过验工计价，确定实际完成的改良膨胀土路基填筑、压实工程数量。

（二）精益求精，将路基填筑、压实单方造价控制到最低水平

在实现路基填筑、压实施工作业单方成本控制在预算之内这一基本目标的基础上，按照"三阶段"、"四区段"、"八流程"，通过作业方法的不断改进，进一步挖掘每个阶段、区段、流程中各种机械的组合优势。在满足质量、环保等目标要求的同时，最大限度地提升单位成本投入的产出水平，实现全线改良膨胀土路基填筑、压实施工工艺的经济效益最大化。

四、环保目标与要求

与膨胀土改良拌和工艺基本相同，改良膨胀土路基填筑、压实施工工艺的环保目标要求：一是遵守国家有关法令，严格控制粉尘、噪声对周边环境的污染；二是为复耕造林、挖塘养殖等生态环境的恢复保护创造条件。

（一）严格控制环境污染

改良膨胀土路基填筑、压实施工作业过程中，没有了改良工艺中生石灰消解熟化和改良拌和的作业，对周边环境的影响相对较小，产生的污染主要是尘土与机械噪声。

按照国家环保法的规定，工程实施单位必须采取有效措施，对施工引起的各种污染实行严格的控制。控制不力，污染程度超标，不仅要责令停产整顿、赔偿经济损失和罚款，造成特别严重后果的，还将承担相应的法律责任。因此，工程实施单位务必增强法律意识，完善并认真落实环境污染的防范与控制措施。

1. 控制尘土飞扬

采用集中路拌法、厂拌法等膨胀土改良拌和工艺生产的改良土，在拌和、运输、卸料、摊铺过程中，应采取防漏和防止扬尘措施；集中预拌路拌法、二次掺灰集中预拌路拌法、路拌法等膨胀土改良拌和工艺生产的改良土，在天气比较干燥的季节进行路拌作业时，应及时洒水。拌合作业现场遇有大风时，需暂停作业。

2. 降低机械噪声

检测作业机械分贝值，必要时安装消音装置降低噪声；医院、学校和城镇居民集中区，村民居住地附近应尽量避开夜间施工作业；进入对噪声防护有特别要求的特殊区域，应与有关方面签订协议，在规定时段内集中施工。

（二）为恢复保护生态环境创造条件

施工期间临时占用的土地、施工便道等应及时平整、修缮；配合当地规划、土地管理等有关部门，尽快实施还田复耕、植树造林或建塘养殖等措施，为恢复、保护、美化沿线生态环境，共建和谐社会创造条件。

第二节　工艺流程与施工机械配置

科学的工艺流程与合理的施工机械配置，是全面实现质量、工效、成本以及环保目标的必要条件。它为改良膨胀土路基填筑、压实施工作业全过程，提供正确的施工组织技术导向和重要的施工技术手段保障。本节将根据我国铁路建设的成功实践与改良膨胀土路基施工的成熟经验，详细叙述新建时速 200 公里铁路改良膨胀土路基填筑、压实施工的工艺流程及其施工机械配置。

一、工艺流程

新建时速 200 公里铁路改良膨胀土路基填筑、压实施工的工艺流程，从路基施工的普遍规律性出发，归纳为“三阶段”、“四区段”、“八流程”（如图 6-2-1 所示）。

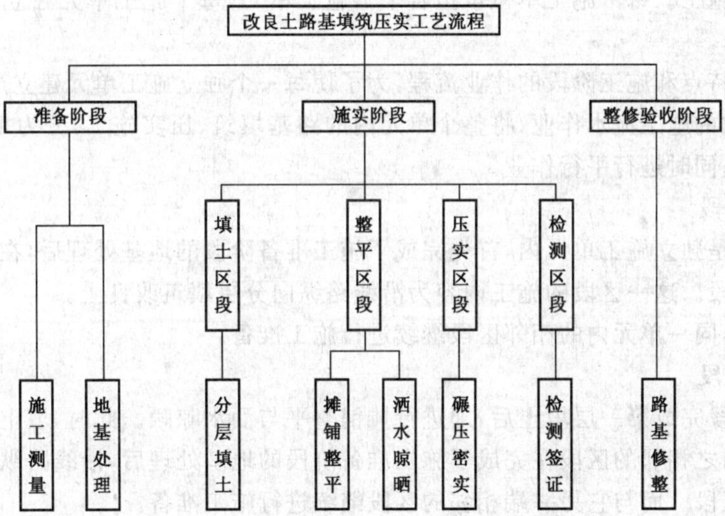

图 6-2-1　新建时速 200 公里铁路改良膨胀土路基填筑、压实施工工艺流程图

（一）三 阶 段

新建时速 200 公里铁路改良膨胀土路基填筑、压实施工的全部工艺流程划分为三个阶段。即：路基填筑、压实施工前的准备阶段；路基填筑、压实施工阶段；路基填筑、压实施工后的整修验收阶段。

1. 准备阶段

施工准备阶段的工作内容和主要目的是进行施工测量与地基处理，为路基填筑、压实施工创造良好的条件。

这一阶段的工作是基础性的，而且在路基建成后，往往是难以逆转的。所以，该阶段的工作质量非常重要，它不仅直接影响下阶段路基填筑、压实的质量、工效与成本，甚至会长期影响日后运营的安全、质量、效率与成本投入。参建单位务必把“以人为本、服务运输、强本简末、系统优化、着眼发展”的铁路建设新理念，具体落实到新建时速 200 公里铁路改良膨胀土路基施工的全过程。

2. 施工阶段

本阶段的主要目的和工作内容，是通过实施分层填土、摊铺整平、洒水晾晒、碾压密实与检测签证，建成完全符合工艺目标体系要求的新线路基。

施工阶段是新线改良膨胀土路基实体的形成过程，也是工艺流程中技术要求最高，施工组织最复杂，工作量最密集的阶段。改良膨胀土路基填筑、压实的质量、工效、成本与环保等综合结果的水平，主要取决于这一阶段。所以，各参建单位必须精心组织，严格标准、严密实施、务求实效。

3. 整修验收阶段

路基填筑、压实后的整修验收阶段既是对建成后的新线路基进行刷坡整形、外观整修的过程，又是按设计标准、验收标准对新建时速 200 公里铁路改良膨胀土路基工程的总体评价与确认。

(二) 四 区 段

新线路基填筑、压实施工的特点是战线长、工点多，往往在沿线各个施工标段分布着多个施工单位同时施工。每个施工单位承担若干个施工单元，每个施工单元独立完成相应一段的路基施工任务。

针对以上特点和施工阶段的作业流程，为了使每一个独立施工单元建立严密的施工秩序，形成优质、高效的施工流水作业，将整个单元内的路基填筑、压实施工，分为填土、整平、压实、检测四个区段，同时进行平行作业。

1. 填土区段

填土区段是独立施工单元内，首先完成了施工准备阶段的地基处理后，在时间上最早进入施工阶段的区段。这一区段的施工内容为沿线路纵向分层填筑改良土。

与此同时，同一单元内的相邻区段继续进行施工准备。

2. 整平区段

当填土区段完成第一层填土后，即进行摊铺整平与洒水晾晒。此时，填土区段转变为整平区段。同时，与之相邻的区段在完成了施工准备阶段的地基处理后，沿线路纵向分层填筑改良土，成为填土区段。而与它另一端相邻的区段继续进行施工准备。

3. 压实区段

整平区段的摊铺整平与洒水晾晒结束后，紧接着辗压密实。于是，整平区段变成了压实区段。

此时，相邻的填土区段完成第一层填土后，即进行摊铺整平与洒水晾晒转成为整平区段。

而与此时的整平区段另一端相邻的区段完成了施工准备阶段的地基处理后，沿线路纵向分层填筑改良土，成为填土区段。

与此时的填土区段另一端相邻的区段继续进行施工准备。

4. 检测区段

第一个压实区段在完成了第一层土的辗压密实作业后，进对检测签证，转变为第一个检测区段。

此时，相邻的整平区段在完成摊铺整平与洒水晾晒后，进行辗压密实成为压实区段。

与此时的压实区段另一端相邻的填土区段完成第一层填土后，即进行摊铺整平与洒水晾晒转成为整平区段。

而与此时的整平区段另一端相邻的区段完成了施工准备阶段的地基处理后，沿线路纵向分层填筑改良土，成为填土区段。

至此，在整个施工单元范围内，第一层路基土的施工形成了填土、整平、压实、检测四个区段同时分别进行的局面。

当第一层路基土第一个检测区段完成了检测签证后，即可进行第二层路基土的填筑，变成第二层路基土的第一个填土区段。于是，整个施工单元进入了第二层路基土的施工作业循环。随后，第三层、第四层……直至整个单元的路基施工全部完成。

几十年来，经过我国铁路新线建设大量的成功实践检验，四区段的路基施工组织方法已经十分成熟并得到了广泛应用。它为大规模、高标准铁路新线路基的施工，提供了一条有序、优质、高效和合理调配人力、物力资源的重要途径。

（三）八 流 程

改良膨胀土路基填筑、压实施工工艺各个阶段的具体作业，由施工测量、地基处理、分层填土、摊铺整平、洒水晾晒、辗压密实、检验签证、整修验收等八个流程组成。

这八个具体作业流程具有以下主要特点：

1. 工艺统一、作业独立

在新建时速200公里铁路改良膨胀土路基施工技术中，尽管膨胀土的改良，存在着集中路拌法、集中预拌路拌法、路拌法、二次掺灰集中预拌路拌法、厂拌法等多种不同的改良拌和工艺，但每一种改良拌和工艺所生产的改良土都必须符合设计标准和新建时速200公里铁路路基填料的技术要求。

可见，改良膨胀土作为合格的路基填料，并不因为其改良阶段的工艺不同而对其提出不同的路基填筑、压实施工工艺要求。也就是说，用各种改良拌和工艺生产的改良膨胀土，在路基填筑、压实施工阶段，都必须遵循路基施工的规律，采用统一的改良膨胀土路基填筑、压实施工工艺。

然而，在统一的改良膨胀土路基填筑、压实施工工艺中，八个作业流程既是相互关联，但具体作业的实施又是完全独立的。这样，更有利于现场作业人员的组织分工与责任落实。

2. 流程清淅、逻辑严密

八个作业流程，均分布在改良膨胀土路基填筑压实施工工艺的关键路线上，每个流程的作业内容与工作界面十分清淅。而且，各个具体流程之间一环扣住一环，上道流程结束，才能进入下道流程，时空逻辑关系比较严密。

3. 工序控制、质量否决

每一个作业流程的关键工序都有明确的技术标准与要求，实行施工全过程的质量控制，通过自检或他检，及时纠正不合格的工序质量。

二、施工机械配置

由于改良膨胀土路基填筑、压实施工阶段所采用的施工作业机械，大部分与膨胀土改良拌和阶段是相同的，因此，在路基填筑、压实施工工艺与膨胀土改良拌和工艺紧密衔接的条件下，应尽可能地精简机械配置数量，最大程度地发挥各种机械的组合功能，以达到施工质量、工效与成本的最佳匹配。

(一) 主要作业机械名称、型号、数量与用途

按照上述思路，在实施改良膨胀土路基填筑、压实施工工艺中，充分考虑一机多用的原则，一般选用如下的主要作业机械组合：

1. 神刚230型挖掘机，用于取土与路基刷坡；
2. LW540F型装载机，用于装运土料；
3. CWB520型自卸汽车，用土料运输与自卸；
4. T140—1型推土机，用于土料的摊铺与初步整平；
5. PY160B型平地机，用于土料的精确整平；
6. SD175型压路机，用于土料的快速静压；
7. YZD20型压路机，用于路基辗压；
8. 上海504型旋耕机，用于土料挖翻。

需要说明的是，以上所列的仅是改良膨胀土路基填筑、压实施工所需的机械种类、型号及其用途，至于各种机械的具体配置数量，应根据与哪一种改良拌合工艺衔接以及工程进度的实际要求而定。例如，采用集中预拌路拌法、二次掺灰集中预拌路拌法、路拌法等膨胀土改良拌和工艺时，都直接在路基施工作业面上完成最后的路拌改良作业，紧接着即可就地进行改良膨胀土路基填筑、压实施工。于是，只需在相应的路拌作业改良工艺所配置的作业机械基础上，根据填筑、压实施工要求与阶段性施工进度的实际需要，酌量调整。

(二)机械性能参数及其生产厂

用于改良膨胀土路基填筑、压实施工的各种施工机械设备，其主要性能参数与生产厂家详见表6-2-1。

表6-2-1 改良膨胀土路基填筑、压实施工主要机械配备表

序号	机械名称	规格型号	主要性能参数	生产厂家	用 途
1	挖掘机	神刚230	自重22 t，斗容量1.2 m^3，功率125 kW	成都神刚	取土、刷坡
2	装载机	LW540F	斗容量3 m^3	徐工	装料
3	自卸汽车	CWB520	自重25 t，载重15 t	日产重汽	运输
4	推土机	T140—1	铲刀宽度3 672 mm，铲刀高度1 000 mm	宣化	初步整平
5	平地机	PY160B	铲刀长度3 965 mm	天津	精平
6	压路机	SD175	自重18 t，振动频率21.7～30.4 Hz，激振力36/18 t，名义振幅1.86/0.93 mm，行驶速度0～13.2 km/h	英格索兰	碾压
7	压路机	YZD20	自重20 t，振动频率28 Hz，激振力34/18 t，名义振幅1.9/1.0 mm，行驶速度0～7.2 km/h	中联重科	碾压
8	旋耕机	上海504	旋犁宽度1.5 m	上海拖拉机	翻晒

第三节 改良膨胀土路基的基底处理

根据我国铁路运营部门的不完全统计，绝大部分新线路基的沉降与地基下沉有关。新线建设和运营实践证明，路基填筑施工前的基底强化处理，是控制新线路基工后沉降量及其沉降速率的关键环节。

尤其值得关注的是，在大区域膨胀土地区，改良膨胀土路基以下的地基土层，通常为一定厚度的原状膨胀土。路基填筑、压实施工前，原状膨胀土基底要不要处理？怎样处理？处理到什么程度？这是新建时速 200 公里铁路改良膨胀土路基施工技术必须准确回答的几个重要问题。

改良膨胀土路基的基底处理工作，主要包括：基底表面清理，基底有关力学指标的检测，基底处理方案选择和基底处理工艺等几项重点。本节还提供了新建时速 200 公里客货共线合肥—南京铁路改良膨胀土路基基底处理的实例。

一、基底表面清理

膨胀土地区路基基底处理应尽量避开雨季。处理前，应首先对地基地质资料进行核查，地基条件应符合设计文件。当不符合文件要求时，应及时反馈。要求施工单位沿线路纵向每 100 m 检验 2 点，监理单位 100％见证检验，勘察设计单位现场确认。

与此同时，进行施工测量，在设计路基的地基范围内全面清除地表植物和其他杂物，清除地面积水并挖除淤泥。在清理彻底的基础上，再对地表实施整平。横坡应符合设计要求，结合永久排水系统做好临时排水工程，确保全过程排水畅通，避免基底土受水浸泡。要求施工、监理单位全部检验，重点观察基底处理后的外观与排水条件，并用坡度尺测量横坡坡度。当原地面坡度陡于 1∶5 时，应自上而下挖台阶，并整平碾压，沿线路横向挖台阶的宽度与高度应符合设计要求，沿线路纵向挖台阶的宽度不应＜2 m，要求施工单位用计量尺对每个台阶检验 3 点。

处理中，切忌在未将积水排干、淤泥挖除的情况下，盲目填土覆盖，防止人为造成“弹簧土”，给路基基底处理埋下隐患。另外，基底表面清理工作不宜全面铺开，应集中分段快速推进，并尽早处理与封闭。

二、基底检测

基底原状膨胀土检测的目的，是检验其有关力学性能是否符合设计要求。检测的具体项目、标准与方法如下：

（一）检测项目与标准

与新建时速 200 公里铁路改良膨胀土路基填筑、压实施工工艺的基底处理质量目标相同。即：

（1）当路基高度≤2.5 m 时，其路基基底的比贯入阻力 P_s＞1.5 MPa（或基本承载力 σ_0＞0.18 MPa），地基系数 K_{30}≥0.85 MPa/m；

（2）当路基高度＞2.5 m 时，其路基基底压实系数 K≥0.85；

（3）未达到上述目标时，应对膨胀土地基进行适当深度（一般为 0.4 m）的土质改良，并以合格的改良土更换原状土，使其达到基底处理的质量目标。

（二）检测方法

基底原状膨胀土有关力学性能检测，采用的方法有：碾压后检测；原状土地基承载力检测。

1. 碾压后检测

路基基底经过地表清理、整平，并以 SD175 型压路机碾压后，进行全面检测：

（1）用 K_{30} 平板载荷试验仪检测地基系数。要求施工单位沿线路纵向每 100 m 抽样检测 4 点。其中，距路基边线 2 m 处左、右各 1 点，路基中部 2 点。监理单位全部见证。

(2) 采用灌砂法、环刀法，核子射线法检测土密度，据此计算压实系数。要求施工单位沿线路纵向每 100 m 抽样检测 6 点。其中：距路基边线 1 m 处左、右各 2 点，路基中部 2 点。监理单位按施工单位抽样数量的 10%平行检验。

(3) 同时用 E_{Vd} 法等做相关试验。要求施工单位沿线路纵向每 100 m 抽样检测 4 点。其中：距路基边线 2 m 处左、右各 1 点，路基中部 2 点。监理单位按施工单位抽样数量的 10%平行检验。

2. 原状土地基承载力检测

为探明基底原状土的力学性能，尤其是它的地基承载能力对改良膨胀土路基工后沉降的影响，要求在基底设置符合置信度要求的足够数量沉降监测断面，采用 N_{10} 轻型动力触探仪对沉降断面处的地基土进行动力触探检测。施工单位沿线路纵向每 100 m 检验 2 点，监理单位 100%见证检验，勘察设计单位现场确认。

三、基底处理方案选择

在膨胀土地区，当地基土的有关力学指标不能满足设计要求时，必须对基底进行强化处理。现场处理方案，一般有两种选择。

(一) 改良压实方案

本方案实质上是对基底原状膨胀土进行就地改良后的回填压实。施工现场多采用翻挖一定深度的原状膨胀土，将其晾晒后，再掺入一定比例的石灰进行改良并用压路机压实，使基底力学指标达到设计要求。

基底原状膨胀土改良压实的合理深度，须经过现场由浅及深的多种深度试验，最后确定技术上能满足要求，经济上最合算的深度。通常情况下，非低洼地段，基底原状膨胀土改良压实深度一般为 30 cm；低洼地段，按实际需要可适当增加至 40 cm。

由于基底原状膨胀土改良压实方案受自然条件的影响较小，通过改良能使地基土加快达到基底技术要求，有利于保证施工工期，故现场采用比较普遍。

(二) 翻挖晾晒压实方案

当然，在工期允许，天气适宜，原状土含水率不太高的条件下，也可采用对原状土翻挖晾晒后，直接进行压实的方案，使基底力学指标达到设计要求。

但采用这种方案时，翻挖后的晾晒工作量大，晾晒周期也较长，有它一定的局限性。在年降雨量较大的膨胀土发育地区，由于地基表层原状膨胀土的天然含水率一般都偏高，即使在连续晴天的情况下，含水率从 26%降至 15%左右，约需要一周的时间。因受工期或天气的限制，原状土翻挖晾晒压实的方案现场往往没有条件经常采用。

四、基底处理工艺

膨胀土地区路基基底处理的工艺流程如图 6-3-1 所示。

从图 6-3-1 中看出，其工艺流程分为清表、清淤，翻挖、晾晒，回填、辗压以及有关力学指标检测等四道工序。其中，有关力学指标的检测要求，要根据不同的路基填筑高度，选择相应的检测项目与标准。

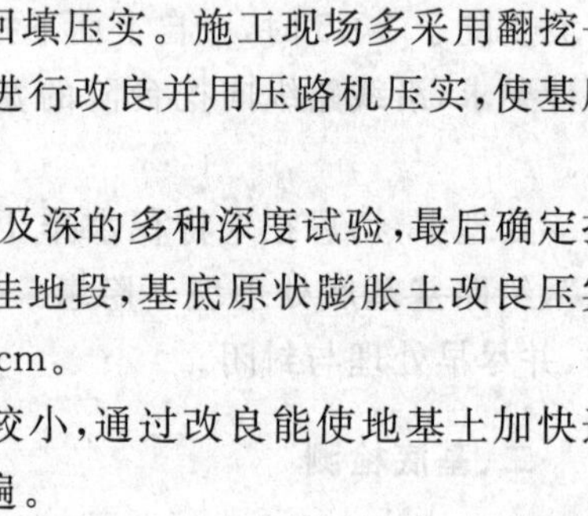

图 6-3-1　膨胀土地区路基基底处理工艺流程图

在整个路基基底处理工艺中，有关力学指标的检测工序具有质量否决权。当路基基底比贯入阻力 P_s(或基本承载力 σ_0)、地基系数 K_{30}、路基基底压实系数 K 等有关力学指标未达到新建时速 200 公里铁路改良膨胀土路基填筑、压实施工工艺的基底处理质量要求时，必须增加原状膨胀土改良后回填压实的工序。即：通过对膨胀土地基进行适当深度(一般为 0.3 m～0.4 m)的土质改良，以合格的改良土回填。重新压实后再次检测，直至其达到基底处理的规定质量指标。

五、改良膨胀土路基基底处理实例

新建时速 200 公里铁路改良膨胀土路基的基底处理是一项十分关键的基础工作。为了便于对该项工作有更为直观的了解，下面介绍新建时速 200 公里合肥—南京铁路改良膨胀土路基试验段工程基底处理的实例。

(一) 试验段概况

该试验段路基长度为 2 km，填土高度 2.5～12 m。地基土土质系自由膨胀率为 40%～80%的弱、中等膨胀土，天然含水率 20.0%～28.8%。试验段的地形条件分别为地势较高的岗地与地势低洼的坳地。

(二) 试验段路基基底检测

试验段地基表面采用推土机完成清表后，即用挖掘机、旋耕犁自地基表面向下翻挖 0.3～0.4 m(岗地与坳地)，经翻挖的地基原状膨胀土通过晾晒至最佳含水率(15%左右)，再回填碾压并检测其有关力学指标。

1. 方法与结果

基底地基土检测试验分别选择有代表性的岗地与坳地进行。用 K_{30} 平板载荷试验仪检测地基系数，采用环刀法，核子射线法检测土密度，用 E_{Vd} 法等做相关试验。为探明基底土对工后沉降的影响，在基底设置符合置信度要求的足够数量沉降监测断面。采用 N_{10} 轻型动力触探仪，对 2 km 范围的 8 个沉降断面处的地基土进行动力触探检测。

各项检测的结果如下：

(1) 地基系数。尽管试验段路基基底土的含水率偏高(通常在 26%)，在直接碾压的工况下，地基系数仍然满足 $K \geqslant 0.85$；

(2) 地基承载力。试验段地面以下 1.2～1.5 m 左右，地基原状土的承载力符合 $\sigma \geqslant 120$ kPa 的要求；

(3) 压实系数。表 6-3-1 是该试验段对检测取得的 44 组 K_{30} 有效数据，进行数理统计分析的结果。

表 6-3-1 基底原状土地基处理 K_{30} 测试数据统计分析表

分析指标	最大值(MPa/m)	最小值(MPa/m)	平均值(MPa/m)	标准差(MPa/m)	变异系数	95%置信度下限值(标准值)(MPa/m)
数 值	80	32	57.8	15.283	0.265	53.8

表中数据表明，试验段路基基底表层压实系数显然达不到 $K_{30} \geqslant 85$ MPa/m 的要求。

2. 原因分析

分析认为，试验段地基压实系数 K_{30} 检测数据均达不到 $K_{30} \geqslant 85$ MPa/m 的要求，存在以下主要原因：

(1) 土质原因。该段地基土为弱膨胀土，属D组填料。基底处理前，降雨较多，对地基土工程特性影响大。

(2) 翻挖深度不足。由于翻挖土层只有0.3～0.4 m，其下伏地基土含水率大，已经产生弱膨胀，具有较大压缩性，碾压时无法使其达到压实标准。

(3) 土料破碎不充分。晾晒后的膨胀土土料不易破碎，土块多呈块状，直接碾压后，孔隙率较大，潜在较大的压缩性。

(三) 试验段基底处理

根据检测结果及其原因分析，试验段基底必须进行强化处理，使其达到各项力学指标的要求。针对性的处理方法有两种：

1. 加深翻挖

在我国广大膨胀土发育地区的大部分季节里，地基土翻挖0.3 m晾晒至合适含水率(含水率从26%降至15.0%左右)，约需要一周左右的时间。

若采取加大地基表层土翻挖深度的方法，经现场试验，则该试验段岗地与洼地的地基土要分别下挖至0.9 m和2.7 m深度以下，这显然很不经济，也没有必要。因此，在正常情况下，考虑到受天气、工期和成本控制等多种因素的制约，施工单位较少选择加深翻挖地基原状土的基底处理方法。

2. 改良换填

为寻求技术上有效、经济上合理的处理方法，通过基底技术条件及处理方案研究，在试验段的岗地与坳地进行了路基基底换填改良土的试验。

试验工作分别在岗地和坳地进行。采用的具体方法是，对两类不同地形的地基先后以20 cm、30 cm、40 cm、50 cm四种深度翻挖基底原状膨胀土，掺入石灰改良后再回填压实。然后，再检测不同换填深度的改良土基底的有关力学指标。

两类地形、四种改良换填深度的检测结果如下：

(1) 在地势较高的岗地，当地基原状膨胀土翻挖深度≥30 cm，掺入石灰改良，经回填压实后，其地基系数、压实系数和地基承载力均达到规定的技术要求。但在地基原状膨胀土翻挖深度<30 cm时，有关力学指标不能完全达到规定的技术要求。

(2) 在地势低洼的坳地，当地基原状膨胀土翻挖深度≥40 cm，掺入石灰改良，经回填压实后，其地基系数、压实系数和地基承载力均达到技术要求。但在地基原状膨胀土翻挖深度<40 cm时，有关力学指标不能完全达到规定的技术要求。

根据试验结果，在合肥—南京铁路全线改良膨胀土路基基底处理中，分别采用了换填改良土30 cm或40 cm的方案。从该线试验段改良膨胀土路基沉降记录反映(详见本书第十章)，路基填筑完成后一个月左右，路基沉降曲线(主要是基底沉降)已经收敛，其工后沉降几乎为零，取得了良好的工程效果。

第四节 路基基床以下及路基基床底层填筑、压实技术指标与施工作业参数

新建时速200公里铁路改良膨胀土路基基床以下及路基基床底层的施工，均采用改良土作为路基填料。施工中，除了严格执行规定的施工工艺外，合理的技术指标与科学的施工作业参数，无疑是确保改良膨胀土路基填筑、压实质量的关键。

在新建时速200公里铁路改良膨胀土路基施工技术中，改良膨胀土路基基床以下及路基基床底层的填筑、压实技术指标与施工作业参数，主要包括：改良土填料的含水率、填料层松铺厚度、碾压参数、压实密度和相关力学指标。

一、改良土填料含水率

改良膨胀土的击实试验和施工实践表明，改良膨胀土路基填料含水率的大小是影响改良膨胀土路基压实效果的决定性因素。

（一）最佳含水率

最佳含水率是指土料干密度达到其极大值时的含水率。图6-4-1是通过击实试验所反映的改良膨胀土含水率与其干密度的关系曲线。

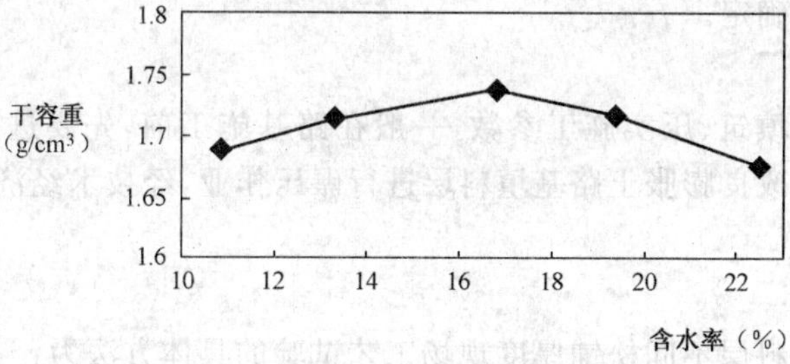

图6-4-1　改良膨胀土含水率与其干密度关系曲线

从关系曲线的凸形特征可知：

1. 当改良膨胀土路基填料含水率达到某一特征值即最佳含水率时，其击实干密度才有可能达到极大值（最大干密度）。这就意味着，此时的路基填筑、压实作业，可以使路基达到最佳密实度。

2. 当改良膨胀土路基填料含水率小于或大于最佳含水率时，其击实干密度将逐渐减小，也就是此时的路基填筑压实作业已不可能使路基达到最佳密实度。改良膨胀土路基填料的实际含水率与最佳含水率的偏差越大，则其击实干密度越小，改良膨胀土路基填筑、压实的效果就越差。

（二）含水率控制

在改良膨胀土路基填筑、压实施工中，为了使路基满足其相应的压实系数的要求，一项十分关键的工作，就是要把改良膨胀土压实时的实际含水率，控制在以最佳含水率为目标的合理偏差范围内。

路基工程施工的实践经验证明，相对于最佳含水率的实际含水率偏差，客观上存在着一个正负偏差的容许范围。若含水率过高，高出正偏差容许范围，则辗压时的改良土会发生"弹簧"现象，不能达到规定的压实度；若含水率过低，低出负偏差容许范围，则表层在压实过程中容易疏松起皮，也不能达到规定的压实度。

从改良膨胀土室内击实试验曲线看，可将压实系数分别控制在路基基床底层$K \geqslant 0.95$、路基基床以下$K \geqslant 0.90$的含水率偏差容许范围较大。然而，改良土含水率的实测指标值，往往在事实上，会存在着一定程度的不均匀性。再加上现场施工与室内试验相比，条件复杂，各种不确定的随机干扰因素较多，因此有经验的参建单位，都会根据施工现场的实际情况，以最佳含水率为基准，确定一个安全的最佳含水率偏差控制标准。通常条件下，路基基床底层（$K \geqslant 0.95$ 区）碾压时，改良膨胀土的实际含水率指标值，宜稍高出于其最佳含水率的1%；路基基床以下（$K \geqslant 0.90$ 区）碾压时，改良膨胀土实际含水率指标值，宜稍高出于其最佳含水率的2%。

二、填料层松铺厚度

在改良膨胀土路基填筑、压实施工前，准确选择改良膨胀土路基填料层的松铺厚度，决定着施工机械的作业技术参数。同时，它对路基填筑、压实的施工质量与作业效率、成本起着关键性的作用。

（一）确定填料层松铺厚度的思路与方法

合理的改良膨胀土路基填料层松铺厚度，应针对现场使用的摊平、压实作业机械功能，通过施工前的实地试验来确定。

1. 基本思路

为取得经济合理的填筑、压实施工参数，一般在路基施工前，先要进行填筑、压实工艺试验。对不同松铺厚度的改良膨胀土路基填料层进行碾压作业，经技术经济比较后，再确定施工机械的作业技术参数。

2. 具体方法

改良膨胀土路基填料层不同松铺厚度现场工艺试验的具体方法为：

在新建时速200公里铁路改良膨胀土路基施工现场，选择30 m长的试验段，将合格的改良膨胀土路基填料分别按25 cm、30 cm、35 cm、40 cm四种松铺厚度，摊铺在路基填筑面上。使用SD175压路机，先快速静压1遍；再以2.5 km/h的速度，弱振动碾压1遍，强振动碾压5遍。碾压前的厚度是推土机的初平厚度，碾压后的厚度是达到或接近最大压实密度时的厚度。在作业平面的固定位置上均匀分布10个厚度测点，通过测量各测点的原有基面标高、摊铺初平后标高、压实面的标高及其高差，分别获得松铺层与压实层的厚度值。

（二）松铺系数

改良膨胀土路基填料层碾压前厚度与碾压后厚度的比值称为松铺系数。现场施工前，施工单位通常经过工艺试验，直接测量改良膨胀土路基填料层碾压前后的厚度值变化，获得不同松铺厚度条件下，改良膨胀土路基填料的松铺系数。以便在正式施工时，通过控制松铺厚度，准确把握改良膨胀土路基的压实厚度。

表6-4-1～表6-4-4所列的是，松铺厚度分别为25 cm、30 cm、35 cm、40 cm时，按以上介绍的改良膨胀土路基填料填筑、压实工艺试验方法，实测得到的改良膨胀土路基填料层碾压前、后厚度值及其松铺系数记录。

表6-4-1 松铺厚度25 cm的实测松铺系数（厚度单位：cm）

测点	1	2	3	4	5	6	7	8	9	10	平均值
碾压前厚度	24.60	26.00	26.20	25.50	24.80	27.20	26.40	28.40	26.50	24.20	25.98
碾压后厚度	22.60	23.20	23.00	22.90	22.60	25.10	24.40	25.00	24.10	21.90	23.48
实测松铺系数	1.088	1.121	1.139	1.114	1.097	1.084	1.082	1.136	1.160	1.105	1.106

表 6-4-2　松铺厚度 30 cm 的实测松铺系数(厚度单位:cm)

测　点	1	2	3	4	5	6	7	8	9	10	平均值
碾压前厚度	30.30	29.90	29.50	31.60	30.00	30.40	28.60	29.70	29.00	31.20	30.02
碾压后厚度	27.40	27.00	26.80	28.10	26.80	27.30	25.90	25.20	26.60	27.10	26.82
实测松铺系数	1.106	1.107	1.101	1.125	1.119	1.114	1.104	1.179	1.090	1.151	1.119

表 6-4-3　松铺厚度 35 cm 的实测松铺系数(厚度单位:cm)

测　点	1	2	3	4	5	6	7	8	9	10	平均值
碾压前厚度	35.30	34.70	35.00	35.40	35.20	34.20	35.40	36.10	35.50	34.20	35.10
碾压后厚度	31.70	31.90	31.30	30.40	31.80	31.10	31.70	32.50	31.20	29.80	31.34
实测松铺系数	1.114	1.088	1.118	1.164	1.107	1.100	1.117	1.111	1.138	1.148	1.120

表 6-4-4　松铺厚度 40 cm 的实测松铺系数(厚度单位:cm)

测　点	1	2	3	4	5	6	7	8	9	10	平均值
碾压前厚度	38.20	38.00	39.60	38.50	39.10	40.20	38.60	39.80	39.20	40.10	39.13
碾压后厚度	31.70	33.70	34.50	34.20	36.00	34.50	33.90	35.20	34.00	34.70	34.24
实测松铺系数	1.205	1.128	1.148	1.126	1.086	1.165	1.139	1.131	1.153	1.156	1.143

(三) 不同松铺厚度路基填料层碾压后的地基系数与压实系数

试验中,每碾压 1 遍检测 1 次不同松铺厚度路基填料层碾压后的地基系数和压实系数。

1. 地基系数

实测结果显示,四种松铺厚度的改良膨胀土路基填料层,采用 SD175 型压路机,在作业行驶速度 2.5 km/h 的工况条件下,碾压 3 遍后地基系数指标值能满足基床底层 $K_{30} \geqslant 130$ MPa/m 的目标要求(已超过基床以下路基本体 $K_{30} \geqslant 110$ MPa/m 的目标要求),以后随着碾压遍数的增加,地基系数增幅不大。

2. 压实系数

与地基系数增长趋势不同的是,压实系数指标需要更多的碾压遍数,才能分别达到路基基床以下 $K \geqslant 0.90$ 和基床底层 $K \geqslant 0.95$ 的目标要求。可见,压实系数是决定碾压遍数的控制性指标。

表 6-4-5 所列的是在不同松铺厚度与不同碾压遍数条件下,测得的改良膨胀土路基压实系数增长趋势。

表 6-4-5　不同松铺厚度与不同碾压遍数下的压实系数(SD175 压路机行驶速度:2.5 km/h)

碾压遍数		1	2	3	4	5	6	7
(松铺 25 cm)K	平均值	0.86	0.88	0.93	0.96	0.97	0.97	0.97
	最小值	0.84	0.85	0.88	0.92	0.95	0.95	0.95
(松铺 30 cm)K	平均值	0.85	0.87	0.92	0.95	0.97	0.97	0.97
	最小值	0.81	0.84	0.88	0.93	0.95	0.95	0.95
(松铺 35 cm)K	平均值	0.84	0.86	0.90	0.93	0.96	0.96	0.95
	最小值	0.78	0.81	0.86	0.89	0.93	0.93	0.93
(松铺 40 cm)K	平均值	0.82	0.85	0.89	0.91	0.92	0.92	0.92
	最小值	0.79	0.83	0.87	0.88	0.90	0.89	0.89

（四）松铺厚度的确定

在改良膨胀土路基施工实施中，应通过现场工艺试验实测数据的技术分析，在满足质量要求的前提下，尽可能地提高工效、降低成本并与膨胀土改良的路拌作业工艺相衔接，最后确定路基填料层的最佳松铺厚度。

1. 技术分析

碾压后的实测数据表明：

(1) 松铺厚度为25 cm、30 cm的改良膨胀土路基层，其压实系数统计平均值与最小可能值，均稳定在$K \geqslant 0.95$的水平上；

(2) 松铺厚度为35 cm的改良膨胀土路基层，其压实系数统计平均值与最小可能值，均稳定在$K \geqslant 0.90$的水平上；

(3) 松铺厚度为40 cm的改良膨胀土路基层，其压实系数统计平均值稳定在$K \geqslant 0.90$的水平上，但最小可能值$K \geqslant 0.90$的置信度偏低。

根据新建时速200公里铁路改良膨胀土路基基床底层与基床以下压实系数的质量要求，从技术上分析，其路基基床底层可取25 cm、30 cm的松铺厚度；路基基床以下可取35 cm的松铺厚度。

2. 最佳松铺厚度

技术上可行，经济上最合理，这是确定改良膨胀土路基填料层最佳松铺厚度的一条基本原则。

在大规模施工中，改良膨胀土路基基床底层的填筑材料，一般均采用厂拌法改良拌和工艺生产的改良土成品，虽然填料松铺厚度25 cm或30 cm都能使碾压后的路基压实系数满足$K \geqslant 0.95$的技术要求，但就工效和成本而言，每层松铺厚度30 cm显然比每层松铺厚度25 cm更为合理。

改良膨胀土路基基床以下的填筑材料，可以由多种改良拌和工艺生产。当采用有路拌作业工序的改良拌和工艺时，路拌松铺厚度与碾压松铺厚度同为35 cm。因相互间厚度匹配，可节省碾压施工作业前调整松铺厚度所需增加的工时消耗与作业成本支出，这在经济上是最为合算的。

鉴于以上技术、经济的综合比较结果，改良膨胀土路基填料层的最佳松铺厚度可确定为：

(1) 改良膨胀土路基基床以下路基本体（$K \geqslant 0.90$区）：最佳松铺厚度35 cm，松铺系数1.1～1.2，分层压实厚度约30 cm。

(2) 改良膨胀土路基基床底层（$K \geqslant 0.95$区）：最佳松铺厚度30 cm，松铺系数1.1～1.2，分层压实厚度约25 cm。

三、碾压参数

改良膨胀土路基填筑、压实施工的碾压参数，即压实机械的作业技术参数。它主要包括：碾压方式（振动强度与作业速度）以及碾压作业的遍数。碾压参数的确定，应通过试验最大程度地发挥压实机械的击实功，最终使得压实后的改良膨胀土路基达到规定的密实度和相关力学指标。

（一）碾压试验

路基填筑、压实施工的碾压试验，在施工现场进行。下面介绍试验方法及其试验结果的分析：

1. 试验方法

碾压试验遵循静压—弱振动碾压—强振动碾压，先快后慢的原则，逐级加大对路基填筑层的击实功。其中，静压是在平地机精确整平之前进行的，主要目的暴露摊铺初平存在的潜在不平整。

具体的试验方法为：选择与上述松铺系数试验相同的填料，分别按松铺厚度 30 cm、35 cm 摊铺、整平，并各均匀设置 10 个测点。然后采用 SD175 压路机分别以 2.0 km/h 和 2.5 km/h 的速度对两种不同厚度的松铺层碾压 7 遍。每碾压完 1 遍，检测 1 次各测点的压实系数，共取得 2×2×7×10＝280 组数据。最后，将四种试验工况下的实测数据，绘制成碾压遍数与压实系数统计平均值的关系曲线图（见图 6-4-2）。

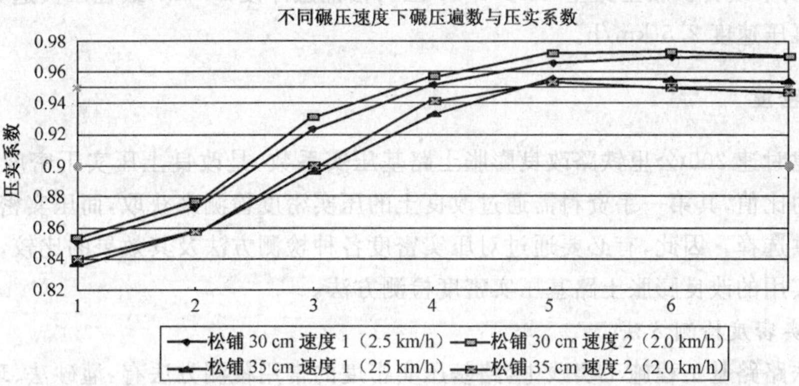

图 6-4-2 四种不同工况下碾压遍数与压实系数统计平均值的关系曲线图

2. 结果分析

从图 6-4-2 所示的试验结果可知，四种工况条件下的改良膨胀土路基压实系数，具有相同的变化趋势。即在一定的碾压遍数范围内，压实系数随着碾压遍数的增加而增大。但当压实系数接近或达到最大值后，则其变化分别呈现出趋向平缓或略有下降的曲线变化特征。具体表现为：

(1) 松铺厚度为 30 cm 的改良膨胀土路基填料层，当压路机以 2.0 km/h 的速度对其碾压 5 遍后，改良膨胀土路基上所有测点的压实系数均大于 0.95。同时，平均压实系数达到最大值，符合改良膨胀土路基基床底层质量标准。碾压第 6 遍以后，压实系数变化趋于平缓，并略有下降趋势。

(2) 松铺厚度为 30 cm 的改良膨胀土路基填料层，当压路机以 2.5 km/h 的速度对其碾压 5 遍后，平均压实系数 $K>0.95$，而个别测点的压实系数 $K<0.95$。尽管作业工效有所提高，但作业质量却不能完全符合改良膨胀土路基基床底层的质量标准。碾压第 6、第 7 遍后，平均压实系数仍略有上升趋势。

(3) 松铺厚度为 35 cm 的改良膨胀土路基填料层，当压路机以 2.0 km/h 的速度对其碾压 5 遍后，改良膨胀土路基上所有测点的压实系数 $K>0.90$，同时平均压实系数达到最大值。虽然符合改良膨胀土路基基床以下质量标准，但作业工效不是很高。碾压第 6 遍以后，压实系数变化趋于平缓，并略有下降趋势。

(4) 松铺厚度为 35 cm 的改良膨胀土路基填料层，当压路机以 2.5 km/h 的速度对其碾压 5 遍后，虽然改良膨胀土路基平均压实系数略低于 2.0 km/h 速度对其碾压的质量水平，但其所有测点的压实系数 $K>0.90$。这样，既符合改良膨胀土路基基床以下质量标准，又提高了作业工效。碾压第 6 遍以后，压实系数变化趋于平缓，并略有下降趋势。

通过碾压试验还发现：强振动碾压时，压路机行驶速度过高，压实质量会明显降低，甚至再增加碾压遍数也无法达到规定的压实系数指标；压路机行驶速度过低，则会大大降低碾压作业的工效。

(二) 碾压参数的确定

根据以上试验和分析，本着技术可行、经济合理原则确定的最佳碾压作业参数为：

1. 改良膨胀土路基基床底层（$K\geqslant 0.95$ 区）：松铺层厚度 30 cm，最佳压实遍数为 5 遍，压路机强振动碾压速度 2.0 km/h；

2. 基床以下改良膨胀土路基（$K\geqslant 0.90$ 区）：松铺层厚度 35 cm，最佳压实遍数为 5 遍，压路机强振动碾压速度 2.5 km/h。

四、压实密度

由于新建时速 200 公里铁路改良膨胀土路基压实系数，是改良土压实干密度与击实试验最大干密度的比值，其第一手资料需通过改良土的压实密度检测来获取，而压实密度的检测有多种方法可供选择。因此，有必要通过对压实密度各种检测方法及其效果的比较，优选出更加可靠、有效、实用的改良膨胀土路基压实密度检测方法。

(一) 压实密度检测方法

在我国铁路路基工程施工实践中，路基压实密度的常用检测方法有：灌砂法、环刀法、核子射线法等。现将它们的检测原理、特点与工效介绍如下：

1. 灌砂法

利用均匀颗粒的砂，由一定高度下落到规定容积的试坑（筒或洞）内，按其单位重量不变的原理来测量试坑的容积。计算湿密度和含水量，据此计算压实系数。

2. 环刀法

使用环刀测出填料的湿密度和含水量，据此计算压实系数。

3. 核子射线法

利用 γ 射线穿过被测物体时的衰减规律来测量其密度，利用 Be 射线的中子流进入被测材料，测量慢中子，计算含水率，并反映压实系数。

各种方法的检测原理、特点及其工效汇总见表 6-4-6 所列。

表 6-4-6 路基压实密度检测的几种常用方法

检验方法	检 测 原 理	特 点	工 效
灌砂法	利用均匀颗粒的砂，由一定高度下落到规定容积的筒或洞内，按其单位重量不变的原理来测量试坑的容积。计算湿密度和含水量，据此计算压实系数	适用于细粒土、砂类土、砾类土	2 人 30 min 可完成现场 1 点试验
环刀法	使用环刀测出填料的湿密度和含水量，据此计算压实系数	适用于细粒土土质，取样简便	1 人 20 min 可完成 1 点试验
核子射线法	利用 γ 射线穿过被侧体的衰减规律来测量其密度，利用 Be 射线的中子流进入被测材料，测量慢中子，计算含水率，并反映压实系数	检测速度快，适用于细粒土	2 人 5 min 完成现场 1 点测试

（二）各种检测方法比较

为了正确选择适合于改良膨胀土路基压实密度检测的方法，现场一般采取与施工同步，在路基不同施工区段、不同施工层次的同一批采集点上，分别以几种不同的方法：如灌砂法、环刀法、核子射线法等，同时检测改良膨胀土路基的压实密度。再对不同检测方法采集的数据，作相关性分析与比较。

1. 灌砂法与环刀法

图 6-4-3 显示的是在改良膨胀土路基基床以下部位，分别用灌砂法与环刀法同时对 315 个测点进行压实密度检测，根据实测结果所绘制的相关图。它反映了改良膨胀土路基基床以下同一检测对象，用两种检测方法所得结果的相关关系；图 6-4-4 显示的是在改良膨胀土路基基床底层部位，分别用灌砂法与环刀法同时对 300 个测点进行压实密度检测，根据实测结果所绘制的相关图。它反映的是改良膨胀土路基基床底层同一检测对象，用两种检测方法所得结果的相关关系。

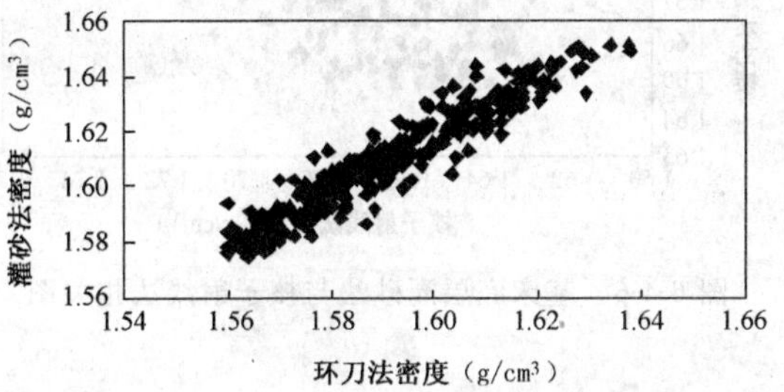

图 6-4-3 基床以下灌砂法与环刀法实测结果相关图

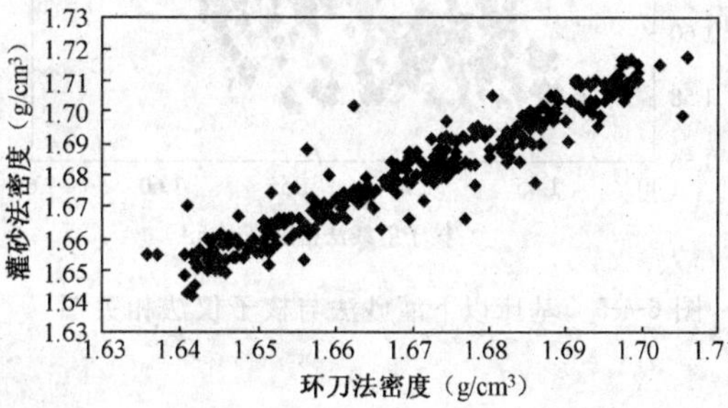

图 6-4-4 基床底层灌砂法与环刀法实测结果相关图

从相关图可知，无论在改良膨胀土路基基床以下还是在其基床底层，灌砂法与环刀法的检测结果，均存在着强正相关关系。

再对实测数据进行数学回归分析，形成了以下结果：

(1) 改良膨胀土路基基床以下部位，采用灌砂法与环刀法实测数据的相关系数为 0.95。

两者的相关关系方程为：

$$Y_{灌砂法}=0.039+0.987X_{环刀法} \quad (6—4—1)$$

(2) 改良膨胀土路基基床底层部位，采用灌砂法与环刀法实测数据的相关系数为 0.96。

两者的相关关系方程为：

$$Y_{灌砂法}=0.005+1.006\,1X_{环刀法} \quad (6—4—2)$$

以上结果说明，灌砂法与环刀法对同一检测对象压实密度的测试结果，具有十分良好的相关性。

通过计算，在改良膨胀土路基基床以下部位，用灌砂法检测路基土的平均密度值比环刀法检测的平均密度值大 0.02g/cm^3；在改良膨胀土路基基床底层部位，用灌砂法检测路基土的平均密度值比环刀法检测的平均密度值大 0.01g/cm^3。

从现象上看，似乎灌砂法与环刀法的测试结果存在一定差异，无论在改良膨胀土路基基床以下部位还是在改良膨胀土路基基床底层部位，灌砂法的检测平均值总是略大于环刀法。其实，这主要是由于压实土密度值的分布规律，一般是表层较大，底层偏小。灌砂法检测的是改良土 0～20 cm 深的压实密度，而环刀法取样位置一般在灌砂法的中偏下位置，反映的是平均填土厚度的密度。

工程实践证明,灌砂法和环刀法都可用于改良膨胀土路基的密度检测。

2. 灌砂法与核子射线法

图 6-4-5 记录了在改良膨胀土路基基床以下部位,同时用灌砂法与核子射线法对 315 个测点进行检测后,其检测数据的相关关系。图 6-4-6 记录了在改良膨胀土路基基床底层部位,同时用灌砂法与核子射线法对 300 个测点进行检测后,其检测数据的相关关系。从相关图可知,无论在改良膨胀土路基基床以下部位还是在其基床底层部位,灌砂法与核子射线法的检测结果,均存在着弱正相关关系。

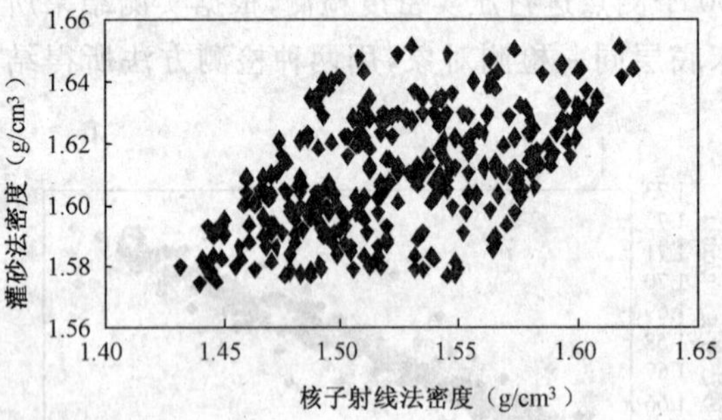

图 6-4-5　基床以下灌砂法与核子仪法相关图

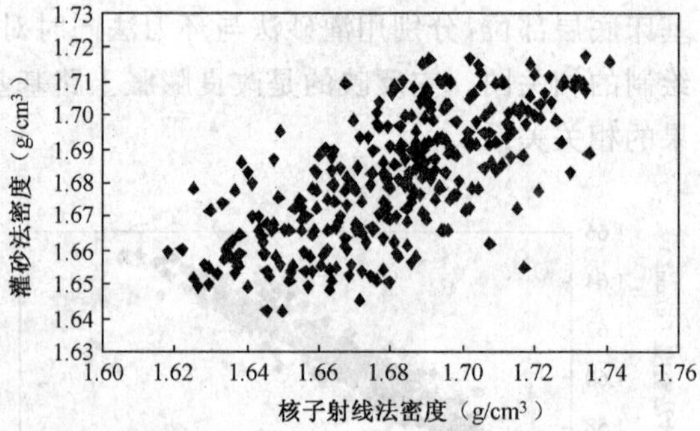

图 6-4-6　基床底层灌砂法与核子射线法相关图

数学回归分析的结果是:

(1) 改良膨胀土路基基床以下部位,采用灌砂法与核子射线法实测数据的相关系数仅为 0.52。

其相关关系方程为:

$$Y_{灌砂法}=1.265+0.226X_{核子射线法} \quad (6—4—3)$$

(2) 改良膨胀土路基基床底层部位,采用灌砂法与核子射线法实测数据的相关系数也仅为 0.68。

其相关关系方程为:

$$Y_{灌砂法}=0.869+0.484X_{核子射线法} \quad (6—4—4)$$

上述结果说明,灌砂法与核子射线法对同一检测对象压实密度的测试结果,具有较差的相关性。

(三) 改良膨胀土路基压实密度检测方法的选择

通过分析认为:改良膨胀土中的石灰,含有大量的氢原子,对核子密度仪中用来测量含水率的 Be 射线会产生不稳定的影响。从而,使得含水率的测量值离散度较大,进而影响核子密度仪的测量值。因此,尽管核子射线法具有检测速度快、工效高的特点,但并不适用于对改良膨胀土压实密度的检测。

针对改良膨胀土掺入石灰后含有大量氢原子,不再适用核子射线法的实际情况,新建时速 200 公里铁路改良膨胀土路基的基床以下路基本体和基床底层的压实密度检测,应选择更加可靠、有效、实用的灌砂法与环刀法。

五、相关力学指标

相关力学指标是衡量新建时速 200 公里铁路改良膨胀土路基填筑压实施工质量，在力学上是否满足规定技术要求的重要标尺。

目前，我国铁路对路基施工中力学指标的检测，在与新建时速 200 公里铁路改良膨胀土路基相关的路基设计规范和路基施工质量验收标准中，地基系数(K_{30})、无侧限抗压强度、动态变形模量(E_{vd})等力学指标已被纳入。在国内外铁路与公路路基施工力学指标的检测中，已被采用的力学指标主要有：地基系数(K_{30})、无侧限抗压强度、动态变形模量(E_{Vd})、某贯入量范围内试验与标准荷重强度比(简称 CBR)等。

下面，将着重介绍：各种力学指标的力学意义和检测方法；力学指标检测结果的相关性；新建时速 200 公里铁路改良膨胀土路基力学指标的选择与确定。

(一) 各种指标的力学意义和检测方法

表 6-4-7 概括的是，有关路基施工质量检测中，地基系数(K_{30})、无侧限抗压强度、动态变形模量(E_{vd})、现场 CBR 等几种力学指标的力学意义和检测原理。

表 6-4-7　几种力学指标的力学意义和检测原理

力学指标	单　位	力学意义与检测原理	现场检测工效
地基系数(K_{30})	MPa/m	反映填土在静力作用下的抗变形能力。通过平板荷载试验，绘制 P—S 曲线，计算求得 K_{30} 值	3 人 40 min
无侧限抗压强度	MPa	填筑压实的改良膨土路基经过一定龄期(可取 7 d、14 d、28 d，浸水与不浸水等多种方案)取样，在无侧限条件下加压至破坏前的土体最高强度。用固定专用加压设备检测	试验室
动态变形模量(E_{vd})	MPa	反映填土在动荷载作用下所产生的应变应力关系。通过按模拟高速列车动荷载测试，自动记录直接打印测试结果	2 人 5 min
某贯入量范围内试验与标准荷重强度比(CBR)	%	利用落球陷痕，计算现场 CBR 值，推算土的压实度和强度	1 人 3 min

各种力学指标检测的具体方法与要求如下：

1. 地基系数(K_{30})

地基系数(K_{30})是指通过试验测得的直径 30 cm 荷载板下沉 1.25 mm 时，对应的荷载强度 p(MPa)与其下沉量 s(1.25 mm)的比值。新建时速 200 公里铁路改良膨胀土路基对其地基系数的要求分别为：路基基床以下 $K_{30}\geqslant 110$ MPa/m；路基基床底层 $K_{30}\geqslant 130$ MPa/m。

在新线路基施工中，路基基床以下和基床底层地基系数(K_{30})的检测工作与施工同步进行。具体方法是，采用专门的地基系数(K_{30})检测仪器，在路基不同施工区段、不同施工层次，对不同掺灰率的改良膨胀土路基采集数据。要求施工单位沿着线路纵向，对同一个母体(即：同一施工区段、同一路基层、同一种改良膨胀土)每 100 m 等间距检测 2 个断面 4 个点，每一个母体检测的子样数不得少于 30 个。然后，对同一母体的全部子样进行数理统计分析，得出该母体地基系数(K_{30})的统计平均值、标准差，以此判断置信度为 95% 的该路基母体地基系数(K_{30})的指标值。

表 6-4-8、表 6-4-9 所列，分别是某新建时速 200 公里铁路改良膨胀土路基填筑压实施工

中,对基床以下路基本体和基床底层地基系数(K_{30})现场检测结果统计分析的实例。

表6-4-8 基床以下路基本体地基系数(K_{30})现场检测结果统计分析(单位:MPa/m)

序号	改良膨胀土掺灰率	子样数	平均值	标准差	具有95%置信度的强度值
1	6%	404	212.60	58.54	116.30
2	5%	404	219.00	65.60	111.50

表6-4-9 基床底层地基系数(K_{30})现场检测结果统计分析(单位:MPa/m)

序号	改良膨胀土掺灰率	子样数	平均值	标准差	具有95%置信度的强度值
1	6%	300	275.00	75.00	152.00

现场检测及其统计分析表明:

(1) 掺灰率为6%的改良膨胀土路基,其基床以下路基本体地基系数(K_{30})的统计平均值高达212.60 MPa/m,标准差为58.54 MPa/m,具有置信度为95%的K_{30}最小可能值为116.30 MPa/m。施工质量符合新建时速200公里铁路改良膨胀土路基基床以下路基本体地基系数(K_{30})110 MPa/m的技术标准要求。

(2) 掺灰率为5%的改良膨胀土路基,其基床以下路基本体地基系数(K_{30})的统计平均值高达219.00 MPa/m,标准差为65.60 MPa/m,具有置信度为95%的K_{30}最小可能值为110.50 MPa/m。施工质量也符合新建时速200公里铁路改良膨胀土路基基床以下路基本体地基系数(K_{30})110 MPa/m的技术标准要求。

(3) 掺灰率为6%的改良膨胀土路基,其基床底层地基系数(K_{30})的统计平均值高达275 MPa/m,标准差为75 MPa/m,具有置信度为95%的K_{30}最小可能值为152 MPa/m。施工质量高于新建时速200公里铁路改良膨胀土路基基床底层地基系数(K_{30})110 MPa/m的技术标准较多,基床底层路基K_{30}管理值作适当提高,宜确定为130 MPa/m。

2.无侧限抗压强度

所谓无侧限抗压强度,指的是填筑压实的改良膨土路基经过一定龄期(可取7 d、14 d、28 d,浸水与不浸水等多种方案)取样,在无侧限条件下加压至破坏前的土体最高强度。新建时速200公里铁路改良膨胀土路基的无侧限抗压强度应符合设计要求。

在新线路基施工中,路基基床以下和基床底层无侧限抗压强度的检测工作也是与施工同步进行。具体方法是,施工单位在路基不同施工区段、不同施工层次,对同一个母体(即:同一施工区段、同一路基层、同一种掺灰率的改良膨胀土)路基采样,要求每检验批每压实层抽样3处(左、中、右各1处)试件。然后,在工地试验室的专用试验设备上做无侧限抗压强度试验,检测结果应全部含格。对取自同一母体的一定数量试件(子样)检测结果进行数数理统计分析,得出该母体无侧限抗压强度的统计平均值、标准差,以此判断置信度为95%的该路基母体无侧限抗压强度指标值。

例:某条新建时速200公里铁路改良膨胀土路基的设计要求为:路基基床以下7 d(其中:养护6 d,浸水1 d)无侧限抗压强度≥0.30 MPa;路基基床底层7 d(其中:养护6 d,浸水1 d)无侧限抗压强度≥0.45 MPa。表6-4-10所据的实例是,该线在改良膨胀土路基填筑压实施工中,采用不同掺灰率的中、弱等膨胀土,分别填筑路基基床以下、基床底层测得的无侧限抗压强度(其中:养护6 d,浸水1 d)统计分析结果。

表 6-4-10 无侧限抗压强度(养护 6 d,浸水 1 d)检测值的统计分析结果(单位:MPa)

序号	原状膨胀土类别	改良材料	掺灰率	改良土填筑部位	平均值	标准差	具有 95%置信度的强度值
1	弱膨胀土	生石灰	6%	基床以下	0.94	0.09	0.79
2	弱膨胀土	熟石灰	5%	基床以下	0.91	0.13	0.7
3	弱膨胀土	熟石灰	6%	基床以下	1.05	0.12	0.85
4	中等膨胀土	熟石灰	6%	基床以下	0.61	0.11	0.43
5	弱膨胀土	熟石灰	6%	基床底层	1.57	0.21	1.22
6	弱膨胀土	生石灰	6%	基床底层	1.36	0.20	1.03
7	中等膨胀土	熟石灰	7%	基床底层	1.00	0.10	0.84

表 6-4-11 所列的是该线改良膨胀土路基填筑压实施工中,采用不同掺灰率的中、弱等膨胀土,填筑路基基床以下测得的无侧限抗压强度(7 d 不浸水)统计分析结果。

表 6-4-11 无侧限抗压强度(7 d 不浸水)检测值的统计分析结果(单位:MPa)

序号	原状膨胀土类别	改良材料	掺灰率	改良土填筑部位	平均值	标准差	具有 95%置信度的强度值
1	中等膨胀土	熟石灰	6%	基床以下	0.91	0.11	0.72
2	弱膨胀土	熟石灰	5%	基床以下	1.27	0.24	0.88

该实例的实测结果统计分析表明:

(1) 在新建时速 200 公里铁路改良膨胀土路基填筑压实施工中,该线路基基床以下具有 95%置信度的 7 d(其中:养护 6 d,浸水 1 d)无侧限抗压强度下限值为 0.40 MPa,已满足 ≥0.30 MPa的设计要求;

(2) 在新建时速 200 公里铁路改良膨胀土路基填筑压实施工中,该线路基基床底层具有 95%置信度的 7 d(其中:养护 6 d,浸水 1 d)无侧限抗压强度下限值为 0.80 MPa,已大大超过 ≥0.45 MPa 的设计要求。

3. 动态变形模量(E_{vd})

动态变形模量(E_{vd})是指通过落锤动态平板载荷试验和沉陷测定,直接获取的路基土体动态特性承载力指标,反映了路基土体在动荷载作用下所产生的应力与应变的对应关系,其计量单位为 MPa。

动态变形模量(E_{vd})的检测方法为:在新建时速 200 公里铁路改良膨胀土路基施工现场,采用专门的便携式小型仪器,通过模拟高速列车动荷载作用,自动记录并直接打印动态变形模量(E_{vd})的检测结果。由于此法比较方便、简捷,既不需要作为静态试验平衡反力的荷载卡车,又可以在狭窄的场地条件下进行,占用空间小、重量轻、检测时间短,因此,在国外的一些高速铁路及公路路基施工中被广泛采用。

近年来,在我国铁路新线建设,尤其是在时速 200 km 及以上的客运专线建设中,开始引入了动态变形模量(E_{vd}),并已经将其作为路基施工的力学指标之一。根据 2005 年 9 月我国铁道部发布的《客运专线铁路路基工程施工质量验收暂行标准》,基床底层改良细粒土动态变形模量(E_{vd})≥40 MPa。要求施工单位沿线路纵向每 100 m 每填高约 90 cm 抽样检测动态变形模量(E_{vd})各 4 点,其中:距路基边线 2 m 处左、右各 1 点,路基中部 2 点。检测结果应全部含格。对取自同一母体的一定数量试件(子样)检测结果进行数数理统计分析,得出该母体动态变形模量(E_{vd})的统计平均值、标准差,以此判断置信度为 95%的该路基母体动态变形模量

(E_{Vd})指标值。

4. 某贯入量范围内试验与标准荷重强度比(简称 CBR)

现场 CBR 试验检测原理即某贯入量范围内的试验荷重强度与标准荷重强度的比值，用百分率表示。贯入量通常按 2.5 mm 计。现场 CBR 试验是美国加利福尼亚州承载比(加州承载比或加州承压比)之简称，是一种用于公路柔性路面设计的简单测定方法。

本试验适用于从黏土到砾土几乎所有的土，现今世界上大多数国家都已正式采用。CBR 试验分为室内试验和现场试验两种，室内试验通常将试件浸水 96 h 后试验，预测路基或路面基层在使用期间经历气候变化和长年运行过程中最恶劣条件下的 CBR 值；现场试验通常采用落球仪快速测定土基现场 CBR 值的方法，直接测定现场路基或路面基层承载力大小。目前，室内试验与现场试验两者之间尚缺少换算关系。在我国铁路工程建设中，CBR 试验方法的适用性，尚有待进一步探索研究。

(二) K_{30} 与 E_{Vd}、现场 CBR 检测结果的相关性

在新建时速 200 公里铁路改良膨胀土路基施工中，研究 K_{30} 与 E_{Vd}、现场 CBR 检测结果的相关性，对于 K_{30} 指标值的合理确定与 CBR 指标的取舍具有实际意义。下面，介绍有关 K_{30} 与 E_{Vd}、现场 CBR 相关性检测试验及其结果分析的实例。

1. K_{30} 与 E_{Vd}

地基系数(K_{30})与动态变形模量(E_{Vd})相关性检测试验，在新建时速 200 公里铁路改良膨胀土路基不同施工区段、不同施工层次，随施工同步进行。

检测试验时，对同一试验点分别使用 K_{30} 与 E_{Vd} 两种不同检测方法采集数据。其中，改良膨胀土路基基床以下共采集 404 组 K_{30} 与 E_{Vd} 对应数据，改良膨胀土路基基床底层共采集 300 组 K_{30} 与 E_{Vd} 对应数据。将对应数据分别绘制成散布图，见图 6-4-7、图 6-4-8。

实测数据数学回归分析的结果如下：

(1) 改良膨胀土路基基床以下 K_{30} 与 E_{Vd} 力学指标的相关系数为 0.85，说明两者间有较强的正相关关系。

反映它们相关关系的数学回归方程为：

$$Y_{E_{Vd}} = 20.165 + 0.173\,9X_{K_{30}} \tag{6—4—5}$$

根据方程(6—4—3)，当 K_{30} 取 ≥110 MPa/m 时，对应的 E_{Vd} 为 ≥39.3 MPa。因此，改良膨胀土路基基床以下 E_{vd} 取值 40 MPa 是合理的。

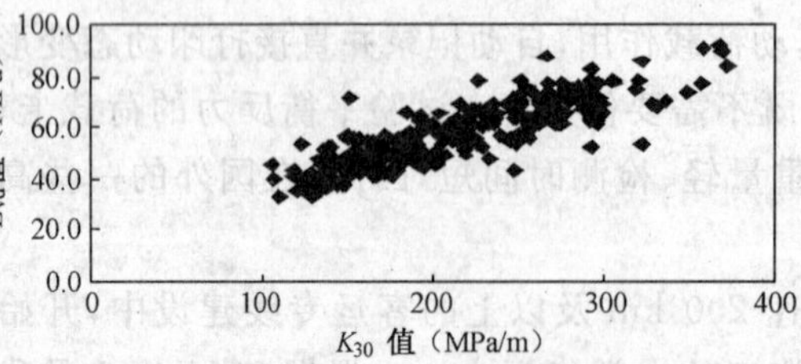

图 6-4-7 基床以下实测 K_{30} 与 E_{Vd} 数据相关图

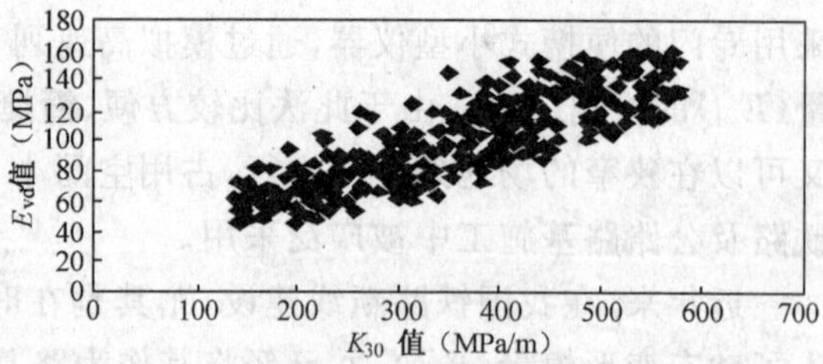

图 6-4-8 基床底层实测 K_{30} 与 E_{Vd} 数据相关图

(2) 改良膨胀土路基基床底层 K_{30} 与 E_{Vd} 力学指标的相关系数也为 0.85，说明两者间同样有较强的正相关关系。

反映它们相关关系的数学回归方程为：

$$Y_{E_{Vd}} = 25.9 + 0.2X_{K_{30}} \tag{6—4—6}$$

根据方程(6—4—4)，当 K_{30} 取≥130 MPa/m 时，对应的 E_{Vd} 为≥51.9 MPa，因此，改良膨胀土路基基床底层 E_{Vd} 合理取值建议为：52 MPa。

2. K_{30} 与现场 CBR

地基系数(K_{30})与 现场 CBR 相关性检测试验，也在新建时速 200 公里铁路改良膨胀土路基不同施工区段、不同施工层次，随施工同步进行。检测试验时，对同一试验点分别使用 K_{30} 与现场 CBR 两种不同检测方法采集数据。其中，改良膨胀土路基基床以下共采集 404 组 K_{30} 与现场 CBR 对应数据，改良膨胀土路基基床底层共采集 300 组 K_{30} 与 CBR 对应数据。将对应数据分别绘制成散布图，见图 6-4-9、图 6-4-10。

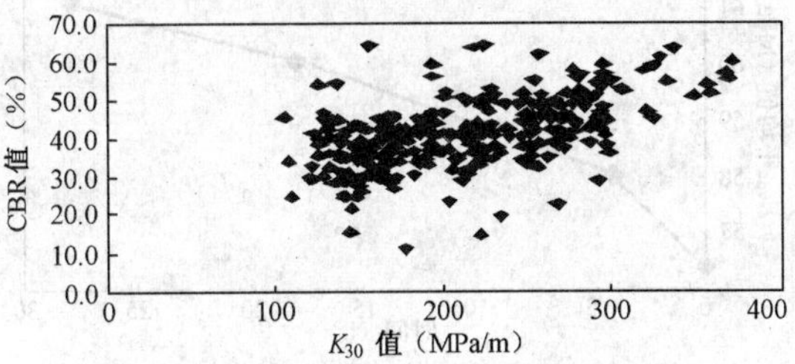

图 6-4-9　基床以下路基本体 K_{30} 与 CBR 数据相关图

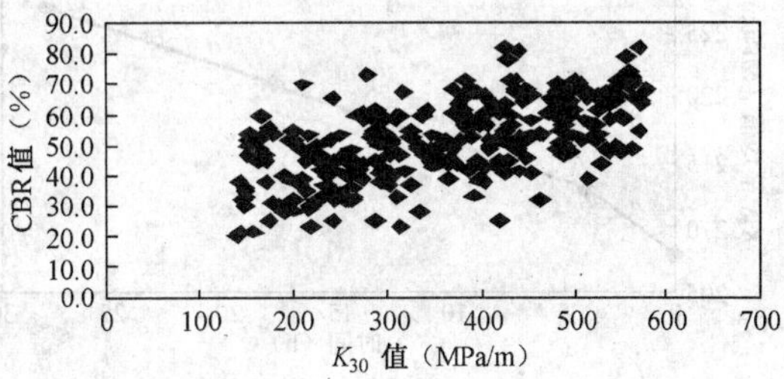

图 6-4-10　基床底层 K_{30} 与 CBR 数据相关图

实测数据数学回归分析的结果如下：

(1) 改良膨胀土路基基床以下 K_{30} 与 CBR 力学指标的相关系数为仅 0.52，说明两者间为弱正相关关系。

反映它们相关关系的数学回归方程为：

$$Y_{CBR} = 24.309 + 0.078X_{K_{30}} \tag{6—4—7}$$

(2) 改良膨胀土路基基床底层 K_{30} 与现场 CBR 值相关系数也仅为 0.60，说明两者间同样是弱正相关关系。

反映它们相关关系的数学回归方程为：

$$Y_{CBR} = 29.100 + 0.100X_{K_{30}} \tag{6—4—8}$$

以上分析结果表明，K_{30} 与现场 CBR 尽管存在着一定的相关关系，但两者之间的相关性较差。再加上现场 CBR 只能进行表面薄层的检测，测定值会因试验时期和气象条件的不同而产生不稳定变化，在目前已有 K_{30} 与 E_{Vd} 力学指标检测的条件下，现场 CBR 检测暂不宜作为路基施工力学指标的评定依据。

(三) 新建时速 200 公里铁路改良膨胀土路基力学指标的合理检测时机

在大规模改良膨胀土路基填筑压实施工中，研究新建路基地基系数(K_{30})、动态变形模量(E_{Vd})以及无侧限抗压强度等力学指标的变化，合理选择它们的检测时机，这对于确保改良膨胀土路基基床以下与其基床底层的检测质量，提高施工作业工效，具有十分重要的技术、经济价值。

下面，重点阐述新建时速 200 公里铁路改良膨胀土路基填筑压实施工中，有关合理选择改良膨胀土路基基床以下其基床底层 K_{30}、E_{Vd} 指标的检测时间，以及合理选择其无侧限抗压强度指标检测龄期的问题。

1. 关于 K_{30} 与 E_{Vd} 的合理检测时间

施工现场的跟踪检测发现，填筑压实后的改良膨胀土路基强度，会随着时间的增长而发生规律性的增长，施工后不同时间的 K_{30}、E_{vd} 指标检测值存在着相应的变化。为保证检测工作的质量，必须进一步研究改良膨胀土路基填筑压实后 K_{30}、E_{Vd} 指标值的变化规律，统一其合理的检测时间。

在改良膨胀土路基施工现场 10 个不同位置设点，对同一位置测点，于施工后 0 h、4 h、18 h、28 h 各进行一次 10 个不同位置测点的 K_{30}、E_{Vd} 指标值检测。检测结果见图 6-4-11、图 6-4-12，表 6-4-12、表 6-4-13。

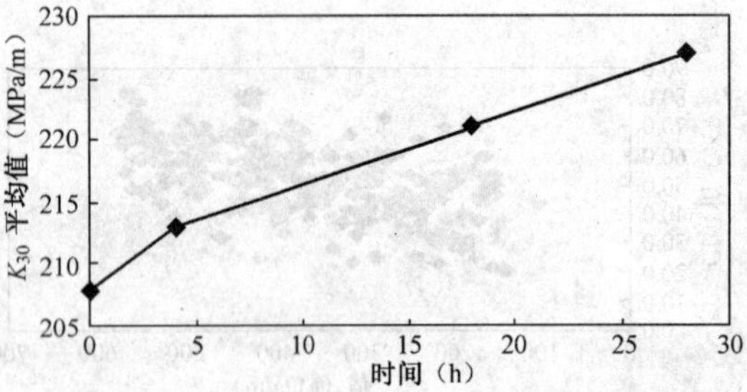

图 6-4-11　K_{30} 平均值随时间变化趋势图

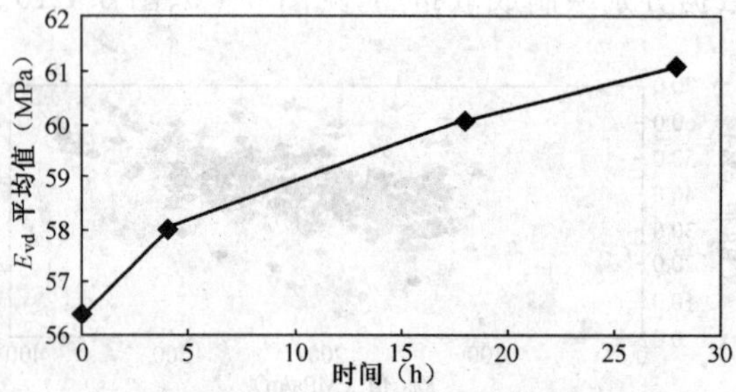

图 6-4-12　E_{Vd} 平均值随时间变化趋势图

表 6-4-12　不同时间的 K_{30} 测试结果(单位：MPa/m)

时间＼序号	1	2	3	4	5	6	7	8	9	10	均值
0	180	220	230	178	245	175	201	236	187	224	208
4	185	227	236	184	251	182	209	242	182	229	213
18	192	238	243	190	258	192	219	249	190	236	221
28	201	241	249	197	264	199	224	256	197	241	227

测试结果表明，改良膨胀土路基填筑压实后，其 K_{30}、E_{Vd} 指标值随着时间的增长而缓慢增长。因此，在新建时速 200 公里铁路改良膨胀土路基填筑压实施工中，同一层改良膨胀土基床底层或基床以下改良膨胀土路基填筑压实施工完毕后，该两项力学指标的现场检测工作，宜在 2～4 h 内完成。

表 6-4-13　不同时间的 E_{vd} 测试结果(单位：MPa)

时间＼序号	1	2	3	4	5	6	7	8	9	10	均值
0	52.1	59.2	61.3	50	61.6	52	57	59.3	54.6	57.1	56.4
4	53.2	60.1	62.4	53.1	62.7	53.2	58.2	60.7	56.1	60.2	58
18	55.2	63.4	65.2	55.2	65.3	54.7	60.2	61.2	57.8	62.9	60.1
28	56.2	64.1	66.3	56.2	66.3	56.3	61.1	63.2	58.2	63.1	61.1

2. 关于无侧限抗压强度检测龄期的选择

改良膨胀土路基施工的实践证实，在温暖湿润条件下，改良膨胀土路基无侧限抗压强度会随着龄期的增加而发生变化。施工单位在工程实施中，正确掌握改良膨胀土路基无侧限抗压强度的这一重要变化规律，将有助于对改良膨胀土路基强度发展趋势的预测，也有利于从保证检测质量、提高路基施工工效出发，选择更为合理的改良膨胀土路基无侧限抗压强度检测龄期。

表 6-4-14 记录的是，9 组在同一环境条件下，同一种改良膨胀土路基在不同龄期的无侧限抗压强度的变化值。

表 6-4-14　不同龄期改良膨胀土路基无侧限抗压强度试验结果(单位：MPa)

时间＼序号	1	2	3	4	5	6	7	8	9	平均
7 d	0.86	0.86	0.92	0.95	0.97	0.92	0.92	0.83	0.83	0.90
14 d	1.48	1.26	1.18	1.21	1.04	1.12	1.12	1.12	1.12	1.18
28 d	1.62	1.71	1.68	1.74	1.68	1.74	1.71	1.62	1.71	1.69

实测数据表明，同一环境同一种改良膨胀土路基，当以其 7 d 龄期无侧限抗压强度为基数时，14 d 龄期的无侧限抗压强度平均值提高了 31.1%，28 d 龄期的无侧限抗压强度平均值提高了 87.8%。

改良膨胀土路基填筑压实施工完成后，其不同龄期的无侧限抗压强度平均值增长趋势如图 6-4-13 所示。

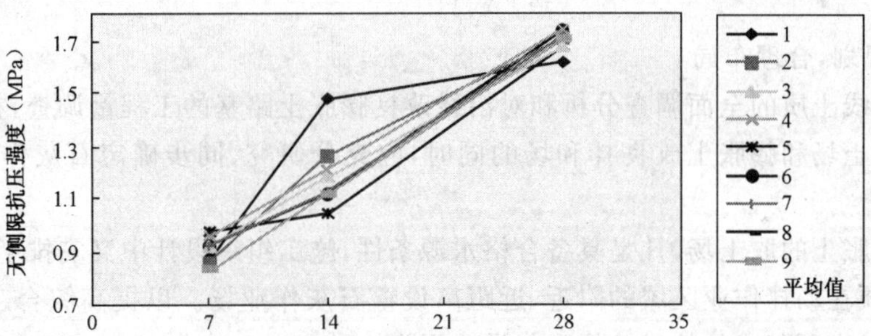

图 6-4-13　改良膨胀土路基不同龄期的无侧限抗压强度增长图

改良膨胀土路基不同龄期的无侧限抗压强度增长趋势也说明，取 7 d 龄期作为改良膨胀土路基无侧限抗压强度的检测指标，具有以下的合理性：

(1) 由于改良膨胀土路基填筑压实后，在 7 d 龄期至 28 d 龄期内的无侧限抗压强度，随着时间的增长而继续提升，因此，7 d 龄期的改良膨胀土路基无侧限抗压强度指标检验值，在技术上有足够的可靠度；

(2) 改良膨胀土路基无侧限抗压强度的检测与路基施工同步进行，在大规模改良膨胀土路基填筑压实施工中，采用 7 d 龄期的路基无侧限抗压强度检测指标，在工效上显然比采用 14 d、28 d 龄期的检测指标更具优越性。

第五节　路基基床以下与路基基床底层填筑、压实施工作业方法

新建时速 200 公里铁路改良膨胀土路基施工与普通土质路基施工的最大区别，在于其地

基原状土土质通常是膨胀土，而路基基床以下和路基基床底层均采用改良膨胀土作为填筑材料。因此，必须根据新建时速200公里铁路改良膨胀土路基的特点，采用适合其施工工艺的填筑、压实施工作业方法。

与普通土质路基的填筑、压实施工作业方法相比，新建时速200公里铁路改良膨胀土路基基床以下及基床底层的填筑、压实施工作业方法的特点与要求，具体体现在：施工准备，填筑、压实，检测签证与整修养护等各个作业阶段全过程。

一、施工准备

石灰改良膨胀土填筑、压实方式虽与普通土质路基一样，也采用分层的填筑、压实施工工艺。但由于存在地基原状膨胀土改良与路基填料改良的工艺因素，故除了按普通土质路基施工要求做好常规准备外，新建时速200公里铁路改良膨胀土路基基床以下及基床底层施工，还应做好其特有的石灰作业场地、专用设备、环境保护以及膨胀土基底处理结果的确认等各项施工准备。各项施工准备的方法与要求如下：

（一）石灰作业场地准备

新建时速200公里铁路改良膨胀土路基施工的石灰作业，主要包括：生石灰的碾磨、细化、存放，生石灰的消解、熟化与熟石灰的堆放。其作业场地的准备应与全线取土场、膨胀土改良拌和场准备工作同步。准备工作的重点：一是合理布局；二是要符合所选择的改良拌和工艺要求。

1. 统筹规划，合理布局

通过对全线土质的全面调查分析和对沿线改良膨胀土路基的工程量调查，在统筹规划、具体落实全线取土场和膨胀土改良拌和场的同时，应充分研究、同步确定石灰作业场的合理布局。

土源为膨胀土的取土场，凡是具备合格水源条件，施工组织设计中又安排了场拌改良作业的，原则上均须在场拌作业区域的附近，近距离设置石灰作业场。以提高综合工效，降低装卸和运输成本，减少石灰成品的运输损失与沿途污染。

2. 符合所选改良拌和工艺要求

每一个石灰作业场地应根据施工所选择的改良拌和工艺要求，具备对生石灰碾磨、细化、存放，或对生石灰充分消解熟化，以及具备合理堆放熟石灰的良好作业条件。

根据改良工艺使用石灰的类别（细化生石灰粉或充分消解的熟石灰），石灰作业场地要有防止生石灰粉成品在存放过程中受雨水潮解，或受尘土杂物等污染的防护功能；或者要有防止熟石灰成品在堆放过程中受尘土杂物等污染的防护功能。

（二）专用设备准备

新建时速200公里铁路改良膨胀土路基施工，除了配置与普通路基施工相同的作业设备与检测设备外，还应根据改良膨胀土路基施工的特殊需要，配齐专用的石灰作业设备、改良拌和作业设备、改良土路基整修设备以及各类检测设备。

1. 石灰作业设备

石灰作业的专用设备应根据设计要求和市场供应的石灰原料而定。

采用生石灰作为改良材料时，若市场提供的是生石灰块原料，则必须配置球磨设备和孔径1 mm的筛分设备。在石灰作业场，先将生石灰块碾磨、细化，再过筛，以保证生石灰粉成品粒径≯1 mm。若市场直接提供已经磨细的生石灰粉成品，则无须配置球磨设备。但为便于检查质量，仍需配置孔径 1 mm 的筛分设备。

采用熟石灰作为改良材料时，一般由市场提供生石灰块原料，石灰作业场应设置生石灰消解、熟化池、熟石灰的闷料场以及孔径 10 mm 的筛分设备。以保证熟石灰成品充分消解、熟化，其粒径≯10 mm。

2. 改良拌和作业设备

改良拌和作业设备的种类、型号、数量，应按照施工组织设计所选定的膨胀土改良拌和工艺的要求合理配置(详见本书第四章)。还应根据施工进度的实际需要，随时调整。

其准备工作，一定要充分、细致并有足够的预见性。以防止设备配置不能适应工艺要求或施工进程，而影响了改良膨胀土路基的施工质量与施工进度。

3. 改良土路基整修设备

新建时速 200 公里铁路改良膨胀土路基的施工实践表明，严格按改良拌和工艺和填筑、压实施工工艺建成的新路基，由于其物理性质已经发生了本质的变化，其密实度、浸水后的抗剪切强度大幅度提高。这给路基整修作业，尤其是给改良膨胀土路基的边坡整修、刷坡作业增加了难度。不仅人工刷坡已经十分困难，而且一些兼有刷坡功能的路基作业机械，如挖掘机等遇到十分坚实的改良膨胀土路基时，刷坡作业效率也会大大降低，作业工时甚至增加了 2～3 倍。

近年来，随着大规模、高标准新线铁路建设高潮的到来，迫切需要研究制造高性能专用设备，或通过对既有设备的改进，进一步提高其综合作业能力，以适应高标准改良膨胀土路基边坡整修、刷坡作业的需要。

4. 各类检测设备

由于新建时速 200 公里铁路改良膨胀土路基施工中，大量使用经过改良后的膨胀土作为路基填料，因此，必须增加与之相适应的专用检测设备。

这些专用检测设备，就其作用而言可分为三大类：

一类用于对原状膨胀土主要物理性质与有关力学指标的检测。如：自由膨胀率、蒙脱石含量、阳离子交换量、膨胀力、无荷膨胀率、有荷膨胀率、收缩系数、颗粒级配、天然含水率、液限、塑限、黏聚力、无侧限抗压强度等。

另一类用于对原状膨胀土经改良后，其改良土主要物理性质与有关力学指标，是否具备作为新建时速 200 公里铁路合格路基填料条件的检测。如：颗粒级配(黏粒、粉粒、砂粒含量百分率)、塑性(塑性指数)、胀缩性(自由膨胀率、蒙脱石含量、阳离子交换量、膨胀力、无荷膨胀率、有荷膨胀率、收缩系数)、抗压强度(7 d 龄期浸水与不浸水无侧限抗压强度)、剪切强度(直剪快剪黏聚力与内摩擦角、浸水三轴固结快剪黏聚力与内摩擦角)、压缩性(压缩系数、压缩模量)、水理性(浸水 2 h、48 h、72 h 的崩解程度)、渗透性(渗透系数)等。

再一类用于对新建时速 200 公里铁路改良膨胀土路基填筑压实施工质量的检测。如：7 d 龄期浸水无侧限抗压强度粒径、含灰率偏差、改良土颗粒粒径、与最佳含水率偏差、分层填筑压实厚度、压实系数、地基系数、动态变形模量、工后沉降等。

(三)环境保护准备

落实环境保护措施，是新建时速 200 公里铁路改良膨胀土路基施工一项十分重要的基础性工作。施工前，除了按一般路基施工做好常规的准备外，尤其要认真研究并落实有针对性的环保措施，最大程度地防止或减少因改良膨胀土路基施工产生的灰粉、灰水和噪声对周围环境的污染。

1. 签订环保协议

各参建单位必须严格遵守国家有关环境保护的法律与法规，按照谁施工、谁负责的原则，主动与当地环保部门签订施工环保协议。

2. 明确环保责任

施工单位应认真执行施工环保协议，并从每项作业、每道工序、每个岗位入手，制订具体的环保责任制，建设单位同时建立相应的检查考核与奖惩机制。

3. 落实防范措施

采取一系列有效的技术防范措施，千方百计控制环境污染。如：根据地势、施工期主导风向、水源布局等客观条件，合理调整石灰作业场地，石灰集中堆放。在石灰作业场地四周设置必要的防灰粉飞扬、防灰水外流的防护隔离设施。作业机械尽可能降低扬程，在噪声大的机械上安装降噪设施，或避开特殊时段作业等。

(四) 基底处理效果的检测确认

在改良膨胀土路基正式填筑之前，建设单位必须组织设计、施工、监理单位共同对基底处理的结果进行检测确认，这是一项关系到日后路基是否稳定的关键性准备工作。

检测确认的方法与要求是：

1. 处理效果的确认

主要是通过压实系数与地基系数的检测，确认经处理后的基底是否达到新建时速200公里铁路改良膨胀土路基的技术标准。

(1) 施工单位沿线路纵向每100 m抽样检验压实系数6点(水位距地表＞0.5 m黏性土地基的每一压实层)，其中路基边线lm处左、右各2点，路基中线2点；

(2) 施工单位沿线路纵向每100 m抽样检验地基系数4点，其中中间2点，左右各1点；

(3) 监理单位按施工单位检验数量的20%平行检验，每检验批不少于2点。检验方法执行《铁路工程土工试验规程》(TB10102)；

(4) 建设单位随机抽查。

经过上述检测后，如确认处理后的基底相关力学指标已达到规定的技术标准(详见本章第三节改良膨胀土路基的基底处理)，则可实施路基填筑、压实施工。

2. 基底处理返工与方案修正

通过检测发现，已经处理的基底尚未达到规定的技术标准时，应由建设单位组织设计、施工、监理单位共同分析，根据不同的原因分别处理。或责成施工单位进行局部返工；或由设计单位修正基底处理方案，另行处理。

按原方案局部返工或按修正方案重新处理后的基底，必须再次检测。直至确认达标后，方允许施工单位实施路基填筑施工。

二、填筑、压实

改良膨胀土路基基床以下及基床底层填筑、压实施工作业细分为：分层填土、摊铺整平、洒水与晾晒、碾压密实等四个作业过程。具体的作业方法与要求如下：

(一) 分层填土

分层填土是改良膨胀土路基基床以下及基床底层填筑、压实施工的首道主工序。它包括：在路基施工作业面上卸料、改良土土料的分层和路基边坡加宽等三项作业。

1. 卸料

根据膨胀土改良拌和工艺的不同，在路基施工作业面上卸下的土料，有三种不同的加工程度：一种是由厂拌法或集中路拌法膨胀土改良拌和工艺生产的改良土成品；另一种是由集中预拌路拌法、二次掺灰集中预拌路拌法膨胀土改良拌和工艺生产的改良土半成品；还有一种是需采用路拌法膨胀土改良拌和工艺进行改良的膨胀土原料。

需要注意的是，加工程度不同的土料，卸到路基施工作业面上时，其方法与要求是有所不同的。

(1) 改良土成品

由于改良土成品经现场检测合格后，可直接作为路基填料，用于改良膨胀土路基基床以下或基床底层的填筑、压实施工。因此，其卸料要求尤为严格。

a. 卸料前，施工单位应核定自卸汽车的装载量，并按工艺试验确定的改良土填筑松铺厚度，规定自卸汽车合理的卸料间距。

b. 卸料时，自卸汽车将改良土成品运至路基施工填筑面。现场施工人员应指挥自卸汽车规范重车转向倒车的行驶路线，并严格按照规定的卸料间距，一边行驶一边均匀卸料。为下一步整平作业时，能充分发挥整平机械工效创造良好条件。

c. 卸料后，排空的自卸汽车严禁在未经压实的松铺层上行驶，并应迅速驶离路基施工作业面，以免干扰现场检测和整平作业。

(2) 改良土半成品

由集中预拌路拌法、二次掺灰集中预拌路拌法膨胀土改良拌和工艺生产的改良土半成品，运卸至路基施工作业面后，在实施填筑、压实施工前，还需进行相关的路拌作业。因此，改良土半成品的卸料方法首先要满足路拌工艺的需要，同时应兼顾与填筑、压实施工作业的有机衔接。

a. 卸料前，施工单位应核定自卸汽车的装载量，并按集中预拌路拌法或二次掺灰集中预拌路拌法膨胀土改良拌和工艺路拌作业确定的改良土半成品松铺厚度，规定自卸汽车合理的卸料间距。

b. 卸料时，自卸汽车将改良土半成品运至路基施工作业面。现场施工人员应指挥自卸汽车规范重车转向倒车的行驶路线，并严格按照规定的卸料间距，一边行驶一边均匀卸料。为集中预拌路拌法膨胀土改良拌和工艺的路拌作业，或为二次掺灰集中预拌路拌法膨胀土改良拌和工艺的二次掺灰路拌作业提供良好条件。也为改良工艺完成后的整平作业，打下顺利衔接的基础。

c. 卸料后，排空的自卸汽车严禁在尚需进行路拌作业或二次掺灰路拌作业的松铺层上行驶，并应迅速驶离路基施工作业面，以免干扰路拌作业或二次掺灰路拌作业。即使在已完成了路拌作业或二次掺灰路拌作业而未经压实的改良土成品松铺层上，也严禁自卸汽车行驶，以免干扰现场检测和整平作业。

(3) 待改良膨胀土

采用路拌法膨胀土改良拌和工艺进行改良的膨胀土原料运卸至路基施工作业面后，需先进行完整的膨胀土改良路拌作业，使其形成合格的改良土成品。然后，再对改良土成品实施填筑压实施工。同样，膨胀土原料的卸料方法首先要满足路拌法膨胀土改良拌和工艺的需要，也必须兼顾与填筑压实施工作业的有机衔接。

a. 卸料前，施工单位应核定自卸汽车的装载量，并按路拌法膨胀土改良拌和工艺确定的

膨胀土原料松铺厚度，规定自卸汽车合理的卸料间距。

b. 卸料时，自卸汽车将膨胀土原料运至路基施工作业面。现场施工人员应指挥自卸汽车规范重车转向倒车的行驶路线，并严格按照规定的卸料间距，一边行驶一边均匀卸料，为实施路拌法膨胀土改良拌和工艺提供良好条件。也为改良工艺完成后的整平作业，打下顺利衔接的基础。

c. 卸料后，排空的自卸汽车严禁在待改良的膨胀土松铺层上行驶，并应迅速驶离路基施工作业面，以免干扰路拌作业。同时，在虽已完成了路拌改良作业工艺但未经压实的改良土成品松铺层上，也严禁自卸汽车行驶，以免干扰现场检测和下一步整平作业。

2. 分层

无论是改良土成品、半成品或是未经改良的膨胀土原料，必须按路基填筑压实施工的要求，在路基作业面上进行分层。分层的原则与方法如下：

(1)通过技术经济比较，确定分层厚度

路基填料的分层填筑厚度须经工艺试验，通过技术经济比较来确定。在满足改良膨胀土路基基床以下及基床底层填筑、压实技术标准要求的前提下，追求施工机械作业的高效率和低成本。

通常情况下，新建时速200公里铁路改良膨胀土路基基床以下及基床底层填筑、压实的分层(压实)厚度，分别以30 cm、25 cm为宜。

(2) 以控制分层松铺厚度，实现分层压实厚度

工艺试验表明，在一定的压实工艺条件下，改良膨胀土路基填料的分层压实厚度，与其碾压前的分层松铺厚度存在着密切的相关规律。

在新建时速200公里铁路改良膨胀土路基基床以下及基床底层填筑压实施工工艺确定以后，施工现场比较直观地通过控制改良土碾压前的分层松铺厚度，来实现改良膨胀土路基分层压实厚度。通常情况下，改良土碾压前的分层松铺厚度一般为：基床以下35 cm，基床底层30 cm。

(3) 全断面纵向均匀分层，确保施工质量与效率

路基填料的分层应沿着线路纵向全断面地顺序延展，分层厚度应均匀一致。不允许在路基的同一横断面上出现两个及两个以上的不同施工层面，以保证同一横断面路基填筑、压实质量的均匀性；路基纵向同一施工作业层面应有足够的长度，始终保持能容纳多台施工机械同时作业而互不干扰的施工作业面，以充分发挥推土机、整平机、旋耕机、压路机等施工作业机组的综合效率。

3. 近边坡两侧路基加宽

在路基施工作业面上靠近边坡的两侧边缘，由于大型施工机械作业范围的局限性，往往形成自下而上压实度较差的两条纵向带状薄弱区，这将对日后路肩与边坡的稳定性造成严重隐患。

为避免改良膨胀土路基这种严重隐患的存在，在分层填筑时，路基两侧应各加宽50 cm左右。待路基填筑、压实施工完成后，再通过刷坡整形彻底去除薄弱区，确保改良膨胀土路基的整体施工质量。

(二) 摊铺整平

分层填土后，经检测合格的改良土成品要用按确定的松铺厚度，进行同一层路基填料的全断面摊铺整平。摊铺整平由初平、整形、最终整平三道作业工序组成。

1. 初平

由于自卸车卸料时的土料厚度只能大致接近确定的松铺厚度，而且受到卸料方式的限制，不可能达到土料厚度分布十分均匀，更达不到碾压作业要求的平整度。再加上所卸土料为改良土半成品或待改良膨胀土时，还需在路基作业面上，对其实施不同程度的路拌改良作业。因此，经检测合格的同一层路基填料，在碾压前必须用推土机按确定的松铺厚度进行路基全断面摊铺初平。

初平作业应根据推土机铲刀的宽度和本层路基面的宽度（含两侧各 0.5 m 边坡路基加宽），沿着路基纵向逐条顺序推进。初平作业过程中，施工单位应随时测量并纠正松铺层的实际厚度。

2. 整形

在初平作业结束的同时，施工单位用平地机按规定的临时路拱高度及其横向坡度，对同一层的改良土路基松铺层进行表面整形。

路基施工作业面上设置临时路拱的目的，是为了在路基施工过程中，其作业面始终保持良好的排水功能，以减少降雨对路基施工的影响，为连续施工创造条件。

3. 终平

松铺层经过整形后，施工单位应紧接着用压路机对其快速静压一遍，以暴露该松铺层可能存在的潜在不平整。施工单位应对快速静压后检查发现的所有不平整处所，采取人工配合补平的措施，然后再用平地机最终整平。

（三）晾晒与洒水

众所周知，只有当土料达到最佳含水率的条件下，才有可能获得最佳密实度。在新建时速200 公里铁路改良膨胀土路基施工中，当路基填料的实际含水率偏离最佳含水率较大（过高或过低）时，必须通过晾晒或洒水，使其达到或接近最佳含水率。这样才能保证，改良膨胀土路基填料通过碾压作业后，能够达到理想的密实度。

在实际施工中，由于受原状土天然含水率、施工期间天气以及施工间歇等多种因素的影响，路基填料实际含水率偏离最佳含水率过高或过低的现象较为常见。因此，碾压前的晾晒或洒水作业往往是必要的。

1. 晾晒

填料摊铺整平后，施工单位应检测其含水率是否在最佳含水率的容许偏差范围内。若含水率过高，则应使用旋耕机对该层路基填料进行全面的翻挖晾晒。

路基填料经过翻挖晾晒以后，需要重新摊铺整平，再检测其含水率，直至其实际含水率符合最佳含水率的容许偏差要求。

2. 洒水

在对摊铺整平的路基填料含水率检测后，若发现实际含水率过低，则应根据实测数据计算路基填料需要补充的额定水量，用喷管式洒水车按额定的补充水量，沿线路纵向按顺序匀速洒水。洒水后，再用路拌机拌和、闷料，使其含水率基本均匀。

路基填料经过洒水、拌和、闷料后，应重新摊铺整平，再检测其含水率，直至其实际含水率符合最佳含水率的容许偏差要求。

（四）碾压密实

路基填料的碾压密实，是新建时速 200 公里铁路改良膨胀土路基施工的重要作业阶段。碾压密实的质量、效率与成本，不仅取决于改良土填料自身的无侧限抗压强度、含水率、含灰率、颗粒度等各项指标值及其均匀性，还与碾压密实所配置的施工作业机械性能、选用的作业技术参数和作业方法等直接相关。

为了实现预定的技术、经济目标，在碾压密实施工作业前，必须完成对改良膨胀土路基填料的一系列技术指标检测。在确认其无侧限抗压强度、含水率、含灰率、颗粒度等各项指标值及其均匀性均已满足要求的前提下，应充分体现改良拌和工艺与填筑、压实施工工艺的有机衔接。其中包括：合理配置相应的作业机械，准确选用作业技术参数；确定科学的碾压顺序与方法；妥善处理相邻施工区段的搭接及施工间歇衔接等施工技术环节。

1. 作业机械配置及其作业参数

改良膨胀土路基填筑、压实施工作业机械配置及其作业参数，应通过现场碾压工艺试验，在对试验结果进行了技术、经济的综合比较后确定。

有关新建时速200公里铁路基床以下及基床底层改良膨胀土路基填筑压实施工的作业机械配置、现场碾压工艺试验以及碾压作业参数的确定等内容，已分别在本章第二、四节中详细阐述。

2. 碾压顺序与方法

压路机对改良膨胀土路基的碾压作业，应遵循以下的顺序与方法：

(1)同一填筑层改良膨胀土路基的碾压作业必须在同一碾压区段内进行。作业时，要严格防止压路机对不同填筑层的跨区段碾压。

(2) 碾压顺序应沿着线路纵向，自路基施工作业面的两侧到中间逐幅延展。相邻两幅间的压路机压痕搭接宽度为0.4 m左右。

(3) 路基施工作业面近边坡部位压路机正常碾压困难时，可采用斜向进退法，以保证压实质量。

3. 相邻施工区段的搭接处理

相邻施工区段的两段路基存在一定高差并需要施工连接时，应在连接处进行搭接处理。其处理范围与方法要求是：

(1) 搭接处理在相邻路基的整个横断面内进行；

(2) 要求搭接处理的纵向长度$\not<$2 m；

(3) 搭接处理时，需将较高一侧的路基重新拌和后整形碾压。压路机碾压不到的两段路基相邻部位，应采用小型夯实机具分层夯实。此时，小型夯实机具作业范围内的改良膨胀土填料的分层松铺厚度应$\not>$20 cm。

4. 施工间歇的衔接处理

在改良膨胀土路基填筑压实施工中，因遇到连续降雨或其他一些不可抗拒的原因，会出现较长的施工间歇。施工单位应做好以下衔接工作：

(1) 施工间歇前，应尽量完成对本层改良膨胀土路基填筑层的压实施工，形成临时路拱，最大程度地减小间隙期降雨对恢复路基施工的影响。

(2) 遇到紧急情况，在施工间歇前来不及完成对本层改良膨胀土路基填筑层的压实施工时，在恢复施工前，施工、监理单位应对未曾压实施工的松铺层重新检测含水率。根据实测结果，决定是否需要翻挖晾晒或洒水。确认含水率合格后，再恢复施工。

(3) 间歇期天气较干燥时，应对已经碾压完毕的路基压实层保湿养生7 d以上。

(4) 当要恢复施工时，施工单位应全面检查并清除施工作业面上的积水。

(5) 恢复施工前，全面检查并调整施工作业机械的技术状态。

三、检测签证与整修养护

新建时速200公里铁路基床以下及基床底层改良膨胀土路基填筑、压实施工的检测签证与整修养护，贯穿于改良膨胀土路基填筑压实施工的全过程。

在完成每一层基床以下及基床底层改良膨胀土路基填筑、压实施工后，必须对该层路基的施工质量进行检测签证。要求施工单位，在每一层改良膨胀土路基填筑、压实施工前、施工中、施工后，以及整段改良膨胀土路基施工后，均应不失时机地开展对已完成路基的整修与养护。

（一）检测签证

检测签证工作在建设单位统一组织下，按如下顺序与要求进行：

1. 施工单位自检

每一层基床以下及基床底层改良膨胀土路基填筑压实施工后，施工单位应按规定的检测项目、检验批次和检验要求（有土工加筋材料时，按加筋路基检验批检验），对该路基压实层和边坡质量进行自检。自检的数量为，沿线路纵向每100 m对每一压实层抽样检验压实系数6点。其中：距路肩左、右边线1 m处各2点，路基中部2点；沿线路纵向每100 m每填高约90 cm抽样检验地基系数4点。其中：距路肩左、右边线2 m处各1点，路基中部2点。

自检不合格，施工单位立即自行整改；自检合格，施工单位应填写自检报告，并报请监理单位签证。

2. 监理单位平行检验、见证、审核与签证

监理单位应按施工单位抽样数量的10%平行检验压实系数，见证全部地基系数。并按规定的项目、批次和要求现场抽检。

在平行检验和见证中发现不合格，监理单位应随即通知施工单位整改。接到施工单位自检报告后应严格审核，由监理工程师代表监理单位签证。

3. 建设单位随机抽查

建设单位应加强对检测签证工作的过程与结果，进行随机抽查。发现问题，要求有关单位立即纠正。确认该层路基全面达标后，施工单位可进入新一层改良膨胀土路基的填筑压实施工。

（二）基床底层及基床以下路堤几何尺寸的控制

新建时速200公里铁路改良膨胀土路基基床底层及基床以下路堤填筑压实后的几何尺寸，应分别符合表6-5-11、表6-5-12的允许偏差及其检测要求。

表6-5-16　新建时速200公里铁路改良膨胀土路基基床底层顶面中线至边缘距离、宽度、横坡、平整度、厚度允许偏差、检验数量及检验方法

序号	检验项目	允许偏差	施工单位检验数量	检验方法
1	中线至边缘距离	0～+50 mm	沿线路纵向每100 m抽样检验5点	尺量
2	宽度	≮设计值	沿线路纵向每100 m抽样检验3点	尺量
3	横坡	±0.5%	沿线路纵向每100 m抽样检验2个断面	坡度尺量
4	平整度	≯15 mm	沿线路纵向每100 m抽样检验10点	2.5 m长直尺量测
5	厚度	±30 mm	沿线路纵向每100 m抽样检验3点	水准仪测

表 6-5-17 新建时速200公里铁路改良膨胀土路基基床以下路堤中线至边缘距离、宽度、横坡、平整度、厚度允许偏差、检验数量及检验方法

序号	检验项目	允许偏差	施工单位检验数量	检验方法
1	中线至边缘距离	0～+50 mm	沿线路纵向每100 m抽样检验5处	尺量
2	宽度	≮设计值	沿线路纵向每100 m抽样检验5处	尺量
3	横坡	±0.5%	沿线路纵向每100 m抽样检验5个断面	坡度尺量
4	平整度	≯15 mm	沿线路纵向每100 m抽样检验10处	2.5 m长直尺量测

（三）整修养护

基床以下及基床底层改良膨胀土路基的整修养护，是巩固与完善其路基填筑压实施工质量不可忽视的必要环节。它包含对每一层路基压实层及其边坡的日常保养，路基边坡的刷坡整形，以及对整段路基的外观整修等内容。

1. 日常保养

在基床以下及基床底层改良膨胀土路基施工期间，施工单位应高度重视对路基形成过程中的日常保养工作。日常保养的重点是：施工期路基的防水与排水，实施边坡防护工程前的路基边坡稳定，预防路基压实层的表面开裂，防止各种施工机械走行造成对已完工压实层表面的损坏等。

(1) 施工单位应密切关注施工期间的天气预报，禁止雨天进行基床以下及基床底层改良膨胀土路基施工。要注意免避在雨天即将来到之时，在路基作业面上进行路基土的卸料作业。另外，应尽量安排在雨天来到之前，完成对路基填筑层的压实施工。保持压实层顶面临时路拱和路基坡脚外临时排水沟，横向与纵向排水功能的完好。

(2) 较大的集中降雨过后，施工单位应对路基进行全面检查。及时清除路基压实层顶面的局部积水并填平、压实低洼处，及时修补夯实路基边坡上的冲刷沟槽，清除路基坡脚积水，疏通纵向临时排水沟。

(3) 天气连续干燥时，施工单位应对改良膨胀土路基压实层顶面适量并均匀洒水，预防基压实层的表面过干开裂。

(4) 禁止各种履带式施工作业机械在已经完成的改良膨胀土路基压实层上行驶。各种轮胎式施工作业机械在已经完成的改良膨胀土路基压实层上行驶时，应严格限制其紧急制动或原地急转，防止损坏路基表层。

2. 刷坡整形

路基施工进行到一定阶段，需对其边坡进行刷坡整形。在实施改良膨胀土路基基床以下及基床底层边坡的刷坡整形作业时，应掌握以下要领：

(1) 由于膨胀土按严格的改良工艺经石灰改良后，其物理力学性能已发生了本质变化。再加上改良土路基填料经过严格的填筑压实施工工艺，所形成的基床以下及基床底层改良膨胀土路基，具有较高的密实度和抗剪强度，这会路刷坡整形作业增加一定的难度。施工单位应尽量设法选择专用的改良膨胀土路基刷坡作业机械，以提高作业质量与工效。若采用传统的兼用作业设备，在计划安排中应充分考虑难度系数，补充必要的工时定额。

(2) 刷坡整形作业应遵循自上而下、顺序刷坡、成段成形的原则。先刷基床底层路基边坡，再刷基床以下路基边坡。当路基较高设有两个及以上坡率的边坡时，基床以下路基边坡应自上而下分坡度进行刷坡整形。

(3)基床底层及基床以下改良膨胀土路基刷下的改良膨胀土，因含灰率不同，应分别利用并及时运走。

在刷坡整形作业时，施工单位应充分考虑与边坡防护工程以及边坡绿化工程的合理衔接，避免重复作业，并为边坡防护工程、绿化工程创造有利的条件。

3. 外观整修

每一施工区段基床底层及基床以下改良膨胀土路基施工完毕后，施工单位应对其外观进行全面修整，使其达到验收标准。

根据工程分工，施工单位可以申请中间验收，也可以待路基工程全部完工后，再申请竣工验收。

第六节　改良膨胀土路基基床表层施工

新建时速 200 公里铁路改良膨胀土路基基床表层施工，与普通土质路基基床表层施工的最大区别，在于其施工内容、方法与要求，随着新建时速 200 公里铁路路基基床表层的具体构造形式不同而有所不同。

新建时速 200 公里铁路路基的基床表层，除了以级配碎石作为填筑材料外，还分为不设复合土工膜封闭隔水层与增设复合土工膜封闭隔水层两种具体构造形式。

由于膨胀土经石灰改良后其物理性质大为优化，在排水较好的路堤地段，一般无须用复合土工膜封闭隔水，直接在碾压密实的改良土基床底层顶面，分层填筑总厚度为 0.6 m 的级配碎石，以完成基床表层施工。

但在路堑或部分低路堤地段，因改良土换填厚度有限，为保证膨胀土地基不受水的侵蚀，应在基床底层的换填改良土顶面铺设复合土工膜封闭隔水，并以 0.1 m 厚砂垫层保护，再在砂垫层上分层垫筑总厚度为 0.5 m 的基床表层级配碎石后，完成整个基床表层的施工。

一、基床表层原材料选择

基床表层直接承受道床传递的列车荷载，是路基构造中承受列车动力学作用要求最高的部位。填筑基床表层路基的原材料，必须符合相应等级铁路所规定的材料质量技术标准，这是确保基床表层路基施工质量的基本前提。

在新建时速 200 公里铁路改良膨胀土路基施工中，要求按照我国铁路的有关标准与方法，对基床表层采用的级配碎石以及复合土工膜、砂垫层等原材料，实行严格的质量把关。

(一)级配碎石

级配碎石是填筑新建时速 200 公里铁路改良膨胀土路基基床表层的基本材料。它由颗粒粒径不同的粗细碎石颗粒，按照一定的组合比例拌和而成。应达到规定的材质、级配标准。

1. 材质标准

新建时速 200 公里铁路改良膨胀土路基基床表层级配碎石的材质检验依据，按《新建时速 200 公里客货共线铁路工程施工质量验收标准》(铁建设〔2004〕8 号)、《铁路碎石道碴试验方法》(TB/2328.1～.18—912)、《铁路碎石道床底碴》(TB/T2897)、《铁路工程土工试验规程》(TB10102—2004)等规程执行。

表 6-6-1 所列出的是，新建时速 200 公里铁路路基基床表层级配碎石材质标准，以及合肥南京铁路试验段基床表层级配碎石的实测结果。

表 6-6-1　新建时速 200 公里铁路级配碎石材质标准及其实测结果

检测项目	规定值	实测值
洛杉机磨耗率 L_{AA}(%)	≤50	17.7
大于 16 mm 粗颗粒带有破碎面的颗粒所占的质量百分率(%)	≥30	90.0
石粉液限 I_L(%)	≤25	16.9
石粉塑性指数 I_P	<6	4.0
大于 1.7 mm 集料的硫酸钠溶液浸泡损失率 L(%)	≤12	3.1
黏土团及其他杂质含量(%)	≤0.5	0.1
0.5 mm 筛以下细集料中通过 0.075 mm 筛的颗粒含量(%)	≤66	19.8
颗粒密度(g/cm³)	—	2.68
最大干密度(g/cm³) / 最佳含水率(%)	—	2.32 / 4.5
不均匀系数 C_u/ /曲率系数 C_c	5 ≥ 1—3	44 / 2.5

在级配碎石的材质选择中,应优先选用返冲击破轧机生产的碎石,对多个料场的各种样品进行取样试验。在完全符合质量标准的基础上,比较价格、供货服务等综合优势,选择质优、价廉、供货及时的级配碎石原材料。以新建时速 200 公里客货共线合肥—南京铁路试验段为例,选择了附近某石料场 1～3 cm、1～2 cm、0.5～1 cm 三种规格的碎石与石屑石粉作为该试验段改良膨胀土路基基床表层级配碎石的料源,获得了理想的效果。

2. 级配范围

新建时速 200 公里铁路路基基床表层级配碎石的级配范围,应符合表 6-6-2 所列的技术标准要求。其中,三组级匹编号可任选一种。

表 6-6-2　新建时速 200 公里铁路级配碎石的级配范围

级配编号	碎石、石屑石粉通过各种孔径(mm)筛孔的质量百分率(%)									
	50	40	30	25	20	10	5	2.5	0.5	0.075
1	100	95～100	—	—	60～90	—	30～65	20～50	10～30	2～10
2	—	100	95～100	—	60～90	—	30～65	20～50	10～30	2～10
3	—	—	100	95～100	—	50～80	30～65	20～50	10～30	2～10

考虑到改良膨胀土路基基床表层可能增设复合土工膜封闭隔水层,为防止出现较大粒径的碎石穿过砂垫保护层,顶破复合土工膜而影响封闭效果。所以在通常情况下,新建时速 200 公里铁路改良膨胀土路基基床表层级配碎石的级配,以选择表中的第二、三组为宜。

(二) 复合土工膜与砂垫层

为取得良好的封闭隔水效果,新建时速 200 公里铁路改良膨胀土路基基床表层增设封闭隔水层时,施工、监理单位必须严格把握复合土工膜的材料质量,注重砂垫层的取材质量。

1. 复合土工膜

复合土工膜宜采用膜厚 0.4 mm 的两布两膜 PVC 经编复合土工膜。其技术指标应达到下述标准要求:

(1) 纵横向抗拉强度≮20 kN;

(2) 顶破强度≮2.5 kN；

(3) 渗透系数≯10^{-12} cm/s；

(4) 最大延伸率≯30%。

2. 砂垫层

砂垫层材料要求采用材质、级配均合格的中粗砂，其含泥量应≯5%。

二、级配碎石的配比设计与拌和作业

料场供应的级配碎石原材料需要进行合理的配比设计，并在拌和站，按照严格的拌和工艺加工成完全符合基床表层要求的级配碎石路基填料。

(一) 配比设计

新建时速200公里铁路路基基床表层级配碎石设计配合比及其级配曲线，分别见表6-6-3、图6-6-1。

表6-6-3 新建时速200公里铁路路基基床表层级配碎石设计配合比

<table>
<tr><td colspan="5">材料规格</td><td colspan="7">通过质量百分率(%)</td></tr>
<tr><td colspan="5">筛孔尺寸(mm)</td><td>40</td><td>30</td><td>20</td><td>5</td><td>2.5</td><td>0.5</td><td>0.075</td></tr>
<tr><td rowspan="4">各种碎石筛分</td><td colspan="4">1～3 cm碎石</td><td>100</td><td>99.8</td><td>11.3</td><td>0</td><td>0</td><td>0</td><td>0</td></tr>
<tr><td colspan="4">1～2 cm碎石</td><td>100</td><td>99.9</td><td>99.1</td><td>5.3</td><td>0</td><td>0</td><td>0</td></tr>
<tr><td colspan="4">0.5～1 cm碎石</td><td>100</td><td>100</td><td>100</td><td>97.0</td><td>0.8</td><td>0</td><td>0</td></tr>
<tr><td colspan="4">石屑石粉</td><td>100</td><td>100</td><td>100</td><td>99.9</td><td>84.1</td><td>50.8</td><td>10.8</td></tr>
<tr><td rowspan="3">重量配合比(%)</td><td colspan="3">碎石(cm)</td><td rowspan="2">石屑石粉</td><td rowspan="3">100</td><td rowspan="3">100</td><td rowspan="3">82</td><td rowspan="3">51</td><td rowspan="3">34</td><td rowspan="3">20</td><td rowspan="3">4</td></tr>
<tr><td>1～3</td><td>1～2</td><td>0.5～1</td></tr>
<tr><td>20</td><td>30</td><td>10</td><td>40</td></tr>
<tr><td colspan="5">标准过筛质量百分率%</td><td>100</td><td>95～100</td><td>60～90</td><td>30～65</td><td>20～50</td><td>10～30</td><td>2～10</td></tr>
</table>

在对级配碎石原材料进行配合比设计时，应先按料场所供应的不同粒径原材料，分别筛分碎石和石屑、石粉。再按规定的级配比例进行计算，使其混合后的级配曲线，调整到规定的范围内，并达到或接近级配范围的中值。级配曲线的线型应圆滑，同时满足颗粒不均匀系数C_u≥5，曲率系数C_c=1～3的良好级配要求。

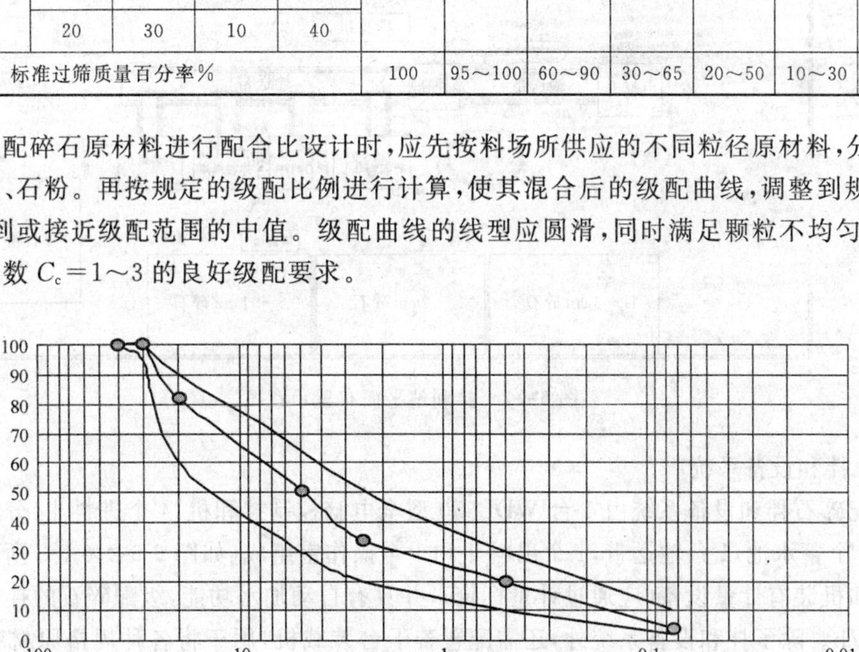

图6-6-1 新建时速200公里铁路路基基床表层级配碎石设计级配曲线

现场施工实践经验证明，级配碎石配比中的石屑、石粉（细料）含量，必须控制在合理的范围内。石屑石粉含量过少，级配碎石碾压后孔隙率过大并难以达到整体固结；石屑石粉含量过多，则会影响整体强度。

（二）拌和作业

级配碎石拌和加工作业，是确保新建时速200公里铁路基床表层级配碎石路基填料质量的重要技术步骤。它的两个主要环节分别是，合理设置级配碎石拌和站；严密实施级配碎石拌和工艺流程。

1. 拌和站设置

级配碎石拌和站应设置在施工工地现场附近，具有便利的原材料进料条件、足够的供货（级配碎石成品）能力和合理的供应半径。要根据铁路新线建设规模与沿线级配碎石需求量，具体确定拌和站的数量及其分布。

每个拌和站必须有合理的级配碎石拌和加工生产布局，配备相应的作业设备系统并设置配套的原材料储存场。

（1）拌和站生产布局

图6-6-2为施工现场级配碎石拌和站的生产布局平面布置示意图。拌和站南侧与东南侧，按原材料粒径由大到小的顺序，自左至右分别设置3个不同粒径规格的碎石原料储存场与1个石屑石粉原料储存场。拌和站中部为拌和加工系统，北侧为操作室，西南侧与西北侧分设原材料进口与级配碎石成品出口，整个拌和站形成了连续有序的流水线生产格局。

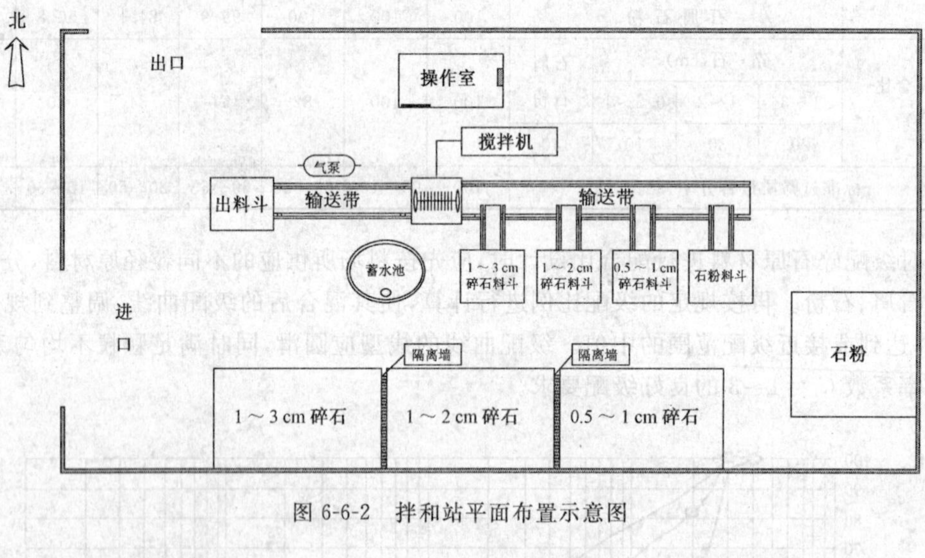

图6-6-2 拌和站平面布置示意图

（2）拌和设备系统

级配碎石拌和设备系统由1台WDB650型全电脑控制拌和机，4个进料斗（分进4种粒径原料），1个蓄水池，1条输送带，1个出料斗和1个操作室组成（如图6-6-2、6-6-3所示）。

拌和机装有计量设备（应通过计量标定），并具有自动加水功能，级配碎石的拌和加工效率为650 t/h。除了拌和设备系统外，还需配置若干台装载机，用于将各种规格原材料运送倒入各进料斗的作业。

（3）原材料储存场

为保证级配碎石的级配质量，不同类别与规格的原材料应设隔离墙分别存放，防止不同粒径碎石、石屑石粉相互混杂。施工单位设专人严格控制进料质量，禁止不合格的原材料进场。

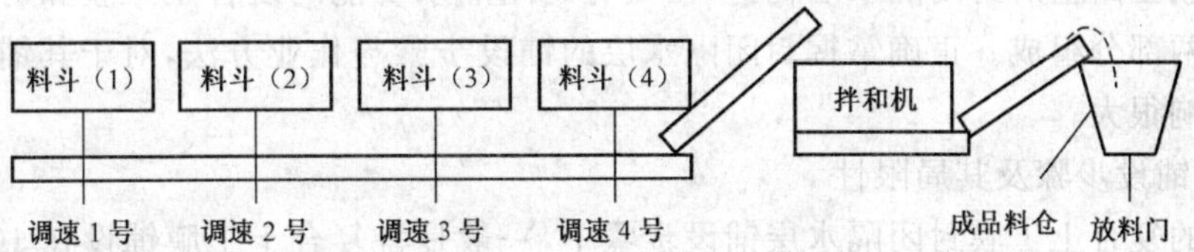

图 6-6-3　拌和设备示意图

2. 拌和工艺流程

级配碎石的拌和工艺流程如图 6-6-4 所示。

从工艺流程图可知，级配碎石在拌和站的拌和工艺，从原材料进场分品种、分规格储存，到级配碎石成品出场，共有 9 道工序组成。为保证成品质量，提高综合效率，在工艺实施中，应牢牢把握以下要点：

(1) 在级配碎石正式拌制生产之前，必须根据其配合比设计参数，预先对拌和机拌和效果进行充分调试。在调试过程中，应对级配碎石拌和试样进行取样筛分，直至级配符合要求后，才能正式生产。

(2) 正式生产时，各种配比的原材料重量误差应小于 2%，拌和必须均匀。配料自动计量装置应定期检查，并保证使用时处于合格状态。生产过程中，每生产 2 000 m^3 级配碎石，应在拌和机出料口输送带上取样 1 次，送室内试验筛分、颗粒密度和大于 16 mm 的粗颗粒中带有破碎面的颗粒含量，以确保成品质量。

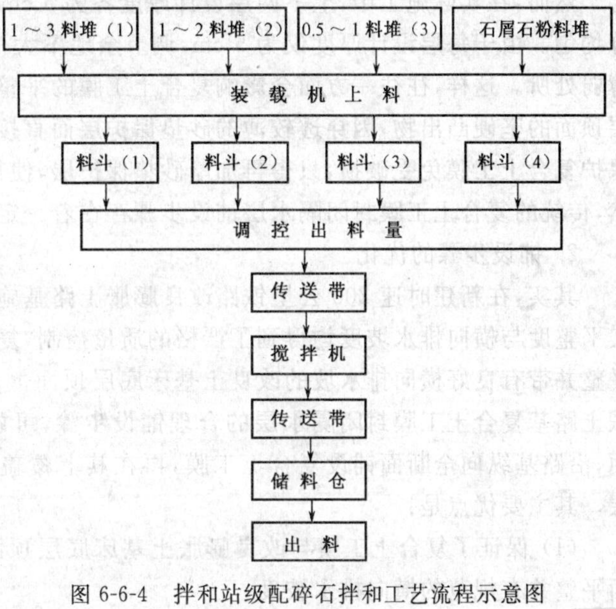

图 6-6-4　拌和站级配碎石拌和工艺流程示意图

(3) 施工单位应根据基床表层级配碎石压实施工时所需的最佳含水率，严格控制拌和站生产的级配碎石成品含水率。考虑到在运输和摊铺过程中的水份蒸发，级配碎石成品出场时，可视天气、运距、摊铺作业时间等具体情况，适当将级配碎石成品的含水率提高 1～2 个百分点。

(4) 级配碎石要现拌现用。拌和场生产能力、运输能力、现场施工摊铺能力要相互有机匹配、紧密衔接。

三、封闭隔水层设置

新建时速 200 公里铁路改良膨胀土路基的路堑地段或部分低路堤地段因改良土换填厚度有限，为防止膨胀土地基不受水的侵害，应在级配碎石基床表层底部与改良膨胀土基床底层的顶部之间增设封闭隔水层。

(一) 铺设步骤

改良膨胀土路基的封闭隔水层构造，由具有封闭隔水功能的复合土工膜和对其起保护作用的砂垫层两部分组成。正确掌握封闭隔水层的铺设步骤与作业方法，对于其铺设工作的质量与效率影响很大。

1. 传统铺设步骤及其局限性

在传统的复合土工膜封闭隔水层铺设步骤中，一般是将复合土工膜铺设在10 cm厚度的中粗砂保护层中间。即：先在基床底层顶面先铺一层5 cm厚的砂垫保护层，再在其上铺设复合土工膜，然后，在复合土工膜上再铺设一层5 cm厚的砂垫保护层。其意图是，上、下两层砂垫层对复合土工膜形成双向保护。既可防止上面的级配碎石压破复合土工膜，又能避免下面的基床底层顶面坚硬凸出物顶破复合土工膜。这种铺设步骤，在基床底层顶面平整度不高，或平整度无法达到要求的施工(如既有线利用有限的施工封锁“天窗”，抢时间增设复合土工膜封闭隔水层)条件下，确实是很有必要的。

然而，在实际施工中，上下两层设计厚度各为5 cm的砂垫保护层，其厚薄不可能摊铺得十分均匀。由于每层设计厚度仅为5 cm，调节余地不大，操作时将很难避免出现厚度<5 cm的薄弱处所。这样，往往一方面会影响复合土工膜的平整性；另一方面又易造成配碎石或基床底层顶面的坚硬凸出物，因穿透较薄的砂垫保护层而直接接触、挤压复合土工膜。施工单位为了保护复合土工膜免受破损，只得再加厚砂垫保护层，使得封闭隔水层的总厚度失去了控制。显然，传统的复合土工膜封闭隔水层铺设步骤存在着一定的局限性。

2. 铺设步骤的优化

其实，在新建时速200公里铁路改良膨胀土路基施工中，由于改良膨胀土基床底层顶面压实平整度与横向排水坡度均得到了严格的质量控制，复合土工膜完全有条件直接铺设在坚实、平整并带有良好横向排水坡的改良土基床底层顶面上。因此，新建时速200公里铁路改良膨胀土路基复合土工膜封闭隔水层的合理铺设步骤，可以优化为：先在检验合格的基床底层顶面，沿路基纵向全断面铺设复合土工膜，再在其上覆盖填筑一层厚度为10 cm的中粗砂保护层。其主要优点是：

(1) 保证了复合土工膜与改良膨胀土基床底层顶面的完全密贴，铺设后的复合土工膜表面平整并有规范的横向排水坡度；

(2) 复合土工膜上面的砂垫保护层增厚为10 cm以后，即使摊铺作业时难免出现厚薄不十分均匀，但由于存在足够的调节余地，大大增加了防止上面级配碎石穿透砂垫保护层的安全系数，而封闭隔水层的总厚度仍维持不变；

(3) 作业程序由原来的下层5 cm砂垫层—→复合土工膜—→上层5 cm砂垫层3道工序，简约为复合土工膜—→10 cm砂垫层2道工序，效率提高，难度降低。

(二) 作业方法

改良膨胀土路基封闭隔水层铺设的具体作业方法与要求如下：

1. 复合土工膜采用膜厚为0.4 mm的两布两膜PVC经编材料，其纵横向抗拉强度≮20 kN，顶破强度≮2.5 kN，渗透系数≯10^{-12} cm/s，最大延伸率≯30%，材料质量必须经检验合格后才能进入施工现场。复合土工膜材料进场后，应妥善保管防止损坏，严禁阳光暴晒。

2. 铺设复合土工膜的基床底层顶面必须密实、平整(用2.5 m直尺量测，其不平顺应<15 mm)、无积水、无明显碾压轮迹、无明显凹凸、无碎石等坚硬凸出物，并设有≮4%的横向排水坡。

3. 复合土工膜铺设时采用全断面整体摊铺横向焊接，应注意拉紧展平、无褶皱、无扭曲、与基床底层顶面密贴。铺完后应全面复查并及时用砂垫层覆盖，严禁机械直接与复合土工膜结触。

4. 砂垫层采用材质、级配均合格的中粗砂，其含泥量≯5%。用自卸汽车运卸至作业面上后，按 1.3 的松铺系数人工摊铺找平，再用压路机对砂垫层进行静压作业。静压作业应沿着路基纵向，直线地段由路基两侧向中间，曲线地段自路基内侧到外侧，按顺序逐幅推进。相邻两幅间，应有 0.4 m 的轮幅搭接宽度。严禁压路机在已完成或正在辗压的砂垫层上转向，紧急制动。经静压作业后的砂垫层，要求全断面达到密实。

5. 在铺设 10 cm 厚的中粗砂保护层后，不能直接将其压实到验收标准，以保护下面复合土工膜免受大型机械振动碾压的剧烈影响。同时，考虑到 K_{30} 检测影响深度为 40～50 cm，应在对中粗砂保护层整平、静压后直接填筑第一层级配碎石（压实厚度为 25 cm）。

四、级配碎石层填筑、压实作业

新建时速 200 公里铁路改良膨胀土路基基床表层级配碎石填筑压实作业及其配套组成，主要包括：作业工艺流程、填筑压实作业机械、成品运输与现场摊铺整平、级配碎石压实作业、对基床表层级配碎石压实层进行现场检测等。

（一）作业工艺流程

级配碎石是粗细集料和石屑石粉各占一定比例搅拌而成的混合料。当其颗粒级配、拌和均匀度、含水率均符合要求时，经过严格的作业工艺流程，能使其达到新建时速 200 公里铁路改良膨胀土路基基床表层级配碎石填筑、压实技术标准要术。

新建时速 200 公里铁路改良膨胀土路基基床表层级配碎石填筑、压实施工作业，或在经检测签证合格的改良膨胀土基床底层顶面直接进行，或在改良膨胀土基床底层顶面增设带有砂垫保护层的封闭隔水层上进行。无论有否增设封闭隔水层，其自身的施工作业工艺流程，均如图 6-6-5 中所示。

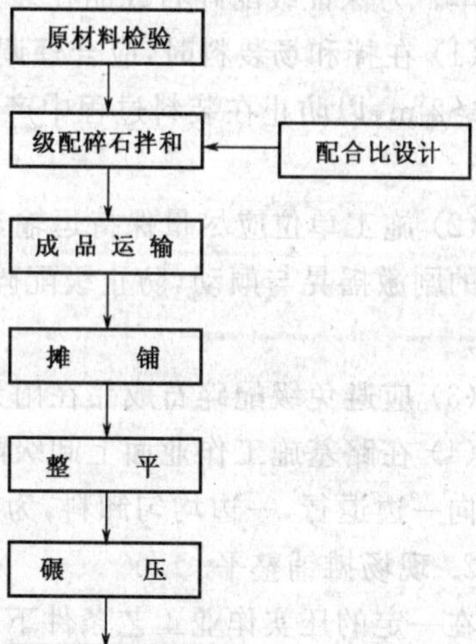

图 6-6-5　改良膨胀土路基基床表层级配碎石填筑施工工艺流程图

确切地讲，本工艺流程图中原材料检验、配合比设计及级配碎石拌和均属于级配碎石成品的加工过程，是实施填筑、压实施工工艺前的备料阶段。真正的改良膨胀土路基基床表层级配碎石填筑、压实施工作业工艺流程，应该从级配碎石成品运输开始，到在路基施工作业面上进行级配碎石成品的摊铺、整平、碾压和现场检测，直至最后的整修养护，共 6 道作业工序。

（二）主要作业机械

改良膨胀土路基基床表层级配碎石作业配置的主要作业机械，除了前面已经介绍的拌和站拌和设备系统外，还包括现场填筑压实施工作业用的摊铺机、推土机、平地机、装载机、振动压路机、小型冲击夯、自卸汽车和洒水车等。其配备数量，施工单位应根据施工规模及其进度的实际需要合理确定。

各种作业机械的型号与用途，详见表 6-6-4。

表 6-6-4　级配碎石施工作业机械表

序号	机械设备	型　号	用　途
1	拌和站拌和设备系统	主机 WDB650 型	加工级配碎石成品
2	英格索兰摊铺机	ABG 423	级配碎石层现场摊铺
3	推土机	T140—1	级配碎石层初平
4	平地机	PY160B	级配碎石层整平
5	装载机	ZL50	近距装运
6	英格索兰振动压路机	SD175	级配碎石层压实
7	3 t 小型冲击夯	KRTCC01	级配碎石局部夯实
8	自卸汽车	15 t	级配碎石运卸
9	洒水车	5 t	现场调整含水率及洒水养生

(三) 成品运输与现场摊铺整平

在新建时速 200 公里铁路改良膨胀土路基基床表层级配碎石填筑压实施工作业中，级配碎石的成品运输与现场摊铺整平，是对其实施压实作业前的重要作业工序。成品运输与现场摊铺整平的作业质量与效率，很大程度上会直接影响压实作业的最终效果，必须引起施工单位的高度重视。

1. 成品运输

级配碎石成品从拌和场运输至路基施工作业面卸下，一般采用运卸能力较强的 15 t 自卸式汽车。为保证级配碎石成品在装、运、卸过程中的质量，应注意以下作业细节：

(1) 在拌和场装料时，应合理调整拌和机出料口的高度，使它与自卸汽车车箱箱底的垂直距离≯2 m，以防止在装料过程中产生级配碎石成品的粗细料离析，直接影响装车后的成品质量；

(2) 施工单位应尽量保持运输道路的路面平整，避免或减少级配碎石成品在汽车运输过程中的剧激摇晃与颠动，防止级配碎石沿途散落或粗细分离，造成经济损失、污染环境或影响质量；

(3) 应避免级配碎石成品在雨天运卸，以有效控制其含水率；

(4) 在路基施工作业面上卸级配碎石成品时，应尽量降低自卸汽车的卸料扬程，并沿着线路纵向一边退行，一边均匀卸料，为摊铺作业创造有利条件。

2. 现场摊铺整平

在一定的压实作业工艺条件下，级配碎石层摊铺的厚度，决定着其压实层的厚度。新建时速 200 公里铁路改良膨胀土路基基床表层级配碎石的压实厚度有两种情况：

一种是，当改良膨胀土路基基床需增设封闭隔水层时，则在检证合格的改良膨胀土基床底层的顶面，先铺设复合土工膜封闭隔水层(含压实厚度为 10 cm 的中粗砂保护层)，再在其上填筑压实厚度为 50 cm 的级配碎石。此时，基床表层总压实厚度仍为 60 cm。其中，50 cm 厚度的级配碎石，施工中分为上、下两层依次填筑压实。

另一种是，当改良膨胀土路基基床不需增设封闭隔水层时，则直接在检证合格的改良膨胀土基床底层的顶面，填筑压实厚度为 60 cm 的级配碎石。此时，级配碎石的压实厚度即为基床表层厚度。60 cm 厚度的级配碎石，施工中也分为上、下两层依次填筑压实。

为了获得理想的级配碎石层压实厚度，施工单位必须在实施摊铺作业前，进行级配碎石松铺厚度与压实厚度相关关系的试验，在确定松铺系数后，再分层摊铺。

(1) 确定松铺系数

级配碎石的松铺系数，即：级配碎石层压实前后的厚度值之比。由于上层级配碎石是整个路基的顶层，填筑压实施工完成后，将在其上铺设轨道结构。因此，对其表面永久性路拱的排水坡精度与平整性要求较高。

为了满足这一要求，上、下两层在摊铺作业时分别采用不同的施工机械：下层一般使用推土机加平地机的组合；上层则采用精度较高的摊铺机。正是因为上、下两层级配碎石采用了不同的摊铺手段，在摊铺作业中，不同机械对级配碎石层产生的附带压实作用也会有所不同。于是，接下来在实施相同压实工艺的条件下，用两种不同摊铺手段填筑的上、下两层级配碎石，其松铺系数平均值也将存在一定的差异。因此，必须对用两种不同摊铺手段填筑的上、下两层级配碎石分别进行松铺系数试验。这在现场施工中，应引起施工单位的注意，否则会造成级配碎石压实层厚度的较大误差。

级配碎石松铺系数现场试验方法如下：

在路基基床表层级配碎石填筑压实施工作业面的上、下两层，各选择面积为 30×12 m 的试验场地，每个试验场地均匀布置 10 个测点。用水平仪测量用两种不同手段摊铺的级配碎石松铺厚度，再测量压实后的级配碎石厚度，然后计算松铺系数。

表 6-6-5 所列的是分层压实厚度为 25 cm 时，采用上述试验方法获得的两组松铺系数的检测结果实例。

表 6-6-5　不同摊铺手段条件下级配碎石松铺系数检测结果实例

摊铺手段 \ 测点		1	2	3	4	5	6	7	8	9	10	平均值	松铺系数
推土机平地机	松铺厚度(mm)	307	313	304	306	307	305	309	304	302	303	306	1.22
	压实厚度(mm)	253	256	248	250	251	247	255	251	251	249	251	
摊铺机	松铺厚度(mm)	336	313	319	318	315	319	314	318	322	317	319	1.28
	压实厚度(mm)	253	255	250	247	252	246	244	245	249	246	249	

上述实例反映，采用推土机加平地机组合与光采用摊铺机，分别摊铺级配碎石下层与上层。当每层压实厚度目标值为 25 cm 时，在相同的压实工艺条件下，其松铺系数的平均值分别为为 1.22 与 1.28。测到松铺系数后，施工单位就可以通过分别控制上、下层级配碎石的松铺厚度，得到相应的压实层厚度。当每层压实厚度目标值为 30 cm 时，也可采取同样的方法，只是松铺系数会随之变化。

(2) 下层摊铺整平

级配碎石运到铺筑现场后，施工单位应根据自卸汽车车斗容量计算堆料间距。在路基纵向 20～30 m 长度范围内，全断面进行下层级配碎石摊铺。

摊铺时，依据压实层厚度目标值和试验得到的松铺系数，按"挂线法"控制相应的下层松铺层厚度。先后采用 T140—1 型推土机与 PY160B 型平地机，沿线路纵向分别对下层级配碎石，进行全断面摊铺、初平和精平。在机械摊铺整平后，应进行全面检查，对个别不平整或粗细料离析处，除去较大颗粒后，以小粒径碎石及石粉为填补料，用人工找平。

摊铺顺序要求，先路基作业面两侧，后路基作业面中央。摊铺后，整个下层级配碎石松铺层顶面，要形成有 4%横向坡度的临时路拱。

(3) 上层摊铺整平

级配碎石运到铺筑现场(已经施工完毕的下层级配碎石压实层顶面)后,施工单位应根据摊铺速度配置5辆15 t自卸车(运距1.5 km),避免中途停机。同时,根据自卸汽车车斗容量计算堆料间距。

摊铺时,依据压实层厚度目标值和试验得到的松铺系数,按"挂线法"控制相应的上层松铺层厚度。采用英格索兰ABG 423型摊铺机,按路基顶面总宽度分左右两幅(复线时6 m为一幅),沿纵向逐幅摊铺。

摊铺作业中,要求摊铺机摊铺速度均匀,单幅作业效率以100 m/h为宜。左右两幅应无纵向接缝,两幅前后摊铺距离不超过100 m。两个相邻施工区段的横向连接处的级配碎石层,采用分层搭接摊铺。

施工现场应配备3名技术人员,负责随时检查摊铺层标高、宽度以及路拱横向排水坡度、表面平整度等。摊铺机摊铺后,应进行全面检查,对个别不平整或粗细料离析处,除去较大颗粒后,以小粒径碎石及石粉为填补料,用人工找平。

(四) 级配碎石压实作业

新建时速200公里铁路改良膨胀土路基基床表层级配碎石压实作业的质量目标值为:孔隙率$n<18\%$,地基系数$K_{30}\geqslant 190$ MPa/m。施工中,级配碎石的压实效果,除了其自身的技术指标外,很大程度上还取决于所使用的作业机械性能以及所选择的作业工艺。

在级配碎石自身技术指标和施工作业机械性能已经符合要求的条件下,为了使基床表层级配碎石压实作业质量达到上述目标值,施工单位应在正式实施基床表层级配碎石压实作业前,进行压实作业工艺参数试验。通过试验,确定合适的作业工艺,以保证新建时速200公里铁路改良膨胀土路基基床表层级配碎石压实作业的施工质量。

1. 压实作业工艺试验

级配碎石压实作业工艺试验在路基施工现场作业面上进行。试验对象分别为:用推土机、平地机完成了摊铺作业的级配碎石下层和用摊铺机完成了摊铺作业的级配碎石上层。施工单位为两种试验对象各选择一处面积为20 m×12 m的试验场地,在每处试验场地上,均匀设置10个测点。主要检测两种试验对象(基床表层的下、上两层级配碎石)在压实作业试验过程中,其孔隙率n与地基系数K_{30}指标值的变化情况。

(1) 试验方法与要求

在两处试验场地,使用激振力为36/18 t的SD175型振动压路机,以1.5 km/h的碾压速度,分别对下层与上层级配碎石进行碾压。碾压方式为:静压1遍→弱振动碾压1遍→强振动碾压2遍→静压1遍。

振动压路机在同一试验场每往返作业1次为碾压1遍。要求压路机相邻轮压痕应重叠1/3,并$\not<$0.4 m。每碾压1遍,对10个测点进行孔隙率n与地基系数K_{30}指标值的检测,取其平均值。其中,孔隙率检测采用灌砂法。

需要说明的是,尽管级配碎石分层压实厚度分为25 cm与30 cm两种,然而,其压实作业工艺试验的方法是完全相同的。

(2) 试验结果实例

表6-6-6记录的是分层压实层厚度为25 cm时,采用两种不同摊铺方法的级配碎石上层与下层,按"静压1遍→弱振动碾压1遍→强振动碾压2遍→静压1遍"的碾压方式,在经过不同碾压遍数后,分别在级配碎石上层与下层的各10个测点上,测到的孔隙率n的数据平均值。

表 6-6-6　不同碾压遍数的实测孔隙率 n 平均值

试验对象及指标	静压第 1 遍	弱振动碾压 1 遍	强振动碾压第 1 遍	强振动碾压第 2 遍	静压第 2 遍
级配碎石上层各测点实测孔隙率 n 平均值(%)	—	25.8	19.7	16.0	15.3
级配碎石下层各测点实测孔隙率 n 平均值(%)	—	25.0	19.3	15.3	14.9

图 6-6-6 绘制的是，在上述碾压方式下，级配碎石上层与下层实测孔隙率 n 的数据平均值，随着碾压遍数增加而下降的变化趋势。

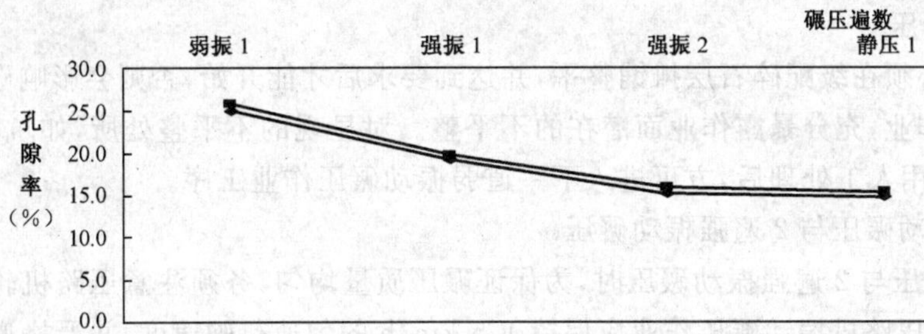

图 6-6-6　实测孔隙率平均值随碾压遍数增加而下降的变化趋势

表 6-6-7 记录的是分层压实层厚度为 25 cm 时，采用两种不同摊铺方法的级配碎石上层与下层，按"静压 1 遍→弱振动碾压 1 遍→强振动碾压 2 遍→静压 1 遍"的碾压方式，在经过不同碾压遍数后，分别在级配碎石上层与下层各 10 个测点上测到的地基系数 K_{30} 的数据平均值。

表 6-6-7　不同碾压遍数的实测地基系数 K_{30} 平均值

试验对象及指标	静压第 1 遍	弱振动碾压 1 遍	强振动碾压第 1 遍	强振动碾压第 2 遍	静压第 2 遍
级配碎石上层各测点实测地基系数 K_{30} 平均值(MPa/m)	—	131	173	206	214
级配碎石下层各测点实测地基系数 K_{30} 平均值(MPa/m)	—	121	167	202	210

图 6-6-7 绘制的是，在上述碾压方式下，级配碎石上层与下层实测地基系数 K_{30} 的数据平均值，随着碾压遍数增加而上升的变化趋势。

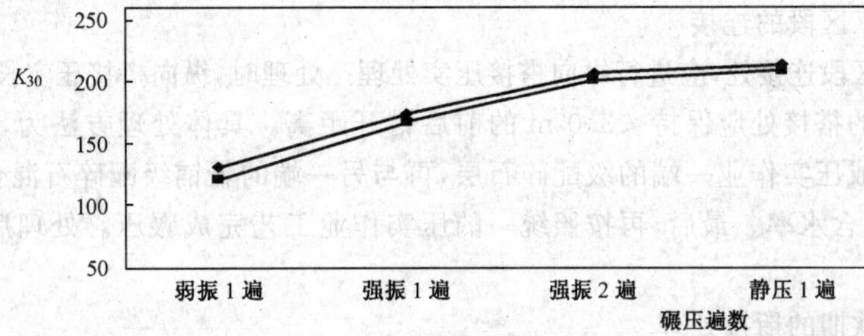

图 6-6-7　实测实测地基系数平均值随碾压遍数增加而上升的变化趋势

2. 压实作业工艺的确定与施工技术要领

试验结果表明，使用激振力为36/18 t的SD175型振动压路机，以1.5 km/h碾压速度，对用推土机平地机完成了摊铺作业的级配碎石下层和用摊铺机完成了摊铺作业的级配碎石上层，分别静压1遍→弱振动碾压1遍→强振动碾压2遍→静压1遍后，上、下两层级配碎石压实层的实测孔隙率n和地基系数K_{30}平均值分别为15.3%、16.0%和206 MPa/m、202 MPa/m，都已满足新建时速200公里铁路改良膨胀土路基基床表层级配碎石压实作业的质量目标值(孔隙率$n<18\%$，地基系数$K_{30}\geqslant190$ MPa/m)的要求。因此，选择上述压实作业工艺是可行的。

为确保施工质量，施工单位在严格执行上述压实作业工艺的同时，还必须正确掌握以下作业技术要领：

(1) 第1遍静压

第1遍静压必须在级配碎石层摊铺整平，并达到要求后才能开始，否则会影响碾压作业的效果。通过静压作业，充分暴露作业面潜在的不平整。对显现的不平整处所，如坑洼地带、集料窝和两侧边线，用人工处理后，方可进入下一道弱振动碾压作业工序。

(2) 1遍弱振动碾压与2遍强振动碾压

1遍弱振动碾压与2遍强振动碾压时，为保证碾压质量均匀，务须注意压路机轮迹应重叠1/3，并≮0.4 m。压路机振动碾压作业应保持1.5 km/h的匀速行驶速度，并严格遵守先路基面两侧、后路基面中央，先弱振动碾压作业1遍、再强振动碾压作业2遍的作业秩序。

(3) 第2遍静压

第2遍静压应在整个作业面第2遍强振动碾压全部完成后进行，每区段碾压要一次完成。通过静压，使级配碎石压实层表面平整密实。

(4) 施工过程中的含水率控制

在施工过程中有效控制级配碎石的含水率，是保证其压实作业质量极为重要的技术要领。摊铺完的级配碎石层应及时进行静压封面，避免水份散失。雨天不宜组织施工，一方面避免级配碎石受泥土污染，另一方面免受雨水冲刷，防止细料流失而失去粘结作用。在进行碾压施工时，级配碎石含水率要控制在与其最佳含水率偏差−1%～+1.5%的允许范围内。含水率过大，应翻挖晾晒；含水率过小，则应在静压第1遍后均匀适量洒水，但必须防止局部水份过多而造成翻浆。

(5) 直线与曲线地段的碾压作业顺序

直线地段，所有碾压作业要沿着路基纵向，由两侧路肩向路基中心，按顺序全断面往返碾压；曲线地段，所有碾压作业要沿着路基纵向，由内侧路肩向外侧路肩，按顺序全断面往返碾压。

(6) 相邻施工区段的连接

各相邻施工区段连接处，应进行纵向搭接压实处理。处理时，纵向搭接压实长度应≮2 m，上下两层级配碎石的搭接处应保持≮3.0 m的前后错开距离。具体处理方法为，先翻挖搭接长度范围内先期完成压实作业一端的级配碎石层，再与另一端的新铺级配碎石混合，待拌和均匀后，再重新调整其含水率。最后，再按照统一的压实作业工艺完成碾压。处理后，连接处应没有工作缝。

(7) 施工间歇期的衔接处理

同一施工区段的级配碎石层压实作业应尽量保持连续，当遇有较长施工间歇期时，复工前应首先做好新旧施工连接处级配碎石层的衔接处理。处理方法与要求，同相邻施工区段的连接。

(8) 碾压过程中的异常情况处理

在级配碎石层碾压全过程中，需密切注意级配碎石层受碾压时的状态变化。当发现"弹簧、松散"等异常现象时，应及时采取局部翻挖拌和或局部更换级配碎石并重新碾压等措施，使其符合质量要求。

(9) 沉降观测桩的保护

为防止压路机作业时挤压或损坏路基沉降观测桩，应预先在路基沉降观测桩周围设置明显标志，压路机作业不到的路基沉降观测桩周围用小型冲击夯将级配碎石夯实。

(五) 作业效果的现场检测

除了级配碎石原材料检测、拌和质量检测、摊铺质量检测、含水率检测等影响施工质量的中间过程检测外，填筑压实作业效果的现场检测，无疑是对基床表层级配碎石压实作业，是否达到施工质量目标值的最重要检验。

下面介绍，关于基床表层级配碎石压实作业效果的主要检测指标、检测方法及其各种检测方法的比较与选择。

1. 主要检测指标

级配碎石压实质量现场检测指标主要有，反映压实密度的孔隙率(n)指标以及地基系数(K_{30})、动态变形模量(E_{vd})等力学指标。

(1) 孔隙率(n)

孔隙率(n)系指土的孔隙体积与总体积的比值，以百分率表示。在新建时速 200 公里铁路改良膨胀土路基施工中，要求基床表层级配碎石孔隙率 $n<18\%$，它是反映压实作业施工质量的重要指标。

(2) 力学指标

a. 地基系数(K_{30})

有关地基系数(K_{30})的含义，在本章第四节中已经阐述。新建时速 200 公里铁路改良膨胀土路基施工，要求基床表层级配碎石地基系数 $K_{30}\geqslant 190$ MPa/m。

b. 动态变形模量(E_{vd})

在本章第四节中，也已经阐述了关于力学指标之一的动态变形模量(E_{vd})。根据 2005 年 9 月我国铁道部发布的《客运专线铁路路基工程施工质量验收暂行标准》，基床表层级配碎石动态变形模量(E_{vd})应不小于 55 MPa。

另外，目前在国外一些国家的路基施工中，也有把现场 CBR 作为力学指标检测(见本章第四节)，但我国铁路尚未采用。

2. 检测方法

在新建时速 200 公里铁路改良膨胀土路基施工中，基床表层级配碎石填筑压实作业效果的现场检测方法为：孔隙率检测采用核子射线法与灌砂仪法；力学指标检测分别采用地基系数 K_{30}平板载荷试验仪法和 E_{vd}动态变形模量测试仪法。

要求施工单位沿线沿纵向每 100 m 对每压实层抽样检验动态变形模量和孔隙率各 6 点，其中，距路肩左、右边线 1.5 m 处各 2 点，路基中部 2 点；抽样检验地基系数 4 点，其中：距路肩左、右边线 1.5 m 处各 1 点，路基中部 2 点。监理单位按施工单位抽样数量的 20％平行检验动态变形模量和孔隙率；见证检验全部地基系数。为了便于比较，还可对现场 CBR 法进行同步研究试验。

现场检测使用的主要仪器详见表 6-6-8。

表 6-6-8　基床表层级配碎石现场检测仪器表

仪器名称		型号
孔隙率检测	核子射线法	MC-3
	灌砂仪	ϕ150 mm
力学检测	K_{30}平板载荷试验仪	ϕ300 mm
	动态变形模量测试仪 E_{vd}	ZFG02/ ZFG06
	现场 CBR	—

3. 各种检测方法的比较与选择

对各种检测方法比较的目的，是为了掌握相同检测对象在采用不同检测方法时，其检测结果之间的相关规律。以便参建单位选择更适合基床表层级配碎石填筑、压实施工的现场检测方法。

比较方法为，在基床表层级配碎石施工过程中选择 60 个测点，在相同条件下分别用五种检测方法检测。即在同一点周围分别用核子射线法与灌砂仪法检测孔隙率，用地基系数 K_{30} 平板载荷试验仪法、E_{Vd}动态变形模量测试仪法、现场 CBR 法检测力学指标。五种检测方法分别采集 60 个测点的数据后，进行以下三种比较：

(1) 灌砂法与核子射线法

图 6-6-8 绘制的是分别用灌砂法与核子射线法，对 60 个测点进行现场检测后，所采集到的 60 对基床表层孔隙率实测结果的相关图。

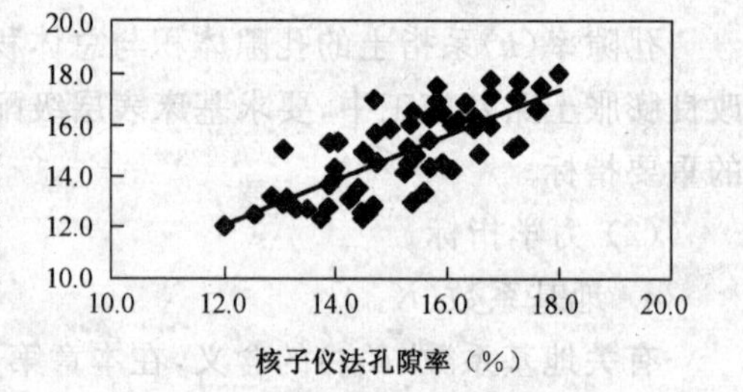

图 6-6-8　基床表层灌砂法与核子射线法孔隙率检测结果相关图

从图 6-6-8 及其实测数据的数理统计分析可知，基床表层灌砂法与核子射线法检测孔隙率实测结果的相关系数为 0.75，相关关系方程为：

$$Y_{灌砂法}=1.643+0.87X_{核子仪法}\quad(6—6—1)$$

灌砂法与核子射线法实测结果，存在较强正相关关系，现场两种方法似均可采用，但灌砂法实测的孔隙率数据通常会低于核子射线法实测的孔隙率数据，这往往是砂子灌入未完全填满空隙所致。因此，一般采用核子射线法偏于安全。

(2) 平板载荷试验仪法与动态变形模量测试仪法

图 6-6-9 绘制的是分别用平板载荷试验仪法与动态变形模量测试仪法，对 60 个测点进行现场检测后，所采集到的 60 对 K_{30} 与 E_{Vd}实测结果的相关图。

从图 6-6-9 及其实测数据的数理统计分析可知，基床表层 K_{30} 与 E_{Vd} 实测结果的相关系数为 0.86，相关关系方程为：

$$Y_{K_{30}}=26.9+3.08X_{E_{vd}}\quad(6—6—2)$$

基床表层 K_{30} 与 E_{Vd}实测结果，存在强正相关关系。当 E_{Vd}的取值为≥55 MPa 时，对应的 K_{30}≥196.3 MPa/m。这与我国铁路新颁布的《客运专线铁路路基工程施工质量验收暂行标准》中所规定的，动态变形模量(E_{Vd})应≥55 MPa，K_{30}≥190 MPa/m 的指标值相吻合。

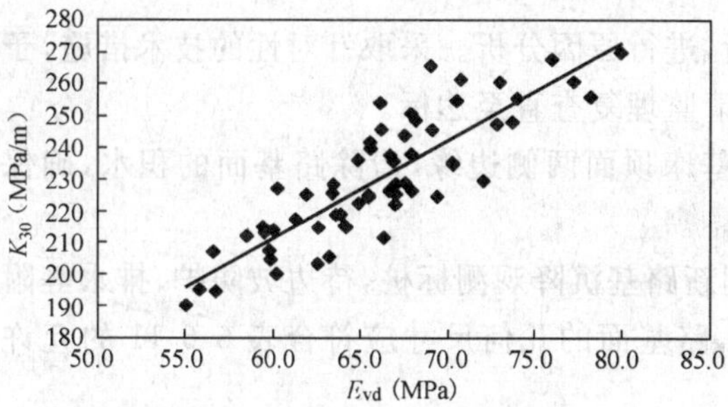

图 6-6-9　基床表层 K_{30} 与 E_{vd} 现场检测结果相关图

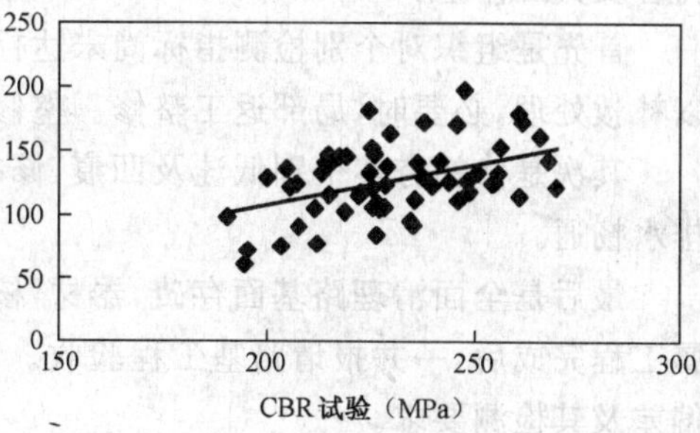

图 6-6-10　基床表层 K_{30} 与 CBR 现场检测结果相关图

（3）平板载荷试验仪法和现场 CBR 法

图 6-6-10 绘制的是分别用平板载荷试验仪法和现场 CBR 法，对 60 个测点进行现场检测后，所采集到的 60 对 K_{30} 与 CBR 实测结果的相关图。

从图 6-6-10 及其实测数据的数理统计分析可知，基床表层 K_{30} 与 CBR 实测结果的相关系数为 0.44，相关关系方程为：

$$Y_{K_{30}}=190.6+0.31X_{CBR} \tag{6—6—3}$$

基床表层 K_{30} 与 CBR 实测结果，仅存在弱正相关关系。鉴于两者相关性差，在目前已采用 K_{30} 与 E_{Vd} 两项现场力学指标的条件下，暂不宜采用现场 CBR 法。

（六）基床表层几何尺寸的控制

新建时速 200 公里铁路改良膨胀土路基基床表层填筑压实后的几何尺寸，应分别符合表 6-6-9、表 6-6-10 的允许偏差及其检测要求。

表 6-6-9　新建时速 200 公里铁路改良膨胀土路基基床表层级配碎石（或砂砾石）表面中线高程、路肩高程、中线至路肩边缘距离、宽度、横坡、平整度允许偏差、检验数量及检验方法

序号	检验项目	允许偏差	施工单位检验数量	检验方法
1	中线高程	±10 mm	沿线路纵向每 100 m 抽样检验 5 点	水准仪测量
2	路肩高程	±10 mm	沿线路纵向每 100 m 抽样检验 5 点	水准仪测量
3	中线至路肩边缘距离	0～+20 mm	沿线路纵向每 100 m 抽样检验 5 处	尺量
4	宽度	≮设计值	沿线路纵向每 100 m 抽样检验 5 处	尺量
5	横坡	±0.5%	沿线路纵向每 100 m 抽样检验 5 个断面	坡度尺量
6	平整度	≯10 mm	沿线路纵向每 100 m 抽样检验 10 点	2.5 m 长直尺

表 6-6-10　新建时速 200 公里铁路改良膨胀土路基基床表层填筑厚度的允许偏差、检验数量及检验方法

检验项目	允许偏差	施工单位检验数量	检验方法
级配碎石（或砂砾石）厚度	−20 mm	沿线路纵向每 100 m 抽样检验 3 点	水准仪测量
砂垫层厚度（必要时）	≮10 cm	沿线路纵向每 100 m 抽样检验 3 点	水准仪测量

（七）整修养护

基床表层级配碎石压实作业和现场检测完成后，为巩固完善施工质量，施工单位应立即安排整修与养护作业。

1. 整修作业

在现场检测的基础上，施工单位应通过对施工区段全面检查结果的分析，排出具体的整修内容及其工作量。

首先是组织对个别检测指标尚未达标的处所，进行原因分析。采取针对性的技术措施，予以补救处理，必要时，局部返工整修。整修后，报请监理复查直至达标。

其次是修补夯实个别低洼及凹痕，修补夯实基床顶面两侧边缘，清除路基面的积水，确保排水畅通。

最后是全面清理路基面存碴，器材，核对并刷新路基沉降观测标桩，待边坡防护、排水等附属工程完成后，一并报请路基工程验收。验收前，路基面的几何尺寸应符合表6-6-11的允许偏差及其检测要求。

表6-6-11　路基面中线高程、路肩高程、中线至路肩边缘距离、宽度、横坡、平整度允许偏差、检验数量及检验方法

序号	检验项目	允许偏差	沿线路纵向每100 m检验数量		检验方法
			施工单位	监理单位	
1	中线高程	±10 mm	抽样检验5点	平行检验2点	水准仪测量
2	路肩高程	±10 mm	抽样检验5点	平行检验2点	水准仪测量
3	中线至路肩边缘距离	0～+20 mm	抽样检验5处	平行检验2处	尺量
4	宽度	≮设计值	抽样检验5处	平行检验2处	尺量
5	横坡	±0.5%	抽样检验5个断面	平行检验2个断面	坡度尺量
6	平整度	≯10 mm	抽样检验10点	平行检验3点	2.5 m长直尺

2. 养护作业

施工单位要认真贯彻“压实作业完成一段、养护作业紧跟一段”的原则，高度重视新路基的养护工作。应制订严密的养护计划，提前安排好足够的养护力量与必备的养护手段。切忌光热衷于抓前方的施工进度，而忽略了对后方的养护巩固，造成新生的路基整修工作量，反而会影响总体质量与进度，甚至还可能会增加成本投入。

基床表层养护作业的重点：一是要对整段路基面，按时洒水养生5～7 d，使其保持合适的含水率；二是养护期内禁止车辆扰动，即使过了养护期，也不准履带式车辆行驶，以保证路基表层不受破坏，为下一阶段的轨道铺架施工奠定良好的基础。

五、改良膨胀土路基自身封闭效果的检测试验

如本书第一章所述，因膨胀土中含有蒙脱石和伊利石等强亲水性黏土矿物成分，故具有膨胀性、多裂隙性和超固结性等特性。我国铁路工程的大量实践经验与教训已经充分证明，用膨胀土填筑的路基在水的不良作用下，常出现翻浆冒泥、下沉、外挤、崩坍等严重路基病害。一些建设标准不高的既有铁路膨胀土路基，在运营中暴露问题后，除了采取加固路基边坡、增设排水设施等措施外，普遍采用换填部分基床并以复合土工膜对基床实施封闭。

在新建时速200公里铁路改良膨胀土路基施工中，由于路堑或部分低路堤地段的改良土换填厚度有限，为预防膨胀土地基受到水的侵蚀，采取了在基床底层的换填改良土顶面铺设复合土工膜封闭隔水的措施。而在排水条件较好的改良膨胀土路堤地段，为合理节省大量投资，一般不再考虑采取铺设复合土工膜封闭隔水的措施。

当然，在进行上述技术经济分析与决策时，建设单位应组织设计、施工、监理单位以及有关科研部门，通过必要的现场检测试验进一步验证，在改良膨胀土路基基床底层顶面不设复合土

工膜封闭隔水层的条件下，改良膨胀土路基在列车动荷载长期作用下的水稳定性及其自身的隔水效果。

（一）检测试验内容与方法概述

现场检测试验采用模拟列车动载检测试验和实地开挖检查的方式。其内容与方法概述如下：

1. 模拟列车动载检测试验

在已完成的路基面上设置激振系统，将混凝土基础作为配重，并通过预埋件与激振机连接（如图 6-6-11 所示）。

混凝土基础长度、宽度分别为 2.6 m 和 1.2 m，高度 1.2 m，重量为 9.4 t，激振机自重为 4.2 t。激振机采用 SBZ60 型变频变矩式振动机，利用偏心块回转产生离心作用而形成激振。激振力为 0～300 kN，激振最大频率 30 Hz。在 9～30 Hz 频率范围内，激振系统最大激振力均达到 300 kN。

图 6-6-11 改良膨胀土路基自身封闭效果动载试验

动载检测试验的思路是，根据各种列车动荷载作用在路基面上所产生的动应力实测波形，分析其随时间变化的规律，确定加载方式和激振力、激振频率等模拟动载参数。通过与激振系统连接的测试系统，检测基床表层的弹、塑性变形及动应力（有关这方面的具体内容，将在本书第七章中详述）。

图 6-6-12 为某检测试验现场不设复合土工膜封闭隔水层的改良膨胀土路基断面及其测点布置，表 6-6-12 是该路基断面各部位的实测 K_{30} 指标值。

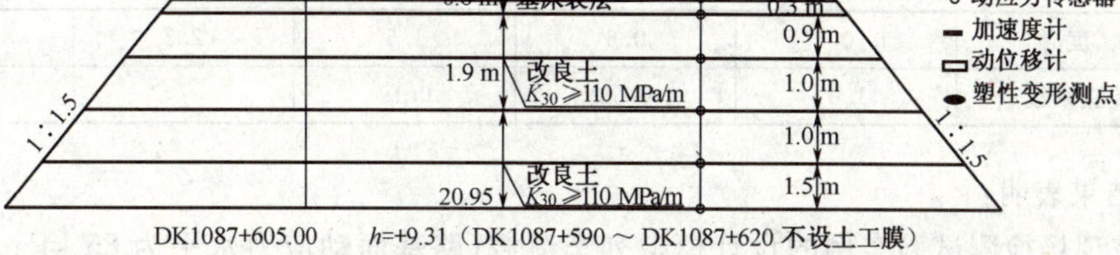

图 6-6-12 改良膨胀土路基自身封闭效果动载试验测点布置

表 6-6-12 改良膨胀土路基断面各部位实测 K_{30} 指标值

路堤部位	基床表层	基床底层	基床以下路堤	地基
K_{30}(MPa/m)	220	188	190	90

检测试验的具体方法为：在现场共进行 300 万次模拟列车荷载的动态试验，分三种情况进行。其中：第 100 万次之前，路基面为干态；第 101～200 万次间，路基面按日降雨量 100 mm 人工模拟降雨；第 201～300 万次间，路基面为浸水状态。试验过程中，最初 10 万次的检测间隔分别是，第 1、3、5、7、10 万次各检测一次弹、塑性变形及动应力；第 10 万次以后，每激振 10 万次检测一次弹、塑性变形及动应力。

2. 实地开挖检查

模拟列车动载检测试验结束后，建设单位应及时组织设计、施工、监理、科研人员对试验现场的路基断面进行开挖检查。开挖检查要求从基床表面开始，向下逐层仔细观察、记录、取样。

开挖检查和取样的目的，是为了更加实观地了解与分析，不设复合土工膜封闭隔水层的改良膨胀土路基，在模拟降雨、浸水条件下，通过 300 万次模拟列车重复循环荷载作用后的状态变化及其变化的原因。

（二）检测试验结果实例

以下是新建时速 200 公里客货共线合肥—南京铁路改良膨胀土路基，采用上述检测试验方法得到的现场检测试验结果实例（其检测试验的路基断面、测点布置、路基断面各部位的实测 K_{30} 指标值，见图 6-6-12、表 6-6-12）：

1. 动应力

图 6-6-13 显示的分别是，在设计模拟列车荷载（路基面动应力水平为 85 kPa 左右）作用下，该改良膨胀土路基断面现场实测所记录的动应力波形。其中，波幅大的为基床表层级配碎石顶面的动应力波形；波幅小的系基床表层级配碎石底部的动应力波形。

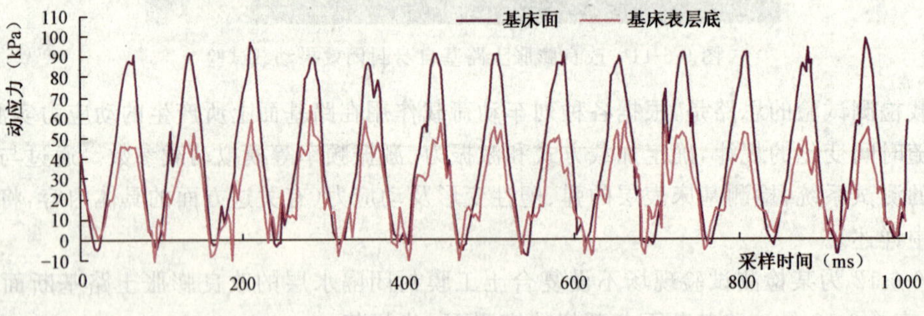

图 6-6-13 实测的动应力波形

表 6-6-13 所反映的是，该改良膨胀土路基断面路基面以下不同深度处的动应力传递系数。

表 6-6-13 检测试验断面动应力传递系数

深　度	0	0.6	1.5	2.5	3.5
动应力传递系数	1.0	0.56	0.19	/	0.10

实测结果表明：

(1) 该现场检测试验实例的设计模拟列车荷载（路基面动应力水平为 85 kPa 左右）与实测路基面动应力值相符合，模拟比较成功；

(2) 实测结果还显示出，在设计模拟列车荷载作用下，改良膨胀土路基断面的动应力传递系数及其衰减速率，均具有自上而下、由大变小的特征。其中，基床表层(0.6 m 级配碎石层)内的动应力衰减最为明显。

2. 弹性变形和动刚度

图 6-6-14 为现场实测的弹性变形波形图。

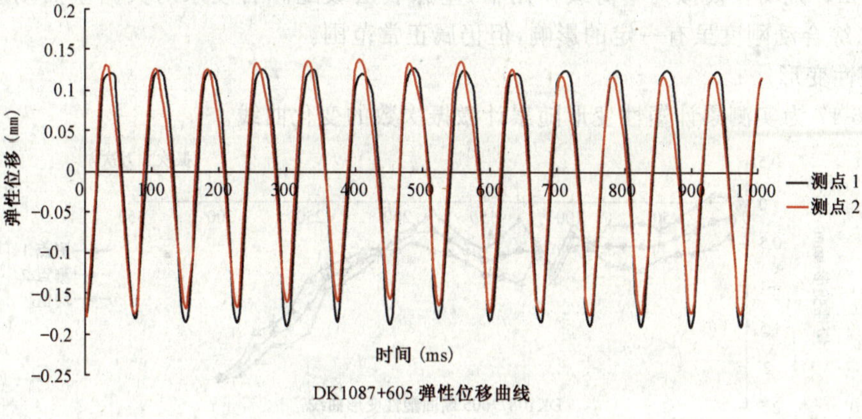

图 6-6-14　100 万次弹性变形波形

图 6-6-15 是实测弹性变形、动应力随累计激振次数而变化的对比曲线。图 6-6-16 为路基综合动刚度、动应力随累计激振次数而变化的对比曲线。

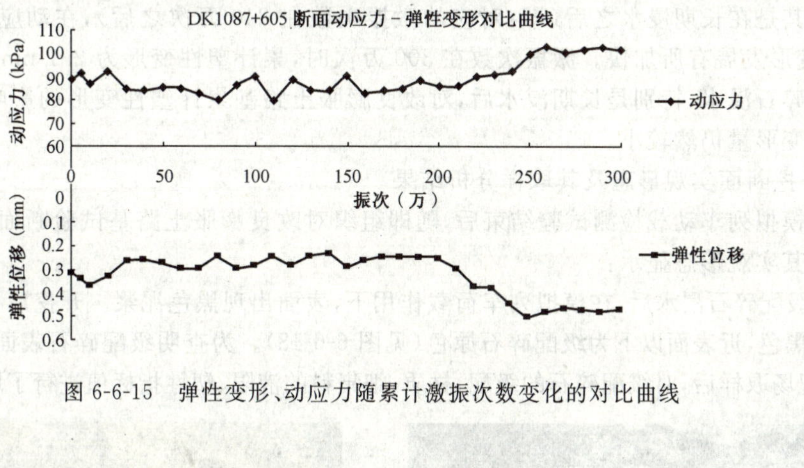

图 6-6-15　弹性变形、动应力随累计激振次数变化的对比曲线

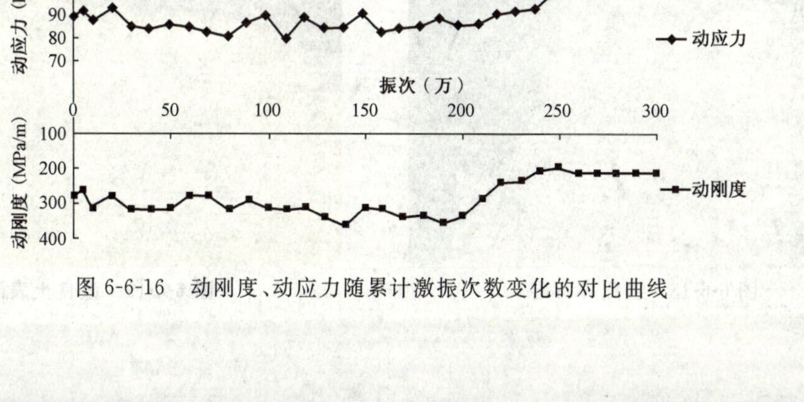

图 6-6-16　动刚度、动应力随累计激振次数变化的对比曲线

从对比曲线图可知，改良膨胀土路基在接近设计模拟列车荷载（路基面动应力为 85 kPa 左右）作用下，其路基面为干态、模拟降雨（即：对应的激振次数在 200 万次之前）条件下的平均弹性变形仅为 0.27 mm，弹性变形量很小；而在基床表层级配碎石浸水后（即：对应的激振次数在 200 万次之后），其路基面平均动应力约增加了 10 kPa，平均弹性变形上升到 0.43 mm，尽管也不大但增加明显。而路基平均综合动刚度则由干态的 297 MPa/m，下降到浸水后的 219 MPa/m。说明在模拟列车荷载作用下，基床表层级配碎石浸水对其路基面动应力水平、弹性变形、综合动刚度虽有一定的影响，但仍属正常范围。

3. 塑性变形

图 6-6-17 为实测累计塑性变形随累计激振次数的变化曲线。

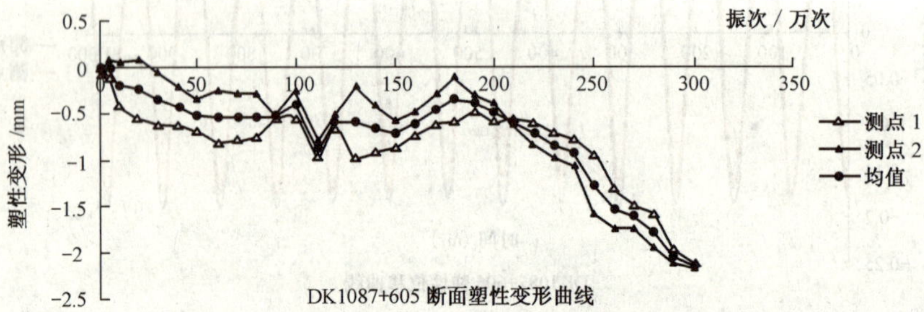

图 6-6-17　累计塑性变形随激振次数的变化曲线

由变化曲线图获悉，改良膨胀土路基在接近设计模拟列车荷载（路基面动应力为 85 kPa 左右）作用下，其路基面为干态、模拟降雨（即：对应的激振次数在 200 万次之前）条件下的累计塑性变形很小，仅 0.8 mm。而在基床表层级配碎石浸水后（即：对应的激振次数在 200 万次之后），尤其是在长期浸水之后（即：对应的激振次数在 240 万次之后），在动应力增加的情况下，塑性变形发展有所加快。激振次数在 300 万次时，累计塑性变形为 2.1 mm。反映出基床表层级配碎石浸水，特别是长期浸水后，对改良膨胀土路基累计塑性变形的影响程度增加，但累计塑性变形量仍然较小。

4. 开挖断面实观形态及其取样分析结果

现场模拟列车动载检测试验结束后，随即组织对改良膨胀土路基试验断面的实地逐层开挖检查。其实观形态显示：

（1）级配碎石浸水后，在模拟列车荷载作用下，表面出现黑色泥浆。开挖后显示，近表面级配碎石呈黑色，近表面以下为级配碎石原色（见图 6-6-18）。为查明级配碎石表面出现黑色泥浆的原因，现场取样后，对级配碎石的级配、材质，细集料的液限、塑性指标值进行了取样分析试验。

图 6-6-18　级配碎石层

图 6-6-19　改良土表面

图 6-6-20 系级配碎石取样分析试验的级配曲线，表 6-6-14 为级配碎石取样分析试验的洛杉矶磨耗率及液、塑性指标的检测结果。

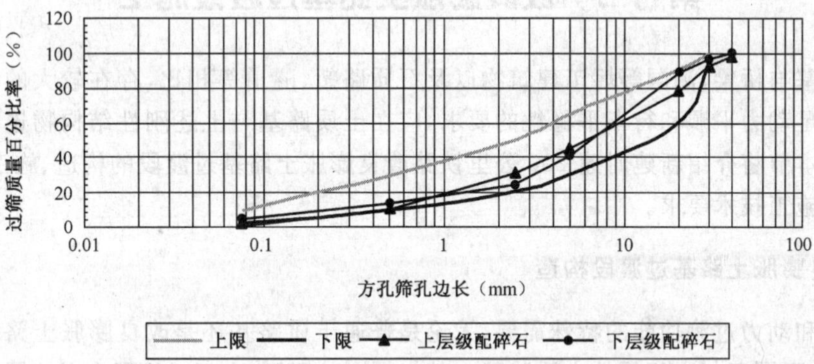

图 6-6-20　基床表层级配碎石取样分析试验级配曲线

取样分析试验的结果表明，基床表层级配碎石的级配与材质均符合我国铁路相关规范规定的技术标准。可以认为，模拟列车动载检测试验后开挖检查发现的级配碎石表面黑色泥浆，并非出自级配碎石自身的级配与材质原因。出现这种现象，主要与级配碎石中掺加了黑石粉及路基表面长期浸水的试验条件有关。基床表层级配碎石在连续进行了 100 万次路基面干态、100 万次路基面日降雨量 100 mm 的人工模拟降雨后，再紧接着进行 100 万次路基面为浸水状态的模拟列车动载试验，这要比运营期间的实际工况恶劣得多。

表 6-6-14　级配碎石取样分析试验主要指标

指标 / 级配碎石	洛杉矶磨耗率	<0.5 mm 细集料液限(%)	<0.5 mm 细集料塑性指数(%)
规范要求	≤50	≤25	<6
上层级配碎石	19.8	18.2	19.3
下层级配碎石	21.5	4.6	4.5

事实上，运营期间常见的的实际工况是：降雨时，在排水条件较好的路堤地段，渗透道床进入到路基面上的雨水，绝大部分会通过路拱的横向排水坡沿着路基边坡流走。即使在连续降雨量很大的情况下，路基面上有一部分雨水会来不及排走，但由于级配碎石压实层本身具有一定的阻水能力，在来不及排走的短暂时间内，渗入到级配碎石内部的水份也十分有限，路基面上不可能存在雨水长期浸泡现象；至于排水条件相对较差的路堑与部分低路堤地段，设置复合土工膜封闭隔水层，主要是考虑路基自身压重较轻，为防止连续降雨量较大时，路基两侧积水侵蚀改良土换垫层厚度有限的基底膨胀土，对基底稳定性造成危害。

(2) 基床底层改良土表面平整(见图 6-6-19)，仅自表面以下 2 mm 的浅薄层含水率稍大，但并无软化现象，也没有发现级配碎石陷入改良土中。说明改良土具有很强的不透水性，即使在基床表层长期浸水并有列车动载作用下，改良土路基自身也具有良好的隔水功能与水理性质。

总之，通过上述检测试验、实地开挖检查和取样分析，进一步验证：在路基面人为浸水饱和，并受模拟列车动荷载长期连续作用的恶劣工况条件下，由于改良膨胀土路基显示出良好的水稳定性和自身的隔水效果，因此，在排水条件较好的改良膨胀土路堤地段，可不必在基床底层的换填改良土顶面增设复合土工膜。

第七节　改良膨胀土路基过渡段施工

土质路基与桥梁、涵洞等圬工建筑物以及石质路堑、隧道等相比，存在较大的垂向刚度差异。为了满足动力平顺和行车平稳性的要求，应在土质路基与上述刚性结构物连接处设置路基过渡段。本节将介绍新建时速200公里铁路改良膨胀土路基过渡段的构造、施工工艺流程、作业方法与施工技术要求。

一、改良膨胀土路基过渡段构造

因刚度和动力过渡功能的特殊需要，无论是普通土质路基还是改良膨胀土路基的过渡段构造形式，均不同于与之相邻的土质路基。其中最大的区别，在于过渡段路基中设有以级配碎石为填料的路基核心体，取代了这一部分原有的土质填料。正由于过渡段路基构造的特殊性，在施工中必须引起高度的重视。

下面，介绍改良膨胀土路基过渡段的基本构造形式、主要特点以及过渡段级配碎石路基核心体的外形尺寸计算。

(一) 基本构造形式

改良膨胀土与普通土路基过渡段的基本构造形式相同。即：由与相邻刚性结构物等高度的级配碎石路基核心体及其两侧的土质路基组成。过渡段级配碎石路基核心体顶面以上的路基构造与相邻路基同标高路基层构造相一致。

图6-7-1为改良膨胀土路基过渡段构造的纵断面示意图。图中所标级配碎石部分即过渡段级配碎石路基核心体，核心体右侧系土质路基，核心体左侧为刚性建筑物，核心体顶面以上是与相邻路基同标高路基层构造相一致的部分。

图6-7-2系改良膨胀土路基过渡段横断面示意图。图中所标级配碎石部分即过渡段级配碎石路基核心体，核心体左、右两侧均为土质路基。

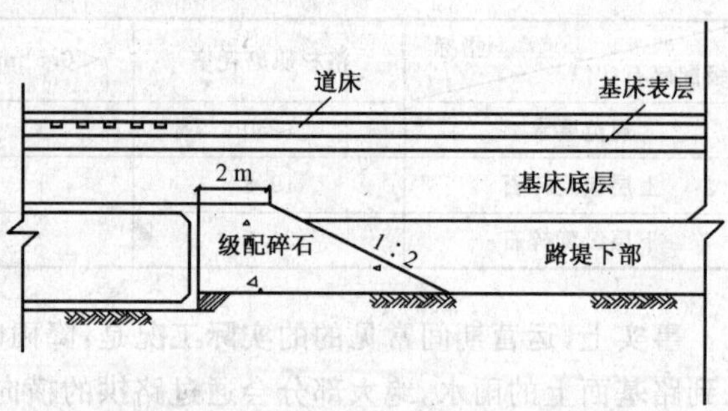

图6-7-1　改良膨胀土路基过渡段纵断面示意图

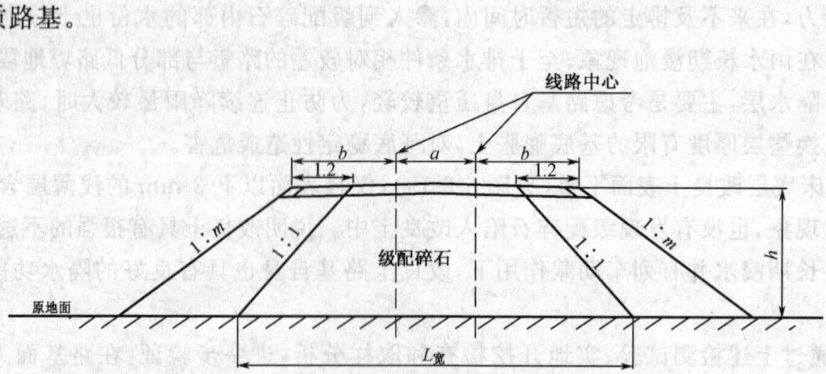

图6-7-2　改良膨胀土路基过渡段横断面示意图

图 6-7-3 是改良膨胀土路基过渡段顶面示意图。图中所标级配碎石部分即过渡段级配碎石路基核心体，其两侧为土质路基部分。靠桥台、涵洞出口还设有翼墙、护锥锥体等附属建筑物。

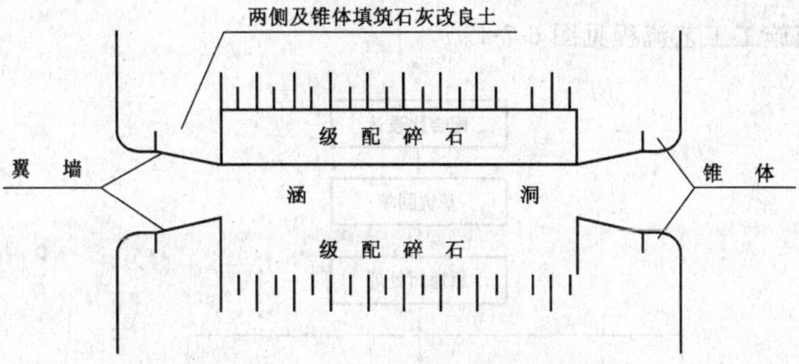

图 6-7-3　改良膨胀土路基过渡段顶面示意图

（二）改良膨胀土路基过渡段主要特点

改良膨胀土路基过渡段除了级配碎石路基核心体外形与材质，与普通土质路基过渡段相同外，其他部分均与普通土质路基过渡段有所区别。其特点是：过渡段级配碎石路基核心体两侧的土质路基，系采用改良膨胀土填筑而成；过渡段级配碎石路基核心体顶面以上部分的路基构造，与相邻的改良膨胀土路基构造保持一致；桥台与涵洞等横向结构物出口处的土质护锥锥体也必须采用改良膨胀土填筑。

路基过渡段是土质路基与桥梁、涵洞、石质路堑、隧道等刚性结构物的结合部，也往往是两支不同施工队伍的管理结合部，容易成为施工技术、施工管理、施工质量的薄弱环节。再加上改良膨胀土路基过渡段由于自身的构造特点，要求相关参建单位，在改良膨胀土路基过渡段的施工全过程中，必须按照改良膨胀土路基过渡段的施工工艺与技术要求，加强协调，优化管理，严密实施。

（三）过渡段级配碎石路基核心体外形尺寸

过渡段级配碎石路基核心体顶面沿线路纵断面的长度为常数 2 m，与相邻土质路基连接面的纵向坡度为 1∶2（如图 6-7-1 所示）；过渡段级配碎石路基核心体顶面沿线路横断面的横向宽度为线间距 a 加上 2 倍的线路中心至路肩边缘距离 b 与 1.2 m 之差，与两侧土质路基填料结合面的横向坡度为 1∶1（如图 6-7-2 所示）。据此，可以确定过渡段级配碎石路基核心体的底长与底宽的计算公式。

1. 底长计算公式

$$L_{(长)}=2h+A \qquad (6—7—1)$$

式中　$L_{(长)}$——过渡段级配碎石路基核心体沿线路纵断面的纵向底长(m)；

h——过渡段相邻刚性结构物顶面（即过渡段级配碎石路基核心体顶面）至原地面高度(m)；

A——常数为 2(m)。

2. 底宽计算公式

$$L_{(宽)}=a+2(b-1.2)+2h \qquad (6—7—2)$$

式中　$L_{(宽)}$——过渡段级配碎石路基核心体沿线路横断面的横向底宽(m)；

a——线间距(m)；

b——线路中心至路肩边缘距离(m)；

h——路肩面至原地面高度(m)。

二、施工工艺流程

过渡段填筑施工工艺流程见图 6-7-4。

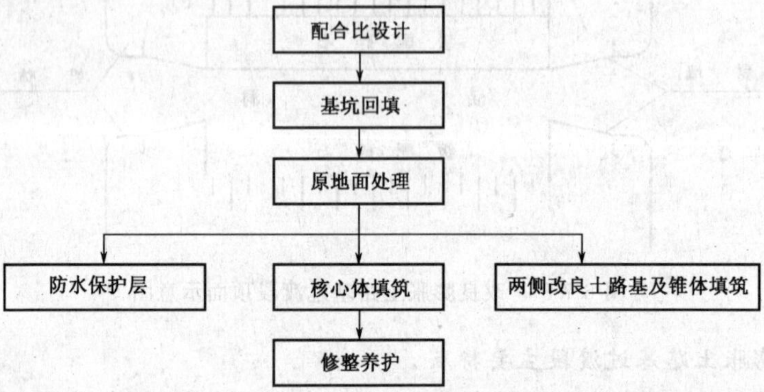

图 6-7-4　过渡段施工工艺流程

由工艺流程图可知，在实施过渡段级配碎石路基核心体及其两侧改良土路基和锥体填筑、压实作业之前，应先进行过渡段级配碎石路基核心体的配比设计、基坑回填、基底及原地面处理等项工作。

在实施过渡段级配碎石路基核心体填筑、压实作业时，应同步进行其两侧改良土路基和锥体的填筑、压实作业，以及桥台台背和涵洞等横向结构物背面与过渡段连接处的防水保护层填筑、夯实作业。过渡段填筑、压实作业完成后，还需安排对过渡段施工质量的现场检测与整修养护作业。

三、施工方法与作业技术要求

由于过渡段具有与其原有的改良膨胀土路基不同的构造特点，因此，在新建时速 200 公里铁路改良膨胀土路基过渡段填筑、压实施工中，应严格遵循以下的实施步骤、施工方法与作业技术要求。

(一) 过渡段路基核心体级配碎石配合比设计

在列车通过土质路基与刚性建筑物连接处的过渡段时，能否取得动力平顺和行车平稳的良好效果？这是检验过渡段级配碎石路基核心体施工质量的重要标尺。而其施工质量，首先取决于级配碎石的原材料质量、配合比设计及其拌和质量，而后才是填筑压实、现场检测及整修养护的质量。

1. 原材料质量

过渡段级配碎石路基核心体材质检验依据，也是按《新建时速 200 公里客货共线铁路工程施工质量验收标准》(铁建设〔2004〕8 号)、《铁路碎石道碴试验方法》(TB/2328.1～.18—92)、《铁路碎石道床底碴》(TB/T2897)、《铁路工程土工试验规程》(TB10102—2004)等规程执行。

在原材料材质选择中，应优先选用返冲击破轧机生产的碎石，对多个料场的各种样品进行取样试验。在完全符合质量标准的基础上，比较价格、供货服务等综合优势，选择质优、价廉、供货及时的级配碎石原材料。

以新建时速200公里客货共线合肥—南京铁路改良膨胀土路基试验段为例，选择了附近某石料场2～4 cm、1～3 cm、0.5～1 cm三种规格的碎石与石屑、石粉，作为该试验段中的过渡段级配碎石路基核心体材料。

表6-7-1所列的是该过渡段路基核心体的级配碎石材质标准及其实测结果。

表6-7-1　级配碎石材质标准及其实测结果

试　验　项　目	规定值	实测值
洛杉机磨耗率 L_{AA}(%)	≤50	17.7
大于16 mm粗颗粒带有破碎面的颗粒所占的质量百分率(%)	≥30	90
石粉液限 L_L(%)	≤25	16.9
石粉塑性指数 I_P	<6	4.0
大于1.7 mm集料的硫酸钠溶液浸泡损失率 L(%)	≤12	3.1
黏土团及其他杂质含量(%)	≤0.5	0.1
0.5 mm筛以下细集料中通过0.075 mm筛的颗粒含量(%)	≤66	13.6
颗粒密度(g/cm³)	—	2.68
最大干密度(g/cm³) / 最佳含水率(%)	—	2.31 / 4.7
不均匀系数 C_u/ 曲率系数 C_c	5 ≥ 1—3	56.2 / 1.36

2. 级配标准

过渡段路基核心体的级配碎石级配标准见表6-7-2。

表6-7-2　过渡段级配碎石路基核心体级配标准

级配编号	通过筛孔质量百分率(%)									
	50	40	30	25	20	10	5	2.5	0.5	0.075
1	100	95～100	—	—	60～90	—	30～65	20～50	10～30	2～10
2	—	100	95～100	—	60～90	—	30～65	20～50	10～30	2～10
3	—	—	100	95～100	—	50～80	30～65	20～50	10～30	2～10

3. 配合比选定与拌和作业

过渡段路基核心体的级配碎石配合比选定时，要求首先对不同粒径的碎石和石屑、石粉原材料进行筛分，再按规定的级配比例进行计算，使其混合后的级配曲线，调整到规定的范围内，并达到或接近级配范围的中值。

级配曲线的线型应圆滑，同时满足颗粒不均匀系数 $C_u \geqslant 5$，曲率系数 $C_c = 1 \sim 3$ 的良好级配要求。如果原材料混合后，其颗粒级配的不均匀系数或曲率系数未达到上述要求，则要重新调整配合比，直至完全符合要求。

表6-7-3为本实例选定的过渡段路基核心体的级配碎石配合比，其配合比符合新建时速200公里铁路过渡段路基核心体的级配碎石级配标准。

表 6-7-3　选定的级配碎石配合比实例

<table>
<tr><td colspan="5">材 料 规 格</td><td colspan="7">通过质量百分率(%)</td></tr>
<tr><td colspan="5">筛 孔 尺 寸(mm)</td><td>40</td><td>30</td><td>20</td><td>5</td><td>2.5</td><td>0.5</td><td>0.075</td></tr>
<tr><td rowspan="4">各种碎石筛分结果</td><td colspan="4">2～4 cm 碎石</td><td>100</td><td>58.3</td><td>0.1</td><td>0</td><td>0</td><td>0</td><td>0</td></tr>
<tr><td colspan="4">1～3 cm 碎石</td><td>100</td><td>90.1</td><td>33.3</td><td>0</td><td>0</td><td>0</td><td>0</td></tr>
<tr><td colspan="4">0.5～1 cm 碎石</td><td>100</td><td>100</td><td>100</td><td>8.9</td><td>1.6</td><td>1.0</td><td>0.4</td></tr>
<tr><td colspan="4">石 屑 石 粉</td><td>100</td><td>100</td><td>100</td><td>95.8</td><td>73.8</td><td>45.5</td><td>5.9</td></tr>
<tr><td rowspan="2">配合比（重量比）</td><td>2～4 cm</td><td>1～3 cm</td><td>0.5～1 cm</td><td>石屑石粉</td><td rowspan="2">100</td><td rowspan="2">95</td><td rowspan="2">77</td><td rowspan="2">48</td><td rowspan="2">36</td><td rowspan="2">22</td><td rowspan="2">3</td></tr>
<tr><td>5%</td><td>27%</td><td>20%</td><td>48%</td></tr>
<tr><td colspan="5">标准过筛质量百分率%</td><td>100</td><td>95～100</td><td>60～90</td><td>30～65</td><td>20～50</td><td>10～30</td><td>2～10</td></tr>
</table>

图 6-7-5 是本实例选定的过渡段路基核心体级配碎石的颗粒级配曲线，也符合新建时速 200 公里铁路过渡段路基核心体级配碎石对其级配曲线的要求。

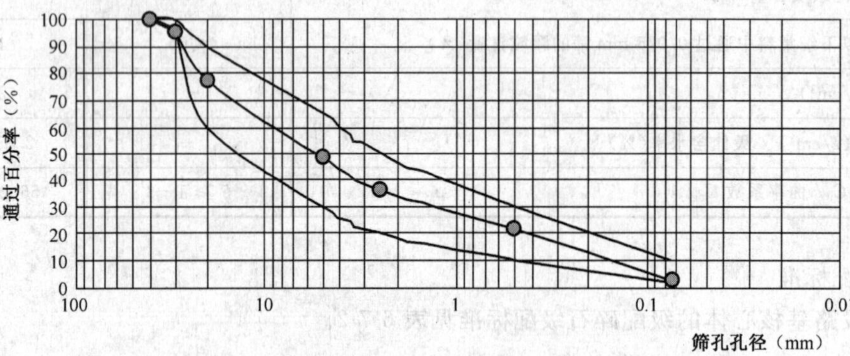

图 6-7-5　颗粒级配曲线图实例

过渡段路基核心体的级配碎石配合比选定后，即可进行拌和作业。拌和作业采用的拌和站、拌和设备、拌和工艺及其技术要求和质量检测方法等，与前面所述的基床表层级配碎石拌和作业完全相同(详见本章第六节)，这里不再重复。

(二) 基坑回填与基底原地面处理

在实施过渡段路基填筑施工前，施工单位必须严格按规定要求，分别对与过渡段一端相邻的刚性建筑物基坑实施回填，对过渡段基底原地面进行处理。

1. 基坑回填

与过渡段一端相邻的刚性建筑物的基坑，如桥台后基坑及横向结构物基坑等，往往是过渡段整体施工质量的簿弱环节。为预防运营后刚性建筑物两端易出现路基下沉的常见病害，在基坑回填作业时，施工单位必须严格按照设计选用的回填材料及时回填，分层压实，避免积水。并应根据不同的回填材料，采取相应的措施。

(1) 采用混凝土回填

基坑采用混凝土回填时，回填材料及混凝土强度等级应符合设计要求。混凝土强度必须进行抽样检验，抽样检验结果应全部合格。其方法与要求是：在基坑回填用混凝土浇筑地点，抽样成型混凝土试件进行标准养护，并进行 28 天抗压强度试验。要求每个基坑施工单位抽样检验 2 组，监理单位按施工单位检验数量的 20% 见证检验。

(2) 采用级配碎石回填

基坑采用级配碎石回填时，级配碎石应分层填筑，每层用小型冲击夯(KRTCC01 型)夯实 8 遍，压实厚度为 20 cm，并进行抽样检验，抽样检验结果应全部合格。其方法与要求是：每个基坑施工单位抽样检验 2 点，监理单位见证检验 1 点。要求地基系数 $K_{30}\geqslant150$ MPa/m、孔隙率 $n<28\%$。

2. 基底原地面处理

基底原地面处理是影响过渡段路基填筑施工整体质量的又一个重要技术环节。其处理方法与重点要求如下：

(1) 膨胀土地区过渡段路基基底处理应尽量避开雨季。处理前，应首先进行施工测量，复核地质条件。全面清除设计范围内的地表植物和其他杂物，清除地面积水并挖除淤泥。在清理彻底的基础上，再对地表实施整平。

(2) 施工单位应十分注重结合永久排水系统做好临时排水工程，确保降水及地表径流对施工质量无不利影响。尤其是过渡段路基基底范围及其两侧的排水、防渗和地下水的拦截、引排应符合设计要求，避免基底土受水浸泡。处理时，施工单位还应密切注意并认真填写地下水的出露位置和处理前、后的出水情况记录，监理单位要进行核查，以便及时采取相应的技术措施。

(3) 为探明过渡段路基基底原状土的力学性能，尤其是它的地基承载能力对过渡段路基工后沉降的影响，要求在基底设置符合置信度要求的足够数量沉降监测断面。采用 N_{10} 轻型动力触探仪，对沉降断面处的地基土进行动力触探检测。

(4) 新建时速 200 公里铁路改良膨胀土过渡段路基基底处理，应按设计要求与桥台、横向结构物、相邻路堤、相邻隧道的基底处理同时进行。当路基高度≤2.5 m 时，比贯入阻力 P_s 应 >1.5 MPa(或基本承载力 σ_0 应>0.18 MPa)，地基系数 K_{30} 应≥0.85 MPa/m(K_{30} 无法检测时，要求 $E_{vd}\geqslant50$ MPa)；当路基高度>2.5 m 时，基底压实系数 K 应≥0.85；未达到上述目标时，应对膨胀土地基进行适当深度(一般为 0.4 m)的土质改良，并以合格的改良土更换原状土，使其达到基底处理的质量目标。要求施工单位每个过渡段抽样检验压实系数 3 点，其中：距路基边线 1 m 处左、右各 1 点，路基中部 1 点；或抽样检验地基系数 2 点，其中：距路基边线 2 m 处 1 点，路基中间 1 点。监理单位应平行检验压实系数 1 点，见证检验全部地基系数。

(5) 路堤与路堑过渡段按设计顺原地面纵向开挖，开挖坡面的纵向坡度及台阶开挖高度应符合设计标准。要求施工单位每个过渡段抽样检验 3 点，监理单位平行检验 1 点。

(6) 处理中，应对基底标高、中线、平整度等项指标组织工序间检查验收。严禁在未将积水排干、淤泥挖除的情况下，盲目填土覆盖，防止人为造成“弹簧土”，给基底处理埋下隐患。另外，基底表面清理工作不宜全面铺开，应集中分段快速推进，并尽早处理与封闭，并及时恢复中、边线及相应的控制桩。

(三) 过渡段级配碎石路基核心体填筑

过渡段级配碎石路基核心体填筑压实质量指标为：地基系数 $K_{30}\geqslant150$ MPa/m、孔隙率 $n<28\%$。其级配碎石成品运输、现场主要施工机械配置等，与基床表层级配碎石要求完全相同。其摊铺、碾压、养护作业的方法与重点要求如下：

1. 摊铺作业

因过渡段级配碎石核心体一端与刚性建筑物相连，两侧又有改良膨胀土路基及锥体，故其摊铺作业除了在分层摊铺、控制松铺厚度等基本要求上与基床表层类似外，还有其特殊的要求。

(1) 在实施过渡段级配碎石摊铺作业前，与其相连的桥台和涵洞等横向结构物的混凝土强度必须已达到设计的强度要求，结构物的防水层应施工完毕。两侧均有过渡段的涵洞等横向结构物，其两侧过渡段要求同时对称填筑施工。

(2) 在分层填筑级配碎石的同时，应在桥台和涵洞等横向结构物的背面(与过渡段级配碎石之间)自基础襟边以上，通体填筑 20 cm 厚度的夯实石灰改良土保护层。一是防止过渡段级配碎石挤破结构物背面的沥青防水层，二是阻止雨水从结合部孔隙渗入路基造成病害。要求在填筑过渡段每层级配碎石之前，先在桥台和涵洞等横向结构物的背面处立模，模板高度应不低于过渡段级配碎石分层厚度(一般为 30 cm)，长度需与结构物背面宽度一致。用石灰改良土填筑、夯实后拆除模板。

(3) 考虑到过渡段级配碎石路基核心体在填筑时工作面较为狭小，为了便于施工，施工单位应在桥台或横向结构物上用油漆标出过渡段级配碎石填料宽度及分层填筑厚度的大样线，用以控制松铺厚度。随着填筑增高，过渡段场地越来越小，纵向长度在 10 m 以内已不易采用推土机摊铺，需改用人工进行摊铺，过渡段人工摊铺时松铺系数为 1.34。

2. 碾压作业

除了分层碾压等基本要求与基床表层相同外，过渡段级配碎石的碾压作业也有其特殊要求。

(1) 过渡段级配碎石在分层碾压时，靠刚性结构物背面 2 m 以外用压路机碾压，每层的压实厚度≯30 cm；靠刚性结构物背面 2 m 以内采用小型冲击夯夯实，夯实厚度≯20 cm。碾压、夯实时，级配碎石实际含水率与最佳含水率的偏差应控制在－1%～＋1.5%范围内。

(2) 采用小型手扶冲击夯时，应进行现场夯实试验(通常进行 8 遍夯实)。夯实后的过渡段级配碎石夯实层，要求表面平整密实。

(3) 过渡段级配碎石填筑压实施工至相当高度时，若靠刚性结构物背面 2 m 以内大型压路机已能碾压，则靠近横向结构物的部位，压路机可平行结构物横向进行碾压。

(4) 在过渡段级配碎石压实层与另一端改良膨胀土路基压实层接茬处，应重点进行搭接碾压。

(5) 过渡段级配碎石路基核心体填层的允许偏差、检验数量及检验方法应符合表 6-7-4 的规定。

表 6-7-4 过渡段级配碎石路基核心体填层的允许偏差、检验数量及检验方法

序号	检验项目	允许偏差	施工单位检验数量	检验方法
1	纵向填筑长度	≮设计值	每层抽样检验 3 点，左、中、右各 1 点	尺量
2	纵向填筑坡度	≯设计值	每层抽样检验 3 点，左、中、右各 1 点	尺量计算

3. 过渡段级配碎石压实作业的现场质量控制

过渡段级配碎石压实作业的主要质量指标为：K_{30}≥150 MPa/m、孔隙率 n<28%。施工、监理单位应按规定的抽检数量与检测方法，严格进行现场检验，以实施对作业质量的有效控制。

(1) 检测方法与仪器

国内外铁路与公路路基施工中，常用的方法有：灌砂法、核子射线法，K_{30}、E_{Vd}和现场 CBR 试验等。其主要检测仪器如表 6-7-5 所示。

表 6-7-5　过渡段级配碎石压实作业现场质量检测主要仪器

仪器名称		型号
孔隙率检测	核子射线仪	MC-3
	灌砂仪	ϕ150 mm
力学检测	K_{30}平板载荷测试仪	ϕ300 mm
	动态变形模量 E_{vd}测试仪	ZFG02/ ZFG06
	现场 CBR 测试仪	—

(2) 各种方法的检测结果比较

在新建时速 200 公里铁路改良膨胀土路基过渡段级配碎石路基核心体的填筑压实质量控制中，分别采用灌砂法、核子射线法检测孔隙率 n；用 K_{30} 平板载荷测试法、动态变形模量 E_{vd} 测试法和现场 CBR 测试法检测力学指标。这 5 种方法究竟哪几种更适合现场，需通过对各种方法检测同一母体的实测结果进行比较后，作出选择。

a. K_{30} 平板载荷测试法与动态变形模量 E_{vd} 测试法检测过渡段级配碎石路基核心体力学指标的对比试验。

在过渡段级配碎石施工过程中选择同条件下的 60 个测点，在每个测点附近分别用 K_{30} 平板载荷测试法与动态变形模量 E_{vd} 测试法，同时采集 60 组实测数据。根据两种方法的实测结果，绘制相关图并进行相关分析。

图 6-7-6 所示为过渡段级配碎石路基核心体，分别采用 K_{30} 平板载荷测试法与动态变形模量 E_{vd} 测试法，进行现场对比试验的实测结果相关图。

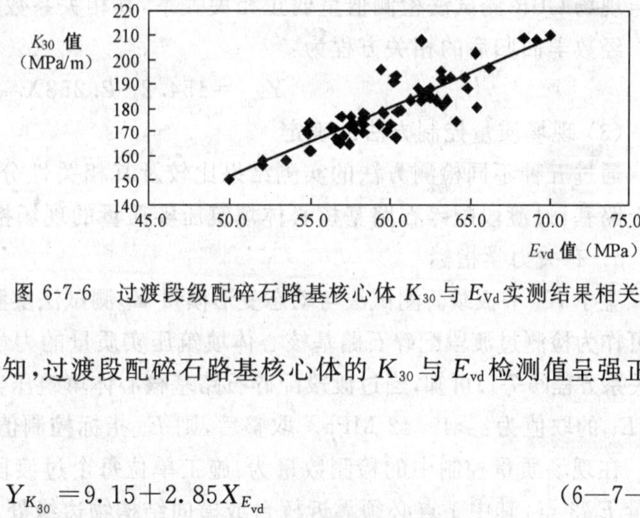

图 6-7-6　过渡段级配碎石路基核心体 K_{30} 与 E_{vd} 实测结果相关图

从实测数据分析及其相关图可知，过渡段配碎石路基核心体的 K_{30} 与 E_{vd} 检测值呈强正相关关系，其相关系数为 0.85。

经数学回归后的相关方程为：

$$Y_{K_{30}} = 9.15 + 2.85X_{E_{vd}} \quad (6—7—1)$$

b. 灌砂法与核子射线法检测过渡段级配碎石路基核心体孔隙率的对比试验。

在过渡段级配碎石施工过程中选择同条件下的 60 个测点，在每个测点附近分别用灌砂法、核子射线法，同时采集 60 组孔隙率 n 的实测数据。根据两种方法的实测结果，绘制相关图并进行相关分析。

图 6-7-7 所示为过渡段级配碎石路基核心体，分别采用灌砂法与核子射线法，进行现场孔隙率检测对比试验的实测结果相关图。

从实测数据分析及其相关图可知，过渡段配碎石路基核心体分别用灌砂法与核子射线法实测的孔隙率检测值呈较强正相关关系，其相关系数为 0.73。

经数学回归后的相关方程为：

$$Y_{灌砂法} = 1.06 + 0.94X_{核子仪法} \quad (6—7—2)$$

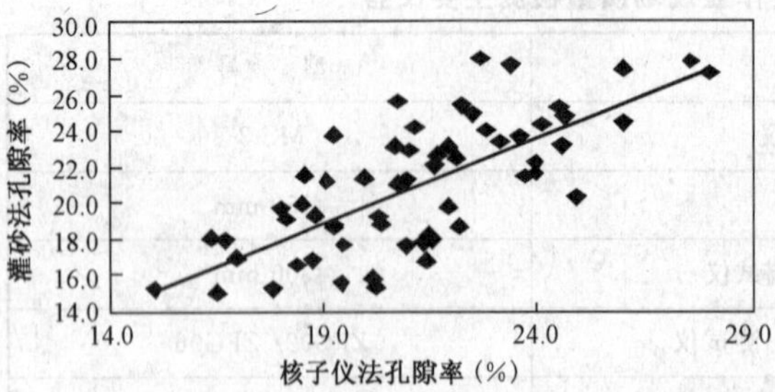

图 6-7-7 灌砂法与核子射线法实测结果相关图

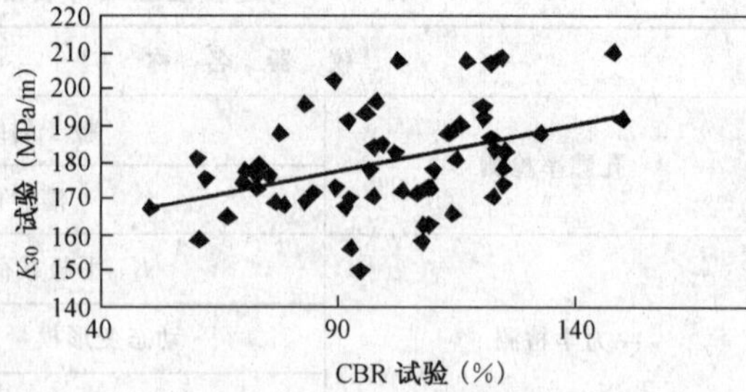

图 6-7-8 K_{30}与 CBR 实测结果相关图

c. K_{30}平板载荷测试法与现场 CBR 测试法检测过渡段级配碎石路基核心体力学指标的对比试验。

在过渡段级配碎石施工过程中选择同条件下的 60 个测点，在每个测点附近分别用 K_{30}平板载荷测试法与现场 CBR 测试法，同时采集 60 组实测数据。根据两种方法的实测结果，绘制相关图并进行相关分析。

图 6-7-8 所示为过渡段级配碎石路基核心体，分别采用 K_{30}平板载荷测试法与现场 CBR 测试法，进行现场对比试验的实测结果相关图。

从实测数据分析及其相关图可知，过渡段配碎石路基核心体分别采用 K_{30}平板载荷测试法与现场 CBR 测试法检测值呈弱正相关关系，其相关系数仅为 0.41。

经数学回归后的相关方程为：

$$Y_{K_{30}}=154.2+2.258X_{CBR} \tag{6—7—3}$$

(3) 现场质量控制方法的确定

通过五种不同检测方法的实测结果比较及其相关性分析，新建时速 200 公里铁路改良膨胀土路基，过渡段配碎石路基核心体填筑压实质量的现场控制方法确定如下：

a. 有关力学指标

鉴于 K_{30}平板载荷测试法与动态变形模量 E_{vd}测试法实测结果具有强相关性，K_{30}值和 E_{vd}值均可作为检测过渡段配碎石路基核心体填筑压实质量的力学指标，两种方法应同时并用。从相关关系方程(6-7-1)可知，当过渡段配碎石路基核心体填筑压实质量的力学指标 $K_{30}\geqslant150$ MPa/m 时，E_{vd}的取值为：≥49.42 MPa。取整后，则 E_{vd}指标控制值为：≥50 MPa。

在现场质量控制中的检测数量为：施工单位每个过渡段每填高 30 cm 抽样检测动态变形模量 E_{vd}3 点，其中 1 点必须靠近桥台或横向结构物边缘处。监理单位按施工单位抽样数量的 20％平行检验，但每个过渡段不少于 2 点；施工单位每填高约 60 cm 抽样检验地基系数 K_{30}2 点，其中距路基两侧填筑级配碎石边线 2 m 处 1 点，路基中部 1 点，监理单位全部见证。就现场实测结果的相关分析而言，过渡段配碎石路基核心体与基床表层的情况相同。即：因其 K_{30}平板载荷测试法与现场 CBR 测试法的实测结果相关性很差，故 CBR 暂不宜作为过渡段配碎石路基核心体的力学检测指标。目前，在我国铁路路基施工的工程实践中，现场 CBR 测试法尚有待进一步研究。

b. 空隙率

尽管从现场实测结果的相关分析来看，灌砂法与核子射线法实测的过渡段级配碎石路基核心体孔隙率检测值间，具有较强的正相关关系。但考虑到灌砂法不受仪器自身因素的干扰，而且更为直观，容易被现场所接受。因此，在大规模路基施工实践中，与基床表层选用的方法一样，一般都采用此法作为过渡段级配碎石路基核心体孔隙率的检测方法。

在现场质量控制中，每个过渡段级配碎石路基核心体的检测数量为：施工单位每一压实层抽样检验孔隙率 3 点。其中，距路基两侧填筑级配碎石边线 1 m 处左、右各 1 点，路基中部 1 点；监理单位按施工单位抽样数量的 20％平行检验，但每个过渡段的平行检验数量应不少于 2 点。

3. 养护作业

过渡段级配碎石填筑压实施工完成后的养护期，以及养护作业要求与基床表层相同，这里不再赘述。

(四) 过渡段级配碎石路基核心体两侧改良膨胀土路基及锥体填筑

新建时速 200 公里铁路改良膨胀土路基过渡段级配碎石路基核心体两侧改良膨胀土路基及锥体，应与过渡段级配碎石路基核心体、相邻端的的改良膨胀土路堤，按水平分层同步填筑、同步碾压。其松铺厚度、碾压遍数、质量标准与改良膨胀土路基基床以下路基本体要求相同。

但过渡段级配碎石路基核心体两侧改良膨胀土路基及锥体在与刚性结构物背面连接处及其 2 m 范围内，也有与同一层过渡段级配碎石相同的特殊要求(具体内容请参阅本节“过渡段级配碎石路基核心体填筑”)。

新建时速 200 公里铁路改良膨胀土路基过渡段填筑的允许偏差、检验数量及检验方法应符合表 6-7-6 的规定。

表 6-7-6　过渡段填筑的允许偏差、检验数量及检验方法

序号	检验项目	允许偏差	施工单位检验数量	检验方法
1	中线至边缘距离	0～＋50 mm	每过渡段抽样检验 3 点	尺量
2	宽度	≮设计值	每过渡段的每检测层抽样检验 2 点	尺量
3	横坡	±0.5％	每过渡段抽样检验 2 个断面	坡度尺量
4	平整度	≯15 mm	每过渡段抽样检验 5 点	2.5 m 长直尺量测
5	边坡坡率(偏陡量)	3％设计值	每过渡段的每一侧抽样检验 6 点	坡度尺量

(五) 路堤与路堑过渡段基床表层以下填土层填筑

当路堤与路堑连接处为硬质岩石时，其过渡段的构造及其填筑要求与桥梁、涵洞、隧道等刚性建筑物的结合部相同。在大区域膨胀土地段，当路堤与路堑连接处为软质岩石或膨胀土质路堑时，其基床表层以下填土层填筑应符合以下要求：

(1) 在路堤与路堑连接处，应按设计要求开挖纵向台阶；

(2) 改良膨胀土路堤与软质岩石或膨胀土质路堑过渡段基床以下改良膨胀土路堤的填料种类、质量、填筑压实施工工艺及检验标准应与相邻的改良膨胀土路堤要求一致。

第八节　施工质量控制效果的检测评价

在新建时速 200 公里铁路改良膨胀土路基施工中，建设、设计、施工、监理等各参建单位应始终如一地贯彻“以人为本、服务运输、强本简末、系统优化、着眼发展”的铁路建设新理念，认真执行全过程质量控制的技术路线。

其施工质量控制效果的检测评价分为两种类型：一种是施工过程中对各个阶段和重要技

术环节质量控制效果的检测评价；另一种是对路基施工完成后质量控制最终结果的检测评价。两者既有内在联系又有所区别，但都是新建时速 200 公里铁路改良膨胀土路基施工质量控制技术必不可少的重要组成部分。

一、施工过程的质量控制效果检测评价

鉴于新建时速 200 公里铁路改良膨胀土路基施工的质量控制与包括施工准备在内的施工全过程同步，因此施工过程中质量控制效果的检测评价，也必然伴随于改良膨胀土新线路基施工的各个步骤与全部环节。

诸如全线各取土场原状土调查试验与改良参数的确定，原材料和作业场地质量把关，膨胀土改良、拌和作业质量控制，路基基底原状膨胀土处理质量控制，路基基床以下及基床底层改良膨胀土填筑、压实质量控制，路基基床表层级配碎石填筑、压实及封闭隔水层铺设质量控制，改良膨胀土路基过渡段施工质量控制等中间过程。

有关整个施工中间过程中，质量控制效果检测评价的标准、手段与方法已分别在前面相关的内容中叙述，故不再重复。但为了便于系统归纳，特提供新建时速 200 公里铁路改良膨胀土路基填筑、压实施工阶段的过程质量控制体系的实例(见图 6-8-1)，以供参考。

二、施工最终结果的质量控制效果检测评价

改良膨胀土新线路基施工完成后，其全过程质量控制效果的检测评价，除了长期监测新路基有无较明显的胀缩变形、开裂、坍塌等病害外，一项十分重要的综合性质量指标就是工后沉降是否控制在允许范围内。

图 6-8-2 记录的是新建时速 200 公里客货共线合肥—南京铁路在大区域膨胀土地质条件下，采用改良膨胀土新线路基施工质量控制技术，通过对工程试验段设置路基沉降观测断面，研究路基基底沉降、改良膨胀土路基本体压密特性和路基面沉降等变化规律，在工程实践与理论计算的结合上预测工后沉降的实例。

该线允许路基工后沉降≯150 mm，年沉降速率≯40 mm，2004 年底至 2005 年 6 月在肥东建成 2 km 改良膨胀土路基试验段，同时进行了路基沉降跟踪检测与理论计算的对比分析。结果表明，在实施全过程质量控制的前提下，新线路基在填筑完成后 1 个月左右沉降已经收敛并趋于稳定，收敛点最大沉降量≯20 mm，预测工后沉降非常微小，完全满足新建时速 200 公里客货共线铁路路基工后沉降的质量要求。图 6-8-3、图 6-8-4 为现场拍摄的新建时速 200 公里铁路改良膨胀土路基实景。

有关新建时速 200 公里铁路改良膨胀土路基的沉降观测与分析方法，将在本书第十章中详述。

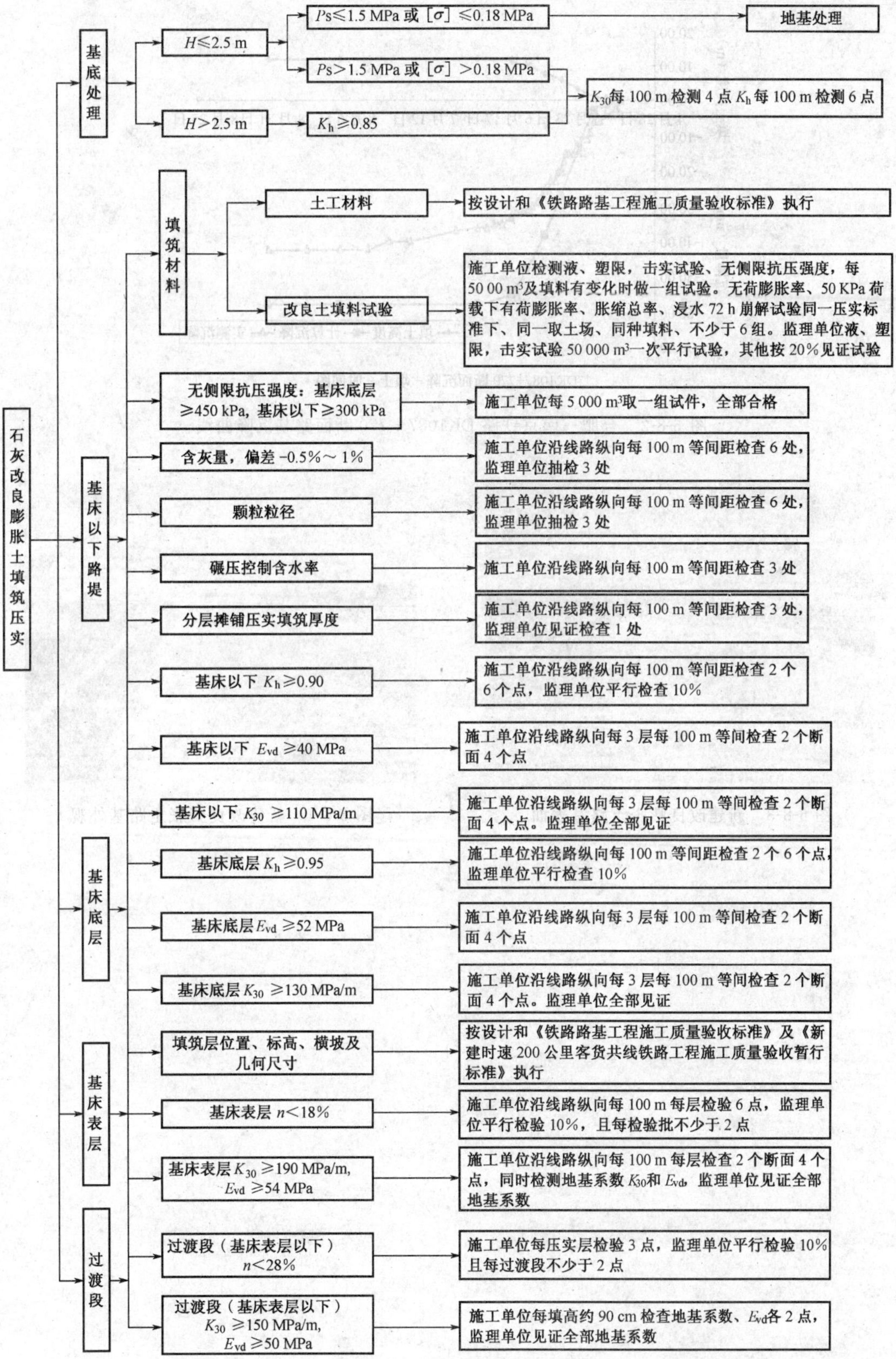

图 6-8-1　新建时速 200 公里合肥—南京铁路石灰改良膨胀土路基填筑压实质量检测体系框图

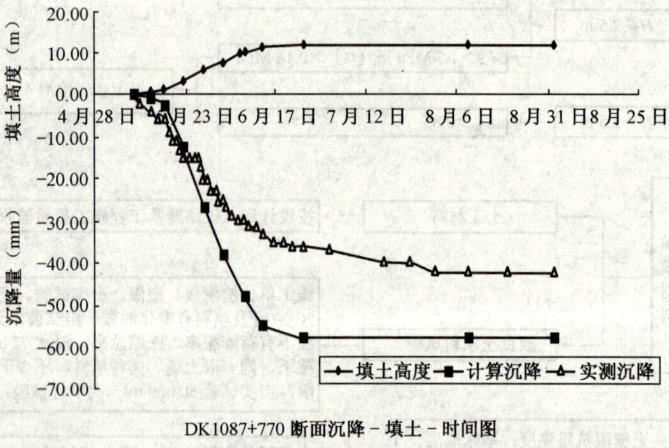

图 6-8-2 合肥—南京铁路 DK1087＋770 断面路基沉降曲线

图 6-8-3 新建改良膨胀土路基表面

图 6-8-4 新建改良膨胀土路基外观

第七章　新建时速 200 公里铁路改良膨胀土路基的合理刚度

路基动刚度反映的是，在一定动荷载作用下的路基弹性变形属性。理论研究与运营实践证明，路基动刚度必须控制在合理的范围内，追求路基、轨道、车辆三者间的合理匹配。路基动刚度过小，在列车和轨道荷载作用下动态变形量大，会直接造成轨道不平顺，影响行车的安全、平稳性；路基动刚度过大，则会加剧轨道与车辆系统的振动强度，影响轨道、车辆部件甚至路基自身的使用寿命。总之，过大或过小的路基动刚度都会对行车安全、平稳性，设备使用寿命，运输能力，养护维修工作量与养修成本的投入造成长期不利影响。

在新建时速 200 公里铁路改良膨胀土路基施工中，改良膨胀土路基（包括各种过渡段）作为新建时速 200 公里铁路的下部结构物，其动刚度的合理性主要体现在与轨道、车辆间的合理匹配，获得最佳的技术效果与综合经济效益上。

本章将以时速 200 km 铁路的运输强度与相应轨道结构为条件，以改良膨胀土路基的合理刚度为研究对象，采用动力有限元计算并通过现场动态试验结果，分析地基、基床表层和基床底层刚度对路基动力特性的影响，最终对新建时速 200 公里铁路改良膨胀土路基的合理刚度提出建议。

第一节　改良膨胀土路基合理刚度的动力有限元计算途径

在一定的动荷载强度下，改良膨胀土路基弹性变形的大小是由其自身的动刚度指标值决定的。我国铁路现行路基规范都采用 K_{30} 或 E_{vd} 动弹性模量指标来表征路基在一定动荷载作用下的弹性变形属性——动刚度。例如：在我国《新建时速 200 公里客货共线铁路设计暂行规定》中，对路基各部位的 K_{30} 值均作了相应规定，而这些规定更多的是吸收并借鉴了国外高速铁路建设的经验。随着我国时速 200 km 铁路的大规模开工建设，对在我国铁路运输强度和轨道条件下的改良膨胀土路基的合理刚度问题，尚需结合我国铁路建设的施工实践，进一步开展深入研究。

一、轮轨力的模拟及计算

轨道、车辆、路基系统是复杂的三维空间结构，若对其进行严格的计算，应采用三维空间结构的有限元模型。然而，三维空间结构有限元模型的计算工作量十分庞大，需要寻找既能模拟客观工况又能使计算工作得以简化的合理途径。

考虑到轮轨力是通过刚度与之匹配的重型（60 kg/m 及以上）钢轨分散传递到一定范围的轨枕群，再由轨枕群经道床扩散分布到路基基床面，因此，在列车快速运行的条件下，沿线路纵向作用在路基基床面上的应力波可近似视为均匀的，加之线路本身为半无限结构性质，沿线路纵向作用于路基面的动应力与随之产生的路基应变，可简化为平面应变问题。即：列车运行时产生的轮轨力通过轨枕群作用于道床顶面，据此计算得到路基面的动应力与动应变。

理论上，轨道被当作连续支承的无限长地基梁，但在实际处理过程中，常将钢轨视作有限长简支梁。事实上，当轨道计算长度取得足够长时，这样的处理可以获得令人满意的效果。图 7-1-1 就是连续弹性离散点支承梁轨道模型。

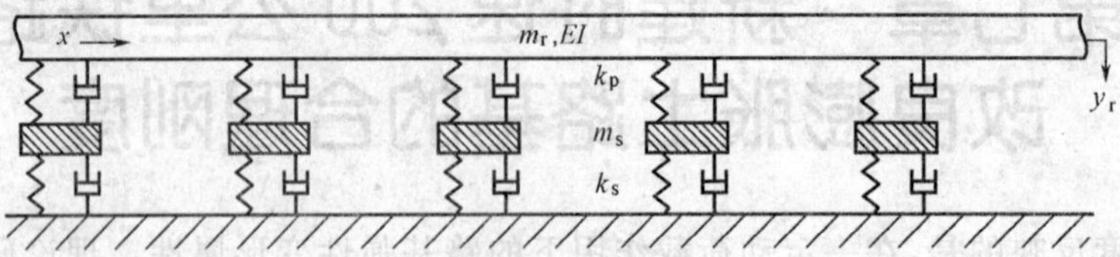

图 7-1-1　连续弹性离散点支承梁轨道模型

m_s—轨枕块质量；k_p—轨枕垫层刚度；k_s—枕下支承刚度。

（一）钢轨振动微分方程

$$EI\frac{\partial^4 Z_r(x,t)}{\partial x^4}+m_r\frac{\partial^2 Z_r(x,t)}{\partial t^2}=-\sum_{i=1}^{N}F_{rsi}(t)\delta(x-x_i)+\sum_{j=1}^{4}G_j(t)\delta(x-x_{Gj}) \tag{7—1—1}$$

其中　$F_{rsi}(t)=K_{pi}[Z_r(x_i,t)-Z_{si}(t)]+C_{pi}[\dot{Z}_r(x_j,t)-\dot{Z}_{si}(t)]$

$G_j(t)=p_j(t)-p_0$

式中　$Z_{si}(t)$——轨枕振动位移；

$p_j(t)$——轮轨间总的作用力；

p_0——静轮载。

钢轨振动微分方程为四阶偏微分方程。为了进行数值分析，需将其转化为二阶常微分方程组，为此采用 Ritz 法。引入钢轨正则振型坐标，应用简支梁的正则振型函数，最后可得钢轨振型坐标微分方程组的详细形式为：

$$\ddot{q}_k(t)+\sum_{i=1}^{N}C_{pi}Y_k(x_i)\sum_{h=1}^{NM}Y_h(x_i)\dot{q}_h(t)+\frac{EI}{m_r}\left(\frac{k\pi}{l}\right)^4 q_k(t)+\sum_{i=1}^{N}K_{pi}Y_k(x_i)\sum_{h=1}^{NM}Y_h(x_i)q_h(t)-$$

$$\sum_{i=1}^{N}C_{pi}Y_k(x_i)\dot{Z}_{si}(t)-\sum_{i=1}^{N}K_{pi}Y_k(x_i)Z_{si}(t)=\sum_{j=1}^{4}G_j(t)Y_k(x_{Gj})$$

其中　$k=1\sim NM$　(7—1—2)

（二）轮轨接触关系

在垂直平面内，车辆子系统和轨道子系统之间的耦合作用是通过轮轨接触而实现的。轮轨垂向作用力由赫兹非线性弹性接触理论来确定：

$$p(t)=\left[\frac{1}{G}\delta Z(t)\right]^{3/2} \tag{7—1—3}$$

式中　G——轮轨接触常数；

对于锥形踏面车轮：

$$G=4.57R^{-0.149}\times 10^{-8}\quad (\mathrm{m/N^{2/3}}) \tag{7—1—4}$$

对于磨耗型踏面车轮：

$$G=3.86R^{-0.115}\times 10^{-8}\quad (\mathrm{m/N^{2/3}}) \tag{7—1—5}$$

$\delta Z(t)$——轮轨间的弹性压缩量，包括车轮静压量和轮轨相对运动位移两部分。即：

$$\delta Z(t)=\delta Z_0+\delta Z_{WR}(t) \tag{7—1—6}$$

而 $\begin{cases}\delta Z_0=Gp_0^{2/3}\\ \delta Z_{wr}(t)=Z_{wj}(t)-Z_r(x_{Gj},t)\end{cases}$

式中　$j=1\sim4$；

$Z_{wj}(t)$——t 时刻第 j 位车轮的动位移；

$Z_r(x_{Gj},t)$——t 时刻第 j 位车轮下钢轨的动位移。

因此，轮轨力可表示为：

$$p_j(t)=\begin{cases}\{p_0^{2/3}+\dfrac{1}{G}[Z_{wj}(t)-Z_r(x_{Gj},t)-\eta(t)]\}^{3/2}\\0(\delta Z(t)<0)\end{cases}\tag{7—1—7}$$

式中　$j=1\sim4$；

$\eta(t)$——轮轨表面几何不平顺。

轮轨接触应力：

$$\sigma(t)=S[p(t)]^{1/3}\tag{7—1—8}$$

式中　S——由 Hertz 理论表述的应力常数($N^{2/3}/m^2$)。

在 $R=0.15\sim0.6$ m 范围内，对于锥型踏面车轮和磨耗型踏面车轮，S 可分别表示为：

$$S=\begin{cases}2.49R^{-0.251}\times10^7(N^{2/3}/m^2)\quad（锥型踏面车轮）\\1.49R^{-0.376}\times10^7(N^{2/3}/m^2)\quad（磨耗型踏面车轮）\end{cases}\tag{7—1—9}$$

（三）车辆模型

根据车辆动力学理论，建立车辆动力模型，图 7-1-2 是货车的车辆－轨道耦合系统与货车计算模型。根据车辆动力学原理，同样可建立客车的仿真计算模型。下面简要说明货车车辆－轨道耦合系统中车辆模型的主要参数。

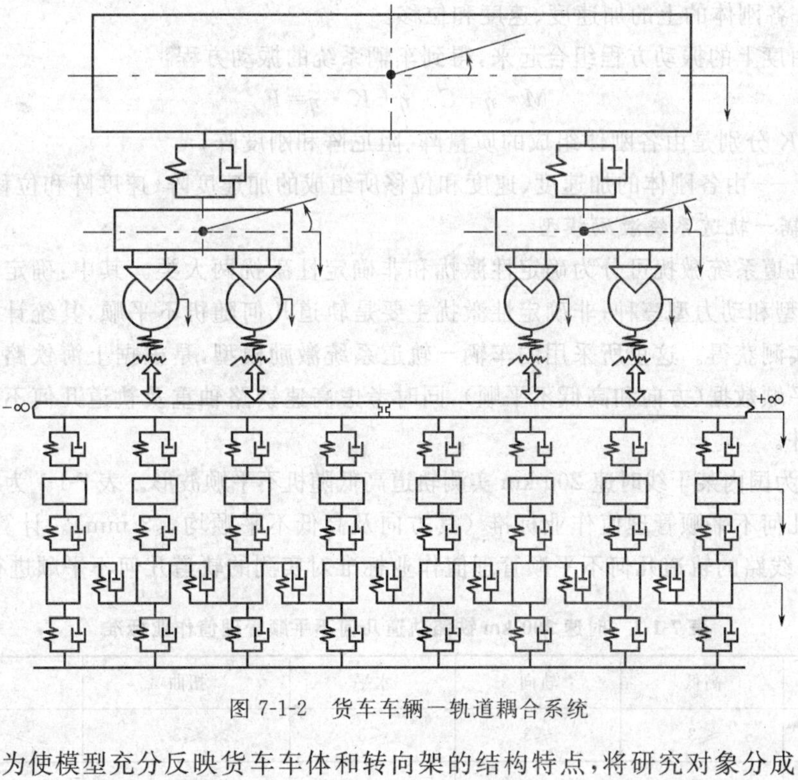

图 7-1-2　货车车辆－轨道耦合系统

计算中为使模型充分反映货车车体和转向架的结构特点，将研究对象分成车体、前后摇枕、前后转向架、左右侧架和轮对等 33 个刚体．车辆振动的自由度定义如下：

1. 车体

伸缩、横移、浮沉、侧滚、点头与摇头共6个自由度。

2. 前摇枕

横移、浮沉、侧滚和摇头计4个自由度。

3. 后摇枕

横移、浮沉、侧滚和摇头计4个自由度。

4. 前转向架左侧架

伸缩、横移、浮沉计3个自由度。

5. 前转向架后侧架

伸缩、横移、浮沉计3个自由度。

6. 后转向架左侧架

伸缩、横移、浮沉计3个自由度。

7. 后转向架右侧架

伸缩、横移、浮沉计3个自由度。

上述各自由度上的振动方程可表示为：

$$M \cdot \ddot{\eta} + C \cdot \dot{\eta} + K \cdot \eta = F \tag{7—1—10}$$

式中 M——各刚体的质量；

C——各刚体的阻尼系数；

K——各刚体的刚度系数；

F——作用在各刚体上的外力；

$\ddot{\eta}$、$\dot{\eta}$、η——各刚体的上的加速度、速度和位移。

将各自由度上的振动方程组合起来，得到车辆系统的振动方程：

$$M \cdot \ddot{\eta} + C \cdot \dot{\eta} + K \cdot \eta = F \tag{7—1—11}$$

式中 M、C、K 分别是由各刚体组成的质量阵、阻尼阵和刚度阵；

$\ddot{\eta}$、$\dot{\eta}$、η——由各刚体的加速度、速度和位移所组成的加速度阵、速度阵和位移阵。

（四）车辆—轨道系统激励模型

车辆—轨道系统激扰可分为确定性激扰和非确定性激扰两大类。其中：确定性激扰分成脉冲型、谐波型和动力型三种；非确定性激扰主要是轨道几何随机不平顺，其统计特征通过对轨道的动态实测获得。这里所采用的车辆—轨道系统激励模型，是根据上海铁路局轨检车实测的轨面不平顺数据（方向和高低不平顺），同时考虑高速铁路轴重及轨道几何不平顺管理值中的控制条件。

图7-1-3为国内某干线时速200 km实测轨道高低随机不平顺波形。表7-1-1为时速200 km线路的轨道几何不平顺管理值作业标准（其方向及高低不平顺均≤3 mm）。计算时，将根据时速200 km线路的轨道几何不平顺管理值作业标准对实测的轨道几何不平顺进行处理。

表7-1-1 时速200 km铁路轨道几何不平顺管理值作业标准

	高低	轨向	水平	扭曲	轨距
幅值(mm)	≤3	≤3	≤3	≤3	≥−2～≤+2
弦长(m)	10		—	基线长6.25 m	—

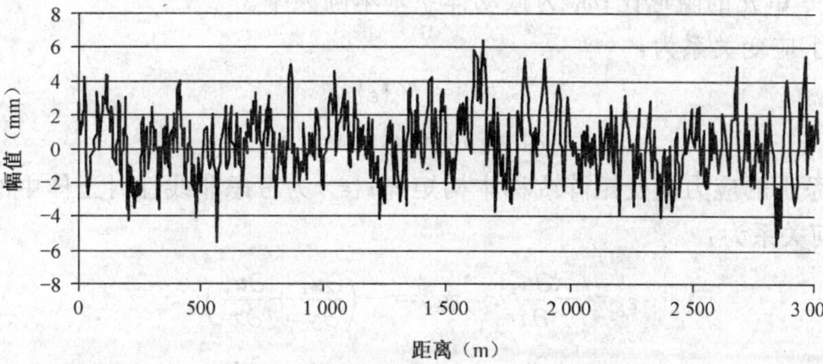

图 7-1-3 实测轨道高低随机不平顺波形

根据上述模型，采用 60 kg/m 钢轨、Ⅲ型轨枕，得到 SS_8 型客车机车（轴重 22 T）在时速 200 km 时的轮轨动荷载如图 7-1-4 所示。

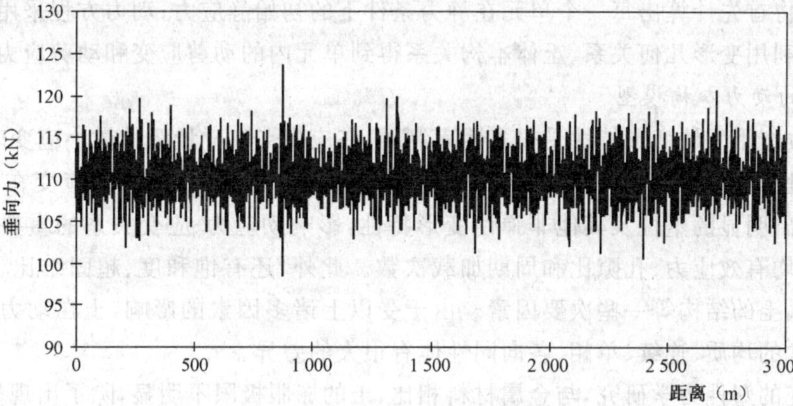

图 7-1-4 时速 200 km 客车轮轨动荷载

二、路基土模拟理论及计算参数

路基土模拟理论及计算参数主要是通过建立动力有限元方程和土的动力本构模型，确定有关条件与准则，解决不规则循环荷载作用下的应力应变分枝问题。

（一）*动力有限元方程*

系统的动力有限元方程可表达为：

$$[M]\{\ddot{u}\}+[C]\{\dot{u}\}+[K]\{u\}=\{F(t)\} \tag{7—1—12}$$

式中：$u,\dot{u},\ddot{u}$ 分别是单元结点的位移、速度、加速度；$F(t)$是结点动荷载；$[M]$是整体质量矩阵，可用集中质量法求得（即：假定每个单元的质量集中在结点上）；$[K]$为整体刚度矩阵，可用常规有限元法求得；$[C]$为整体阻尼矩阵，由单元的阻尼矩阵集合而成。

单元阻尼矩阵可表达为：

$$[c]_q=\alpha_q[m]_q+\beta_q[k]_q \tag{7—1—13}$$

式中：$[m]_q$ 和$[k]_q$ 是 q 单元的质量矩阵和刚度矩阵。其中 α_q、β_q 可由下式确定：

$$\left.\begin{aligned}\alpha_q&=\lambda_q\omega_1\\ \beta_q&=\lambda_q/\omega_1\end{aligned}\right\} \tag{7—1—14}$$

式中：λ_q 为 q 单元的阻尼比；ω_1 为振动体系基本圆频率。

土体的应力-应变关系为：

$$\{\sigma\}=f(\{\varepsilon\}) \tag{7—1—15}$$

$$\{\sigma\}=[D](\{\varepsilon\}-\{\varepsilon_o\}) \tag{7—1—16}$$

式中：$[D]$系土的应力应变矩阵或称本构矩阵；$\{\varepsilon_o\}$为考虑非线性时土体中的初应变。

变形的几何关系为：

$$\begin{aligned}\varepsilon_x&=-\frac{\partial u_x}{\partial x},\quad \gamma_{xy}=-\left(\frac{\partial u_x}{\partial y}+\frac{\partial u_y}{\partial x}\right)\\ \varepsilon_y&=-\frac{\partial u_y}{\partial y},\quad \gamma_{yz}=-\left(\frac{\partial u_y}{\partial z}+\frac{\partial u_z}{\partial y}\right)\\ \varepsilon_z&=-\frac{\partial u_z}{\partial z},\quad \gamma_{xz}=-\left(\frac{\partial u_z}{\partial x}+\frac{\partial u_x}{\partial z}\right)\end{aligned} \tag{7—1—17}$$

或记作

$$\{\varepsilon\}=-[B]\{u\} \tag{7—2—18}$$

计算时，将首先计算出每一个单元在静力条件下的初始静应力；动力方程采用逐步积分法进行求解，并利用变形几何关系、土体本构关系得到单元内的动剪应变和动剪应力。

（二）土的动力本构模型

土在动力作用下的变形特性受很多因素制约：在应变$<10^{-4}$量级的微小应变时，可视为弹性变形，用弹性波速法和共振试验测定剪切模量或弹性模量与阻尼比；当应变在10^{-4}量级以上时，土表现出明显的塑性及其他非弹性变形特性，影响动应力-应变关系的重要因素有剪切应变幅值、平均有效应力、孔隙比和周期加载次数。此外，还有饱和度、超固结比、周期加载频率、土粒特性、土的结构等一些次要因素。由于受以上诸多因素的影响，土在动力作用下的变形特性与通常的均质、连续、单相、各向同性体有很大的差异。

根据传统的塑性力学研究，与金属材料相比，土的屈服极限不明显，除了出现塑性硬化外，还可能出现塑性软化（塑性变形发展时应力降低）现象。这种现象说明：

1. 土具有弹塑性耦合性质，会出现 Bauschinger 效应（即在初始的弹性变形阶段，正向屈服应力和反向屈服应力的绝对值相等，但是经过应变强化以后，反向屈服应力的绝对值降低）；

2. 有应力的交叉影响，在球应力下会发生屈服，在偏应力下也会发生异步屈服；

3. 除剪缩外还会有剪胀；

4. 会表现出非相关联的塑性流动，塑性流动的方向与当今应力有关，还会受到应力增量方向的影响。

所有这些，都使得土的弹塑性理论要在传统的弹塑性理论基础上考虑更多的因素。它的弹塑性应力-应变关系理论包括：屈服面、流动法则、硬化规律和试验参数确定等方面。现在已有的模型大致可分为多屈服面模型、边界面模型、点屈服面模型、分屈服面模型、岩土弹塑性临界状态模型等。

当前对于弹塑性问题的解决都用增量法，以适应应力-应变发展的非线性规律。其基本途径大体上可分为两条：一是分别计算出一定应力（p、q）条件下由应力的变化所引起的弹性应变部分和塑性应变部分，然后相加求取实际的总应变。即：

$$d\varepsilon=d\varepsilon^e+d\varepsilon^p \tag{7—1—19}$$

式中　上标 e,p 分别表示弹性及塑性情况。当将应变分别表示为体应变 $d\varepsilon_v$ 和剪应变 $d\varepsilon_q$ 时，上式可写为：

$$\left.\begin{aligned} d\varepsilon_v &= d\varepsilon_v^e + d\varepsilon_v^p \\ d\varepsilon_q &= d\varepsilon_q^e + d\varepsilon_q^p \end{aligned}\right\} \tag{7—1—20}$$

对于弹性应变部分可由弹性理论直接得出，即：

$$\left.\begin{aligned} d\varepsilon_v &= \frac{dp}{K_s} \\ d\varepsilon_q &= \frac{dq}{3G_s} \end{aligned}\right\} \tag{7—1—21}$$

式中　G_s 为剪切弹性模量；

　　K_s 为体积弹性模量，可由土的回弹曲线（e－lgp）求得：

$$K_s = \frac{1+e}{K}p \tag{7—2—22}$$

其中　K 为回弹曲线的斜率；

　　e 为孔隙比。

对于塑性应变部分，则需用塑性理论来解决。可应用弹塑性理论直接建立应力增量：

$$d\sigma_{ij} = D_{ijkl}^{ep}\, d\varepsilon_{kl} \tag{7—1—23}$$

式中　D_{ijkl}^{ep} 为弹塑性张量。上式通常可表示为：

$$d\{\sigma\} = [D]_{ep}\, d\{\varepsilon\} \tag{7—1—24}$$

式中　$[D]_{ep}$ 为弹塑性矩阵。它与一般的弹性矩阵 $[D]$ 之间具有如下关系：

$$[D]_{ep} = [D] - \frac{[D]\left\{\frac{\partial g}{\partial \sigma}\right\}\left\{\frac{\partial f}{\partial \sigma}\right\}^T [D]}{A + \left\{\frac{\partial f}{\partial \sigma}\right\}^T [D]\left\{\frac{\partial g}{\partial \sigma}\right\}} \tag{7—1—25}$$

式中：g 和 f 为塑性函数和屈服函数；A 为决定硬化规律的某一参数 H 的函数。

如何确定 g、f、A 和 H，即研究硬化规律和流动准则，就成为土的弹塑性动应力-应变关系研究的核心。硬化规律及流动准则的不同，导致了各种弹塑性理论及由它们引出的弹塑性模型的不同。

1. 破坏条件

土的破坏条件根据试验研究结果及选取参数的方便性，通常采用 Mohr－Coulomb 条件。即：

$$\tau = c + \sigma_n\, \mathrm{tg}\phi \tag{7—1—26}$$

或为：

$$\frac{\sigma_1 - \sigma_3}{2} = c\cos\phi + \frac{\sigma_1 + \sigma_3}{2}\sin\phi \tag{7—1—27}$$

式中　c——黏聚力；

　Φ——内摩擦角；

　σ_n——剪切面上的法向应力。

（7—1—27）式也可写为：

$$\frac{1}{3}I_1\sin\phi + \left[\cos\alpha - \frac{\sin\alpha\,\sin\phi}{\sqrt{3}}\right]\sqrt{J_2} + c\cos\phi = 0 \tag{7—1—28}$$

式中　$I_1 = \sigma_1 + 2\sigma_3$

$$\alpha = \frac{1}{3}\sin^{-1}\left(\frac{-3\sqrt{3}}{2}J_3 / J_2^{\frac{3}{2}}\right)$$

$$J_2=2\sigma'_1\sigma'_3+\sigma'^2_3$$

$$J_3=\sigma'_1\sigma'^2_3$$

其中：$\sigma'_1=\sigma_1-\frac{1}{3}I_1$

$$\sigma'_3=\sigma_3-\frac{1}{3}I_1$$

土的破坏准则 f^* 可表示如下：

$$f^*=BI_1+\sqrt{J_2}=K_f \tag{7—1—29}$$

式中 $B=\frac{\sqrt{3}\sin\phi}{3\sqrt{3+\sin^2\phi}}$

$$K_f=\frac{\sqrt{3}c\cos\phi}{3\sqrt{3+\sin^2\phi}}$$

2. 骨架曲线及等效阻尼比

将不同应变幅下的滞回特性和骨架曲线分别用阻尼比和剪切模量随剪应变的变化，即用 $\lambda=\lambda(\gamma)$ 关系和 $G=G(\gamma)$ 关系来加以反映。关于 G 和 λ 的具体确定，可由 Seed 提供的 $G-\gamma$ 关系曲线及 $\lambda-\gamma$ 关系曲线查取，如图 7-1-5 所示，也可通过室内试验确定。

目前铁路路基设计施工中路基土的压实控制标准主要采用 K_{30}，如何建立土的弹性模量与 K_{30} 的关系将直接影响计算结果。由于确定 K_{30} 值时土体的变形仅为 0.125 cm，基本上处于弹性变形阶段，可根据弹性力学公式建立土体的弹性模量与 K_{30} 之间的关系，其阻尼比则通过类似工程确定。

K_{30} 与土的变形模量 E_0 按如下的公式进行换算。

$$E_0=(1-\mu^2)WDK_{30} \tag{7—1—30}$$

式中 W——与承载板形状和刚度有关的系数，圆形刚性板为 0.79，方形刚性板为 0.88；

D——承载板的直径或边长；

μ——泊松比；

K_{30}——土体刚度；

E_0——土体的静态指标。

研究表明，土的动弹性模量约为静弹性模量的 2～3 倍。

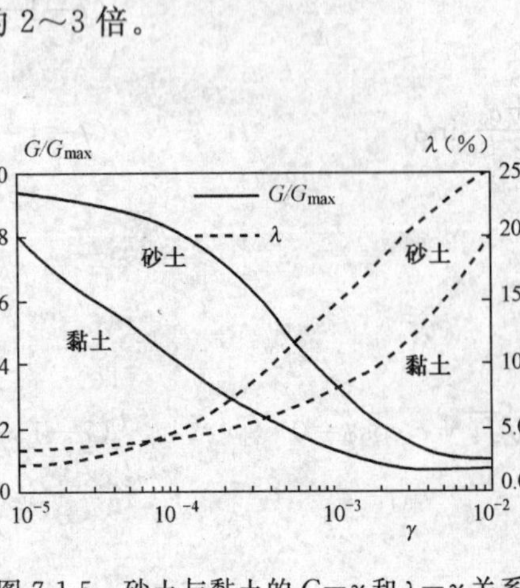

图 7-1-5 砂土与黏土的 $G-\gamma$ 和 $\lambda-\gamma$ 关系

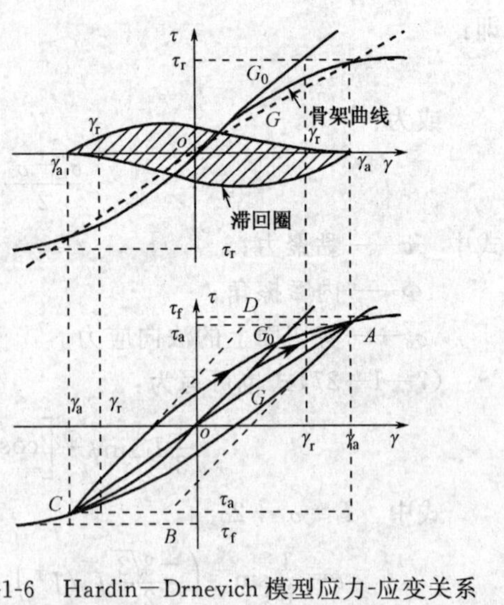

图 7-1-6 Hardin－Drnevich 模型应力-应变关系

3. 加卸载准则

要计算改良膨胀土路基在任意复杂荷载下的应力-应变变化全过程，其关键是能掌握其在卸载与再加载时的应力-应变滞回曲线形状，然后才能确定其各时刻的切线剪切模量。

目前广泛采用的是曼辛(Masing)二倍法，即把骨架曲线的尺度放大一倍作为卸荷曲线和再加荷曲线。而且，在荷载转向点上的切线斜率要与骨架曲线原点的切线斜率一致。

该曲线有以下三个特点：

(1) 曲线中的卸荷线在坐标点($-\tau_m$，$-\gamma_m$)处与骨架曲线相遇并相切；

(2) 该曲线与滞回圈对角线相对应的割线模量即为实验曲线 $G(\gamma)$；

(3) 开始卸载时的剪切模量等于初始弹性模量 G_{max}。

虽然曼辛(Masing)曲线可以反映等幅循环下土的动力性质，但在不规则循环加载时，必须附加一些规定。这就是如下的加、卸载"三准则"：

准则一：如果$|\tau^{ep}|\geqslant\tau_m$($\tau_m$ 是该时刻前所达到的最大应力)，则应力点沿骨架曲线前进(如图 7-1-7 的 A 路线所示)。如不规定土骨架曲线，则会像图 7-1-7 中 B 路径那样产生过高的应力而与试验不符。

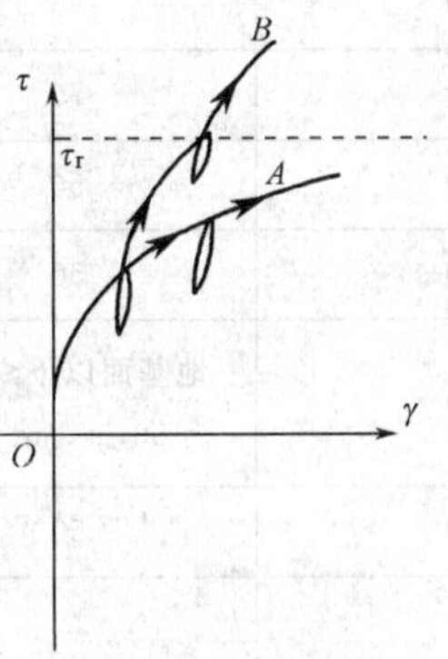

图 7-1-7 上骨架曲线准则

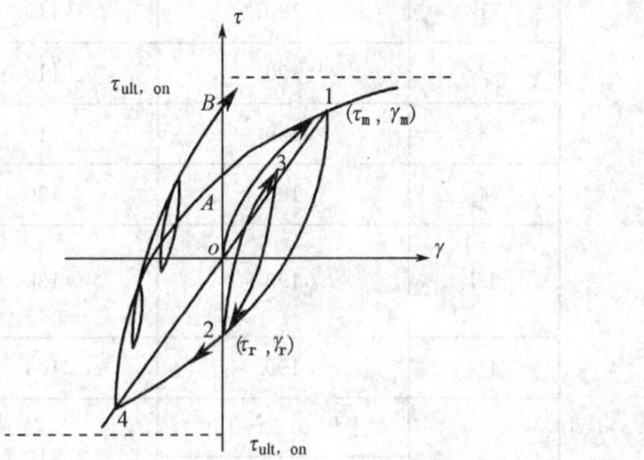

图 7-1-8 上广义曼辛曲线与上大圈准则

准则二：如果$|\tau^{ep}|<\tau_m$，则把骨架曲线放大二倍作为加载、卸载曲线(如图 7-1-8 中的 2-3 曲线)。即使如此，仍然不能把应力点限制在骨架曲线之下(如图 7-1-8 中的 B 路径所示)。因此必须规定自转向点出发的曼辛曲线不得超过自最大点(τ_m，γ_m)出发的广义曼辛曲线，后一曲线可称作"大圈"。

准则三：如果广义曼辛曲线与"大圈"相交，则应力点就转到大圈上(如图 7-1-8 的 3～4 路径)。

有了以上"三准则"后，不规则循环荷载作用下的应力-应变分枝问题便迎刃而解。

三、路基刚度计算断面

在进行新建时速 200 公里铁路改良膨胀土路基刚度计算时，应根据该等级铁路路基断面的设计标准，准确建立路基典型计算断面的有限元模拟模型(路基断面及网格划分图)。图 7-1-9为新建时速 200 公里铁路改良膨胀土路基典型计算断面的有限元模拟模型。

为了获得对比分析的实际效果，应针对新建时速 200 公里铁路改良膨胀土路基的不同高度，重点对路基不同部位的刚度(基床表层刚度、基床底层刚度、基床以下路基刚度、地基刚度)

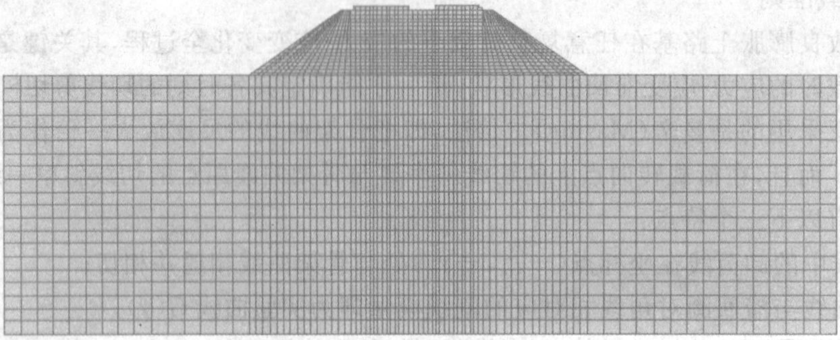

图 7-1-9　新建时速 200 公里铁路路基典型计算断面的有限元模拟模型

匹配进行研究。各计算断面不同部位所要求的 K_{30} 值见表 7-1-2。

表 7-1-2　路基刚度计算各部位 K_{30} 值

<table>
<tr><th>计算断面</th><th>基床表层(MPa/m)</th><th>基床底层(MPa/m)</th><th>基床以下路基(MPa/m)</th><th>地基(MPa/m)</th><th>路基高度(m)</th></tr>
<tr><td>1</td><td>190</td><td>110</td><td>90</td><td>85</td><td rowspan="8">5.0</td></tr>
<tr><td>2</td><td>190</td><td>110</td><td>90</td><td>70</td></tr>
<tr><td>3</td><td>190</td><td>110</td><td>90</td><td>50</td></tr>
<tr><td>4</td><td>190</td><td>130</td><td>90</td><td>50</td></tr>
<tr><td>4-1</td><td>190</td><td>130</td><td>90</td><td>地基面以下≤3 m 为 50，>3 m 为 85</td></tr>
<tr><td>4-2</td><td>190</td><td>150</td><td>90</td><td>50</td></tr>
<tr><td rowspan="2">5</td><td>上层 0.3 m 190</td><td rowspan="2">110</td><td rowspan="2">90</td><td rowspan="2">85</td></tr>
<tr><td>下层 0.3 m 150</td></tr>
<tr><td rowspan="2">6</td><td>上层 0.3 m 190</td><td rowspan="2">110</td><td rowspan="2">90</td><td rowspan="2">70</td></tr>
<tr><td>下层 0.3 m 150</td></tr>
<tr><td>7</td><td>190</td><td>110</td><td>—</td><td>85</td><td rowspan="5">2.5</td></tr>
<tr><td>8</td><td>190</td><td>110</td><td>—</td><td>70</td></tr>
<tr><td>9</td><td>190</td><td>110</td><td>—</td><td>50</td></tr>
<tr><td>10</td><td>190</td><td>130</td><td>—</td><td>50</td></tr>
<tr><td>10-1</td><td>190</td><td>150</td><td>—</td><td>50</td></tr>
<tr><td>11</td><td>190</td><td>110</td><td>—</td><td>85</td><td>1.2</td></tr>
<tr><td>12</td><td>190</td><td>—</td><td>—</td><td>85</td><td>0.6</td></tr>
</table>

表 7-1-2 中第 1 断面的计算参数详见表 7-1-3。其他各个断面的计算参数将根据不同的 K_{30} 值进行相应的调整。

表 7-1-3　第 1 断面计算参数表

材 料 名	$\rho/(kg \cdot m^{-3})$	动变形模量 E(MPa)	材料阻尼比 D
混凝土轨枕	2 200	30 000	0.05
道　床	2 000	200	0.25
基床表层	1 950	200	0.25
基床底层	1 920	108	0.25
基床以下本体	1 900	98	0.25
地　基	1 800	92	0.25

第二节　动力有限元计算结果分析

新建时速200公里铁路改良膨胀土路基动力有限元计算结果的分析过程为：从路基动应力与弹性变形的一般规律分析出发，分别研究地基刚度、基床底层刚度、基床表层刚度以及路基高度对路基动力特性的影响，最后计算出新建时速200公里铁路改良膨胀土路基各个相应部位的建议刚度值。

一、路基竖向动应力与竖向弹性变形的一般规律

路基竖向动应力与竖向弹性变形的一般规律主要是指：竖向动应力在路基断面上的横向分布规律和在竖向动应力作用下的路基面弹性变形的横向分布规律。

（一）竖向动应力在路基断面上的横向分布规律

在列车荷载作用下，路基断面的动应力分布形式大致相同，只是幅值大小有所差异。图7-2-1、7-2-2、7-2-3、7-2-4分别是作用在表7-1-2中路基断面1上不同深度部位（路基面、基床表层底、基床底层底、地基面）的竖向动应力横向分布图。

从图7-2-1～7-2-4的比较中可以看出，在列车荷载作用下，路基断面上竖向动应力的横向分布存在如下变化规律：

1. 从总体上看，无论路基断面上的哪一个深度（路基面、基床表层底部、基床底层底部、地基面），竖向动应力的横向分布总是呈现出钢轨投影处或两股钢轨投影间竖向动应力最大，并向两侧骤降，至路基边缘处最小的变化趋势。

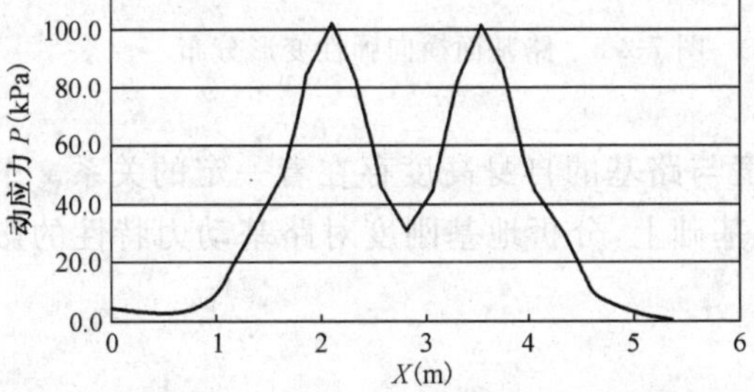

图 7-2-1　作用在路基面上的竖向动应力横向分布图

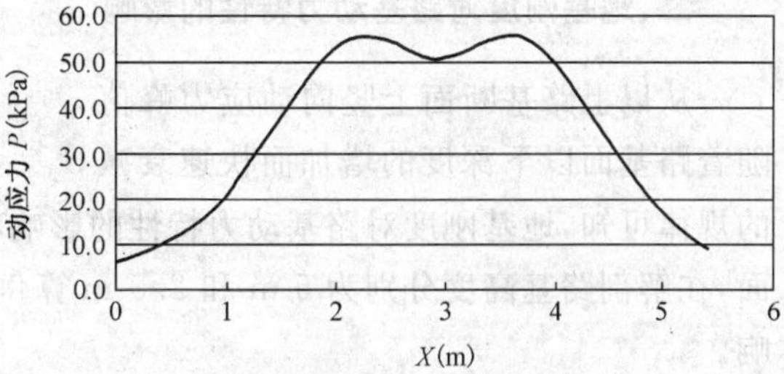

图 7-2-2　作用在基床表层底部的竖向动应力横向分布图

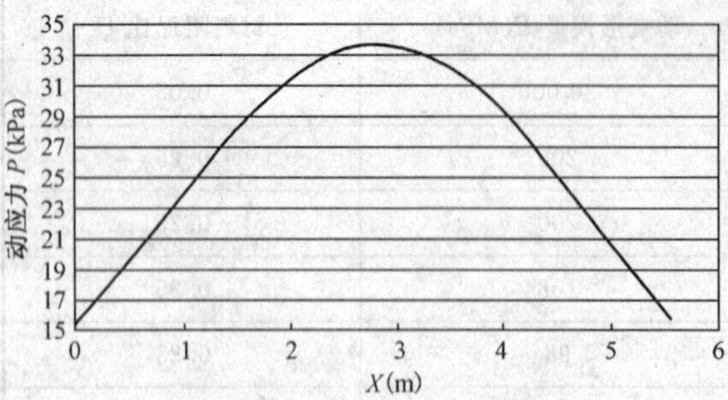

图 7-2-3 作用在基床底层底部的竖向动应力横向分布图

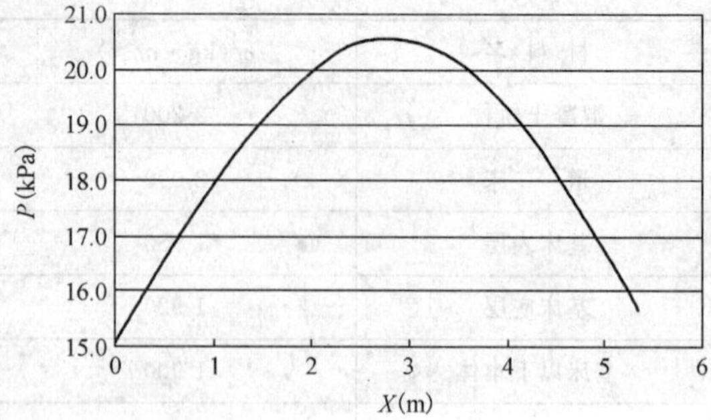

图 7-2-4 作用在地基面的竖向动应力横向分布图

2. 在路基面上,竖向动应力的横向分布显示出十分明显的双峰型特征。左、右两股钢轨投影下的竖向动应力最大形成双峰,峰值达到 102.5 kPa,并向路基边缘骤然下降至最小值(仅为峰值的 2%～5%),两股钢轨投影间的轨道中线处则出现峰谷,其峰谷值约为峰值的 30%。

3. 在基床表层底部,竖向动应力的横向分布虽然仍存在双峰型的特征,但峰顶与峰谷之差已不太明显。两者的竖向动应力值分别为 58.0 kPa 与 50.0 kPa。

4. 到了基床底层底部与地基面,竖向动应力的横向分布特征已经由双峰型变成了单峰型,而且它们的峰值分别降低到了 33.5 kPa 与 20.6 kPa。

5. 路基断面上竖向动应力峰值随着路基面以下深度的增加而快速衰减,从路基面→基床表层底部→基床底层底部→地基面的竖向动应力峰值衰减梯度分别为 0%→45.3%→68.8%→80.3%。

(二) 在竖向动应力作用下的路基面竖向弹性变形横向分布规律

图 7-2-5 是路基断面 1 在竖向动应力作用下的路基面竖向弹性变形的横向分布图,其横向分布规律与竖向动应力的横向分布规律相似。钢轨投影下的路基面处弹性变形最大,为 1.70 mm 左右。路基边缘处最小,为 1.15 mm 左右。

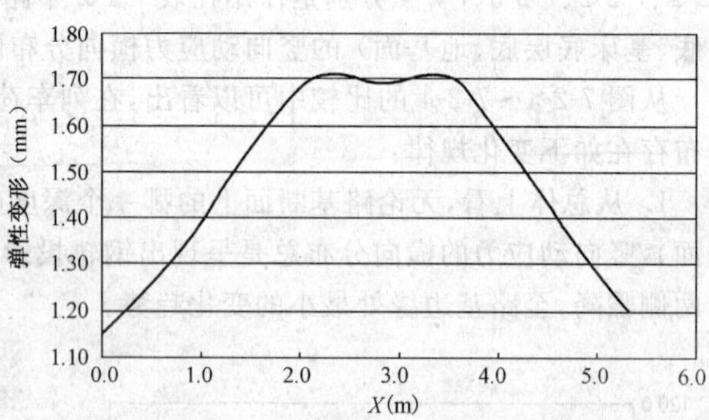

图 7-2-5 路基面横向弹性变形分布

二、地基刚度对路基动力特性的影响

从以上路基断面上竖向动应力峰值随着路基面以下深度的增加而快速衰减的规律可知,地基刚度对路基动力特性的影响程度与路基的自身高度存在着一定的关系。下面,在解剖路基高度分别为 5 m 和 2.5 m 算例的基础上,分析地基刚度对路基动力特性的影响。

(一) 路基高度 5 m

路基高度 5 m,基床表层、基床底层 K_{30} 值分别为 190 MPa/m、110 MPa/m。当地基 K_{30} 值分别为 85 MPa/m、70 MPa/m、50 MPa/m 的情况下,表 7-1-2 中路基断面 1、2、3 位于轨枕端

头、钢轨及道心投影下方的竖向动应力沿深度的变化曲线，如图7-2-6、7-2-7、7-2-8所示。路基断面动应力传递系数见表7-2-1。路基面的最大弹性变形见表7-2-2。

表 7-2-1　路基断面动应力传递系数

轨下深度(m)	1.0	0.6	2.5	5.0
断面 1	1.00	0.547	0.312	0.197
断面 2	1.00	0.546	0.308	0.191
断面 3	1.00	0.542	0.300	0.182

表 7-2-2　路堤高度 5 m 时最大弹性变形

断　面	1	2	3
最大弹性变形(mm)	1.78	1.98	2.41

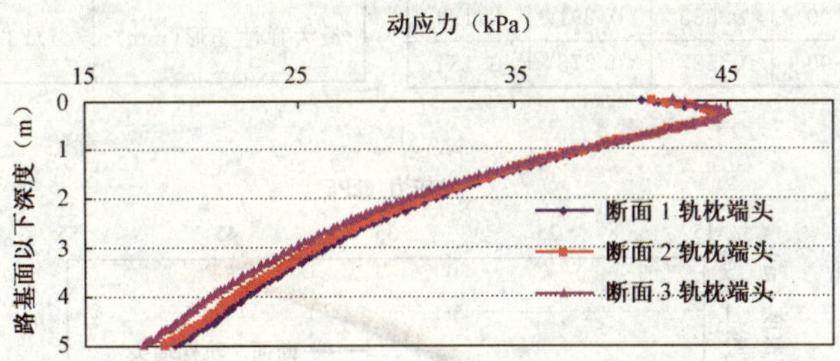

图 7-2-6　轨枕端头投影下方竖向动应力随深度变化曲线

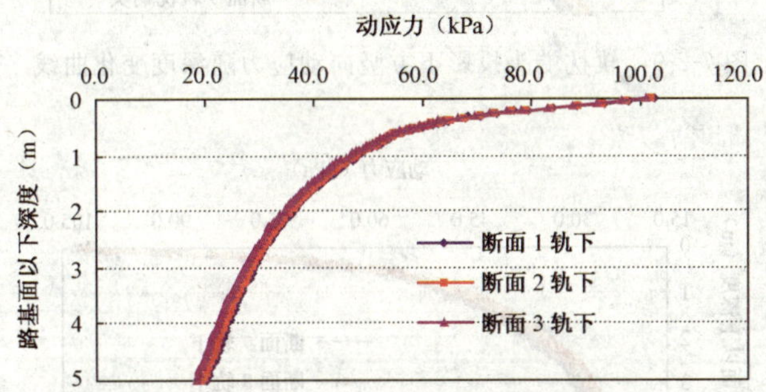

图 7-2-7　钢轨投影下方竖向动应力随深度变化曲线

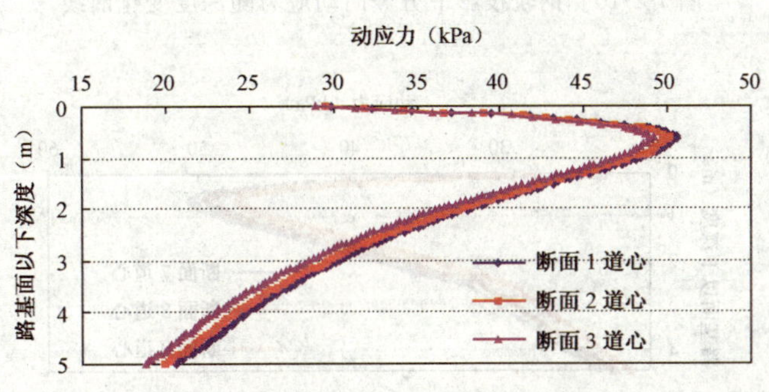

图 7-2-8　道心投影下方竖向动应力随深度变化曲线

从图7-2-6、7-2-7、7-2-8和表7-2-1可以看出，当路基高度为5 m时，减小地基刚度，即：地基K_{30}值分别为85 MPa/m、70 MPa/m、50 MPa/m的情况下，路基面动应力特性基本上无变化，但能加快动应力的衰减。从表7-2-2提供的最大弹性变形值变化中可以发现，减小地基刚度将导致路基面弹性变形的增加。

（二）路基高度 2.5 m

路基高度为 2.5 m，基床表层、基床底层 K_{30} 值分别为 190 MPa/m、110 MPa/m，当地基 K_{30} 值分别为 85 MPa/m、70 MPa/m、50 MPa/m 的情况下，表 7-1-2 中路基断面 7、8、9 位于轨枕端头、钢轨及道心投影下方的竖向动应力沿深度的变化曲线分别见图 7-2-9、7-2-10、7-2-11。路基动应力传递系数见表 7-2-3。路基弹性变形见表 7-2-4。

表 7-2-3　路基动应力传递系数

轨下深度(m)	1.0	0.6	2.5	5.0
断面 7	1.00	0.539	0.298	0.205
断面 8	1.00	0.535	0.291	0.199
断面 9	1.00	0.527	0.278	0.184

表 7-2-4　路基高度 2.5 m 时最大弹性变形

断　面	7	8	9
最大弹性变形(mm)	1.73	1.98	2.53

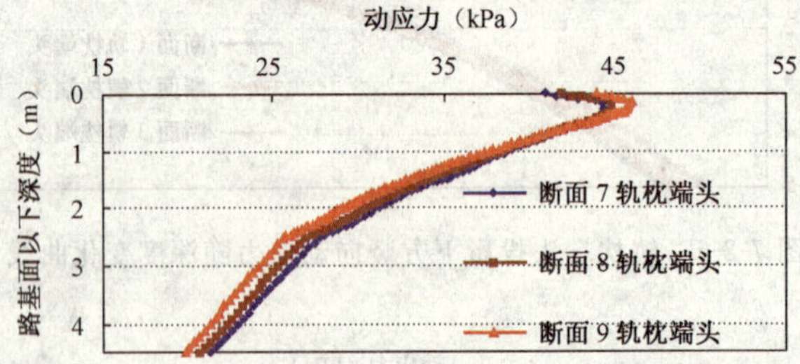

图 7-2-9　轨枕端头投影下方竖向动应力随深度变化曲线

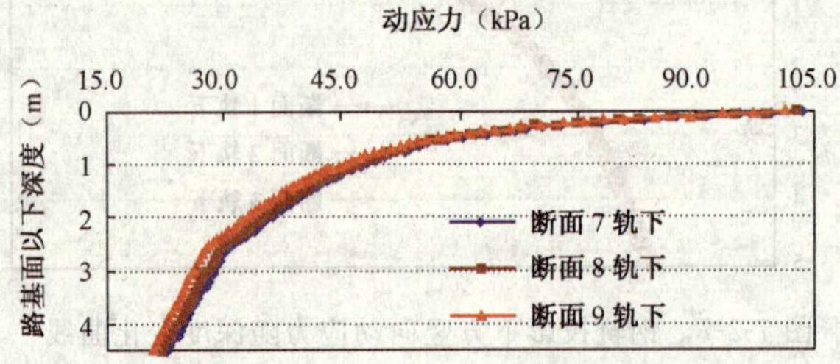

图 7-2-10　钢轨投影下方竖向动应力随深度变化曲线

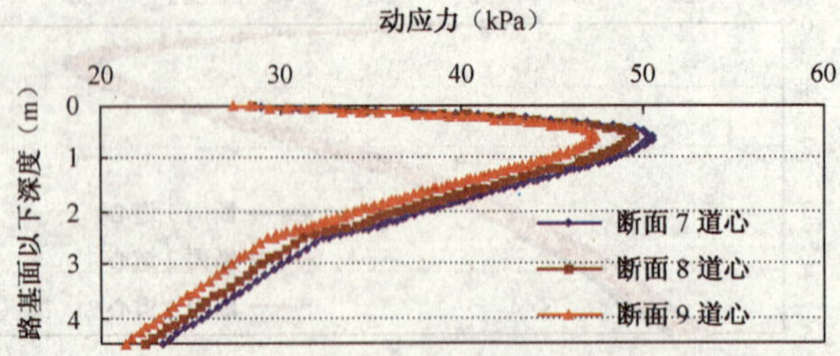

图 7-2-11　道心投影下方竖向动应力随深度变化曲线

从图 7-2-9、7-2-10、7-2-11 和表 7-2-3 中可以看出，当路基高度为 2.5 m 时，在减小地基刚度，即：地基 K_{30} 值分别为 85 MPa/m、70 MPa/m、50 MPa/m 的情况下，路基面动应力特性基本上无变化，但路基动应力的衰减加快，而且较路基高度 5.0 m 时更为明显。从表 7-2-4 提供的最大弹性变形值变化中可以发现，减小地基刚度导致路基面弹性变形的增加也比路基高度

5.0 m时明显。

（三）改变地基刚度对路基面弹性变形影响的分析

从上述算例的结果得知，减小地基刚度可加快动应力的衰减，对路基土强度的控制是有利的，但同时会导致路基面弹性变形的增加。

有限元计算的目的是为了寻找改变刚度时路基动力特性的规律，但在定量上与实际情况会有一定差别。从计算结果看，路基面下2.5 m处，路基高度为5.0 m的动应力传递系数为0.30～0.31；路基高度为2.5 m的动应力传递系数为0.28～0.30。现场实测结果是，路基面下2.5 m处，动应力沿深度的衰减往往比计算结果要快，实测传递系数一般均<0.20。我国铁路实测结果和动态试验结果表明，路基面的弹性变形均<1.0 mm。因此可以认为，对当路基高度>2.5 m时，改变地基刚度对路基面弹性变形的影响不大。

三、基床底层刚度对路基动力特性的影响

从路基断面上竖向动应力峰值随着路基面以下深度的增加而快速衰减的规律也可获悉，基床底层刚度对路基动力特性的影响程度与路基的自身高度同样存在着一定的关系。下面，在解剖路基高度分别为5 m和2.5 m算例的基础上，分析基床底层刚度对路基动力特性的影响。

（一）路基高度5 m

在路基高度为5 m，基床表层K_{30}值均为190 MPa/m，地基刚度均为50 MPa/m的相同条件下，基床底层刚度分为以下两种不同情况：

1. 基床底层K_{30}值分别为110 MPa/m、130 MPa/m

如表7-1-2中路基断面3、4。其位于轨枕端头、钢轨及道心投影下方的竖向动应力沿深度的变化曲线分别见图7-2-12、7-2-13、7-2-14。路基面最大弹性变形见表7-2-5。

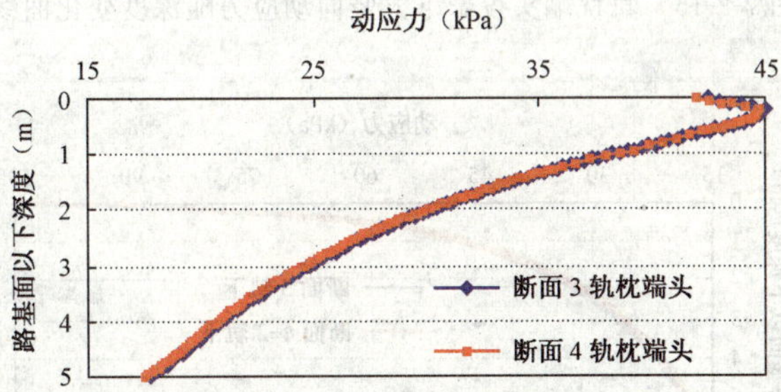

图7-2-12　轨枕端头投影下方竖向动应力随深度变化曲线

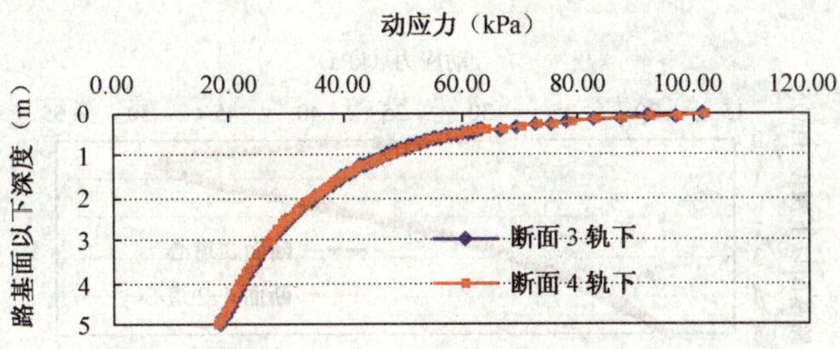

图7-2-13　钢轨投影下方竖向动应力随深度变化曲线

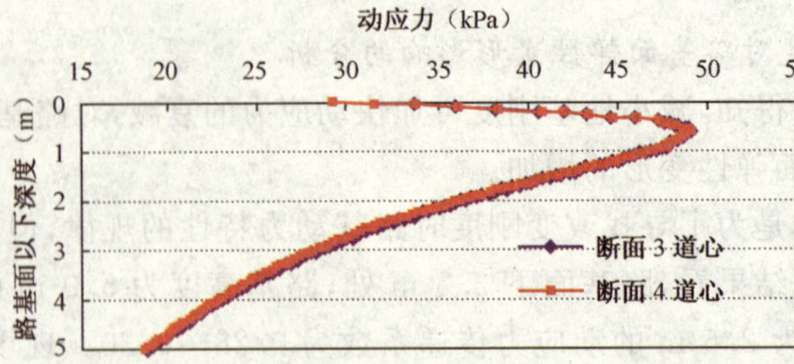

图 7-2-14　道心投影下方竖向动应力随深度变化曲线

从图 7-2-12、7-2-13、7-2-14 和表 7-2-5 可知，基床底层刚度由 110 MPa/m 增加至 130 MPa/m，将导致基床范围内路基动应力略有增加，基床以下动应力略有减小；路基面的最大弹性变形也有所减小。

表 7-2-5　路基面最大弹性变形

断　面	3	4
最大弹性变形(mm)	2.41	2.35

2. 基床底层 K_{30} 值分别为 110 MPa/m、150 MPa/m

如表 7-1-2 中路基断面 3、4-2。其位于轨枕端头、钢轨及道心投影下方的竖向动应力沿深度的变化曲线分别见图 7-2-15、7-2-16、7-2-17。路基面最大弹性变形见表 7-2-6。

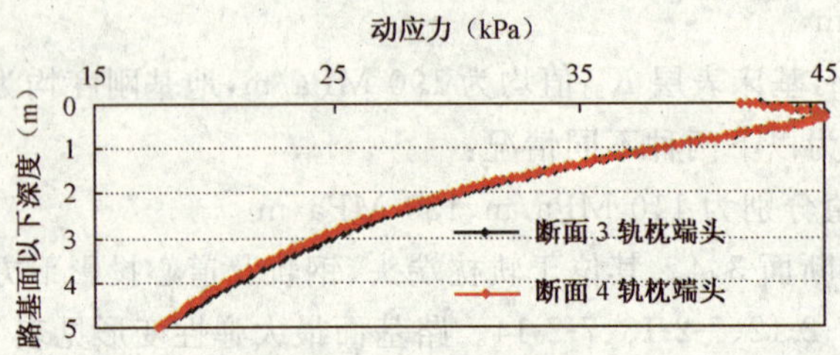

图 7-2-15　轨枕端头投影下方竖向动应力随深度变化曲线

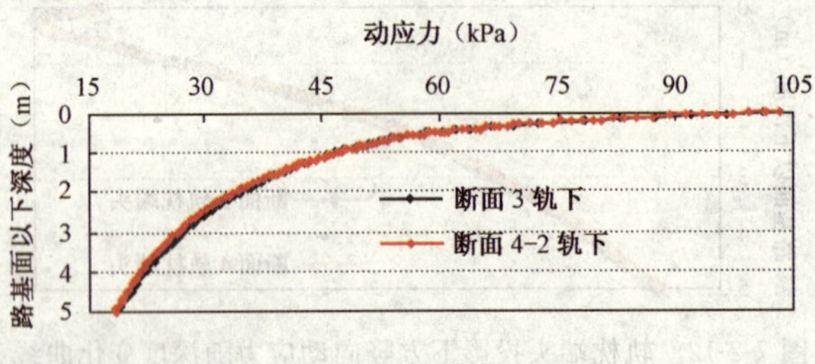

图 7-2-16　钢轨投影下方竖向动应力随深度变化曲线

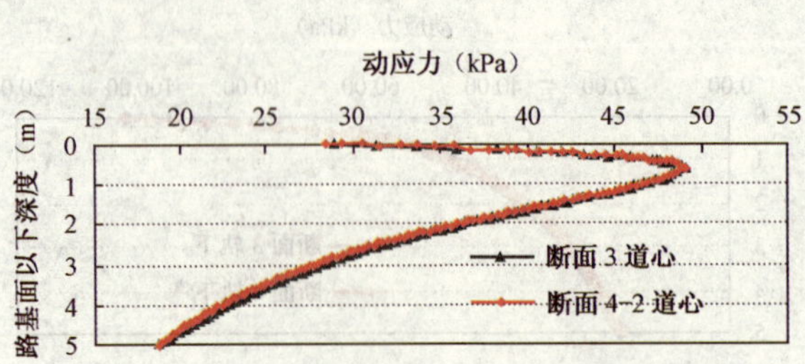

图 7-2-17　道心投影下方竖向动应力随深度变化曲线

由图 7-2-15、7-2-16、7-2-17 和表 7-2-6 可知，基床底层刚度从 110 MPa/m 增加到 150 MPa/m，将导致基床范围内路基动应力的增大和基床以下路基动应力的减小；路基面最大弹性变形也随之减小。

表 7-2-6　路基面最大弹性变形

断　面	3	4－2
最大弹性变形(mm)	2.41	2.31

（二）路基高度 2.5 m

在路基高度为 2.5 m，基床表层 K_{30} 值均为 190 MPa/m，地基刚度均为 50 MPa/m 的相同条件下，基床底层刚度分为以下两种不同情况：

1. 基床底层 K_{30} 值分别为 110 MPa/m、130 MPa/m

如表 7-1-2 中路基断面 9、10。其位于轨枕端头、钢轨及道心投影下方的竖向动应力沿深度的变化曲线分别见图 7-2-18、7-2-19、7-2-20。路基面最大弹性变形见表 7-2-7。

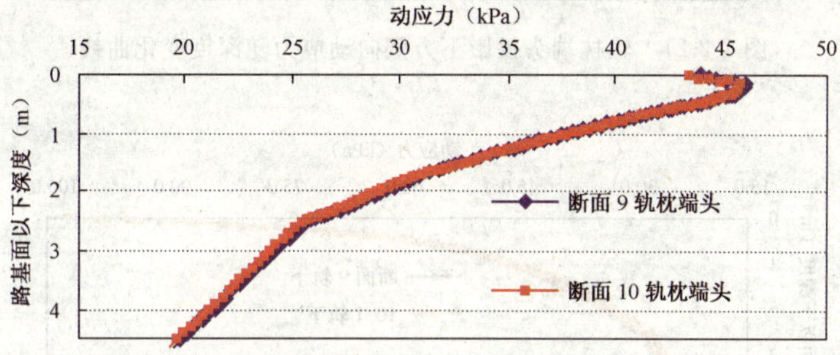

图 7-2-18　轨枕端头投影下方竖向动应力随深度变化曲线

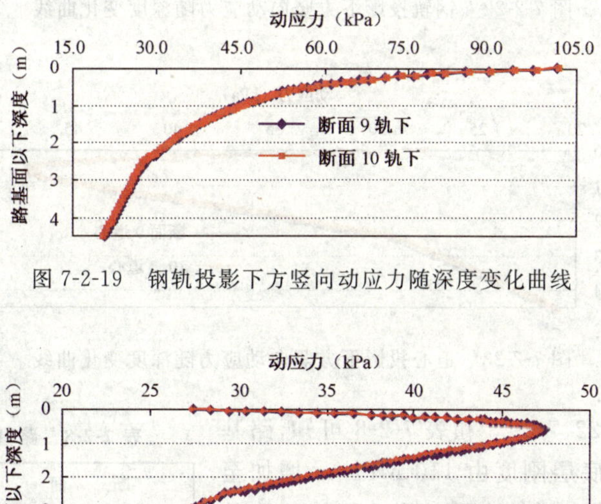

图 7-2-19　钢轨投影下方竖向动应力随深度变化曲线

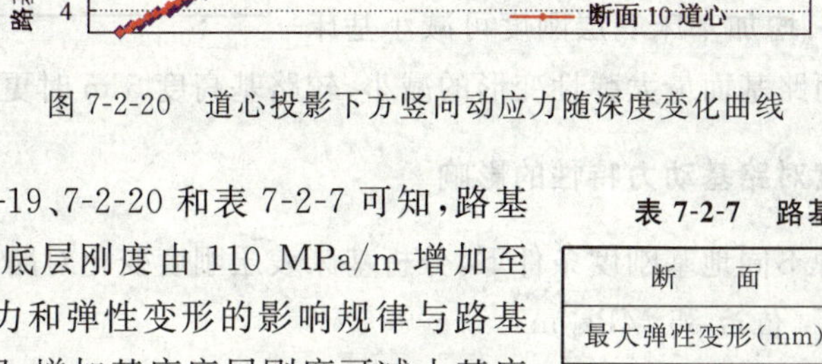

图 7-2-20　道心投影下方竖向动应力随深度变化曲线

由图 7-2-18、7-2-19、7-2-20 和表 7-2-7 可知，路基高度 2.5 m 时，基床底层刚度由 110 MPa/m 增加至 130 MPa/m，对动应力和弹性变形的影响规律与路基高度 5 m 时相同。即：增加基床底层刚度可减小基床

表 7-2-7　路基面最大弹性变形

断　面	9	10
最大弹性变形(mm)	2.53	1.75

以下(地基)的动应力;而路基面最大弹性变形的减小,较路基高度 5 m 时更为明显。

2. 基床底层 K_{30} 值分别为 110 MPa/m、150 MPa/m

如表 7-1-2 中路基断面 9、10-1。其位于轨枕端头、钢轨及道心投影下方的竖向动应力沿深度的变化曲线分别见图 7-2-21、7-2-22、7-2-23。路基面最大弹性变形见表 7-2-8。

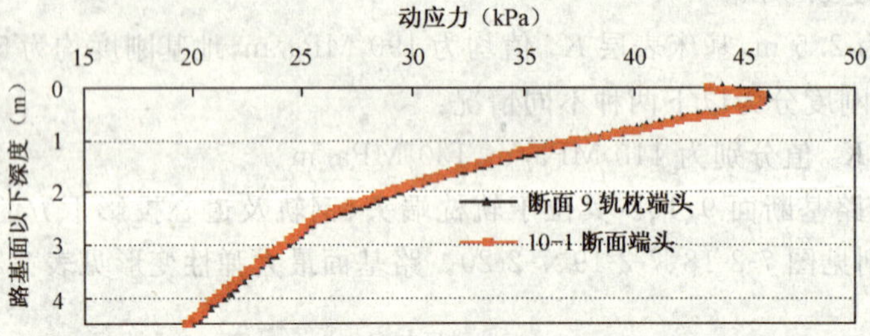

图 7-2-21 轨枕端头投影下方竖向动应力随深度变化曲线

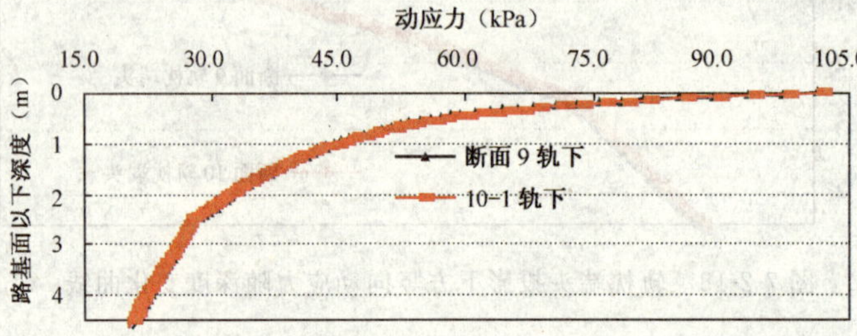

图 7-2-22 钢轨投影下方竖向动应力随深度变化曲线

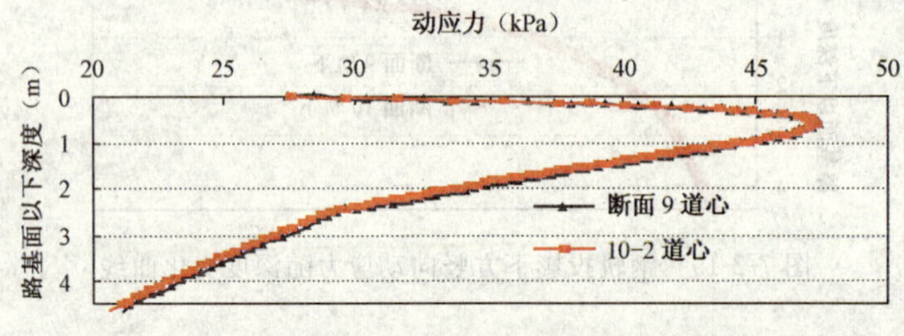

图 7-2-23 道心投影下方竖向动应力随深度变化曲线

由图 7-2-21、7-2-22、7-2-23 和表 7-2-8 可知,路基高度 2.5 m 时,基床底层刚度由 110 MPa/m 增加至 150 MPa/m,对动应力和弹性变形的影响规律与路基高度 5 m 时相同。即:增加基床底层刚度可减小基床下(地基)的动应力;而路基面最大弹性变形的减小,较路基高度 5 m 时更为明显。

表 7-2-8 路基面最大弹性变形

断　　面	9	10－1
最大弹性变形(mm)	2.53	2.36

四、基床表层刚度对路基动力特性的影响

下面,分别在两种不同地基刚度条件下,分析基床表层刚度变化对路基动力特性的影响。

(一) 地基刚度 K_{30} 值为 85 MPa/m

如表 7-1-2 中路基断面 1、5。当基床表层 K_{30} 变化时,其位于轨枕端头、钢轨及道心投影下方的竖向动应力沿深度的变化曲线分别见图7-2-24、7-2-25、7-2-26(路基面深度为0)。路基面的最大弹性变形见表7-2-9。

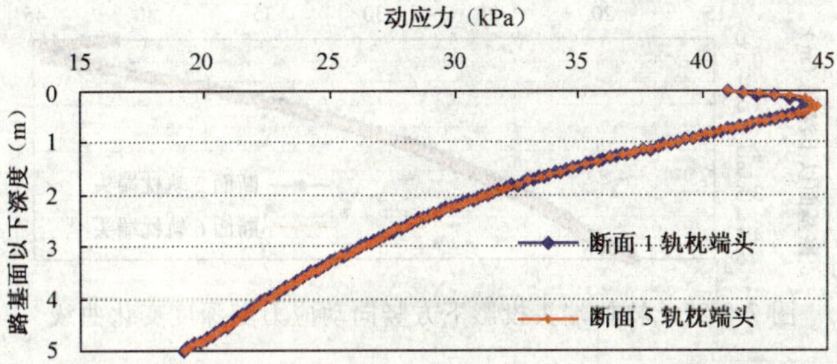

图7-2-24　轨枕端头投影下方竖向动应力随深度变化曲线

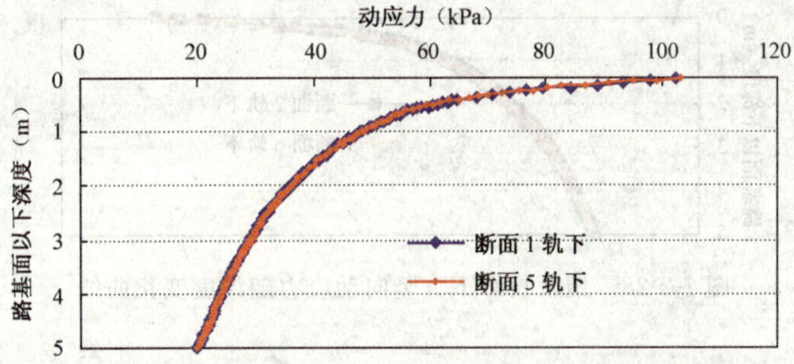

图7-2-25　钢轨投影下方竖向动应力随深度变化曲线

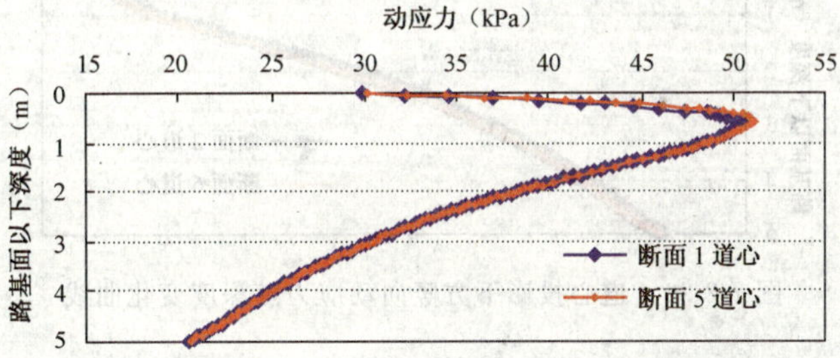

图7-2-26　道心投影下方竖向动应力随深度变化曲线

从图7-2-24、7-2-25、7-2-26和表7-2-9可知，地基刚度K_{30}值为85 MPa/m时，减小基床表层下部0.3 m级配碎石的K_{30}对路基断面的动应力和路基面弹性变形的影响不明显。

表7-2-9　路基面最大弹性变形

断　面	1	5
最大弹性变形(mm)	1.78	1.80

(二)地基刚度K_{30}值为70 MPa/m

如表7-1-2中路基断面2、6。当基床表层K_{30}变化时，其位于轨枕端头、钢轨及道心投影下方的竖向动应力沿深度的变化曲线分别见图7-2-27、7-2-28、7-2-29(路基面深度为0)。路基面的最大弹性变形见表7-2-10。

表7-2-10　路基面最大弹性变形

断　面	2	6
最大弹性变形(mm)	1.98	2.00

从图7-2-27、7-2-28、7-2-29和表7-2-10可知，地基刚度K_{30}值为70 MPa/m时，减小基床表层下部0.3 m级配碎石的K_{30}对路基断面的动应力和路基面弹性变形

的影响很小。

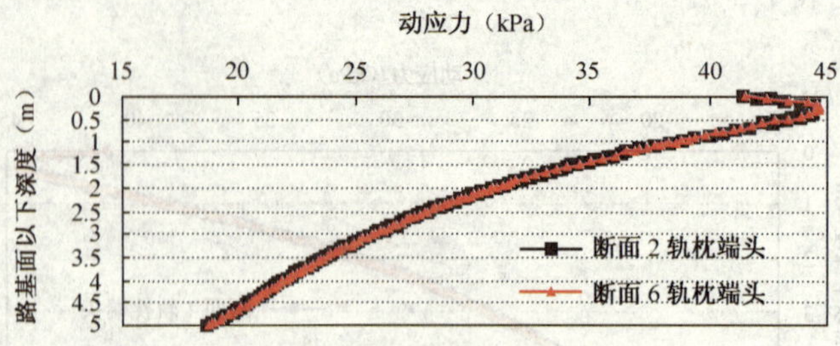

图 7-2-27 轨枕端头投影下方竖向动应力随深度变化曲线

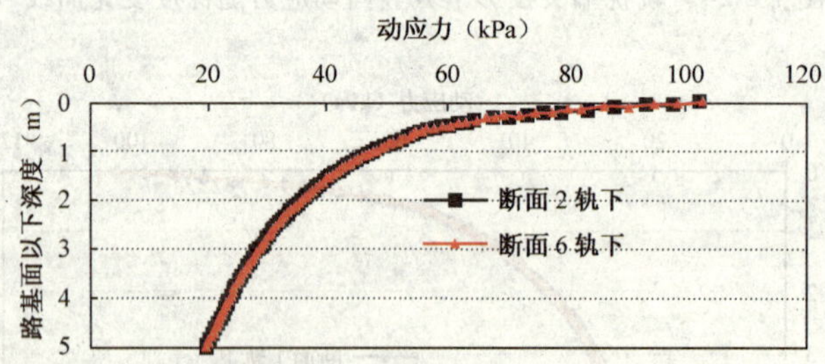

图 7-2-28 钢轨投影下方竖向动应力随深度变化曲线

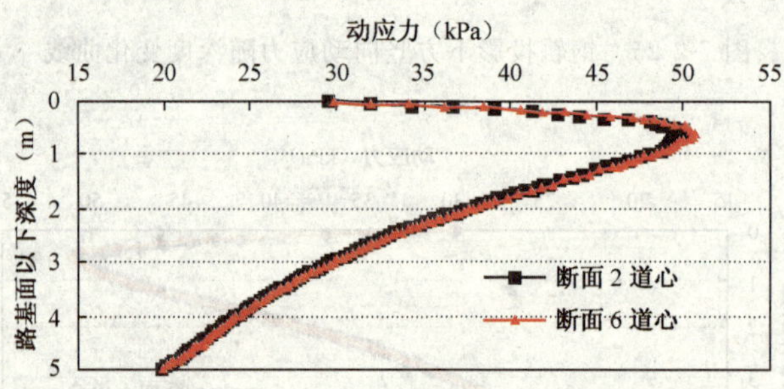

图 7-2-29 道心投影下方竖向动应力随深度变化曲线

五、路基高度对路基动力特性的影响

在路基各部分刚度相同，路基高度分别为 2.5 m、1.2 m、0.6 m(如表 7-1-2 中路基断面 7、11、12)的情况下，路基面、地基面动应力分布随路基高度的变化分别如图 7-2-30、7-2-31 所示。路基高度分别为 2.5 m、1.2 m、0.6 m 时，路基面以下 0.6 m 处的动应力传递系数见表7-2-11。

表 7-2-11 不同高度路基的路基面以下 0.6 m 处动应力传递系数

路堤高度(m)	5.0	2.5	1.2	0.6
0.6 m 处动应力传递系数	0.547	0.539	0.533	0.533

通过图 7-2-30、7-2-31 和表 7-2-11 可以发现：

1. 路基高度为 2.5 m、1.2 m、0.6 m 时，路基面最大动应力分别为 103.6 kPa、103.1 kPa、102.7 kPa，动应力曲线几乎重叠。说明路基面动应力随着路基高度的降低虽有所减小，但减小的幅度十分微小。

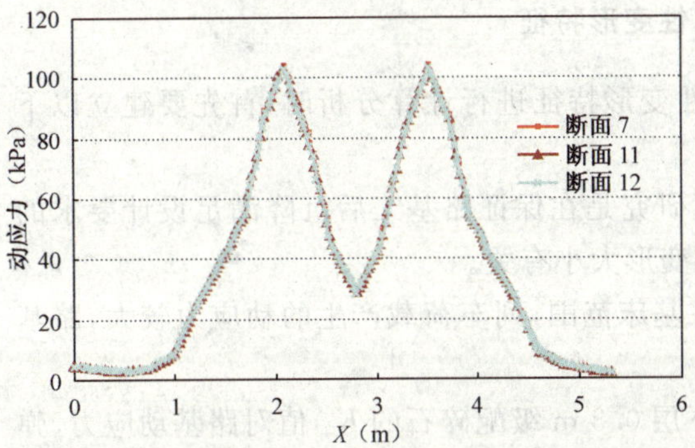

图7-2-30　不同高度路基的路基面动应力分布曲线

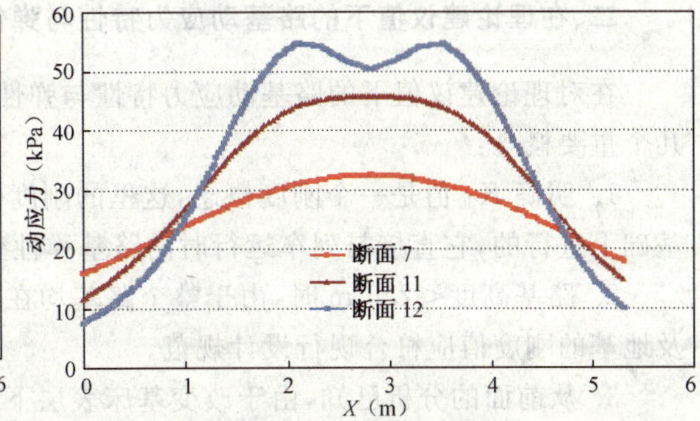

图7-2-31　不同高度路基的地基面动应力分布曲线

2. 路基高度为2.5 m、1.2 m、0.6 m时，地基面最大动应力分别为33.0 kPa、46.5 kPa、55.1 kPa，动应力曲线也由路基高度为2.5 m、1.2 m时的单峰型变为0.6 m时的双峰型。反映出地基面动应力随着路基高度的降低而明显增大，路基高度越低，地基面动应力值越大，且动应力在地基面上的横向分布越不均匀。

3. 路基高度为5.0 m、2.5 m、1.2 m、0.6 m时，路基面以下0.6 m处的动应力传递系数依次为：0.547、0.539、0.533、0.533。说明动应力的衰减速率，有随着路基高度的降低而变快的趋势。

第三节　新建时速200公里铁路改良膨胀土路基刚度理论建议值及其在理论建议值下的动应力特性与弹性变形特征

路基刚度的匹值研究是一个复杂的系统问题，它不仅要考虑路基动应力强度及传递特性，还应考虑对路基面弹性变形的影响。在对路基动力有限元计算分析的基础上，为同时追求路基动应力特性与路基面弹性变形的最合理结果，下面，将提出新建时速200公里铁路改良膨胀土路基刚度理论建议值，并计算分析在理论建议值下的动应力特性与弹性变形特征。

一、新建时速200公里铁路改良膨胀土路基刚度理论建议值

根据前面的动力有限元计算结果，路基各部位的刚度、地基刚度以及路基自身的高度，会对其动应力特性与路基面弹性变形产生以下影响：

1. 降低地基刚度，可加快路基动应力的衰减，对路基土强度控制是有利的；但同时会导致路基面的弹性变形增加。当然，产生上述影响的程度与路基的自身高度有关，路基高度越低（<2.5 m），影响越明显；路基高度越高（$\geqslant 2.5$ m），影响越不明显。

2. 提高基床底层的路基刚度，虽然会使基床内的路基动应力增加，但可加快基床以下路基（地基）的动应力衰减，并减小路基面的弹性变形。

3. 路基高度越低，地基面的动应力越大，且地基面上动应力横向分布越不均匀。

鉴于上述结果，建议新建时速200公里铁路改良膨胀土路基刚度的理论值为：基床表层K_{30}为190 MPa/m；基床底层K_{30}由原110 MPa/m提高到130 MPa/m；路基高度$\geqslant$2.5 m时，

地基 K_{30} 为 50 MPa/m；路基高度＜2.5 m 时，地基 K_{30} 为 85 MPa/m。

二、在理论建议值下的路基动应力特性与弹性变形特征

在对理论建议值下的路基动应力特性与弹性变形特征进行计算分析时，首先要建立以下几个重要概念：

1. 明确 K_{30} 值是一个刚度概念，这里的刚度研究是在保证路基工后沉降满足设计要求的基础上进行的，它直接与列车运行时的路基弹性变形大小有关。

2. 路基高度＜2.5 m 时，由于整个路基均在基床范围，列车荷载产生的动应力较大，路基及地基的刚度值应符合现行设计规范。

3. 从前面的分析已知，由于改变基床表层下层 0.3 m 级配碎石的 K_{30} 值对路基动应力、弹性变形的影响都不明显，因此刚度研究主要针对地基及基床底层的刚度改变对路基动力特性的影响。

4. 降低地基刚度对路基动应力衰减、强度控制是有利的。对改良土而言，基床底层刚度 K_{30} 由 110 MPa/m 提高到 130 MPa/m 是完全可行的，这不仅可降低基床以下路基的动应力，而且可减小路基面的弹性变形。

下面，研究在理论建议值下具有代表意义的高度分别为 5 m、2.5 m 的路基动应力特性与弹性变形特征。

（一）路基高度 5 m

主要有如下两种刚度组合：

1. 第一种刚度组合

如表 7-1-2 中路基断面 1、4。当基床表层 K_{30} 值均为 190 MPa/m，基床底层 K_{30} 值分别为 110 MPa/m、130 MPa/m，地基刚度分别为 85 MPa/m、50 MPa/m 时，动应力随深度的变化曲线见图 7-3-1、7-3-2、7-3-3。

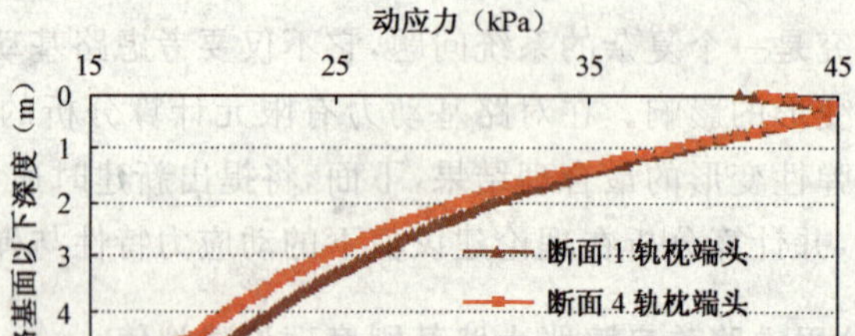

图 7-3-1　轨枕端头投影下方竖向动应力随深度变化曲线

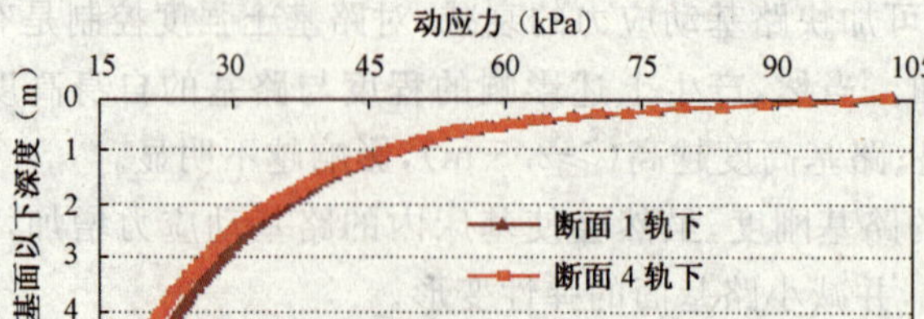

图 7-3-2　钢轨投影下方竖向动应力随深度变化曲线

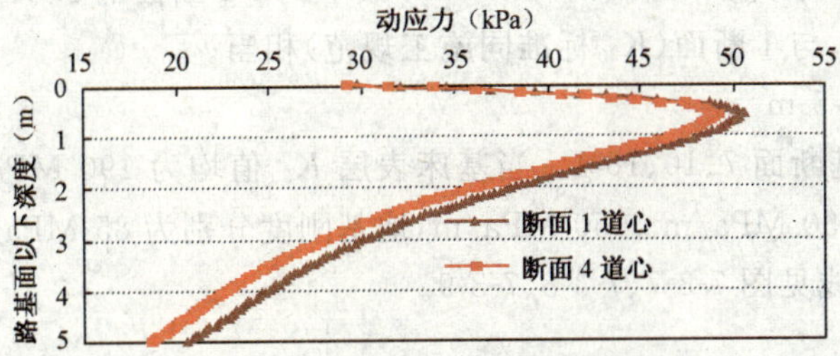

图 7-3-3　道心投影下方竖向动应力随深度变化曲线

此时，路基面弹性变形由 1 断面的 1.78 mm 增加到 4 断面的 2.35 mm。

2. 第二种刚度组合

如表 7-1-2 中路基断面 4、4-1、4-2。当基床表层 K_{30} 值均为 190 MPa/m，基床底层 K_{30} 值分别为 110 MPa/m、130 MPa/m，地基刚度分别为 85 MPa/m、50 MPa/m，或地基面以下 3 m 内 K_{30}＜85 MPa/m。3 m 以下 K_{30}＞85 MPa/m（4-1 计算断面）时。动应力衰减情况见图 7-3-4、7-3-5、7-3-6。

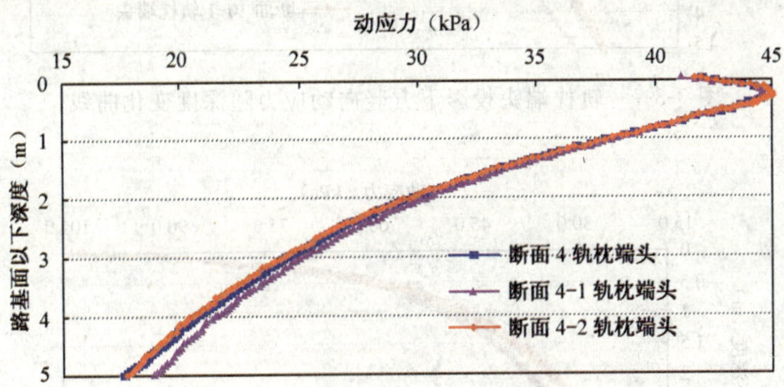

图 7-3-4　轨枕端头投影下方竖向动应力随深度变化曲线

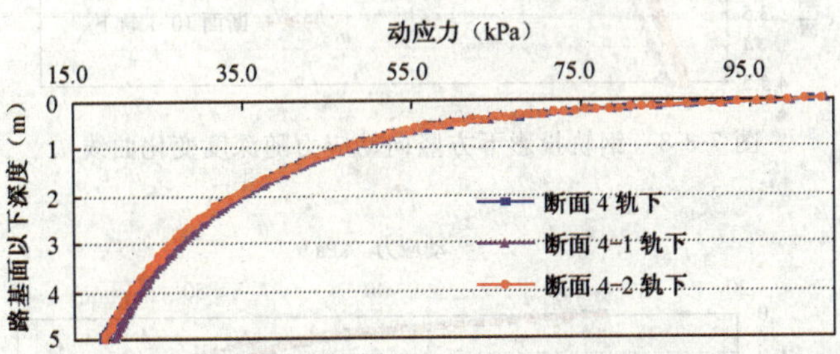

图 7-3-5　钢轨投影下方竖向动应力随深度变化曲线

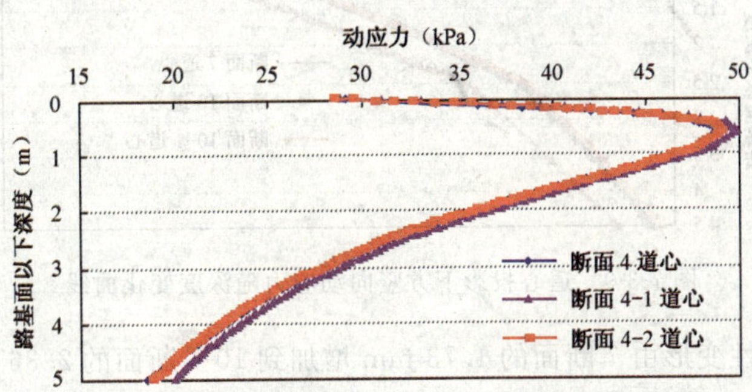

图 7-3-6　道心投影下方竖向动应力随深度变化曲线

此时，路基面弹性变形由 4 断面的 2.35 mm 减小到 4-2 断面的 2.31 mm，4-1 断面路基面弹性变形为 1.89 mm，与 1 断面（K_{30} 标准同施工规范）相当。

（二）路基高度 2.5 m

如表 7-1-2 中路基断面 7、10、10-1。当基床表层 K_{30} 值均为 190 MPa/m，基床底层 K_{30} 值分别为 110 MPa/m、130 MPa/m、150 MPa/m，地基刚度分别为 85 MPa/m、50 MPa/m 时，动应力随深度的变化曲线见图 7-3-7、7-3-8、7-3-9。

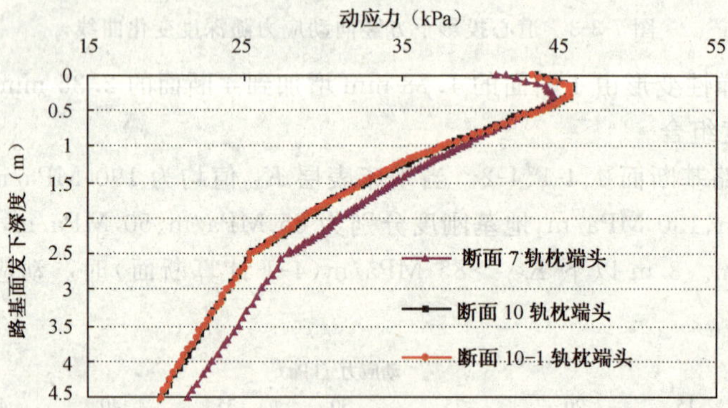

图 7-3-7　轨枕端头投影下方竖向动应力随深度变化曲线

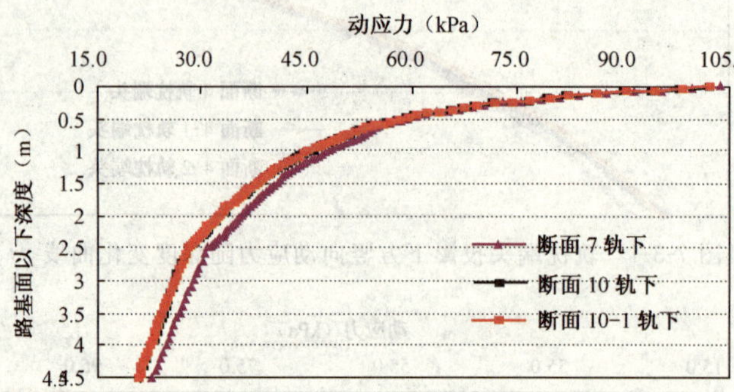

图 7-3-8　钢轨投影下方竖向动应力随深度变化曲线

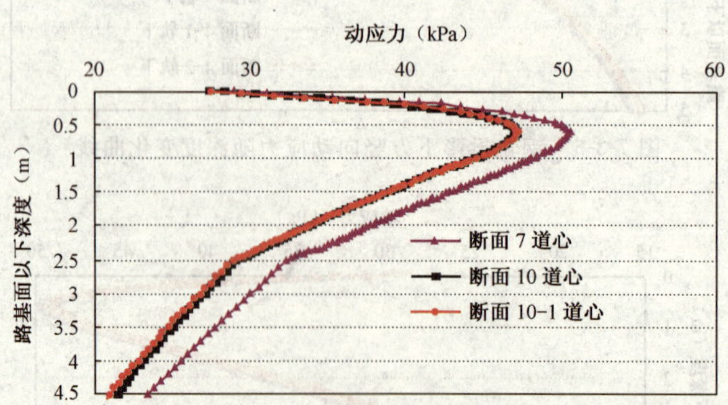

图 7-3-9　道心投影下方竖向动应力随深度变化曲线

此时，路基面弹性变形由 7 断面的 1.73 mm 增加到 10-1 断面的 2.36 mm，10 断面弹性变形为 2.47 mm。

第四节　不同路基刚度的动载试验

在通过动力有限元理论计算得到了路基各部位合理刚度建议值的基础上，还需进行不同路基刚度动载试验的现场验证，在理论与实践的结合上，确定新建时速 200 公里铁路改良膨胀土路基的合理刚度。现场动载试验主要包括：加载方式与模拟动态效果分析，加载参数的确定，测试内容与测试元器件、设备，路基断面刚度和测点布置，试验结果及其分析等内容。

一、加载方式与模拟动态效果分析

在设计动载方案前，先分析一下列车运行时在路基面上产生的动应力随时间变化规律。列车荷载作用在路基面上产生的动应力实测波形见图 7-4-1。

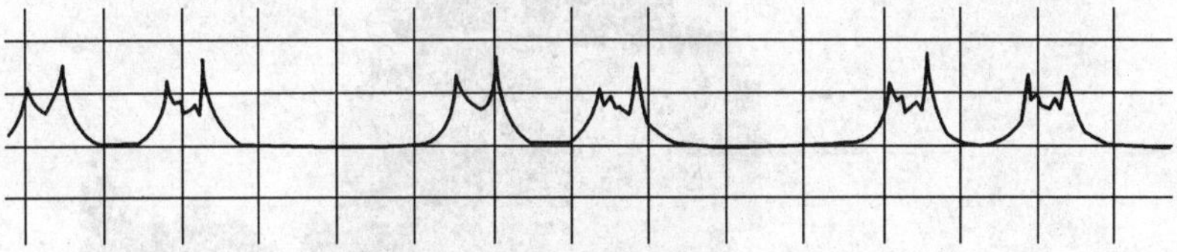

(a) v=80 km/h

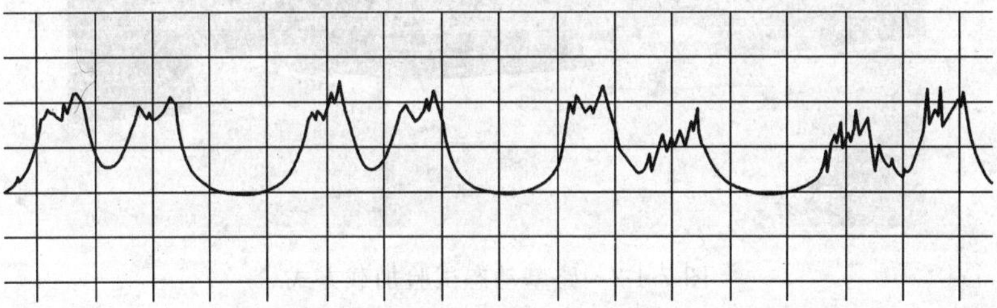

(b) v=130 km/h

图 7-4-1　路基动应力波形

根据路基动应力实测波形的形态特征，列车转向架从接近至远离测点的动应力变化可归纳为以下四个阶段：

第一阶段，是在列车转向架接近测点时，动应力逐渐增大；

第二阶段，当转向架前轴经过测点，但转向架中心到测点前，动应力逐渐减小；

第三阶段，是转向架中心经过测点后至后轴到达测点前，动应力又开始增加；

第四阶段，是当后轴开始离开测点后，动应力逐渐减小。是否减小至零与转向架在车体的位置、车速有关。

由于同一车厢的两个转向架之间的距离较远，车体前转向架经过测点后，动应力可衰减至零。由于相邻两节车厢的转向架间距较近，当车速较慢（如图 7-4-1a v=80 km/h）时，后转向架通过测点后的动应力可以衰减至零；而车速较快（如图 7-4-1b v=130 km/h）时，后转向架通过测点后的动应力未能完全衰减至零。

在列车运行尤其是在快速运行的情况下，因同一转向架上的前后轴之间轴距较短，会造成两轴之间动载的叠加，经过道床的衰减传递到路基时，所产生的动应力峰值变化不大，可视为一次冲击。

试验采用的是定点循环荷载激振试验，每一次激振过程，实际上模拟了第一阶段与第四阶段。即：模拟一个转向架的冲击，而忽略了过程中（第二、第三阶段）小的动应力变化。

二、加载参数的确定

路基刚度动载试验中的加载参数分别是指：激振力、动应力、激振频率。

（一）激振力与动应力

激振系统为：将混凝土作为配重，并通过预埋件与激振机连接，如图 7-4-2。混凝土基础长度、宽度分别为 2.6 m 和 1.2 m，高度 1.2 m，重量为 9.4 t，激振机自重为 4.2 t，利用激振原理产生激振力。激振试验时，主要控制作用在路基面上的动应力。

图 7-4-2　路基动态试验加载方式

路基设计动应力幅值可按下式计算：

$$\sigma_{dl} = 2.6 \times P \times (1 + \alpha V) \quad (7—4—1)$$

式中 σ_{dl}——路基面动应力（kPa）；

P——机车车辆的静轴重（t）；

α——速度系数，时速 200 km 铁路、无缝线路，$\alpha = 0.003$；

V——列车速度（km/h）。

如：客车按韶山 SS_8 型机车轴重 22 t，速度 200 km/h，计算动应力幅值为 92 kPa。货车轴重 25 t，速度 120 km/h，动应力幅值为 88 kPa。

（二）激振频率

我国铁路列车相邻两节车厢的转向架间距一般为 4～8 m，同一车厢的两个转向架之间的距离一般是 10～18 m。当车速为 200 km/h 时，动载频率在 3～22 Hz 之间。现场试验激振机的激振频率控制在 10～13 Hz。

三、测试内容与测试元器件、设备

路基刚度动载试验中所确定的测试内容，及其配置的主要设备与元器件如下：

（一）测试内容

1. 动应力；

2. 弹性变形；

3. 加速度与位移；

4. 塑性变形。

(二) 主要设备与元器件

主要设备与元器件分为激振系统与动态测试系统两部分。

1. 激振系统

图7-4-3为激振机控制系统。采用SBZ60型变频变矩式振动机，利用偏心块回转产生离心作用而形成振动。激振力为0～300 kN，激振最大频率30 Hz，在9～30 Hz频率范围内最大激振力都能达到300 kN。

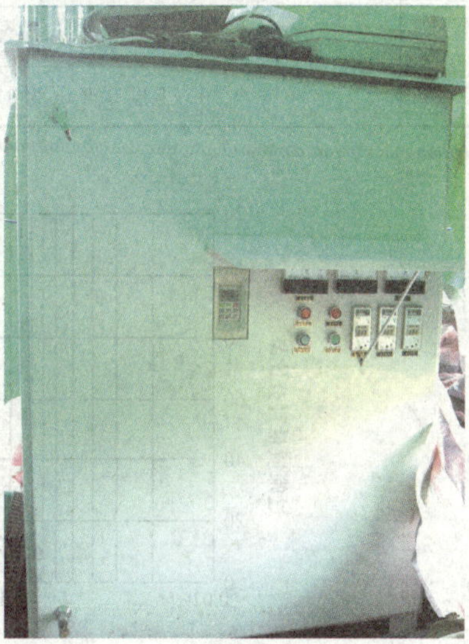

图7-4-3　激振机控制系统

2. 动态测试系统

图7-4-4为美国National Instruments Corporation生产的NI－DAQ$_{tm}$型动态测试系统。

(1) 动应力测试

传感器采用双油腔电阻应变式土压力盒，传感器直接与测试系统连接，由计算机自动采集数据。

(2) 弹性变形、加速度与位移测试

弹性变形、加速度采用中国地震局工程力学研究所891—2型测振仪，位移计精度可达2×10^{-8} m，加速度精度为1×10^{-5} m/s^2。

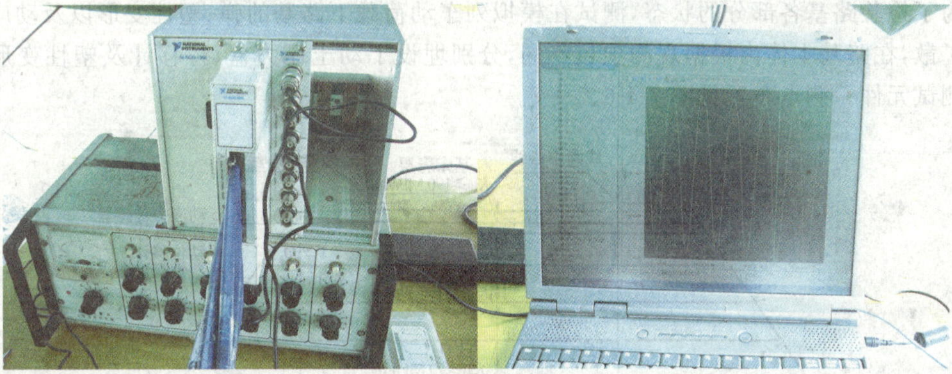

图7-4-4　NI－DAQ$_{tm}$动态测试系统

(3) 塑性变形测试

通过S1精密水准仪测量累计塑性变形。

在施加动荷载过程中，测试基床表层的弹、塑性变形及动应力，观测频率为每激振10万次测试一次。其中，进行最初10万次激振期间，在激振第1、3、5、7、10万次时，各测试一次。

四、路基断面刚度和测点布置

不同路基刚度现场动态试验在新建时速200公里客货共线合肥—南京铁路DK1088＋220(*A*断面)、DK1088＋180(*B*断面)改良膨胀土路基上进行。两处路基的具体高度及不同部位的K_{30}见表7-4-1。选择*B*断面时选取地基表层2 m较软地段(地基面K_{30}平均为21 MPa/m)，其基床表层下层 0.3 m 级配碎石的级配曲线设计如图 7-4-5 所示。

表 7-4-1　动态试验断面不同部位的 K_{30}（MPa/m）

断面	试验里程	基床表层 K_{30}（MPa/m）	基床底层 K_{30}（MPa/m）	基床以下路基 K_{30}（MPa/m）	地基面 K_{30}（MPa/m）	路基高度（m）
A	DK1088＋220	230	191	190	162	6.86
B	DK1088＋180	上层 0.3 m 为 230 上层 0.3 m 为 156	191	179	21	6.16

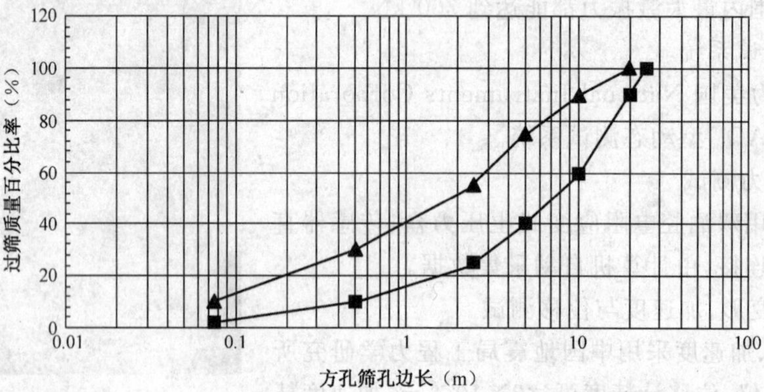

图 7-4-5　*B* 断面基床表层下层 0.3 m 碎石的级配曲线设计

为了检验路基各部分的状态，测试在模拟列车动荷载下路基的弹、塑性变形以及动应力的传递扩散，在路基本体内根据观测项目不同，分别埋设了动土压力盒、位移计及塑性变形观测点等测试元件。测点布置见图 7-4-6、7-4-7。

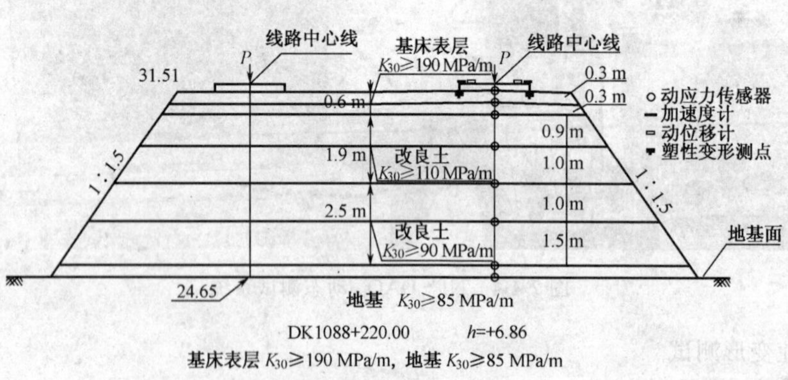

图 7-4-6　*A* 断面测点布置

五、试验结果及其分析

在路基断面不同刚度条件下的动应力、弹性变形、路基综合动刚度、塑性变形等现场试验结果及其分析如下：

（一）动　应　力

不同深度处的动应力波形见图 7-4-8。

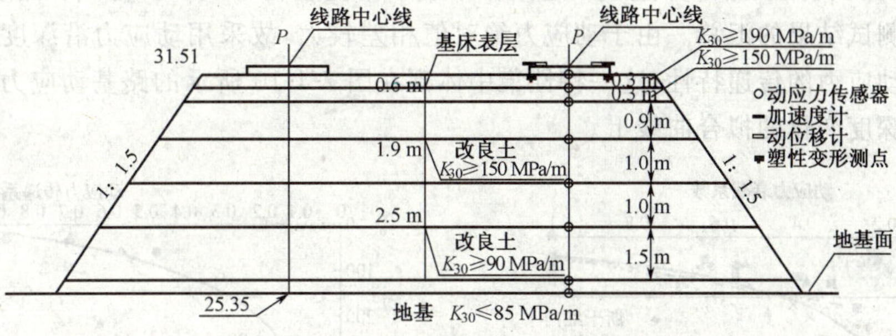

DK1088+180.00　h=+6.16（DK1088+170 ～ DK1088+190 不处理）

基床表层 0.3 m, K_{30}≥190 MPa/m；0.3 ～ 0.6 m, K_{30}<150 MPa/m 地基 K_{30}<85 MPa/m

图 7-4-7　B 断面测点布置

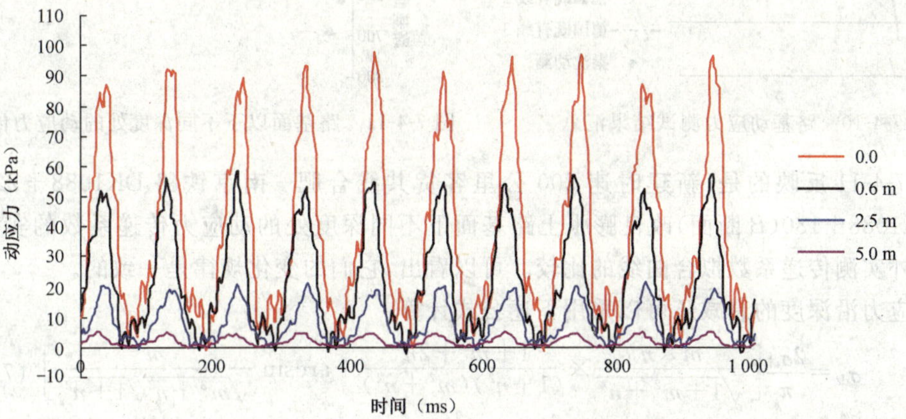

图 7-4-8　A 断面不同深度动应力波形

从图 7-4-8 记录的路基断面上不同深度处实测动应力波形可知，在模拟列车动载（路基面动应力循环加载、卸载）作用下，发生在路基面上的动应力与发生在路基面下一定深度处的动应力在时间上是同步的。据此，在达到某一动载激振次数时，可对 1 秒时段内 10～13 个周期的动应力进行统计，而在这一时段内，基床中动应力传递（衰减）系数是不变的。例如，将试验所测得同一时刻路基面动应力为 x 坐标，基床表层底动应力为 y 坐标绘制相关图（如图 7-4-9）。由图 7-4-9 可知，路基面动应力与基床表层底动应力之间存在着线型关系。拟合直线的斜率就是动应力传递过程中的传递系数。

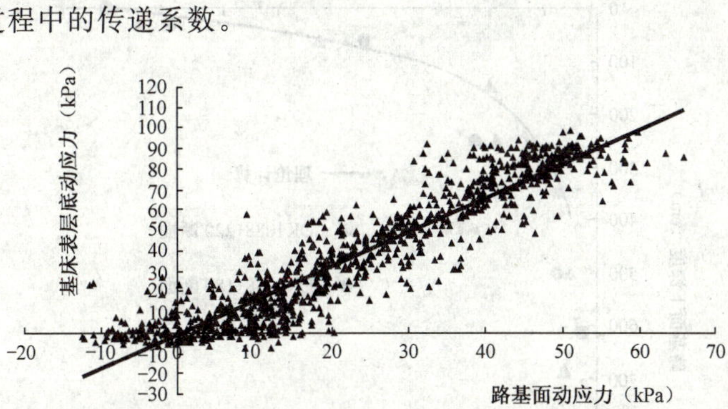

图 7-4-9　A 断面 100 万次不同深度动应力关系图

图 7-4-10 为我国铁路部分重载快速繁忙干线和秦沈客运专线以及德国铁路既有线，进行路基动应力测试结果的汇总。由于动应力绝对值相差较大，故采用动应力沿深度的传递系数来反映路基动应力的传递特性，这一特性集中体现在图 7-4-10 所示的路基动应力传递系数沿路基面以下深度变化的拟合曲线上。

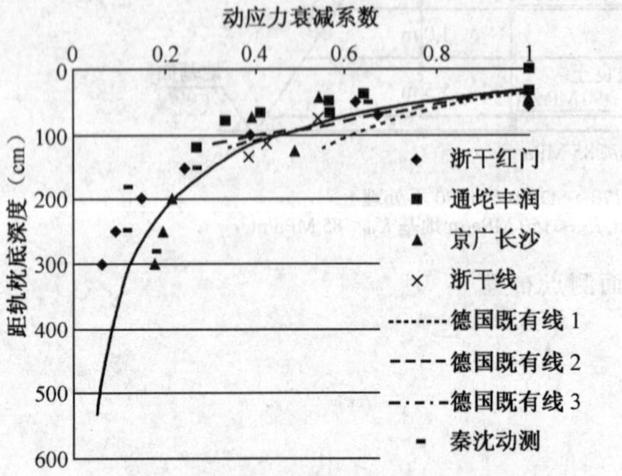

图 7-4-10　路基动应力测试结果汇总

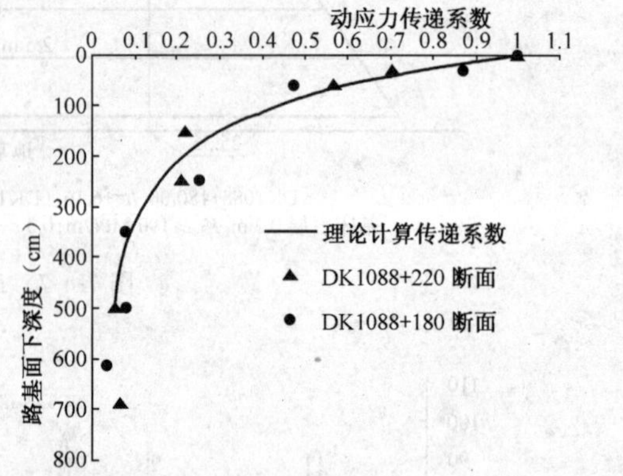

图 7-4-11　路基面以下不同深度处的动应力传递系数

图 7-4-11 反映的是，新建时速 200 公里客货共线合肥—南京铁路 DK1088＋220（*A* 断面）、DK1088＋180（*B* 断面）改良膨胀土路基面下不同深度处的动应力传递系数的实测结果，与国内外实测传递系数拟合曲线的比较。可以看出，它们的变化规律是一致的。

动应力沿深度的衰减还可以采用下述公式计算：

$$\sigma_{dz}=\frac{2\sigma_{dl}}{\pi}\left[\frac{m\times n}{\sqrt{1+m^2+n^2}}\times\frac{1+m^2+2n^2}{(1+n^2)(m^2+n^2)}+\arcsin\frac{m}{\sqrt{m^2+n^2}\sqrt{1+n^2}}\right] \quad (7—4—2)$$

式中　σ_{dl}——荷载强度；

m——a/b；

n——z/b；

$2a,2b,z$——荷载作用的宽度、长度和深度。

按路基面动应力 92 kPa 计算，将实测得到的传递系数反算各深度处的动应力，并与上述公式对比，如图 7-4-12 所示。可以发现，基床范围内实测动应力与理论计算结果也很接近。

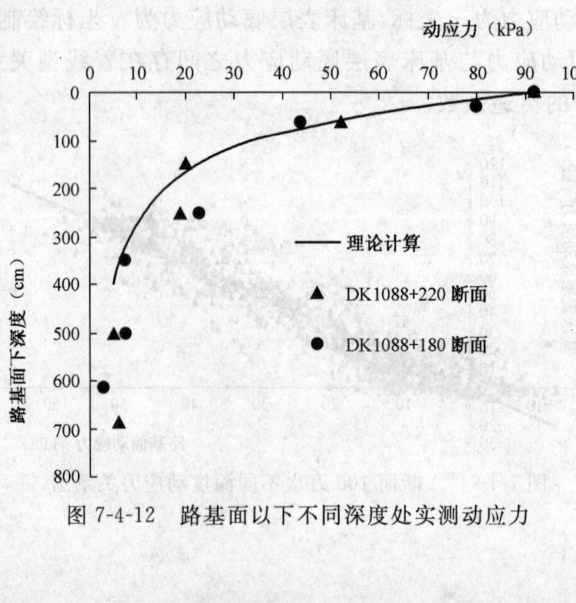

图 7-4-12　路基面以下不同深度处实测动应力

(二)弹性变形

由于现场测试的激振系统混凝土底面与基床表面密贴,因此,两个位移传感器直接固定于混凝土顶面两侧。实测的路基面弹性变形波形见图 7-4-13,路基面弹性变形随激振累计次数的变化以及与动应力变化的对应关系见图 7-4-14。

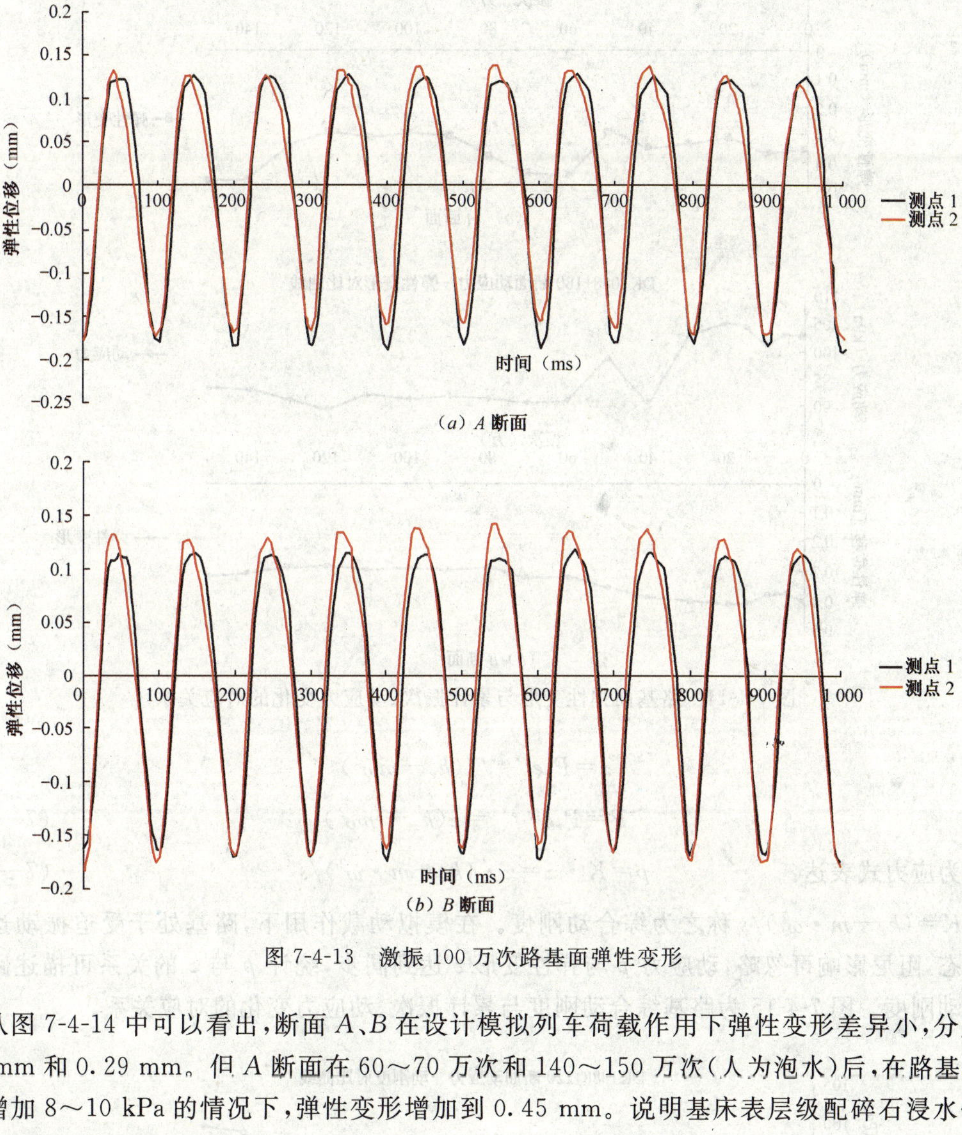

(a) A 断面

(b) B 断面

图 7-4-13　激振 100 万次路基面弹性变形

从图 7-4-14 中可以看出,断面 A、B 在设计模拟列车荷载作用下弹性变形差异小,分别为 0.32 mm 和 0.29 mm。但 A 断面在 60～70 万次和 140～150 万次(人为泡水)后,在路基面动应力增加 8～10 kPa 的情况下,弹性变形增加到 0.45 mm。说明基床表层级配碎石浸水饱和后基床刚度系数会显著降低。

(三) 路基综合动刚度

在竖向力 $P_z e^{i\cdot\omega\cdot t}$ 作用下的简谐受迫振动公式为:

$$z=P_z e^{i\cdot\omega\cdot t}/[(k_z-m\omega^2)+i\cdot c\cdot\omega] \tag{7—4—3}$$

由于路基的共振频率大于 20 Hz,加载频率与共振频率之比小于 0.75,阻尼影响可忽略。因此,上式可写为:

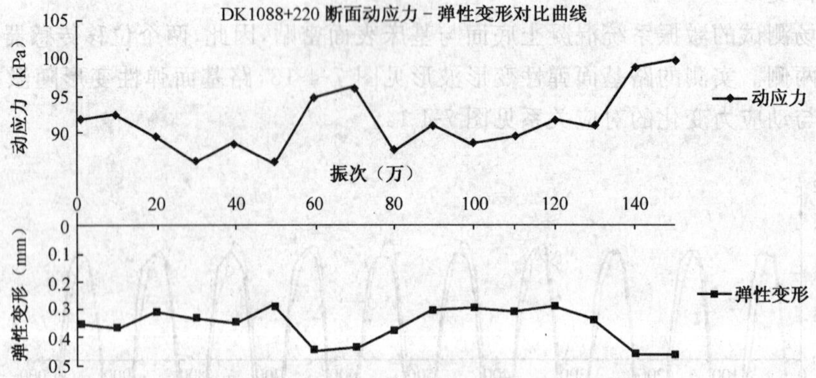

（a）A 断面

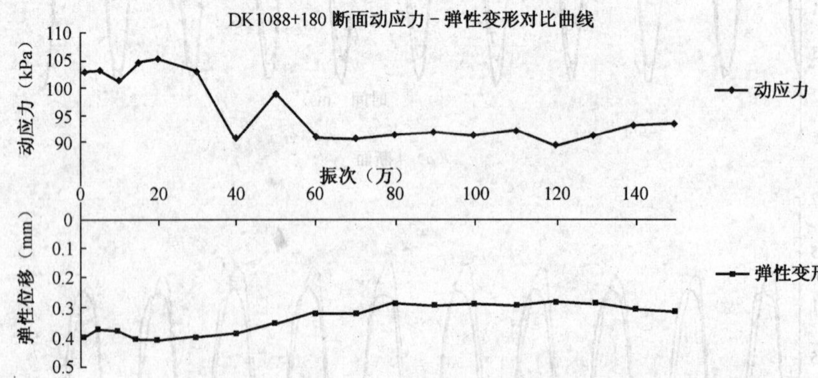

（b）B 断面

图 7-4-14　路基面弹性变形与累计振次、动应力变化的对应关系

$$z=P_z e^{i\cdot\omega\cdot t}/(k_z-m\omega^2)$$

或 $$P=P_z e^{i\cdot\omega\cdot t}=z(k_z-m\omega^2) \tag{7—4—4}$$

转化为应力式表达： $$p=K\cdot z=z\cdot(k_z-m\cdot\omega^2)/s \tag{7—4—5}$$

$K=(k_z-m\cdot\omega^2)/s$ 称之为综合动刚度。在模拟动载作用下，路基处于受迫振动达到稳定状态，阻尼影响可忽略，动应力 p 与弹性变形 z 达到同步，统计 p 与 z 的关系可描述路基的综合动刚度。图 7-4-15 为路基综合动刚度与累计振次、动应力变化的对应关系。

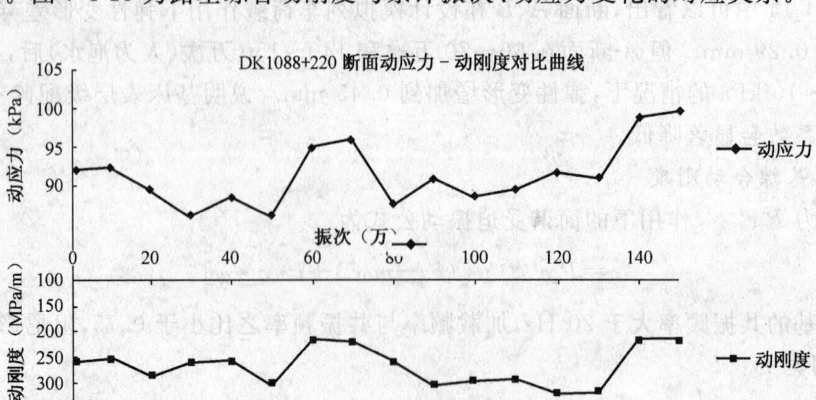

（a）A 断面

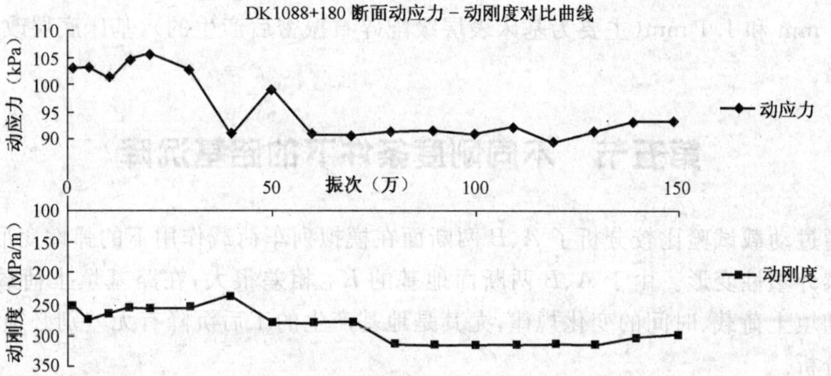

（b） B断面

图 7-4-15 路基综合动刚度与累计振次、动应力变化的对应关系

由图 7-4-15 可知，B 断面激振 0～30 万次期间，动应力水平较高（约 100～105 kPa），综合动刚度为 250～270 MPa/m。当动应力下降到设计应力时，综合动刚度增加到 298 MPa/m；从 A 断面可看出，干态情况下综合动刚度约 317 MPa，其值与 B 断面相等。人为泡水后，综合动刚度下降到 220 MPa/m。

（四）塑性变形

由散体材料填筑的路基基床在列车荷载作用下如产生较大的塑性变形，说明路基的压实度不足，关系到列车运行的安全平稳性和轨道的养修工作频率。因此，必须对路基基床的塑性变形进行有效的控制。设计规范中对基床的填料、压实度和 K_{30} 均有明确的规定，按此标准，塑性变形是很小的。

在现场动载试验中，塑性变形测点设置在混凝土基础底面两侧，在加载到达一定次数时停机，采用精密水准仪 S_1 测量。图 7-4-16 系 A、B 断面路基面塑性变形随累计激振次数的变化曲线。

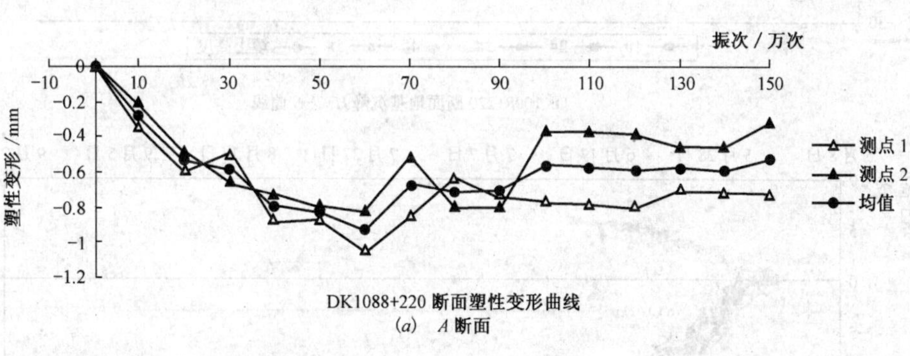

DK1088+220 断面塑性变形曲线

（a） A断面

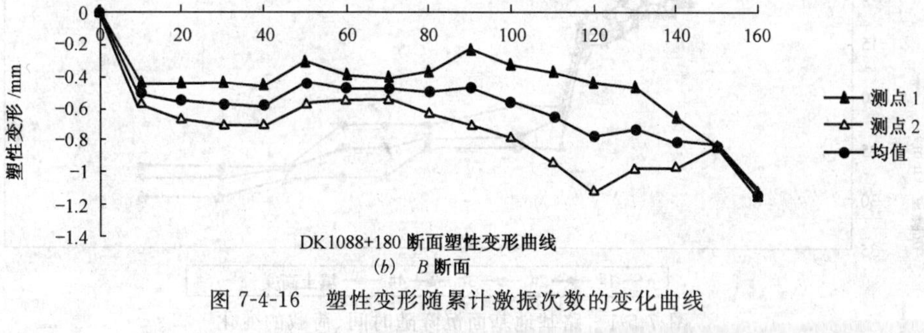

DK1088+180 断面塑性变形曲线

（b） B断面

图 7-4-16 塑性变形随累计激振次数的变化曲线

上述变化曲线显示，在加载开始阶段，塑性变形较快。累计激振 150 万次后，其塑性变形分别为 0.9 mm 和 1.1 mm（主要为基床表层级配碎石振密后产生的），基床底层改良土的塑性变形可忽略。

第五节　不同刚度条件下的路基沉降

前面通过动载试验比较分析了 A、B 两断面在模拟列车荷载作用下的弹性变形、路基综合动刚度及累计塑性变形。由于 A、B 两断面地基的 K_{30} 相差很大，在路基填土荷载作用下，路基的沉降随填土荷载、时间的变化规律，尤其是地基产生的工后沉降有无差别必须通过沉降观测结果来分析。

路基填筑从 2005 年 5 月 21 日开始，至 2005 年 6 月 25 日完成基床表层级配碎石的施工。图 7-5-1 为 A、B 两断面路基地基面沉降随时间、荷载的变化曲线。

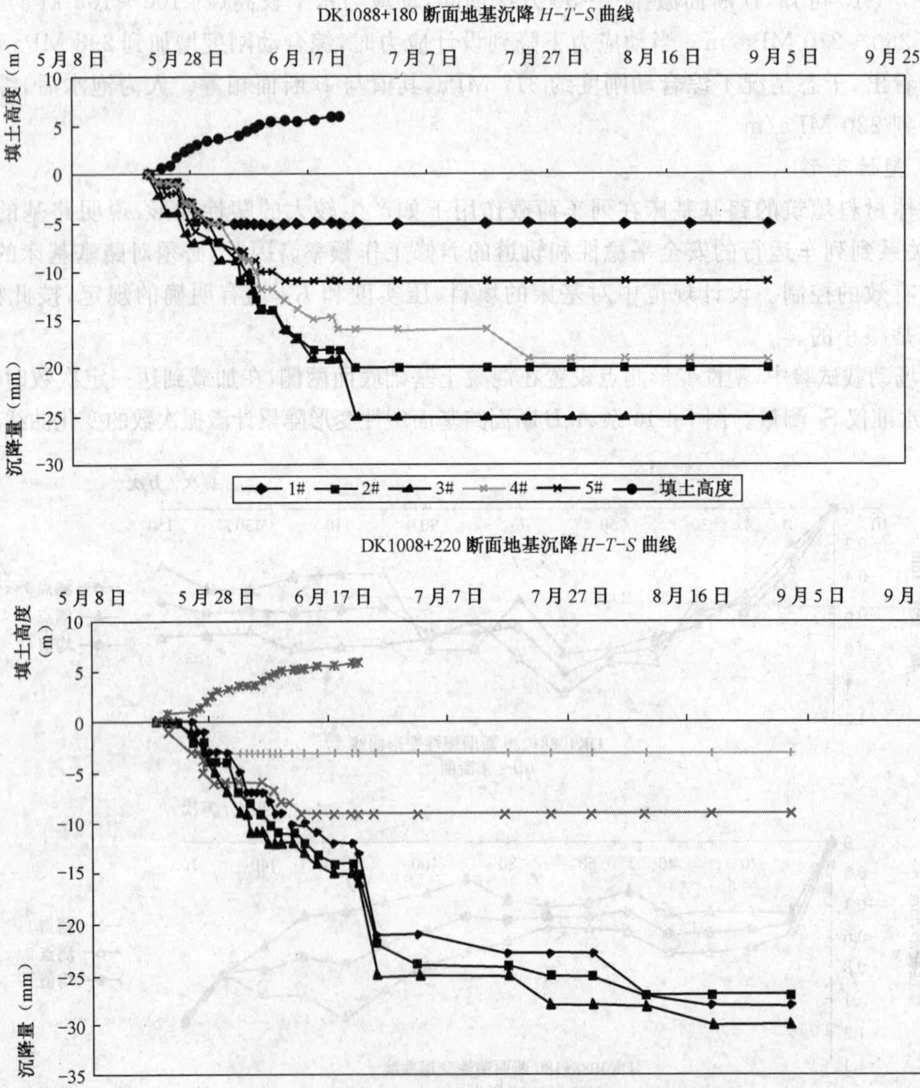

图 7-5-1　路基地基面沉降随时间、荷载的变化

在填土高度＜4 m 时，单位荷载产生的沉降量较大。填土高度＞4 m 后，沉降曲线趋于平缓。基床表层施工完成后，在填土荷载不变情况下，B 断面沉降很快收敛，A 断面三个月沉降也仅增加不到 1 cm，沉降曲线趋于稳定。A、B 两断面稳定后的沉降分别为 33 mm 和 27 mm，预测 A、B 两断面由地基产生的路基工后沉降十分微小（按路基填筑后六个月计算），可忽略不计。

第六节　主要结论与建议

通过以上的理论计算、现场试验和沉降分析，对新建时速 200 公里铁路改良膨胀土路基合理刚度，形成如下主要结论与建议：

1. 减小地基刚度，可加快路基动应力的衰减，对路基动强度控制是有利的，但同时会导致路基面的弹性变形增加；

2. 路基高度越大，减小地基刚度对动应力衰减和弹性变形增加的影响越不明显；

3. 增加基床底层刚度，虽然会引起基床内动应力的增加，但可加快基床以下路基（地基）的动应力衰减，并减小路基面弹性变形；

4. 不同路基刚度动载试验结果表明，断面 A（设计 K_{30} 同规范）、断面 B（基床表层 K_{30} 设计分两层，地基 $K_{30} \leqslant 85$ MPa/m）在设计模拟列车荷载作用下弹性变形为 0.29～0.32 mm；

5. 两个动载试验断面路基综合动刚度正常情况下为 298～317 MPa/m，路基动刚度随动应力增加而减小，两个动载试验断面在 150 万次重复荷载作用下，其塑性变形仅 0.9～1.1 mm；

6. 建议路基底层改良土 K_{30} 由原标准 110 MPa/m 提高到 130 MPa/m；路基高度大于 2.5 m 且小于或等于 5 m 的路堤，其地基 K_{30} 取 50 MPa/m；路基高度大于 5 m 的路堤，可不再对其地基 K_{30} 提出要求。

第八章　路堑和低路堤基床改良膨胀土换填厚度

根据我国铁路设计的有关规定，新建时速 200 公里铁路路基的基床厚度为 2.5 m。在膨胀土地区，高度≥2.5 m 的改良膨胀土路基构造由上而下为：0.6 m 的级配碎石（或级配砂砾石）基床表层、1.9 m 的改良膨胀土基床底层、相当厚度的基床以下改良膨胀土路基，在 2.5 m 厚度的基床范围内不存在原状膨胀土的问题。但路堑和路基高度＜2.5 m 的低路堤，其自上而下 2.5 m 厚度的基床范围内，除了 0.6 m 的基床表层、＜1.9 m 厚度的改良膨胀土基床底层外，还有一定厚度的原状膨胀土。基床厚度范围内的这一部分原状膨胀土是否需用改良膨胀土予以换填，换填的合理厚度如何确定，这是新建时速 200 公里铁路改良膨胀土路基施工技术必须回答的问题。

基床是铁路路基最重要的关键部位，也是列车动荷载作用最显著的部位。在膨胀土地区，路堑与低路堤基床范围内的改良膨胀土换填厚度，应分别根据施工现场低路堤与路堑膨胀土的成因类型、地下水情况和膨胀土的矿物成分、物理、力学性质及膨胀特性等进行换填施工方案的决策。

本章将以我国新建时速 200 公里合肥—南京客货共线铁路大区域改良膨胀土路基施工为实例，结合该线膨胀土的特性，从力的平衡原理、变形和强度角度出发，通过理论计算和动载试验，对路堑与低路堤基床范围内改良膨胀土换填厚度的决策进行分析。

第一节　研究路堑和低路堤基床改良膨胀土换填厚度的必要性与重要性

在新建时速 200 公里铁路改良膨胀土路基施工技术中，对路堑与低路堤基床范围内改良膨胀土换填厚度进行研究与决策的必要性，主要体现在：满足地基土强度，平衡膨胀力，控制换填成本与提高工效。

一、满足地基土强度

在我国《新建时速 200 公里客货共线铁路设计暂行规定》等有关文件中，对土质路堑和低路堤的基床部分有如下规定：

1. 土质路堑基床表层范围内应进行换填，换填质量应符合规范相应的规定。基床范围内的地基土比贯入阻力 P_s＞1.5 MPa 或允许承载力$[\sigma]$＞0.18 MPa，不能满足时应采取土质改良或加固措施。

2. 路基高度＜2.5 m 的低路堤，其基床填料及压实标准应符合规范相应规定。基床范围内的地基土比贯入阻力 P_s＞1.5 MPa 或允许承载力$[\sigma]$＞0.18 MPa，不能满足时应采取土质改良或加固措施。

按照对上述规定的理解，当土质路堑基床范围内的地基土强度满足规定要求，只要换填基床表层 0.6 m 厚级配碎石就可以了。但当土质路堑基床范围内的地基土强度不能满足规定要求(如膨胀土)时,如仅换填基床表层 0.6 m 厚级配碎石,则其基床表层以下 1.9 m(即:基床底层)厚度范围内的原状土强度却不能满足规定要求,必须采取土质改良或加固措施。否则,将会因原状地基土(膨胀土)强度不足而造成较大沉降,给整个路基的施工质量和日后运营留下重大隐患。至于基床表层以下 1.9 m 厚度范围内的原状膨胀土是否须全部处理,则需要在符合技术要求的前提下,通过技术与经济综合性分析研究后才能进行科学的决策。同理,对于路基高度<2.5 m 的低路堤,也同样存在着基床表层以下一定厚度范围内的原状膨胀土是否须全部处理的研究决策问题。

因此,在膨胀土地区,研究与决策路堑与低路堤基床范围内改良膨胀土的换填厚度,首先是满足新建时速 200 公里铁路改良膨胀土路基对其地基土强度要求,以确保路基整体施工质量的技术需要。

二、平衡地基土膨胀力

由于膨胀土具有遇水膨胀的固有特性,在膨胀土地区修筑路堑与低路堤后,如果未经处理的原状地基土(膨胀土)一旦浸水产生膨胀力,而在其以上的自重荷载却低于原状地基土的膨胀力,则将导致力的失衡而直接造成路堑与低路堤上臌变形,引起轨道状态严重恶化的不良后果。

可见,为防止上述现象的出现,必须使未经处理的原状地基土(膨胀土)以上的路堑与低路堤,具有足够的自重荷载,以平衡原状地基土浸水后产生膨胀力。将基床表层以下原状膨胀土换填成适当厚度的改良膨胀土,由于换填的改良膨胀土具有良好的水稳性,作为改良膨胀土路堑与低路堤的组成部分,实质上起到了增加未经处理原状地基土(膨胀土)以上路堑与低路堤自重荷载的作用。

所以,膨胀土地区,研究与决策路堑与低路堤基床范围内改良膨胀土的换填厚度,也是解决新建时速 200 公里铁路原状地基土膨胀力与其上面路堑与低路堤自重荷载平衡问题,保证路基整体施工质量的技术需要。

三、控制成本、提高工效

如前所述,膨胀土地区,研究与决策路堑与低路堤基床范围内改良膨胀土的换填厚度,不仅仅是满足地基土强度和平衡地基土膨胀力的单纯技术问题,还牵涉到新建时速 200 公里铁路改良膨胀土路基施工的成本投入与施工工效问题。

在膨胀土地区施工中,尤其是在路堑与低路堤分布较为密集的大区域膨胀土地区,如果简单地将基床表层以下 1.9 m 厚度范围内的原状地基土(膨胀土)全部换填成改良膨胀土,则将会大大影响路基施工的成本投入与施工工效。显然,科学研究与合理决策路堑和低路堤基床改良膨胀土的换填厚度,对于新建时速 200 公里铁路改良膨胀土路基施工,具有重要的技术意义和经济价值。

第二节　膨胀力平衡原理与膨胀变形控制的理论计算

在新建时速 200 公里铁路改良膨胀土或路基施工技术中,计算路堑与低路堤基床范围内改良土换填厚度的方法有两种:

一种是应用膨胀力平衡原理所采用的力的平衡法。即：原状膨胀土地基面上的路堑与低路堤自重荷载应≥原状膨胀土地基的原位膨胀力，确保路堑与低路堤不产生上臌变形而影响轨道变形。

另一种是根据膨胀变形控制理论所采用的许容微变形法。即：允许路堑与低路堤产生微小的上臌变形而使得轨道也跟着有微小的上臌变形，但变形量必须严格控制在轨道几何偏差允许的范围之内。

本节将对这两种方法分别进行详细的阐述与简要评价。

一、膨胀力平衡原理——力的平衡法

目前，在应用膨胀力平衡原理计算路堑与低路堤基床厚度范围内改良土换填厚度(h)时，普遍采用下述公式：

$$\gamma_1 \times h_1 + \gamma_2 \times h_2 + \gamma \times h \geqslant p_s \tag{8—2—1}$$

式中　γ_1、h_1——基床表层级配碎石重度(kN/m³)、厚度 60 cm(如设封闭隔水层则为 50 cm)；

γ_2、h_2——封闭隔水层的中粗砂重度(kN/m³)、厚度 10 cm(不设封闭隔水层则为 0 cm)；

γ、h——换填改良膨胀土重度(kN/m³)、换填厚度；

p_s——原状地基膨胀土原位膨胀力(kPa)。

在我国新建时速 200 公里合肥—南京客货共线铁路大区域改良膨胀土路基施工中，分别对该线全椒试验段路堑和低路堤基床厚度范围内弱、中等膨胀土的原位膨胀力进行了测试。表 8-2-1 所列的是，根据原位膨胀力实测结果按公式 8—2—1 计算得到的试验段路堑和低路堤基床厚度范围内改良土换填厚度。

表 8-2-1　全椒试验段原位膨胀力及换填厚度

试验对象 组别	试验对象 膨胀土等级	原位膨胀力 p_s (kPa)	无荷膨胀量 S (mm)	计算换填厚度 h (m)	备　注
路堑第一组	弱膨胀土	25.0～35.0	—	—	未加应力环
路堑第二组	弱膨胀土	43.0	6.713	1.42	加应力环
低路堤第一组	弱膨胀土	49.1	0.349	—	未模拟工况
低路堤第二组	弱膨胀土	42.8	1.146	1.39	模拟工况
路堑第一组	中等膨胀土	68.8	2.752	—	未模拟工况
路堑第二组	中等膨胀土	58.6	3.013	2.16	模拟工况

由表 8-2-1 可知：

1. 若要使原状膨胀土地基面上的路堑自重荷载≥原状膨胀土地基的原位膨胀力，确保路堑不产生上臌变形而影响轨道变形，则该试验段路堑基床厚度范围内原状弱、中膨胀土换填成改良膨胀土的计算换填厚度分别约 1.4 m 和 2.2 m(不包括 0.6 m 基床表层)；

2. 若要使原状膨胀土地基面上的低路堤自重荷载≥原状膨胀土地基的原位膨胀力，确保低路堤不产生上臌变形而影响轨道变形，该试验段低路堤基床厚度范围内原状土即使为弱膨胀土，其换填成改良膨胀土的计算换填厚度也要 1.39 m(不包括 0.6 m 基床表层)。

上述结果虽然在技术上能满足膨胀力平衡的要求，但换填工程量相当大。显然，完全采用此法实施全线路堑与低路堤大规模换填，将会大大增加施工成本投入，并在很大程度上影响工程的进度。

二、膨胀变形控制理论——许容微变形法

众所周知，应用膨胀力平衡原理采用的力的平衡法是以不因平衡力失衡而产生路堑与低路堤上臌变形为前提的，旨在为轨道提供绝对稳定的下部基础。而事实上，在我国现行的《铁路线路修理规则》中，对营业线轨道的静态几何尺寸和动态不平顺，均规定了一定的允许偏差范围。表 8-2-2 即为线路最高允许速度＞160 km/h 的正线轨道不平顺管理值新标准。

表 8-2-2　我国铁路 v_{max}＞160 km/h 正线轨道不平顺管理值新标准

项　目	静态容许偏差			动态容许偏差				轨道质量指数
	作业验收	经常保养	临时补修	Ⅰ级	Ⅱ级	Ⅲ级	Ⅳ级	
轨距(mm)	+2 −2	+4 −2	+6 −4	+4 −3	+8 −4	+12 −6	+15 −8	1.1
水平(mm)	3	5	8	5	8	12	14	1.3
高低(mm)	3	5	8	5	8	12	15	1.5×2
轨向(直线)(mm)	3	4	7	5	7	10	12	1.6×2
三角坑(扭曲)(mm)	3	4	6	4	6	9	12	1.4
车体垂向加速度(g)	—	—	—	0.10	0.15	0.20	0.25	—
车体横向加速度(g)	—	—	—	0.06	0.10	0.15	0.20	—
区段整体不平顺 TQI	—	—	—	—	—	—	—	10.0

根据现行的轨道不平顺管理值新标准，如允许路堑与低路堤产生微小的上臌变形而使得轨道也跟着有微小的上臌变形，只要变形量严格控制在规定的管理值标准范围内，则路堑与低路堤基床厚度范围内需要换填改良膨胀土的厚度及工程投资有望大大减少。这就是在新建时速 200 公里铁路改良膨胀土路基施工技术中，采用膨胀变形控制理论——许容微变形法，对路堑与低路堤基床范围内改良膨胀土换填厚度进行研究与决策的基本思想。

无疑，上述基本思想的核心是膨胀变形的有效控制。要使其成为行之有效的方法，必须通过以下途径确定合理的允许上臌变形量。

(一) 微小上臌变形量对原位膨胀力及换填厚度的影响

在允许路堑与低路堤产生微小上臌变形量的情况下，由于膨胀力得到了一定程度的释放，在平衡残余膨胀力时，对路堑与低路堤自重荷载值的要求也相应降低。于是，就能减小路堑与低路堤基床范围内改良膨胀土的换填厚度。

1. 原状膨胀土的有荷膨胀量

换填厚度的减小程度，取决于原状膨胀土的有荷膨胀量。有荷膨胀量是膨胀土的基本属性之一，它与施工现场原状膨胀土的具体特性密切相关，因此，一般都是在实地取样后通过现场试验室试验获得。

表 8-2-3 为新建时速 200 公里合肥—南京客货共线铁路大区域改良膨胀土路基施工中，

对该线全椒试验段路堑和低路堤基床厚度范围内弱、中等膨胀土样的有荷膨胀量试验结果。

表 8-2-3　全椒试验段原状膨胀土有荷膨胀量试验结果

试验对象		不同荷载条件下的有荷膨胀量(mm)					
组　别	膨胀土等级	3.4 kPa	25 kPa	35 kPa	45 kPa	52 kPa	55 kPa
路堑第一组	弱膨胀土	—	0.388	0	0	—	0
路堑第二组	弱膨胀土	5.956	3.772	0.272	0	—	—
低路堤第一组	弱膨胀土	0.325	0.170	0.296	0.029	—	—
低路堤第二组	弱膨胀土	1.286	0.728	0.05	0.011	—	—
路堑第一组	中等膨胀土	2.031	2.541	1.12	—	0.695	—
路堑第二组	中等膨胀土	3.216	1.145	1.065	—	0.698	—

2. 允许微小上臌变形量为 1 mm、2 mm 时的原位膨胀力与计算换填厚度

根据我国《新建时速 200 公里客货共线铁路设计暂行规定》，通过对道床、轨枕、钢轨等轨道荷载的计算，作用在基床面上的静荷载约为 9 kPa。如基床表层以下换填厚度为 0，则作用在地基面上的荷载约为 23 kPa(轨道荷载加上 0.6 m 厚基床表层荷载)。对照表 8-2-3 原状膨胀土有荷膨胀量试验结果，此时全椒试验段原状膨胀土的有荷膨胀量应略小于表中 25 kPa 荷载条件下对应的数值(即：0.170～3.772 mm)。

表 8-2-4 为允许微小上臌变形量为 1 mm、2 mm 时，基床表层以下原状膨胀土的原位膨胀力及其计算换填厚度。

表 8-2-4　全椒试验段原状膨胀土允许微小上臌变形量为 1 mm、2 mm 时的计算换填厚度

试验对象		1 mm 膨胀量对应的原位膨胀力(kPa)	2 mm 膨胀量对应的原位膨胀力(kPa)	1 mm 膨胀量计算换填厚度(m)	2 mm 膨胀量计算换填厚度(m)
组　别	膨胀土等级				
路堑第二组	弱膨胀土	36	27	1.08	0.64
低路堤第二组	弱膨胀土	12	0	0	0
路堑第二组	中等膨胀土	37	20	1.10	0.27

由表 8-2-4 可知，根据允许微小上臌变有形量为 1 mm、2 mm 对应的膨胀力，用力的平衡原理来计算，该试验段路堑基床表层以下最大换填厚度分别为 1.10 m(中等膨胀土)、0.64 m(弱膨胀土)；低路堤基床表层以下最大换填厚度为零。这一结果，显然与实际情况有较大出入。说明在允许有微小上臌变形量的情况下，原位膨胀力、换填厚度、上臌变形量三者关系的计算必须要有较高的精确度。

（二）原位膨胀力、换填厚度、上臌变形量三者关系的有限元计算

为提高计算工作的精确度，介绍采用膨胀变形控制理论——许容微变形法，对路堑与低路堤基床范围内改良膨胀土换填厚度进行研究与决策中的有限元计算。

1. 计算模型

本模型采用 ANSYS 计算，地基横向取 60 m，深度方向取 20 m。轨道部分：60 kg/m 钢轨

利用集中力进行模拟；轨枕 1 667 根/km，轨枕间距为 0.6 m，Ⅲ型轨枕的 γ=12.6 kN/m^3。弹性模量根据 $E_0=0.237K_{30}(1-\mu^2)$ 计算，膨胀力按影响深度为 2.5 m 进行模拟。

计算过程荷载分为两步：第一步——重力施加；第二步——膨胀力的施加。

2. 计算参数

计算中所用参数见表 8-2-5。

表 8-2-5　轨道与路基各部分参数

	K_{30}(MPa/m)	E_0(MPa)	γ(kN/m^3)	μ	C(kPa)	ϕ(°)
道　床		100	22	0.3	0	42
基床表层	190	100	24	0.15	36.2	13
基床底层	110	54	20	0.30	24	7.5
地　基	60	46	18	0.35	7.1	3.5
轨　枕		15 000	12.6(等效)	0.18		

3. 模型网格图

有限元计算模型的网格图如图 8-2-1 所示。

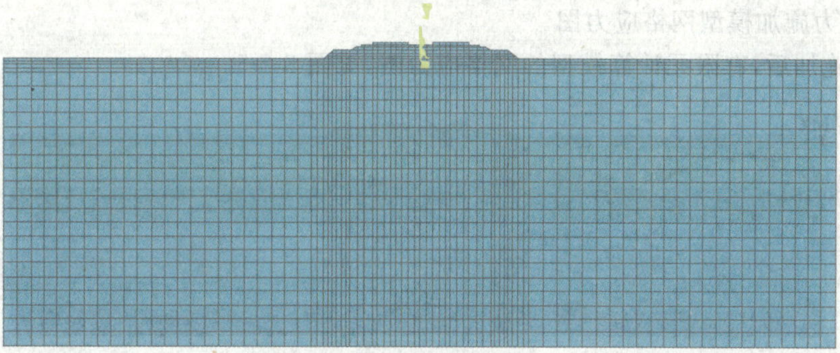

图 8-2-1　模型网格图

4. 重力施加模型网格变形图

图 8-2-2 为重力施加后，有限元计算模型的网格变形图。

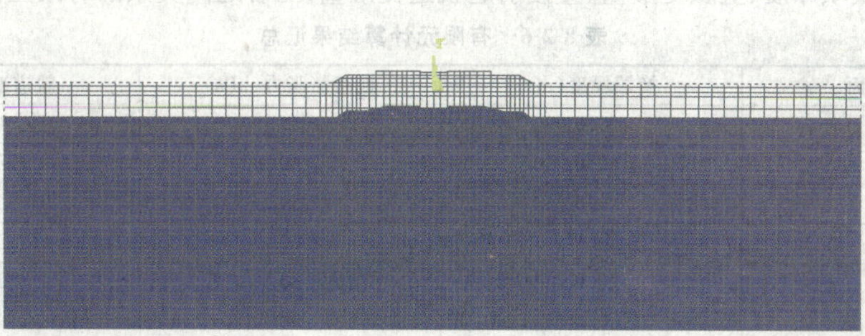

图 8-2-2　重力施加模型网格变形图

5. 膨胀力施加模型网格变形图

膨胀力施加后，有限元计算模型的网格变形图，如图 8-2-3 所示。

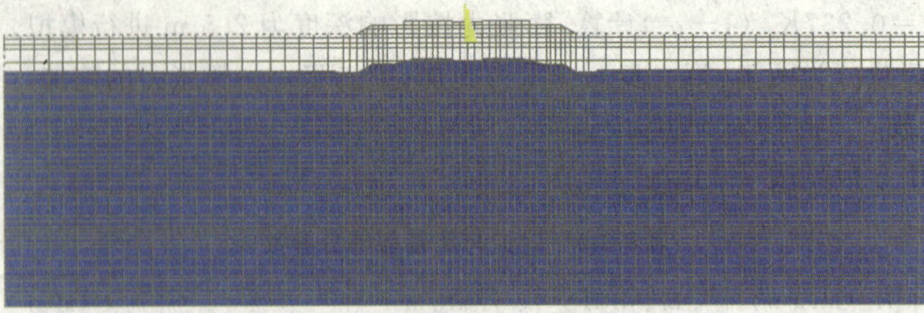

图 8-2-3　膨胀力施加网格变形图

6. 重力施加模型网格应力图

图 8-2-4 系重力施加后，有限元计算模型的网格应力图。

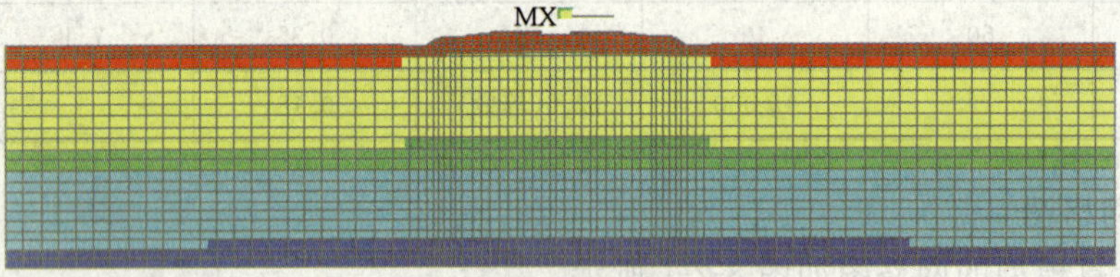

图 8-2-4　重力施加网格应力图

7. 膨胀力施加模型网格应力图

膨胀力施加后，有限元计算模型的网格应力图，见图 8-2-5。

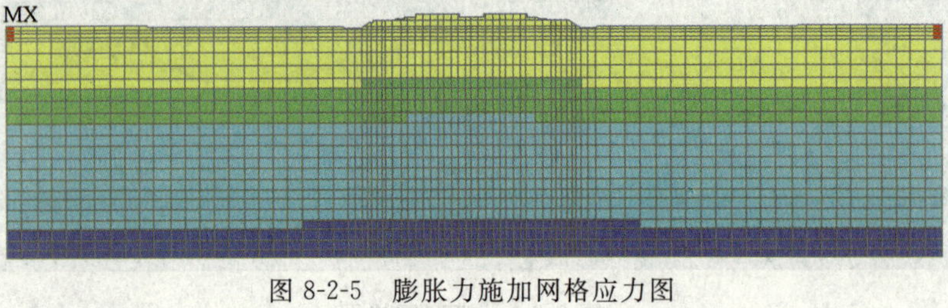

图 8-2-5　膨胀力施加网格应力图

8. 有限元计算结果

表 8-2-6 反映的是，采用膨胀变形控制理论——许容微变形法，对路堑与低路堤基床范围内，原位膨胀力、换填厚度、上臌变形量(直接引起轨道变形量)三者之间关系的有限元计算结果。

表 8-2-6　有限元计算结果汇总

计算断面	换填厚度(m)	地基膨胀力(kPa)	轨道变形(mm)
1	0.6	30	0.76
2	0.6	40	1.00
3	0.6	50	1.25
4	0.6	60	1.50
5	0.6	70	1.74
6	0.4	50	1.86
7	0.5	50	1.55
8	0.6	50	1.25
9	0.5	70	2.17
10	0.6	70	1.74
11	0.7	70	1.32

根据以上计算结果，本节实例中新建时速200公里合肥—南京客货共线铁路全椒试验段弱、中等膨胀土最大膨胀力分别为50 kPa和70 kPa，如按轨道变形2 mm为控制条件，该线路堑与低路堤基床表层以下弱、中等膨胀土对应的改良土换填厚度，分别为0.4 m和0.6 m。

这一理论计算结果，既在技术上满足了该等级铁路轨道不平顺管理值新标准的要求，又使路堑与低路堤基床表层以下改良土换填工程量大大减小，能充分体现出新建时速200公里铁路改良膨胀土路基施工技术与经济的统一。当然，理论计算结果必须通过实践效果的验证，才能在理论与实践相结合的基础上形成正确的决策。

第三节　施工现场基床动载试验

为了验证膨胀土地区路堑与低路堤基床表层以下改良土换填厚度能否满足强度、变形和防水等方面的要求，应根据上述理论计算结果，在施工现场进行基床动载试验。

一、试验方法概述

仍以新建时速200公里合肥—南京客货共线铁路改良膨胀土路基施工为例，现场试验选在条件比较恶劣的该线肥东县王财中等膨胀土试验路堑上进行。

（一）试验路堑构造

试验路堑长度为30 m，深度m，基床结构形式如图8-3-1所示。其中：路堑基床表层构造为0.5 m厚度级配碎石和0.1 mm厚度中粗砂，并在中粗砂层下面全断面铺设一层复合土工膜；基床表层以下0.6 m厚度范围内，挖除原状膨胀土，分层换填、压实改良膨胀土，改良土顶面做成向两侧4%的排水坡。

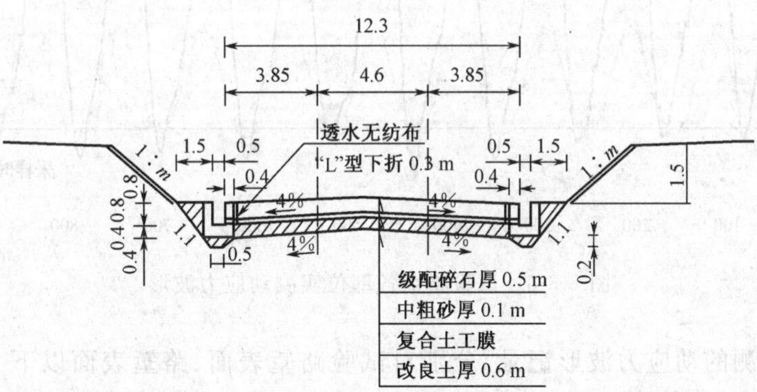

图8-3-1　试验路堑基床结构形式(单位：m)

（二）路堑排水设施

路堑两侧设置排水沟，沟底宽度0.5 m、沟深0.2 m，在对路堑改良土进行分层回填碾压的同时，应保证其两侧排水沟贯通。排水沟边墙采用M7.5浆砌片石砌筑，其厚度为0.4 m。在靠路堑一侧的排水沟边墙上，沿铁路方向每隔1 m设置一个孔径为0.05 m的PVC管横向泄水孔，以保证渗透到基床表层的水能通过横向泄水孔流入排水沟。

需要说明的是，现场试验过程中，刚好遇到该地区连续强降雨过程，30 m长度的试验路堑段内受水浸泡，为反映真实情况，在这一恶劣条件下继续进行了现场动载试验。

（三）测试元件布设与试验模式

测试元件的布设位置，如图 8-3-2 所示。现场模拟动载试验对路堑面激振加载的次数为 200 万次。因加载方式与第七章所述相同，故不再赘述。

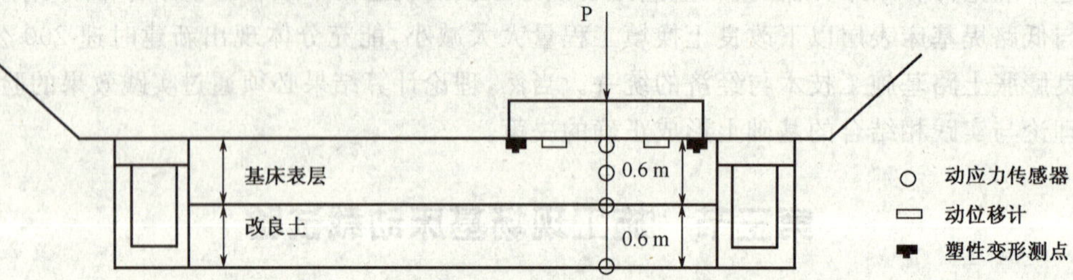

图 8-3-2 路堑基床现场动载试验测试元件布设

二、试验结果分析

根据现场模拟动载试验的实测结果，现将试验路堑各部位的动应力、弹性变形、动刚度、塑性变形分析如下：

（一）动 应 力

试验路堑各部位的实测动应力波形，如图 8-3-3。

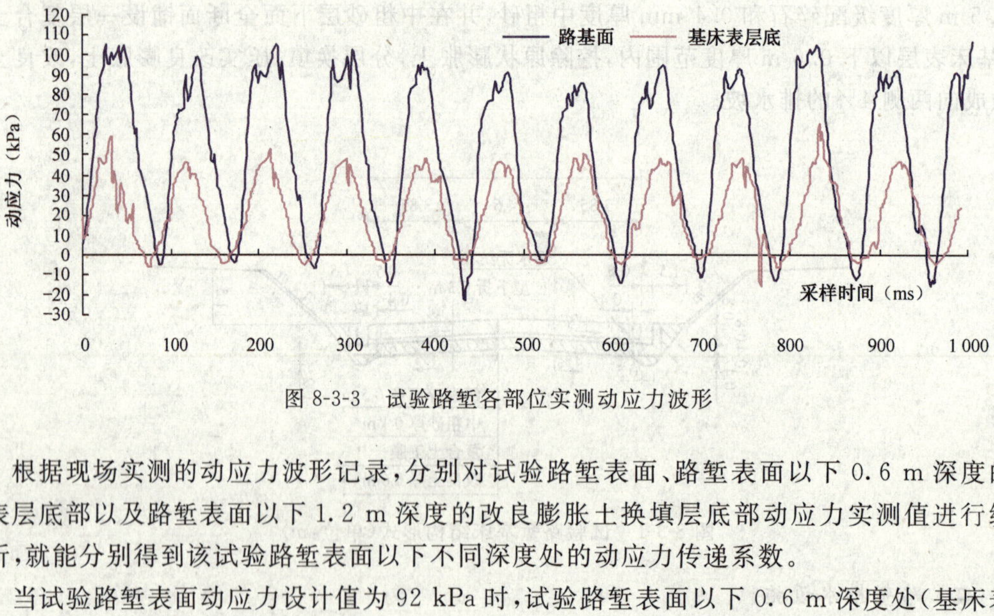

图 8-3-3 试验路堑各部位实测动应力波形

根据现场实测的动应力波形记录，分别对试验路堑表面、路堑表面以下 0.6 m 深度的基床表层底部以及路堑表面以下 1.2 m 深度的改良膨胀土换填层底部动应力实测值进行统计分析，就能分别得到该试验路堑表面以下不同深度处的动应力传递系数。

当试验路堑表面动应力设计值为 92 kPa 时，试验路堑表面以下 0.6 m 深度处（基床表层底部）的动应力为 44 kPa；试验路堑表面以下 1.2 m 深度处（改良膨胀土换填层底部）的动应力为 35 kPa。

（二）弹性变形与动刚度

路基面弹性变形波形如图 8-3-4。

弹性变形随累计激振加载次数的变化以及与动应力变化的对应曲线如图 8-3-5。

由图 8-3-5 显示，激振加载最初 20 万次时的路基面动应力约为 65～75 kPa，激振加载 20 万次后动应力已达到设计值。以后，随着累计激振加载次数的继续增加，试验路堑表面的动应

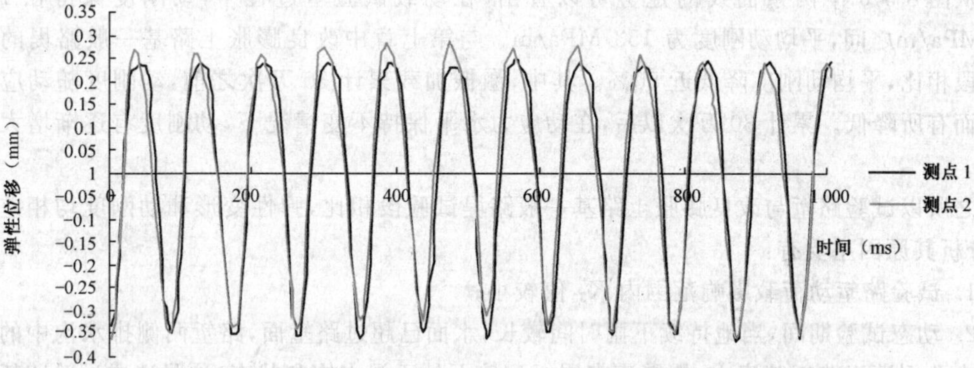

图 8-3-4　试验路堑激振加载 100 万次的弹性变形波形图

力和弹性变形基本稳定。在设计模拟列车荷载作用下，试验路堑表面的弹性变形值稳定在 0.60 mm 左右。这与第七章中改良膨胀土路基一般路堤的动载试验段相比，虽然路基面弹性变形值约增大了 1 倍左右，但其绝对值还是比较微小。

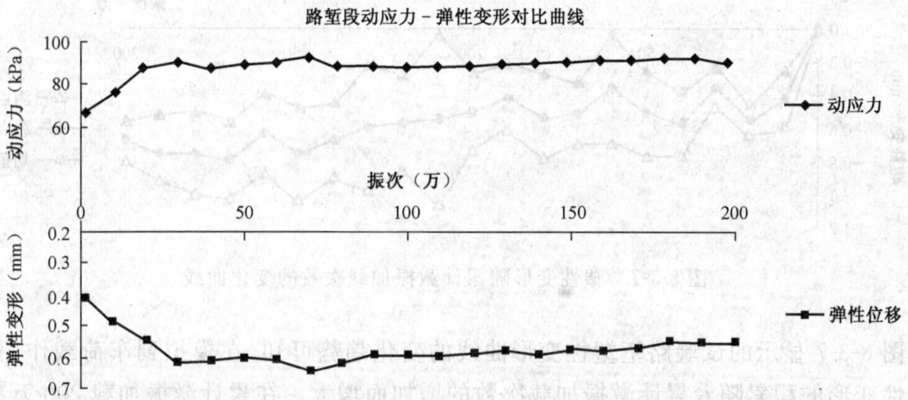

图 8-3-5　弹性变形随累计激振加载次数的变化以及与动应力变化的对应曲线

图 8-3-6 所示的是，试验路堑的综合动刚度随累计激振加载次数的变化以及与动应力变化的对应曲线。

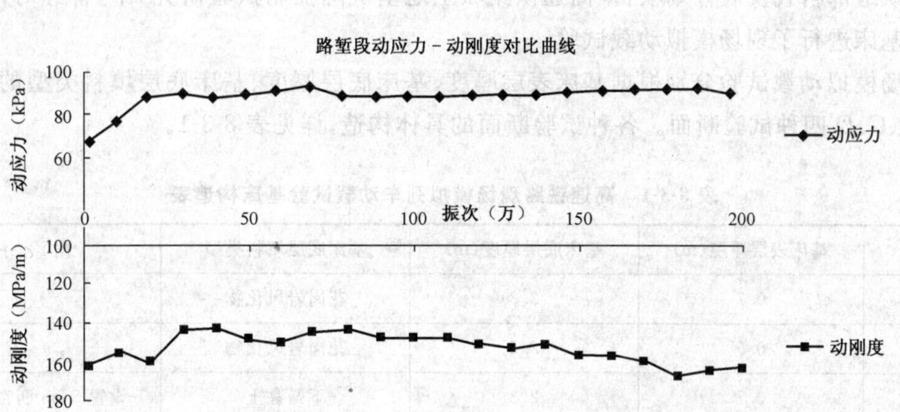

图 8-3-6　动刚度随累计激振加载次数的变化以及与动应力变化的对应曲线

从图 8-3-6 中两条曲线的走势可以看出，在动载试验全过程中，动刚度保持在 145～170 MPa/m之间，平均动刚度为 153 MPa/m。与第七章中改良膨胀土路基一般路堤的动载试验段相比，平均动刚度降低近 50%。其中，激振加载累计 30 万次之前，动刚度随动应力的增加而有所降低。累计 30 万次以后，在动应力水平保持不变情况下，动刚度有逐渐增大的趋势。

之所以试验路堑与改良膨胀土路基一般路堤试验段相比，弹性变形和动刚度均相差近一倍，分析其原因主要有：

1. 试验路堑动荷载影响范围内 K_{30} 值较小；

2. 动态试验期间，当地持续下雨时间较长，水面已超过路堑面，路堑两侧排水沟中的水通过泄水孔倒灌于路堑基床内，使基床表层级配碎石处于浸水饱和状态，这是造成试验路堑弹性变形大、动刚度小的最重要原因。

（三）塑性变形

在模拟列车荷载作用下，试验路堑塑性变形随累计激振加载次数的变化曲线，如图 8-3-7 所示。

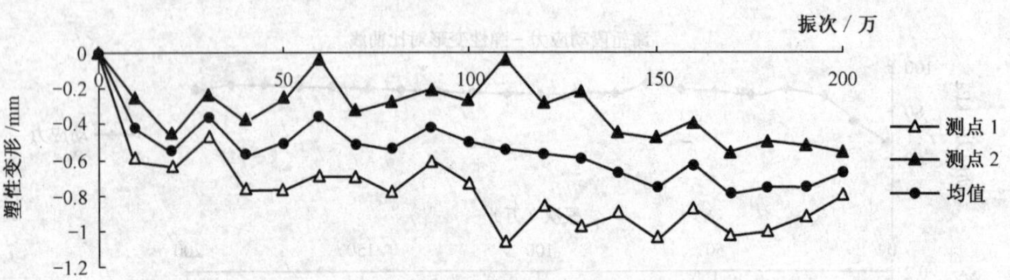

图 8-3-7 塑性变形随累计激振加载次数的变化曲线

由图 8-3-7 显示的试验路堑塑性变形曲线的变化趋势可知，在模拟列车荷载作用下，试验路堑塑性变形的积累随着累计激振加载次数的增加而增大。在累计激振加载 200 万次的全过程中，试验路堑的平均最大塑性变形量为 0.8 mm。

三、与我国高速铁路基床模拟列车动载试验结果的对比

在铁道部科技发展计划项目《高速铁路软土地基沉降控制试验研究》中，曾经对四种不同构造的基床进行了现场模拟动载试验。

现场模拟动载试验分别根据基床表层厚度、基床底层厚度、基床底层填料类型的不同，分成 *A*、*B*、*C*、*D* 四种试验断面。各种试验断面的具体构造，详见表 8-3-1。

表 8-3-1 高速铁路现场模拟列车动载试验基床构造表

断面	基床表层厚度(m)	基床底层厚度(m)	基床底层填料类型	附 注
A	0.7	2.3	花岗岩风化物	
B	0.5	2.5	花岗岩风化物	
C	0.7	2.3	下蜀黏土	设置 5 cm 沥青混凝土
D	0.9	2.1	下蜀黏土	

在路基面动应力为60～70 kPa的模拟列车动载作用下，A、B、C、D四种不同基床构造断面的主要试验结果，如表8-3-2所列。

表8-3-2　高速铁路基床现场模拟列车动载试验结果汇总表

断　面	A	B	C	D
弹性变形(mm)	0.320	0.412	0.370	0.430
路基综合动刚度(MPa/m)	201.4	151.4	170.1	148.5
模拟加载次数(万次)	230	210	180	300
累计塑性变形(mm)	3.7	4.2	3.4	3.5

我国高速铁路基床现场模拟列车动载试验结果表明，A、B、C、D四种不同构造的基床在路基面动应力为60～70 kPa的模拟列车动载作用下，它们的弹性变形量在0.32～0.43 mm之间，综合动刚度在148～201 MPa/m之间。

与上述结果相比，新建时速200公里合肥—南京客货共线铁路改良膨胀土路基的试验路堑，在路堑面动应力为60～70 kPa的模拟列车动载作用下，综合动刚度也达到了153 MPa/m，相当于上述B、C、D试验断面的水平。试验路堑的平均最大塑性变形量仅为0.8 mm比上述任一种基床构造断面均明显减小。

四、动载试验效果开挖检验

为直观验证试验路堑经200万次模拟列车动载作用下的实际效果，在动载试验结束后立即对试验路堑基床进行了现场分层开挖。分层开挖至基床表层以下的换填改良膨胀土表面，重点检查试验路堑经受一定的模拟运输强度积累后，其基床各层面的外观状态。现场开挖的直观照片，如图8-3-8、图8-3-9所示。

图8-3-8　基床表层复合土工膜

图8-3-9　基床表层换填改良膨胀土表面

试验路堑基床断面开挖、检查的结果表明：

1. 由于试验期间受路堑泡水的影响，复合土工膜封闭隔水层以上的基床表层砂垫层和级配碎石层中含水量较高，但砂垫层密实、干净无污染，级配碎石层并无翻浆现象；

2. 复合土工膜表面平整光滑，无磨损现象，说明其强度能满足要求；

3. 清除复合土工膜后，发现换填、压实的改良膨胀土表面状况良好，其含水率与动载试验前一致。说明改良土强度高、水理性质较好，渗透性差，封闭及换填、压实的实际效果十分明显。

第四节　地基土强度分析

在新建时速200公里铁路改良膨胀土路基施工技术中，因路堑与低路堤基床表层以下改良膨胀土的换填厚度有限，必须考虑在列车动荷载作用下，基床底层换填改良膨胀土下的原地基膨胀土强度能否满足动应力要求的问题。

如果原地基膨胀土强度低于传递于其上面的动应力，则即使通过一定厚度的换填，解决了自重荷载与膨胀力的平衡并且动刚度符合要求，也会因原地基膨胀土强度的不足而导致地基破坏。因此，对原地基膨胀土强度进行分析，是膨胀土地区路堑与低路堤施工中，又一个不可忽视的技术环节。

一、动应力衰减理论计算与动载三轴试验结果的分析

关于膨胀土地区路堑与低路堤原地基膨胀土强度，通常是根据动应力随深度的衰减的理论计算，以及在对原状土在天然及饱和情况下进行动载三轴试验后获得。表8-4-1是新建时速200公里合肥—南京客货共线铁路改良膨胀土路基的试验路堑，动应力随深度衰减的理论计算结果。

表8-4-1　动应力随深度的衰减表

路基面以下深度(m)	动应力衰减系数 η	列车荷载动应力值(kPa)
0	1.0	92
0.3	0.75	69
0.4	0.67	62
0.6	0.56	50(44)
1.2	0.33	30(35)
2.5	0.22	21

注：括号内为试验实测值。

对原状土在天然及饱和情况下进行动载三轴试验结果表明：在50 kPa围压下该试验路堑原地基膨胀土，在天然状态下的动强度达到66 kPa，在饱和状态下的动强度仅为14 kPa。

从表8-4-1中可看出，路基面下0.6 m处动应力为50 kPa，小于天然状态下试验路堑原地基膨胀土的动强度，但大大高于饱和状态下试验路堑原地基膨胀土的动强度。

换言之，路堑地段即使基床表层0.6 m(级配碎石层)以下改良膨胀土换填厚度为零，天然状态下试验路堑原地基膨胀土强度也能满足作用在其上的动应力要求。但如果试验路堑基床表层以下原地基膨胀土达到或接近饱和，将可能出现膨胀土地基的强度破坏。

二、地基土强度的第二种角度分析

地基土强度能否满足要求，也可从另外的角度进行分析。即：允许基床表层以下原地基膨胀土的动强度满足下式要求，但不允许基床表层以下原地基膨胀土出现干湿循环效应。

$$\sigma_{bcu} \geqslant \frac{\beta \sigma_{ZL} k}{R_{cr}} \tag{8—4—1}$$

式中 σ_{bcu}——地基土固结不排水强度；

β——动应力波动系数，取1.2；

σ_{ZL}——作用在地基上的动应力；

k——安全系数，取2；

R_{cr}——动静比，取0.45。

如设基床表层以下改良膨胀土换填厚度为零，即仅换填基床表层 0.6 m 级配碎石层，膨胀土地基面动应力 $\sigma_{ZL}=50$ kPa，按上述公式计算的地基土固结不排水强度 $\sigma_{bcu}=267$ kPa。而天然状态下试验路堑原地基膨胀土的无侧限抗压强度 q_u 达到 425～605 kPa。

显然，如试验路堑基床表层以下原地基膨胀土不出现干湿循环效应，其天然地基土强度也能满足要求。当然，出于对安全的考虑，在膨胀土地区路堑与低路堤施工中，其基床表层以下还是应换填一定厚度的改良膨胀土，以利用改良膨胀土压实层的阻水作用，防止下面的原地基膨胀土产生干湿循环效应。

第五节　路堑与低路堤基床改良膨胀土换填厚度的确定

在新建时速 200 公里铁路改良膨胀土路基施工技术中，路堑与低路堤基床表层以下改良膨胀土换填厚度的技术合理性，应充分体现在以下三个方面：

1. 在列车荷载作用下，换填改良膨胀土层以下的原地基膨胀土强度，应能满足作用在其上的动应力要求；

2. 路堑与低路堤基床表层以下换填一定厚度的改良膨胀土后，必须能控制原地基膨胀土遇水产生膨胀力所引起的允许轨道变形量，并保证在新建时速 200 公里铁路轨道养修标准允许的下限值之内；

3. 基床表层以下换填一定厚度的改良膨胀土后要有合理的刚度，在时速 200 km 铁路运输强度下，路堑与低路堤表面只产生微小的弹性变形量，能确保列车按规定的最高速度，安全、平稳、不间断地运行。

总之，膨胀土地区路堑与低路堤基床表层以下改良膨胀土换填厚度的决策，应充分考虑在同时满足强度、变形、刚度等各项技术要求的基础上，尽可能地减少换填工程量，以合理节省成本，提高工效。

一、路堑基床表层以下改良膨胀土换填厚度

从单纯的技术角度分析，膨胀土地区路堑基床表层以下换填的改良膨胀土厚度愈大，由于覆盖在原膨胀土地基上的路基自重荷载增加，对其遇水膨胀引起轨道变形的制约作用就愈大。同时，因路堑厚度愈大，愈能增强对原地基膨胀土的保护作用，从而使原地基膨胀土干湿变化的可能性减小，轨道变形的可能性也相应减小；另外，换填厚度愈大，传递到原膨胀土地基面上的动应力愈小，地基土强度就越容易满足；换填厚度愈大，路堑的综合动刚度愈大，其弹性变形也就愈小。

当然，从技术与经济相统一的观点出发，膨胀土地区路堑基床表层以下换填的改良膨胀土厚度既要以质量为前提，又要追求良好的经济效果。尤其在大区域膨胀土地区的大规模改良膨胀土路基施工中，只要基床表层以下换填的改良膨胀土厚度轻易增加几十公分，则在不经意间就会增加成百甚至上千万方的地基膨胀土挖除、改良、回填、压实工程量，会造成巨额投资增量并延缓工程进度。

理论计算、现场试验和工程实践证明，在新建时速 200 公里铁路改良膨胀土路基施工技术中，当原膨胀土地基的土质为弱、中等膨胀土时，膨胀土地区路堑基床表层以下改良膨胀土的换填厚度 0.6 m（不含基床表层 0.6 m 级配碎石或级配砂砾石换填厚度），是较为经济合理的选择。

二、低路堤基床表层以下改良膨胀土换填厚度

在新建时速200公里铁路改良膨胀土路基施工技术中，有关规范对路基高度<2.5 m的低路堤的要求是，其基床厚度范围内的地基土比贯入阻力 P_s 应>1.5 MPa或允许承载力[σ]应>0.18 MPa，否则应进行换填或地基加固。由于低路堤基床底层厚度不足1.9 m，虽然路堤本身改良膨胀土的膨胀与收缩变形量十分微小（改良机理及其效果本书已有阐述），可不予考虑，但在较小的自重荷载下，不能不重视地基土膨胀变形对轨道变形的影响。

由于膨胀土地区路堑与低路堤基床表层以下改良膨胀土换填厚度的研究方法相同，根据路堑基床表层以下改良膨胀土换填厚度的研究结果，对膨胀土地区低路堤基床表层以下改良膨胀土换填厚度作如下建议：

1. 路基高度为≥1.2 m～<2.5 m的低路堤，当其基床范围内的原地基膨胀土比贯入阻力 P_s 值>1.5 MPa或允许承载力[σ] >0.18 MPa时，原地基膨胀土可不作换填处理；

2. 路基高度为≥0.6 m～<1.2 m的低路堤，其基床表层以下改良土换填深度宜为0.6～0.3 m，以保证基床表层以下改良膨胀土换填厚度与基床表层(0.6 m)级配碎石或级配砂砾石的总厚度≥1.2 m。

第九章 膨胀土地区路基边坡防护

新建路基的路堤或路堑边坡如不及时加以防护或防护处理不当，很容易发生冲沟、溜坍、剥落、掉块和坍塌等边坡病害。这些边坡病害轻则会造成堵塞侧沟、影响排水，重则会直接导致路基和路堑两侧山体失稳，甚至酿成重大行车事故与人身伤亡事故。

新建时速200公里铁路改良膨胀土路基施工通常在膨胀土地区进行，由于膨胀土的特殊性质，要求在施工时必须及早采取相应的边坡防护措施，这也是新建时速200公里铁路改良膨胀土路基施工技术不可或缺的组成部分。

本章主要介绍膨胀土地区路基（路堤与路堑）边坡的常见病害和防护形式，并以新建时速200公里客货共线合肥—南京铁路改良膨胀土路基施工为例，介绍有关防护效果的现场测试等。通过本章的介绍为今后修建类似铁路提供借鉴。

第一节 膨胀土地区路基边坡常见病害

膨胀土地区造成路基边坡病害的因素很多，如：路基填料的工程性质、路堑边坡的土质、路基施工质量、路堤高度与坡率、路堑深度与坡率、边坡防护措施的失效以及外力作用和表层风化、水的冲刷、渗透等。

全面了解膨胀土地区路基边坡的常见病害，正确掌握其发生原因，对于在新建时速200公里铁路改良膨胀土路基施工中，采取针对性的边坡防护措施具有重要的意义。

一、路堑膨胀土边坡常见病害种类及其生成原因

膨胀土地区的铁路路堑是通过对原状膨胀土土质山体或地层实施开挖后，根据其设计构造要求，按照规定工艺填筑、压实而成的构筑物。

经过开挖后的原状膨胀土土质山体或地层，往往改变了原有的自然地貌形态，破坏了原状膨胀土体中原始内应力的平衡，并使相当一部分原本埋藏于一定深度的原状膨胀土直接暴露在外界空气、阳光、温度、湿度环境下，经受风、霜、雨、雪、雾、雷、冻、融（化）等复杂自然现象的作用而不断地变化，逐渐形成各种病害。其常见病害的种类有剥落、冲蚀、泥流、膨胀变形、表面溜坍、塌滑、滑坡等。

（一）剥　　落

在干燥的旱季，路堑膨胀土边坡表层因受到显著的物理风化作用，往往容易产生表层土的剥落。

1. 形态特征

路堑膨胀土边坡表层剥落的形态特征，与其坡面表层土的构成有关。坡面上具有一定几何形状（如棱柱状、棱块状、短柱状、鳞片状）的块体层层剥落，堆积于坡脚；坡面如果是复合土层，则边坡上的裂土层剥落明显，剥落后沿裂土层分界面呈起伏不平状态。

2. 生成原因

之所以会产生边坡表层土的剥落，其原因主要是由于膨胀土中存在着原生裂隙。它们被

开挖裸露后，在环境的风化营力作用下，经过频繁往复的胀缩循环，产生了纵横交错、密布坡面的风化裂隙和胀缩裂隙，使表层土的结构连接逐步丧失。因裂隙面上的黏土矿物颗粒具有与裂面相平行的定向排列性质，使裂隙面构成了定向劈理，这在结构上为表层土的剥落提供了条件。另外，持续干旱也使土中的水分加速蒸发而强烈收缩，更加剧了土体沿裂理的剥落。被裂隙分割的土块在重力或风力作用下，不断从表层脱落。

表层土体被剥落后，新的表层在环境的风化营力作用下，经过频繁往复的胀缩循环，又形成密布的风化裂隙和胀缩裂隙，继而产生了新的剥落面。周而复始，便形成了层层剥落、越剥越深的恶性循环。

（二）冲　蚀

路堑膨胀土边坡在雨水或其他地表水作用下，会形成边坡表面的各种冲蚀。其冲蚀的形态特征，以及冲蚀生成的原因如下所述。

1. 形态特征

冲蚀的形态特征主要表现为：在膨胀土路堑边坡的整个坡面上，布满了雨洞、雨淋沟、密集纹沟、V字形沟。其中，坡面的上部通常是单沟，向下逐渐放射成鸡爪沟；或者是坡面上部呈树枝状细沟，下部汇集成宽深的主沟。坡面被冲蚀后的沟深多为0.1～0.3 m，冲蚀严重时沟深可达1 m左右。

2. 生成原因

路堑膨胀土边坡被冲蚀是一个由小变大、从轻到重的动态发展过程。究其原因，主要是：边坡膨胀土强风化层在雨水或其他地表水侵蚀下，一部分松散土层首先被雨水或其他地表水带走，出现若干雨洞或雨淋沟。

随着水流的线状侵蚀，继而发展形成了密集纹沟。线状侵蚀再进一步继续，则纹沟被下切成V形并发展成细沟。汇入细沟内的集中水流更强化了对膨胀土的侵蚀，于是大量的表层土随着水流而流失，形成更深、更宽的冲蚀沟。

（三）泥　　流

泥流既是膨胀土路堑边坡被冲蚀的一种特殊过程，更是指边坡被冲蚀造成泥土堆积的一种结果。

1. 形态特征

通常在集中暴雨时，雨水中夹带着大量从膨胀土路堑边坡上被冲蚀下来的泥土，形成了会流动的泥土流并沿着冲蚀沟自上而下流动。

在流动过程中被夹带的泥土愈来愈多，流入路堑的侧沟。最后导致侧沟被堵塞、填满、堆积。大的泥流量严重时会侵入道床，在道床处形成冲积扇甚至掩埋钢轨。

2. 生成原因

集中暴雨形成的强力水流直接对膨胀土路堑坡面形成强劲冲蚀，将表面及坡脚堆积之松散物质悬移或推移运动形成泥流。

在重力和水力作用下，泥流在坡度较大的路堑边坡上行进速度较快。但当其流入过水断面较小、沟底坡度较缓的路堑侧沟后流速骤然下降。此时，泥流中的大量泥土沉积沟内，随着边坡上泥流继续涌向侧沟，侧沟中的泥土越积越多，造成泥土堆积。

（四）膨胀变形

边坡的膨胀变形是膨胀土地区路堑最常见的边坡病害之一。其膨胀变形的形态特征，以及生成的原因简述如下。

1. 形态特征

在路堑膨胀土边坡局部范围内，会发生规模不大的边坡坡面外臌膨胀，外臌膨胀后会造成防护设施的局部挤裂、拱破。不仅削弱了边坡的稳定性，而且在外臌膨胀处形成了松散层。松散层在干旱季节容易被剥落，遇到雨季则容易被冲蚀。

2. 生成原因

路堑膨胀土边坡膨胀变形的主要原因有以下几种：

一是路堑膨胀土边坡开挖后，由于大量卸荷使原有膨胀力失去了平衡，在部分应力释放时，伴随产生不均匀的卸荷膨胀；

二是在膨胀土的干缩湿胀效应作用下，路堑边坡土体吸水后产生膨胀力，在无约束力的情况下形成外臌膨胀；

三是某些已做过防护的边坡，由于防水措施不严密，当有地表水渗入时，会使该处土体产生局部膨胀。一旦防护设施被局部挤裂、拱破，则会造成路堑边坡的局部膨胀变形。

（五）*表面溜坍*

路堑膨胀土边坡的表层土体在吸水饱和后，因重力和渗透压力的作用，失去稳定的路堑边坡表层饱和膨胀土体会向边坡下部产生塑流状推移，称为路堑膨胀土边坡的表面溜坍。

1. 形态特征

表面溜坍的形态特征为，头部有环状小陡坎，前缘呈舌状，片状分布在边坡上，数个溜坍体可相连成溜坍群。其深度一般在 0.5～1.0 m 之间，很少超过 1.5 m，溜坍处无明显的裂缝和滑面。

表面溜坍多发生在堑坡的强风化带内，故在很缓的坡面上也时有发生，但一般不涉及堑顶。尽管表面溜坍发生较快，但发生后容易稳定于坡面上，这也是表面溜坍的一个明显特征。

2. 生成原因

路堑膨胀土边坡生成表面溜坍的主要原因是由于裂隙发育的膨胀土在干燥状态下，具有相当高的膨胀潜势。因此，当久旱后突降大雨或连续降雨时，路堑边坡表层的膨胀土充分吸水膨胀并迅速崩解，崩解后的表层土体与雨水混合成塑流状态，在重力与水力作用下便产生了溜坍。

另外，路堑膨胀土边坡表层一般都有强、弱程度不同的风化带。在强、弱两层风化带之间的界面上，均存在着应力集中且容易发生滞水现象。故膨胀土路堑边坡表面溜坍的厚度，通常很少能超出强风化带而侵入到弱风化带内。但一旦强风化带溜坍后，弱风化带暴露在外继续被风化，又会成为新的强风化带而潜伏着新一轮表面溜坍的危机。

（六）塌　　滑

与表面溜坍相比，路堑膨胀土边坡塌滑的病害发生机理有所不同，其危害性甚于表面溜坍。边坡塌滑的形态特征和生成原因，阐述如下。

1. 形态特征

边坡塌滑通常表现出膨胀土路堑边坡上的土体呈整体性滑落，其前缘有局部崩塌的形态特征。塌滑体出口一般在坡脚处，破裂面呈现上陡下缓并以旋转方式滑出的态势。当路堑膨胀土边坡在软弱层时，塌滑体也可能从坡脚上部出口。

塌滑体本身的含水量不很大，但裂隙满布。滑面成横展式分布，滑面清晰并有滑动擦痕，其含水量大于滑体。塌滑体可涉及到边坡弱风化带或微风化带，其厚度以 3 m 范围内居多。膨胀土路堑边坡塌滑的发育时间较长，而破坏却瞬间发生，一次完成。显然，塌滑产生的后果比之表面溜坍要严重得多。

2. 生成原因

产生路堑膨胀土边坡塌滑的原因往往是多方面的，归纳起来，大致有以下几种：

(1) 膨胀土地区路堑设计不合理，膨胀土边坡过高过陡。

(2) 因膨胀土超固结性带来的初始应力场的影响，路堑膨胀土边坡土体内存在高水平应力，形成了破坏性的高剪应力。

(3) 路堑膨胀土边坡土体内的裂隙破坏了土体的连续性和原始结构，大大地削弱了土体的强度，降低了抗剪能力，造成局部应力集中。

(4) 路堑膨胀土边坡土体内十分发育的裂隙，为水的侵入提供了有利条件。当膨胀土中强亲水矿物获得了足够的水量，尤其是当最为薄弱的滑面获得足够的水量时，将大大加速路堑膨胀土边坡土体塌滑的成因。

(5) 路堑膨胀土边坡顶部附近不恰当的水源或经济活动，如：洼地积水、农田灌渠、修建水塘、开发水田以及大量施工用水、生活用水下渗等都对路堑边坡塌滑构成直接威胁。一旦坡面产生悬移质或推移质运动，细沟发展成各种形式的主裂隙方向的切沟，就很有可能造成膨胀土路堑边坡的塌滑。

(七) 滑　　坡

众所周知，滑坡是路堑边坡病害中后果最为严重的一种。必须掌握其形态特征和生成原因，以便在路堑膨胀土边坡施工中，采取针对性的防范对策。

1. 形态特征

路堑膨胀土边坡的滑坡，具有以下形态特征：

(1) 在重力作用下，路堑膨胀土边坡开挖后形成的临空面边坡土体，沿着某一软弱面（土层分界面、地下水变化带和裂隙面等）向下整体滑移，裂缝满布滑体。

(2) 形态上具有一般滑坡的弧形外貌，有明显的、光滑的滑动面与滑床。滑床总体上较为平直，其坡度角在3°～15°之间。从宏观上看，滑坡后壁特别陡直，在滑床后缘陡壁与中部平直滑床之间，只有一段很短的过渡段。滑床常与膨胀土中的垂直裂隙吻合，前缘平缓的部分常与膨胀土中的水平裂隙接近一致。

(3) 路堑膨胀土边坡的滑坡多为浅层滑坡，其滑动方式多为牵引式滑动。与一般土质滑坡（大多从坡脚开始牵引）的滑动过程不同，路堑膨胀土边坡滑坡的滑动过程一般是从坡面的腰部或顶部开始，牵引向上发展。

(4) 具有多次滑动性，各次滑动面相互贯通，形成多次牵引的阶梯状叠瓦形态。同时，还具有成群分布的特点及时间规律性。

(5) 路堑膨胀土边坡的滑坡大多分布在沟间的垄岗或丘陵缓坡，特别是岗洼的负坡地带。形态上多为纵长式缓慢平移，有时也可以产生急剧滑动。

2. 生成原因

路堑膨胀土边坡的滑坡生成，主要有以下几类原因：

(1) 由于路堑边坡开挖后，因减载与风化而产生的应变能量作用于减荷坡面，使边坡易于在局部（或连续）形成破坏。即：开挖减载与风化提供了对边坡稳定不利的力学条件。路堑膨胀土边坡土体裂隙面上的次生黏土薄膜，或条带以及地下水变化带、风化带界面在水的作用下形成了滑带、滑面。

(2) 路堑膨胀土边坡为复合型土层边坡时，各土层间的层间界面、软弱夹层会产生复杂的结构面效应,为滑体提供了滑床。

(3) 路堑膨胀土边坡发生塌滑后,不及时进行处理,使之继续发展而最终酿成逐级牵引式滑坡。

(4) 因土的抗剪强度随时间而衰减,使得滑坡往往具有多次性和时间规律性。所以,滑坡整治设计失误及排水系统不完善或失修、失效也会引起滑坡的复活和发展。

通过以上对路堑膨胀土边坡各种病害的介绍,可以清楚地了解到,不仅是路堑膨胀土边坡各种病害的形态特征与生成原因各不相同,而且对路堑边坡稳定性的破坏程度及其产生的后果也存在很大的差异。

归纳起来,剥落、冲蚀、泥流、膨胀变形、表面溜坍都发生在路堑膨胀土边坡的强风化带内,它们与膨胀土的胀缩性和干湿环境有着直接关系,它们主要影响到路堑边坡的表面或表层,而一般不影响到路堑膨胀土边坡的整体稳定性;边坡塌滑,是制约边坡断面设计的主要破坏形式,它与膨胀土的工程地质特性密切相关,受环境的影响也极大;滑坡虽与堑坡膨胀土开挖有一定的关系,但其主要原因是切断了对膨胀土中软弱带的应有支撑,使整个路堑边坡膨胀土体处于不稳定状态,而与边坡的断面设计无直接关系。

二、膨胀土路堤边坡常见病害种类及其生成原因

国内外路基工程的大量经验教训已经证明,未经改良的膨胀土若直接用来填筑路堤,后果将十分严重。这是因为此种路堤虽然经过了填筑、压实,但其填料的基本性质仍保留着膨胀土的属性。

同时,重塑后的膨胀土由于黏土扁平颗粒的高度定向,而较之原状土具有更强的胀缩性能。在含水率和干容重相同的情况下,重塑后膨胀土的三向膨胀力大于原状土的三向膨胀力。两者比值的大小取决于原状土的固化凝聚力在其重塑过程中的破坏程度。重塑后膨胀土的变形特点是:变形普遍严重,长期不稳定,日常养护工作频繁,抢修困难,对行车安全威胁性大。

膨胀土路堤边坡主要有冲蚀、膨胀变形、表面溜坍、塌肩、塌滑和滑坡等六类常见病害。其中,前两类病害的形态特征及其生成原因与膨胀土路堑边坡的冲蚀和膨胀变形病害基本相似,故不再重复。

下面,简要介绍膨胀土路堤边坡其他四类常见病害的形态特征与生成原因。

(一) 表面溜坍

膨胀土路堤边坡的表层土体在吸水饱和后,因重力和渗透压力的作用,失去稳定的路堤边坡表层饱和膨胀土体会向边坡下部产生塑流状推移,称为膨胀土路堤边坡的表面溜坍。

1. 形态特征

膨胀土路堤边坡的溜坍病害多发生在路堤边坡的腰部和坡脚附近,后缘多呈半圆弧状陡壁,两侧以对称或似对称向下发展,其深度不超过 1 m。

膨胀土路堤边坡的溜坍发生较快,也容易稳定于坡面上。现场病害发生后,常能见到数个溜坍相连,互相叠置成溜坍裙。

2. 生成原因

膨胀土路堤超填过宽,表土松散不平,吸水膨胀后成塑流状而导致路堤局部表层推移,形成边坡溜坍。

另外,膨胀土路堤坡脚受到水的浸泡,使其表土软化呈塑流状推移,也是膨胀土路堤生成边坡溜坍病害的多发原因。

(二) 塌　肩

路肩下塌是膨胀土路堤的多发病害，若不及时处理，将会影响或直接破坏道床坡脚的稳定。

1. 形态特征

路肩面发生纵裂，降雨时或雨后，沿纵裂处路肩突然下塌。塌体的后壁高度一般在1 m以内，宽度大小不等。严重时，路肩塌体宽度接近道床坡脚，甚至侵入到道床坡脚以内，对行车安全构成威胁。

2. 生成原因

膨胀土路堤的土体密实度较差，路肩顶面与侧面膨胀土两面暴露在外，易受环境影响，干缩湿胀频繁。其表面垂直裂隙与斜交裂隙易连通，尤其在久旱后，容易形成张力裂缝。

降雨时存在裂缝的路肩部位土体吸水更加迅速，造成裂缝面两侧土体膨胀，黏聚力骤然下降。在重力与列车动力作用下，导致部分路肩土体沿着水的渗入面向下滑落。

(三) 塌　滑

膨胀土路堤的路基体塌滑较路肩下塌更为严重，多数发生在承受列车动力作用的路基体内，往往直接影响行车安全和运输畅通。

1. 形态特征

膨胀土路堤的路基体塌滑时，通常会出现以下几种形态特征：

(1) 塌滑土体从路堤顶面或边坡腰部向下旋转式整体性滑落，塌滑土体内裂隙满布但含水率不很大。滑裂面清晰而含水率大，整个滑面呈上陡下缓形态；

(2) 塌滑体中常见道碴囊，并有水流出；

(3) 塌滑现场形成横展式，可见一个塌滑体牵引另一处塌滑；

(4) 通常在一侧边坡或双侧边坡发生，厚度一般在3 m以内，但当塌滑体严重切入道心时，其厚度甚至可超过3 m。

2. 生成原因

由于膨胀土路堤三面临空，在风化营力作用下，形成以基面为顶，两侧边坡为腰的同一梯形风化带。其表面强风带易沿着弱风化带或微风化带层间的滞水软弱面塌滑。

另外，在列车动力和雨水渗入的共同作用下，膨胀土路堤基床易产生道碴槽、道碴囊、纵裂、外挤，为路基体内积水提供了条件。不仅使路基体内部产生膨胀，而且积水充满膨胀土中的裂隙后产生楔入压力并将裂隙推开，更使膨胀土体沿着渗水形成软弱面而塌滑。

(四) 滑　坡

膨胀土路堤一旦发生滑坡，意味着该处路基已严重破坏。轻则会造成铁路运输的中断，重则将直接导致不堪设想的行车事故。

1. 形态特征

膨胀土路堤沿着基底滑动面出现了整体性的严重滑动位移，路堤带动轨道大幅度地横移并下滑，滑坡段的铁道线路面目全非，完全丧失其行车功能。

2. 生成原因

路堤在膨胀土地区的低洼沟谷、水田或池塘软弱土层之上填筑而成。填筑时基底未作处理或处理不当，填筑后基底膨胀土体受水浸泡软化，失去稳定平衡，使整个路堤沿基底软弱面产生滑动。

综上所述，用膨胀土作为填料直接填筑路堤将不可避免地产生各种形式的边坡病害，而且会对铁路运输安全与畅通带来长期的负面效应。所以，在我国铁路现行的有关设计规范与规定中，已明确未经改良的膨胀土不能用作路基填料。

第二节　膨胀土地区路基边坡防护常用措施

膨胀土地区路基坡面的防护措施很多，目前常用的有：种草、铺草皮、植树（灌木）、抹面、捶面、喷浆、喷射钢纤维混凝土、灌浆勾缝、干砌片石护坡、浆砌片石护坡、卵石方格护坡、冲土墙、斜形防冲埂畦、柴排护坡、钢筋混凝土框架式护坡、浆砂片石护墙、边坡支撑渗沟、掺料土及桩群护坡等。

由于膨胀土特殊的工程性质，在对路堑膨胀土边坡防护时，应本着"对症下药、经济实用"的原则，针对每一路堑处膨胀土具体工程性质、水文条件、地形地貌、边坡高度、开挖深度、气候环境等实际情况，合理选择其边坡的防护措施。

根据我国铁路现行的有关设计规范与规定，在膨胀土地区新建时速 200 公里铁路路基时，基本上都采用就地取材，先对沿线膨胀土土源按照严格的改良工艺实施土质改良，再用合格的改良土路基填料填筑路堤。因此，膨胀土地区路堤边坡防护措施确切地讲应是改良膨胀土路堤边坡的防护措施。

一、边坡防护的基本原则

膨胀土地区边坡防护，应遵循以下基本原则：

1. 保湿防渗。既要使边坡表层土体保持一定的含水量，又要疏干土层中的裂隙水或地下水。为此，坡面起码要及时满铺草皮减小蒸发，不使坡面产生坑洼以免积水下渗，地下水发育地段还要设渗沟排水等。

2. 准确选择防护类型。除了考虑各类裂土的土质条件外，还要根据边坡的高度决定防护加固类型。对于低矮的边坡来说，所选择的护坡类型主要是起到减轻或减慢表层裂土强度衰减的作用。对于高大的边坡来说，采取的防护加固措施除了要起到减轻表层裂土强度衰减程度的作用外，还要起到支挡加固边坡的作用。有软弱夹层的边坡，要采取预防性措施及时支挡加固。

3. 综合预防。在条件具备的地段可同时采取防水、排水、防护及加固等综合性措施，可起到较好效果。

二、路堑膨胀土边坡防护常用措施

在新建时速 200 公里铁路改良膨胀土路基施工中，膨胀土地区的路堑通常是在膨胀土土质山体或地层上，通过直接开挖、填筑而形成的构筑物。在其构造中，除了基床部分的原有膨胀土经开挖后，采用了 0.5 m 厚度级配碎石（或级配砂砾石）、0.1 m 厚度中粗砂和复合土工膜封闭隔水层、一定厚度的改良土，按严格的施工工艺进行换填、压实外，路堑两侧的边坡土体仍然是原有的膨胀土。

值得关注的是，新开挖的路堑膨胀土边坡自身具有一定高度与斜率，而且在其坡面上短期内已经实施了大量的开挖卸荷，原有的平衡条件完全被改变，整个边坡面又是首次大面积裸露于自然环境之中。因此，边坡稳定性非常脆弱，存在着极大的病害生成与发展潜势。在新建时速 200 公里铁路改良膨胀土路基施工技术中，必须高度警惕路堑膨胀土边坡的上述情况，准确、及时地选择有效的防护措施并精心、优质地组织实施。

下面，介绍几种典型的路堑膨胀土边坡防护措施。

（一）植物护坡

植物护坡是一种施工简单，费用低廉、效果较好的坡面防护措施。植物枝叶能覆盖坡面，缓和雨水对坡面土的直接冲刷，调节坡面表层的温度与干湿度，阻缓边坡表面风化，防止裂纹产生；植物的根系能固结土壤，提高路堑膨胀土边坡土体的整体抗剪强度。

植物护坡对预防路堑膨胀土边坡剥落、冲蚀、泥流、膨胀变形、表面溜坍等病害或减轻上述病害对边坡的破坏程度，具有明显的防护作用。与此同时，一定规模的植物护坡还能起到优化生态环境，绿化祖国和美化铁路路容的作用。

根据植物的种类与实施方式，植物护坡可分为播籽种草、移植草皮和植树三大类。

1. 播籽种草

播籽种草时，应根据边坡防护要求、草的习性、生长年限、地区气候、降雨量及土质条件，选用合适的草种。

(1) 常用草种介绍

目前，我国国内以及从国外引进的优良品种主要有：苇状羊茅、自三叶、毛花雀稗、无芒雀麦、结缕草、小慷草、小冠花、猫尾草、沙打旺、冰草等。

a. 苇状羊茅

系多年生乔本科草本植物。株高60～100 cm，须根发达，入土很深。对土壤适应性强，耐湿、耐盐碱亦耐酸性土。最适宜于温暖湿润的华东、华南地区和华中、西南部分地区，适合春、秋两季播种。

b. 自三叶

豆科多年生草本植物。草高10～20 cm，主根短，侧根发达，根上生有许多根瘤，茎节处着地生根，茎葡萄蔓延。有良好的水土保持能力，耐酸性土壤、耐潮湿，但不耐干旱及盐碱。适宜于云南、贵州、湖南、四川等地区，适合春、秋两季播种。

c. 毛花雀稗

乔本科多年生草本植物。草高80～180 cm，冬季无霜冻地区可保持青绿，根系发达。耐水渍亦较耐干旱，对土壤要求不严，适应性较广。适宜于广西、广东、湖南地区，适合春、秋两季播种。

d. 无芒雀麦

乔本科多年生草本植物。草高80～120 cm，须根系虽不发达，但有横走根茎，分布于20 cm土层中。耐碱、耐湿、耐严寒、干旱，可在贫瘠的砂制土上生长。适宜于西北、东北、华北地区，适合春或夏(内蒙古、东北)，秋季(黄土高原)播种。

e. 结缕草

乔本科多年生草本植物。草高10 cm左右，根系发达，可作为草坪草。抗寒、抗旱、抗高温，在炎热夏天能生长良好。适宜于河北、江苏、浙江、海南地区，适合春、秋和夏季播种。

f. 小慷草

乔本科多年生草本植物。草高30～100 cm，具有地下茎，自行繁殖。喜冷冻、湿，耐寒性强，对土壤要求不高，以黏性土和黏土为好。适宜于东北和华北地区，适合春播、秋播。

g. 小冠花

豆科多年生草本植物。草高90～150 cm，根系粗壮，侧根发达，横向走串，覆盖度大，花美，有根蘖可进行无性繁殖。喜酸性土，耐湿性差。适宜于长城以北至长江流域，适合春、秋和夏季播种。

h. 猫尾草

乔本科多年生草本植物。株高约 100 cm，须根发达。耐酸性土、耐寒性强，抗旱能力差。适宜于云贵高原、青海东部地区。适合春、秋季播种。

i. 沙打旺

豆科多年生草本植物。株高 1～2 m，主根深长，侧根较多，生有大量根瘤。耐旱、耐寒、耐贫瘠、耐盐碱、抗风沙。适宜于长城以南、黄河流域，适合春播、夏播、秋播、冬前播寄籽和越冬。

j. 冰草

冬草，乔本科草本植物。株高 60～80 cm，须根系发达。有高度的抗寒、抗旱能力，耐贫瘠薄也耐盐碱，适合在干燥寒冷地区种植，可在多种土壤中生长，但不宜在酸性强的土壤和沼泽土壤上种植。适宜于东北、西北、内蒙古、青海、河北、山西地区，适合春、夏(寒冷地区)和秋季播种。

(2) 播种方法与要求

常用的播种方法主要有喷撒草籽法、席垫植被法、植草籽袋法、盖土播种法等，不同的播种方法有各自的技术要求。在施行撒播或行播草籽时，为使草籽均匀分布，可先将种子与砂、干土或锯末混合播种。草籽埋入深度应不小于 5 cm，种完后将土耙匀拍实。边坡上播种草籽后，最初几年要经常检查，必要时应进行补种。

a. 喷撒草籽法

按土、纤维、水、肥料、混合养护剂顺序将材料掺合充分搅拌均匀，用灰浆喷枪喷撒，或以水压播种机施播。

为了保护播下的草种不致流失，保护植物在尚未发挥护坡效能之前不被冲蚀，可使用防侵蚀剂。防侵蚀剂有水溶性树脂、沥青乳剂、酯乳剂、乳胶等。

b. 席垫植被法

用附有种籽、肥料的席垫将坡面全部覆盖。席垫用布、聚乙烯网、非织网、草帘、毡等能帖附地面的材料制成，起到保温、保湿，并在草成活前有防止雨滴冲刷或风蚀的作用。

c. 植草籽袋法

将种籽、肥料和土(含水量 20%)混合装入网袋(聚乙烯制品)，然后将网袋铺在坡面挖好的水平沟内，袋与袋压紧，沟袋间无空隙，用签钉固定。

d. 盖土播种法

边坡土层如不适宜于种草，应先铺一层种植土(厚 50～100 cm)，并用钉木(竹)桩挡固种植土层(如图 9-2-1 所示)。然后，一般选择喷撒草籽法在覆盖的种植土层上播种。

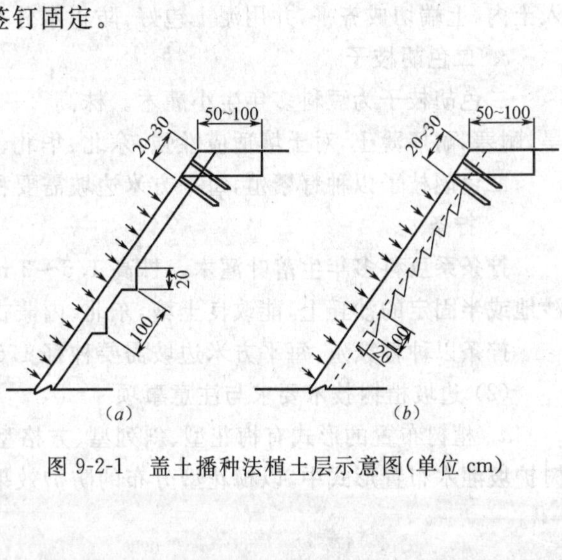

图 9-2-1　盖土播种法植土层示意图(单位 cm)

2. 移植草皮

草皮种类主要选用白茅草皮、毛鸭嘴草皮、画眉草皮、假俭草皮、铁线草皮、绊根草皮等。每块草皮尺寸为：长 25～50 cm，宽 20～30 cm，厚一般为 6～10 cm。为防止根部干枯，干燥和炎热地区，草皮厚度宜增加到15 cm，以提高其成活率。

移植草皮以春秋两季为宜，草皮一般从专门的养植基地集中采挖。挖移时，其两端最好斜切，横断面呈扁平行四边形，既便于现场拼接，又互相牵制，防止滑移。挖移的草皮应随采随用。

草皮护坡的铺植形式有平铺式、叠砌式、方格式三种。铺植前，必须全面检查路堑边坡，夯填洞孔，清除杂物，平整坡面。铺植草皮时，要注意相邻草皮的错缝拼接，草皮底部与坡面应紧贴拍平，要求做到"三无一平"。即：草皮与坡面要密贴无空隙，草皮外表面无空洞，草皮接头间无缝隙，草皮护坡应大面平顺。

草皮铺植后应及时养护，初植期(从移植至开始出新叶)的草皮护坡养护，主要是根据天气条件，适时、适量、均匀地洒水，为草皮提供良好的成活环境。养护时，既要使坡面保持适度湿润，又要切忌水量过大或过于集中，以免影响膨胀土边坡的稳定。

3. 植树

路堑膨胀土边坡植树防护适宜的树种与种植技术要求，简述如下。

(1) 树种

坡面防护一般种灌木(土质路堤上宜植生长快，枝多叶茂而根系发达的树种)。多采用紫穗槐、夹竹桃、黄荆、二色胡枝子、野蔷薇、山楂等灌木。在风沙干旱地区宜采用花棒、拧条、黄柳、沙棘、杨紫等。

下面，重点介绍其中普遍采用的几个树种：

a. 紫穗槐

紫穗槐为豆科多年生灌木。株高1.5～2 m，根系发达，生有根瘤，枝叶茂盛，抗旱、耐水湿和轻度盐碱土，能改良土壤，牛羊等牲口不食。主要适宜于长城以南和黄河、长江流域地区栽种。

紫穗槐可先育树苗，一年后挖掘移植。

b. 夹竹桃

夹竹桃是多年生灌木。根系发达，枝叶茂盛，茎叶等有毒牲口不食，成活率高。花期长且美，在长江流域以南地区可保持全年青绿。

夹竹桃多以人工截枝插栽的方法(无性)繁殖树苗，用来截枝插栽繁殖的夹竹桃母树要有两年以上的树龄。截枝时，在每一根被选择的截枝上，至少要有三、四个芽节，下端切成斜形埋入土内，上端切成齐平，并用泥土包好，防止水分蒸发。

c. 二色胡枝子

二色胡枝子为豆科多年生小灌木。株高2～3 m，根须发达，侧根沿水平方向发展。耐干旱，耐寒，耐瘠薄土，对土壤适应性强，东北、华北、西北及长江流域地区均可种植。

二色胡枝子以种籽繁殖，每平方米边坡需要种籽1～3g，宜在春、秋两季播种。

e. 拧条

拧条系豆科多年生落叶灌木。株高1.5～3 m，根系发达，具有根瘤，耐寒、抗旱，喜生长于沙地或半固定的沙丘上，能改良土壤，东北、内蒙古、河北、山西、陕西等北方地区均可种植。

拧条以种籽繁殖，每平方米边坡需要种籽1.5～3g，春、夏、秋季均可播种。

(2) 边坡植树技术要求与注意事项

a. 植树布置的形式有梅花型、斜列型、方格型和水平阶梯型5种(见图9-2-2)。在5种植树护坡灌木布置形式中，以梅花型分布的防护效果最佳，斜列型分布次之。在选用斜线型和方

格型时，灌木带间应满铺草皮。

b. 边坡如有不利于灌木生长的砂石类土，则栽种的坑内应填充种植土。

c. 栽种灌木的边坡，在大雨后要检查是否完整，如发现有局部坍塌、开裂的边坡应及时修复，以防病害扩大。

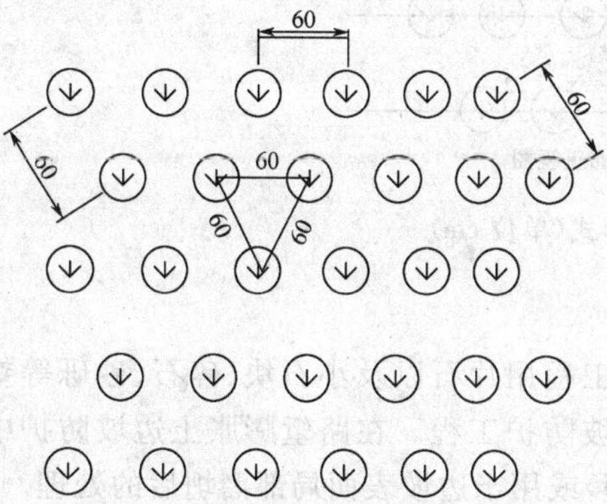

(*a*) 梅花型灌木分布正视图

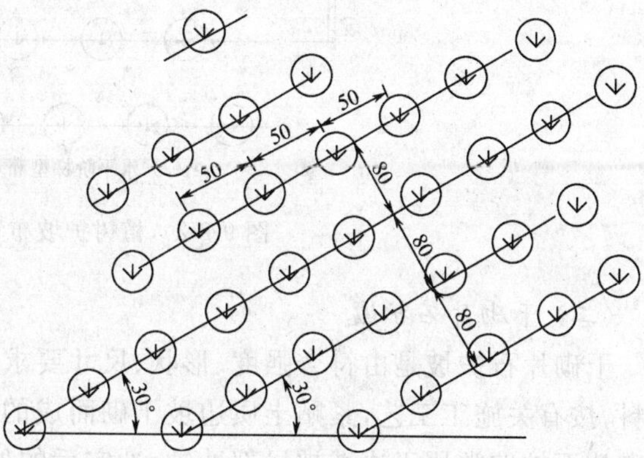

(*b*) 斜列型灌木分布正视图

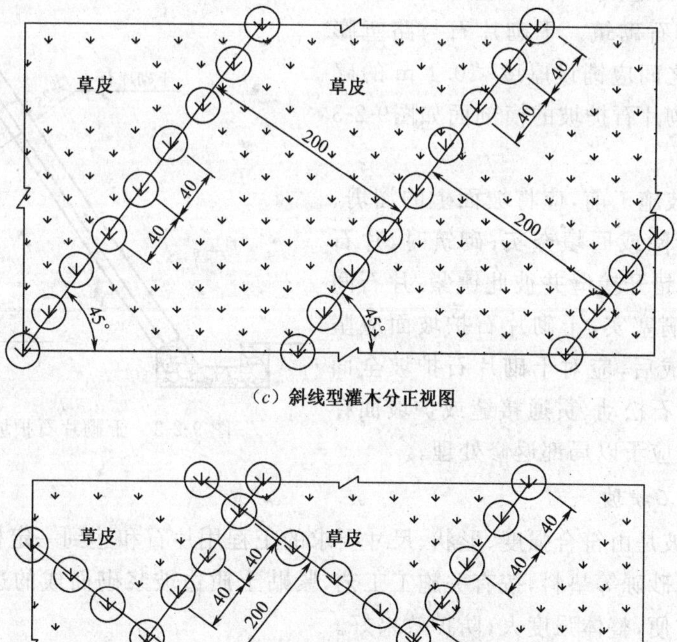

(*c*) 斜线型灌木分正视图

(*d*) 方格型灌木分布正视图

图 9-2-2

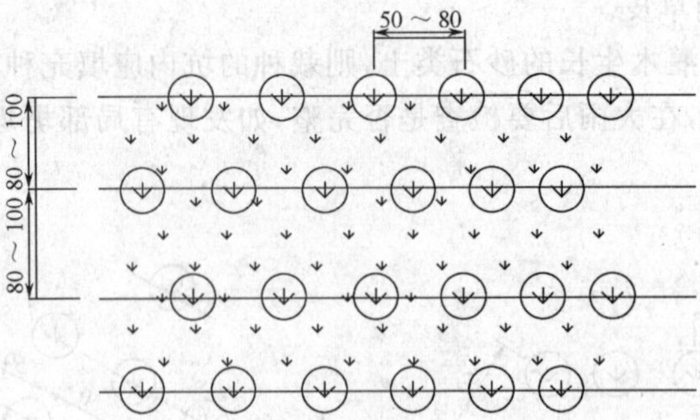

(e) 水平阶梯型灌木分布正视图

图 9-2-2　植树护坡布置形式(单位 cm)

（二）干砌片石护坡

干砌片石护坡是由符合强度、形状、尺寸要求的工程用片石以及小石块、碎石、砂砾等垫、辅料，按有关施工工艺，紧贴土质边坡干砌而成的边坡防护工程。在路堑膨胀土边坡防护中，干砌片石护坡常用于边坡被局部冲蚀、冲空后的处理，或用于边坡表面局部溜坍后的处理。

干砌片石护坡的坡度≯1∶1.25，厚度一般为 0.3 m。其基础应选用较大石块砌筑埋深至侧沟底，基础与侧沟连成一体时，基础与侧沟均采用 50 号浆砌片石砌筑。干砌片石与路堑膨胀土边坡的土面之间应铺设厚度≮0.1 m 的碎石或砂砾层。干砌片石护坡的横剖面如图9-2-3所示。

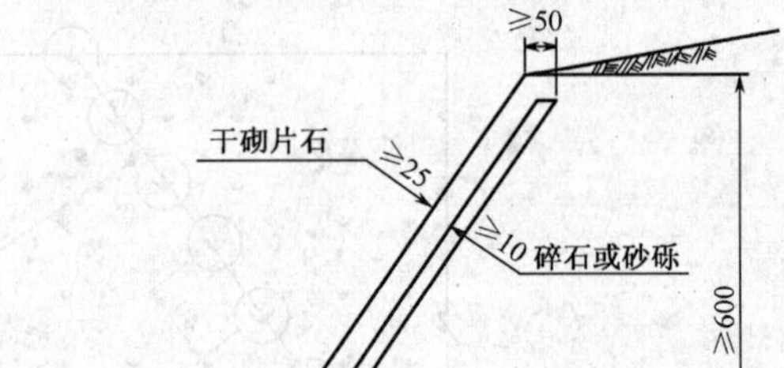

图 9-2-3　干砌片石护坡(单位 cm)

干砌片石护坡施工前，应将坡面上的溜坍、冲沟、冲蚀等处清除或回填夯实；砌筑时，片石应自下而上立砌，错开接缝并彼此镶紧，片石间的缝隙用石块填满塞实，干砌片石护坡面应坚实、平整；砌筑完成后，应对干砌片石护坡全面检查，如发现有片石松动、贯通接缝或护坡面存在明显不平整处，应予以局部返修处理。

（三）浆砌片石护坡

浆砌片石护坡是由符合强度、形状、尺寸要求的工程用片石和达到一定标号的水泥砂浆胶结材料以及碎石、砂砾等垫料，按有关施工工艺，紧贴土质边坡浆砌而成的边坡防护工程。它结构简单、施工方便，整体强度大，防护效果好。

浆砌片石护坡基本上隔绝了路堑膨胀土边坡与外界自然环境的直接接触，对预防路堑膨胀土边坡剥落、冲蚀、泥流、膨胀变形、表面溜坍、塌滑等病害具有良好的防护作用。是路堑膨胀土边坡较为常见的防护工程措施之一。

1. 结构形式

浆砌片石护坡的结构形式除了片石缝隙间用 50 号水泥砂浆挤浆胶结成整体外，其他方面构造与干砌片石护坡基本相同。其护坡横截面一般采用等截面，截面厚度视边坡高度及陡度而定，一般为 0.3～0.4 m，但不宜<0.3 m。

边坡过高时应分级设平台，每级高度不宜超过 20 m，平台宽度视上级护坡基础的稳固要求而定，一般不小于 1 m。平台上每隔 5 m 设一钢筋栓绳环，并在坡面上适当位置设一道 0.6 m 宽的台阶形踏步，以利检查、养护。

当护坡面积较大且边坡较陡或坡面变形严重时，为增强护坡的稳定性，可采用肋式浆砌片石护坡。肋式浆砌片石护坡形式有外肋式、里肋式、柱肋式等，对于路堑膨胀土边坡而言，一般适合用里肋式与柱肋式浆砌片石护坡。大面积浆砌片石护坡也应在坡面适当位置设台阶形踏步，以利养护维修。

图 9-2-4 为浆砌片石护坡示意图。其中，(*a*)、(*b*)、(*c*)、(*d*)、(*e*)、(*f*)分别为浆砌片石护坡俯视图、外肋式浆砌片石护坡正视图、里肋式浆砌片石护坡正视图、柱肋式浆砌片石护坡正视图、浆砌片石护坡检查踏步立面图、浆砌片石护坡横断面图及其浆砌片石护坡基础大样图。

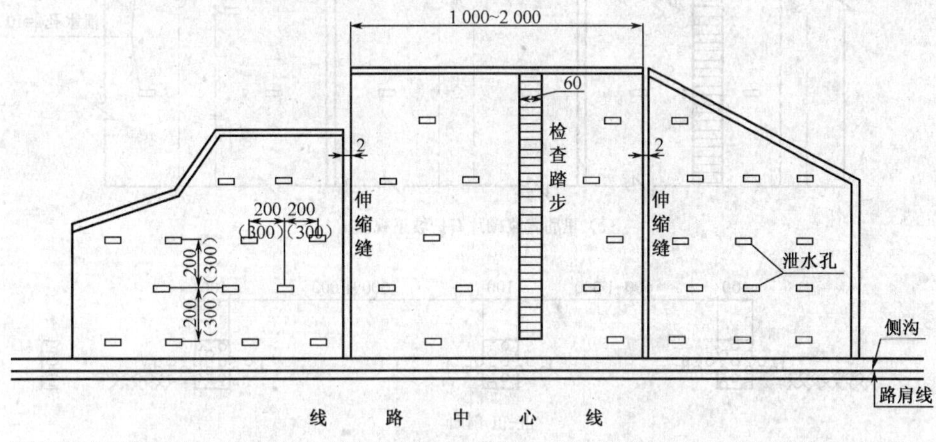

(*a*) 浆砌征石护坡俯视图

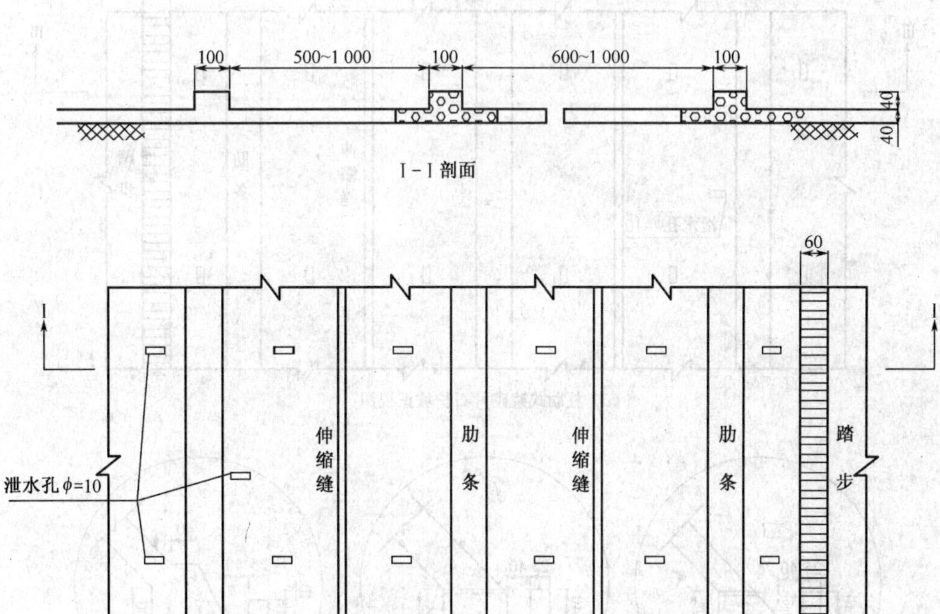

(*b*) 外肋式浆砌片正视图

图　9-2-4

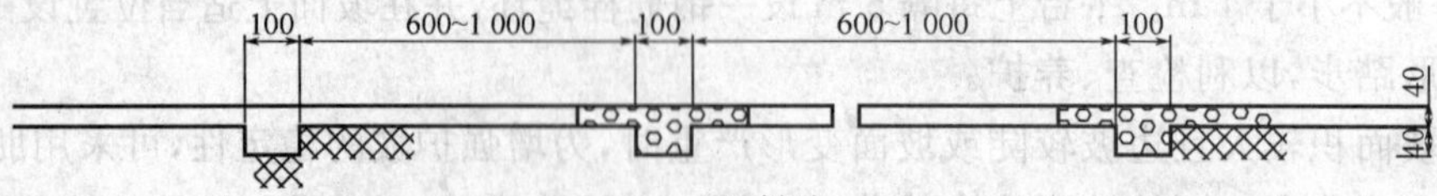

Ⅱ-Ⅱ 剖面

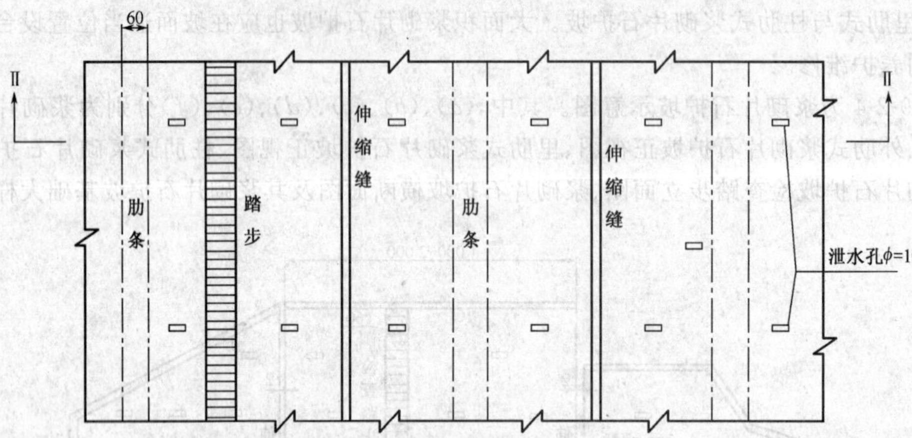

(*c*) 里肋式浆砌片石护坡正视面

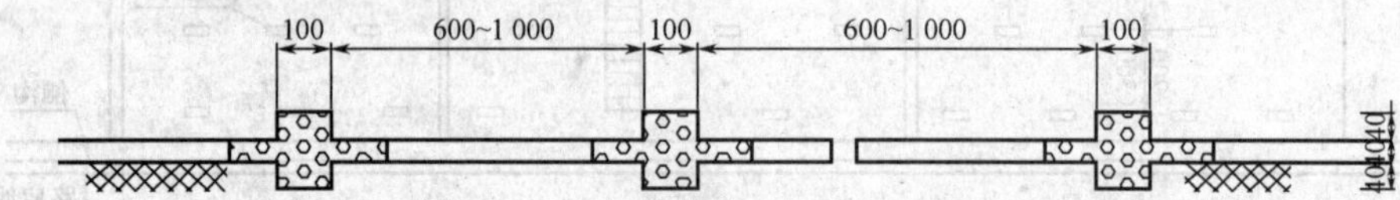

Ⅲ-Ⅲ 剖面

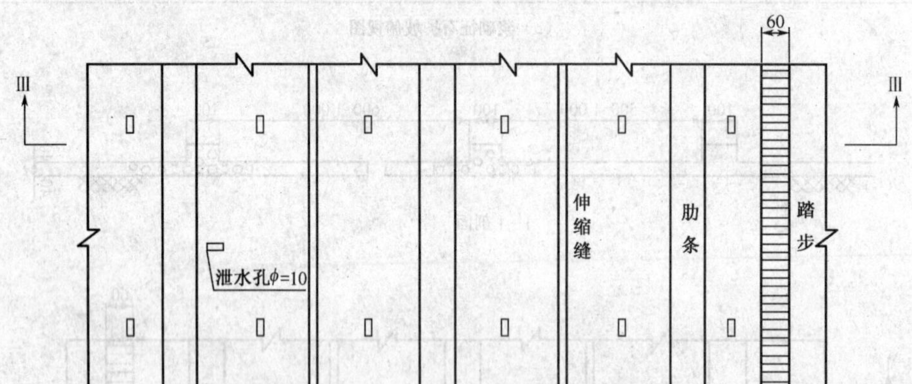

(*d*) 柱肋式浆砌片石护坡正视图

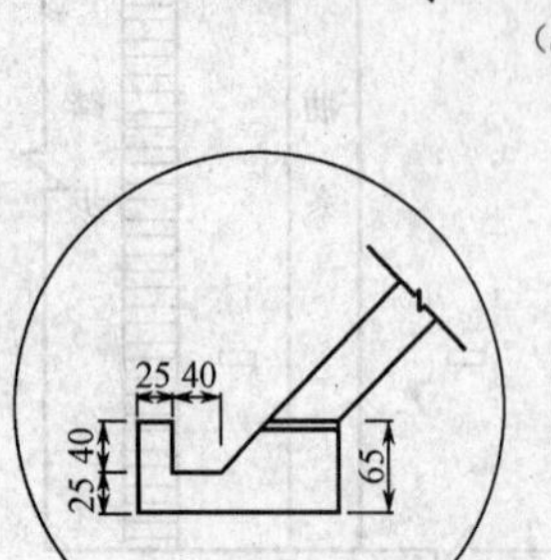

浆砌基础大样（之一）

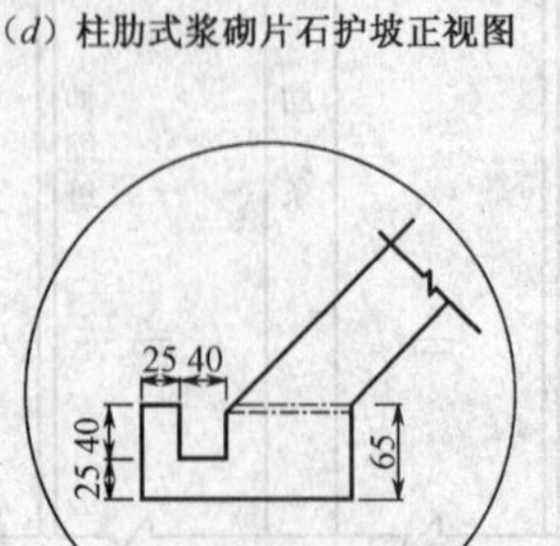

浆砌基础大样（之二）

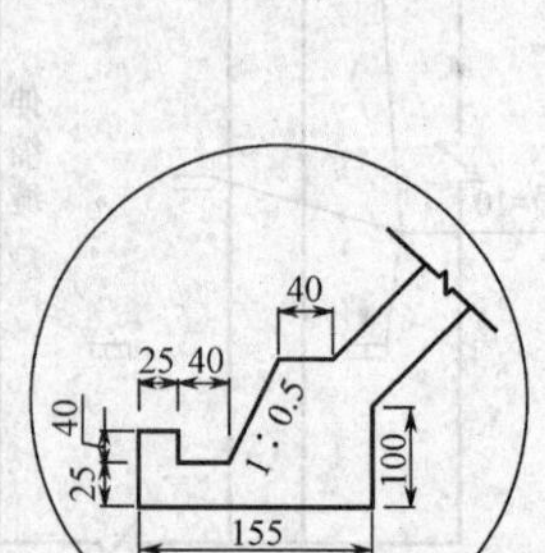

浆砌基础大样（之三）

图 9-2-4

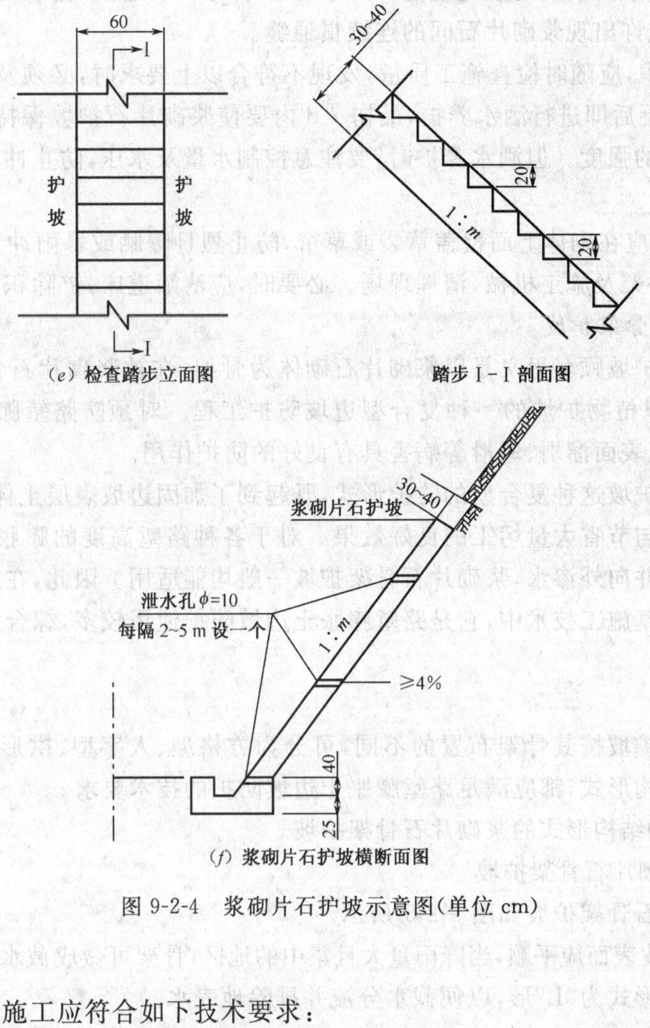

图 9-2-4　浆砌片石护坡示意图(单位 cm)

2. 施工要求

浆砌片石护坡施工应符合如下技术要求：

(1) 浆砌片石护坡用水泥砂浆的水泥与砂子(体积)配合比见表 9-2-1。

表 9-2-1　浆砌片石护坡用水泥砂浆的水泥与砂子(体积)配合比

砂浆标号	水泥标号			适用范围
	525	425	325	
100	1∶3.5	1∶3.0	1∶2.5	有长年流水冲刷的河床,河岸防护工程,桥涵主体工程及严寒地区的有关工程
75	1∶5.0	1∶4.0	1∶3.0	拦石墙、挡土墙及沟等
50	1∶6.0	1∶5.0	1∶4.5	一般排水沟、侧沟、桥涵及其他路基防护工程

(2) 护坡施工前,应将坡面上的溜坍、冲沟、冲蚀等处清除或回填夯实。片石砌筑前,应按设计坡度及厚度进行挂线。石块表面有泥土时,应用水清洗干净。高空作业时,应设好架空索道,运料轨道,安装好拌灰机具等。

(3) 浆砌时,片石应紧贴路堑膨胀土边坡自下而上立砌,片石与片石之间应错开接缝,片石与路堑膨胀土边坡的空隙应以碎石与砂砾填充捣实。片石间的接缝必须全部充填水泥砂浆，并挤浆捣实。挤浆捣实后的接缝应随即以水泥砂浆勾成平缝，平缝表面应平滑，不得留有空隙或空洞，也不允许出现浆砌片石间的连续贯通缝。

(4) 浆砌过程中，应随时检查施工质量，发现不符合以上要求时，必须及时纠正。

(5) 待砂浆初凝后即进行洒水养护，最初 7 d 内要使浆砌片石护坡保持湿润状态，以保证水泥砂浆达到足够的强度。但洒水养护时，要注意控制水量及水压，防止冲走砂浆而影响浆砌效果。

(6) 养生期内，应在砌体上面覆盖草袋或草帘，防止烈日曝晒或暴雨冲走灰浆。施工完成后，须及时拆除脚手架及施工机械，清理现场。必要时，应清筛道床，铲除积土，疏通排水沟。

(四) 浆砌片石骨架护坡

浆砌片石骨架护坡顾名思义是以浆砌片石砌体为骨架，在被浆砌片石骨架分割的路堑边坡土面上，再复之以植物护坡的一种复合型边坡防护工程。对预防路堑膨胀土边坡剥落、冲蚀、泥流、膨胀变形、表面溜坍、塌滑等病害具有良好的防护作用。

浆砌片石骨架护坡这种复合型的防护形式，既起到了加固边坡表层土体和坡面防护作用，又能达到美化边坡与节省大量圬工的良好效果。对于各种路堑高度的膨胀土边坡，只要其边坡内不是常年潮湿并向外渗水，浆砌片石骨架护坡一般均能适用。因此，在新建时速 200 公里铁路改良膨胀土路基施工技术中，它是路堑膨胀土边坡防护使用较多，综合效果较好的防护措施之一。

1. 结构形式

浆砌片石骨架护坡按其骨架布置的不同，可分为方格型、人字型、拱形等多种结构形式。无论采用哪一种结构形式，都应满足路堑膨胀土边坡防护的技术要求。

下面，介绍各种结构形式的浆砌片石骨架护坡。

(1) 方格型浆砌片石骨架护坡

方格型浆砌片石骨架护坡如图 9-2-5 所示。

骨架表面与草皮表面应平顺，当降雨量大且集中的地区，骨架可做成截水沟式(见图 9-2-6)，截水沟骨架的断面形式为“L”形，以便截水分流并排除地表水。

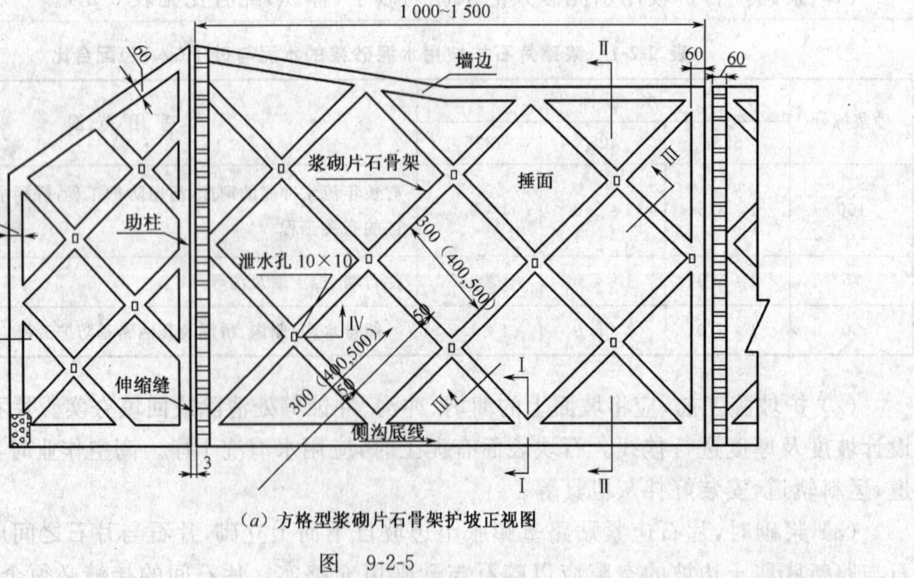

(a) 方格型浆砌片石骨架护坡正视图

图　9-2-5

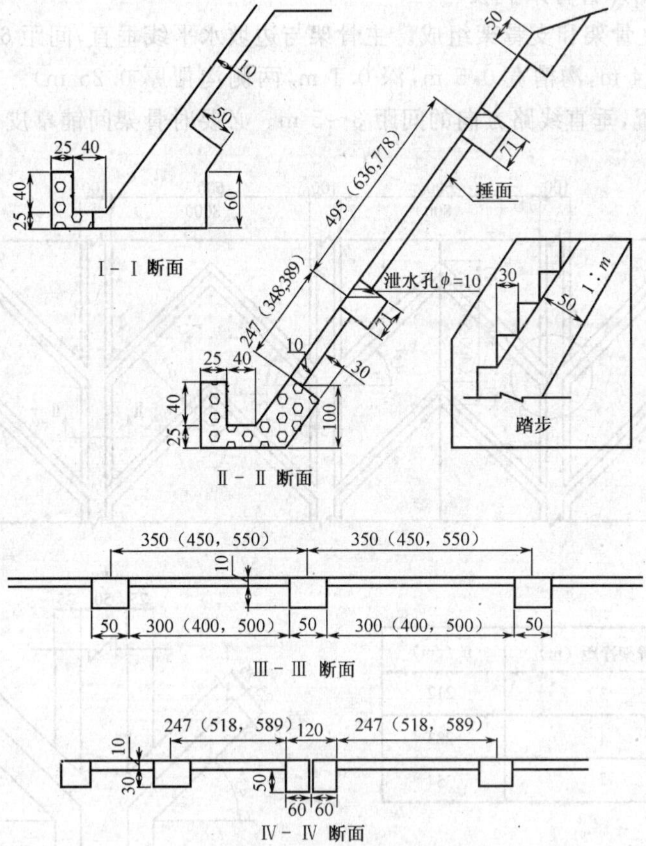

（b）方格型浆砌片石骨架护坡断面图

图 9-2-5　方格型浆砌片石骨架护坡示意图(单位 cm)

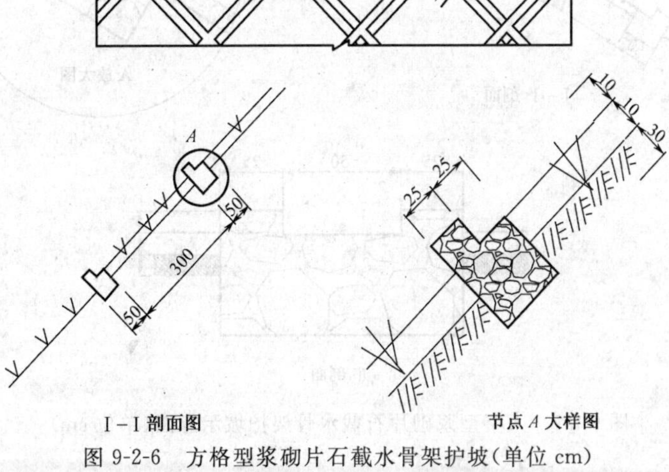

图 9-2-6　方格型浆砌片石截水骨架护坡(单位 cm)

(2) 人字型浆砌片石骨架护坡

如图 9-2-7 由主骨架和支骨架组成。主骨架与边坡水平线垂直,间距 6～8 m,主骨架可作成“L”形(沟底厚 0.4 m,沟槽宽 0.5 m,深 0.1 m,两侧沟帮厚 0.25 m)。支骨架与主骨架成 45°角,按人字形设置,垂直线路方向的间距 3～5 m。必要时骨架间铺草皮。

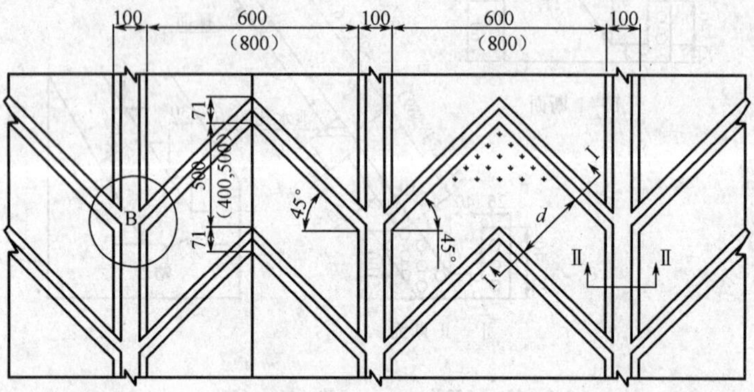

支骨架净距 (m)	d (cm)
3	212
4	283
5	354

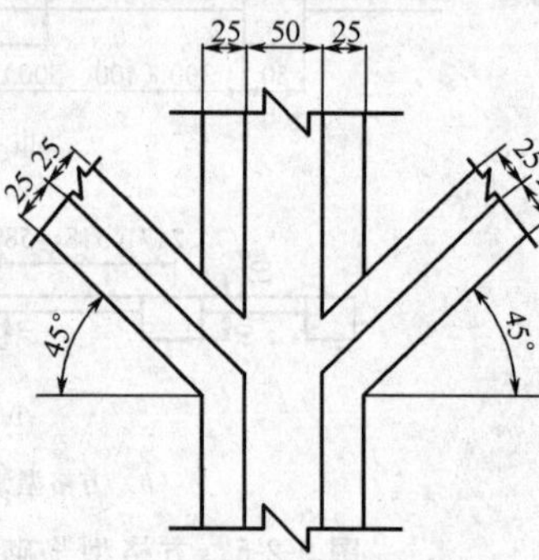

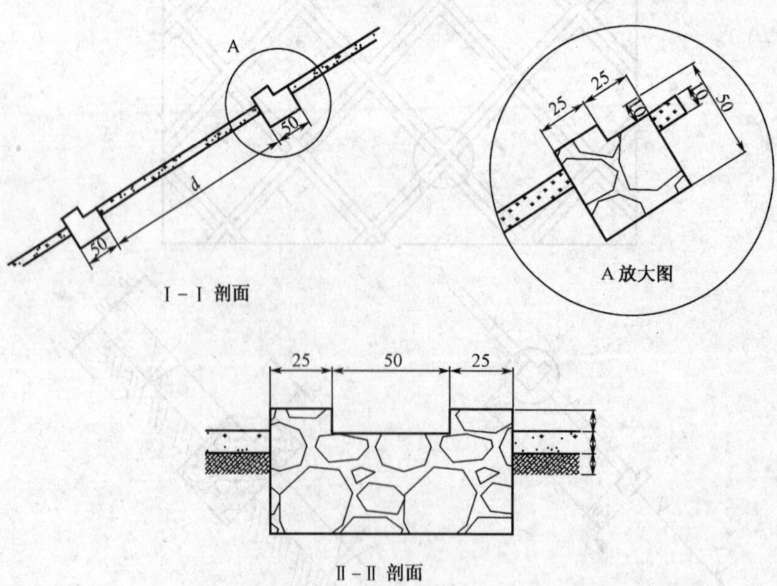

图 9-2-7　人字型浆砌片石截水骨架护坡示意图(单位 cm)

(3) 拱形浆砌片石骨架护坡

拱形浆砌片石骨架护坡如图 9-2-8 所示。

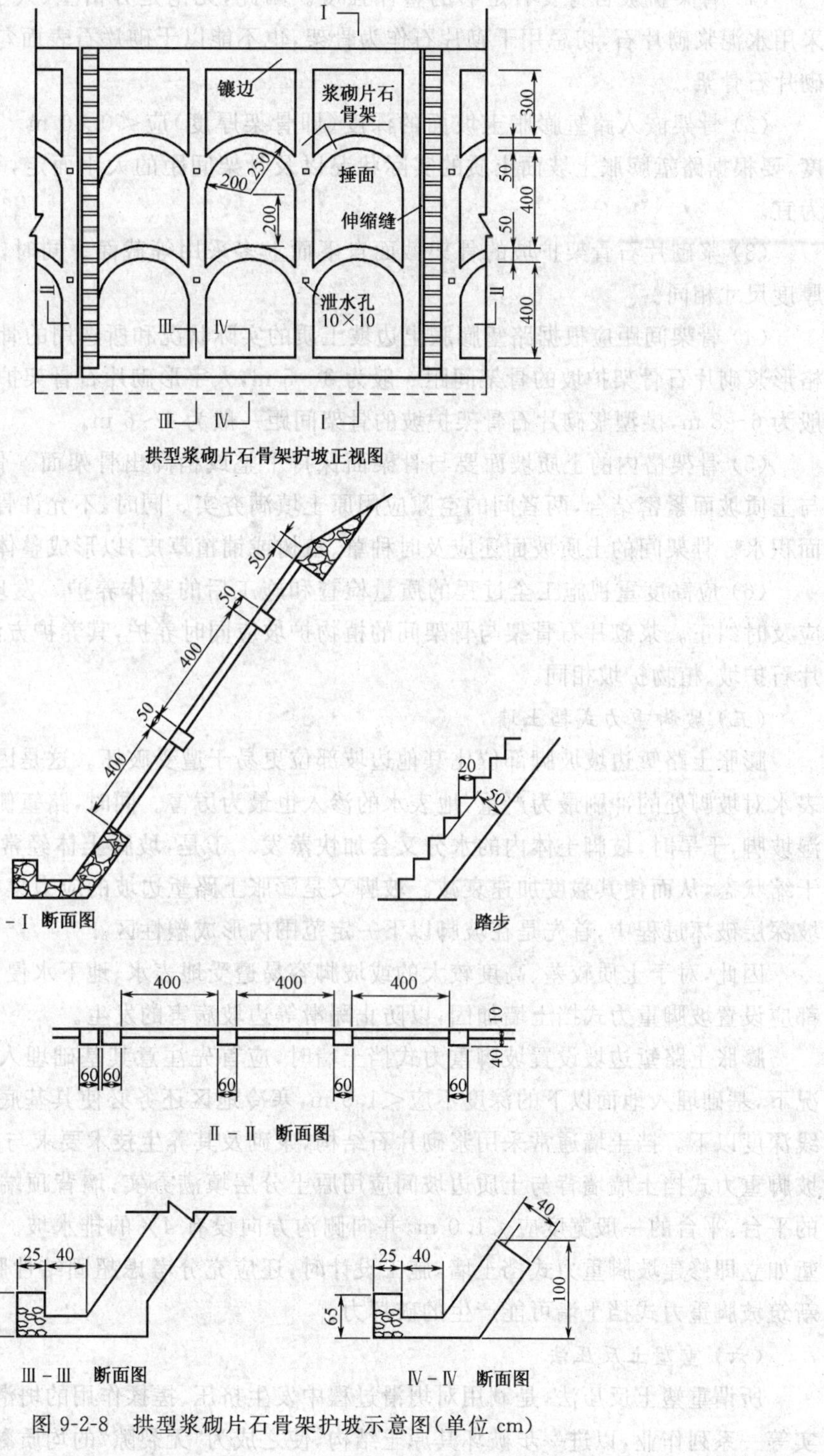

图 9-2-8　拱型浆砌片石骨架护坡示意图(单位 cm)

拱形主骨架的间距有 4 m、5 m 和 6 m 三种，拱高有 4 m，5 m，6 m 三种。应视岩层软硬程度和坡面变形等实际情况，合理选用。

2. 技术要求

路堑膨胀土边坡的浆砌片石骨架护坡应符合以下技术要求：

(1) 骨架护坡自身要有足够的整体强度。因此，无论是方格型、人字型、拱形骨架都必须采用水泥浆砌片石，切忌用干砌片石作为骨架，也不能以干砌片石表面勾缝的方法取代水泥浆砌片石骨架。

(2) 骨架嵌入路堑膨胀土坡面的深度(即骨架厚度)应≮0.40 m。现场施工时的设计深度，要根据路堑膨胀土坡面土质的实际状况以及骨架间距的大小而定，一般以0.40～0.80 m为宜。

(3) 浆砌片石骨架护坡的骨架截面自下而上多采用等截面。同时，截面宽度尺寸应与其厚度尺寸相同。

(4) 骨架间距应根据路堑膨胀土边坡土质的实际状况和所选用的骨架结构形式而定。方格形浆砌片石骨架护坡的骨架间距一般为3～5 m，人字形砌片石骨架护坡的骨架最大间距一般为6～8 m，拱型浆砌片石骨架护坡的骨架间距一般为4～6 m。

(5) 骨架格内的土质坡面要与骨架面保持平整或稍高出骨架面。骨架形成后，其边缘应与土质坡面紧密结合，两者间的空隙应用原土填满夯实。同时，不允许骨架间土质坡面形成凹面积水。骨架间的土质坡面还应及时种草、植树或铺植草皮，以形成整体防护功能。

(6) 应高度重视施工全过程的质量检查和施工后的整体养护。发现质量不符合要求时，应及时纠正。浆砌片石骨架与骨架间的植物护坡应同时养护，其养护方法与要求，分别与浆砌片石护坡、植物护坡相同。

(五) 坡脚重力式挡土墙

膨胀土路堑边坡坡脚部位比其他边坡部位更易于遭受破坏。这是因为来自上部边坡的地表水对坡脚处的冲刷最为严重，地表水的渗入也最为厉害。同时，路堑侧沟积水满溢后也会浸湿坡脚，干旱时，坡脚土体内的水分又会加快蒸发。于是，坡脚土体经常会处于反复的湿胀与干缩状态，从而使其强度加速衰减。坡脚又是膨胀土路堑边坡的应力集中区，在膨胀土路堑边坡深层破坏过程中，首先是在坡脚以下一定范围内形成塑性区。

因此，对于土质较差、高度较大的或坡脚容易遭受地表水、地下水侵蚀的膨胀土路堑边坡，都应设置坡脚重力式挡土墙加固，以防止蹋滑等边坡病害的发生。

膨胀土路堑边坡设置坡脚重力式挡土墙时，应首先注意其基础埋入的必要深度。通常情况下，基础埋入地面以下的深度不应＜1.5 m，寒冷地区还务必使其基底面标高处于当地冻结线深度以下。挡土墙通常采用浆砌片石结构，浆砌及其养生技术要求与其他浆砌片结构相同。坡脚重力式挡土墙墙背与土质边坡间应用原土分层填满夯实，墙背顶端至边坡应有一定宽度的平台，平台的一般宽度应≮1.0 m，并向侧沟方向设有4%的排水坡。膨胀土地区新挖的路堑如立即修建坡脚重力式挡土墙，施工设计时，还应充分考虑超固结性膨胀土卸荷膨胀力，对新筑坡脚重力式挡土墙可能产生的破坏力。

(六) 重塑土反压法

所谓重塑土反压法，是利用对坍滑过程中发生挤压、搓揉作用的坍滑体进行开挖、倒运、夯实等一系列作业，以进一步破坏其原土结构，使之成为“无裂隙”的均质黏性土。再将其填筑于经过重新刷坡边坡上，利用新填方实施对路堑边坡的反压，抑制路堑边坡裂隙的发展，同时起到保温、保湿、防止风化和防止继续坍滑的作用。

（七）抗 滑 桩

主要用于滑坡规模较大，且滑面较深的地段。一般是在滑坡推力过大，单设抗滑挡土墙已无法抵御其边坡滑动病害时采用。必要时，也可与挡土墙同时设置，以发挥它们的整体抗滑作用。

三、改良膨胀土路堤边坡防护

在新建时速 200 公里铁路改良膨胀土路基施工中，由于采用了合格的改良膨胀土作为路基基床底层和基床以下路基的填筑材料，其改良膨胀土路堤边坡的防护比之未经改良的膨胀土填料路堤边坡防护要容易很多。

虽然改良膨胀土路堤填料的性质已发生了根本性的改良，其边坡相对稳定，病害产生缓慢，但由于它毕竟还是土质压实体，故也应根据路堤高度、降雨量大小、地表水发育状况、周围排水条件以及填筑、压实施工质量等实际情况，采取有针对性的边坡防护加固措施。

改良膨胀土路堤常用的边坡防护加固措施，主要有以下几种：

1. 植物护坡。其防护功能与技术要求与路堑边坡防护相仿。

2. 浆砌片石护坡。其防护功能与技术要求与路堑护坡相似，但以拱型骨架护坡效果更好。需要注意的是，新筑路堤宜在堤身沉降基本稳定后实施。

3. 采用塑料网格加筋材料加固边坡。这种加固方法是在路堤分层填筑、压实过程中，在压实层表面铺设一层塑料（高密度聚乙烯）网格。利用网格与土体间存在的摩擦阻力，提高边坡附近土体的整体抗剪强度。

4. 用改性桩加固边坡。改性桩主要为石灰土桩及水泥土桩，桩的直径为 0.2～0.3 m，桩的间距为 1.0～2.0 m，桩长可达 6 m。改性桩除了本身的强度可以加强土的抗剪强度外，还有改良土质的作用。它的优点是施工简便，造价低廉，耐久性强，适用于整治边坡的浅层坍滑。

第三节　改良膨胀土路基边坡防护效果的现场测试

改良膨胀土路基边坡采取了防护措施以后能否达到预期的效果，需要通过现场测试和跟踪监测，在掌握边坡变化规律的基础上，对其长期稳定性及其变化进行预期评价，这也是新建时速 200 公里铁路改良膨胀土路基施工中的一个重要技术环节。

本节将以新建时速 200 公里合肥—南京客货共线铁路改良膨胀土路基高路堤边坡防护效果的现场测试和跟踪监测为实例，具体介绍现场测试的内容与方法。

一、现场概况

改良膨胀土路基边坡防护效果的测试现场设在该线 DK1087＋100～DK1089＋100 间，全长为 2 km 的石灰改良膨胀土路基试验段上。

路基高度为 3～12 m，路基面宽度为 12.7 m。路堤边坡坡率为 1：1.5 及 1：1.75，路堤高度＜7 m 时采用单级放坡，路堤高度＞7 m 时采用两级放坡。路基边坡防护的基本类型为植物护坡（紫穗槐）、土工格栅护坡和拱形骨架护坡，施工中根据坡高的不同采用了以上基本护坡类型的组合。

二、测试内容与测点布置

边坡防护测试的目的是为了掌握改良膨胀土边坡的变形规律，从而指导全线边坡防护的施工,因此测试边坡的选择要有普遍性,并有典型的防护形式。

(一) 测试内容

改良膨胀土高路堤边坡现场测试主要内容有:

(1) 边坡强化材料土工格栅的应变或应力测试;

(2) 改良膨胀土高路堤边坡不同位置土体的水平挤压应力测试;

(3) 路基坡面的变形(包括水平位移及竖直沉降)及其随时间(含气候)而变化的测试。

(二) 测点布置

在新建时速 200 公里客货共线合肥—南京铁路改良膨胀土路基试验段中,选取三个路堤断面进行边坡防护效果的现场测试。三个路堤断面的里程位置分别为 DK1087＋770、DK1088＋430 和 DK1088＋640,考虑路基边坡的对称性,故只对其半侧断面进行测试。

其中,断面 DK1087＋770 采用土工格栅加拱形骨架护坡的边坡防护形式,其测点布置见图 9-3-1。

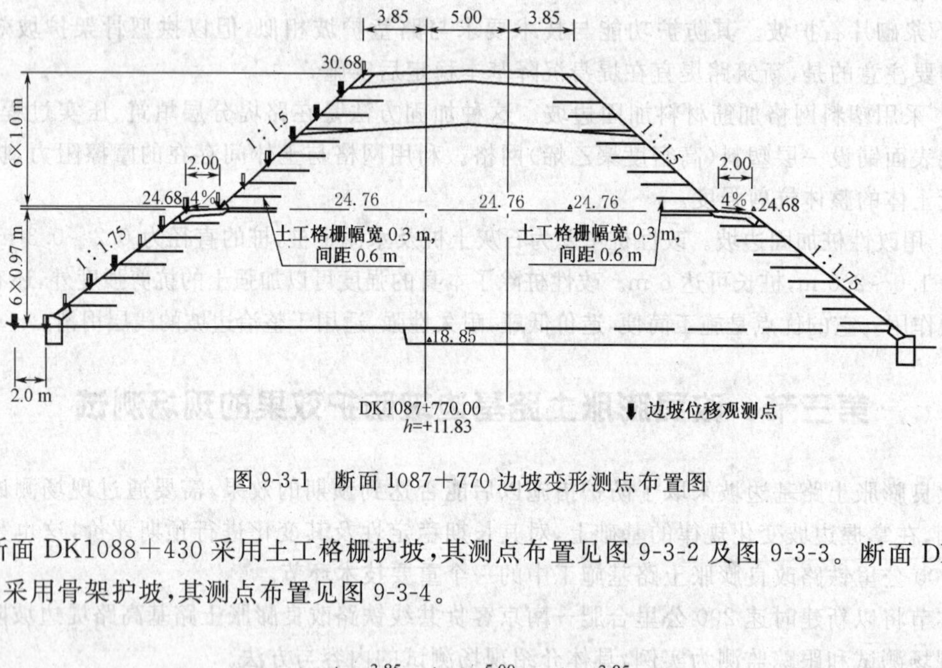

图 9-3-1 断面 1087＋770 边坡变形测点布置图

断面 DK1088＋430 采用土工格栅护坡,其测点布置见图 9-3-2 及图 9-3-3。断面 DK1088＋640 采用骨架护坡,其测点布置见图 9-3-4。

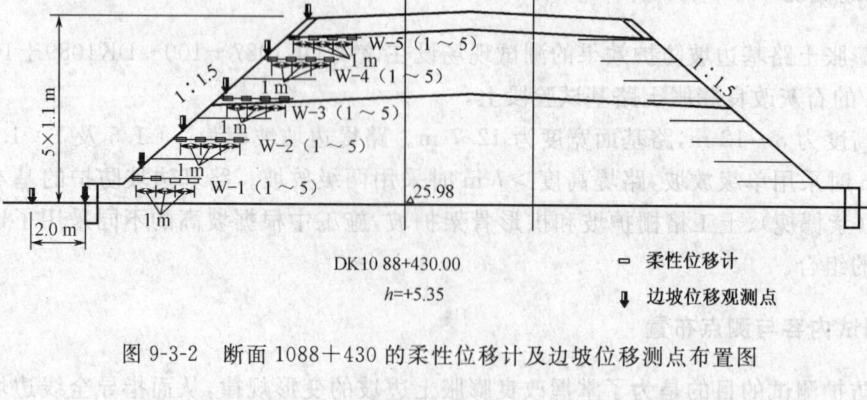

图 9-3-2 断面 1088＋430 的柔性位移计及边坡位移测点布置图

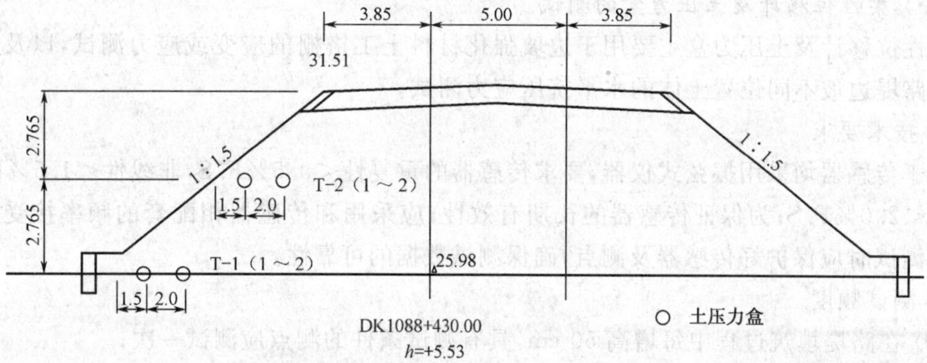

图 9-3-3　断面 1088＋430 的土压力盒布置图

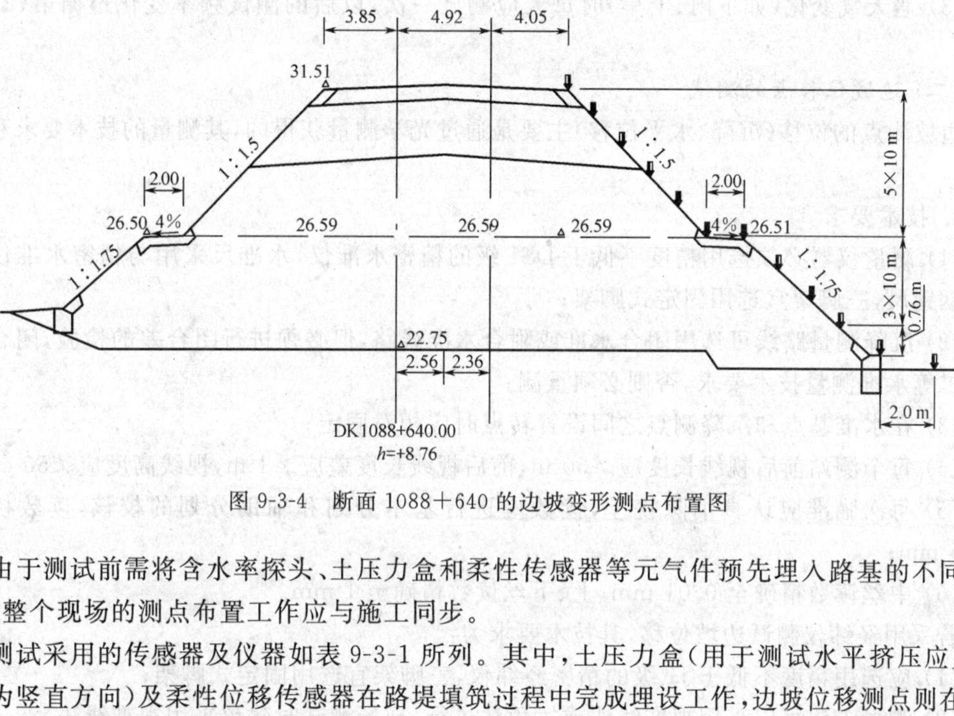

图 9-3-4　断面 1088＋640 的边坡变形测点布置图

由于测试前需将含水率探头、土压力盒和柔性传感器等元气件预先埋入路基的不同压实层，故整个现场的测点布置工作应与施工同步。

测试采用的传感器及仪器如表 9-3-1 所列。其中，土压力盒（用于测试水平挤压应力，其设置为竖直方向）及柔性位移传感器在路堤填筑过程中完成埋设工作，边坡位移测点则在路堤填筑到设计标高并完成刷坡后埋设。

表 9-3-1　传感器及测试仪器统计表

序号	测试项目	传感器类型	数量	测试设备及附件
1	土压力测试	ZX－500 系列弦式数码压力盒	4	JMZX－300 振弦检测仪，导线长 360 m
2	土工格栅应力测试	柔性位移传感器	20	JMZX－300 振弦检测仪，导线长 960 m
3	边坡位移测试	预制测点	34	精密水准仪、J2 经纬仪（或全站仪）

三、技术要求与测试频度

改良膨胀土路基边坡防护效果的现场测试，应分别根据不同的测试内容，严格按照各自的技术要求与测试频度有序进行。

（一）柔性位移计及土压力盒的测试

柔性位移计及土压力盒主要用于边坡强化材料土工格栅的应变或应力测试，以及改良膨胀土高路堤边坡不同位置土体的水平挤压应力测试。

1. 技术要求

由于传感器均采用振弦式仪器，要求传感器的重复性＜0.5%F.S，非线性＜1.5%F.S，综合误差＜2.0%F.S；为保证传感器的长期有效性，应采用和传感器相配套的频率接受仪进行测试。测试时应保护好传感器及测点，确保测试数据的可靠性。

2. 测试频度

(1) 在路堤填筑过程中每增高50 cm，具有测试条件的测点应测试一次；

(2) 路堤填筑完成后的半个月内每天测试一次，以后视各测试物理量的变化情况逐步减少测试频度，在路堤填筑完成后2个月内每周应至少测试一次；

(3) 遇天气变化（如下雨、干旱）时每天应测试一次，以后的测试频率变化遵循第(2)条进行。

（二）边坡位移点的测试

边坡测点的位移（沉降、水平位移）主要是通过光学测量获得的，其测量的技术要求和频度如下。

1. 技术要求

(1) 测量仪器必须选用精度不低于DS1级的精密水准仪，水准尺采用与精密水准仪相配套的铟钢尺，三脚架宜选用固定式脚架；

(2) 沉降测量路线可选用闭合水准或附合水准线路，但必须进行闭合差的检验，闭合差应满足二等水准测量技术要求，否则必须重测；

(3) 在水准基点和沉降测点之间设置转点时应相对固定；

(4) 每个测站前后视线长度应≯50 m，前后视线长度差应≯1 m，视线高度应≮50 cm；

(5) 每次瞄准应认真消除视差，读数应进行基本分划和辅助分划的校核，读数校差应≯0.5 mm；

(6) 中丝读数精确至0.01 mm，上、下丝读数精确至1 mm。

若采用经纬仪测试边坡位移，其技术要求为：

(1) 应选用精度不低于J1级的精密经纬仪，三脚架宜选用固定式脚架；

(2) 测量方法可以采用视准线法或拨角法进行，现场测试时建议采用视准线法。

由于边坡的测点涉及到沉降及水平位移，建议采用全站仪进行测量，要求最弱点的测量精度达到1 mm。

观测桩采用直径20 mm，长500 mm的圆形钢桩，周围以混凝土包裹牢固。桩体深入边坡400 mm，外露100 mm。桩顶刻十字线定点，作为测点。边坡上每个观测桩应沿路基高度自下而上编号，坡脚外2 m的桩编号为1，坡脚起向上，依次编号为2、3、4……。

观测桩一律在路基完成护坡后开始埋设，测点的安装应牢固可靠，标志明显，并防止人为破坏。

2. 测试频度

(1) 各测点的初值应至少有三次平行测试；

(2) 护坡完成后的0.5个月内，每3天测试一次；

(3) 护坡完成后0.5个月～1个月期间，每周测试一次；

(4) 护坡完成 1 个月～6 个月期间,每月测试一次;

(5) 护坡完成 6 个月以后,每 3 个月测试一次;

(6) 如遇天气突然变化(如暴雨),应在变化后测试一次,以后按照上述原则进行。

图 9-3-5 所示的是在新建时速 200 公里客货共线合肥—南京铁路改良膨胀土路基边坡横向位移、垂向沉降监测示意图。沉降观测中采用苏光 DSZ2,配测微装置,读数可达 0.01 mm;采用三脚架,配 3 m 铟钢尺。水准点相对固定。边坡位移选用捷创力 600N 全站仪,采用距离和角度测量。每断面设一基线,基线桩为混凝土包桩,相对固定。

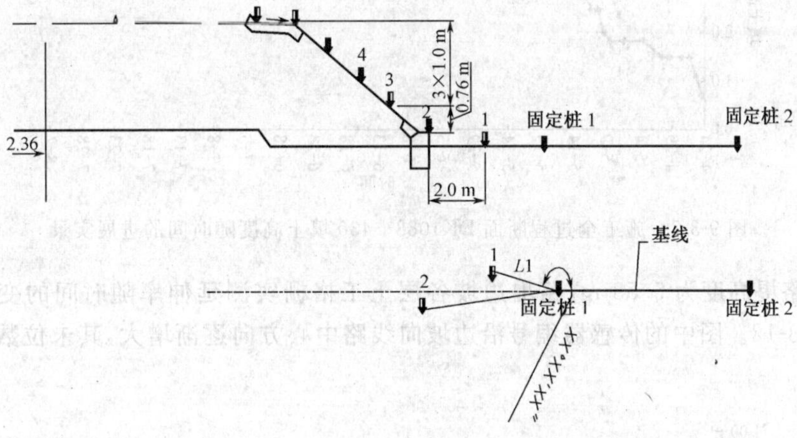

图 9-3-5 边坡横向位移、垂向沉降监测示意图

通过边坡距离和角度的测量,可计算出边坡沿平行于线路走向和垂直于线路走向的变形。计算方法与步骤如下:选取平行于线路走向的基线,记录测点 n 与固定桩之间距离 L',与基线之间的夹角 α(见图 9-3-6)。

首先计算出平行于线路走向距离 $L_Y = L\times\cos\alpha$,垂直于线路走向距离 $L_X = L\times\sin\alpha$。当边坡变形后,测出测点 n 与固定桩之间距离 L',与基线之间的夹角 α'。接着算出变化后的平行于线路走向距离 $L_Y' = L'\times\cos\alpha'$ 和垂直于线路走向距离 $L_X' = L'\times\sin\alpha'$。

则,平行于线路走向的路基变形为:$\Delta L_Y = L_Y' - L_Y$;垂直于线路走向距离的路基变形为 $\Delta L_X = L_X' - L_X$。

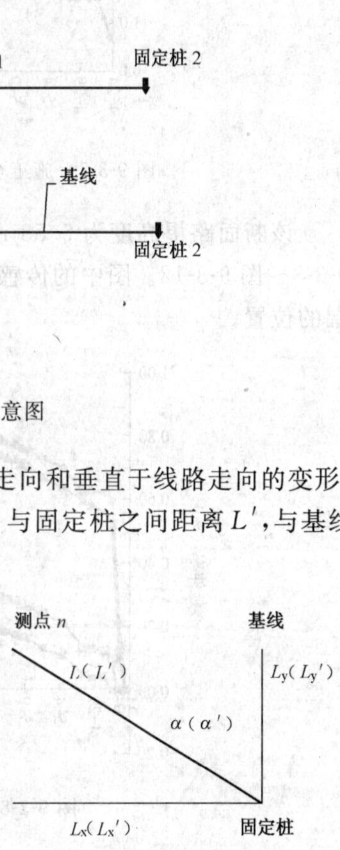

图 9-3-6 边坡变形计算图

四、土工格栅延伸率

土工格栅延伸率是指土工格栅单位长度的伸长量,即通常意义上的应变概念。路堤边坡中的土工格栅起到抗拉、抗滑、抗剪并与土体共同承受内、外荷载的作用,其延伸率的大小及其变化特征直接反应了路堤边坡的工作状态。因此,延伸率测试常被作为分析评价土工格栅防护效果的一种技术手段。

土工格栅对路堤边坡的防护机理为:利用格网与土接触面的摩擦作用,使土中的垂直应力和水平应力经由土工格栅网的面层水平扩散,转化为土工格栅网与土体界面间的剪应力,从而相应降低了作用于土体内的剪应力水平,起到加筋补强、稳固边坡土体,防止边坡浅层溜坍和边坡土体塌滑的作用。

（一）测试实例

图 9-3-7 反映的是新建时速 200 公里客货共线合肥—南京铁路改良膨胀土路基 DK1088＋430 断面施工全过程中，其路堤填土高度随时间进展的实录。

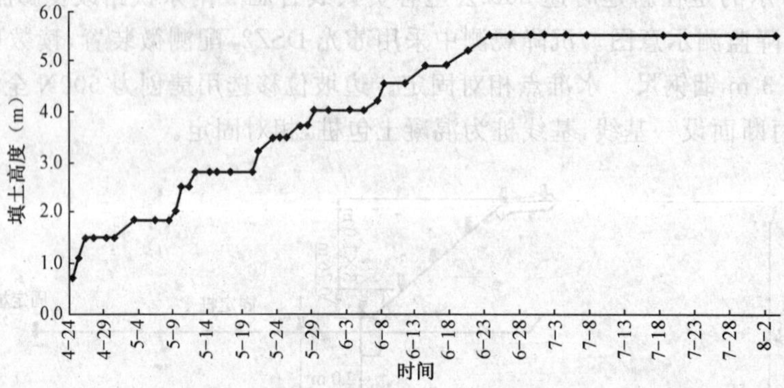

图 9-3-7　施工全过程断面 DK1088＋430 填土高度随时间的进展实录

该断面路堤高度为 5.53 m，路堤边坡各层土工格栅实测延伸率随时间的变化曲线见图 9-3-8～图 9-3-12。图中的传感器编号沿边坡向线路中心方向逐渐增大，其末位数字表示在该层的位置。

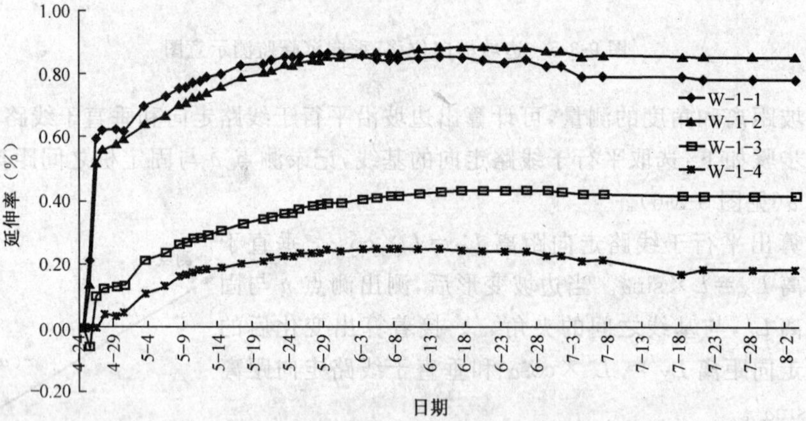

图 9-3-8　W－1 层土工格栅延伸率随时间的变化曲线

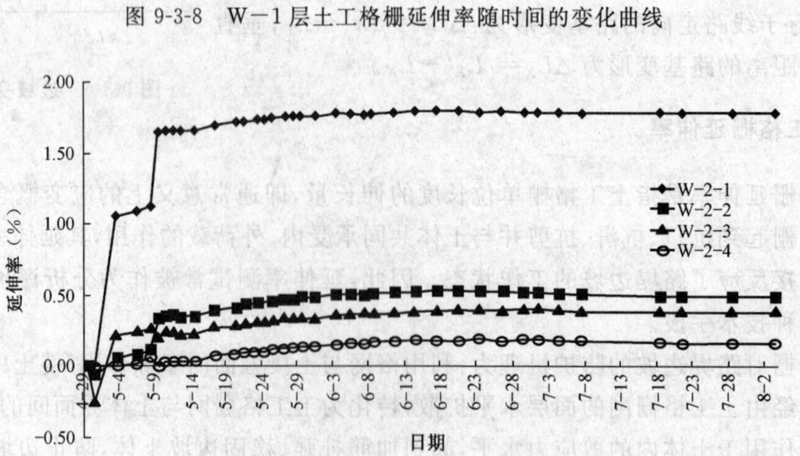

图 9-3-9　W－2 层土工格栅延伸率随时间的变化曲线

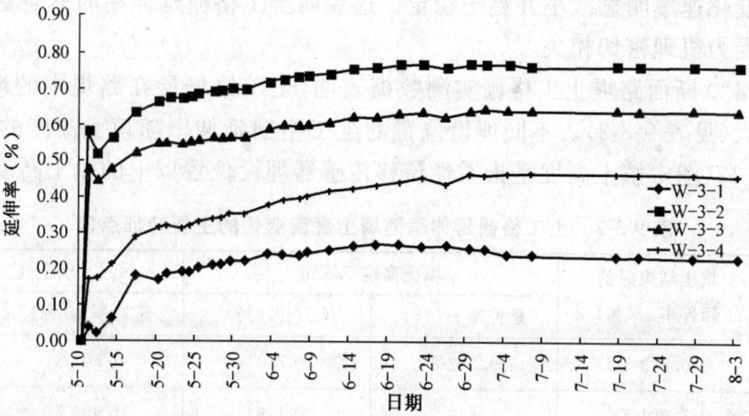

图 9-3-10 W－3 层土工格栅延伸率随时间的变化曲线

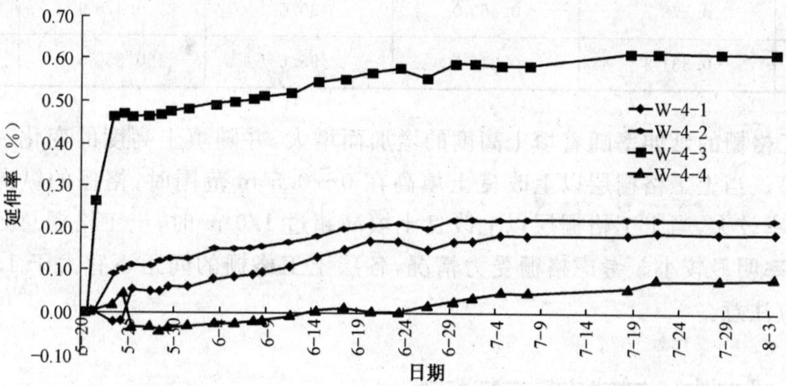

图 9-3-11 W－4 层土工格栅延伸率随时间的变化曲线

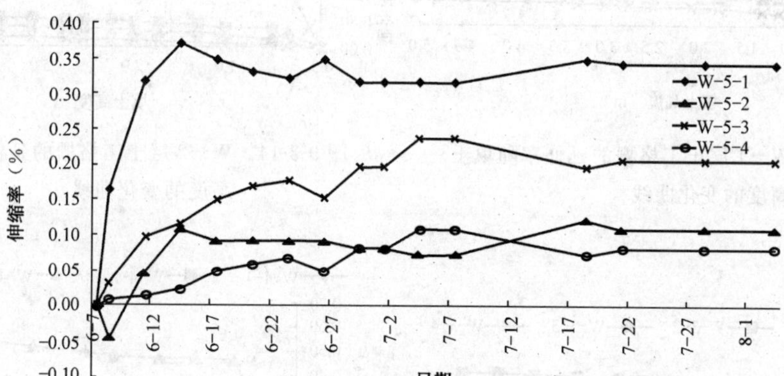

图 9-3-12 W－5 层土工格栅的延伸率随时间的变化曲线

（二）结果分析

由图 9-3-8～图 9-3-12 土工格栅延伸率的变化曲线可知：

1. 土工格栅延伸率变化存在着快速增长与稳定两个不同阶段

每一层土工格栅延伸率的变化，都有着两个明显不同的阶段。即：在某一层土工格栅上面填筑路堤的初期，该层延伸率的变化速率较大；但当其上面路堤填筑到一定高度后，该层土工格栅延伸率的变化速率明显减小并趋于稳定。这说明土工格栅延伸率的早期变化与其在路堤填筑过程中的受力机理密切相关。

DK1088＋430断面路堤土工格栅实测数据表明，土工格栅层在路堤中的埋深越大，则其实测延伸率越大（见表9-3-2）。不同埋设位置的土工格栅延伸率随填土高度的变化曲线见图9-3-13～图9-3-17（图中填土高度是指柔性位移传感器埋设位置以上的填土高度）。

表9-3-2　土工格栅延伸率随填土高度变化的主要特征点值

传感器编号	填土结束时的延伸率 ε_1（%）	填土高度0.5 m		填土高度1.0 m	
		延伸率 ε_2（%）	$(\varepsilon_2/\varepsilon_1)$（%）	延伸率 ε_3（%）	$(\varepsilon_3/\varepsilon_1)$（%）
W－1－2	0.883 8	0.592 3	67.0	0.701 6	79.4
W－2－1	1.791 8	1.646 6	91.9	1.656 7	92.5
W－3－2	0.768 1	0.580 8	75.6	0.674 5	87.8
W－4－3	0.578 7	0.463 0	80.0	0.476 9	82.4
W－5－1	0.331 3	0.316 7	95.6	0.330 3	99.7

图中土工格栅的延伸率随着填土高度的增加而增大，并随填土高度的变化表现为先陡升后缓升的态势。当土工格栅层以上改良土填高在0～0.5 m范围时，格栅的纵向延伸率迅速增加，变形速率较大，当土工格栅层以上改良土填高超过1.0 m时，土工格栅总延伸率缓慢增加，但变形速率明显较小。考虑格栅受力情况，各层土工格栅的间距不宜大于1.0 m，路堤填料较差时更应注意。

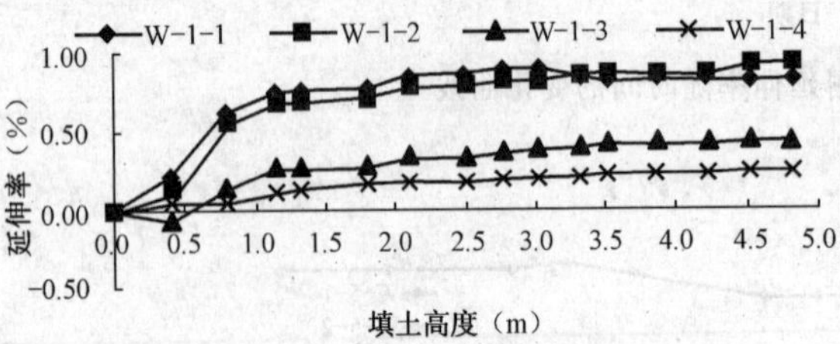

图9-3-13　W－1层土工格栅的延伸率随填土高度的变化曲线

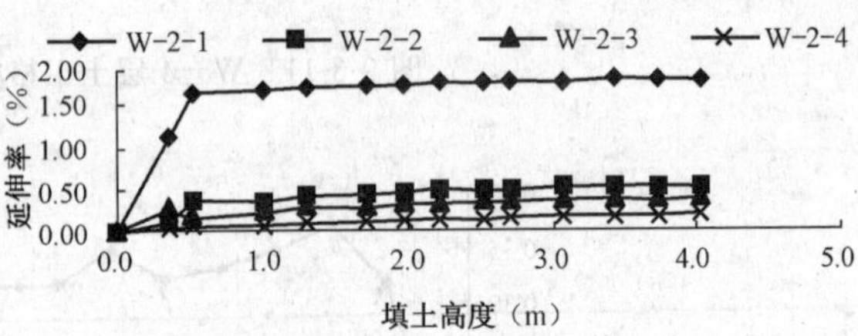

图9-3-14　W－2层土工格栅的延伸率随填土高度的变化曲线

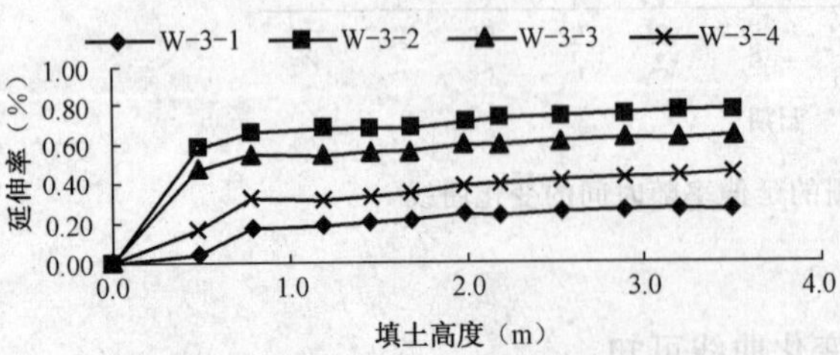

图9-3-15　W－3层土工格栅的延伸率随填土高度的变化曲线

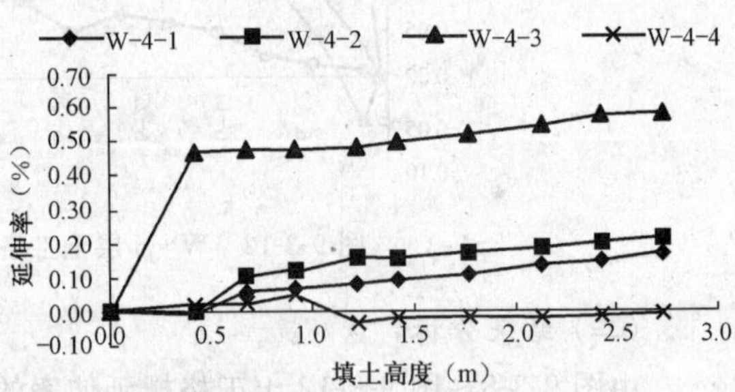

图9-3-16　W－4层土工格栅的延伸率随填土高度的变化曲线

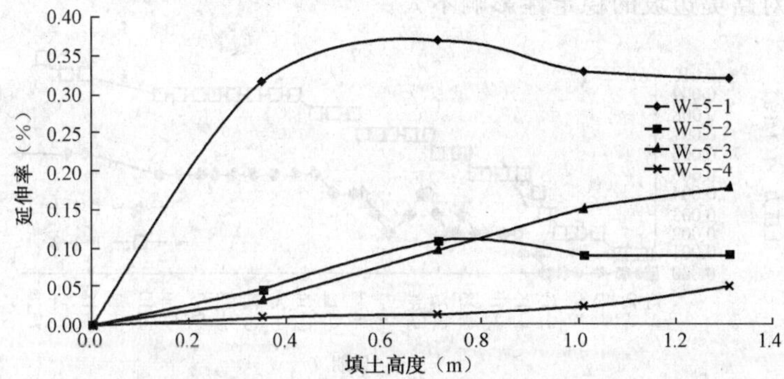

图 9-3-17　W－5 层土工格栅的延伸率随填土高度的变化曲线

2. 土工格栅的实测最大延伸率远小于其容许抗拉强度条件下的最大延伸率

在用土工合成材料加固路堤边坡的设计中，其容许抗拉强度等于其极限抗拉强度除以一定的安全系数。考虑到施工损伤、材料老化、材料蠕变等因素，通常土工格栅的安全系数取值在 1.5～2.0 之间，土工格栅拉伸断裂时的最大延伸率一般情况下均＞10%。

根据 DK1088＋430 断面的实测结果，所有土工格栅的延伸率基本上都＜1%，最大值也仅为 1.79%，可见其土工格栅的设计强度还有很大的富余量。同时，在路堤填筑施工过程中，该改良膨胀土路堤边坡的侧向变形也十分微小，反映出边坡的自稳能力较强。

3. 应根据不同埋设深度处土工格栅延伸率的不同分布规律合理选择其铺设宽度

如图 9-3-18 所示，不同埋设深度处土工格栅延伸率存在着不同的分布规律。其中：

位于基床表层底面附近和坡底位置附近的土工格栅层，其最大延伸率出现在边坡坡面附近。随着与坡面距离的增加，土工格栅的延伸率迅速减少；

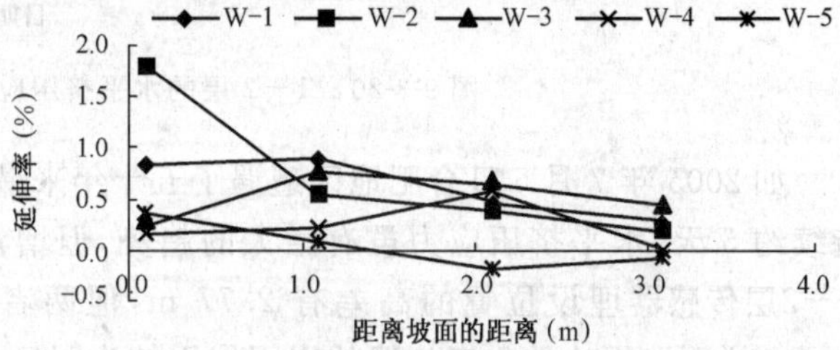

图 9-3-18　不同土工格栅层的延伸率分布

位于坡中位置附近的土工格栅层，其延伸率呈两边小，中间大的分布态势，最大延伸率出现在格栅的中间位置附近。

综合考虑改良膨胀土路堤中土工格栅的受力情况及其施工的经济性，对于不同坡高位置的土工格栅加筋层，宜采用不同的铺设宽度。

五、路堤内部的水平挤压应力

路堤内部的水平挤压应力可以通过对埋设在土体中土压力盒的测试而获得。一般而言，水平挤压应力随着时间与路堤填筑高度的变化有其一定的变化规律。

（一）水平挤压应力随时间的变化

图 9-3-19、图 9-3-20 为新建时速 200 公里客货共线合肥—南京铁路改良膨胀土路堤内部水平挤压应力随时间的变化曲线。

图中水平挤压应力 σ_h 表现为先增加后渐次稳定的规律，最大水平挤压应力仅有 10 kPa 左右。路基填筑完成后，尽管水平挤压应力受土体含水率的影响，在边坡受水、失水后有增大、降低的趋势，但其变化的量值较小。反映出改良膨胀土路堤边坡有较强的自稳性，气候（如降雨、温度)等因素对路堤边坡的稳定性影响不大。

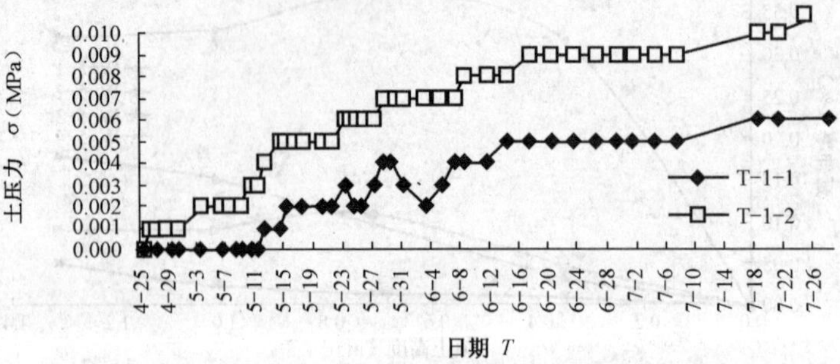

图 9-3-19　T－1 层的水平挤压应力随时间的变化曲线

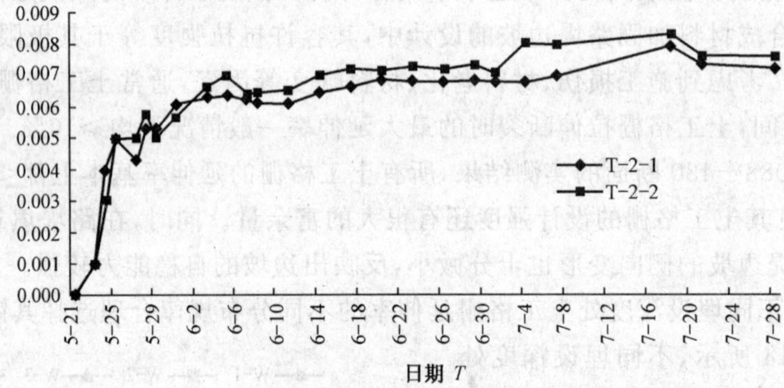

图 9-3-20　T－2 层的水平挤压应力随时间的变化曲线

如 2005 年 7 月 5 日合肥地区遭遇了五十年来最大的一次暴雨，日降雨量达 127 mm，降雨持续约 5 天，水平挤压应力虽有增大的趋势，但增量很小，仅 1 kPa 左右。另外，T－1 层和 T－2层传感器埋设位置的高差有 2.77 m，但两者的最大水平挤压应力差别甚微，仅 1～2 kPa，说明路堤边坡土工格栅的嵌固作用较为明显。

(二) 水平挤压应力随路堤填土高度的变化

图 9-3-21、图 9-3-22 为新建时速 200 公里客货共线合肥—南京铁路改良膨胀土路堤内部水平挤压应力随路堤填土高度的变化曲线。

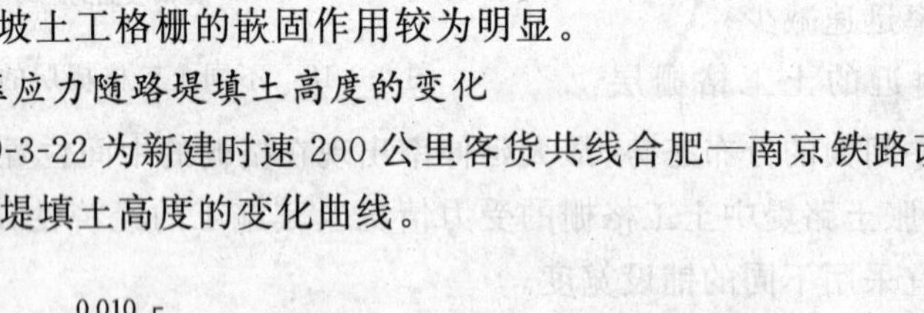

图 9-3-21　T－1 层的水平挤压应力随填土高度的变化曲线

如图所示，T－1 层压力盒的埋深为 5.53 m(位于土工格栅底层以下约 1.0 m)，其水平挤压应力的变化几乎随路堤的填筑高度而呈线性增长；T－2 层压力盒位于临近 W－3 层柔性位移计附近，该处铺设有土工格栅，其水平挤压应力随路堤填土高度的增加呈现出先快后缓增长的变化特点，与其附近的土工格栅延伸率变化规律类同。

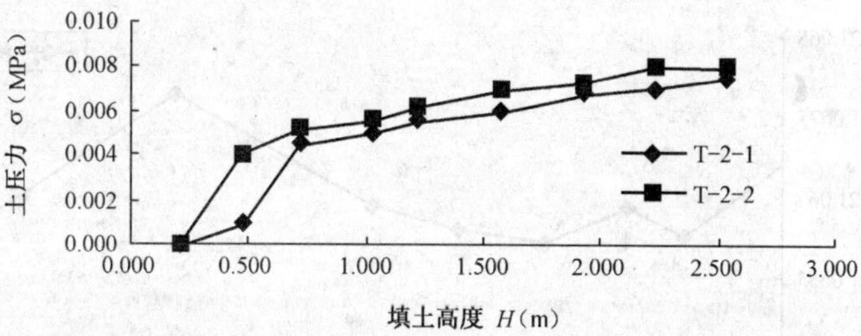

图 9-3-22　T－2 层的水平挤压应力随填土高度的变化曲线

六、边坡稳定性的跟踪监测

边坡防护施工完成后，需对边坡稳定性进行长期监测，以掌握其变化规律，为综合评价边坡防护效果积累基础数据。边坡沉降可直接观测沉降桩变化获得，边坡横向变形通过距离和角度变化的测试获得。

（一）边坡沉降监测

表 9-3-3、图 9-3-23 是新建时速 200 公里客货共线合肥—南京铁路 DK1087＋770 改良膨胀土路堤断面边坡防护施工完成后，边坡沉降的初期跟踪测试结果。

表 9-3-3　DK1087＋770 处边坡沉降观测数据

点号	10 月 25 日	10 月 28 日	10 月 31 日	11 月 2 日	11 月 5 日	11 月 8 日	11 月 11 日	11 月 18 日	11 月 25 日
	标高	标高	标高	标高	标高	标高	标高	标高	标高
1	21.067 52	21.067 69	21.066 76	21.066 94	21.066 72	21.066 8	21.066 94	21.067 64	21.066 83
2	21.167 52	21.167 71	21.167 23	21.167 11	21.167 32	21.167 23	21.167 2	21.167 48	21.167 11
3	21.745 02	21.744 82	21.744 13	21.744 31	21.744 3	21.744 36	21.744 31	21.745 72	21.744 33
4	22.228 17	22.228 14	22.227 67	22.227 5	22.226 8	22.227 5	22.227 5	22.228 17	22.228 3
5	22.737 47	22.737 4	22.737 02	22.736 95	22.731 31	22.736 93	22.736 82	22.736 45	22.736 9
6	23.357 42	23.357 4	23.357 36	23.357 15	23.357 19	23.357 2	23.357 22	23.358 32	23.357 23
7	23.791 22	23.791 44	23.792 02	23.791 07	23.791 08	23.791 2	23.791 07	23.791 48	23.791 07
8	24.414 32	24.414 35	24.414 6	24.414 12	24.412 13	24.414 2	24.414 2	24.413 5	24.414 2
9	24.496 72	24.497 23	24.497 42	24.496 74	24.496 77	24.496 8	24.496 8	24.496 72	24.497 5
10	25.672 58	25.672 45	25.672 96	25.672 36	25.672 68	25.672 4	25.672 58	25.672 6	25.672 83
11	26.644 74	26.644 69	26.644 72	26.644 65	26.644 71	26.644 7	26.644 7	26.644 83	26.644 8
12	27.683 75	27.683 89	27.684 29	27.683 6	27.683 6	27.683 57	27.683 7	27.688 3	27.683 62
13	28.673 49	28.673 32	28.673 53	28.673 16	28.673 14	28.673 24	28.673 2	28.673 52	28.673 45
14	29.688 99	29.688 94	29.689 3	29.688 87	29.688 86	29.688 77	29.688 7	29.688 9	29.688 74
15	30.692 95	30.692 84	30.692 98	30.692 91	30.692 9	30.692 89	30.692 84	30.692 8	30.693 11

表 9-3-3 和图 9-3-23 显示，边坡沉降变化不大(一般不超过 1 mm 的观测误差)，说明在护坡完成后的初期测试周期内，改良膨胀土路基边坡沉降已基本稳定。

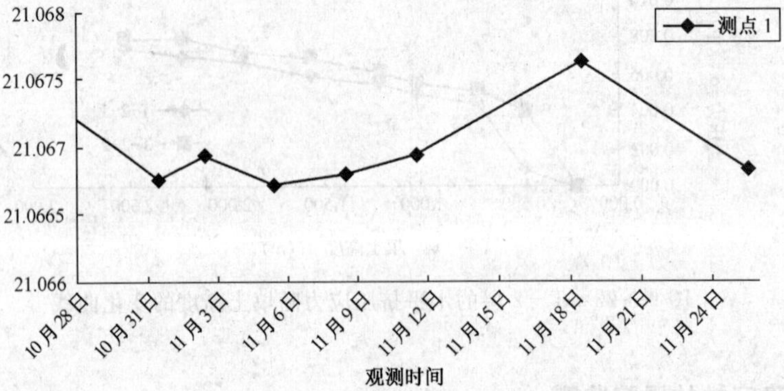

图 9-3-23　DK1087＋770 处测点 1 边坡沉降观测结果

(二) 边坡横向变形监测

表 9-3-4、表 9-3-5 分别是新建时速 200 公里客货共线合肥—南京铁路 DK1087＋770 改良膨胀土路堤断面边坡防护施工完成后，观测桩与测点间距离变化的测试数据，以及观测桩与测点连线与基线夹角(见图 9-3-6)变化的测试数据。

表 9-3-4　DK1087＋770 处观测桩与测点间距离变化观测数据

点号	10 月 25 日	10 月 28 日	10 月 31 日	11 月 2 日	11 月 5 日	11 月 8 日	11 月 11 日	11 月 18 日	11 月 25 日
	距离(m)	距离(m)	距离(m)	距离(m)	距离(m)	距离(m)	距离(m)	距离(m)	距离(m)
1	13.13	13.128	13.127	13.128	13.129	13.129	13.129	13.129	13.129
2	15.14	15.139	15.138	15.14	15.142	15.139	15.138	15.14	15.137
3	16.574	16.577	16.576	16.578	16.579	16.578	16.578	16.578	16.576
4	17.58	17.583	17.585	17.585	17.584	17.584	17.585	17.584	17.584
5	18.573	18.574	18.575	18.574	18.579	18.576	18.576	18.575	18.575
6	19.639	19.642	19.643	19.642	19.644	19.643	19.643	19.643	19.643
7	20.559	20.564	20.566	20.565	20.564	20.564	20.565	20.565	20.564
8	21.47	21.469	21.466	21.472	21.473	21.468	21.471	21.468	21.47
9	23.448	23.449	23.446	23.45	23.453	23.451	23.451	23.448	23.45
10	25.01	25.013	25.015	25.015	25.015	25.014	25.013	25.014	25.014
11	26.528	26.531	26.532	26.533	26.533	26.532	26.532	26.514	26.517
12	27.987	27.991	27.993	27.993	27.993	27.993	27.993	27.992	27.993
13	29.485	29.488	29.485	29.488	29.487	29.489	29.489	29.489	29.489
14	30.951	30.957	30.955	30.957	30.959	30.956	30.958	30.956	30.956
15	32.421	32.418	32.419	32.419	32.419	32.419	32.417	32.417	32.419

表 9-3-5　DK1087＋770 处观测桩与测点连线与基线夹角变化测量数据

点号	10 月 25 日	10 月 28 日	10 月 31 日	11 月 2 日	11 月 5 日	11 月 8 日	11 月 11 日	11 月 18 日	11 月 25 日
	角度	角度	角度	角度	角度	角度	角度	角度	角度
1	184°31′45″	184°30′41″	184°30′40″	184°30′43″	184°30′45″	184°30′43″	184°30′42″	184°30′41″	184°30′41″
2	184°02′31″	184°01′39″	184°01′42″	184°01′42″	184°02′42″	184°01′36″	184°01′37″	184°01′39″	184°01′41″
3	183°45′24″	183°43′58″	183°43′56″	183°43′59″	183°44′59″	183°43′59″	183°43′55″	183°43′59″	183°43′58″
4	183°33′53″	183°33′03″	183°33′03″	183°33′05″	183°33′05″	183°33′05″	183°33′05″	183°33′05″	183°33′05″
5	183°23′34″	183°22′16″	183°22′18″	183°22′16″	183°22′18″	183°22′18″	183°22′16″	183°22′17″	183°22′17″
6	183°14′30″	183°13′23″	183°13′23″	183°13′23″	183°13′25″	183°13′25″	183°13′25″	183°13′25″	183°13′25″
7	183°02′42″	183°02′10″	183°02′11″	183°02′10″	183°02′12″	183°02′10″	183°02′12″	183°02′12″	183°02′11″
8	183°00′30″	182°59′35″	182°59′37″	182°59′37″	182°59′37″	182°59′37″	182°59′37″	182°59′36″	182°59′36″
9	182°43′15″	182°43′22″	182°43′21″	182°43′23″	182°43′24″	182°43′24″	182°43′24″	182°43′23″	182°43′22″
10	182°38′44″	182°37′52″	182°37′55″	182°37′54″	182°37′54″	182°37′54″	182°37′54″	182°37′53″	182°37′52″
11	182°29′40″	182°29′03″	182°29′05″	182°29′05″	182°29′05″	182°29′05″	182°29′05″	182°29′05″	182°29′05″
12	182°25′32″	182°25′01″	182°25′03″	182°25′05″	182°25′04″	182°25′03″	182°25′03″	182°25′02″	182°25′02″
13	182°22′02″	182°21′16″	182°21′16″	182°22′18″	182°22′19″	182°22′18″	182°22′18″	182°22′18″	182°22′18″
14	182°17′45″	182°16′27″	182°16′29″	182°16′27″	182°16′29″	182°16′29″	182°16′27″	182°16′29″	182°16′28″
15	182°13′37″	182°12′10″	182°12′12″	182°12′10″	182°12′12″	182°12′12″	182°12′10″	182°12′11″	182°12′11″

表中数据显示各测点数据随时间变化不大，经过换算后边坡几乎没有平行于线路走向和垂直线路走向的位移，说明边坡基本没有横向变形。

第四节　路堑膨胀土边坡防护其他措施介绍

路堑膨胀土边坡防护除了采用常规的防护办法外，还可以尝试采用化学试剂，如 CMA 膨胀土生态改性剂对膨胀土边坡土质进行改性防护处理。

CMA 膨胀土生态改性剂是一种复合的化学配方与少量带有活性石灰掺配成的水溶液（详见第二章第一节）。它是一种交换树脂，也是一种电解质，能溶于水，在水中离解出带正电荷的阳离子$[X]^{n+}$和带负电荷的阴离子$[Y]^{n-}$，阳离子与土壤胶体表面的阳离子$[M]^{n+}$产生交换作用，将这些原本吸附在土壤颗粒表面、亲水性极高的阳离子赶走，代之以亲水性较低、粘结力较强的铝离子及其水合物，从而达到将土壤改性的目的。

下面介绍的是，在新建时速 200 公里客货共线合肥—南京铁路中局部采用 CMA 生态改性剂对个别路堑膨胀土边坡土质进行改性防护处理的实例。

路堑膨胀土边坡最大高度为 6 m，最低高度为 1 m，坡率为 1∶1.5，路堑全长 120 m，膨胀土边坡土质改性的实际面积为 1220 m^2。由于土体含水量较大，采用了打眼灌入法分三次喷洒施工（土壤较干燥时不必打眼可直接喷洒）。施工完成后为了区分不同深度的改性效果，分别在深度为 0.0～0.3 m、0.3～0.6 m、0.6～1.0 m 处打孔取样，土样的检测结果如表 9-4-1～表

9-4-5 所列。

表 9-4-1　试验前后土的物理指标

样品名称		液限 (W_L) (%)	塑限 (W_p) (%)	塑性指数 (I_p)	颗粒分析(%)					
					0.5～0.25	0.25～0.075	0.075～0.05	0.05～0.005	0.005～0.002	<0.002
					(mm)					
原状土		38.9	21.6	17.9	1.2	3.5	1.9	57.8	15.8	19.8
改良土	0.0～0.3 m	42.4	29.8	12.6						
	0.3～0.6 m	40.4	26.1	14.3		3.3	13.3	61.7	9.8	11.9
	0.6～1.0 m	39.7	23.5	16.2						

表 9-4-2　试验前后重型击实试验结果

土样名称		击实实验	
		最优含水率 (%)	最大干密度 (g/cm³)
原状土		16.1	1.848
改性土	0.0～0.3 m	17.1	1.803
	0.3～0.6 m	16.8	1.815
	0.6～1.0 m	16.3	1.835

表 9-4-3　试验前后土体水理特性变化情况

土样名称	初始溶裂时间及状况	最终溶裂状况
原状土	试块下水后，即开始溶裂，3 分钟开始塌落，30 分钟塌落 50%	24 小时后剩下约十几个大于网眼的小团状土块，塌落量为 88.9%
改性土 0.6～1.0 m	试块下水后出现大量气泡上浮，10 分钟出现裂缝并逐渐扩大，1 小时开始慢慢向下掉土屑	24 小时后掉土屑量为 51.1%
改性土 0.3～0.6 m	试块下水后出现微量气泡，整体无变化	48 小时无变化，48 小时之后表面起皮，随之开始慢慢掉土屑，48～72 小时之间掉土屑 25.5%
改性土 0.0～0.3 m	试块于 3 月 26 日下水无任何反应	在 72 小时无崩解的情况下，继续观察，截止 4 月 26 日 720 小时无崩解，无溶裂，无变形，整体保持完好

表 9-4-4　试验前后土体力学指标

样品名称		剪切试验		无侧限抗压强度(kPa)
		黏聚力 C(kPa)	内摩擦角 Φ(°)	平均值
原状土		105.8	24.1	1 116
改良土	0.1～0.3 m	193.5	26.3	2 046
	0.4～0.8 m	162.1	25.8	1 731
	0.8～1.1 m	151.0	24.9	1 301

表 9-4-5　试验前后土体膨胀性指标变化情况

土样名称	自由膨胀率(%)	CEC(mmol/kg)
原 状 土	61	206
改性土(4月26日送样)	20(0.3 m)、25(0.6 m)、35(1.0 m)	179.2

由检测结果可知：

1. CMA 改性土的可塑性发生了变化，液限略有增大，塑限有很大程度的增加，塑性指数明显降低，这表明改性土亲水性大大减弱；

2. 改性土土体中的砂粒含量增加，黏粒、胶粒含量明显减少，表明土体的土表面积减少，土粒分散程度得到降低，土的相互聚集形成较为紧密的絮凝结构，土颗粒与水分的接触面积减少；

3. CMA 改性土各项强度指标大幅度提高，ϕ 值提高明显，C 值和无侧限抗压强度为原状土的 1.3～1.8 倍左右，这说明改性土的工程性质得到了很大程度的改善；

4. 湿化试验结果说明 CMA 改性膨胀土能达到较好的水稳性效果，特别是自由膨胀率在 20%以下的改性土能达到长期浸泡无崩解的效果；

5. 不同深度的三个改性土样的自由膨胀率均在 40%以下，膨胀土改性后为非膨胀土；

6. CMA 是一种离子交换剂，通过离子交换改变土粒的亲水特性，这些离子交换作用并不影响矿物质的成分结构，故试验结果中的蒙脱石含量保持不变；

7. 改性后的土体从表面观察和手触感觉与原状土相比变化明显，具有砂土的特征。

综合 CMA 生态改性剂改性膨胀土试验分析，该方法在膨胀土改性、环保和施工等方面具有一定的优势，但由于试验段竣工时间较短，该边坡防护效果有待长期观察。

第十章 改良膨胀土路基沉降及其变形特性的观测分析

改良膨胀土路基沉降及其变形特性的观测分析，是新建时速 200 公里铁路改良膨胀土路基施工技术的重要组成部分。其内容主要包括：改良膨胀土路基的地基沉降、改良膨胀土路基本体的压密特性、改良膨胀土路基过渡段的级配碎石压密特性以及沉降变形的均匀性等。研究的方法与目的是：通过在路基底部、中部、基床底层以及在过渡段路基（级配碎石核心体）底层、上部等处埋设沉降板，在路基面上埋设沉降观测桩，全面进行改良膨胀土路基及其过渡段的沉降变形量测定，并将现场观测结果与理论计算结果相比较。在理论与实践的结合上，研究改良膨胀土路基沉降规律和过渡段路基（级配碎石核心体）压密沉降规律，预测工后沉降，以指导全线改良膨胀土路基施工。

本章将以新建时速 200 公里客货共线合肥—南京铁路改良膨胀土路基施工为实例，系统介绍有关改良膨胀土路基沉降变形观测、过渡段级配碎石压密特性观测、沉降理论计算、理论计算与实测沉降曲线的对比分析等具体方法与要求。

第一节 改良膨胀土路基沉降变形观测

新建时速 200 公里客货共线合肥—南京铁路改良膨胀土路基允许工后沉降≯15 cm，年沉降速率≯4 cm。2004 年 6 月在全椒建成 1 km（含低路堤与路堑）改良膨胀土路基试验段，全线开工前夕的 2004 年 12 月～2005 年 6 月，又在肥东建成 2 km（含 12 m 高路堤与多处路涵过渡段）改良膨胀土路基试验段。与此同时，进行了改良膨胀土路基沉降变形的全过程跟踪观测与理论计算的对比分析。

一、沉降观测断面设置

由于新建改良膨胀土路基的沉降变形与路基填土高度、路基排水条件直接相关，尤其是与施工过程中的基底处理、膨胀土改良、膨胀土填筑压实质量等工艺因素关系极大，因此，新建改良膨胀土路基沉降变形的重点观测工作，一般安排在路基试验段上。整个观测分析工作与工艺试验同步，贯穿于试验段改良膨胀土路基施工的全过程。

（一）沉降观测断面的设置原则

设置改良膨胀土路基沉降观测断面的目的，是为了能够指导全线施工并有效地监控施工质量。在具体选择断面时，必须遵循以下两条基本原则：

1. 全线指导性

沉降观测断面的设置应根据全线路基高度的实际情况，选择对全线具有代表意义的各种典型高度的改良膨胀土路基断面，以便掌握不同典型高度的改良膨胀土路基沉降变形规律，为指导全线改良膨胀土路基施工打下扎实的基础。

2. 质量监控性

在全线施工时，还应要求在不同的改良膨胀土路基施工标段增设沉降变形观测断面，对全线改良膨胀土路基进行施工全过程的沉降变形观测与分析，以监控全线改良膨胀土路基的最终施工质量。

（二）沉降观测断面设置的实例

新建时速 200 公里客货共线合肥—南京铁路建筑长度 166 km，其全线改良膨胀土路基高度最低的<2.5 m，最高为 12 m 左右，大部分在 4～8 m 之间。该线路堤高度 2.5 m 以上改良膨胀土路基的沉降观测，设在肥东试验段 2 km 范围内，共选择 10 个沉降观测断面，其填土高度在 3.78～11.83 m 之间（见表 10-1-1）。路堤高度 2.5 m 以下的低路堤改良膨胀土路基和路堑的沉降观测，设在全椒试验段 1 km 范围内。

表 10-1-1　沉降观测断面位置表

观测断面	断面位置	土方填高(m)
1#	DK1087+140	3.78
2#	DK1087+300	6.44
3#	DK1087+480	6.57
4#	DK1087+600	9.31
5#	DK1087+770	11.83
6#	DK1088+180	6.19
7#	DK1088+220	6.86
8#	DK1088+430	5.53
9#	DK1088+600	8.36
10#	DK1088+980	8.54

二、沉降设备的埋设

首先在路基基底埋设一排沉降板，旨在测试基底的沉降量；在路基的中部埋设一排沉降桩（根据填土高度，埋在基床底层、填土高度的中部、路基平台），主要用于观测、分析路基压密特性及其变形沉降的均匀性；在路基基床表层设置一排路基面沉降观测桩，用以观测路基整体的总沉降。

（一）沉降断面布置

在每个沉降观测断面上，均埋设足够数量的沉降板与沉降观测桩（见图 10-1-1）。其具体的布置位置为：

1. 沉降板

沉降板是由与底板垂直连成一体的内沉降管和外保护管两部分组成。通过测量内沉降管标高的变化，以及测量设置在路基不同层面的沉降板内沉降管标高变化的差异，分别监测改良膨胀土路基的地基沉降和路基层的压缩变形。

沉降板分两层埋设，分别设置在观测断面路基的底部与中部（如图 10-1-1 所示）。其中，路基底部 7 处（路基底宽不足 30 m 时，可减少为 5 处）：中心线 1 处，距中心线 5 m 左、右各 1 处，近路基坡脚左、右各 1 处，左、右坡脚以内 5 m 处各 1 处；路基中部 3 处：中心线 1 处，距中

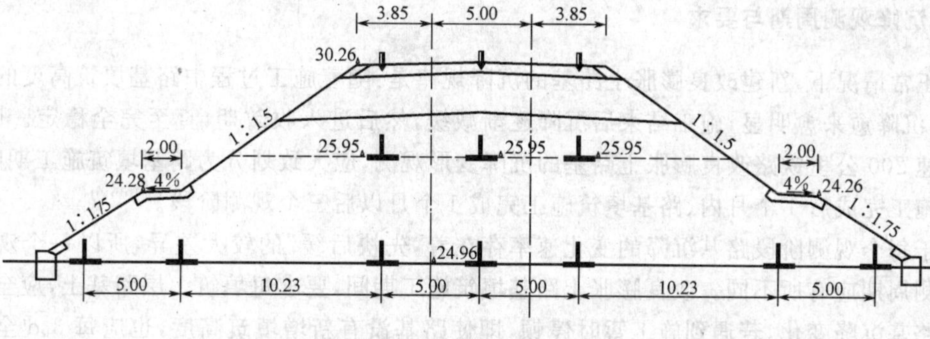

图 10-1-1　沉降观测断面上沉降板、沉降观测桩埋设示意图（单位：m）

心线5 m左、右各1处。

2. 沉降观测桩

沉降观测桩埋设在观测断面的路基面上，它是由桩身与小型基础构成。通过测量桩顶标高的变化，以及测量与设置在路基不同层面的沉降板内沉降管标高变化的差异，分别监测改良膨胀土路基的总沉降和路基层的压缩变形。

每个观测断面的路基面上设置3个沉降观测桩（如图10-1-1所示）。其中，路基中心线1处，距中心线5 m左、右各1处。

（二）沉降板埋设要求

当路基填土至需要埋设沉降板标高以上30 cm时，用全站仪放出沉降板埋设的位置，在埋设处开挖深度为35 cm的土坑，坑底铺上5 cm厚的砂垫层。砂垫层整平后，将沉降板垂直放置在砂垫层上，再套上第一节外保护管，然后回填夯实。经小型夯实机夯实的回填土必须通过质量检查，夯实质量应符合基底或相应改良膨胀土路基层的压实度要求。

为保证观测质量，回填土夯实后，要求沉降板的内、外管均须垂直于水平面，不得歪斜，内外管之间必须留有间隙，要求间隙均匀。最后用水准仪测出内沉降管的标高，作为该沉降管的初始读数。沉降管一般以高出路面0.5 m左右为宜，太低不便于观测，太高则会影响路基沉降变形的观测精度。

随着施工过程中路基填筑高度的增加，应及时对沉降板内、外管进行相应的接长。沉降板内、外管接长时，应特别注意旋紧丝扣，消除联接误差。要求整个观测工作全过程，始终保证沉降板内、外管垂直于水平面，并保持内、外管之间留有均匀的间隙。

另外，应对所有沉降板设置明显的标记，施工中须有人防护，防止施工机械挤压、损坏沉降观测装置。如一旦发现沉降观测装置受损，应立即校核、恢复。

（三）路基面观测桩埋设要求

基床表层级配碎石填筑完成以后，在路基面规定位置埋设路基沉降观测桩，桩身四周用砖围砌。沉降观测桩周围要用小型夯实机夯实，夯实后必须检查，夯实质量应符合基床表层压实度要求。

为保证观测质量，要求桩身必须垂直于水平面且埋设牢固。最后用水准仪测出桩顶标高，作为该观测桩的初始读数。观测桩一般以高出路面0.5 m左右为宜，太低不便于观测，太高则会影响路基沉降的观测精度。

沉降观测桩埋设后，应及时涂上夜间反光材料，插上明显标记并以石块等围护，避免挤歪、损坏。一旦发现沉降观测桩受损，应立即校核、恢复。

三、沉降观测周期与要求

在正常情况下，新建改良膨胀土路基的沉降规律是：随着施工过程中路基填筑高度的不断增加，其沉降愈来愈明显，施工结束后沉降逐渐减缓，然后进入收敛期，直至完全稳定。因此，新建时速200公里铁路改良膨胀土路基的沉降变形观测，应大致划分为路基填筑施工期间、路基填筑施工完成后1个月内、路基填筑施工完成1个月以后三个观测阶段。

由于每个观测阶段路基沉降的变化速率存在着“先快后缓”的较大差异，所以每个观测阶段的观测周期应有所不同。改良膨胀土路基填筑施工期间，要求每填筑1层路基土，应全面观测1次路基沉降变化，若遇到施工暂时停顿，即使路基没有新增填筑高度，也应每3 d全面观测1次路基沉降变化；路基填筑施工完成后第1个月内，每7 d全面观测1次路基沉降变化；

路基填筑施工完成 1 个月以后，应根据路基沉降变形的实际情况，每半个月或 1 个月全面观测 1 次路基沉降变化，直至完全稳定。尽管有些路基的沉降稳定较快，但为了保证沉降观测的可靠性，路基填筑施工完成后，对其沉降变形的总观测次数应不少于 12 次，持续时间还应不少于 180 d。

除了观测周期应与不同阶段的路基沉降变形速率相适应外，对路基沉降变形的观测工作还有以下具体要求：

1. 水准网布设应符合工程测量规范。水准网内水准点不少于 3 个，水准点设置必须合理、牢固、不易损坏并与施工作业面保持一定的距离，尽量做到测量与施工互不影响。另外，水准网应定期进行复核，避免误用高程。

2. 测量仪器设备的精度与数量配置应满足路基沉降变形观测的要求。路基沉降变形的测量精度，应＜1 mm。所有测量仪器、量具应计量标定合格。测量时，通常采用同一台二等水准仪、水准尺并配用 3 m 铟钢线尺。

3. 整个路基沉降变形观测工作要有专人负责。一般是由施工单位的专业技术人员组成专门的路基沉降变形观测小组，负责路基填筑施工中和施工后的全过程观测。

4. 严格执行定人、定仪器、定点、定时的“四定”观测制度。尽一切可能，避免或减少系统测量误差。

5. 观测原始记录应及时整理并绘制成各个改良膨胀土路基观测断面的沉降变形曲线。组织分析填筑施工全过程中及填筑施工完成后，改良膨胀土路基的沉降变形规律。当发现数据异常时，应找准原因，及时进行补测。

四、改良膨胀土路基的地基沉降

改良膨胀土路基的地基沉降在路基横断面上普遍表现为盆型沉降特征，即在路基中线及其附近沉降最大，至路肩对应位置、坡脚沉降逐渐减小。

由于改良膨胀土路基各横断面处的地基条件、填筑高度、填筑速率以及施工便道选位等因素存在一定差别，故路基各横断面地基沉降盆型曲线的具体数值也略有不同，即使在同一横断面上的沉降盆型曲线也不完全对称，但总体上均呈现出明显的“中间深两边浅”的盆型沉降规律（见图 10-1-2～图 10-1-6）。

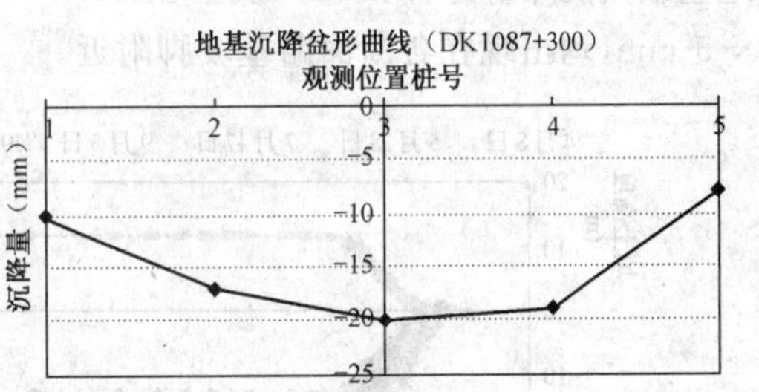

图 10-1-2　DK1087＋300 地基沉降盆型曲线

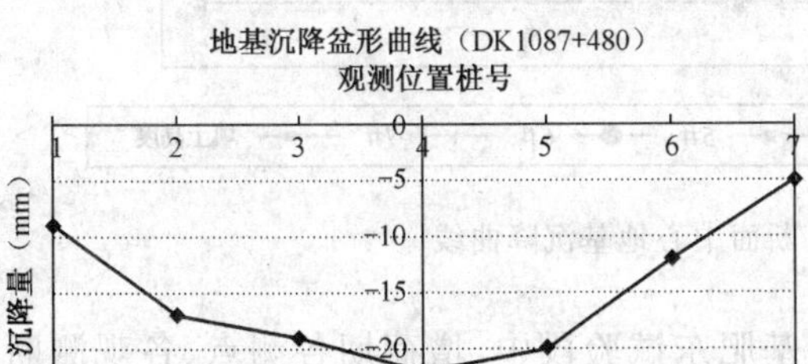

图 10-1-3　DK1087＋480 地基沉降盆型曲线

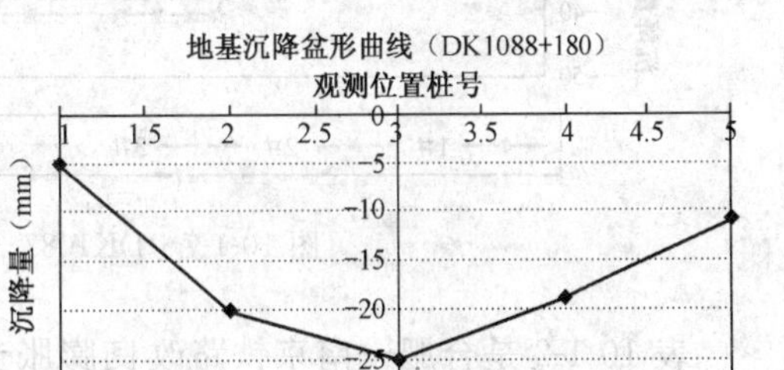

图 10-1-4　DK1088＋180 地基沉降盆型曲线

改良膨胀土路基的地基沉降大致可以分为3个阶段：第1阶段为路基填筑施工过程中的增荷沉降；第2阶段系路基填筑施工完成后的收敛期沉降；第3阶段是工后沉降。即：有碴轨道铺轨工程（包括铺碴）或无碴轨道铺设轨道结构开始时的沉降量与最终形成的总沉降量之差。虽然工后沉降在轨道工程铺设开始起才能进行实际监测，但在轨道工程铺设开始前，参建单位完全可根据改良膨胀土路基沉降规律曲线的走势，作出工后沉降的预测。

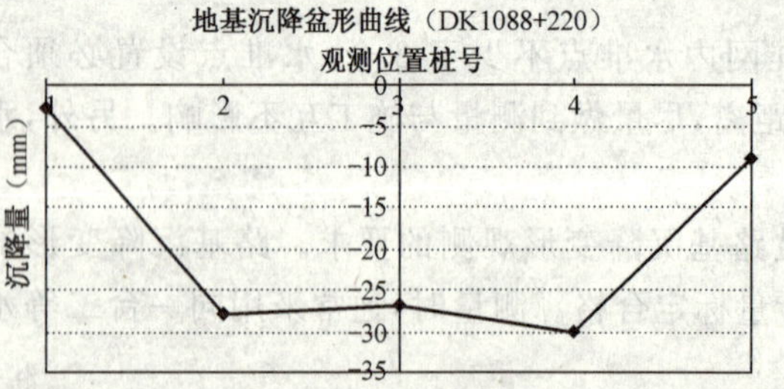

图 10-1-5　DK1088＋220 地基沉降盆型曲线

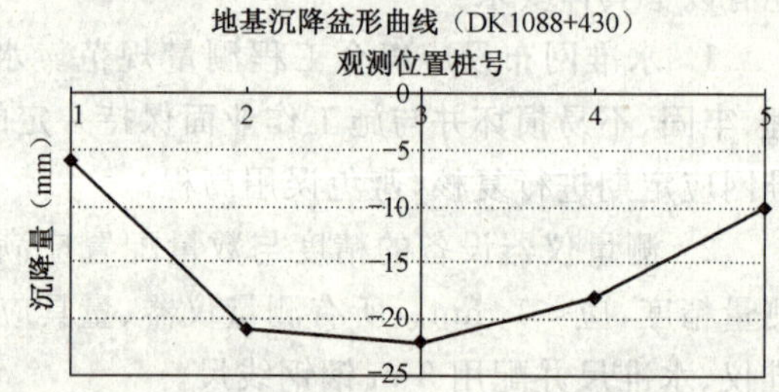

图 10-1-6　DK1088＋430 地基沉降盆型曲线

（一）路基填筑施工过程中的地基增荷沉降

在改良膨胀土路基填筑施工期间，随着路基填筑高度的增加，作用在地基上的路基荷载也随之增大，增荷过程一直要延续到路基填筑完成。因此，改良膨胀土路基填筑施工期，也就是其地基的增荷期，地基增荷沉降即为增荷期的地基沉降。

事实上，地基沉降的一般规律表明，增荷期的地基沉降量一般要占地基总沉降量的80%～100%，大部分的地基沉降是在路基填筑施工的增荷过程中完成的。其中，路堤坡脚附近的地基沉降通常在路基填筑施工的增荷过程中已经完成。

以新建时速200公里客货共线合肥—南京铁路改良膨胀土路基肥东试验段为例，增荷期地基最大沉降量为－36 mm，发生在DK1087＋770断面中心（见图10-1-7）。最小沉降量－3～－5 mm，均出现在各断面路基坡脚附近。

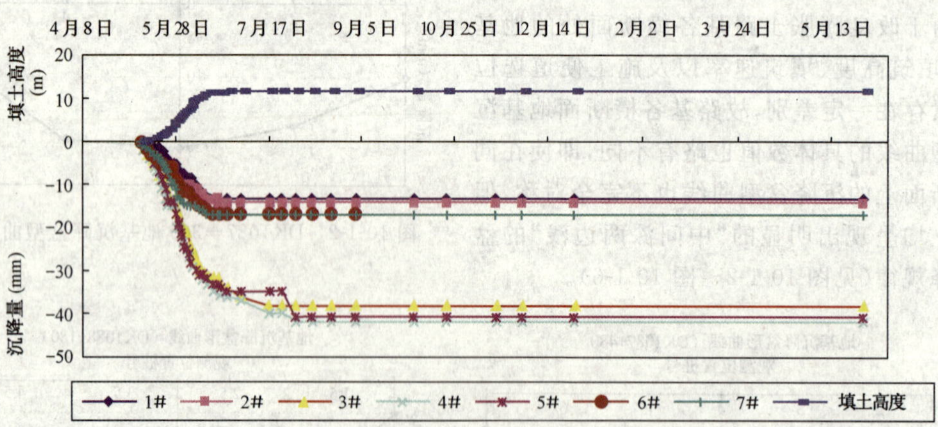

图 10-1-7　DK1087＋770 断面中心地基沉降曲线

表10-1-2是合肥—南京铁路改良膨胀土路基肥东试验段中，增荷期各测点、各观测断面的基底沉降平均数据。该试验段增荷期间的全断面各测点地基平均沉降量为－15.9 mm，地基沉降速率平均为－0.32 mm/d。其中，路基中心线位置的地基平均沉降量为－21 mm，沉降速率平均为－0.48 mm/d；左、右坡脚处的地基平均沉降量分别为－6.6 mm、－8.2 mm，沉降速

率平均为－0.12 mm、－0.15 mm。

表 10-1-2　合肥—南京铁路改良膨胀土路基试验段各观测断面增荷期基底沉降平均数据统计表

路基断面测点位置	左坡脚(mm)	左平台(mm)	左路肩(mm)	中心(mm)	右路肩(mm)	右平台(mm)	右坡脚(mm)	增荷期全断面平均(mm)
增荷期各测点平均沉降量(mm)	－6.6	－16	－18.6	－21	－18.4	－12	－8.2	－15.9
增荷期各测点平均沉降速率(mm/d)	－0.12	－0.30	－0.35	－0.39	－0.34	－0.22	－0.15	－0.32

需要指出的是，各沉降观测断面增荷期的地基沉降速率与该断面地基土的物理性质、路基填筑增荷时间的长短、路基填土高度、施工便道选位等因素密切相关。

(二) 路基填筑施工完成后的地基收敛沉降

改良膨胀土路基填筑施工完成后，作用在地基上的路基荷载不再增加，地基沉降虽然还在继续，但沉降速率明显减缓，沉降量大大减小，沉降曲线呈现出斜率愈来愈小的收敛特征，直至趋向零值(如图 10-1-7 所示)。地基沉降的这一变化阶段，称为沉降收敛期。这一期间产生的地基沉降，即为地基收敛沉降。

通过改良膨胀土路基填筑施工完成后的周期性沉降观测资料分析，进入收敛期以后，地基的沉降量仅占地基总沉降量的 0～20%。而且在同一沉降观测断面上，各测点的地基收敛沉降值均出现这样的变化规律：路基中心线附近处的收敛沉降值略大于左、右坡脚处；而路基中心线附近处的沉降收敛期较长于左、右坡脚处。

以新建时速 200 公里客货共线合肥—南京铁路改良膨胀土路基肥东试验段为例，在 10 个路基沉降观测断面的左右坡脚处，地基沉降均在路基填筑完成前(一般在路基填筑高度还剩 1 m以内时)已经收敛，即：在整个断面地基沉降收敛期内，左右坡脚处的沉降值为零。其他部位的地基沉降一般在路基填筑完成后 1 个月左右收敛，收敛沉降值为 2～7 mm。

(三) 低路堤与路堑的地基沉降

由于低路堤与路堑构造上的特殊性，在严格执行膨胀土改良工艺和改良膨胀土填筑、压实施工工艺的前提下，这两种类型的路基自身结构压缩变形几乎可以忽略不计。所以，填土高度＜2.5 m 的低路堤与路堑的沉降变形观测，主要是研究其地基的沉降变形。

1. 低路堤地基沉降

图 10-1-8～图 10-1-11 分别为合肥—南京铁路改良膨胀土路基全椒试验段 2 个低路堤(堤高 1.85 m、1.40 m)和 2 个较低路堤(堤高 3.50 m、3.65 m)观测断面的地基沉降变形曲线。

观测结果表明，低路堤和较低路堤断面的地基沉降都很小(最大也仅为 20 mm)。而且，当路基填筑施工的增荷期结束时，沉降已基本趋于稳定。据现场施工日志记载，DK1144＋170 断面之所以在路基填筑施工的增荷期结束后还出现一定的沉降，主要是受施工载重汽车频繁通过的影响所致。

表 10-1-3 反映的是合肥—南京铁路改良膨胀土路基试验段(低路堤)增荷期地基沉降速率。可以看出，在路基填筑施工的增荷期(均不超过 1 个月)，低路堤和较低路堤断面地基的沉降速率平均不超过 0.8 mm/d。

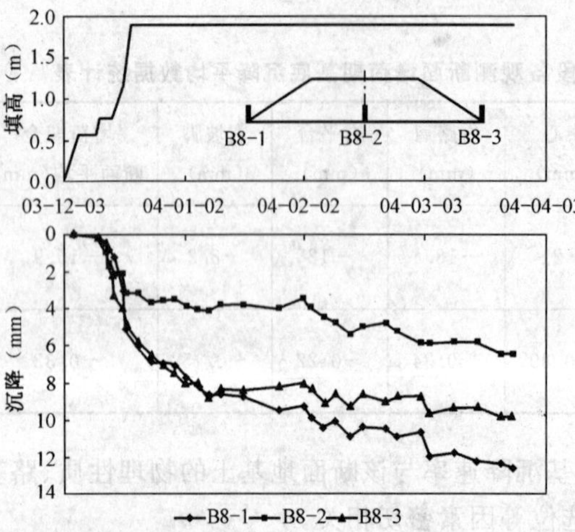

图 10-1-8　DK1144＋278 断面地基沉降曲线

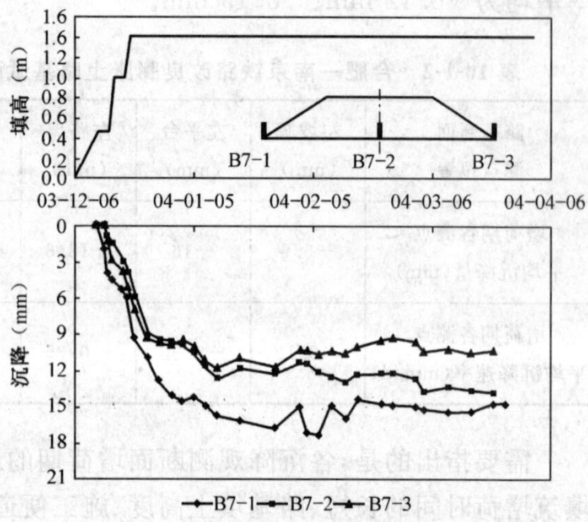

图 10-1-9　DK1144＋225 断面地基沉降曲线

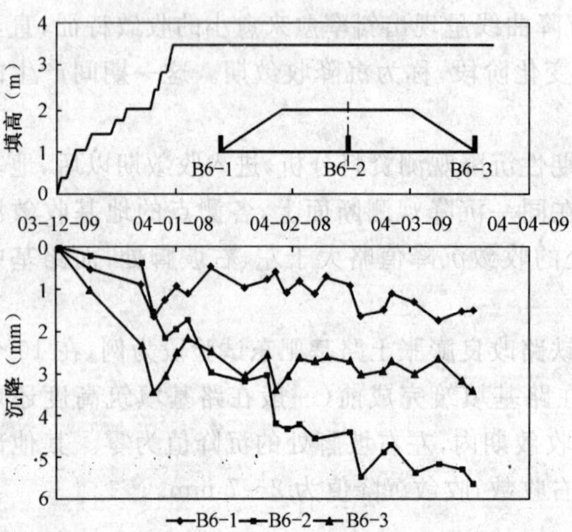

图 10-1-10　DK1144＋170 断面地基沉降曲线

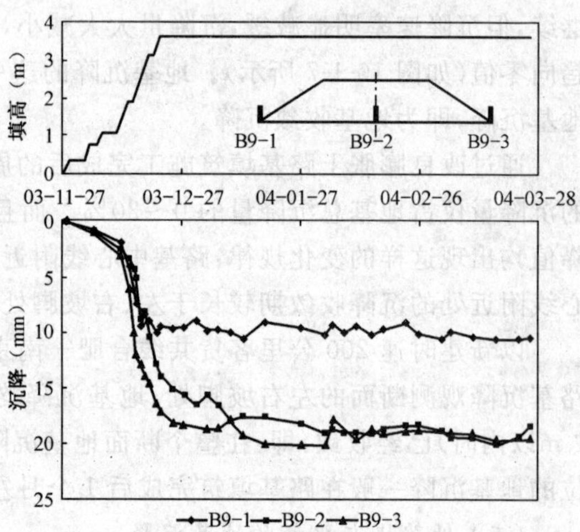

图 10-1-11　DK1144＋350 断面地基沉降曲线

表 10-1-3　合肥—南京铁路改良膨胀土路基试验段(低路堤)增荷期地基沉降速率

断面里程		DK1144＋170	DK1144＋225	DK1144＋278	DK1144＋350
平均沉降速率(mm/d)	左坡脚	0.0	0.8	0.3	0.4
	中心线	0.1	0.5	0.2	0.6
	右坡脚	0.1	0.6	0.3	0.7
最大沉降速率(mm/d)	左坡脚	0.2	2.0	0.9	2.0
	中心线	0.4	1.0	0.6	3.9
	右坡脚	0.4	1.4	1.6	4.0

2. 路堑地基沉降

表 10-1-4 为合肥—南京铁路改良膨胀土路基全椒试验段 3 个路堑观测断面，在基床填筑施工完成后 53 d 的地基沉降变形观测结果。数据表明，路堑地段的地基沉降十分微小，可忽

略不计。

表 10-1-4　合肥—南京铁路改良膨胀土路基试验段（路堑）地基沉降变形观测结果

断面编号		2#	3#	4#
地基沉降变形（mm）	左	0	−1.4	−0.8
	中	−0.8	−0.6	−0.7
	右	−0.5	−1.2	−0.9

五、改良膨胀土路基结构压缩变形与路基面沉降

改良膨胀土路基体结构的压缩变形，客观上反映的是路基填筑、压实的施工质量。路基面沉降，则是地基沉降与路基结构压缩变形的总和。

在新建时速 200 公里铁路改良膨胀土路基构造中，除了基床表层 0.6 m 采用级配碎石（或级配砂砾石）填筑外，基床底层及基床以下路基均采用改良土膨胀土填筑。因此，路基体结构的压缩变形主要取决于膨胀土改良和改良膨胀土填筑、压实的质量，以及级配碎石（或级配砂砾石）配比与级配碎石（或级配砂砾石）填筑、压实的质量。

（一）改良膨胀土路基结构压缩变形

从路基体中部、基床底层、路基面埋设的观测桩沉降情况看，桩体沉降多产生于加荷阶段，收敛期的路基沉降量和地基收敛沉降量基本一致，路基体的压缩变形量多为零。

图 10-1-12 是新建时速 200 公里合肥—南京铁路肥东试验段 DK1087＋300 断面改良膨胀土路基沉降曲线，该断面填高 6.44 m。由于基床底层观测桩埋设在路基中部，需要填筑到该高度时才能进行观测，为便于与地基沉降对比，在绘制曲线时平移基床底层沉降曲线，平移量即为在进行基床底层观测时地基沉降量。图中两曲线吻合，说明改良膨胀土路基填料的压缩变形几乎为零。

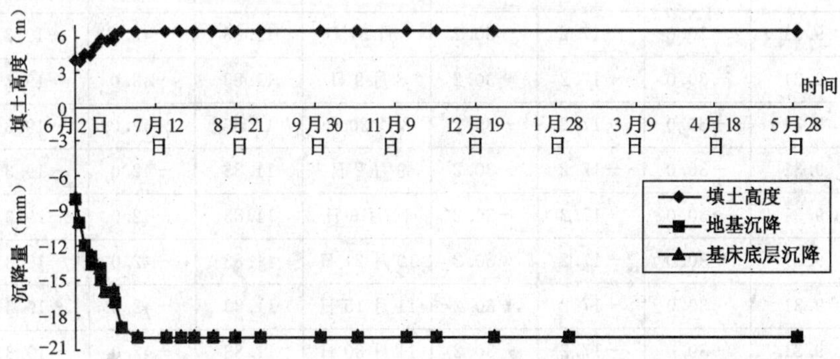

图 10-1-12　DK1087＋300 断面路基沉降曲线

表 10-1-5 是新建时速 200 公里合肥—南京铁路肥东试验段 DK1087＋600 和 DK1087＋770 改良膨胀土路基断面地基和基床底层沉降观测数据，两断面的填土高度分别为 9.31 m 和 11.83 m。其中，DK1087＋600 断面沉降曲线平移后的基床底层沉降量与地基沉降量几乎相同，两者仅相差 0.2 mm；DK1087＋770 断面沉降观测桩设在路基本体中，沉降曲线平移后的路基本体沉降量与地基沉降量也几乎相同，两者也仅相差 0.3 mm。

通过对上述两个断面的地基和基床底层沉降量观测数据的比较，可以看出改良膨胀土路

基填料的压缩变形非常微小。

表 10-1-5　DK1087＋600与DK1087＋770断面沉降表

DK1087＋600 观测日期	填土高度 (m)	地基沉降 (mm)	基床底层 沉降(mm)	沉降曲线平移后的基床底层沉降(mm)	DK1087＋770 观测日期	填土高度 (m)	地基沉降 (mm)	路基本体 沉降(mm)	沉降曲线平移后的路基本体沉降(mm)
6月1日	5.42	−13.0	0	−13.0	6月1日	7.06	−23.0	0	−23.0
6月2日	6.01	−13.0	0	−13.0	6月2日	7.35	−25.0	−2.0	−25.0
6月3日	6.58	−13.0	0	−13.0	6月3日	7.93	−25.0	−2.0	−25.0
6月4日	7.15	−15.0	−2.0	−15.0	6月4日	9.07	−27.0	−4.0	−27.0
6月5日	7.42	−17.0	−4.0	−17.0	6月5日	9.58	−29.0	−6.0	−29.0
6月7日	7.42	−19.0	−6.1	−19.1	6月8日	9.86	−30.0	−7.1	−30.1
6月8日	7.70	−20.0	−7.1	−20.1	6月9日	10.16	−30.0	−7.1	−30.1
6月9日	7.96	−21.0	−8.1	−21.1	6月10日	10.43	−31.0	−8.2	−31.2
6月10日	8.16	−21.0	−8.1	−21.1	6月12日	10.97	−32.0	−9.2	−32.2
6月11日	8.43	−23.0	−10.2	−23.2	6月14日	11.23	−33.0	−10.2	−33.2
6月13日	8.71	−24.0	−11.2	−24.2	6月17日	11.23	−35.0	−12.2	−35.2
6月14日	8.71	−25.0	−12.2	−25.2	6月20日	11.23	−35.0	−12.2	−35.2
6月17日	8.71	−26.0	−13.2	−26.2	6月22日	11.58	−36.0	−13.2	−36.2
6月20日	8.71	−26.0	−13.2	−26.2	6月25日	11.83	−36.0	−13.3	−36.3
6月22日	9.06	−27.0	−14.2	−27.2	7月2日	11.83	−37.0	−14.3	−37.3
6月25日	9.31	−28.0	−15.2	−28.2	7月17日	11.83	−40.0	−17.3	−40.3
7月2日	9.31	−29.0	−16.2	−29.2	7月24日	11.83	−40.0	−17.3	−40.3
7月17日	9.31	−30.0	−17.2	−30.2	7月31日	11.83	−42.0	−19.3	−42.3
7月24日	9.31	−30.0	−17.2	−30.2	8月9日	11.83	−42.0	−19.3	−42.3
7月31日	9.31	−30.0	−17.2	−30.2	8月20日	11.83	−42.0	−19.3	−42.3
8月9日	9.31	−30.0	−17.2	−30.2	9月2日	11.83	−42.0	−19.3	−42.3
8月20日	9.31	−30.0	−17.2	−30.2	10月3日	11.83	−42.0	−19.3	−42.3
9月2日	9.31	−30.0	−17.2	−30.2	10月21日	11.83	−42.0	−19.3	−42.3
10月3日	9.31	−30.0	−17.2	−30.2	11月15日	11.83	−42.0	−19.3	−42.3
10月21日	9.31	−30.0	−17.2	−30.2	11月30日	11.83	−42.0	−19.3	−42.3
11月15日	9.31	−30.0	−17.2	−30.2	12月28日	11.83	−42.0	−19.3	−42.3
11月30日	9.31	−30.0	−17.2	−30.2	5月30日	11.83	−42.0	−19.3	−42.3
12月28日	9.31	−30.0	−17.2	−30.2					
5月30日	9.31	−30.0	−17.2	−30.2					

表10-1-6是DK1087＋300、DK1087＋600、DK1087＋770三个断面的改良膨胀土路基填料压缩比。表中数据显示：三个断面改良膨胀土路基填料的压缩量与压缩比均极其微小，完全能满足新建时速200公里/h铁路的路基施工质量要求。

表 10-1-6 不同断面改良膨胀土路基填料压缩量与压缩比

断面里程	DK1087＋300	DK1087＋600	DK1087＋770
填料压缩量(mm)	0	0.2	0.3
填料压缩比(‰)	0	0.037	0.042

表 10-1-7 是全椒试验段路堤观测断面路堤的压缩情况。表中数据同样显示石灰改良土填筑的路堤压缩量很小。

表 10-1-7 路堤压缩变形情况

断面号	5#	6#	7#	8#	9#	10#	11#	12#
基床压缩(mm)						0.1		
路基本体压缩(mm)						0.2	3.6	0.6
路基总压缩(mm)	0.4	0.3	−0.5	−0.1	1.6	0.3		

（二）路基面沉降

路基面沉降反映了整个路基体沉降，包括地基沉降、路基填料变形和级配碎石压密变形。但路基面沉降观测需在路基面填筑完时开始，此时地基沉降已基本完成，进入沉降收敛期，路基填料和级配碎石压密也处于缓慢变形阶段，总体上路基面观测沉降量较小，但路基面沉降收敛时间一般均比地基沉降收敛期长，需进行长期观测。

从新建时速 200 公里客货共线合肥—南京铁路改良膨胀土路基肥东试验段 10 个沉降断面的观测来看，路基面观测沉降量普遍较小，沉降量为 0～7 mm，且沉降均匀。

图 10-1-13、图 10-1-14 和图 10-1-15 是该线 DK1087＋300、DK1087＋600 和 DK1087＋770 三个断面的改良膨胀土路基面沉降观测曲线，这三个改良膨胀土路基断面的填土高度分别为 6.44 m、9.31 m 和 11.82 m，在全线具有典型性。

需要说明的是，在绘制沉降观测曲线时，为了便于分析，分别对基床底层和路基面沉降观测曲线进行了平移。基床底层沉降观测曲线的平移量为进行基床底层观测时地基沉降量，路基面沉降观测曲线的平移量为进行路基面观测时基床底层的沉降量。

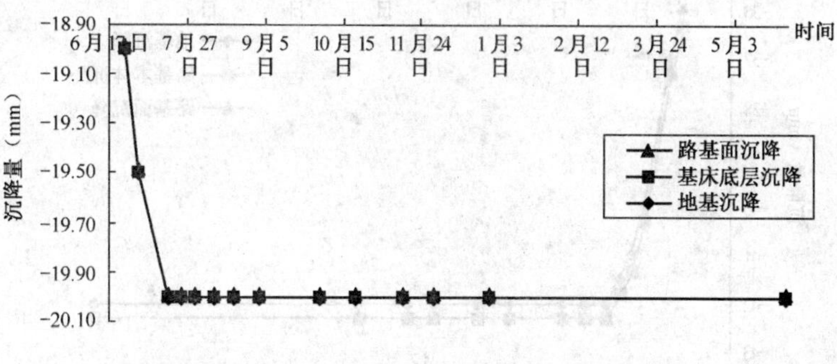

图 10-1-13 DK1087＋300 断面路基面沉降曲线

由图 10-1-13 可知，DK1087＋300 断面填土高度为 6.44 m 的改良膨胀土路基从施工开始到路基填筑、压实施工完成后的接近一年时间内，路基总的沉降为 20 mm。而且，沉降量几乎均发生在路基填筑施工阶段的增荷期，而路基填筑、压实施工完成后的路基面沉降量仅为 1 mm。

同时，该断面的地基沉降曲线、基床底层沉降曲线和路基面沉降曲线吻合，说明路基面沉降是由地基沉降而引起。

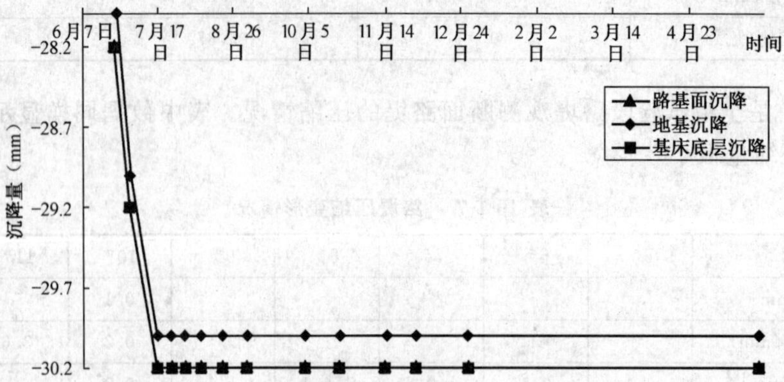

图 10-1-14　DK1087＋600 断面路基面沉降曲线

由图 10-1-14 可知，DK1087＋600 断面填土高度为 9.31 m 的改良膨胀土路基从施工开始到路基填筑、压实施工完成后的十个多月时间内，路基总的沉降为 30.2 mm，而且也几乎均发生在路基填筑时的增荷期，而路基填筑、压实施工完成后的路基面沉降量仅为 2 mm。

同时，该断面的基床底层沉降曲线和路基面沉降曲线基本吻合（略大于地基沉降约 0.2 mm），也说明路基面沉降主要由地基沉降引起。

由图 10-1-15 可知，DK1087＋770 断面填土高度为 11.82 m 的改良膨胀土路基从施工开始到路基完成后的一年时间内，路基总的沉降为 42.3 mm。其中，路基填筑时的增荷期沉降量为 36.3 mm，占总沉降量的 85.82％，而路基填筑、压实施工完成后的路基面沉降量为 6 mm，仅占总沉降量的 14.18％。

同时，该断面的基床底层沉降曲线和路基面沉降曲线几乎吻合（略大于地基沉降约 0.3 mm），同样说明路基面沉降主要由地基沉降引起。

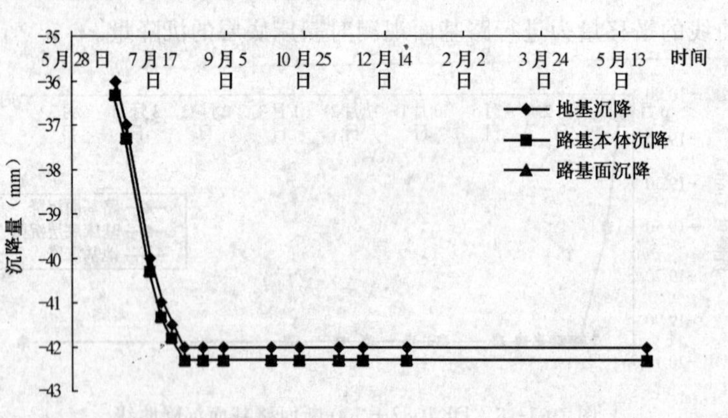

图 10-1-15　DK1087＋770 断面路基面沉降曲线

六、改良膨胀土路基工后沉降预测

从沉降分析结果看，改良膨胀土路基的总沉降量很小，收敛也较快，并不适合用双曲线拟合法预测其工后沉降。

如前所述的观测结果表明，改良膨胀土路基的沉降基本上起因于其地基的沉降。而且，由于在试验段边坡防护等后续工程施工中，路基已经承受了相当的施工活载，沉降已基本完成。

再从图 10-1-7 DK1087＋770 改良膨胀土路基断面中心观测点地基沉降曲线的形态来看，改良膨胀土路基填筑施工完成后近一年时间内，其地基沉降曲线的线形长期处于平直状态，表明沉降已完全稳定，预测工后沉降几乎为零。

第二节　改良膨胀土路基过渡段沉降变形

改良膨胀土路基过渡段沉降变形主要包括地基沉降变形和级配碎石压密变形。路基过渡段有路桥、路涵等多种形式，新建时速 200 公里客货共线合肥—南京铁路肥东改良膨胀土路基试验段过渡段均为路涵过渡形式，本节将以肥东试验段路涵过渡段变形观测为实例，介绍过渡段沉降观测点布置、观测桩埋设、观测方法和沉降分析。

一、观测断面

过渡段观测断面设置要有代表性，并能指导全线的施工。新建时速 200 公里客货共线合肥—南京铁路肥东改良膨胀土路基试验段中选择 5 个有代表性的路涵过渡段进行观测。涵洞类型及过渡段路基高度见表 10-2-1。

表 10-2-1　路涵过渡段级配碎石压密变形观测断面位置表

观测断面	涵洞位置	涵洞类型	过渡段路基高度
1#	DK1087＋173	1－6×4.0 m 盖板涵	＋3.85 m
2#			
3#	DK1087＋380	1－3×3.5 m 盖板涵	＋8.23 m
4#			
5#	DK1087＋748	1－3×5.0 m 盖板涵	＋11.49 m
6#			
7#	DK1088＋138	1－6.0×4.5 m 盖板涵	＋5.80 m
8#			
9#	DK1088＋728	1－3.5×3.5 m 盖板涵	＋6.69 m
10#			

二、测点布置与观测周期

肥东改良膨胀土路基试验段路涵过渡段填筑主要有两种形式：一种是过渡段路堤较高，在涵洞顶面（基床底层范围）覆之以改良土；另一种是过渡段路堤较低，在涵洞顶面（基床表层范围）直接填筑级配碎石。

（一）测点布置

过渡段沉降变形的测点布置如图 10-2-1 所示。

在每个涵洞前后各设 1 个观测断面，沉降板位置位于横断面中心。每个断面沿高度方向在过渡段级配碎石核心体底面、顶面各埋设 1 块沉降板；用于观测过渡段地基沉降和级配碎石核心体变形。过渡段路基表面埋设路基面观测桩 1 个，用于观测过渡段路基面沉降。

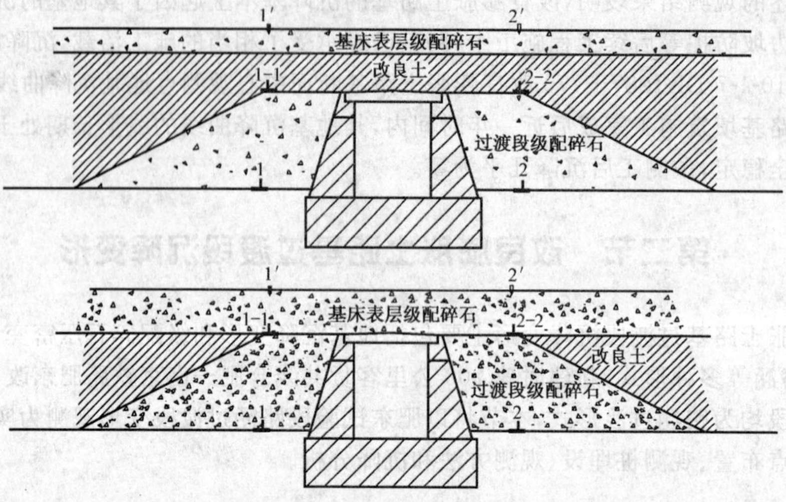

图 10-2-1　改良膨胀土路基路涵过渡段沉降观测点布置

(二) 沉降观测周期

施工期间每施工一层观测一次。施工完成后,前期每半个月观测一次,以后根据沉降及变形情况,每一个月观测一次,直至沉降稳定。

三、过渡段地基沉降

在正常情况下,过渡段地基沉降通常表现为填筑过程中的地基增荷期沉降和填筑完成后的早期收敛沉降两个阶段。

图 10-2-2 和图 10-2-3 分别是新建时速 200 公里客货共线合肥—南京铁路改良膨胀土路基肥东试验段,DK1087+173 和 DK1087+748 两处路涵过渡段地基的沉降观测曲线,这两处过渡段路基的高度分别为 3.85 m 和 11.49 m。

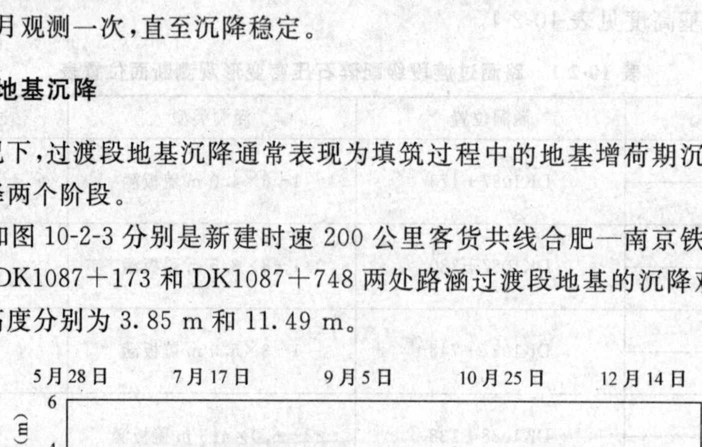

图 10-2-2　DK1087+173 路涵过渡段地基沉降观测曲线

从图 10-2-2、10-2-3 可以看出,两处路涵过渡段地基的沉降量都不大(<10 mm),并以填筑过程中的地基增荷期沉降量为主,填筑完成后的早期收敛沉降量所占比例较小,且沉降收敛期很短(仅 1 个月左右)。收敛期之后的 4～6 个多月内(经历了整个雨季),地基沉降曲线呈平直状态,说明过渡段地基沉降已经稳定。

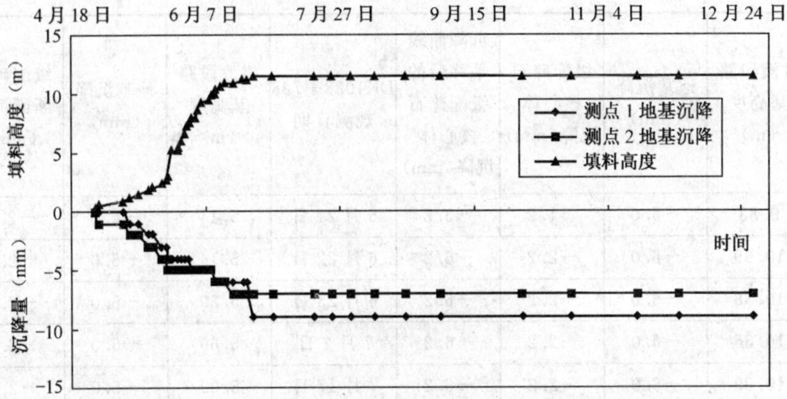

图 10-2-3 DK1087＋748 路涵过渡段地基沉降观测曲线

另外，其他3处路涵过渡段地基沉降观测曲线的变化规律也与上述两处基本相同。从总体上看，改良膨胀土路基路涵过渡段在填筑过程中的地基增荷期沉降量在1～9 mm间，增荷期沉降速率为0.06～0.25 mm/d；填筑完成后的早期收敛沉降量为0～4 mm，平均沉降速率0～0.14 mm/d，与非过段的普通改良膨胀土路基地基沉降变形特征较为一致。

四、过渡段级配碎石核心体压密变形

由于过渡段级配碎石核心体具有规定的级配，填筑时严格按照施工工艺分层填筑、压实，因此，在正常情况下其自身的密实性较好。

表10-2-2分别是DK1087＋748和DK1088＋728路涵过渡段地基和其级配碎石核心体的沉降观测数据。为便于分析，对级配碎石核心体压密沉降曲线进行了平移，平移量即为进行级配碎石观测时的地基沉降量。表中，两断面地基沉降与级配碎石核心体沉降的差异均在0.1 mm的观测误差内，可见级配碎石核心体压密变形几乎为零。

表 10-2-2 DK1087＋748 和 DK1088＋728 涵过渡段地基沉降和级配碎石沉降观测数据

DK1087＋748观测日期	过渡段路基高度(m)	地基沉降(mm)	级配碎石核心体沉降(mm)	沉降曲线平移后的级配碎石核心体沉降(mm)	DK1088＋728观测日期	过渡段路基高度(m)	地基沉降(mm)	级配碎石断面沉降(mm)	沉降曲线平移后的级配碎石核心体沉降(mm)
5月28日	5.59	−4.0	0	−4.0	5月28日	3.49	−3.0	0	−3.0
5月29日	6.18	−4.0	0	−4.0	6月1日	3.49	−3.0	0	−3.0
5月30日	6.75	−4.0	0	−4.0	6月4日	3.49	−3.0	−0.2	−3.2
5月31日	7.32	−4.0	0	−4.0	6月7日	3.73	−3.0	−0.2	−3.2
6月1日	7.59	−5.0	−1.0	−5.0	6月8日	4.02	−3.0	−0.2	−3.2
6月2日	7.88	−5.0	−1.0	−5.0	6月9日	4.26	−3.0	−0.2	−3.2
6月3日	8.13	−5.0	−1.0	−5.0	6月13日	4.26	−4.0	−1.2	−4.2
6月4日	8.7	−5.0	−1.0	−5.0	6月15日	4.53	−4.0	−1.2	−4.2
6月5日	9.28	−5.0	−1.0	−5.0	6月16日	4.79	−4.0	−1.2	−4.2
6月8日	9.55	−5.0	−1.0	−5.0	6月18日	4.79	−5.0	−2.3	−5.3

续上表

DK1087＋748 观测日期	过渡段路基高度（m）	地基沉降（mm）	级配碎石核心体沉降（mm）	沉降曲线平移后的级配碎石核心体沉降（mm）	DK1088＋728 观测日期	过渡段路基高度（m）	地基沉降（mm）	级配碎石断面沉降（mm）	沉降曲线平移后的级配碎石核心体沉降（mm）
6月9日	9.83	－5.0	－1.2	－5.2	6月21日	5.14	－5.0	－2.3	－5.3
6月10日	10.09	－6.0	－2.2	－6.2	6月22日	5.14	－5.0	－2.3	－5.3
6月11日	10.38	－6.0	－2.2	－6.2	6月25日	5.39	－5.0	－2.3	－5.3
6月13日	10.65	－6.0	－2.2	－6.2	7月2日	5.69	－5.0	－2.3	－5.3
6月14日	10.89	－6.0	－2.2	－6.2	7月17日	6.09	－5.0	－2.3	－5.3
6月17日	10.89	－6.0	－2.2	－6.2	7月24日	6.39	－8.0	－5.1	－8.1
6月21日	11.24	－6.0	－2.2	－6.2	7月31日	6.69	－8.0	－5.1	－8.1
6月22日	11.24	－6.0	－2.2	－6.2	8月9日	6.69	－8.0	－5.1	－8.1
6月25日	11.49	－9.0	－5.1	－9.1	8月20日	6.69	－8.0	－5.1	－8.1
7月2日	11.49	－9.0	－5.1	－9.1	9月2日	6.69	－8.0	－5.1	－8.1
7月17日	11.49	－9.0	－5.1	－9.1	10月3日	6.69	－8.0	－5.1	－8.1
7月24日	11.49	－9.0	－5.1	－9.1	10月21日	6.69	－8.0	－5.1	－8.1
7月31日	11.49	－9.0	－5.1	－9.1	11月15日	6.69	－8.0	－5.1	－8.1
8月9日	11.49	－9.0	－5.1	－9.1	11月30日	6.69	－8.0	－5.1	－8.1
8月20日	11.49	－9.0	－5.1	－9.1	12月28日	6.69	－8.0	－5.1	－8.1
9月2日	11.49	－9.0	－5.1	－9.1					
10月3日	11.49	－9.0	－5.1	－9.1					
10月21日	11.49	－9.0	－5.1	－9.1					
11月15日	11.49	－9.0	－5.1	－9.1					
11月30日	11.49	－9.0	－5.1	－9.1					
12月28日	11.49	－9.0	－5.1	－9.1					

表10-2-3反映的是改良膨胀土路基两处路涵过渡段断面，DK1087＋748、DK1088＋728级配碎石核心体的压缩量与压缩比。

表10-2-3　过渡段断面级配碎石核心体压缩量与压缩比

断面里程	DK1087＋748	DK1088＋728
级配碎石核心体压缩量（mm）	0.1	0.1
级配碎石核心体压缩比（‰）	0.018	0.029

表中提供的数据表明，尽管这两处过渡段断面的路基填土高度分别为11.49 m和6.69 m，但它们的压缩量与压缩比均十分微小。说明，两处路涵过渡段级配碎石核心体的压缩变形均可忽略不计。

五、过渡段路基面沉降及工后沉降预测

过渡段路基面沉降主要包括地基沉降、级配碎石核心体压缩变形和路基改良膨胀土填料

的压缩变形。

实测结果表明，在过渡段路基填筑完成开始进行路基面沉降观测时，事实上过渡段地基沉降已趋于平缓。同时，级配碎石核心体压缩变形也十分微小，因此，过渡段路基面沉降主要由改良膨胀土填料的压缩变形引起。从新建时速 200 公里客货共线合肥—南京铁路肥东试验段的 5 处路涵过渡段路基面沉降实测结果来看，其过渡段改良膨胀土填料的压缩变形一般不超过 10 mm，并随着地基沉降的很快收敛稳定而稳定。

图 10-2-4 是新建时速 200 公里客货共线合肥—南京铁路肥东试验段 DK1087＋748 处路涵过渡段断面的地基沉降曲线。

路基面沉降观测从 2005 年 6 月 25 日开始至 2006 年 1 月 11 日。经过半年多的跟踪观测(其中经历了一个雨季)，图中路基面沉降始终为一条平直线，路基沉降已完全稳定，预测工后沉降为零。

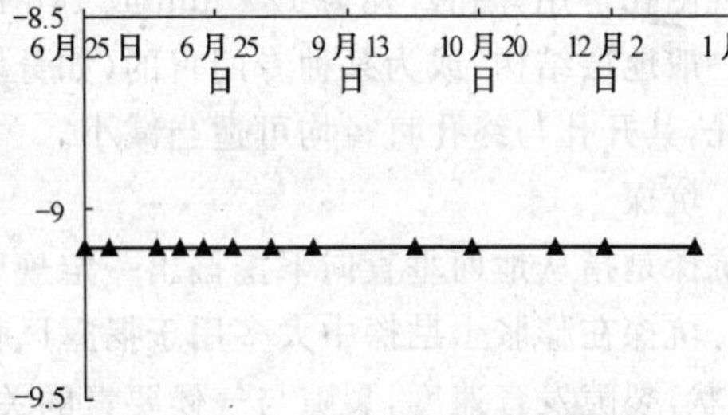

图 10-2-4　DK1087＋748 涵过渡段路基面沉降曲线

第三节　改良膨胀土路基实测沉降与理论计算结果的对比分析

在新建时速 200 公里铁路改良膨胀土路基施工技术中，通常是将现场观测结果与理论计算结果相比较，在理论与实践的结合上，研究改良膨胀土路基沉降规律，预测工后沉降，以指导全线改良膨胀土路基施工。

本节主要介绍勘察取样、沉降理论计算以及现场观测与理论计算进行对比分析的具体步骤、方法和结果。

一、勘察取样

理论计算前，需选择典型的改良膨胀土路基断面，先对其地层土质进行勘探、取样化验，以获取地层的有关参数，为理论计算提供准确的原始数据。

被选择的改良膨胀土路基勘察取样断面应同时具备以下三个条件：

1. 在全线具有典型性。勘察取样断面改良膨胀土路基填料产生的附加应力能基本代表全线的不同状况，可供全线参考。

2. 所取地层土样具有稳定性。要求在勘察取样断面地面以下 20 m 范围内，均为 alQ_3 黏土(膨胀土)，与全线范围的膨胀土地质条件相似。

3. 理论计算与实测结果具有可比性。即：必须在同一个勘察取样断面上进行沉降理论计算和现场沉降观测，以供对比分析。

根据以上条件，本书以新建时速 200 公里客货共线合肥—南京铁路为例，具体介绍该线在肥东改良膨胀土路基试验段现场设置的 10 个沉降观测断面中，选择了 DK1087＋600、DK1087＋770、DK1088＋430、DK1088＋600、DK1088＋980 等 5 个断面，进行了勘察取样、理论计算和与实测沉降结果的对比分析。

(一) 勘探方式

目前,膨胀土地区的工程地质勘探较为普遍的是采用钻探和坑探两种方式。有时,也采用洛阳铲、小螺钻等轻便勘探方式。下面,主要介绍钻探与坑探。

1. 钻探

它具有一孔多用等优点,在膨胀土勘探中被广泛采用。根据膨胀土地区钻探孔的工作性能,一般使用孔径较大的探钻采取原状土样、建立观测孔。

观测孔常用开孔直径为 127 mm 或 146 mm,终孔直径以≮107 mm 为宜。但对于一般只了解一般地层结构,或为某种专门目的(如分段取土测试土层含水率随深度变化规律)设计的转探孔,其开孔与终孔直径均可适当减小。

2. 坑探

坑探是指从地面垂直向下挖掘出一定规则形状的土坑(通常又称为试坑),然后进行土样采集。坑探在膨胀土勘探中大多用于揭露风化层,观测风化层的性质及其分带性;观测裂隙形态、产状,裂隙发育速度,裂隙与气候要素的关系,裂隙填充物性质和裂隙含水性等。

由于膨胀土的多裂隙性和各向异性,在钻探中采集原状土样,容易受到扰动,而坑探在勘探中具有简便、经济、进度快,而且能够取得直观资料和理想原状土样等许多优点,可以弥补钻探采样的不足,成为保证采取原状土样质量的理想手段,在膨胀土工程地质勘探中已被普遍采用。

坑探时的试坑截面形式,可视具体目的和要求确定。一般采用 1.0 m×1.5 m 的矩形坑,亦可采用直径为 0.8～1.0 m 的圆形坑。试坑的深度应根据膨胀土性质、土体结构特征,地下水和地表水等具体条件而定,一般为 2～3 m。

(二)取样要求

要想准确地了解膨胀土的工程性质,就必须要求在采集土样过程中,保持土体的天然裂隙结构,而尽可能不受到扰动。然而,由于膨胀土在许多方面所具有的特性(例如土的多裂隙性等),决定了在对其原状土样采集时要比其他土类困难很多。

膨胀土样可以分为扰动土样和原状土样,其采集要求比较严格。应根据不同的采集目的,采取不同的方法并提出不同的技术要求。

1. 扰动土样

在选线与选址勘察阶段(或是为其他目的而进行的)工程地质调查中,为了对膨胀土进行初步判别,室内试验只要求进行土的一般物理性质与膨胀性试验。

在其他勘察阶段,若只需查明膨胀土矿物成分和化学组成,或长期观测测定土的含水率变化,则选取具有土层代表性的扰动土样,就可以满足要求。

如果为了室内模拟路堤、土坝等填土工程稳定性,进行重塑土物理力学性质试验,更需要采集大批扰动土样。

采集扰动土样时,对勘探方式一般没有限制,无论何种钻探、坑探或其他手段均可采用。但对所采集的扰动土样,应满足以下三点要求:

(1) 土样必须具有所取土层的代表性;

(2) 应在地表以下一定深处采集土样,以保证土样未受地表水冲蚀或分选等作用;

(3) 取样数量应满足试验所需。

2. 原状土样

在膨胀土地区的工程地质勘察中采集原状土样具有特殊的重要意义,而且是采样工作的主要内容。除选线与选址勘察外，其他勘察阶段，都需要尽可能多的多层采取原状土样，全面进行膨胀土各种性质的室内试验，以提供膨胀土的判别与分类、地基评价以及建筑物设计指标。

在理论上，原状土样是指能原封不动的保持土体的原始物理状态、结构状态和应力状态的土样。但在生产实践中要真正取得一个理想的原状土样，实际上是很困难的。因为无论采用何种取样工具和方法，都不可避免在冲击、压入或啃断土样过程中，对土体的原始结构性产生扰动影响。

因此，工程地质勘察中对于原状土样的理解，比较普遍的认识是所采集的土样，应能保证对其扰动在最小限度内，使试验成果尽可能反映原状土体的物理力学性质，满足勘探设计的要求。所以所谓的原状土样是相对的，但必须具有满足工程要求的实际意义。

采集原状土样时，必须符合以下要求：

(1) 土样必须具有所取土层的代表性；

(2) 土样必须尽量保持天然原始结构状态不受扰动，天然含水率不被破坏；

(3) 所有土样均应分层编号，标明层位、深度和方向等；

(4) 土样取出后，应就地即时蜡封、装箱，搬运要十分小心，以免受震动影响样品质量；

(5) 取样数量应满足膨胀土工程性质试验所有项目所需的要求。

原状土样采集一般结合工程地质勘探进行，以坑探采集为主，钻孔用于采集深部土样。

由于膨胀土开挖暴露于大气后，容易很快产生裂隙，影响膨胀土的原始结构性质。所以，试坑取土主要采用边进尺边取土的方法，即从地表掘进到取土深度处，立即按要求采集第一层土样，取土后继续掘进至新的深度，再采集第二层土样，直至取完最深一层土样。如果勘察中需要利用试坑进行裂隙观测，或者进行地层描述时，亦可采用坑壁取土与之相配合。但是，必须要求在试坑掘成后立即进行裂隙观测或地层描述，然后尽快剥去坑壁表土，再按取样要求自上而下分层取土，以保证土样的原状性。

钻孔取土目前还没有统一的方法可以遵循，采用的方法也不尽相同。在试验室开土制样中发现，有时的原状土样已成同心圆层层剥离，显然是在钻探中受到回转钻进的影响，使土样失去了“原状”性。如果将这种土样进行室内试验将得出错误结论。因此，膨胀土地区若采用钻孔取土，必须选择合适的钻进方法并配之以专门的取土器方能取得满足试验要求的原状土样。

在新建时速 200 公里合肥—南京铁路改良膨胀土路基肥东试验段沉降理论计算中，由于取样较深，原状土勘察取样时采用了钻探法（钻探开孔直径 127 mm，终孔直径 108 mm，钻探深度 20 m）。为保持土的原状性，钻探中辅之以专门的取土器获得较好效果。

二、理论计算方法

肥东试验段改良膨胀土路基，除基床表层 0.6 m 级配碎石外，均采用改良土填筑。理论上来说路基结构体的压实系数都大于 0.90，自身的压缩沉降很小，基本可以忽略不计。从现场实测结果来看，填筑体中部及基床底层埋设的观测桩沉降多产生于填筑过程中的增荷阶段，主要由地基沉降引起。路基本体压缩变形量多为零，路基面观测桩的观测结果是，收敛期的沉降量和地基收敛沉降量基本一致。因此理论计算时主要对地基沉降进行计算，下面介绍几种常用的地基沉降计算方法。

（一）薄压缩层地基沉降计算

当基础以下不可压缩的土层埋深较浅，如图 10-3-1，其上可压缩土层厚度 $H<0.5b$（b 为基础宽度），或当基础尺寸或荷载面积水平向可视为无限分布时，地基压缩层内的附加应力可近似认为沿深度成直线分布。因而，图中的地基土应力与变形情况都与压缩仪中土样的应力和变形情况类似。故地基土压缩量为：

$$S=\frac{e_1-e_2}{1+e_1}H \tag{10—3—1}$$

式中 H——薄压缩层厚度；

e_1——根据薄压缩层中部自重应力值 σ_c（即初始压力 p_1）从土的压缩曲线上查得相应的孔隙比；

e_2——根据 σ_c 与压缩层内附加应力之和（即 p_2），从土的压缩曲线上查得相应得孔隙比。

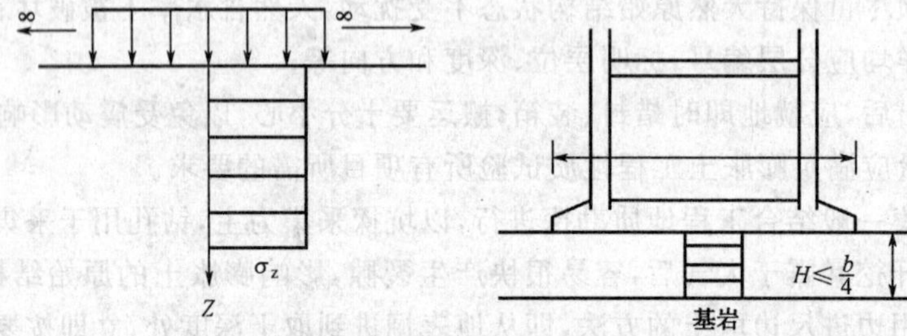

（a）水平无限面积分布荷载　（b）薄可压缩层地基

图 10-3-1 薄压缩层地基沉降计算

（二）单向分层总和法计算地基最终沉降量

根据薄压缩层地基沉降分析，如作以下假设：

1. 基底附加压力 p_0 是作用在地表的局部柔性荷载，对非均质地基，由其引起的附加应力可按均质地基计算；

2. 只考虑竖向附加应力使土层压缩产生的地基沉降；

3. 土层压缩时地基土不发生侧向变形，即完全侧限条件，故可采用无侧限压缩试验的结果。

根据上述假设，只要将地基土划分成足够薄的土层，每一层地基土竖向附加应力和自重应力都近似看成沿深度方向均布，则各层土就可视为如图 10-3-1 所示的薄压缩层，采用（10—3—1）式计算每层土的压缩，并累加得到基础沉降。对单独基础，一般以基础中心点的沉降作为基础沉降，对大基础，可计算基础若干点的沉降并取其平均值作为基础沉降。

由于地基土的应力扩散作用，地表局部荷载载地基土中引起的附加应力随深度的增加逐渐衰减，而且，由于受到较大的自重固结应力，地基土将随着深度的增加而逐渐降低其压缩性。因此，超过一定深度后，土层的压缩量对总沉降量已无多大影响而可以被忽略。满足这一深度以上的土层称为地基压缩层，这一深度以下的地基土可视为不可压缩层。

对地基压缩层分为 n 层，根据式（10—3—1），地基最终沉降量的分层总和法计算公式如下：

$$S=\sum_{i=1}^{n}S_i=\sum_{i=1}^{n}\frac{e_{1i}-e_{2i}}{1+e_{1i}}h_i \quad 或为：\quad S=\sum_{i=1}^{n}\frac{\Delta p_i}{E_{si}}h_i \tag{10—3—2}$$

式中　S_i——第 i 层土的压缩量；

h_i——第 i 层土的厚度；

e_{1i}——根据第 i 层土的自重应力平均值(即 p_{1i})从土的压缩曲线上查得的相应孔隙比；

e_{2i}——根据第 i 层土的自重应力平均值与附加应力平均值之和(即 p_{2i})从土的压缩曲线上查得相应孔隙比；

Δp_i——第 i 层土得竖向附加应力平均值；

a_i、E_{si}——第 i 层土的压缩系数和压缩模量。

地基的沉降计算中土的压缩层厚度的确定方法是：取满足地基附加应力等于自重应力的20%处深度作为计算深度，当该深度以下土的压缩性较大时，则应计算至附加应力等于地基土自重应力的10%处，计算精度为±5 kPa。对每一分层，由于相当于假设每一土层内竖向应力为均布。为了不致产生较大的误差，土的分层厚度不宜过大，一般取不超过基础宽度的0.4倍或1～2 m(成层土和地下水位处为当然的分层面)。

(三)《建筑地基基础设计规范》(GBJ 7—89)推荐的分层总和法

采用《建筑地基基础设计规范》(GBJ 7—89)推荐的分层总和法计算地基变形时，地基内的应力分布采用各向同性均质线性变形体理论，最终变形量按下式计算：

$$S = mS_1 = m\sum_{i=1}^{n} p_0/E_{si}(z_i a_i - z_{i-1}a_{i-1}) \qquad (10—3—3)$$

式中　S——地基最终变形量；

S_1——按分层总和法计算出的地基变形量；

p_0——对应于荷载效应的基础底面附加压力；

E_{si}——基础底面以下第 i 层土的压缩模量(MPa)，取土的自重应力至土的自重应力与附加应力之和的压力段计算；

z_i、z_{i-1}——基础底面至第 i 层土、第 $i-1$ 层土底面的距离；

a_i、a_{i-1}——基础底面计算点至第 i 层土底面范围内平均附加应力系数；

m——沉降计算经验系数(按规范取0.15)。

除了上述三种路基沉降的理论计算方法外，还有计算最终沉降量的弹性力学公式、考虑不同变形阶段的沉降计算方法和考虑土应力历史影响的沉降计算方法等。

本次理论计算采用《建筑地基基础设计规范》(GBJ 7—89)推荐的分层总和法，由于路基体压密沉降十分微小，计算时可勿略路基填料(包括基床表层级匹碎石和基床底层及以下的改良膨胀土路基)自身的压密沉降，只对地基沉降进行分析计算。

三、理论计算与实测结果对比分析

本节将根据理论计算结果，绘制成5个断面的理论计算沉降曲线，并分别与实测的沉降曲线进行对比，在理论与实际的结合上，进一步分析改良膨胀土路基的沉降变化规律。

(一) 沉降曲线对比

下面是五个断面理论计算附表和计算沉降曲线与实测沉降曲线对比图。据5个断面理论计算与实测沉降曲线的形态分析与对比，除DK1088＋430断面沉降有异常外，其他断面理论计算与现场实测沉降曲线的收敛期一致，沉降变化规律基本相同，说明应用传统的理论计算方法的可靠度较高。

1. DK1087＋600 断面

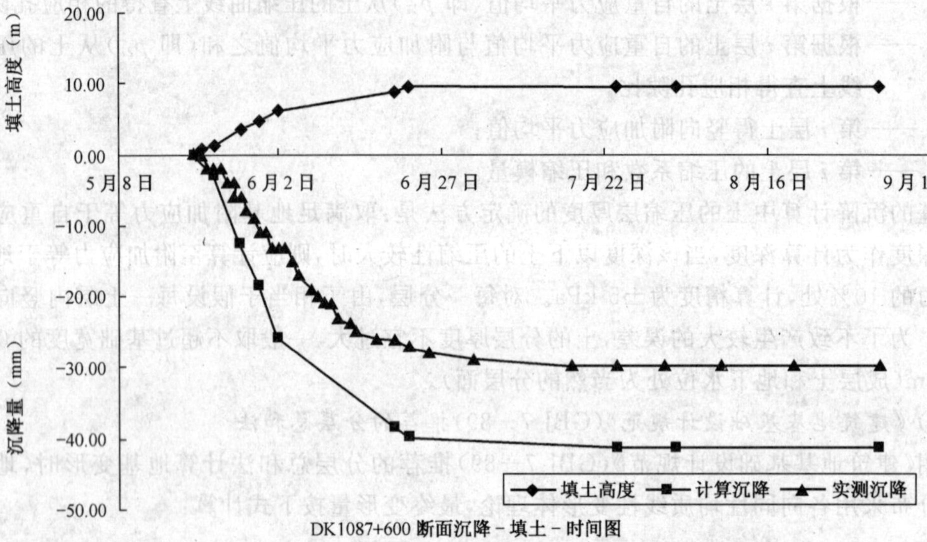

图 10-3-2 DK1087＋600 断面理论计算与实测沉降曲线对比

表 10-3-1 DK1087＋600 断面改良膨胀土路基沉降理论计算

压缩层计算深度（m）	压缩模量（MPa）	填土时间	填土分级高度（m）	路堤顶宽（m）	分层总和法计算总沉降（cm）	沉降经验系数	总沉降（mm）
		5月20日	0.00	0.00	0.00	0.15	0.00
20	16.25	5月21日	0.56	44.33	0.33	0.15	－0.50
	16.25	5月23日	1.42	41.32	1.98	0.15	－2.97
	16.25	5月27日	3.43	30.34	8.36	0.15	－12.54
	16.25	5月30日	4.58	26.89	12.41	0.15	－18.62
	16.25	6月02日	6.01	22.60	17.25	0.15	－25.88
	16.25	6月20日	8.71	14.50	25.54	0.15	－38.31
	16.25	6月22日	9.06	13.45	26.53	0.15	－39.80
	16.25	7月24日	9.31	12.70	27.64	0.15	－41.46
	16.25	8月02日	9.31	12.70	27.64	0.15	－41.46
	16.25	9月02日	9.31	12.70	27.64	0.15	－41.46

注：DK1087＋600 断面填土高 9.31 m，路基面宽 12.70 m，路基底宽 46.27 m，变坡高 3.31 m。

2. DK1087＋770 断面

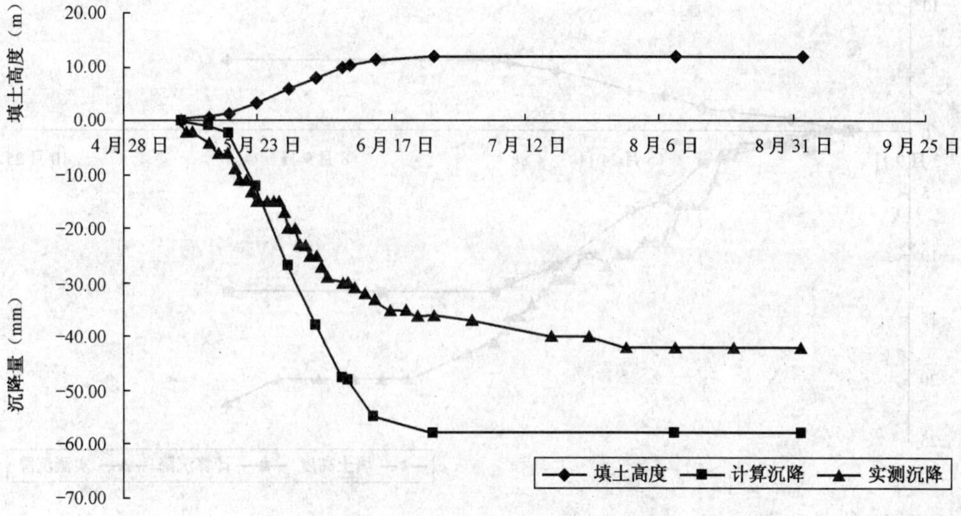

DK1087+770 断面沉降－填土－时间图

图 10-3-3　DK1087＋770 断面理论计算与实测沉降曲线对比

表 10-3-2　DK1087＋770 断面改良膨胀土路基沉降理论计算

压缩层计算深度（m）	压缩模量（MPa）	填土时间	填土分级高（m）	路堤顶宽（m）	分层总和法计算总沉降（cm）	沉降经验系数	总沉降（mm）
		5 月 09 日	0.00	0.00	0.00	0.15	0.00
20	19.30	5 月 14 日	0.60	53.01	0.35	0.15	－0.53
	19.30	5 月 18 日	1.19	50.94	1.52	0.15	－2.28
	19.30	5 月 23 日	3.26	43.70	8.10	0.15	－12.15
	19.30	5 月 29 日	5.90	30.49	17.82	0.15	－26.73
	19.30	6 月 03 日	7.93	24.40	25.27	0.15	－37.91
	19.30	6 月 08 日	9.86	18.61	31.86	0.15	－47.79
	19.30	6 月 09 日	10.16	17.71	32.05	0.15	－48.08
	19.30	6 月 14 日	11.23	14.50	36.48	0.15	－54.72
	19.30	6 月 25 日	11.83	12.70	38.52	0.15	－57.78
	19.30	8 月 09 日	11.83	12.70	38.52	0.15	－57.78
	19.30	9 月 02 日	11.83	12.70	38.52	0.15	－57.78

注：DK1087＋770 断面填土高 11.83 m，路基面宽 12.70 m，路基底宽 55.11 m，变坡高 5.83 m。

3. DK1088＋430 断面

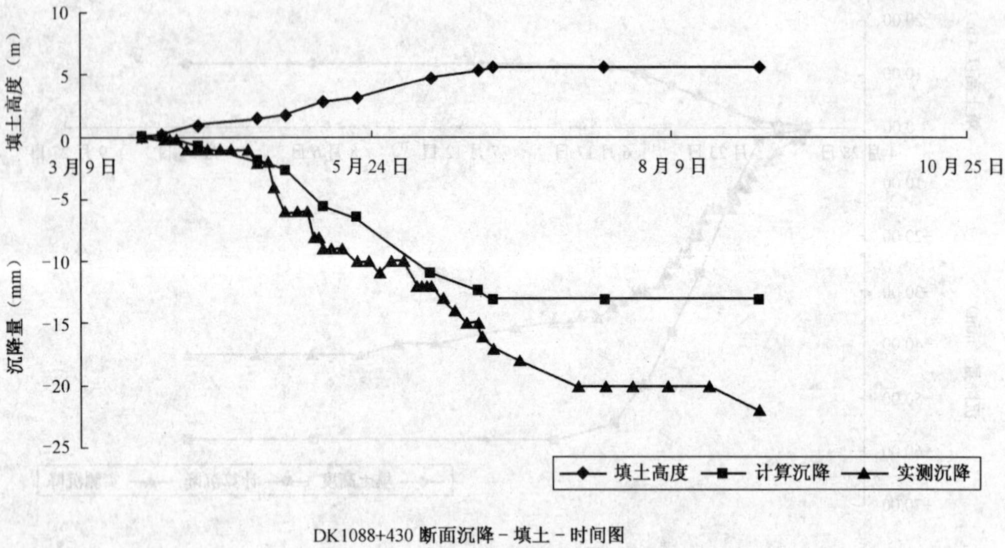

图 10-3-4　DK1088＋430 断面理论计算与实测沉降曲线对比

表 10-4-3　DK1088＋430 断面改良膨胀土路基沉降理论计算

压缩层计算深度（m）	压缩模量（MPa）	填土时间	填土分级高（m）	路堤顶宽（m）	分层总和法计算总沉降（cm）	沉降经验系数	总沉降（mm）
		3 月 25 日	0.00	0.00	0.00	0.15	0.00
20	23.01	3 月 31 日	0.28	28.45	0.07	0.15	－0.11
	23.01	4 月 09 日	0.87	26.68	0.60	0.15	－0.90
	23.01	4 月 25 日	1.42	25.03	1.35	0.15	－2.03
	23.01	5 月 02 日	1.70	24.19	1.79	0.15	－2.69
	23.01	5 月 12 日	2.80	20.89	3.78	0.15	－5.67
	23.01	5 月 21 日	3.05	20.14	4.26	0.15	－6.39
	23.01	6 月 09 日	4.71	15.16	7.34	0.15	－11.01
	23.01	6 月 21 日	5.28	13.45	8.31	0.15	－12.47
	23.01	6 月 25 日	5.53	12.70	8.74	0.15	－13.11
	23.01	7 月 24 日	5.53	12.70	8.74	0.15	－13.11
	23.01	9 月 02 日	5.53	12.70	8.74	0.15	－13.11

注：DK1088＋430 断面填土高 5.53 m，路基面宽 12.70 m，路基底宽 29.29 m。

4．DK1088＋600 断面

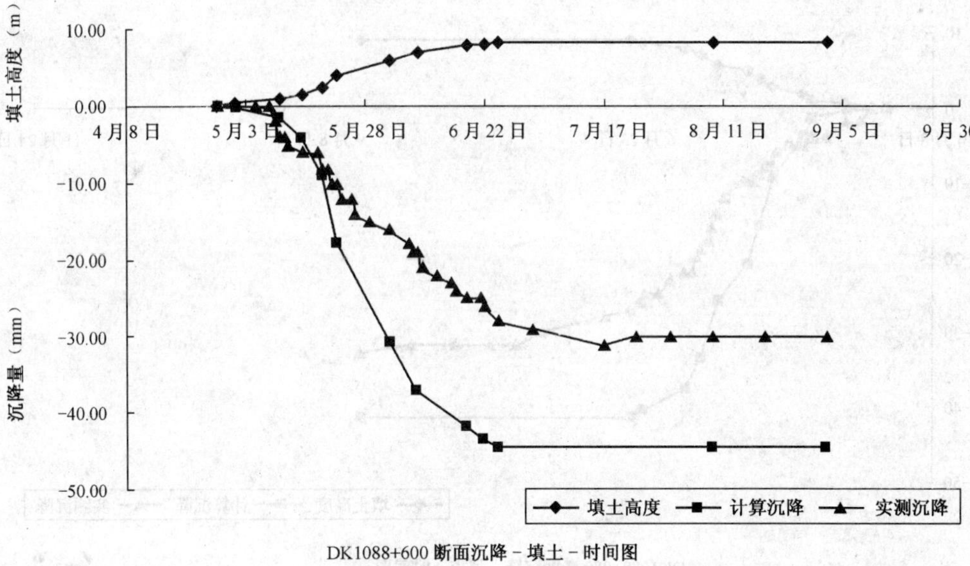

图 10-3-5　DK1088＋600 断面理论计算与实测沉降曲线对比

表 10-3-4　DK1088＋600 断面改良膨胀土路基沉降理论计算

压缩层计算深度(m)	压缩模量(MPa)	填土时间	填土分级高(m)	路堤顶宽(m)	分层总和法计算总沉降(cm)	沉降经验系数	总沉降(mm)
		4月27日	0.00	0.00	0.00	0.15	0.00
20	13.23	5月01日	0.29	42.45	0.14	0.15	−0.21
	13.23	5月10日	0.87	40.42	1.05	0.15	−1.58
	13.23	5月15日	1.46	38.36	2.75	0.15	−4.13
	13.23	5月19日	2.35	35.24	6.01	0.15	−9.02
	13.23	5月22日	3.79	26.41	11.89	0.15	−17.84
	13.23	6月02日	5.85	20.23	20.59	0.15	−30.89
	13.23	6月08日	6.95	16.93	24.80	0.15	−37.20
	13.23	6月18日	7.76	14.50	27.82	0.15	−41.73
	13.23	6月22日	8.11	13.45	29.02	0.15	−43.53
	13.23	6月25日	8.36	12.70	29.67	0.15	−44.51
	13.23	8月09日	8.36	12.70	29.67	0.15	−44.51
	13.23	9月02日	8.36	12.70	29.67	0.15	−44.51

注：DK1088＋600 断面填土高 8.36 m，路基面宽 12.70 m，路基底宽 43.46 m，变坡高 3.36 m。

5. DK1088＋980 断面

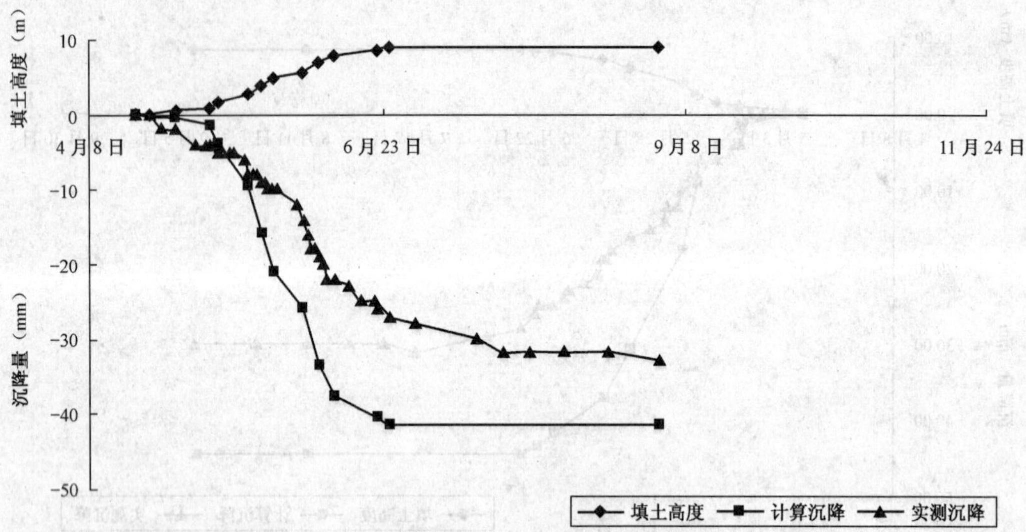

DK1088+980 断面沉降－填土－时间图

图 10-3-6　DK1088＋980 断面理论计算与实测沉降曲线对比

表 10-3-5　DK1088＋980 断面改良膨胀土路基沉降理论计算

压缩层计算深度（m）	压缩模量（MPa）	填土时间	填土分级高（m）	路堤顶宽（m）	分层总和法计算总沉降（cm）	沉降经验系数	总沉降（mm）
		4 月 21 日	0.00	0.00	0.00	0.15	0.00
20	14.35	5 月 01 日	0.30	43.04	0.14	0.15	－0.21
	14.35	5 月 10 日	0.88	41.01	0.98	0.15	－1.47
	14.35	5 月 12 日	1.46	38.98	2.55	0.15	－3.83
	14.35	5 月 20 日	2.60	34.99	6.58	0.15	－9.87
	14.35	5 月 23 日	3.75	27.07	11.13	0.15	－16.70
	14.35	5 月 26 日	4.62	24.46	14.48	0.15	－21.72
	14.35	6 月 03 日	5.49	21.85	17.96	0.15	－26.94
	14.35	6 月 07 日	6.85	17.77	22.88	0.15	－34.32
	14.35	6 月 11 日	7.69	15.25	25.82	0.15	－38.73
	14.35	6 月 22 日	8.29	13.45	27.81	0.15	－41.72
	14.35	6 月 25 日	8.54	12.70	28.42	0.15	－42.63
	14.35	9 月 02 日	8.54	12.70	28.42	0.15	－42.63

注：DK1088＋980 断面填土高 8.54 m，路基面宽 12.70 m，路基底宽 44.09 m，变坡高 3.54 m。

在正常情况下，沉降曲线收敛后，理论的最终沉降量都较实测的最终沉降量大 1 cm 左右，分析认为主要是按规范取值的沉降计算经验系数与现场实际情况有出入所致。随着大量的工程实践，可对沉降计算经验系数进行必要的修正。

理论计算与实测结果都表明，沉降曲线已均趋向水平，预测工后沉降非常微小。

（二）分析结论

1. 在严格改良拌和工艺和填筑、压实施工工艺的前提下，石灰改良膨胀土路基及级配碎石过渡段的沉降变形，主要由地基条件决定。路基结构中石灰改良膨胀土自身压缩变形和级配碎石层自身的压密沉降，过渡段级配碎石路基的压密变形，均可忽略不计。

2. 改良膨胀土路基地基沉降及级配碎石过渡段地基沉降通常在填筑完成后 1 个月左右收敛，并趋于稳定。收敛期最大沉降量$\not>$2 cm，而且路基沉降相对较均匀。

3. 理论计算与实测结果表明，因路基填筑完成后沉降曲线均趋向水平，预测工后沉降非常微小，说明在新建时速 200 公里铁路改良膨胀土路基施工中，对原状膨胀土采用石灰改良拌和工艺、改良膨胀土路基填筑、压实施工工艺和相应的质量控制技术，完全能够满足该等级铁路路基工后沉降的技术要求，甚至在技术上具备铺设无碴轨道的基本条件。

4. 跟踪观测结果证实，收敛期过后 1 年多，经历了 2 个雨季，直至轨道铺设以后，沉降曲线依然平直。说明新建时速 200 公里铁路石灰改良膨胀土路基施工一般可不预留路基沉降量。确需预留的地段，应针对地基条件适量预留，但不宜过大。

参考文献

1. 廖世文.膨胀土与铁路工程.北京:中国铁道出版社,1984
2. 刘特洪.工程建设中的膨胀土问题.北京:中国建筑工业出版社,1997
3. 王午生.铁道线路工程.上海:上海科学技术出版社,1999
4. 郑健龙等.膨胀土处治理论、技术与实践.北京:人民交通出版社,2004
5. 韩毅等.铁路工程地质.北京:中国铁道出版社,1995
6. 交通部第二公路勘察设计院. JTJ013—95,公路路基设计规范.北京:人民交通出版社,1999
7. 王兆成、黄民.中长期铁路网规划研究.北京:中国铁道出版社,2004
8. 铁道科学研究院.铁建设函[2005]285号,新建时速200公里客货共线铁路设计暂行规定.北京:中国铁道出版社,2005
9. 长江三角洲城际铁路公司筹备组、中铁三局集团公司、铁道第四勘察设计院、同济大学、上海华东铁路建设监理有限公司.合宁线膨胀土路基土质改良措施及填筑工艺试验研究阶段成果,2005
10. 铁道第四勘察设计院.合宁线肥东膨胀土路基试验——膨胀土填料改良室内试验研究报告,2005
11. 李庆鸿.改良膨胀土新线路基施工质量控制技术.中国铁路,2006(11)
12. 铁道第一勘察设计院.TB10001—2005、J447—2005,铁路路基设计规范.北京:中国铁道出版社,2005
13. 中铁十二局集团有限公司.铁建设[2005]160号,客运专线铁路路基工程施工质量验收暂行标准.北京:中国铁道出版社,2005
14. 铁道科学研究院.西安南京铁路合肥南京段膨胀土路基试验——合宁低路堤基床及路堑基底处理的动力特性试验研究.2004
15. 李庆鸿,俞峰.合肥南京铁路试验段改良膨胀土路基沉降分析.中国铁路,2006(5)